大国教育丛书 • 鲁　昕 主编

建设中国特色、世界水平的现代职业教育体系

教育部教育规划与战略研究理事会秘书处 编

教育科学出版社

·北京·

目　　录

代序／科学筹划、全面推进现代职业教育体系建设

教育部副部长　鲁　昕

第一部分　宏观发展战略研究

第二部分　财税政策研究

第三部分　国际比较与国家竞争力研究

第四部分 专题研究

科学筹划、全面推进现代职业教育体系建设

教育部副部长 鲁 昕

近年来，我国职业教育事业快速发展，推进了教育结构战略性调整，显著提高了技术技能型人才供给能力，有力促进了转方式、调结构、促升级和改善民生，并为提高劳动者素质、推动经济社会发展和促进就业做出了重要贡献。当前，我国发展进入新阶段、改革进入新时期，需要更加重视发挥职业教育的社会功能和特殊作用，把加快发展现代职业教育摆在更加突出的战略地位，把全面建设服务发展、就业导向的现代职业教育体系作为中心任务，深化改革创新，努力培养数以亿计的高素质劳动者和技术技能人才，为实现"两个一百年"奋斗目标和中华民族伟大复兴的中国梦做出更大贡献。

一、加快现代职业教育体系建设是中央做出的重大战略部署

我国党和政府历来高度重视职业教育，在社会主义经济建设的各个时期都对发展职业教育做出过具体部署。党的十八大和十八届三中全会总揽大局、审时度势，积极应对世界经济社会深刻变革的新情况、新挑战，把提高劳动者整体素质和培养大量技术技能人才作为实现我国经济发展方式转变的关键措施，做出了"加快发展现代职业教育"、"加快现代职业教育体系建设"的重大决策，为今后一个时期推进职业教育改革创新指明了方向。2014 年 2 月 26 日，国务院常务会议研究加快发展现代职业教育问题，强调要以改革的思

路办好职业教育。5月2日,《国务院关于加快发展现代职业教育的决定》正式印发。从1985年《中共中央关于教育体制改革的决定》中首次提出"职业技术教育体系"这一概念,到十八届三中全会提出"加快现代职业教育体系建设",反映出近30年来我国职业教育改革发展的演进脉络,也体现了中国特色职业教育理论不断成熟。深刻认识中央关于加快发展现代职业教育的重大战略部署,需要深入分析经济社会发展对职业教育提出的新要求。

一是加快转变经济发展方式对职业教育提出新要求。2010年,中国GDP总量超越日本成为世界第二大经济体。但是我们也要清醒地认识到,目前我国经济运行存在下行压力,部分行业产能过剩问题严重,结构性就业矛盾突出。我国经济在经历了长时间的高速增长后,增长速度从两位数平稳过渡到7.5%左右的合理区间和预期目标内。要实现经济社会发展的预期目标,必须大力推进改革创新,把发展的强大动力和内需的巨大潜力释放出来,以转变经济发展方式的主动、调整经济结构的主动、改革开放的主动,赢得在经济发展上的主动和国际竞争中的主动。无论是巩固农业基础地位,大力调整制造业,还是加快发展服务业,都离不开教育、人才、科技的支持,离不开职业教育培养的高素质劳动者和技术技能人才。办好职业教育,对于我国经济社会发展具有全局意义,这是中央和全社会对教育界的殷切期盼,也是职业教育战线对国家战略最有力的支持。

二是改善民生和实现更高质量就业对职业教育提出新要求。改善民生的首要任务就是要做好就业工作。考虑到我国经济潜在增长率下降是个客观规律,保就业就显得尤为重要。职业教育与其他教育相比,最突出的一个特点就是直接面向就业特别是青年就业。近期统计数据表明,高职毕业生的初次就业率仅低于"985"院校,高于"211"院校和其他本科院校,中职毕业生就业率多年保持在95%以上,这是职业教育的性质所决定的。加强职业教育,提升劳动者就业创业能力,是提升就业质量、增强就业稳定性的有效途径。2013年7月3日,欧盟各国元首和政府首脑在柏林召开了首次青年就业会议,会议形成的一个重要共识,就是要加强职业教育。解决好就业问题,努力实现更高质量的就业,必须加快构建就业导向的现代职业教育体系。

三是推进城镇化和完善公共服务体系对职业教育提出新要求。城镇化是现代化的必由之路，是我国现代化建设的重要任务，也是扩大内需和促进产业升级的重要抓手。新型城镇化，是以人为核心的城镇化，解决好人的问题是推进新型城镇化的关键。没有就业的支撑，没有公共服务体系的保障，就谈不上以人为核心的城镇化。建设现代职业教育体系，提高劳动者的技术和技能水平，实现农村富余劳动力和农村人口向城镇转移，是有序推进城镇化的重要基础。健全配套城镇化进程的职业教育网络，服务提升农民转移就业能力，使他们带知识、技能转移为新市民、新产业工人，顺利融入城市生活，是完善公共服务体系，促进工业化、信息化、城镇化、农业现代化同步发展的应有之义。

四是建设人力资源强国和创新型国家对职业教育提出新要求。我国已经建成了世界上最大规模的教育体系，成为教育大国和人力资源大国，但还不是教育强国和人力资源强国。实现创新驱动发展，不仅需要一大批拔尖创新人才，也需要大量的技术技能人才和生产服务一线的高素质劳动者。但从我国教育体系总体上看，教育结构和人才培养类型存在着与经济社会发展实际需要还不适应的问题，教育发展与经济社会发展有所脱节。因此，加快发展现代职业教育、建设现代职业教育体系是教育领域综合改革的重要突破口，有利于调整教育结构、创新教育基本制度、改革人才培养模式，更好地服务人力资源强国和创新型国家建设。

五是赢得国际竞争和提升综合国力对职业教育提出新要求。当前，国际金融危机对全球造成的影响仍在蔓延，世界经济仍将延续缓慢复苏态势。同时，世界经济结构调整出现新的亮点，新技术革命正在孕育，产业升级和生产要素转移步伐加快。各主要国家纷纷寻求再工业化，着力发展实体经济。发展职业教育成为各国应对危机、促进就业、迎接新工业革命挑战的共同举措。德国、瑞士等国的经验充分表明，把教育政策聚焦到职业教育上，以职业教育助推经济发展，是在新一轮国际竞争中建立可持续竞争优势的重要政策取向。抓好职业教育，培养技术技能人才，从而提升我国的国际竞争力，是国际经验给我们的重要启示。

二、不断丰富现代职业教育体系的理念、框架和内涵

十八届三中全会通过的《关于全面深化改革若干重大问题的决定》有关

职业教育的部署和要求概括起来有六个要点。一是把职业教育摆在更加突出的战略位置，落实好深化教育领域综合改革总体要求，更好地服务经济社会发展、满足人民群众需求。二是科学定位人才培养目标，既要满足当前生产力发展水平的需要，又要满足知识更新、技术进步、生产方式变革的新需要，培养数以亿计的高素质劳动者和技术技能人才。三是注重体现职业教育类型特点，坚持以促进就业为导向，进一步推动专业设置与产业需求、课程内容与职业标准、教学过程与生产过程"三个对接"。四是坚持特色发展路径，完善行业、企业等社会力量深度参与职业教育改革创新的体制机制，推动公办和民办职业教育共同发展，形成职业教育办学新格局。五是深入推进关键领域改革，深化职业教育考试招生制度改革，为人们多次选择和在职学习提供灵活畅通的渠道。六是积极拓展服务面向，构建劳动者终身职业培训体系。基于这些认识，我们需要与时俱进，不断丰富和完善现代职业教育体系理念、框架和内涵。

一要形成服务国家战略和人的全面发展的教育理念。没有现代职业教育理念，就难以指导现代职业教育体系建设。现代职业教育理念要能反映现代人才理念，坚持以人为本，树立全面培养、系统培养、人人成才、多样化人才、终身学习的全新人才理念，致力于促进人的全面发展，致力于让人人成为有用之才。要能反映现代产业理念，适应现代科学技术和生产方式的变革，服务国家和公民个人的技术技能积累与创新。要能反映现代管理理念，处理好政府与社会、政府与市场的关系，形成全社会共办职业教育的合力。要能反映现代法治理念，建立健全法律和制度体系，从直接管理更多地向宏观管理、间接管理转变，激发职业教育的内生动力和创造活力。

二要形成中国特色、世界水平的现代职业教育体系。没有现代职业教育的教育体系是不完整的体系，滞后发展的职业教育绝不是人民满意的教育。当前，我国进入全面建成小康社会的决定性阶段，建设现代职业教育体系的背景、概念、内涵和基础与过去相比已发生了深刻的变化，突出反映在岗位对人才综合职业素养的要求不断提高，群众对终身学习的需求更加迫切。新时期加快发展现代职业教育的重大任务，就是要围绕经济社会发展大局，按照基本实现教育现代化的总体要求，加快构建适应发展需求、产教深度融合、

中职高职衔接、职普相互沟通，体现终身教育理念，具有中国特色、世界水平的现代职业教育体系。

三要形成产教深度融合、校企紧密合作的运行机制。发展现代职业教育，不仅是教育系统的重大任务，还涉及政府、行业、市场各方面，需要重视发挥市场在资源配置中的决定性作用，需要深化产教融合、校企合作，不断完善和健全职业教育的办学体制和管理运行机制。计划经济时期，不同行业各自举办本行业的职业教育，职业院校并不缺少与行业企业的联系。随着市场经济体制改革进程的推进，行业企业逐步剥离了办教育的社会职能，职业教育脱离了与行业企业的紧密关系，对职业教育发展带来一定影响。从实践来看，集团化办学是推动运行机制改革的有效途径。通过开展集团化办学，可以调动行业、企业、学校、研究机构、社会组织等方面的积极性，值得继续探索和完善。

四要形成立德树人、全面培养的现代教育教学模式。教育的核心在于培养人。职业教育绝不是简单地培养一技之长，而是要全面落实素质教育要求，着力培养学生的职业道德、职业技能、就业创业能力。培养职业道德，就是要把立德树人作为根本任务，提高学生的思想品德素养，形成端正严谨的职业态度。培养职业技能，就是要把技术技能作为核心内容，促进职业教育与生产实际紧密结合，提高学生的动手能力、实践能力和创新能力。培养就业创业能力，就是要着眼于学生全面发展和终身发展，使学生不仅学会"做事"，实现就业目标，更要学会"做人"，实现更加幸福、更有尊严的生活。

五要形成更加系统、更加完备的职业教育制度。以 1996 年《职业教育法》颁布为标志，近 20 年来，经过不断丰富完善，我国初步形成了以《职业教育法》为基础，相关法律为补充，有关规范性文件为配套的职业教育法律制度体系框架。但是，从实践情况来看，职业教育的法规、制度和标准建设仍然是制约发展的薄弱环节，制度建设跟不上发展形势需要。同时，由于其政策制定涉及的部门和利益群体众多，职业教育制度和标准建设与其他教育类型相比，显得更加复杂和艰难。只有更加注重与其他教育的相互联系以及内部各要素的相互影响，更加注重各部门的相互配合和改革举措的相互促进，更加注重理论创新、制度创新和机制创新的有机衔接，才能有效推进职业教育制度和标准建设。

六要形成适应事业发展需求、公平普惠的保障条件。经费投入水平是衡量职业教育发展水平的重要标志。"十一五"以来，中央财政投入近 500 亿元加强职业教育基础能力，支持建设了一批具有较高水平和引领作用的示范院校、专业、课程和师资，为深化改革创新创造了条件。同时，从 2009 年秋季学期以来，中等职业教育免学费范围不断扩大，学生资助政策逐步完善，有力地促进了教育公平。但由于多种原因，职业教育仍然是投入比较薄弱的环节。加快现代职业教育体系建设，需要把职业教育作为教育投入的重点，完善经费投入稳定增长机制，突出建设和改革两条主线，既立足改善条件、提高质量，又注重促进公平、广泛覆盖，为事业发展提供有力的保障。

三、全面落实现代职业教育体系建设的重点任务

新近颁布的《国务院关于加快发展现代职业教育的决定》明确了当前和今后一段时期职业教育工作的指导思想、基本原则和目标任务，对现代职业教育体系进行了顶层设计。当前的工作重点就是要贯彻落实决定精神和国务院常务会议的部署，坚定改革方向，坚持以立德树人为根本，以服务发展、促进就业为导向，遵循人才成长规律和职业教育规律，提高教育质量，推进体制机制改革，完善保障制度，优化发展环境，构建中国特色现代职业教育体系，为建设人力资源强国和创新型国家提供人才支撑。

一是全面推进体系建设。职业教育是一种教育类型，而不是一个教育层次。社会上一定程度上存在着"职业教育是低层次的教育"、"普通教育高于职业教育"的错误认识，这其中既有传统文化影响的原因，也有制度安排不合理的问题。经济发展与社会和谐需要以合理的人力资源结构为基础，这个人力资源结构则需通过合理的教育结构来实现。只有统筹各级各类教育，按照类型教育的特点来规划职业教育发展，按照体系要求来设计现代职业教育结构与层次，才能使人才培养的类型、结构、层次、定位更加合理。要构建从中职、高职、本科到专业学位研究生的人才成长"立交桥"，为广大青年打通成功成才大门。坚持学历教育和非学历培训并举、全日制与非全日制并重，推动形成合理教育结构和合理人力资源结构。

二是推动工作重点转型。职业教育已经从比较注重规模扩大转入更加注重内涵建设和质量提高的新阶段。人才有其自身的发展规律和成长周期，相比于硬件设施可以在短期内靠投入得到有效改善，提高人才培养质量则需要长期的艰苦实践和努力付出。只有切实推动工作重点转型，把学校的工作重点和资源配置集中到教学上来，才能为提高人才培养质量奠定基础。要改革德育课和思想政治理论课，全面提高学生的社会公德和职业道德。要推进人才培养模式创新，加大实习实训在教学过程中的比重，创新顶岗实习形式，强化以育人为目标的实习实训考核评价。要加快形成行业企业、用人单位和第三方机构等多方深度参与的质量评价机制，完善职业教育质量评价制度。

三是完善相关制度标准。推进职业教育的制度与标准建设是一项系统工程，涉及的方面很多。在进一步的工作中，要特别注重教育和产业政策并举并重，着力在行业指导制度、企业参与制度等方面取得突破。要加强综合协调和统筹管理，努力推进教育和生产过程相衔接、与劳动制度相配套、与社会评价相结合，力争在产教融合、职普沟通、中高职衔接、行业企业参与、"双证书"制度以及完善就业政策、提升技术技能人才地位等方面取得新突破。要抓紧推动管理方式转型，在院校评价、人事管理、绩效考核等关键方面做出实质性的变革，巩固和强化类型教育特点，继续探索特色鲜明的发展道路。

四是形成事业发展合力。产教融合、校企合作是遵循职业教育人才培养规律，推动职业教育科学发展的关键举措。随着市场化程度不断提高，非政府组织的作用将不断增强，因此进一步整合社会力量，形成事业发展合力，对于加快发展现代职业教育至关重要。这就要求我们健全发展体制机制，推动职业教育的治理结构转型。政府层面要进一步发挥职业教育工作部门联席会议制度的作用，加强对职业教育工作的统筹。行业层面要推进产教对话协作机制建设，提升行业指导能力。企业层面要积极开展校企合作，发挥举办职业教育的主体作用。院校层面要吸收行业企业人员组成学校理事会或董事会，推动行业企业参与职业院校治理的决策机制，同时要进一步深化集团化办学，促进教育链和产业链的有机融合。继续引导和支持社会力量捐资、出资兴办职业教育，推动民办职业教育发展，探索发展股份制、混合所有制职业院校。

五是加强教师队伍建设。职业学校教师从事的是一项专业性、创造性很强的工作，能否培养一大批既能胜任理论教学，又能指导学生实践的"双师型"教师，是关乎职业教育教学改革成败的关键问题。从当前情况来看，"双师型"教师队伍数量不足、结构不合理的问题还很突出，这与大力发展职业教育的战略要求极不相符，必须引起更多的关注。要抓紧完善"双师型"教师队伍培养培训体系，既要注重内部人才挖潜，又要加强外部人才引入，建立固定岗位与流动岗位相结合、专职与兼职相结合的用人新机制，吸引更多优秀人才投身职业教育。

六是积极发展继续教育。近年来，职业院校主动开展农民工转移技能培训、下岗职工再就业培训等工作，为城镇化进程的推进和公共就业服务体系的完善发挥了重要作用。加强职业教育和继续教育衔接，在做好学历教育的基础上，开展面向人人、面向全社会的继续教育，是职业院校重要的发展方向。在这方面，很多院校的潜力发挥还不够，还有很大的提升空间。职业院校要把继续教育作为重要工作内容，整合工作平台和资源库，完善服务机制，在服务行业企业职工培训、满足社区建设和社会成员终身学习的需求等方面取得新的进展。

七是鼓励地方先行先试。全面推进职业教育改革，既要加强顶层设计，又要尊重群众和基层的首创精神。在推进改革的过程中，特别是对于牵一发而动全身的重大问题，选择部分地区和领域开展试点，为改革攻坚提供鲜活经验和实践标杆，是推进改革的有效机制。要完善顶层设计与地方实践相结合的协同创新机制，依托 10 个国家职业教育改革试验区和 56 项国家职业教育体制改革试点，鼓励地方进一步先行先试，向发展现代职业教育聚焦，为完善职业教育国家制度提供更多的实践案例和典型经验。

八是扩大对外交流合作。随着经济体量的增大，我国在国际上发挥的作用也会相应增大。职业教育要坚持"请进来"与"走出去"并举，积极成为国际事务的参与者，完善双边和多边合作机制，深化在发展战略、宏观政策和制度机制等领域的对话与合作。要积极成为国际标准的建设者，借鉴先进理念、模式和方法，创设体现职业教育规律、具有国际水准的教育标准。要积极成为职业教育领域国际资源的提供者，开展职业教育国际援助，提高我国职业教育的国际影响力和竞争力。要积极成为中国企业和产品"走出去"战略的合作者，探索与之相配套的职业教育发展模式，注重培养符合中国企业海外生产经营需求的本土化人才。

第一部分

宏观发展战略研究

1

人才强国战略与职业教育体系建设研究

北京大学人力资本与国家政策研究中心课题组

摘　要

国际金融危机以来，针对失业率高企及经济低迷的困境，美国等发达国家反思以金融创新为主导的虚拟经济的不可持续性，提出再工业化的经济战略，奥巴马计划在五年内实现出口倍增，这些都体现了回归实体经济的战略思维。经济实践表明，实体经济发展取决于劳动力、物质资本、人力资本及技术创新。美国等发达国家已经位居世界科技前沿，发达的金融市场预示着资金不会成为瓶颈，因而本次重回实体经济的政策重点必然落在人力资本的提升，以此提高产品核心国际竞争力。尽管中国当前经济总量已经跃居世界第二，出口位居世界第一，但中国仍然是发展中国家，而且以制造业为主导的工业成为经济发展的主要引擎，因而大力发展实体经济理应成为当前及未来长期的经济重点。

观察中国实体经济发展所面临的挑战，劳动力市场变化无疑成为最重要的因素。近年来从民工就业难到"民工荒"，从单位拖欠民工工资到工人集体谈判，种种迹象表明劳动力市场的买方垄断时代已经逐步远去，廉价劳动力不能再担当经济发展的优势因素。大学生就业难和"技工荒"现象的并存也表明，影响经济结构转型的主要瓶颈已经逐渐从物质资源转变为人力资本要素。与此同时，资源要素市场也经历了相似的转变，持续经济增长带动资源投入的超量需求，出现了经济增长与"煤荒、油荒及电荒"并存的尴尬局面，粗放型经济增长方式已经显示内在的问题，实体经济发展必然需要转到依靠人力资本及科技进步上来。

人力资本及科技进步归根到底应依靠人才的培养及创新机制的形成，我国审时度势提出的人才强国战略就是对此的恰当阐述。人才强国战略的实质就是提供与经济发展相适应的人力资源，优化人力资本对经济发展的促进作用。其内涵是通过构建科学人才培养体系，培育规模宏大、结构合理、素质精良的人才队伍；完善高效用人体制机制，形成人尽其才、流动充分、创新活跃的制度环境；健全人才保障制度，构建兼具灵活性和稳定性的劳动力市场；增强人力资源对经济增长的贡献，促进充分就业，最终实现经济强国的目标。

人才强国战略是一项复杂的系统性工程，从宏观层面看，人才强国战略必须服从和服务于充分就业、经济增长的目标；从中观层面看，人才强国战略体现在人才数量丰富、人才结构合理、人才素质精良、人才高效配置、人才保障有力五个方面；从微观层面看，人才强国体现为个体人力资本的提升及其就业能力的增强，包括个体受教育质量提高，增强个人的就业能力和创新精神，最终体现为人力资本的提升和优化，实现多层次现代教育体系、公平的受教育机会、灵活的在职培训体系、完善的人才考核体系、可持续的就业能力、高效的产业职业体系以及国际化的创新实践能力。

人才强国战略是经济强国战略的系统性工程，其有效实施不仅有赖于科学的顶层设计，还取决于能否适应经济发展的阶段性诉求。中国尚处于工业化的关键阶段，跃升为制造业大国的国情决定了发展职业教育对中国意义重大。职业教育是中国人才强国战略的重要组成部分：首先，职业教育是社会人才培养体系的重要环节，它有利于提高劳动者技能和劳动生产率，从而增加人力资本积累；其次，职业教育为制造业等产业升级换代提供人才支撑，使人才结构更适应经济社会发展的需要；第三，职业教育提供多样化受教育机会，促进教育公平。

结合发达国家和地区经验来看，工业化过程一般都伴随着职业教育规模的扩张。德国、日本、韩国和中国台湾等国家或地区工业化与职业教育发展之间表现出较高的相关性。

首先，工业化过程的推进伴随着职业教育总体规模的变动，在工业化前期，职业教育规模一般较小；从工业化初期到中期之前，职业教育规模呈现持续扩大的趋势；工业化后期，职业教育一般会调整收缩，其发展历程表现为依据工业化不同阶段而经历"增长—扩张—高峰—调整—收缩"的过程。

其次，不同工业化模式要求职业教育与之相适应。德国在工业化后期经历了职业教育规模收缩，但从后工业化时期的1990年代中期开始，德国明确了提升制造业核心竞争力的政策，使得其职业技术人力资本存量在后工业化阶段恢复性增长并持续发展，中国台湾地区的职业教育发展模式在很大程度上与德国的经验类似，而日本与韩国的职业教育发展规模基本与第二产业就业规模同步变动。

第三，职业教育体系在工业化过程中日趋完善，包括职业教育立法的完善，职业教育层次体系的优化，职业教育从产业导向型和需求被动适应型发展到体系化、普及化和义务化，以及学校、学制和课程设置的完备健全。

中国目前正处于工业化中期向后期推进的关键阶段，结合中国的经济指标及人才强国战略衡量，职业教育还存在明显差距。首先，从增长速度看，中国职业教育的扩张速度与工业化进程不相匹配。其次是职业教育内部结构亟须调整，中等职业教育在职业教育中占据主要份额，高等职业学校直到21世纪初期才开始较快增长，职业教育质量与普通教育存在较大差距，并且不同类型职业教育的质量参差不齐，体现在生师比、生源质量、教师素质和教学效果的显著差别。第三是职业教育生均经费支出低于普通教育，中等普通教育生均经费与职业教育生均经费的差距呈现逐步扩大的趋势。第四是职业教育发展滞后导致我国产业技能型劳动力不足，制造业的附加值较低以及高端服务业发展乏力。各行业技术创新能力不强，安全生产事故频发，产品质量问题突出。最后是职业教育的发展规模和培养质量赶不上企业对高技能人才快速上涨的需求，在劳动力市场上表现为高技能人才的供需缺口增大。

针对我国现代职业教育体系与人才强国战略的差距，未来必须结合工业化进程稳步构建相应的经费及质量保障机制，应对现代职业教育体系发展潜在的问题。结合工业化国家及地区的经验测算，未来中国职业教育规模还有将近一倍的上升空间。工业化国家职业教育规模从峰值的一半水平到达峰值平均经历 15 年左右的时间，按此推算，我国将在 2025 年达到职业教育规模的顶峰，届时职业教育学生人数将达到 5200 万，这意味着未来 15 年中国职业教育学生数年均增长率需要达到 6.1%。按照这一发展规模，政府应重点在教育经费、教师规模和质量等方面予以重点保障。

一方面，需要构建未来各时期现代职业教育发展的经费保障体系。依据工业化国家和地区的经验，工业化后期职业教育经费支出总量占 GDP 的比重为 0.9%—1.7%，平均水平维持在 1.2%。按照之前的判断，我国在"十三五"期间进入工业化后期，那么支撑我国职业教育整体发展规模的职业教育经费支出占 GDP 的比重也将接近发达国家工业化后期的水平。未来 15 年职业教育经费支出总额的实际年均增长率需要达到 10.9%，"十二五"期间实际年均增长率将保持在 14.1%，经费总额将从 2012 年的 3370 亿元增长到 2015 年的 4935 亿元；生均经费未来 15 年的年均增长率需要达到 6.5%，"十二五"期间年均实际增长率为 8.5%。

未来职业教育发展所需的经费支出规模要求职业教育投入与之相适应。依据发达国家和地区在工业化中后期的经验，职业教育经费占教育经费的比重应在 17.1%—25.0%，财政性职业教育经费占财政性教育经费的比重略低于该区间。以此估计财政性职业教育经费的投入总量，"十二五"时期的实际年均增长率需要达到 16.6%，并在该时期末达到 2944 亿—3684 亿元，财政性教育经费投入到职业教育中的比重在"十二五"末期需达到 11.8%—14.8%，才能够基本满足未来十五年职业教育发展规模。

另一方面，需要构建未来各时期现代职业教育发展的质量保障体系。工业化过程中职业教育规模的扩张不仅需要教育经费的支撑，还得通过其他方面保障现代职业教育体系的发展，特别是职业教育教师队伍建设。2008 年 OECD 主要国家中等职业教育生师比平均为 13.3，大学阶段为 12.8。据此测算，我国未来应该进一步降低生师比，尤其是中等职业教育的生师比。"十二五"时期职业教育专任教师的年均增长率需要维持在 7.95%—8.96%，高于职业教育学生增长率 4.66%—6.08% 的水平。到该时期末，专任教师数量需要达到 190 万人左右。

职业教育教师规模和质量的保障受到多方面因素的制约，其中最重要的因素之一为教师待遇。2007 年德国、日本和韩国的中等教育经费中教师和辅助人员的工资福利支出比重大约在 80%，OECD 国家平均水平为 78.8%；上述国家高等教育经费中教师和辅助人员的工资福利支出比重在 60% 以上，OECD 国家平均水平为 68.1%。而中国 2009 年职业教育该比重仅为 38.5%。因而"十二五"时期职业教育教师工资和福利的增长率大约需要保持在年均 16.8%，在该时期末职业教育教师工资和福利支出比重达到 45.9%，才能逐步缩小其与发达国家和地区的差别，保障职业教育从教人员的队伍稳定性和职业教育质量的稳步提升。

一、引　言

2000 年来经济全球化深入发展，全球经济继美国网络泡沫之后进入新的景气阶段，但美国等发达国家外部经济出现持续膨胀的赤字，而中国等新兴经济体出现持续扩大的外部盈余。在此背景下，美国等发达国家以金融创新为经济动力，以开发高收益的金融产品为导向，向世界各国出售金融衍生产品，具有外部盈余的国家的储蓄资金源源不断流入美国等国际金融市场，美国等发达国家吸收资本流入弥补外部失衡，如此循环，支撑着发达国家依赖金融产品透支消费模式的持续进行。然而，国际金融危机的爆发对全球经济产生重大冲击，维系全球经济外部失衡的发达国家外部资本借贷戛然而止，全球经济失衡的模式难以持续，全球经济出现外部强制性平衡，中国等新兴市场国家出口大幅下降，而发达国家外部赤字也急剧缩小，全球贸易急剧萎缩，世界主要国家宏观经济稳定性遭受冲击，寻求新的经济增长模式成为世界各国首要考虑的重点话题。

针对失业率高企及经济低迷的困境，美国等发达国家反思以金融创新为主导的虚拟经济的不可持续性，提出再工业化的经济战略，奥巴马计划在五年内实现出口倍增，这些都体现了回归实体经济的战略思维。经济实践表明，实体经济发展取决于劳动力、物质资本、人力资本及技术创新。美国等发达国家已经位居世界科技前沿，发达的金融市场预示着资金不会成为瓶颈，因而本次重回实体经济的政策重点必然落在人力资本的提升，以此提高产品核心国际竞争力。发达国家的实践表明，发展实体经济才是经济可持续发展的保障。尽管中国当前经济总量已经跃居世界第二，出口位居世界第一，但中国仍然是发展中国家，而且以制造业为主导的工业成为经济发展的主要引擎，因而大力发展实体经济理应成为当前及未来长期的经济重点。

改革开放以来，我国凭借劳动力富足、大量要素投入及制度变革，充分发挥我国经济的比较优势，通过粗放型经济发展方式，实现了30多年的高速发展，这个成绩令世界称为奇迹而备受关注。然而，近年来我国劳动力市场开始出现重大变化，从民工就业难到"民工荒"，从单位拖欠民工工资到工人集体谈判，种种迹象表明劳动力市场的买方垄断时代已经逐步远去，廉价劳动力不能再担当经济发展的优势因素。大学生就业难和"技工荒"现象的并存也表明，影响经济结构转型的主要瓶颈已经逐渐从物质资源转变为人力资本要素。与此同时，要素市场也经历了相似的转变，持续经济增长带动资源投入的超量需求，出现了经济增长与"煤荒、油荒及电荒"并存的尴尬局面，粗放型经济增长方式已经显示内在的问题，实体经济发展必然需要转到依靠人力资本及科技进步上来。

人力资本及科技进步归根到底应依靠人才的培养及创新机制的形成，我国审时度势提出的人才强国战略就是对此的恰当阐述。我国《2002—2005年全国人才队伍建设规划纲要》就提出：实施"人才强国"战略，开发利用国际国内两个人才市场、两种人才资源，紧紧抓住培养人才、吸引人才、用好人才三个环节，为改革开放和现代化建设提供坚强的人才保证。2007年，党的十七大报告强调要"更好实施科教兴国战略、人才强国战略、可持续发展战略"。2010年政府工作报告也提出"全面实施科教兴国战略和人才强国战略"，应对中国经济结构转型中出现的人才总量和结构性矛盾。然而，人才强国具有丰富的内涵，必须深入研究，才能准确解释其深刻含义。此外，人才强国战略与经济发展阶段息息相关，当前中国作为制造业大国，与之相对应的职业教育必然成为人才强国战略的重要内容。为此，本报告将阐述人才强国的必要性、内涵及职业教育体系在人才强国战略中的地位,并且重点从工业化进程角度阐述发达国家和地区职业教育发展经验,评估中国职业教育发展的差距,并对构建与未来中国工业化进程相适应的职业教育体系进行预测。

二、人才强国战略是中国经济可持续发展的客观要求

经济可持续发展是当今世界各国追求的重要目标。一个国家若想实现经济可持续发展,就必须通过:持续提升人力资本,提高劳动生产率,应对劳动力成本上升;持续推动科技进步,促进产业持续升级;持续推动人力资本占比,提高居民收入比重,防范收入分配差距过大;持续推动生产创新,促进经济结构逐步优化,最终达到经济社会的和谐发展。改革开放以来,我国经济实现高速发展,但经济发展长期赖以支撑的模式呈现不可持续的现象,实施人才强国战略成为保障中国经济可持续发展的客观要求。

(一) 中国经济可持续发展的挑战

经济理论认为,资本与劳动是构成经济发展的两大因素。但当前劳动力因素基本面已经发生明显的变化,总量扩张的空间显著缩减。随着多年来计划生育政策的实施和人口结构自身的周期性转变,我国的劳动力总量供大于求的状态已不复出现,人口抚养比的走势表明(见图1),从“十二五”时期开始,我国的少年抚养比持续下降,老年抚养比不断攀升,青壮年劳动力的“蓄水池”将面临输出增加而输入下降的态势,总抚养比在中长期内都将处于上升区间,人口老龄化的趋势十分明显。劳动年龄人口的缩减虽然可能有助于解决多年来困扰中国劳动力市场的就业问题,但是随之产生的劳动力总量缩减促使劳动力的供给逐步下降,凭借劳动力总量扩张支撑的经济发展难以为继。

当然,劳动力总量变化并不意味着劳动力成本的必然上升,中国城乡二元结构塑造了城乡分割的劳动力市场,如果农村具有大量剩余劳动力,那么城乡劳动力转移将支撑经济发展的劳动力低成本优势,因而判断劳动力转移

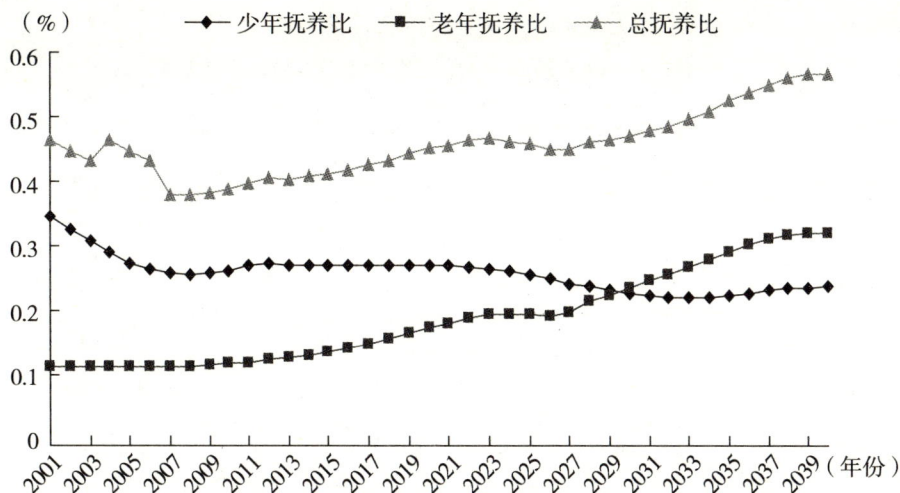

图1　中国人口抚养比走势（2001—2039）

资料来源：周渭兵（2004）。

空间对于客观评估中国劳动力因素具有重要意义。结合经验数据来看，农村劳动力也已经开始出现显著的变化（见图2），农村劳动力存量于20世纪90年代末期达到4.9亿的峰值之后，出现了逐年递减的趋势；农村外出务工人员的增量在2000年达到2.3亿的最高值，但近10年间均出现了迅速递减的态势，外出务工人员的总量和比重增长趋势已经明显放缓。

比较OECD和主要东亚国家或地区的农业劳动力比重可以发现（见图3），19世纪80年代，OECD国家农业劳动力占比均值在50%以上，经过一个世纪的发展逐步降低到20世纪90年代的9%，日本、中国台湾和韩国在"二战"后凭借"后发优势"和经济追赶效应，迅速完成了就业结构转型。中国21世纪前10年的农业劳动力比重约为40%，而上述国家或地区恰好在类似的农业劳动力比重阶段开始经历技术独立、劳动密集型产业转型等重要历史转折，依据这些经济起飞国家和地区的经验推断，中国已经进入劳动力结构变动内生要求经济发展方式转型的关键时期。

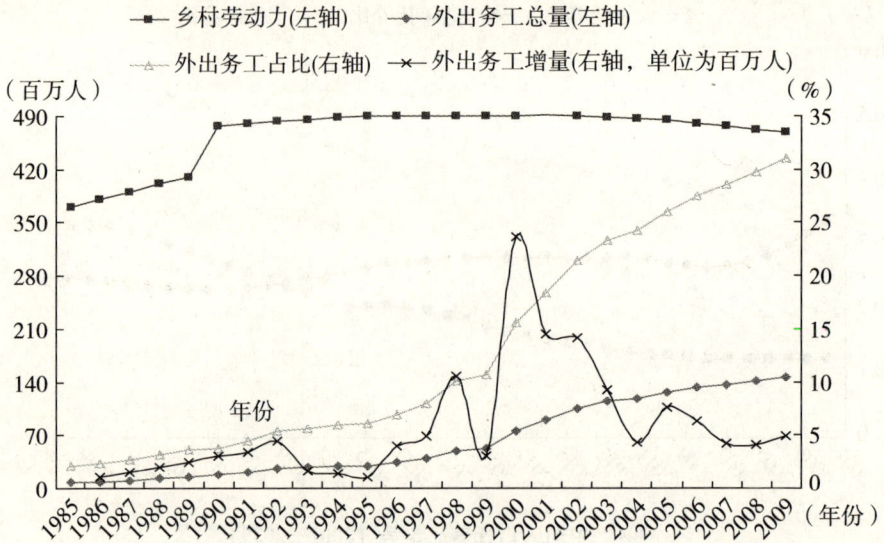

图2 中国乡村劳动力总数和转移状况（1985—2009）

资料来源：《中国农村统计年鉴2006》和2007—2009年《农民工监测调查报告》整理，后者来自国家统计局，http：//www.stats.gov.cn/tjfx/fxbg/index.htm。

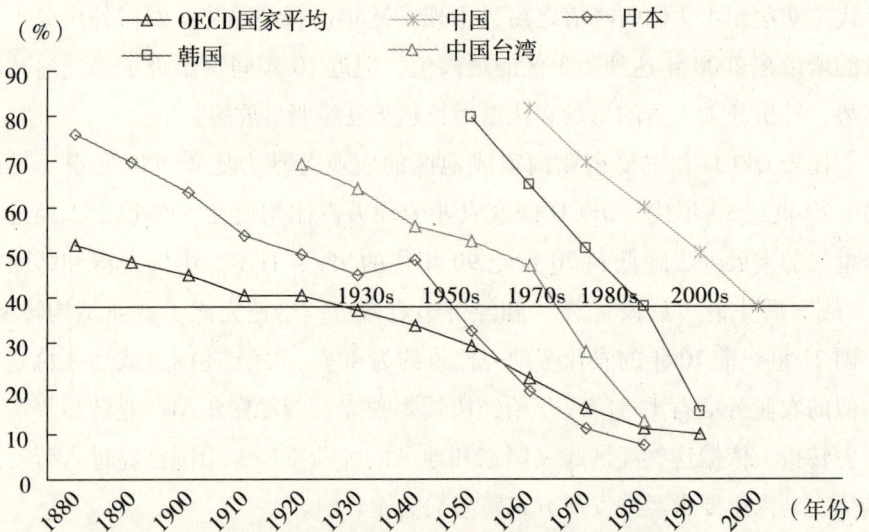

图3 OECD国家、中国和其他东亚国家或地区农业劳动力比重

（19世纪80年代至21世纪前10年）

资料来源：国际劳工组织，http：//www.ilo.org。

与劳动力同为生产要素的自然资源，对于助推中国经济快速成长贡献巨大，但也日益显现粗放投入供给的不可持续性。由于工业化和城市化高速推进，中国对基础金属原材料和能源消费增长较快并超出早年预期。进入新世纪后，中国钢产量更以令人惊诧的速度扩张（见图4），2000年钢产量达到1.27亿吨，2010年飙升到6.27亿吨，占全球钢产量的40%，是美、德、日、俄、英五国的1.8倍左右。随着中国金属消费量增长，金属消费量占全球比重也快速提升。2001—2010年我国铁矿石消费占全球比重从大约30%上升到70%，铜铝从15%左右上升到40%上下，石油消费从6.3%增长到10.4%（卢锋，2011）。中国经济体量增长形成对大宗商品供求格局的影响，以铁矿石为例，巨大的钢铁需求对铁矿石进口形成巨大依赖，铁矿石价格出现飙升的现象。尽管铁矿石等大宗商品价格变化因素极为复杂，既有基本面因素，也有金融投机等因素，但不可否认的是，本轮铁矿石等大宗商品价格的上升背后具有清晰的中国因素，潜在的含义是自然资源的要素价格上升预示着中国经济增长将受到要素投入的限制。

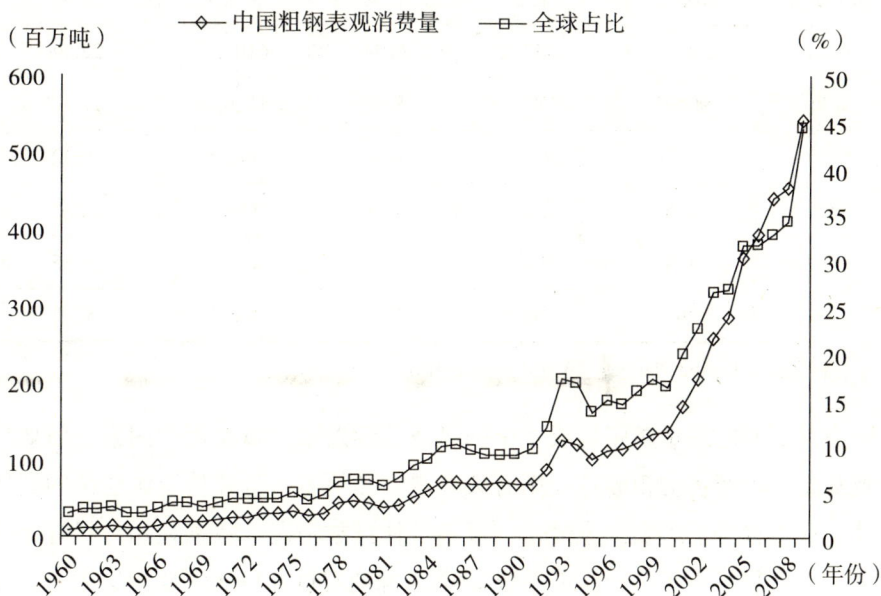

图4　中国历年粗钢表观消费量及其全球占比（1960—2008）

资料来源：中国数据根据历年《中国钢铁工业年鉴》产量和净出口数据计算得到，全球数据来自历年《Steel Statistical Yearbook》。

表1　主要国家经济与温室气体排放

国　家	GDP （10亿美元）	能源消费 （百万吨油当量）	单位GDP能源消费 （万吨油当量/亿美元）	二氧化碳排放 （百万吨二氧化碳）	单位GDP二氧化碳排放量 （万吨二氧化碳/亿美元）
美国	13201.8	2340.3	1.77	5975.1	4.53
日本	4340.1	530.5	1.22	1273.6	2.93
德国	2906.7	344.7	1.19	880.3	3.03
英国	2345	233.9	1.00	557.9	2.38
法国	2230.7	276	1.24	408.7	1.83
意大利	1844.7	185.2	1.00	448	2.43
加拿大	1251.5	272	2.17	560.4	4.48
俄罗斯	986.9	646.7	6.55	1577.7	15.99
澳大利亚	768.2	122	1.59	390.4	5.08
中国	2668.1	1717.2	6.44	6103.5	22.88
印度	906.3	537.3	5.93	1510.4	16.67
巴西	1068	209.5	1.96	352.5	3.30
南非	255	127.6	5.00	414.7	16.26
韩国	888	213.8	2.41	475.3	5.35
墨西哥	839.2	176.5	2.10	436.2	5.20

资料来源：United Nations；World Bank；IEA.

　　自然资源的总量扩张构成了中国经济持续发展的重要制约因素，但如果由此认定中国经济的粗放特征则有失客观，必须进一步评估资源能源的利用效率。表1报告了主要国家经济与温室气体排放情况。数据显示，尽管中国的能源消费总量小于美国，但单位GDP能源消费量却位居主要国家第二，在2006年达到6.44万吨油当量/亿美元，仅次于俄罗斯。而在二氧化碳排放数量及单位排放量指标上，中国在主要国家中都位居前列，而且单位排放量远远高于其他国家。表明中国经济的能源效率明显位于低水平。

　　上述几方面因素证明了中国经济粗放增长的事实。进一步从宏观指标来看，中国经济也呈现明显的粗放型增长特征。从我国绿色 GDP 统计状况就可以发现（见图 5），2005—2009 年我国绿色 GDP 占名义 GDP 的比重基本上都在 35% 以下，这意味着由于依靠物质资本投入驱动经济增长，中国在发展过程中损耗了大量资源，真实经济增长因此缩水了大约三分之二。同时，我国劳动生产率也处于中低水平，国际货币基金组织（IMF）2010 年 4 月公布了 2009 年世界各国人均 GDP 指标，中国以 3678 美元的水平排名全球第 100 位，与发达国家甚至和部分发展中国家相比都具有很大差距，巴西、墨西哥、马来西亚和南非的人均 GDP 分别达到了 8220、8135、6897 和 5824 美元，远高于中国的水平。"轻人力资本、重物质资本"的非均衡增长模式带来的负面影响促使人们反思其可持续性。

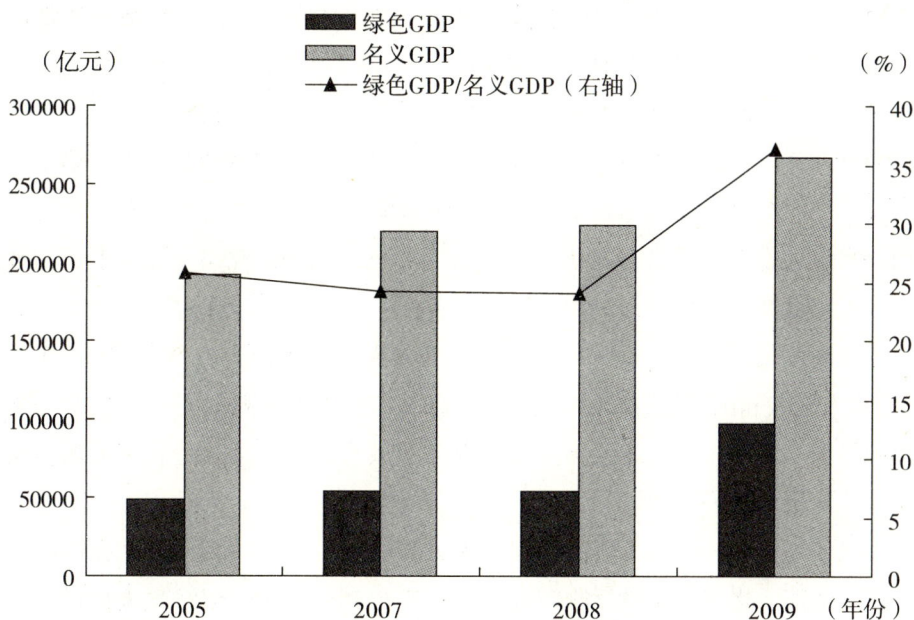

图5　中国绿色 GDP 与名义 GDP（2005—2009）

资料来源：中国资讯行，http：//www.infobank.cn。

（二）人才强国战略内涵

劳动力总量及存量调整空间的缩减预示着中国经济增长的劳动力要素粗放投入时代即将终结，人口红利时间窗口逐步关闭。劳动力总量优势逐步消失，劳动力粗放投入应转向提升劳动生产率，靠人力资源发展，最终依靠人才强国战略的实施，提升人力资本水平及创新能力，拓展生产可能性边界，实现第二次人口红利。能源资源要素的粗放投入及能源资源价格的持续上涨也内在地要求人才强国战略的落实，充分发挥科技第一生产力和人才第一资源作用，增强自主创新能力，推动发展向依靠科技进步、劳动者素质提高、管理创新转变。

人才强国战略是我国当前的一项重要发展战略。2003 年，第一次全国人才工作会议通过了《关于进一步加强人才工作的决定》，提出实施人才强国战略是党和国家一项重大而紧迫的任务，要建设规模宏大、结构合理、素质较高的人才队伍，开创人才辈出、人尽其才的新局面，把我国由人口大国转化为人力资源强国。2006 年的《中华人民共和国国民经济和社会发展第十一个五年规划纲要》也提出，推进人才强国战略。2007 年，党的十七大报告强调要实施科教兴国战略、人才强国战略、可持续发展战略。《国家中长期教育改革和发展规划纲要（2010—2020 年）》也明确提出"到 2020 年，基本实现教育现代化，基本形成学习型社会，进入人力资源强国行列"。2011 年的《中华人民共和国国民经济和社会发展第十二个五年规划纲要》再次要提出实施科教兴国战略和人才强国战略，要加快教育改革发展，造就宏大的高素质人才队伍。

人才强国首先是人力资源强国，人力资本的重要性体现了人才强国战略的巨大动能。诺贝尔经济学奖获得者舒尔茨在 1960 年就指出："人口质量和知识投资在很大程度上决定了人类未来的前景。"世界银行 1997 年发布的报告指出，大多数国家 60% 以上的社会财富是由人力资本构成的。根据舒尔茨的定义，人力资本是体现在劳动者身上的一种资本类型，它以劳动者的数量和质量，即劳动者的知识程度、技术水平、工作能力以及健康状况来表示，是这些方面价值的总和①。受边际收益递减规律的制约，单纯靠物质资本投入无法带来可持续的经济增长。人力资本不仅可以提高个人的劳动生产率，而且还具有正外溢性（Lucas，1988）。首先，人力资本积累能够增强经济体的创新能力，从而推动新技术、新产品和新工艺的创造以及促进技术的扩散与吸收。其次，在家庭层面，教育对配偶及子女的人力资本积累都有积极影响。

人才强国战略的实质就是提供与经济发展相适应的人力资源，优化人力资本对经济发展的促进作用。其内涵是通过构建科学人才培养体系，培育规模宏大、结构合理、素质精良的人才队伍；完善高效用人体制机制，形成人尽其才、流动充分、创新活跃的制度环境；健全人才保障制度，构建兼具灵活性和稳定性的人才市场；增强人力资源对经济增长的贡献，促进充分就业，最终实现经济强国的目标。具体来说，人才强国战略是一项复杂的系统性工程，必须从宏观、中观和微观三个层次进行解读（见图6）。

首先，从宏观层面看，充分就业、经济增长属于一国经济发展的最终目标范畴，人才强国战略必须服从和服务于上述目标。人才强国战略结合现代人才培养机制，通过培育规模宏大、结构合理、素质精良的人才队伍，促进人尽其才和才尽其能，实现充分就业的目标。同时，人才强国战略促进人才与经济的高效结合，最终体现为国家创新能力和生产率的持续提升，增强国家经济长期竞争力，实现经济长期持续增长。

其次，人才强国的宏观内涵尽管明确了方向，但却缺乏可操作性，必须在中观层面上结合经济发展作进一步的细化，让人才强国战略成为可度量、可管理、可实施的宏观蓝图。从中观层面看，人才强国战略体现在以下方面：（1）人才数量丰富，即要有规模宏大的各层次人力资源。（2）人才结构合理，即要有与经济发展需要相适应的人才结构，劳动力的学历层次结构合理，在教育层面体现在普通教育与职业教育的有机互补，专业设置与产业发展的需要相匹配。（3）人才素质精良，即各层次人才队伍的质量位居世界前列，具有极强的创新能力。（4）人才高效配置，即完善激励约束机制，要人尽其

---

① OECD（2001）的报告中将人力资本定义为"个人拥有的能够创造个人、社会和经济福祉的知识、技能、能力和素质，也就是人能创造的社会财富"。

才，健全人才市场化配置和人才自由流动体系，确保个人的人力资本投资得到合理回报。（5）人才保障有力，即建立具有国际竞争力的人才保障储备制度，成为国际人才吸纳、聚集和培育开发的中心，尤其是推进高质量人才的引进和回流，形成具有高度灵活性和稳定性的人才队伍。

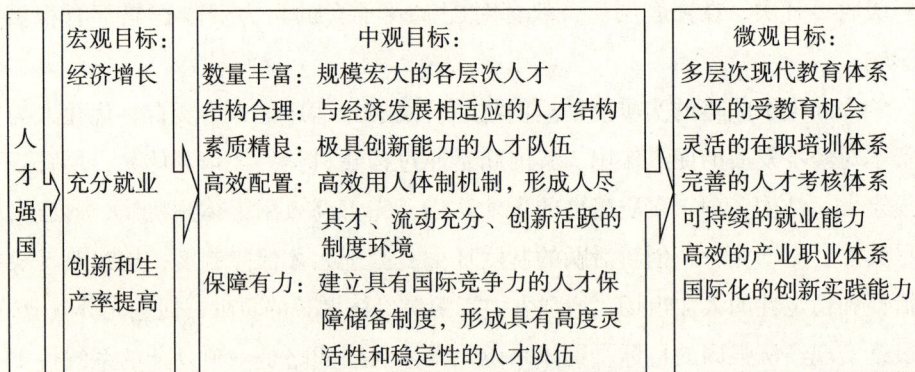

图6　人才强国战略内涵体系

人才强国战略的宏观、中观目标的实现，最终都必须依赖于微观制度的设计。从微观层面看，人才强国体现为个体人力资本的提升及其就业能力的增强，直接表现为个体受教育质量提高，增强个人的就业能力和创新精神，最终体现为人力资本的提升和优化。主要表现在以下几方面：（1）多层次现代教育体系。完善普通教育与职业教育等现代教育培养体系，增加公民受教育选择机会。（2）公平的受教育机会。根据个体教育需求及经济发展的需要，创造公平的教育环境，实现人人均有受教育的机会。（3）灵活的在职培训体系。经济发展伴随产业结构演变，通过构造灵活的在职培训体系，促进个体职业生涯转变适应产业发展的需要。（4）完善的人才考核体系。通过构建完善的人才考核体系，为人才培养质量把关，促进人才质量的提升。（5）可持续的就业能力。个体通过教育增进知识和技能，并最终体现在受教育之后职业能力的提高，个人在接受教育之后能够找到与自己能力相匹配的工作岗位，而且具有可持续发展的前景。（6）高效的产业职业体系。经济发展也要与人才资源相适应，最大限度地促进人力资本对经济发展的贡献。（7）国际化的创新实践能力。人才队伍具有国际竞争力，确保国家持续发展并保持经济强国的地位。

（三）人才强国战略促进中国经济可持续发展

人才强国是经济强国的必要条件，人才强国战略服务于经济强国建设，当前中国正处于从经济大国向经济强国的发展过程中，人才强国战略对于实现经济可持续发展并最终实现强国之梦具有重要作用。纵观世界各国的经济发展史，举凡经济强国都具有全球顶尖的人才队伍和教育体系。图 7 是 2009 年世界各国人均 GDP 水平和人才教育指数的散点图①，可见当今世界的经济强国也都是人才强国。

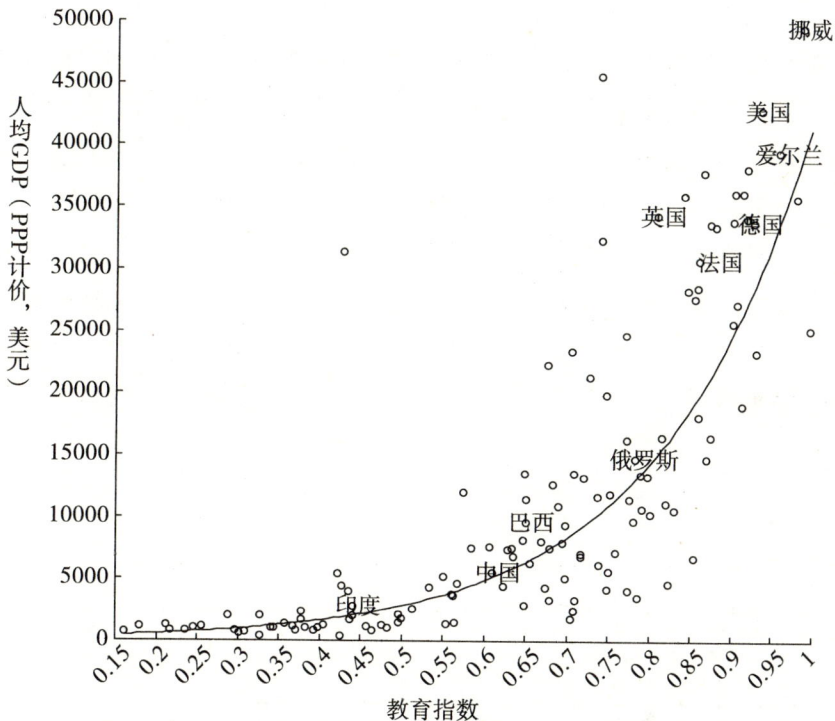

图7 2009 年世界各国人均 GDP 和人才教育指数的关系（PPP 计价）

资料来源：世界银行"世界发展指数"（World Development Indicators）和联合国人类发展指数。

---

① 人才教育指数是联合国人类发展指数中的一项子指标，它的构建方法是：人才教育指数 = 2/3（成人识字率）+ 1/3（综合毛入学率）。

经过改革开放至今三十多年的高速经济增长，中国已成为全球第二大经济体和第二大贸易体，但中国经济增长的成就主要由物质资本高投资拉动，人力资本现状无法与快速增长的物质资本相匹配。中国在全球 192 个国家当中人才教育指数排第 118 位，落后于巴西、马来西亚、俄罗斯、墨西哥、南非等新兴市场国家，甚至低于中国人均 GDP 水平在世界的排名（第 99 位）。人力资本积累不足将成为中国经济实现可持续增长的一项重要障碍，导致中国经济难以实现产业优化和升级，难以实现从"中国制造"到"中国创造"的跨越。因此我国提出建设人才强国既具有战略重要性，也具有十足的迫切性。

图 8 是 2008 年世界各国高技术出口所占的份额，我国高技术出口占世界的份额仍处于较低水平。落后产业结构的锁定对我国经济可持续增长将是非常不利的，特别是未来我国在能源、物质资本和劳动力等方面的成本优势都将逐步减小甚至消失。中国经济的可持续增长必须实现产业结构的优化升级，从"中国制造"向"中国创造"转变，从"制造业大国"向"制造业强国"转变。而只有具有丰富的高层次和高技能人才，才能为高技术、高附加值产业提供支撑。世界上高技术产业比较发达的国家，都具有十分发达的人才教育体系。图 9 显示，人才教育指数更高的国家，高技术产品出口占制造业出口的比重更高。

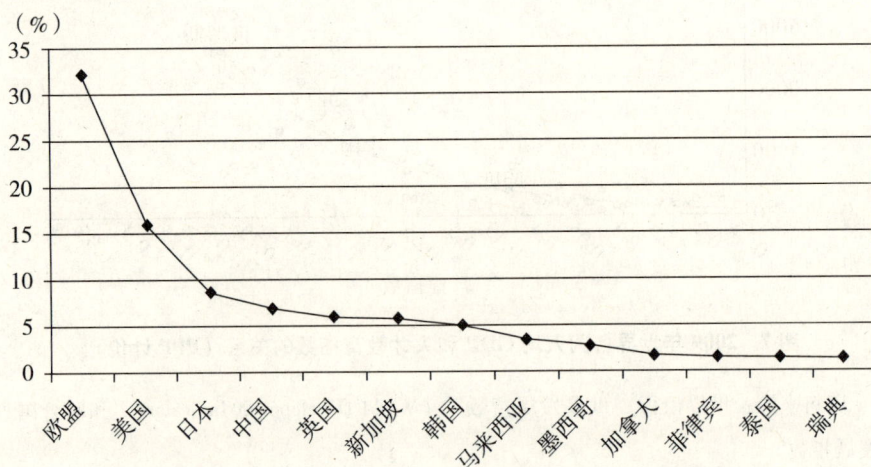

图 8　2008 年世界各国高技术产品出口占世界份额

资料来源：世界银行"世界发展指数"（World Development Indicators）。

（%）
● 各国高技术产品出口额占制造业总出口额的比重

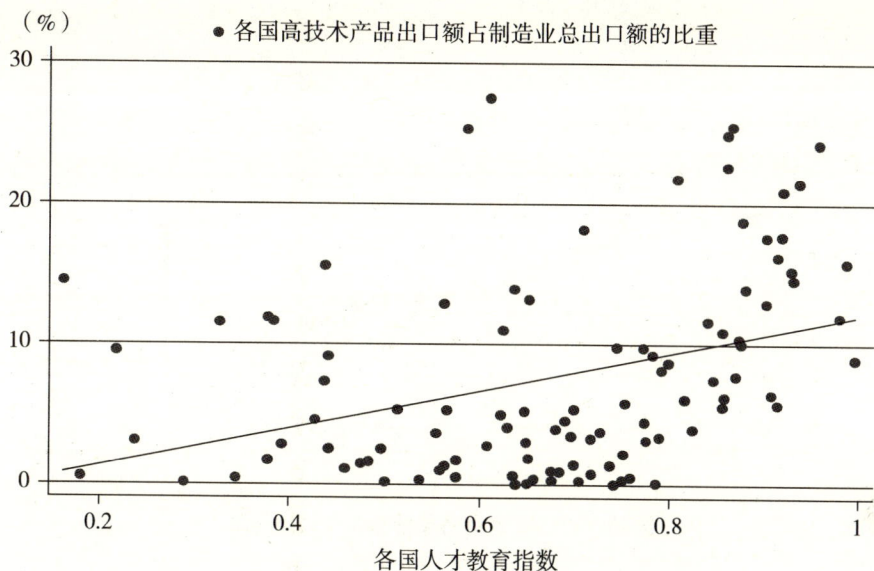

各国人才教育指数

图9　2008年世界各国高技术出口比重与人才教育指数

资料来源：世界银行"世界发展指数"（World Development Indicators）和联合国人类发展指数。

　　此外，人才强国战略的一个重要目标就是教育资源在城乡和不同地区之间的公平配置，特别是改善教育不平等现象。这对于收入差距，跨越中等收入陷阱具有至关重要的意义。陷入中等收入陷阱的国家如秘鲁、智利、巴西等，其重要特征就是收入差距巨大，并且代际收入流动性较低。这其中的一个重要根源是教育不平等。图10用简单人均受教育年限与加权人均受教育程度的偏离程度（百分比）来衡量教育不平等，可见中国的教育不平等程度也较为突出。通过实施人才强国战略，有助于促进人力资源在国家范围内充分流动、优化配置，促进中国经济可持续发展。

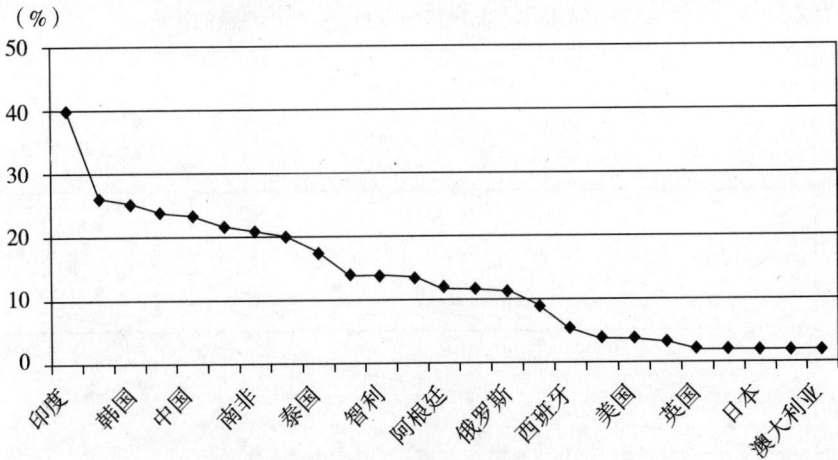

图 10 2011 年世界各国的教育不平等程度

资料来源：联合国人类发展指数。

当然，开放环境的人才强国战略必然需要面对国际人才的竞争，中国经济要实现可持续发展，必然需要实施国际人才竞争的战略。发达国家即使已具备顶尖的人才和教育实力，但仍然将人才战略放在国家战略的重要地位。如美国联邦教育部制定了《2007—2012 年战略规划》（Strategic Plan for Fiscal Years, 2007—2012），强调提高教育质量，保持高等教育在全球的最领先地位。韩国则制定了《人力资源、知识、新起飞：国家人力资源开发》，其目标是进入世界人力资源竞争力前 10 名。随着国际人才市场的一体化，人才尤其是高质量人才呈现出大规模的国际流动。发达国家纷纷制定了选择性移民政策，如美国、英国、加拿大、澳大利亚都推出了"绿卡"计划。据统计，发展中国家 10 万专门人才流向发达国家。美国的科学家和工程师当中，47% 都是外来移民。因此，中国必须通过实施具有国际视野的人才强国战略来应对国际人才竞争日趋激烈的形势，为中国经济可持续发展奠定基础。

三、职业教育体系在人才强国战略中的地位及国际经验

人才强国战略是经济强国战略的系统性工程，其有效实施不仅有赖于科学的顶层设计，还取决于经济发展阶段的不同诉求。中国刚刚进入中等收入

国家行列，工业化、城镇化尚处于关键阶段，同时也跃升为制造业大国，当前特定的国情决定了职业教育对于中国的重要意义。因而，人才强国战略的实施显然需要科学定位职业教育体系的地位和作用。

（一）职业教育是中国人才强国战略的重要内容

职业教育是人才强国战略的一项重要组成部分，它对中国人才强国战略的重要性体现在以下几个方面。

首先，职业教育是社会人才培养体系的重要环节，它有利于提高劳动者技能和劳动生产率，从而增加人力资本积累。人力资本积累的途径包括教育、在职培训、卫生保健、劳动力迁移和工作变更等。教育是人力资本积累最重要的方式。在整个教育体系当中，职业教育是占有重要的地位。它和普通教育发挥互补作用，共同承担了培养社会人才的职能①。职业教育为社会各行业培养直接从事生产操作或经营管理的专门技术人才。它对人力资本积累的作用体现在：它可以显著提升劳动者的质量，提高劳动者的知识程度、技术水平、工作能力，提高劳动者掌握新工种、新技术的速度。它改变了劳动力的形态，将以体力劳动和运用经验技能为主的简单劳动力，变为脑力劳动和运动科技知识为主的复杂劳动力。

职业教育在社会人才培养体系中占有重要地位。人类社会发展不仅有认识世界的需要，也有改造世界的需要。社会经济发展要依靠学术型、工程型、技术型和技能型四种人才（陈小虎 等，2004）（见图11）。学术型人才研究客观规律，发现科学原理。工程型人才将科学原理演变成工程原理，即具体的设计方案或设计图纸。技术型人才则是实际操作活动的组织者、管理者，他们负责将设计方案与图纸转化为产品。技能型人才则主要依靠熟练的操作技能来具体完成产品的制作。不同类型人才的培养所对应的学校类型也不同。学术型人才主要由一流大学及研究生院培养，工程型人才主要由本科院校培养，而职业教育则承担了培养技术型人才和技能型人才的重任。

---

① 按照《国际教育标准分类》的分类，现代学校教育体系按照课程分类可以分为普通教育、职业前或技术前教育以及职业或技术教育。普通教育的目的是引导学生更深刻地了解一个科目。职业前或技术前教育是为学生进入劳务市场和准备学习职业教育课程而设计。职业或技术教育是引导学生掌握在某一特定职业或行业所需要的技能和知识。

学术型人才	·研究客观规律、发现科学原理
工程型人才	·把科学原理演变为工程或产品的设计
技术型人才	·实际操作活动的组织者、管理者，他们负责将设计方案与图纸转化为产品
技能型人才	·依靠熟练的操作技能来具体完成产品的制作

图 11　四种人才类型

其次，职业教育为我国经济发展方式转变提供人才支撑，使人才层次结构更好地与经济发展的需要相匹配。不同经济发展阶段对各种类型的人才需求是不同的。教育体系应该适应社会经济对不同类型人才的需求结构。中国经济正处在工业化加速推进的关键阶段，正在从"制造业大国"向"制造业强国"转变，但产业结构不断升级和优化调整需要职业教育的进一步发展。由传统制造业向现代制造业的转型需要快速的技术创新和生产流程改造。这些新技术都需要高素质的职业工人迅速吸收和掌握。传统的以"帮传带"方式传授生产经验的非专门教育形式已无法满足培训大量技术人才的需求。现有产业工人的技能水平也难以掌握和适应这样快速的技术革新。因此，工业化推进和产业升级需要职业教育的进一步发展。大力发展职业教育是教育体系适应人才需求结构的必然规律，是经济和社会发展的客观要求。

2010 年，我国政府提出将大力发展节能环保、新能源、新能源汽车、新材料、高端装备制造业、生物产业、新一代信息技术产业等七大战略性新兴产业。战略性新兴产业属于技术密集、知识密集、人才密集的高科技产业。这些高技术产业的发展需要大规模的高技能人才。高技能人才因为对生产工艺和产品属性有深入的理解，无论发现问题还是解决问题都具有更高的能力。只有大力发展职业教育才能为战略性新兴产业发展提供人才助推力。胡锦涛总书记 2009 年在珠海调研时指出"技能型人才在推进自主创新方面有不可替代的重要作用"，"没有一流的技工，就没有一流的产品"。

第三，职业教育发展加快高中阶段教育的普及，提高高等教育毛入学率，从而提高我国劳动力的人均受教育年限。首先，中等职业教育对普及高中阶段教育具有重要贡献。高中阶段教育包含普通高中和中等职业教育。我国高中阶段教育毛入学率从 2003 年的 43.8% 提高到了 2009 年的 79.2%（见表2）。2003—2009 年，中等职业学校招生人数占普通高中阶段招生总数的比重从 36.06% 提高到了 46.16%。中等职业学校和普通高中在招生规模上已大体相当。中等职业教育在进一步普及高中教育中将扮演越来越重要的角色。

表2　我国高中阶段学校招生人数

年　　份	中等职业学校招生人数（万人）	普通高中招生人数（万人）	高中阶段招生总数（万人）	中职占高中阶段教育招生的比重（%）	高中阶段教育毛入学率（%）
2003	424.12	752.13	1176.24	36.06	43.8
2004	456.5	821.51	1278.01	35.72	48.1
2005	537.29	821.51	1358.8	39.54	52.7
2006	613.06	871.21	1484.27	41.3	59.8
2007	651.48	840.16	1491.64	43.68	66
2008	650.27	837.01	1487.28	43.72	74
2009	711.78	830.34	1542.12	46.16	79.2

资料来源：国研网统计数据库。

其次，高等职业教育对提升高等教育入学率也具有重要贡献。高等职业教育在整个高等教育中的地位也越来越重要，高职招生人数占高等学校招生总数的比重到 2009 年已经达到 37.64%（见表3）。2002 年中国高等教育毛入学率为 15%，到 2009 年已经提高到了 24%，但仍然远低于发达国家 40% 的平均水平。推动高职教育发展将对我国高等教育毛入学率的进一步提高有重要作用。

第三，由于中职招生人数占高中阶段招生人数的比重、高职招生人数占高等教育招生人数的比重都在逐步提高，职业教育在提高我国劳动力人均受教育年限中扮演了重要角色。

表3 我国高等教育招生人数

年 份	高等学校招生人数（万人）	高等职业学校招生人数（万人）	招生的比例（%）	毛入学率（%）
2003	382.17	88.38	23.13	17
2004	447.34	118.43	26.47	19
2005	504.46	144.4	28.62	21
2006	546.05	177.09	32.43	22
2007	565.92	182.62	32.27	23
2008	607.66	203.91	33.56	23
2009	639.49	240.72	37.64	24

资料来源：国研网统计数据库。

第四，职业教育可以提供多样化的入学机会，有利于促进教育机会的公平和就业能力的提升。目前的教育体系偏重于普通教育，初中毕业生竞争进入高中，高中毕业生竞争进入大学。教育资源的配置偏重普通教育，农村、偏远地区或者弱势群体的孩子难以获得优质教育资源，难以通过高考这座"独木桥"。图12显示，中国城乡之间、地区之间和性别之间都存在巨大的教育不平等。对于西部农村贫困地区的学生来说，大力发展职业教育，可以使部分初中和高中毕业但未能继续升学的学生，获得进一步深造的机会，培养他们通过接受职业技能培训而实现人力资本的进一步积累，并通过提高技能素质而有更好的就业能力。

第五，发展职业教育可以改善国民收入分配结构，有助于劳动报酬比重的提升。近年来，中国国民收入初次分配结构的不平衡现象日益严重，劳动者报酬占GDP的比重（以下称为劳动收入占比）不断下降，从1995年51.4%的峰值下降至2003年的46.2%，并在2004年加速下降到41.6%。与世界大多数国家55%—65%的劳动收入占比相比，中国的这一比重严重偏低（罗长远和张军，2009）。其主要原因是中国以廉价劳动力为基础、以大规模物质资本投资驱动、以出口为导向的经济增长模式，产业的附加值偏低，普通劳动者的收入增长远远慢于GDP增长率。发展职业教育，提升劳动力的技

（年）

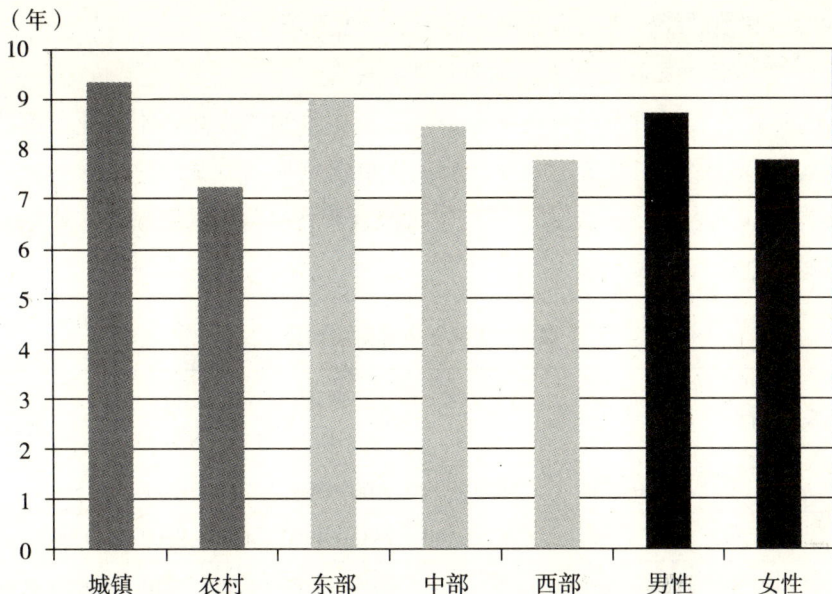

图 12　城乡、地区和性别之间的平均受教育年限比较

资料来源：《中国统计年鉴 2011》。

能，可以提高产品附加值和劳动者报酬，减少经济增长对物质资本投资的过度依赖。

（二）发达国家和地区职业教育发展经验：基于工业化进程的评估

发达国家和地区具有发达的经济体系，形成了较为完备的人力资源体系，尽管发达国家的人力资源状况之间也存在显著的差异，但通过考察不同发展阶段的人力资源特征，可以揭示职业教育发展与经济发展的彼此关系共性，从而也从一个侧面反映了人才强国战略的职业教育模式。发达国家和地区工业化过程中一般都伴随着职业教育规模的扩张，为了能够更好地考察职业教育发展规模和工业化之间的关系，本文选取德国、日本、韩国和中国台湾四个国家或地区进行考察。德国是较早完成工业化的国家，也是职业教育成功典范；日本作为东亚国家，其制度和文化特征与中国更为接近；韩国与中国台湾是凭借后发优势实现工业化的典型国家或地区，其职业教育快速发展发生在 20 世纪 50 年代之后，对于正在经历工业化和职业教育改革的中国而言，这些国家和地区经验具有不同侧面的历史借鉴意义。

1. 职业教育发展规模适应工业化进程要求

工业化进程一般表现为工业占经济总量比重逐步提高、制造业内部的产业结构逐步升级、工业部门就业的劳动人口比例增加、城市化率上升和人均收入增加（见表4），因此，大致可以按照这些特征将不同国家的工业化发展进程进行划分（见表5和表6）。

表4 工业化进程阶段划分

基本指标		前工业化阶段	工业化初期	工业化中期	工业化后期	后工业化阶段
人均GDP（美元）	1964年	100—200	200—400	400—800	800—1500	1500以上
	1996年	620—1240	1240—2480	2480—4960	4960—9300	9300以上
	2000年	660—1320	1320—2640	2640—5280	5280—9910	9910以上
	2010年	827—1655	1655—3310	3310—6620	6620—12412	10200以上
三次产业产值结构		A>I	A>20%，A<I	A<20%，I>S	A<10%，I>S	A<10%，I<S
制造业增加值占比		20%以下	20%—40%	40%—50%	50%—60%	60%以上
人口城市化率		30%以下	30%—50%	50%—60%	60%—75%	75%以上
第一产业就业占比		60%以上	45%—60%	30%—45%	10%—30%	10%以下

资料来源：依据陈佳贵等（2006），郭克莎（2004），魏后凯等（2003）的有关资料整理，表中A、I和S表示第一、第二和第三产业产值比重。

工业化过程的推进伴随着职业教育总体规模的变动，在前工业化时期，职业教育的规模一般较小。而从工业化初期到中期之前，职业教育规模呈现持续扩大的趋势，德国职业教育学生数的增长率在工业化初期和中期分别达到了4.7%和4.0%，日本则为8.4%和6.6%。而后发国家或地区该增长率则更高，韩国和中国台湾地区在这些阶段均超过10%。职业教育规模的高峰一般出现在工业化中后期，从德国、日本、韩国、中国台湾的数据看，职业教育学生数占总人口比重的峰值平均为3.8%。从职业教育规模的演变态势来看，工业化后期，职业教育一般会调整收缩，德国和日本职业教育学生数及其占总人口的比重均出现了负增长，韩国和中国台湾地区的增长率也明显下降，并在后工业化阶段转为负增长。

表5 德国、日本不同工业化阶段特征和职业教育发展特征

	指 标	前工业化阶段	工业化初期	工业化中期	工业化后期	后工业化阶段
德国	时间段	1850年之前	1850—1873年	1874—1914年	1915—1967年	1967年之后
	经济及产业发展特征	准备时期	起飞阶段	关键产业及其核心技术方面具有的优势，创新从核心工业部门扩散到其他生产部门		核心技术创新、高端制造业出口，知识型社会
	职业教育发展阶段	传统学徒制为主的职业教育	传统学徒制，职业补习学校	中高级职业教育扩张，"双元制"教育模式	职业技术教育稳定、制度化、义务化	完整、普及的职业教育体系
	职业教育学生数增长率（%）					
		2.56	4.71	4.00	-0.79	0.40
	职业学生数占比增长率（%）					
		1.67	3.00	3.26	-0.65	0.51
日本	时间段	1890年之前	1890—1936年	1937—1960年	1961—1980年	1980年之后
	经济及产业发展特征	准备阶段	起飞阶段	加速度和赶超式发展，工业结构重工业化	工业结构知识化，产业结构软化	制造业空心化趋势，知识化和信息化

表5（续）

指标	前工业化阶段	工业化初期	工业化中期	工业化后期	后工业化阶段
日本 职业教育发展阶段	职业教育制度，中级农、商、工业学校	鼓励职业教育、实业学校、青年训练所，一线劳动者职业教育	两年制初级职业教育、职业教育义务化，高中职业科，高等职业教育	改善高中职业教育、科技大学、理科教育、产业教育、专修学校	调整高中职业教育定位，调整和发展更高层次专业性职业教育
职业教育学生数增长率（%）		8.38	6.64	−0.79	−1.27
职业学生数占比增长率（%）		7.03	5.42	−0.29	−1.68

资料来源：裴元伦（2006），郭志明（1996），孙德岩和赵树仁（1986）。

表6　韩国、中国台湾地区不同工业化阶段特征和职业教育发展特征

指标	前工业化阶段	工业化初期	工业化中期	工业化后期	后工业化阶段
韩国 时间段	1965年之前	1965—1974年	1975—1982年	1983—2000年	2000年之后
经济及产业发展特征	战后经济复苏重建	以出口为导向的高增长		结构调整和稳定增长	信息知识型社会
职业教育发展阶段	初步发展	五年制初级技术学院，职业培训体系确立	国家技术资格考试制度，两年制专科学院	中专、专科学院改称工业学院，最后建立科技学院，确立完整的职业教育体系	
职业教育学生数增长率（%）		13.90		2.37	−2.26
职业学生数占比增长率（%）		10.68		1.41	−2.81

表6（续）

指　标		前工业化阶段	工业化初期	工业化中期	工业化后期	后工业化阶段
中国台湾	时间段	1950年之前	1950—1965年	1966—1975年	1976—1996年	1996年之后
	经济及产业发展特征	农业为主	产业调整为"以农养工"	加速发展外向型工业	自主型技术密集产业，高科技产业	高科技工业出口、知识密集服务业扩张
	职业教育发展阶段	初级农业职业教育	高中阶段的职业教育快速增长	两年制高等职校、五年制专科高职、技术本科	控制专科学校的增长，组建本科技术院校，提升办学层次，内涵式发展道路	
	职业教育学生数增长率（%）		15.43	15.39	3.74	-4.76
	职业学生数占比增长率（%）		11.37	12.75	2.35	-5.24

资料来源：Chong Jae Lee（2007），Younwha Kee（2009），王学风（2006）。

2. 不同工业化模式要求职业教育与之相适应

发达国家和地区的工业化时间和历程有较大差别，但职业教育发展规模一般都适应工业化进程要求而发生改变，其发展历程表现为依据工业化不同阶段而经历"增长—扩张—高峰—调整—收缩"的过程。这一规律也体现在职业教育和第二产业就业规模之间的高度相关性上（见图13—图16）。然而，通过观察两者之间的关系，也可以发现不同的工业化模式也会使得其职业教育发展规律有所差别。

德国在工业化后期经历了职业教育规模收缩，但从后工业化时期的20世纪年代中期开始，职业教育规模出现了显著的反弹，职业教育学生数占总人口比重由1995年的2%上升到2007年的2.9%（见表5和图13）。德国的工业化起步较早，进程表现为工业占经济总量比重逐步提高、制造业内部的产业结构逐步升级，在欧洲各工业化国家中，"德国制造"的竞争力一直较强，表现为工业核心技术的不断创新和高端制造业出口份额稳定增长。在经历金融危机和欧洲普遍的经济不景气之后，德国进一步明确了保持和提升制造业核心竞争力的政策方针。因此，恢复并保持职业技术人力资本存量成为其后工业化阶段坚持的人才战略。

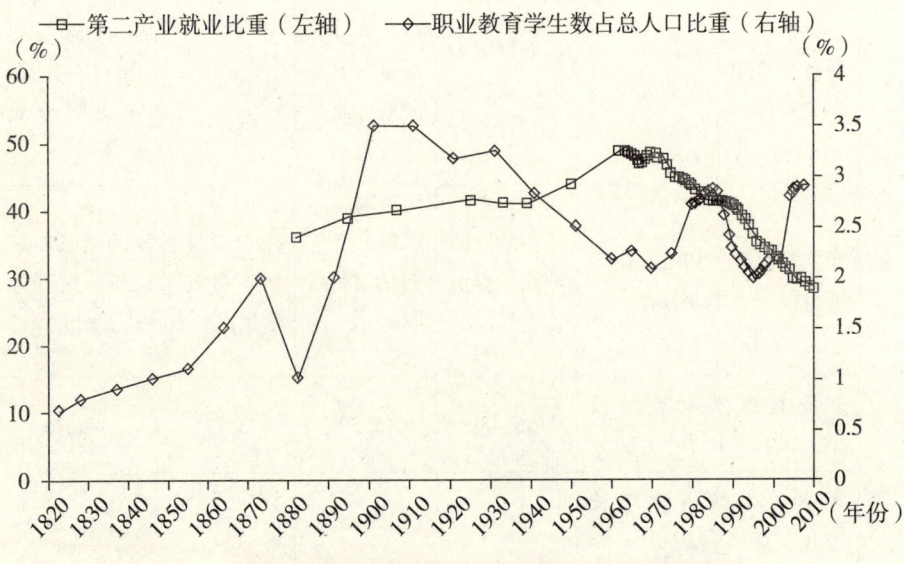

图 13　德国职业教育规模与第二产业就业比重（1820—2010）

资料来源：依据 Lundgreen（1975），Bundesministerium für Bildung und Forschung（2000）。

中国台湾地区的职业教育发展模式在很大程度上借鉴了德国的经验，其发展进程也有一定的相关性。台湾第二产业就业人员的比重在工业化后期的 20 世纪 80 年代末开始下降，但其职业教育规模的扩张趋势一直维持到后工业化时期的 20 世纪 90 年代末（见图 14），这一阶段恰好是台湾自主型技术密集产业发展和知识密集服务业扩张的时期，这些产业的发展拉动了高端职业技术人才的需求，高等职业教育劳动者数量不断增长。

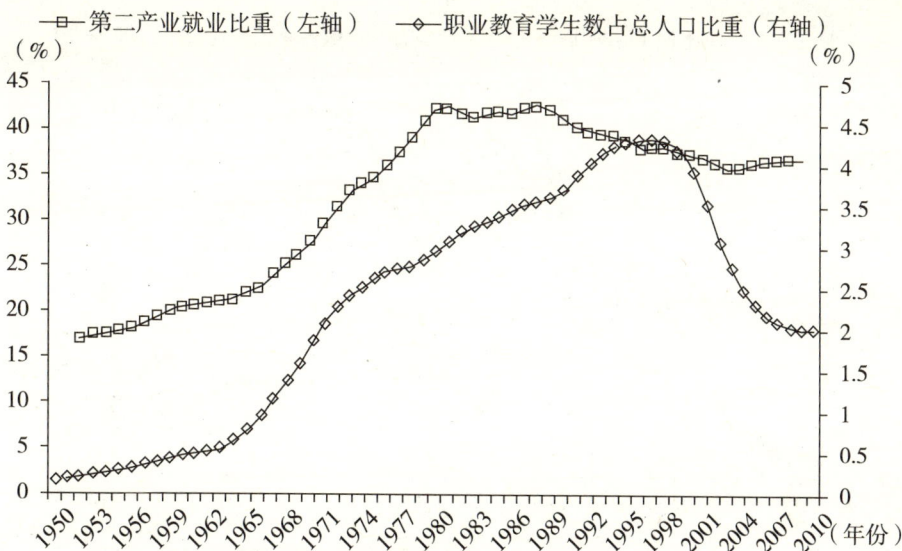

图 14 台湾职业教育规模与第二产业就业比重（1950—2010）

资料来源：依据台湾"教育部统计处"（2010），国研网数据库数据整理。

日本与韩国的职业教育发展规模基本与第二产业就业规模同步变动。日本在第二次世界大战前已经进入工业化中期，其职业教育也在 20 世纪 40 年代初期达到最大规模，而在第二次世界大战后的恢复性工业化过程中，职业教育又在 20 世纪 60 年代中期达到高峰。之后，随着第二产业就业规模的下降，职业教育发展也进入收缩期（见图 15），进入后工业化时期，日本制造业产业的对外转移以及本土加工工业的"空心化"趋势进一步加剧了职业技术型人才需求的下降。从韩国的发展规律来看，也基本遵循了第二产业就业与职业教育规模同步变动的规律（见图 16）。

3. 职业教育体系在工业化过程中日趋完善

发达国家和地区在工业化过程中重视职业教育的发展，不仅体现在职业教育规模的扩展上，也体现在其职业教育体系的构建上，其中包括职业教育立法的完善、职业教育层次体系的完整建立、职业教育从产业导向型和需求适应发展到体系化建设，职业教育普及化和义务化，以及学校、学制和课程设置的逐步完备。

早在 1989 年，联合国教科文组织大会就通过了《技术和职业教育公约》，

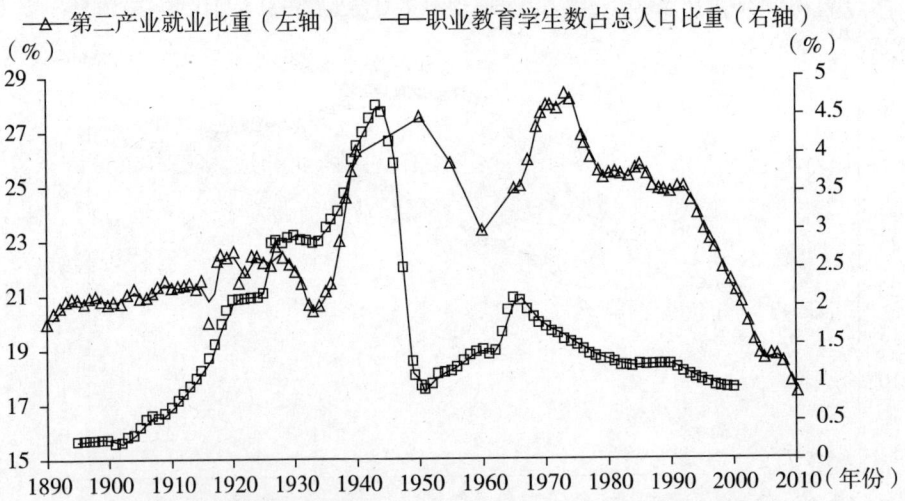

图15　日本职业教育规模与第二产业就业比重（1890—2010）

资料来源：依据 Yoshihisa（2007），日本统计局（2010），国研网数据库数据整理。

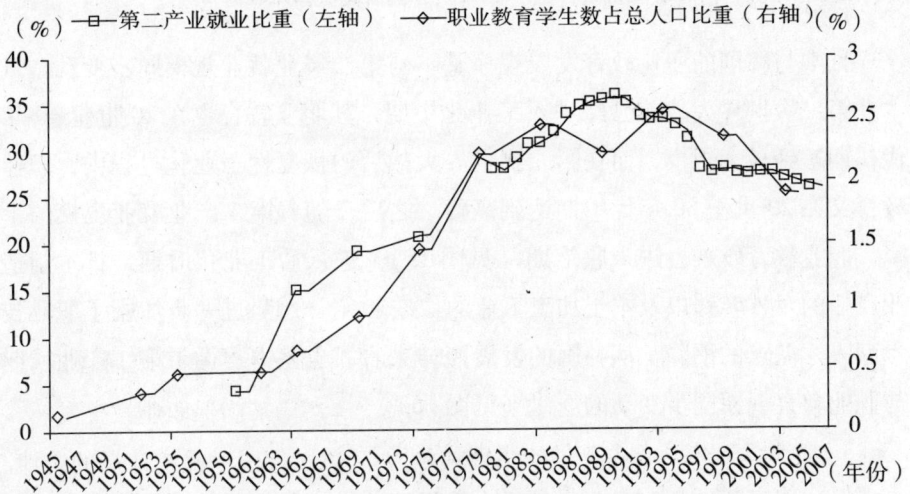

图16　韩国职业教育规模与第二产业就业比重（1945—2007）

资料来源：依据 Ministry of Education & Human Resources Development，Korean Educational Development Institute（2005），国研网数据库数据整理。

制定了世界技术和发展职业教育的指导方针和政策。发展职业教育已经成为世界各国的一项共识。不少国家还以法律的形式规范和加强发展职业教育，如挪威的《职业培训法》（1980），芬兰的《中等职业和高等职业教育法》（1991）和《学徒制培训法》（1992）以及丹麦的《职业教育培训法》（1999）。

20世纪90年代以来，美国通过了《帕金斯职业和应用技术教育法案》和《由学校到就业法案》，强调要加大联邦职业教育专项拨款力度，努力缩小职业学校与就业市场间的职能落差，衔接职业学校与科学技术院校继续学习，加强职业学校创新精神教育，培养非传统新兴产业所需的专业人才。

2004年澳大利亚制定了《通向未来的桥梁——2004到2010年国家职业教育和培训战略》，强调加强产教结合，建立适应学生和就业者需要的、为终身技能培训打基础的职业教育和培训制度，提出要"Skilling Australia"。1992年澳大利亚有100万人被职业学校录取，到2002年增长到170万，有40%的中学毕业生进入职业学校继续学习。职业教育为产业界提供了充足的高技能劳动力，对澳大利亚连续多年的经济高速增长做出了重要贡献。1992—2002年，澳大利亚GDP年均增长近4%，远超过OECD国家平均2.2%的年增长率。

世界各国中，尤以德国的职业教育体系最为完善和发达。德国的职业教育以双轨制为特色，即企业与学校联合办学，受教育者在企业内是学徒，在学校内是学生。德国的职业教育经费由联邦、州政府及企业分别承担。由于企业承担了相当一部分学生的学习费用，从而确保了职业教育发展有充足的经费来源。而且，职业教育中有企业的积极参与，使学生能够在企业学到最前沿的技术实践，从而极大提高了职业技术培训的效果。德国政府还通过《联邦职业教育法》和《联邦职业教育促进法》等法律来确保职业教育发展。完善的职业教育体系造就了庞大的高素质工人队伍。德国联邦统计局的统计数据显示，2008年德国15岁以上人口中受过职业教育者为4115.7万人，占总数的57.8%。高素质的技能型工人为德国经济提供了优质的人力资源支持。德国产品以其产品工艺水平高、经久耐用而享誉全球。图13显示，1960年至今，德国受过职业教育的人口占总人口的比重一直处于较高水平。虽然德国已经处于后工业化时期，工业增加值比重占GDP比重在不断下降，但是其职业教育规模仍然稳定，20世纪90年代中期以后甚至还有所上升。

结合发达国家工业化各阶段职业教育的发展历程可以发现（见表5、表6），除了日本通过政府推动的方式，在工业化初期之前就确立比较完善的职业教育制度规范之外，其他国家和地区前工业化时期的职业教育体系尚处于发展初期，德国以传统学徒制为主培养职业教育劳动者，中国台湾和韩国的职业教育以培养初中级农业技术劳动者为主。工业化初期，产业结构转型需要大量职业教育劳动者，但是由于供给相对短缺，这一时期的职业教育体系往往具有产业导向的特征，无论是德国的职业补习学校，还是日本的实业学校、青年训练所，都具有显著的适应需求和短期培训特征，而这一时期的职业教育也主要停留在初、中级阶段。进入工业化中期，中高级职业教育出现扩张趋势，不同层级的职业教育院校发展更加制度化和规范化，以德国"双元制"为代表的职业教育模式、适应劳动力市场需求的技术资格等级考试制度也在这一阶段产生。工业化后期的职业教育制度一般进入完善和调整期，职业教育制度化、普及化和义务化，职业教育从数量增长转型为质量提升的内涵发展模式。

四、中国职业教育与人才强国战略目标的差距：基于工业化进程评估

依据国际货币基金组织的统计，2010年中国的人均GDP已经达到了4382美元，第二产业的增加值比重和就业比重分别达到了47.2%和28.7%，而第一产业增加值比重则下降至10.1%（见图17）。综合来看，中国目前正处于工业化中期。职业教育的发展规模与第二产业就业比重的扩张同步推进（见图18），迅速扩张主要从21世纪初开始，基本遵循了发达国家和地区的规律，但同时存在发展规模、增长速度、内部结构、教育质量和经费投入上的问题。

（一）职业教育规模和发展速度

从规模来看，德国、日本、韩国和中国台湾地区在工业化中期时，职业教育学生数占总人口比重年均分别达到了2.5%、2.4%、2.0%和2.0%，如

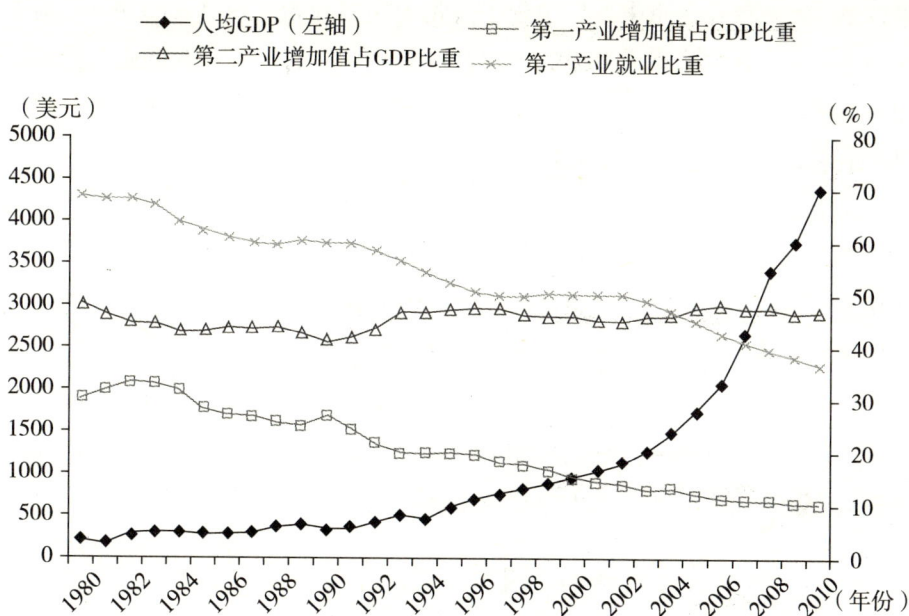

图 17　中国产值结构、就业结构和人均 GDP（1980—2010）

资料来源：依据国研网数据库和《中国教育统计年鉴》各年数据整理。

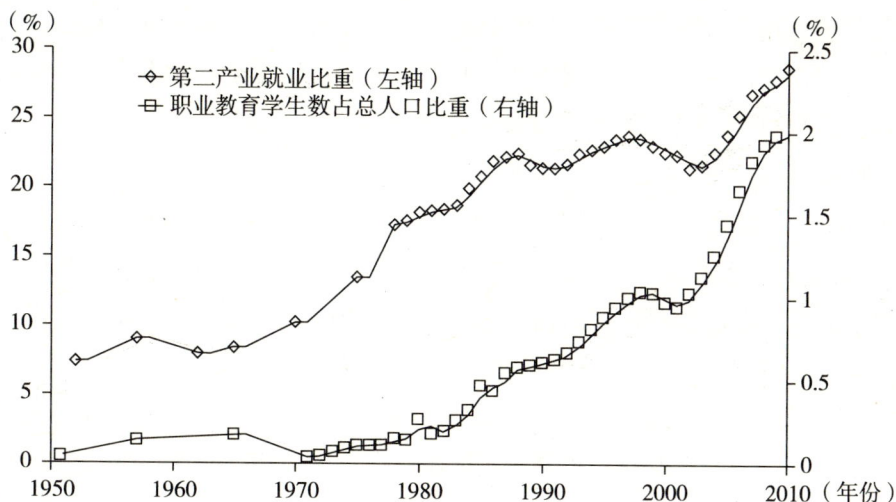

图 18　中国职业教育规模与第二产业就业比重（1950—2010）

资料来源：同图 17。

果以第一产业就业比重来确定中国工业化中期的开始年份（2005年），则中国到目前为止这一指标为1.7%，并且我国2010年的第一产业就业人数和增加值比重已经下跌至36.7%和10.1%，表明不久即将进入工业化后期，因此目前的职业教育发展规模相对落后。

从增长速度来看，渐近式工业化的德国和日本在工业化中期的职业教育学生数占总人口比重年均增长率分别为3.3%和5.4%，而赶超式或后发式工业化的韩国和中国台湾地区该增长率则达到了10.7%和12.8%，发展速度明显较快。中国的工业化进程远快于德、日两国，几乎与"亚洲四小龙"不相上下，但目前我国职业教育的扩张速度为年均8.3%，低于韩国和中国台湾地区，这表明职业教育发展速度相对于迅速的工业化过程而言较慢，因而很可能成为制约工业化进程的人力资源瓶颈。

（二）职业教育结构和质量

从结构方面来看，我国职业教育与普通教育发展差距较大，职业教育内部结构也亟须调整。2004年之后，我国普通教育学生人数停止了快速增长的趋势，基本稳定在一千万人以下，但其总量仍是职业教育的4—5倍（见图19）。这一状况与发达国家工业化中期职业教育快速扩张和普及的趋势存在较大差异。而从职业教育内部来看，中等专业学校、职业中学等中等职业教育在我国职业教育中占据了主要份额，高等职业学校直到本世纪初期才开始出现较快增长，工业化中期中等职业教育规模大约是高等职业教育的3—5倍（见图20），而高等职业学校盲目升本的发展趋势进一步阻碍了职业教育整体水平的提升。而德国、日本和中国台湾地区的高等职业教育在其工业化中期阶段已经形成较大规模，并且在工业化中后期逐步替代中等职业教育成为主流。

职业教育质量与普通教育存在较大差距，并且不同类型职业教育的质量参差不齐。20世纪70年代以来，我国职业教育的生师比（学生数/教师数）不断攀升，并且在本世纪初超过普通教育，而普通教育生师比只在1994—2004年间有所上升，在其他各阶段基本都呈现逐年下降趋势（见图21）。这些现象表明我国工业化中期的职业教育不仅质量提升缓慢，而且在短时间内

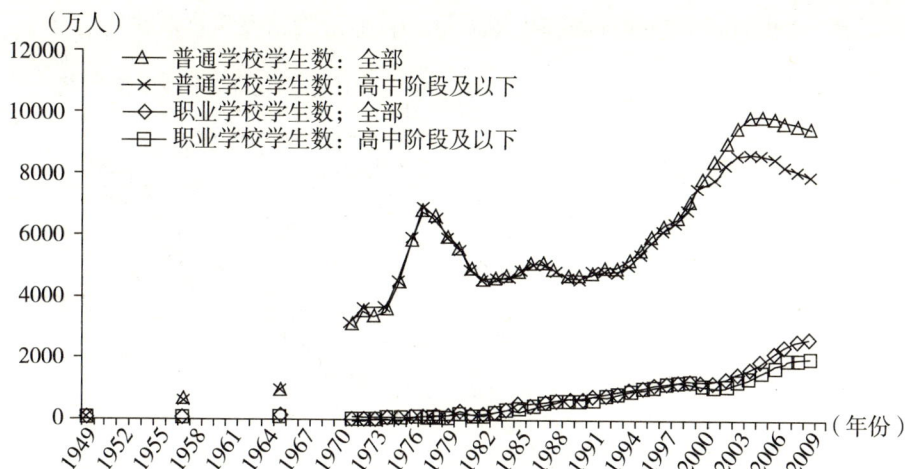

图19 中国职业教育与普通教育规模（1949—2009）

资料来源：依据《中国教育统计年鉴》各年数据整理。

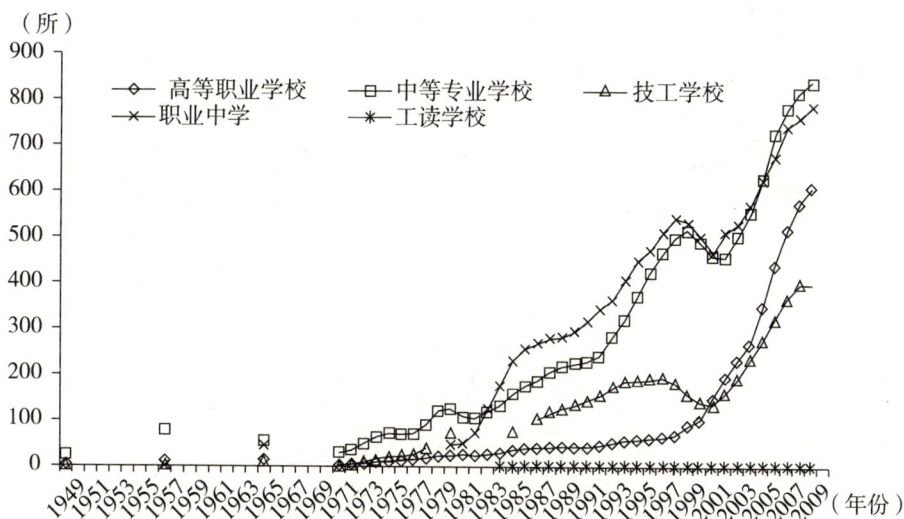

图20 中国各类职业教育规模（1949—2009）

资料来源：同图19。

很难与普通教育相匹敌。从职业教育内部来看，占据职业教育主要份额的中等专业学校和职业中学生师比最高，教育质量很难得到保障。高等职业教育的生师比尽管相对较低，但不断攀升的趋势也表明其教育质量不容乐观（见

图22)。这些问题也同样反映在生源质量、教师素质和教学效果的差别上。

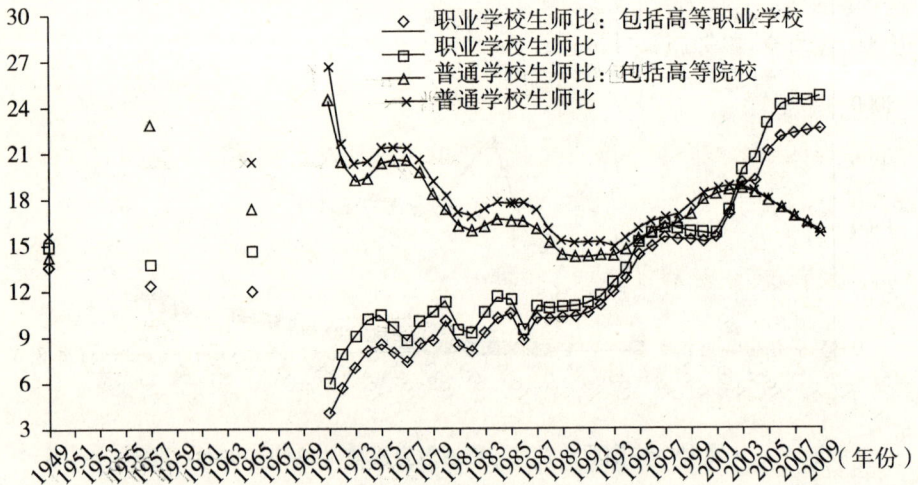

图21 中国职业教育与普通教育生师比（1949—2009）

资料来源：依据《中国教育统计年鉴》各年数据整理。

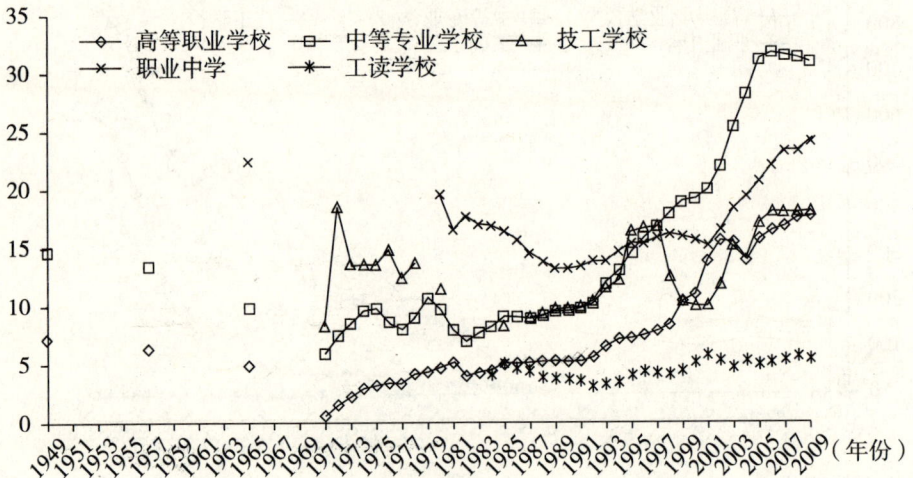

图22 中国各类职业教育生师比（1949—2009）

资料来源：同图21。

　　由于我国各地区财力不同，各地区用于职业教育的经费也存在很大差异，这突出反映在各地区职业学校的生师比上面。2010年我国东部地区中等职业学校在校生数量与专职教师数量之比显著低于中西部地区，最高的宁夏回族自治区中等职业学校生师比达到 41.7∶1，而最低的吉林省则只有 15.1∶1，相差近两倍。国家规定的中等职业学校专业教师的师生比标准是 1∶22，而我国 31 个省区当中仅有 8 个达到了这个标准。不同地区生师比的巨大差异会导致各地区职业教育质量的差异，较高的生师比会严重妨碍学生学习掌握职业技能。

（三）职业教育经费投入

中国目前职业教育生均经费支出低于普通教育。从发展历史来看，在初中以上阶段的教育中，自 1996 年以来，高等普通教育生均经费是职业教育生均经费的 1.8 倍左右，多年来没有下降的趋势；而中等普通教育生均经费与职业教育生均经费的差距在 1996—2009 年间呈现逐步扩大的趋势，2009 年生均经费之比已达 1.3（见图 23、图 24）。

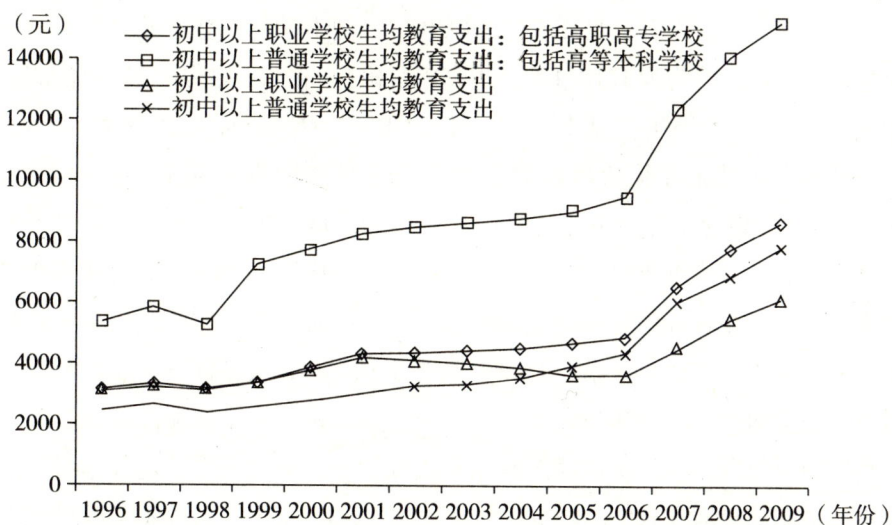

图 23　中国职业教育与普通教育生均经费支出（1996—2009）

资料来源：依据《中国教育经费统计年鉴》各年数据整理。

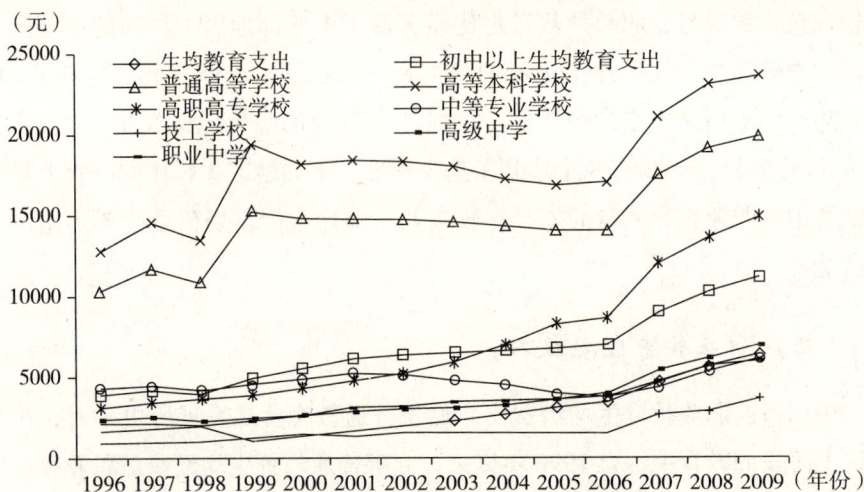

图 24　中国各类教育生均经费支出（1996—2009）

资料来源：同图 23。

　　对比国外经验来看（见表 7），OECD 成员国中学阶段普通教育经费与职业教育经费之比平均为 1.1：1，其中高中阶段为 1：1，表明中学阶段的职业教育和普通教育生均经费基本持平，目前 OECD 主要成员国已经完成工业化，因而可以推测其工业化阶段的职业教育经费投入至少不低于目前的水平，OECD 合作国包含了许多正经历工业化过程的发展中国家，而这些国家上述两项比值的平均值也达到 1：1 和 1.1：1，低于中国 1.3 的水平，这表明中国中学阶段的职业教育仍需提高生均投入。OECD 成员国高等普通教育生均经费大约为职业教育的 1.8 倍，合作国则为 1.9，表明中国高等职业教育和普通教育的生均投入结构基本合理，未来的主要改进方向是增加投入总量和扩大高等职业教育规模。从各层次的职业教育和普通教育来看，高等本科的生均经费最高，高职高专生均经费增长率达到了 13.1%，与高等本科学校差距有所缩小，技工学校、职业中学和中等专业学校的生均经费都低于普通高中。

表7 OECD成员国及合作国普通教育与职业教育生均经费比

国家	中学阶段	高中阶段	高中以上非大学阶段	大学阶段
奥地利	0.92	0.94		
加拿大				1.30
智利	1.19	1.23		2.07
捷克	0.96	0.85	1.04	3.02
芬兰	1.18	0.85		2.00
法国	0.79	0.93		0.92
德国	0.64	0.70	1.01	2.05
希腊				1.26
匈牙利	1.06	1.06		2.04
意大利				1.98
澳大利亚	1.67	1.73		1.93
日本				1.33
韩国	1.00	1.00		1.83
卢森堡	2.49	0.81		
墨西哥	0.74	0.72		1.74
荷兰		0.98		2.87
挪威				
波兰	0.78	0.76		1.06
斯洛伐克	1.09	1.17	1.31	1.85
瑞典	0.55	0.61	0.36	
瑞士				
经合组织平均	1.07	0.96	0.93	1.83

国家	中学阶段	高中阶段	大学阶段
中国		1.30	1.75
阿根廷			1.99
爱沙尼亚		0.94	
印度			0.34
以色列	0.47		1.92
牙买加			5.43
马来西亚			2.04
巴拉圭			2.36
俄罗斯	1.46		1.26
泰国			0.56
经合组织合作国平均	0.97	1.12	1.94

资料来源：Education at a Glance: 2010 OECD Indicators, http://www.oecd.org/publishing/corrigenda, 及《中国教育经费统计年鉴2008》。

从经费来源看，中国职业教育经费开支很大程度上依赖于政府支出和个人支出，财政预算内和预算外支出仅占职业教育经费的 44.4%，受教育个人所缴纳的学杂费占 31.95%，而企业则仅占 1.11%。德国职业教育经费中71% 来自企业，来自政府的经费占 29%（Bundesministerium für Bildung und Forschung，2006），企业和政府共同为职业教育提供了充足的经费支持。德国政府通过《联邦职业教育法》和《联邦职业教育促进法》等法律来确保职业教育发展。这些法律确保了职业教育发展有充足的经费来源，规定职业教育经费由联邦、州政府及企业分别承担。

（四）职业教育与现代产业发展

中国现在是全球第二大经济体和第二大贸易体。但中国经济的高增长主要是由物质资本投资拉动的。持续多年的高储蓄率，已经使中国的物质资本相对充裕。但与此相比，人力资本积累却远远落后，人力资本投入与物资资本投入出现不匹配，劳动力数量众多与低素质劳动力比重较大的现象在中国并存。2009 年我国文盲和半文盲劳动力比例仍然有 4.8%，小学和初中学历的劳动者比重占到了 26.3% 和 48.7%，具有高中及以上学历（含中等和高等职业教育学历）的劳动者比重仍仅有 20.2%（见表8）。

我国劳动力受教育层次结构与经济发展的不适应，不仅表现在初中学历以下劳动力仍占有比较大的比重，还表现在大量的初中毕业生未受过职业教育，具有职业教育学历的劳动力比重较低（见图 25）。2009 年，具有中等和高等职业学历人员占劳动力的比重分别仅有 7.5% 和 4.7%。职业教育发展滞后导致我国产业界技能型劳动力不足，尤其是高技能人才严重缺乏。表9 是2004 年和 2008 年两次经济普查中，不同技能水平的职业技术人才占从业人员比重。2004 年，中级技能以上工人占全部从业人员的比重仅为 9.05%，到2008 年更是下降到了 8.41%。而其中高级技工以上等级的技能型人才（包括高级工、技师、高级技师）只有 4.3%，而且技术等级越高的人才越是缺乏。

表8 我国从业人员的学历分布

年份	文盲或半文盲	小学	初中	普通高中	中职	高职	本科及以上
2002	7.8	30	43.2	6.7	6.4	4.3	1.7
2003	7.2	28.7	43.7	7.1	6.5	4.8	2
2004	6.2	27.4	45.8	6.8	6.6	5	2.2
2005	7.8	29.2	44.1	5.4	6.7	4.5	2.3
2006	6.7	29.9	44.9	5	6.9	4.3	2.3
2007	6	28.3	46.9	5.1	7	4.3	2.3
2008	5.3	27.4	47.7	5.5	7.3	4.4	2.5
2009	4.8	26.3	48.7	5.3	7.5	4.7	2.7

资料来源:《中国劳动统计年鉴》。

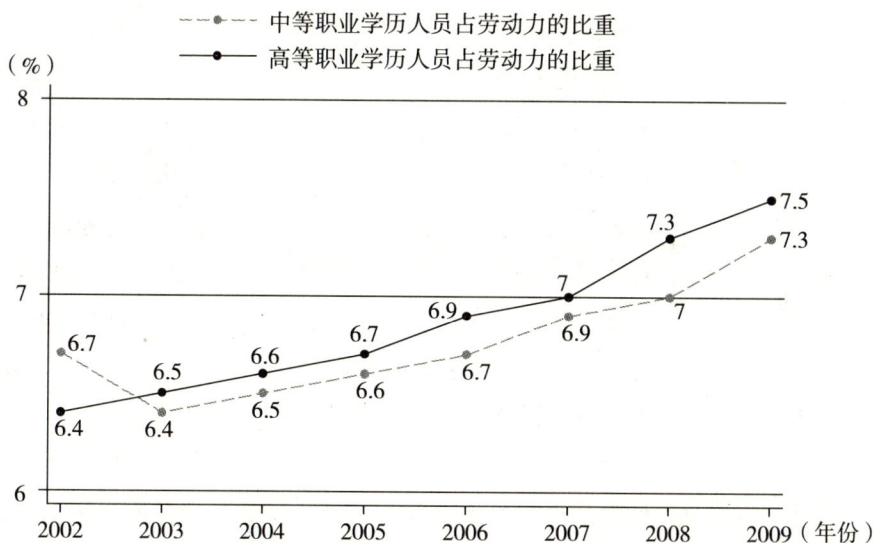

图25 具有中等和高等职业学历人员占劳动力的比重

资料来源:《中国劳动统计年鉴》。

我国已是制造业大国,但还远不是制造业强国,我国的制造业生产技术和管理水平与发达国家还有不小的差距。我国制造业的附加值较低,高端服务业发展乏力,各行业技术创新能力不强,产品以低端为主,资源消耗大,

表9 不同技能水平的职业技术人才占从业人员比重

	高级技师	技师	高级工	中级工	中级技能以上工人合计
2004 年数量（万）	52	163	618	1091	1924
占全部从业人员比重	0.24%	0.77%	2.91%	5.13%	9.05%
2008 年数量（万）	98	277	742	1168	2285
占全部从业人员比重	0.36%	1.02%	2.73%	4.30%	8.41%

资料来源：2004 年和 2008 年《中国经济普查年鉴》。

而且安全生产事故频发。这在很大程度上与我国从业人员技术素质偏低、高技能人才匮乏有关。我国目前有 200 多种工业产品产量占全球总量的比例位列第一。但是大部分产品处在产业链的低端。从 2009 年高技术产品出口中各种贸易方式所占比重的情况来看（见表10），一般贸易只占高技术出口的13.67%，加工贸易（包括进料加工贸易、来料加工贸易）占有主要地位，比重达到 81.46%。我国高技术出口当中绝大多数是加工贸易，处于全球生产价值链的最低端，产业收益率低下。以国际分工体系最为活跃的电子产品生产为例，生产高附加值芯片、软件的美国获得了全世界电子行业 60% 左右的利润，生产关键性电子器件的日本、韩国等国家获得了世界电子行业 20%左右的利润，而中国从事一般部件生产及装配工作，只能获得利润的 10% 左右（陈继勇和周琪，2010）。此外，工人技能的缺乏也导致了制造业产品质量问题频出，据估计我国有 30% 的产品质量不过关，造成经济损失约合 2000 亿元。

　　总之，没有高技能劳动力提供人才支撑，再先进的科学技术和机器设备也很难转化为现实生产力，也就无法实现产业升级。我国职业教育人才数量、培养类型、层次与结构无法适应产业结构调整、升级的需求，已成为制约我国产业升级和建设制造业强国的突出因素。

　　（五）职业教育与现代劳动力需求结构匹配

　　当前我国职业教育的发展规模和培养质量赶不上企业对高技能人才快速上涨的需求。在劳动力市场上这表现为高技能人才的供需缺口越来越大。与

表10　中国2009年按贸易方式划分的高技术产品进出口贸易统计

项　目	出口贸易额（百万美元）	占出口贸易总额的比重
合计	376931	
一般贸易	51527	13.67%
加工贸易	307049	81.46%
其中：来料加工装配贸易	34304	9.10%
进料加工贸易	272744	72.36%
边境小额贸易	256	0.07%
对外承包工程出口货物	757	0.20%
保税仓库进出境货物	7331	1.94%
保税区仓储转口货物	9893	2.62%
其他	50	0.01%

资料来源：《中国科技统计年鉴2010》。

此同时，大量低技能劳动力和大学毕业生相对过剩，面临着巨大的就业压力。市场上甚至出现了大学本科毕业生工资低于技术工人的现象。近年来，东部沿海地区出现的"民工荒"现象主要表现是"技工荒"。

根据全国2001—2008年劳动力市场供求状况的资料（见表11），企业对中高级职业技术人才的求人倍率在逐年提高。非技术类劳动力需求小于供给的现象比较突出，而且这种状况在近几年内基本没有明显的逆转趋势。另一方面，从不同技术等级劳动力的求人倍率来看，具有技术等级的劳动力均呈现供不应求的状况，并且技术等级越高的人才越紧缺。具有职业资格一级证书的劳动力，其求人倍率达到了1.9，具有高级专业技术职务的劳动力在2008年更是高达2.29。这表明，当前我国劳动力结构当中具有职业技能的人才严重偏少，职业教育已经成为产业结构转型缓慢的一项瓶颈。由于契合巨大的市场需求，职业教育毕业生具有较强的就业能力，而大学毕业生则普遍遭遇"就业难"。根据教育部的统计，2008年中等职业学校的毕业生就业率为95.8%，而大学毕业生就业率仅为86%。

表11 中国各类劳动力供求人倍率（2001—2008）

年份		2001	2002	2003	2004	2005	2006	2007	2008	平均
学历	初中以下	0.72	0.86	0.97	0.97	1.02	1.00	1.05	0.98	0.95
	高中	0.66	0.81	0.87	0.92	0.94	0.96	0.99	0.96	0.89
	职高、技校、中专						0.89	0.97	1.07	0.98
	大专	0.74	0.67	0.79	0.89	0.88	0.90	0.87	0.88	0.83
	大学	0.83	0.77	0.81	0.83	0.94	0.98	0.91	0.87	0.87
	硕士以上	1.84	1.26	1.27	1.59	0.97	1.26	1.37	1.02	1.32
职业	单位负责人	0.64	0.62	0.72	0.67	0.73	0.75	0.78	0.70	0.70
	专业技术人员	0.72	0.70	0.84	0.85	0.87	0.91	0.96	0.96	0.85
	办事人员和有关人员	0.49	0.59	0.72	0.70	0.77	0.77	0.73	0.72	0.69
	商业和服务业人员	0.83	0.90	0.98	1.02	1.04	1.05	1.05	1.03	0.99
	农林牧渔水利生产人员	0.50	0.64	0.83	0.88	0.93	0.95	1.08	0.90	0.84
	生产运输设备操作工	0.74	0.85	0.91	0.99	1.03	1.02	1.04	1.01	0.95
技术	职业资格五级	0.99	1.13	1.40	1.46	1.52	1.37	1.42	1.38	1.33
	职业资格四级	1.02	1.11	1.33	1.48	1.57	1.55	1.50	1.39	1.37
	职业资格三级	1.10	1.16	1.42	1.70	2.10	1.76	1.68	1.67	1.57
	职业资格二级	0.91	1.30	1.64	1.87	1.85	1.96	2.31	2.01	1.73
	职业资格一级	1.10	1.27	2.02	2.11	2.08	2.03	2.62	1.93	1.90
	初级专业技术职务	0.97	1.15	1.33	1.32	1.31	1.41	1.47	1.50	1.31
	中级专业技术职务	1.21	1.46	1.41	1.44	1.51	1.65	1.66	1.56	1.49
	高级专业技术职务	1.13	1.05	1.75	1.78	2.06	2.21	2.20	2.29	1.81

资料来源：中国劳动力市场信息网监测中心。

（六）职业教育与企业合作

职业教育与产业和劳动力供需相脱节的问题也突出表现在职业学校和企业之间缺乏有机的合作，导致学生难以学到最实用、最前沿的技术，这一方面影响了其就业能力和职业发展前景，另一方面也导致产业结构人力资源瓶颈在短时间内难以克服。

目前我国职业学校和企业的合作形式比较简单，企业只是学生最后的实习场所，实训和教学阶段都是由职业学校完成的。职业学校的学生缺乏在企业接受实习培训的机会，仅在学校里接受教育。职业学校的教师因未进入产业一线，无法掌握产业技术发展的新趋势，教学与生产严重脱节，再加上学校设备老化，学校培养的学生并不完全适合企业的需要。职业院校和企业之间并未形成利益共同体。由于企业对学生并没有培养的责任，也没有为学生提供工作的义务，学生在企业的实习常常是浮于表面。企业考虑到学生操作不熟练可能会造成废品或生产事故，并不愿意更多安排实习学生从事技术性工作。

而在职业教育较为发达的澳大利亚、奥地利、丹麦、德国、荷兰、挪威和瑞士等国，职业学校学生在企业车间实习的时间都要超过50%（见表12），职业教育与工业尤其是制造业紧密结合。在这些国家，职业学校的学生通常以学徒的形式在企业学习工作。这些国家学徒占劳动年龄人口的比重平均达到了2%左右，最高的瑞典达到了3.4%（NCVER，2012）。以职业教育成熟发达的德国为例，德国的职业教育以双轨制为特色，即企业与学校联合办学，受教育者在企业内是学徒，在学校内是学生。职业教育中有企业的积极参与，使学生能够在企业学到最前沿的技术实践，从而极大提高了职业技术培训的效果。同时，由于企业承担了相当一部分学生的学习费用，从而确保了职业教育发展有充足的经费来源。

表12　各国职业教育学生在企业车间实习的时间比例

国　　家	>75%	50%—75%	25%—50%	<25%	国家	>75%	50%—75%	25%—50%	<25%
澳大利亚	√				德国		√		
奥地利	√				荷兰		√		
捷克				√	挪威		√		
丹麦		√			瑞典				√
芬兰				√	瑞士		√		
法国				√	美国				√

资料来源：Kuczera（2006）。

在职业教育较为发达的国家，职业学校与企业之间的密切合作离不开政府的财政补助和政策支持。各国对职业学校学生在企业实习都给予相当大的财力支持（见表13），主要通过给予企业财政补贴或者税收减免的形式，鼓励企业与职业学校之间合作，为职校学生提供实习培训机会。与此同时，企业对前来实习的职校学生也承担了各方面的义务，例如提供实习培训设备，提供职校学生在实习期间的工作以及差旅费。因此，政府对职校学生在企业当中实习、接受职业技能培训给予了巨大支持，企业与职业学校之间达成了合作培养学生的共赢模式，从而极大提高了职业学校学生学习职业技能的质量。

我国应该学习这些国家的成功经验，通过多元主体合作举办职业教育，以校企共建基地、共用人才、共享技术等方式，加上政府予以政策引导和资金补助，尤其是企业不仅参与研究和制定培养目标、教学计划、教学内容和培养方式，而且落实生产实践的那部分培养任务，最终实现教育与产业的对接、专业和职业的对接、教学的过程和生产过程的对接。

表13　各国政府对职校学生在企业车间实习的支持

	政府对实习企业的财税支持			企业对职校学生实习的支持	
	学生实习的差旅费	财政补贴	税收减免	提供实习培训设备	学生实习的工资
澳大利亚	√	√	√	√	√
奥地利	√	√	√	√	√
丹麦			√	√	
芬兰	√		√	√	√
法国		√		√	
匈牙利	√		√	√	
挪威	√			√	
瑞典		√	√	√	√
瑞士		√	√	√	√

资料来源：Kuczera（2006）。

综合来看，目前我国的人才教育体系与人才需求结构之间存在较大的错位。长期以来轻视职业教育、过分发展普通教育，不仅造成教育资源的浪费，也造成了劳动力就业能力弱和社会人才配置的巨大损失。职业教育的发展在整个教育体系中是薄弱环节，无法适应经济社会发展的需要。只有大力发展职业教育，合理配置教育资源，为产业结构优化升级培养更多的技能型人才，才能缓解当前人才供需的结构性矛盾。

五、建设符合中国人才强国战略的现代职业教育体系

针对上述我国现代职业教育体系与人才强国战略目标的差距，未来我国必须结合工业化进程稳步构建相应的经费及质量保障机制，应对现代职业教育体系发展潜在的问题。结合工业化国家及地区的经验，我国当前职业教育规模仍未达到高峰，如果按照 3.8% 的职业教育学生数占总人口平均规模来测算，未来中国职业教育还有将近一倍的上升空间。德国、日本、韩国、中国台湾的职业教育规模从峰值的一半水平到达峰值平均经历 15 年左右的时间。按此推算，如果我国在 2025 年达到职业教育最大规模，那么职业教育学生数占总人口规模的年均增长率需要达到 5.7%。从总量来看，依据联合国最新发布的《2011 年世界人口状况报告》（联合国人口基金会，2011），中国 2025 年人口将达到 13.9 亿人，那么届时职业教育学生人数将达到 5200 万，这意味着未来 15 年中国职业教育学生数年均增长率需要达到 6.1%。

依据第一产业就业人数和增加值比重，以及第二产业增加值发展规律来看，我国在"十三五"时期将会进入工业化后期。对比德国和日本的经验可以发现，两国职业教育规模在工业化中期达到高峰，进入工业化后期则相对收缩，因此与这两个国家相比，我国当前的职业教育发展速度很可能相对于工业化发展较为滞后。而赶超式发展的韩国和中国台湾地区的职业教育均在工业化后期达到最大规模，但其职业教育的发展在很大程度上受到新兴产业对技术劳动力需求的影响，因此我国职业教育规模能否顺利达到发展要求，在很大程度上还取决于工业化中后期传统产业和新兴产业的增长动力、新型工业化道路的可持续性以及与之相配套的生产性服务业的发展规模。按照中国工业化发展阶段及职业教育未来 15—20 年的发展规模，结合发达国家及地区的经验，政府应重点在教育经费、教师规模和质量等方面予以重点保障。

（一）构建未来各时期现代职业教育发展的经费保障体系

从工业化后期职业教育经费支出总量占 GDP 的比重来看，1970 年日本职业教育经费支出占 GDP 的比重大约为 0.9%，1980 年大约为 1.2%[①]，韩国 2000 年职业教育经费支出占 GDP 的比重大约为 1.7%[②]，而进入后工业化时期的德国仍然保持了较大的职业教育规模，1980 年其职业教育经费支出占 GDP 的比重大约为 1.2%，可以推测在工业化中后期其职业教育经费支出规模也可能较高（王小军等，2010）。从中国台湾地区的发展经验来看（见图 26），在其工业化后期的 1976—1996 年，职业教育经费支出占 GDP 的比重年均为 0.9%，最高峰为 1993 年的 1.1%。在上述各国可获得的数据中，工业化后期阶段职业教育经费支出总量占 GDP 的比重大约为 0.9%—1.7%，平均水平维持在 1.2%。

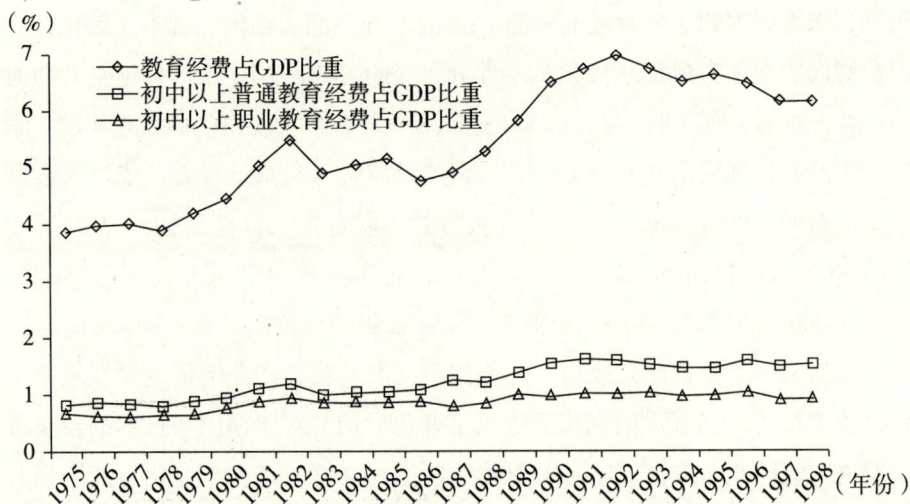

图 26　中国台湾职业教育与普通教育经费支出占 GDP 比重（1975—1998）

资料来源：台湾"教育部统计处"，http：//140.111.34.54/statistics/index.aspx。

---

① 日本普通教育和职业教育学生比 1970 年为 76：24，1980 年为 80：20（Yoshihisa Godo and Yujiro Hayami，2008），1970 年教育经费占 GDP 的比重大约为 3.9%，1980 年大约为 5.8%（Ali M. El-Agraa and Akira Ichii，1985）。

② 2000 年韩国普通教育和职业教育学生比例约为 3.2：1（MOE and KEDI，2005），韩国教育经费占 GDP 的比例为 7.1%（程爱洁，2005）。

　　中国职业教育经费支出占 GDP 的比重从 1996 年的 0.45% 上升到 2009 年的 0.59%（见图 27），目前处于工业化中期阶段。如果按照之前的判断，我国在"十三五"期间进入工业化后期，那么支撑我国职业教育整体发展规模的职业教育经费支出占 GDP 的比重也要接近发达国家工业化后期的水平，按此预测职业教育经费支出及生均经费在未来 15 年的趋势，如表 14 和图 28、图 29 所示。按照中位预测的结果，未来 15 年职业教育经费支出总额的实际年均增长率为 10.9%，"十二五"期间实际年均增长率将保持在 14.1%，经费总额将从 2012 年的 3370 亿元增长到 2015 年的 4935 亿元。生均经费未来 15 年的年均增长率应为 6.5%，"十二五"期间年均实际增长率应为 8.5%，从 2012 年的每人每年 1.08 万元增长到 2015 年的 1.37 万元。在"十二五"时期之后，随着工业化逐渐进入后期阶段，职业教育经费支出总额和生均经费增长率会有所下降，但仍要分别维持在年均 7.4% 和 4.1% 的实际增长率水平以上。

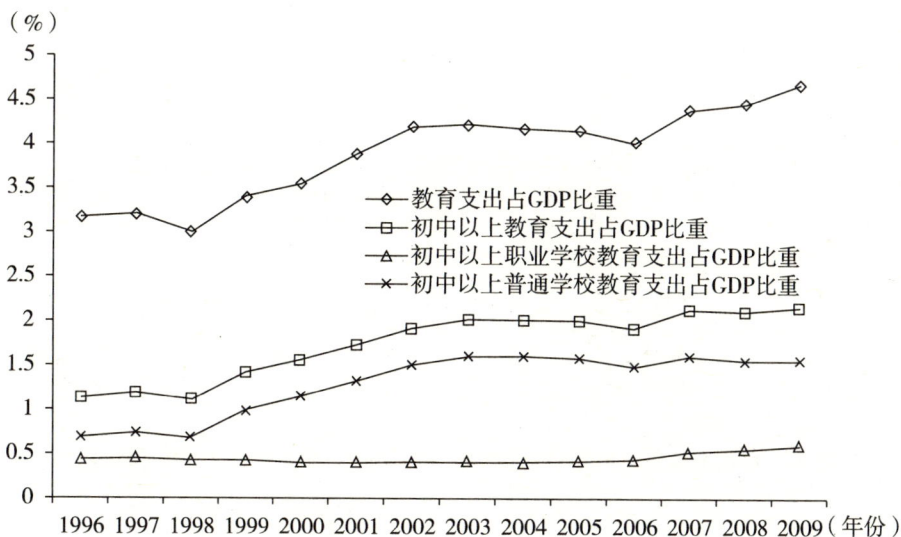

图 27　中国职业教育与普通教育经费支出占 GDP 比重（1996—2009）

资料来源：依据《中国教育经费统计年鉴》各年数据整理。

表 14　职业教育经费支出总额和生均经费预测（2010 年人民币）

年　份		2010	2011	2012	2013	2014	2015	2016	2017	2018	2019	2020	2021	2022	2023	2024	2025
职业教育学生数（万人）		2796	2956	3117	3277	3437	3597	3758	3918	4078	4238	4399	4559	4719	4879	5040	5200
实际 GDP 增长率（%）		10.40	9.20	8.10	8.40	7.90	7.90	7.70	7.20	6.30	5.60	5.10	4.70	4.50	4.30	4.10	4.00
GDP（万亿元）		40.33	44.04	47.60	51.60	55.68	60.08	64.70	69.36	73.73	77.86	81.83	85.68	89.53	93.38	97.21	101.1
职业教育支出占 GDP 比重（%）	低	0.61	0.63	0.64	0.66	0.67	0.69	0.71	0.72	0.74	0.75	0.77	0.79	0.8	0.82	0.83	0.85
	中	0.63	0.67	0.7	0.74	0.77	0.81	0.84	0.88	0.91	0.95	0.98	1.02	1.05	1.09	1.12	1.16
	高	0.65	0.7	0.76	0.81	0.87	0.92	0.98	1.03	1.09	1.14	1.20	1.25	1.31	1.36	1.42	1.47
职业教育经费支出总额（千亿元）	低	2.47	2.79	3.10	3.46	3.84	4.26	4.71	5.18	5.65	6.12	6.58	7.06	7.55	8.05	8.56	9.10
	中	2.55	2.95	3.37	3.85	4.36	4.94	5.56	6.22	6.89	7.58	8.27	8.98	9.73	10.50	11.30	12.13
	高	2.68	3.23	3.82	4.49	5.23	6.06	6.98	7.96	8.97	10.01	11.08	12.20	13.36	14.58	15.85	17.19
职业教育经费支出阶段性增长率（%）	低				11.48					9.10					6.69		
	中				14.12					10.89					7.96		
	高				17.78					12.84					9.17		
职业教育生均经费（万元）	低	0.88	0.94	1.00	1.06	1.12	1.18	1.25	1.32	1.39	1.44	1.50	1.55	1.60	1.65	1.70	1.75
	中	0.91	1.00	1.08	1.17	1.27	1.37	1.48	1.59	1.69	1.79	1.88	1.97	2.06	2.15	2.24	2.33
	高	0.96	1.09	1.22	1.37	1.52	1.69	1.86	2.03	2.20	2.36	2.52	2.68	2.83	2.99	3.15	3.31
职业教育生均经费阶段性增长率（%）	低				6.00					4.80					3.17		
	中				8.51					6.51					4.41		
	高				11.99					8.39					5.58		

说明：如前文分析，职业教育学生数按 2025 年达到 5200 万人测算，GDP 依据《中国统计年鉴 2011》和世界银行估计的中国 GDP 增长率预测，数据来源于 EIU CountryData 数据库，网址为 https：//eiu.bvdep.com，职业教育支出占 GDP 比重依据前文讨论分别制订高方案（2025 年达到 1.7%）、中方案（2025 年达到 1.2%）和低方案（2025 年达到 0.9%），相应职业教育经费支出总额和生均经费也有三套预测方案。

（亿元）

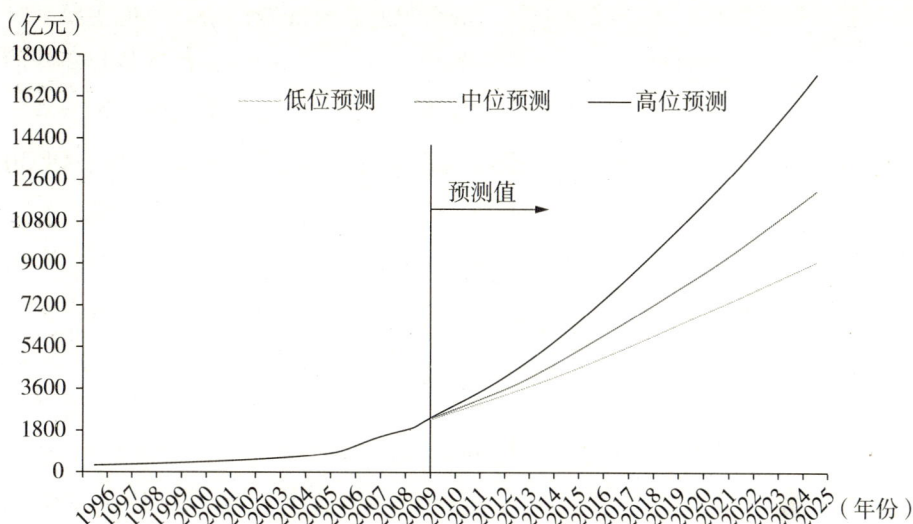

图 28　中国职业教育经费支出预测（1996—2025）

资料来源：依据《中国教育经费统计年鉴》各年数据和表 14 绘制。

（元）

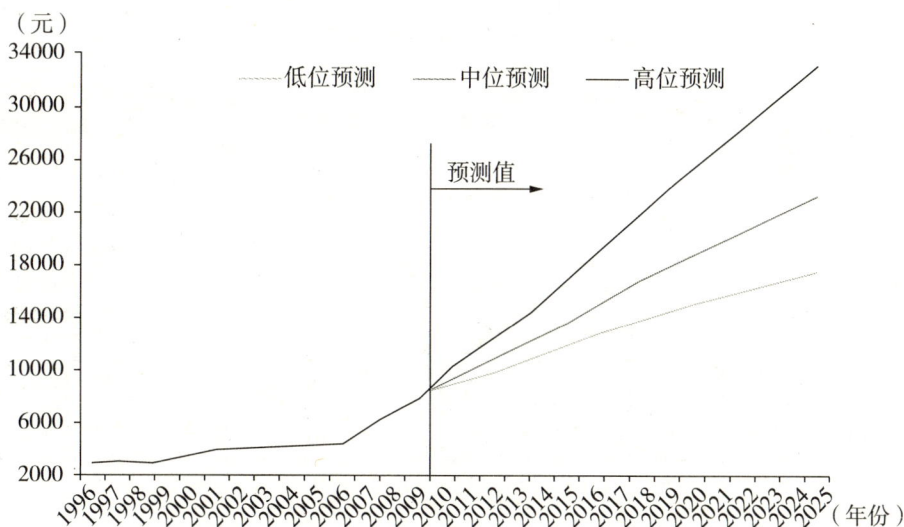

图 29　中国职业教育生均经费预测值（1996—2025）

资料来源：同图 28。

未来职业教育发展所需的经费支出规模要求职业教育投入与之相适应，

53

而从我国教育经费投入的状况来看，未来职业教育经费的缺口可能主要来自两方面。其一是教育经费总额和增长率的差距，以及国家财政性教育经费的规模较小。依据 OECD 的最新统计，2007 年德国、日本、韩国和中国台湾地区教育经费占 GDP 的比重分别达到了 4.8%、4.9%、7.0% 和 5.5%，OECD 国家平均为 5.7%，金砖国家中的巴西和俄罗斯两国也达到 5.2% 和 7.4%，而中国 2010 年为 4.8%，处于偏低水平；依据联合国教科文组织最新公布的数据，2008 年德国、日本、韩国和中国台湾地区国家财政性教育经费占 GDP 的比重分别达到了 4.6%、3.5%、4.8% 和 4.2%，OECD 国家平均达到了 5.2%，巴西、俄罗斯和南非也达到了 5.4%、4.1% 和 5.1%，基本上都超过了 4% 的水平，而中国 2010 年为 3.6%，处于偏低水平。从发展趋势上看，1996 年以来我国教育经费和财政性教育经费的增长率为年均 17.1% 和 17.5%，均低于国家财政支出总额增长率年均 18.9% 的水平（见表15）。教育经费总额和财政性教育经费投入较低并且增长偏慢，导致职业教育可获得的经费总量及其增长幅度受到较大限制。

表15 职业教育经费投入总额及占比

年份	教育经费投入			财政性教育经费投入			教育经费投入占GDP（%）	国家财政性教育经费投入占GDP（%）	职业教育经费投入占GDP（%）
	总值（亿元）	其中：职业教育	占比（%）	总值（亿元）	其中：职业教育	占比（%）			
1996	2127	282	13.24	1542	177	11.48	3.03	2.20	0.40
1997	2389	324	13.55	1731	199	11.50	3.06	2.22	0.41
1998	2772	365	13.16	1800	192	10.69	3.34	2.17	0.44
1999	3154	393	12.47	2039	210	10.27	3.56	2.31	0.44
2000	3627	416	11.48	2312	226	9.77	3.70	2.36	0.42
2001	4370	456	10.44	2788	252	9.05	4.04	2.58	0.42
2002	5162	508	9.85	3237	277	8.55	4.33	2.72	0.43
2003	5788	573	9.89	3571	314	8.78	4.28	2.64	0.42
2004	6731	657	9.76	4166	342	8.22	4.22	2.61	0.41

表 15（续）

年份	教育经费投入			财政性教育经费投入			教育经费投入占 GDP（%）	国家财政性教育经费投入占 GDP（%）	职业教育经费投入占 GDP（%）
	总值（亿元）	其中：职业教育	占比（%）	总值（亿元）	其中：职业教育	占比（%）			
2005	8419	939	11.16	5161	426	8.25	4.58	2.81	0.51
2006	9815	1141	11.62	6348	525	8.27	4.55	2.94	0.53
2007	12148	1484	12.22	8280	745	9.00	4.56	3.11	0.56
2008	14501	1853	12.78	10450	1018	9.74	4.60	3.31	0.59
2009	16503	2122	12.86	12231	1213	9.92	4.83	3.58	0.62
2010	19562			14670			4.84	3.64	

资料来源：《中国教育经费统计年鉴》各年数据及《2010 年全国教育经费执行情况统计公告》。

其二是教育经费和国家财政性教育经费中职业教育部分的比重较低。2004 年之前，我国职业教育经费占教育经费的比重，以及财政性职业教育经费占财政性教育经费的比重持续下降，2004 年两者分别只有 9.8% 和 8.2%。而职业教育在校生占总学生数的比重在这些年份均持续增长。从 2005 年开始两者有所上升，但上升幅度并不大，尤其是财政性教育经费向职业教育倾斜的比例较小（见表 15）。从增长率来看，职业教育经费和财政性职业教育经费增长率在 2004 年之前均低于 15%，并且低于教育经费和财政性教育经费整体增长率，2004 年之后有所上升，但增长率并不稳定，并且在 2009 年又回落到 2004 年水平（见图 30、图 31）。

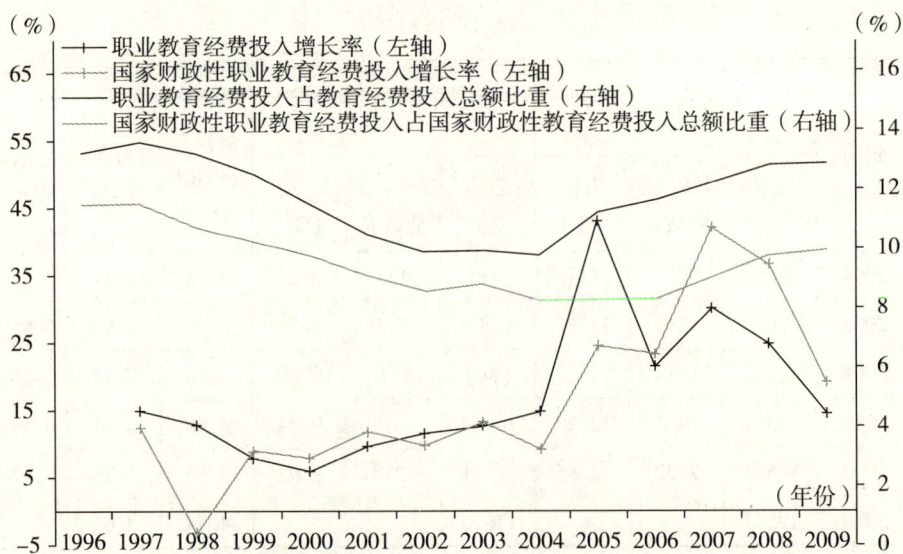

图 30　中国职业教育经费投入增长率和占比（1996—2009）

资料来源：依据表 15 数据计算绘制。

图 31　中国职业教育经费投入增长率差距（1997—2009）

资料来源：同图 30。

表 16 职业教育经费和财政性职业教育经费投入总额估测（2010 年人民币）

年　份		2010	2011	2012	2013	2014	2015	2016	2017	2018	2019	2020	2021	2022	2023	2024	2025
GDP（万亿元）		40.33	44.04	47.60	51.60	55.68	60.08	64.70	69.36	73.73	77.86	81.83	85.68	89.53	93.38	97.21	101.1
财政性教育经费占 GDP（%）		3.64	3.74	3.85	3.95	4.05	4.16	4.26	4.37	4.47	4.58	4.68	4.78	4.89	4.99	5.10	5.20
教育经费占 GDP（%）		4.85	4.91	4.96	5.02	5.08	5.13	5.19	5.25	5.30	5.36	5.42	5.47	5.53	5.59	5.64	5.70
财政性教育经费（千亿元）		14.67	16.48	18.31	20.38	22.57	24.98	27.58	30.29	32.97	35.62	38.29	40.98	43.76	46.61	49.54	52.57
教育经费（千亿元）		19.56	21.61	23.63	25.91	28.27	30.84	33.58	36.39	39.11	41.74	44.33	46.90	49.51	52.17	54.86	57.63
财政性职业教育经费投入占财政性教育经费投入比重（%）	低	10.23	10.54	10.85	11.16	11.47	11.79	12.10	12.41	12.72	13.03	13.34	13.65	13.97	14.28	14.59	14.90
	中	10.47	11.03	11.59	12.15	12.71	13.27	13.82	14.38	14.94	15.50	16.06	16.62	17.17	17.73	18.29	18.85
	高	10.72	11.53	12.33	13.14	13.94	14.75	15.55	16.36	17.16	17.97	18.77	19.58	20.38	21.19	21.99	22.80
财政性职业教育经费投入总额（千亿元）	低	1.50	1.74	1.99	2.28	2.59	2.94	3.34	3.76	4.19	4.64	5.11	5.60	6.11	6.66	7.23	7.83
	中	1.54	1.82	2.12	2.48	2.87	3.31	3.81	4.36	4.93	5.52	6.15	6.81	7.52	8.27	9.06	9.91
	高	1.57	1.90	2.26	2.68	3.15	3.68	4.29	4.96	5.66	6.40	7.19	8.02	8.92	9.88	10.90	11.99
职业教育经费投入占教育经费投入比重（%）	低	13.12	13.39	13.65	13.92	14.18	14.45	14.71	14.98	15.24	15.51	15.77	16.04	16.30	16.57	16.83	17.10
	中	13.37	13.88	14.39	14.91	15.42	15.93	16.44	16.95	17.47	17.98	18.49	19.00	19.51	20.03	20.54	21.05
	高	13.62	14.38	15.13	15.89	16.65	17.41	18.17	18.93	19.69	20.45	21.21	21.96	22.72	23.48	24.24	25.00

表 16（续）

年　份		2010	2011	2012	2013	2014	2015	2016	2017	2018	2019	2020	2021	2022	2023	2024	2025
职业教育经费投入总额（千亿元）	低	2.57	2.89	3.23	3.61	4.01	4.46	4.94	5.45	5.96	6.47	6.99	7.52	8.07	8.65	9.24	9.85
	中	2.62	3.00	3.40	3.86	4.36	4.91	5.52	6.17	6.83	7.50	8.20	8.91	9.66	10.45	11.27	12.13
	高	2.66	3.11	3.58	4.12	4.71	5.37	6.10	6.89	7.70	8.53	9.40	10.30	11.25	12.25	13.30	14.41

说明：GDP 估值同表 14，财政性教育经费占 GDP 比重和教育经费占 GDP 比重依据前文讨论，两者到 2025 年达到 OECD 国家当前平均水平，分别为 5.2% 和 5.7%，职业教育经费占教育经费比重按照前文讨论制订高方案（2025 年达到 25%）、中方案（2025 年达到21.1%）和低方案（2025 年达到 17.1%），财政性职业教育经费占财政性教育经费投入比重三套方案相对前者低 2.2%（依据中国 1996—2009 年平均差距），相应的财政性职业教育经费总额和职业教育经费总额也有三套预测方案。

58

结合前者分析可以发现，我国教育投入呈现如下规律：职业教育经费和财政性职业教育经费增长率低于教育经费和财政性教育经费增长率，后者又低于财政支出增长率，两个"相对较低"并存对于我国工业化过程中的职业教育发展较为不利。对比发达国家和地区在工业化中后期的经验，如果采用前文分析的数据——职业教育支出占 GDP 比重平均为 1.2% 以及教育经费占GDP 的比重为 4.8%—7.0%，可以推测职业教育经费占教育经费的比重应该在 17.1%—25.0%，财政性职业教育经费占财政性教育经费的比重略低于该区间。按照这一分析估计未来 15 年我国职业教育经费和财政性职业教育经费的发展趋势，如果教育经费占 GDP 比重以及职业教育经费投入占教育经费投入的比重能够按表 16 所建议的方案增加，那么职业教育的经费投入基本能够满足未来 15 年职业教育发展规模所要求的经费支出增长趋势（可对比表 14的预测）；财政性职业教育经费的投入总量在"十二五"期间的实际年均增长率需要达到 16.6%，并在该时期末达到 2944 亿元—3684 亿元，财政性教育经费投入到职业教育的比重也需相应增长，在"十二五"末期达到11.8%—14.8%，职业教育经费投入总额中由财政提供的比重也需提高，在"十二五"末期达到 66.1%—68.6%。

（二）构建未来各时期现代职业教育发展的质量保障体系

现代职业教育发展除了需要经费保障，还需要在师资力量方面给予重点保障。工业化过程中，职业教育规模的扩张不仅有教育经费的支撑，还要通过其他方面保障现代职业教育体系的发展，以确保职业教育发展的质量，特别是在职业教育教师规模和质量方面给予保障。2008 年德国高中阶段的生师比为 14.0，日本为 12.3，韩国为 16.5，OECD 主要国家平均为 13.3，并且该阶段职业教育和普通教育的生师比差异不大。大学阶段职业教育的生师比分别为德国 12.0、日本 7.5、OECD 主要国家平均 12.8，这一数据略低于大学阶段普通教育的师生比。对比中国的状况可以发现（见图 22），我国 2009 年高等职业教育与高等普通教育的生师比均为 17.6，高于 OECD 国家平均水平，中等职业教育生师比为 24.7，远高于普通高中和高等职业教育，也高于OECD 国家平均水平。因此未来应该进一步降低生师比，尤其是中等职业教育的师生比，这就要求职业教育教师数量增加。同时由于未来职业教育学生规模也将扩大，因此职业教育教师需要以相对更快的速度增长。

按照前文测算的未来15年职业教育学生数量规模，估计职业教育教师数量发展趋势如图32和表17所示，"十二五"期间职业教育专任教师数的年均增长率需要维持在7.95%—8.96%，高于职业教育学生增长率4.66%—6.08%的水平，到该时期末，专任教师数量需要达到190万左右，才能保障职业教育生师比持续下降。按照中值预期的发展趋势，"十二五"期间职业教育生师比的下降速度在年均2.64%—3.04%，到该时期末期要低于19.0，才能实现该值在工业化后期与发达国家持平。

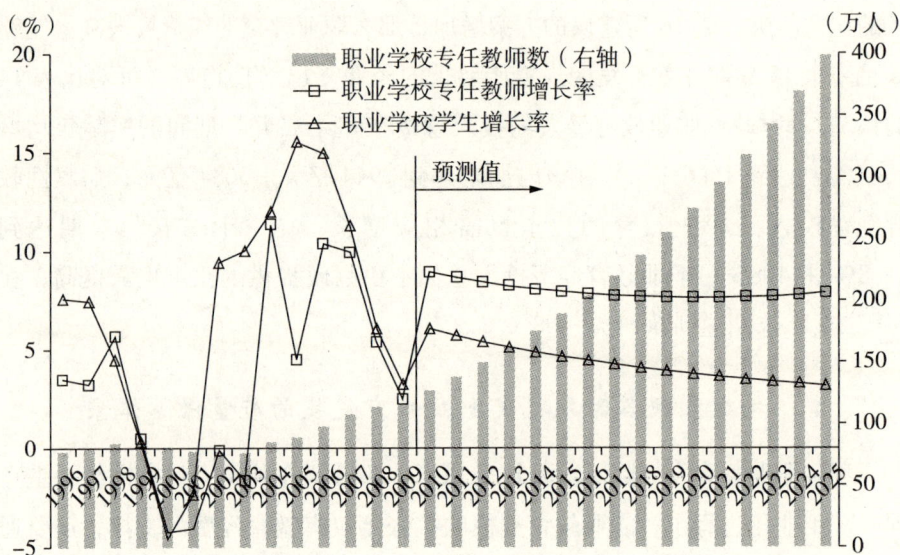

图32　中国职业教育教师总量和增长率预测（1996—2025）

资料来源：依据《中国教育统计年鉴》各年数据整理及预测。

表17 职业学校教师数和生师比估测

年份		2010	2011	2012	2013	2014	2015	2016	2017	2018	2019	2020	2021	2022	2023	2024	2025
职业学校专任教师数（万人）	低	127	138	149	162	175	188	203	218	235	253	271	292	314	337	363	391
	中	127	138	150	162	175	189	204	220	237	255	274	295	318	343	369	398
	高	127	138	150	163	176	190	205	221	239	257	277	299	322	348	376	406
职业学校专任教师增长率（%）	低	8.88	8.60	8.36	8.15	7.98	7.84	7.73	7.64	7.57	7.53	7.50	7.50	7.51	7.55	7.61	7.69
	中	8.96	8.68	8.44	8.25	8.08	7.95	7.84	7.75	7.69	7.66	7.64	7.65	7.68	7.73	7.80	7.90
	高	9.03	8.76	8.53	8.34	8.18	8.05	7.95	7.87	7.82	7.79	7.79	7.80	7.84	7.91	8.00	8.11
职业学校生师比	低	22.01	21.43	20.85	20.27	19.69	19.11	18.53	17.95	17.37	16.78	16.20	15.62	15.04	14.46	13.88	13.30
	中	22.00	21.40	20.80	20.21	19.61	19.01	18.42	17.82	17.23	16.63	16.03	15.44	14.84	14.24	13.65	13.05
	高	21.98	21.37	20.76	20.14	19.53	18.92	18.31	17.70	17.08	16.47	15.86	15.25	14.64	14.02	13.41	12.80
职业学校生师比变化率（%）	低	-2.57	-2.64	-2.71	-2.79	-2.87	-2.95	-3.04	-3.13	-3.24	-3.34	-3.46	-3.58	-3.72	-3.86	-4.02	-4.18
	中	-2.64	-2.71	-2.79	-2.87	-2.95	-3.04	-3.14	-3.24	-3.35	-3.46	-3.59	-3.72	-3.86	-4.02	-4.19	-4.37
	高	-2.71	-2.78	-2.86	-2.95	-3.04	-3.13	-3.23	-3.34	-3.46	-3.58	-3.72	-3.86	-4.01	-4.18	-4.36	-4.56
职业学校学生数（万人）：全部		2796	2956	3117	3277	3437	3597	3758	3918	4078	4238	4399	4559	4719	4879	5040	5200
职业学校学生增长率（%）		6.08	5.73	5.42	5.14	4.89	4.66	4.45	4.26	4.09	3.93	3.78	3.64	3.52	3.40	3.28	3.18

资料来源：依据《中国教育统计年鉴》各年数据整理及预测。

　　职业教育教师规模和质量的保障受到多方面因素的制约，其中最重要的因素之一为教师待遇，从工业化国家的经验来看，2007 年德国、日本和韩国的中等教育经费中教师和辅助人员的工资福利支出比重为 81.8%、86.7% 和 67.0%，OECD 国家平均水平为 78.8%；上述国家高等教育经费中教师和辅助人员的工资福利支出比重分别为 66.5%、60.6% 和 53.7%，OECD 国家平均水平为 68.1%。而中国 2009 年教师和辅助人员工资福利占教育经费比重仅为 52.5%，职业教育该比重则更低，仅为 38.5%。并且从发展趋势来看（见图 33），2002 年以来职业教育工资福利占教育经费比重持续下降。

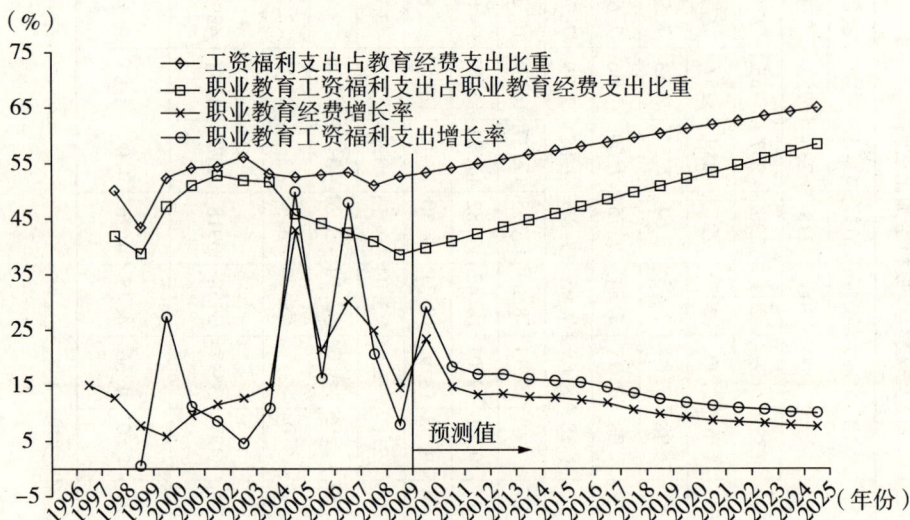

图 33　中国职业教育教师工资福利预测（1996—2025）

资料来源：依据《中国教育统计年鉴》及《中国教育经费统计年鉴》各年数据整理及预测。

　　如果中国职业教育教师工资福利状况在工业化后期要达到主要发达国家的水平，那么职业教育工资和福利占教育经费比重需要以更快的速度增长（见表 18），"十二五"时期职业教育工资和福利的增长率大约需要保持在年均 16.8%，在 2015 年之前均需要保持 15% 以上的增长率，高于该时期职业教育经费 13.4% 的年均增长率，和整体教育经费 9.5% 的年均增长率。职业教育工资福利支出占职业教育经费支出比重在"十二五"需要逐步增长，在该时期末达到45.9%，才能逐步缩小其与整体工资福利支出占教育经费支出比重的差距，从而降低职业教育教师待遇与普通教育教师待遇的差异，保障职业教育从教人员的队伍稳定性和职业教育质量的稳步提升。

表18　职业教育教师工资福利支出预测（2010—2025）

年　份	2010	2011	2012	2013	2014	2015	2016	2017
教育经费（千亿元）	19.56	21.61	23.63	25.91	28.27	30.84	33.58	36.39
职业教育经费（千亿元）	2.62	3.00	3.40	3.86	4.36	4.91	5.52	6.17
工资福利支出（千亿元）	10.43	11.69	12.97	14.42	15.96	17.65	19.48	21.39
职业教育工资福利支出（千亿元）	1.04	1.23	1.44	1.68	1.95	2.26	2.61	2.99
教育经费增长率（%）	18.54	10.47	9.35	9.64	9.12	9.10	8.89	8.37
职业教育经费增长率（%）	23.26	14.70	13.38	13.54	12.86	12.73	12.39	11.74
工资福利支出增长率（%）	24.67	12.09	10.92	11.19	10.64	10.61	10.37	9.82
职业教育工资福利支出增长率（%）	28.95	18.30	16.83	16.89	16.10	15.87	15.43	14.69
工资福利支出占教育经费支出比重（%）	53.33	54.11	54.88	55.66	56.44	57.22	58.00	58.77
职业教育工资福利支出占职业教育经费支出比重（%）	39.71	40.96	42.21	43.45	44.70	45.94	47.19	48.43
年　份	2018	2019	2020	2021	2022	2023	2024	2025
教育经费（千亿元）	39.11	41.74	44.33	46.90	49.51	52.17	54.86	57.63
职业教育经费（千亿元）	6.83	7.50	8.20	8.91	9.66	10.45	11.27	12.13
工资福利支出（千亿元）	23.29	25.18	27.09	29.02	31.03	33.10	35.23	37.46
职业教育工资福利支出（千亿元）	3.39	3.82	4.28	4.76	5.28	5.84	6.44	7.08
教育经费增长率（%）	7.45	6.73	6.21	5.79	5.58	5.37	5.15	5.04
职业教育经费增长率（%）	10.69	9.86	9.23	8.72	8.43	8.13	7.84	7.66
工资福利支出增长率（%）	8.87	8.12	7.58	7.14	6.91	6.68	6.44	6.32
职业教育工资福利支出增长率（%）	13.54	12.61	11.91	11.32	10.95	10.60	10.25	10.01

表18（续）

年　份	2018	2019	2020	2021	2022	2023	2024	2025
工资福利支出占教育经费支出比重（%）	59.55	60.33	61.11	61.89	62.67	63.44	64.22	65.00
职业教育工资福利支出占职业教育经费支出比重（%）	49.68	50.93	52.17	53.42	54.66	55.91	57.15	58.40

资料来源：依据《中国教育经费统计年鉴》各年数据预测。

参考文献

Ali M. El-Agraa and Akira Ichii. 1985. The Japanese Education System with Special Emphasis on Higher Education ［J］. Higher Education，（2）.

Becker, G. 1964, Human Capital ［M］. New York：Columbia University Press.

Bundesministerium für Bildung und Forschung. 2000. Basic and Structural Data 1999/2000 ［M］. Federal Ministry of Education and Research.

BMBF, Bundesministerium für Bildung und Forschung. 2006. Berufsbildungsbericht 2006 ［M］. Druckpartner Moser, Rheinbach Bonn, Berlin.

Chong Jae Lee. 2007. The Korean Experience with Technical and Vocational Education ［W］. Fourth ECA Education Conference, the World Bank and the Ministry of Education and Science of the Republic of Albania.

Kuczera, M. 2009. The OECD International Survey of VET Systems ［M］. Paris：OECD.

Lucas, R. E. 1988. On the Mechanics of Economic Development ［J］. Journal of Monetary Economics, 22：3 – 42.

Ministry of Education & Human Resources Development, Korean Educational Development Institute, 2005. Brief Statistics On Korean Education ［M］. Seoul：MOE and KEDI.

NCVER 2012. US Department of Labor ［R/OL］. ［2012 – 06 – 20］. www. ncver. edu. au/research/proj2/mk0008/internat. htm.

OECD. 2001. The Well-being of Nations：The Role of Human and Social Capital ［M］. Paris：OECD.

Peter Lundgreen. 1975. Industrialization and the Educational Formation of Manpower in Germany ［J］. Journal of Social History，（9）.

Schultz, T. 1961. Investment in Human Capital ［J］. American Economic Review, 51（1）.

Yoshihisa Godo. 2007. The Role of Education in the Economic Catch-Up：Comparative Growth

Experience from Japan, Korea, Taiwan and the U. S. ［W］. Meiji Gakuin University working paper，(3).

Yoshihisa Godo，Yujiro Hayami. 2008. Catching-up in education in the economic catch-up of japan with the US 1890 – 1990 ［W］. Meiji Gakuin University working paper，(4).

Younwha Kee. 2010. 韩国：职业教育培训发展及其体系 ［R］. 中华职业教育社——2009 中国（长沙）国际职业教育论坛.

陈佳贵，黄群慧，钟宏武. 2006. 中国地区工业化进程的综合评价和特征分析 ［J］. 经济研究，(6).

陈继勇，周琪. 2010. 中国高技术产品贸易失衡问题研究 ［J］. 湖北大学学报，(3).

陈小虎，刘化君，曲华昌. 2004. 应用型人才培养模式及其定位研究 ［J］. 中国大学教学，(5).

程爱洁. 2005. 韩国高等教育的发展历程及特点 ［J］. 上海理工大学学报，(9).

郭克莎. 2004. 中国工业化的进程、问题与出路 ［J］. 中国社会科学，(1).

科技部发展计划司. 2011. 2010 年我国高技术产品贸易状况分析 ［R］.

郭志明. 1996. 近代德国职业教育发展所揭示的规律及其启示 ［J］. 教育理论与实践，(3).

联合国人口基金会，2011 年世界人口状况报告：70 亿人口世界中的人类和机遇 ［R］.

李建忠. 2000. 国际职业教育发展现状、趋势及中国职业教育的基本对策 ［J］. 外国教育资料，(6).

罗长远，张军. 2009. 经济发展中的劳动收入占比 ［J］. 中国社会科学，(4).

卢锋. 2011. 大象难以藏身于树后——中国经济相对体量观测 ［W］. 北京大学国家发展研究院工作论文.

裘元伦. 2006. 200 年发展观：欧洲的经历 ［J］. 科学与现代化，(5).

日本统计局. 2011. 平成 17 年国勢調査最終報告書「日本の人口」上巻 ［M］. 日本统计局，2011.

孙德岩，赵树仁. 1986. 日本职业教育一百年 ［J］. 教育科学研究，(10).

台湾"教育部统计处". 2011. 教育统计指标之国际比较 ［M］. "教育部".

王小军，赵函，黄日强. 2010. 政府拨款：德国职业教育经费的重要来源 ［J］. 武汉职业技术学院学报，(9).

王学风. 1996. 台湾发展教育的基本经验 ［J］. 江西教育科研，(12).

魏后凯，等. 2003. 中国西部工业化与软环境建设 ［M］. 北京：中国财政经济出版社.

2

职业教育与城镇化关系研究

清华大学教育战略决策与国家规划研究中心课题组[*]

摘　要

　　本研究不仅全面分析了我国职业教育面临的国家产业转型、结构调整、城镇化建设等需求，也从理论上论述了教育特别是职业教育对于我国未来从依靠人口红利转向依靠人力资本红利的可能贡献，并以我国城镇人口的教育回报率为例进行了较为严谨的分析。

　　研究发现我国大学的教育回报率最高，中专的教育回报率也较高。相比之下，高中的教育回报率最低。这说明政府的有限教育资源应该投向回报率更高的职业教育、大学教育。研究还发现产业发展与布局以及教育发展政策对城镇化的影响也尤为突出，特别是职业教育作为产业支撑的核心人力资本要素，对城镇化的可持续发展发挥着不可替代的作用。

　　研究认为当人均 GDP 达到 3000 美元以上时，不仅是城镇化高速发展时期，也是职业教育旺盛发展时期，美国、日本、韩国的经验都证明了这一观点。广东佛山市顺德区和大连市的职业教育，从正反两方面为我们提供了职业教育需要与区域经济协调发展的实证材料。

---

　　[*] 课题组成员包括：袁本涛、胡鞍钢、李宏彬、胡光宇、许玲、王顶明，袁本涛负责统稿。

　　根据以上研究结论，我们建议政府大力发展中等和高等职业教育，始终把职业教育与人的发展、社会发展、产业发展紧密联系起来，树立发展职业教育"既是国计，也是民生"的重要观念，并以此来指导我们的职业教育发展。政府应抓紧立法，保障职业教育的合法地位，把招聘同职业资格挂钩。同时，把中、高等职业教育真正衔接起来，允许有条件并愿意继续深造的学生继续攻读高级职业教育文凭。职业教育的发展还需要政府在财政上真正保障职业教育应有的地位，对其予以倾斜并落实。

　　城镇化是社会发展的趋势，是人类生产与生活方式由农村向城市转化的一个历史过程，城镇化水平是衡量一个国家经济社会发展状况的重要标志，也是现代化的重要特征。我国于 2011 年颁布的《中华人民共和国国民经济和社会发展第十二个五年规划纲要》（以下简称《十二五规划纲要》）中明确指出："十二五期间，将积极稳妥推进城镇化，城镇化率从目前的 47.5% 提高到 51.5%。同时，将完善城镇化布局和形态，不断提升城镇化的质量和水平。"表明提高城镇化水平是我国"十二五"期间的重要任务。按照我国《十二五规划纲要》的要求，城镇化率在"十二五"期间约年均增长 1%。按照第六次人口普查的全国人口推算，我国农村人口将以每年 1200 万—1500 万人的速度向城市流动，如何将这些人口培养成从事城市现代化建设所需要的各种层次的合格专业技术人才，这是我国提高城镇化水平面临的关键问题。

　　在各级各类教育中，职业教育是与经济社会发展联系最紧密、服务最贴近、贡献最直接的教育类型，担负着培养社会经济发展需要的各层次专业技术人才的重任。因此，职业教育发展的程度直接影响着一个国家的城镇化进程。同时，职业教育要实现自身的可持续发展，必须适应城镇化进程中的社会需要。可见，职业教育与城镇化是交互作用的关系。

　　在改革开放以来的三十多年里，我国城镇化率与职业教育水平都得到了快速发展。2010 年全国教育事业发展统计数据显示，我国中等职业学校在校生达到 2238.50 万人，高等职业院校在校生超过 900 万人，分别占高中阶段教育与普通高等教育在校生总数的一半左右。我国的城镇化进程也是在改革开放后明显加快，城镇化率由 1978 年的 17.92% 增至 2010 年的 49.95%，年均增长约 1 个百分点。① 那么,我国目前职业教育的发展程度与城镇化水平是否相适应,尤其在职业教育与城镇化进程的互动关系中,职业教育是主动适应城镇化进程还是被动调整? 对这些问题的回答是我国构建现代职业教育体系的基础,也是城镇化进程的保障。因此,研究我国职业教育与我国城镇化进程的适应性具有重要的现实意义。

基于以上考虑,本研究除广泛收集相关数据,重点就人力资源的收益进行量化分析外,还就我国职业教育对城镇化的贡献率进行了实证分析。同时,为了更好地收集数据,课题组两次召开了专题研讨会,聘请国内相关专家共同研讨,并专门就广东省佛山市顺德区以及大连市城镇化进程中的职业教育问题进行了实地考察和调研,为本研究提供了大量的实证材料。

一、发展职业教育的宏观背景分析

(一)"农民工"转化为产业工人急需职业教育助力

过去 10 年,我国的城镇化水平实现了快速的发展,1980 年,我国的城镇化率只有 19.39%,到 1990 年,也只有 26.41%,但 2000 年达到了史无前例的 36.22%,到 2010 年则达到近 50%。② 中国社会科学院最新发布了 2012 年社会蓝皮书《2012 年中国社会形势分析与预测》,蓝皮书指出,我国将近三成的农业户籍人口已经居住在城镇,2011 年中国城市人口首度超过乡村人口,城镇化水平超过 50%。这标志着中国数千年来以农村人口为主的城乡人口结构发生了逆转,可以说是中国现代化进程中的一件大事。由此,中国人的生活方式、生产方式、职业结构、消费行为以及价值观念都会随之发生极其深刻的变化。但蓝皮书同时指出,工作和居住在城市中的农业户籍者大多处于"半城镇化"状态,也就是成为城市中的非农就业人口或常住人口,但难以像本地的非农户口居民那样享受城镇居民的社会待遇,他们面临着劳动保障和社会保障覆盖不足等困境。

《2012 年中国社会形势分析与预测》指出,调查显示,半城镇化人口享

---

① ② 中华人民共和国国家统计局. 中国统计年鉴 2011 [M]. [2013 - 03 - 10]. http://www.stats.gov.cn/tjsj/ndsj/2011/indexch.htm.

受各类社会保障的比例明显低于全城镇化人口。就养老保险而言，全城镇化人口的享有率为63.1%，而半城镇化人口仅为30.2%，还不足前者的一半。半城市化人口的医疗保险享有率似乎和全城镇化人口相差不大，但其中81.1%的人享有的是新型农村合作医疗，享受城镇职工医保和城镇居民基本医保的仅占17.6%，而在全城镇化人口中享有上述两项医保的比例合计为81.2%。其余在失业保险、工伤保险、生育保险等方面的待遇，半城镇化人口和全城镇化人口相去甚远。蓝皮书认为，居住地因素是目前城镇化进程不稳定的主要原因，以家庭成员分离为代价的农村劳动力个人向城镇的流动，无法维持实质意义上的城镇化。以部分农村劳动力流入替代另一部分农村劳动力的回流，在总体上保持了城镇化率的增长，但对于进城务工的农村劳动力而言，他们只是参与了城镇化建设，而未能分享城镇化成果。①

笔者以为，这些半城镇化状态的居民之所以待遇低下，除了中国长期实行的城乡二元户籍政策造成的不公平以外，还有一个重要的原因，就是大部分这样的农民工都因为文化水平较低、没有一技之长而在城市难以找到稳定的工作岗位，无法转变成真正合格的产业工人。因此，他们虽然进入到了城市，却很难在城市扎根。再加上种种制度上的原因，导致不断有新的农民工进城，而一部分农民工又回流到农村，这对我国可持续的城镇化发展带来极大的不稳定性和隐患。

专栏1　土地征用：中国城市化的重要途径

中国的快速城市化的一个重要途径是大量征用农村集体土地，城市规模迅速扩大，出现农村和城镇的直接城市化。例如，广东省在广州市番禺区小谷围岛建设大学城，首期征地面积18平方公里，搬迁的村民近万名，今年首批招生3万多名，加上服务人员岛上人口超过6万人，在

---

① 中国广播网. 2012 年社会蓝皮书发布：中国城市化水平首超 50% ［N/OL］. ［2013 - 03 - 10］. http：//china. cnr. cn/ygxw/201112/t20111220_ 508950435. shtml.

不到 1 年时间内，就把原本十分落后的农业孤岛村变为一个科教卫星新城……但在快速城市化地区，较普遍地出现了征用农村土地难、农村集体资产经营效益难以持续提高、农村建设密集无序、农民转移就业难和农民参加社会保险难等一系列的农村问题，形成了快速发展过程中的"农村病"，成为目前快速城市化地区的最突出问题之一，是我国沿海发达地区所产生的新"三农"问题。

——傅铭深，"快速城市化地区的农村集体产权问题"，《广东经济》。

http：//www. sannong. gov. cn/njlt/gnwz/200503300593. htm.

温家宝总理在《2012 年政府工作报告》中指出，我国 2011 年有农民工总量 2. 53 亿人，比上年增长 4. 4%，其中外出农民工 1. 59 亿人，增长 3. 4%。[1] 如果大批农民工得不到应有的职业培训而直接进入城市，入城了的农民工最终也会因为人力资本的缺失而最终回归农村。这就要求职业教育承担起培训农民工，帮助其获得劳动技能的重要任务，否则我国的城镇化是不可持续的。

（二）中国的产业转型升级迫切需要大量高素质劳动力

世界经济论坛（WEF）发布的全球竞争力报告指出，一个国家的社会经济发展通常可以划分为三个阶段，第一个阶段是要素驱动的阶段，这一阶段经济增长主要依赖于原材料和接受过初等教育的劳动力；第二个阶段是效率驱动的阶段，这一阶段国家竞争力主要体现为高等教育、职业培训、市场资源配置的效率以及技术的进步等；第三个阶段是创新驱动的阶段，在这一阶段中，国家的核心竞争力通过创新、研发新的产品来实现（见图 1）。

---

① 中国网. 2012 年政府工作报告［EB/OL］.［2013－03－10］. http：//www. china. com. cn/policy/txt/2012－03/16/content_ 24910562. htm.

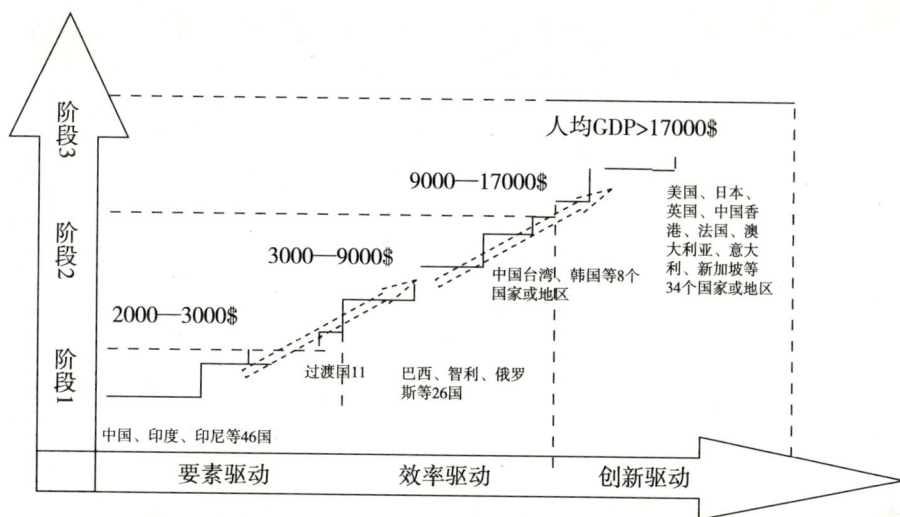

图1 世界经济论坛（WEF）提出的经济发展三阶段

从该论坛发布的 2006—2007 年度全球竞争力报告中可以看到，中国正处于由第一阶段向第二阶段过渡的时期，即由要素驱动模式向效率驱动模式转变的进程中。与发达国家相比较，我国总体的全球竞争力仍然较弱，尤其在技术储备、高等教育、职业教育、国家创新能力等方面更是非常落后。2006—2007 年度，中国高等教育与培训得分为 3.68，技术能力得分为 3.07，创新能力得分为 3.75，而美国这三项指标的得分分别达到 5.82、5.56 和 5.75。① 生产技术含量过低、国家自主创新能力较弱是影响中国全球竞争力的软肋。

改革开放以来，中国经济始终保持着较快速度的增长，取得巨大的经济发展成就，为中国全球竞争力的提升提供了坚实的经济基础。但是从经济增长模式来看，中国改革开放以来的经济增长方式主要是一种资源依赖型增长，也就是主要依赖资金、劳动力和自然资源等生产要素的粗放投入实现经济增长。新中国成立以来，我国 GDP 增长了十多倍，矿产资源消耗增长了四十多倍。我国资本形成总额占 GDP 的比重，1980 年为 34.9%，1995 年为 40.8%，2000 年为 36.4%，2003 年高达 42.7%，大大高于美国、德国、法

① 世界经济论坛. The Global Competitiveness Index ［R/OL］. ［2013 - 03 - 10］. http：//www. weforum. org/en/initiatives/gcp/Global% 20Competitiveness% 20Report/index. htm.

国、印度等国家 20% 左右的水平。从"六五"至"十五"的前 3 年，每增加一亿元 GDP 需要的固定资产投资分别是 1.8 亿元、2.15 亿元、1.6 亿元、4.49 亿元和 4.99 亿元。高消耗带来的高增长，其中必然伴随着较低的资源利用率和较低的劳动生产率。中国第二产业劳动生产率只相当于美国的 1/30、日本的 1/18、法国的 1/16、德国的 1/12 和韩国的 1/7。资源产出效率大大低于国际先进水平，每吨标准煤的产出效率相当于美国的 28.6%、欧盟的 16.8%、日本 10.3%。[①]

与世界其他国家相比，我国单位 GDP 的能耗水平远远高于世界平均水平，然而我国的人均资源拥有量却远远低于世界平均水平。煤炭和水力资源人均拥有量相当于世界平均水平的 50%，石油、天然气人均资源拥有量为世界平均水平的 1/15 左右，耕地资源不足世界人均水平的 30%。[②] 相对贫瘠的自然资源根本无法支撑高资源消耗的经济增长，切实转变经济增长方式，加快推动中国经济增长从要素驱动逐步向主要是效率驱动和创新驱动转变，已经刻不容缓。

这就要求我们大力提高劳动者素质。研究表明劳动力和物质资本投入之间具有替代效应。在知识经济中，劳动力受教育水平越高，这种替代的能力越强。

目前，大部分发达国家从业人口中接受过高等教育的比例一般都在 20% 以上。如 2006 年，德国从业人员中接受过高等教育的比例达到 23.7%，英国从业人员中接受过高等教育的比例达到 20.7%，法国从业人员中接受过高等教育的比例达到 28.6%，加拿大接受过高等教育的从业人员的比例甚至达到 45.3%。相比较而言，中国虽然是人力资源大国，但是劳动力整体素质不高，从业人员的受教育程度仍然是以初、中等教育为主，接受过高等教育的从业人员比例明显偏低（见图 2）。

全国第五次人口普查资料显示，2000 年我国从业人员中仍以具有初中和小学学历的人员为主体，占 75% 左右，其中仅接受过小学教育的占 33%，接受过高中和中等职业技术教育者占 12.7%，接受过高等教育的占 4.7%。据《中国劳动统计年鉴》（2007）数据，2006 年全国就业人口中，具有初中及

---

① 胥和平. 靠自主创新强筋壮骨 [J]. 时事报告, 2006 (3).
② 中华人民共和国国务院新闻办公室. 中国的能源状况与政策 [R]. 2007, 12.

以下受教育程度的比例达到 81.5%，具有高中受教育程度的比重达到 11.9%，接受过大专及以上教育的只占 6.63%，其中接受过研究生教育的比例仅为 0.23%。① 高中及以上受教育程度人口比重偏低，成为我国劳动者素质提高的瓶颈。这样的受教育状况，远远不能满足现代经济对劳动者知识、技能的要求。②

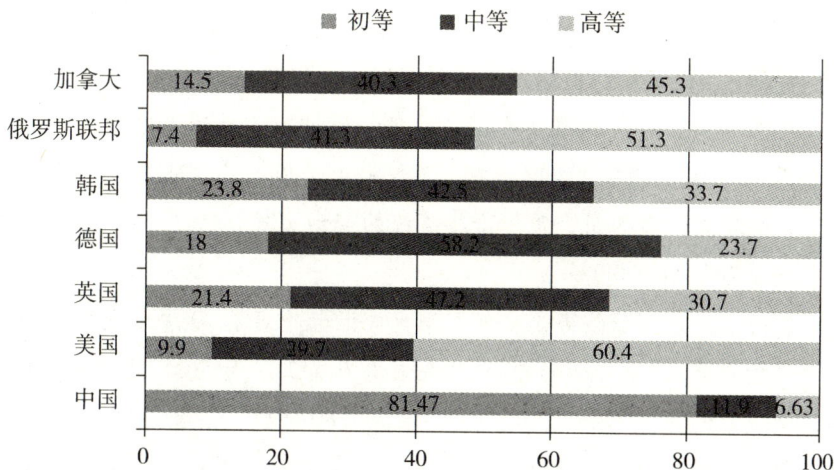

图 2 中国与部分国家经济活动人口受教育程度比较（2006）

资料来源：国家统计局. 国际统计年鉴 ［M］. 2010. 北京：中国统计出版社，2010.

根据相关预测，我国未来劳动力市场人才需求结构呈现出的总体特征是高层次人才缺乏，集中体现在劳动力市场上的高级职称者供不应求，高级工程师（高级职称）、高级技师（职业资格一级）和技师（职业资格二级）的求人倍率③均呈现上升趋势。职业技术人才供不应求，求人倍率远大于1，居高不下。近三年，从初级工到高级技师的求人倍率平均值依次为 1.41、1.42、1.63、1.91 和 1.89。

同时，我们还要看到，中国专业技术人才供给存在着总量短缺和结构性短缺并存的问题。据相关人才需求和供给预测结果，2010 年，我国专业技术

---

① 国家统计局人口和就业统计司，劳动和社会保障部规划财务司. 中国劳动统计年鉴（2007）［M］. 北京：中国统计出版社.

② 中国教育与人力资源报告课题组. 从人口大国迈向人力资源强国——中国教育与人力资源报告［M］. 北京：高等教育出版社.

③ 求人倍率＝需求人数/求职人数，表明劳动力市场中每个岗位需求所对应的求职人数，如 0.8 表示 10 个求职者竞争 8 个岗位。

人才供需缺口为 1746 万—2665 万人，其中第一产业缺口为 20.6 万人，第二产业为 96 246.9 万人，第三产业为 361 万—672 万人，新兴产业为 32.7 万—53.8 万人。① 专业技术人才的缺乏主要体现在两个部分，一是高技能人才，二是高层次拔尖创新人才。在我国现有的专业技术人员中，高职高专及中专层次的人才占大多数。

专栏 2　民工荒：数量荒，质量慌？

中国"民工荒"始现于中国东南部沿海城市，后逐渐向中、西部城市蔓延……2012 年春季招聘季中，不仅沿海传统产业密集型城市出现了民工荒的现象，在四川、重庆这些传统的劳动力输出大省（市）也面临着"民工荒"的问题。

贵阳市人才市场常务副主任刘润生向记者介绍了 40 岁以上求职者面临的尴尬处境。"现在年龄在 40 岁左右的农民工，大多是上世纪 90 年代初涌向城市的第一代农民工，与现在的'80、90'后新生代农民工相比，他们在思想观念、生活习惯等多方面存在差异。目前，第一代农民工中，部分不能适应城市生活的已经回到农村，运用在城市积累资金进行农业活动；剩下一些留在城市的，由于没有专业知识、学习能力，大多从事保安、物管等简单的体力型劳动。由于没有竞争力，很多 40 岁左右的农民工都不会选择到人才市场来求职。"刘润生说。

——中新社贵阳 2 月 13 日电（安娜）

高技能型人才队伍不但规模不大，而且还存在着"老龄化"现象，如苏州高级技师平均年龄 52.4 岁，技师平均年龄也达到 50.2 岁。沈阳装备制造企业中，50 岁以上的高级技师占 42.64%，技师占 34.71%，而 30 岁以下的高级技师仅占 5.18%，技师占 7.46%。②

---

① 中国人事科学院. 中国人才报告（2005）——构建和谐社会历史进程中的人才开发［M］. 北京：人民出版社，2005：197.

② 段文斌. 现代职业教育体系与现代产业体系［R/OL］. ［2013 – 03 – 10］. http://max. book118. com/html/2012/0112/982616. shtm.

研究生　　大学本科　　大学专科　　高中/中专以下

研究生，2008 2.7%	大学本科，2008 18.9%	大学专科，2008 31.5%	高中/中专以下， 2008，46.9%
研究生，2001 1.3%	大学本科，2001 18.7%	大学专科，2001 34.4%	高中/中专以下， 2001，45.6%

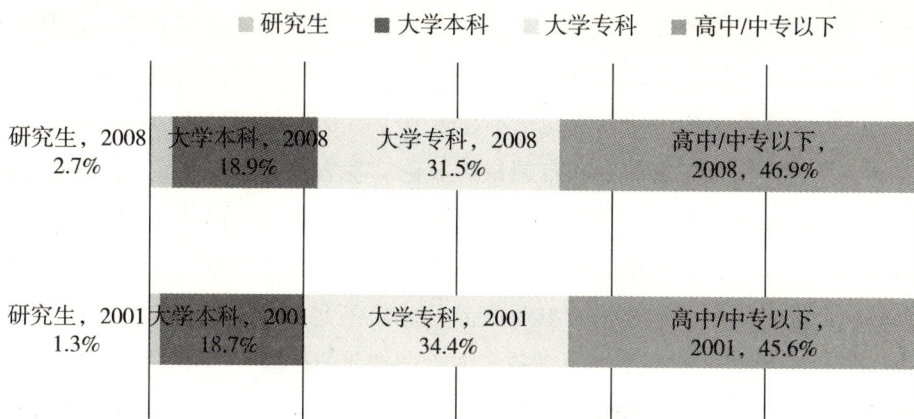

图3　中国专业技术人员学历构成情况

资料来源：国家统计局人口和就业统计司，劳动和社会保障部规划财务司．中国劳动统计年鉴［M］．2001，2008．北京：中国统计出版社，2001，2008．

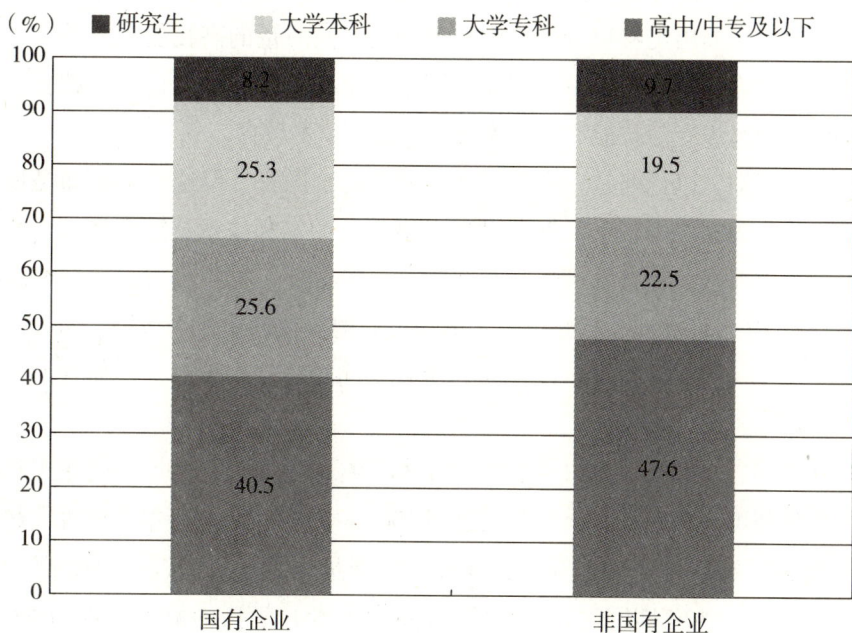

图4　中国不同类型企业管理人才学历构成情况（2002）

资料来源：中国人事科学研究院．中国人才报告（2005）——构建和谐社会历史进程中的人才开发［M］．北京：人民出版社，2005：101－119．

我国劳动者素质低下，也严重制约了我国产业结构的转型升级。高技术产品在制造业中所占的比重较小、科技转化率比较低。中国高技术产业的增加值在制造业增加值中所占的比重不超过 10%，而一般的发达国家都在 15% 左右。尽管中国近年来的专利申请量以及论文发表数有所增加，但是科技最终对生产、经济是否起到了推动作用，还得通过高技术产品所占的比重来检验。与此同时，我国每年有两万余项比较重大的科学技术研究成果和五千多项专利，但是其中最终转化为工业产品的成果不足 5%，而欧美发达国家转化率则高达 45%。在我国，科学技术向生产转化的比例仅为 10%—15%，远低于发达国家的 60%—80%。高新技术企业的产值在社会总产值中所占的比例仅为 2%，也远低于欧美发达国家的 25%—30%。①

建设创新型国家意味着我国要实现两个转变：经济结构由传统农业和工业向知识与技术服务业转移，经济增长方式由劳动密集型和资本密集型向知识与技术密集型的方向转变。经济社会发展的这种根本性转变，迫切要求我国职业教育培养出足够数量的、多种类型的、高质量的高技能型人才。也就是说建设人力资源强国是建设创新型国家的基础，最根本的还是靠教育，特别是以培养高级专门技能型人才为目标的职业技术教育。

众所周知，以色列是一个建立在沙漠上的小国家，但这个国家却是世界上最发达的国家之一，它掌握着世界上最先进的水利技术、灌溉技术、沙漠农业技术、海水淡化技术等，其蔬菜除了自给以外，每年出口到欧洲的蔬菜市值达到 10 多亿美元，且是世界上品质最好的。他们靠什么获得了如此骄人的成绩呢？关键就是教育，以色列的所有农民中，有一半以上都拥有大专以上的学历。

在我国，全国就业人口中 80% 以上都只有初中文化程度。中国化工集团是一家大型国有企业，在全球化工公司 100 强中居第 19 位，年销售收入超过 1400 亿元。2011 年，中国化工集团在册在岗员工总数为 112838 人，其中男 45 岁以下、女 40 岁以下、大专以下（不含大专）学历的员工总数为 49484 人，占在册在岗员工总数的 44%（见表 1）。以调研员工素质为主题，我们对中国化工集团所属企业进行了抽样调查。样本中员工数合计 14970 人（见

① 张志远，毛卫农. 科技成果转化率为何这样低 [N]. 中国汽车报，2002 – 10 – 16.

表2），占中国化工在册在岗员工的 13.3 %。样本中的企业数占中国化工企业总数的 5.3 %。因此，样本具有较强的代表性。

表1　中国化工集团在册在岗员工学历结构

在册在岗员工总数	大专以下学历（不含大专）员工数	大专以下员工数占员工总数的比例	其中：男45岁以下、大专以下员工数	女40岁以下、大专以下学历员工数	男45女40、大专以下学历员工总数	男45女40、大专以下学历员工数占在册在岗员工总数的比例
112838	78719	70%	36628	12856	49484	44%

表2　样本企业员工总数

企业名称	员工总数（人）
益阳橡机	1260
湖北沙隆达	2640
山东昌邑石化	1133
风神轮胎	5862
昊华宇航	2473
济南裕兴	1602
合计	14970

按照研究生及以上、大学本科、大专、高中及中专、初中及以下五个层次划分，样本中企业员工学历结构呈现出以下特点：研究生及以上学历的员工所占比例最小，除了济南裕兴达到 1.62%，其他的企业均小于 1%；高中及中专学历的员工所占比例最大，多为 40% 以上（济南裕兴 32.52%）；样本中学历为本科的员工所占比例均小于学历为大专的员工所占比例。这表明样本中高中（中专、中职）及以下学历的员工占企业员工总数普遍高于 50%，其中风神轮胎该比例达到 73.1%，员工整体学历水平偏低的矛盾十分突出（见表3，图5）。

按照高级职称、中级职称、初级职称、无职称四个指标来考察样本企业员工的职称水平，结果显示：各企业中无职称员工所占比例均高于 75%，其中风神轮胎 92.9%（风神轮胎高中及以下学历员工所占比例最高）；其次为初级职称和中级职称员工；高级职称员工所占比例最低，大多数企业在3%以下，仅有济南裕兴的高级职称员工占到员工总数的4.68%（济南裕兴研究生以上学历员工所占比例最高）。此外，风神轮胎提供了技师的数据（92人，占企业员工总数的1.6%）。由于调查表没有单列这个指标，样本中其余企业均未提供该项数据（见图6）。

表3 样本企业员工学历结构

样本企业	研究生以上		本 科		大 专		高中（中专）		初中及以下	
	人数	占比（%）	人数	占比（%）	人数	占比（%）	人数	占比（%）	人数	占比（%）
益阳橡机	8	0.6	132	10.5	253	20.1	530	42.1	337	26.7
湖北沙隆达	8	0.3	222	8.41	504	19.1	1176	44.54	730	27.65
昌邑石化	0	0	193	17	308	27	580	51	52	5
风神轮胎	7	0.3	430	7.3	1129	19.3	3958	67.5	328	5.6
昊华宇航	2	0.08	136	5.5	601	24.3	1449	58.59	285	11.52
济南裕兴	6	1.62	199	12.42	304	18.98	521	32.52	552	34.46

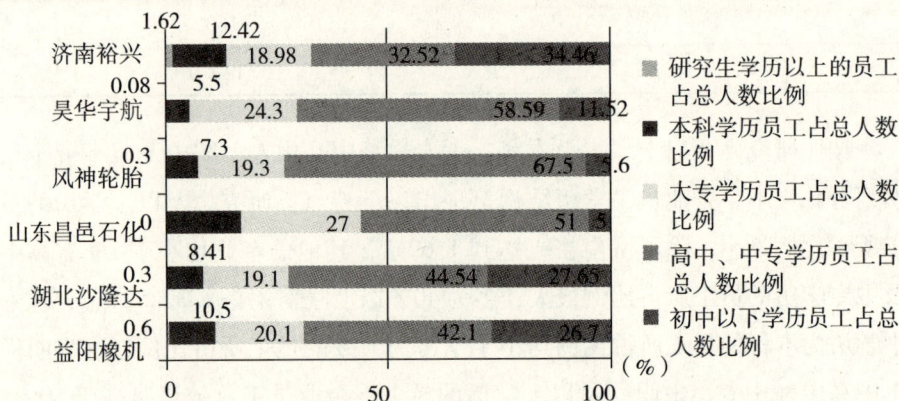

图5 样本企业不同学历占企业总人数比例对比图

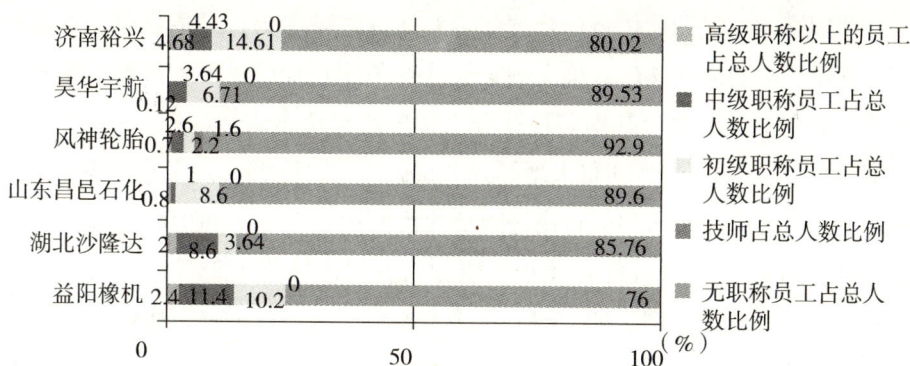

图6 样本企业不同职称占企业总人数比例对比图

上述国民素质和企业员工素质的现状，对我国实现现代化、参与日益激烈的国际竞争是巨大的障碍。这也是我国大部分企业只能从事处于产业链低端的劳动密集型产业和从发达国家转移而来的高耗能、高污染的产业的原因之一。

因此，中国化工集团决策层在准确判断国内国际经济形势和行业发展趋势、深刻把握中国化工"新科学、新未来"这一新的战略定位基础上，感到人才对于企业发展和企业竞争力的重要性，决定开展广泛的员工素质提升计划，准备建设一所专门为企业员工素质提升而服务的大学——中国化工大学。在继续举办中央党校中青年干部培训班等中高端人才培训的同时，中国化工集团实施"基层员工全面提升计划"，计划在5—8年内，对全集团近5万名高中（中专、中职）及以下学历的中青年一线员工进行两年全脱产专科层次的教育培训。

我们的调查发现，不仅企业的管理层对员工的素质提升非常重视，绝大多数员工也非常赞成进行大面积的员工素质提升计划。填写问卷的员工中85.71%赞成大规模员工培养。填写问卷的员工赞成该计划的原因主要有两个层面：员工层面，可以提高员工素质及技能，增强责任感；企业层面，增强企业凝聚力，促进企业可持续发展，提高企业经济效益。

（三）从人力资源大国到人力资源强国：国家战略

《国家中长期人才发展规划纲要（2010—2020年）》明确指出：到2020

年，我国人才发展的总体目标是"培养和造就规模宏大、结构优化、布局合理、素质优良的人才队伍，确立国家人才竞争比较优势，进入世界人才强国行列，为在本世纪中叶基本实现社会主义现代化奠定人才基础"。其中，人才资源总量从现在的 1.14 亿人增加到 1.8 亿人，增长 58%。人才结构进一步优化，主要劳动年龄人口受过高等教育的比例达到 20%，每万名劳动力中研发人员达到 43 人，高技能人才占技能劳动者的比例达到 28%。人力资本投资占国内生产总值比例达到 15%，人力资本对经济增长贡献率达到 33%，人才贡献率达到 35%。在谈及高技能型人才队伍建设时，《国家中长期人才发展规划纲要（2010—2020 年）》指出，要"适应走新型工业化道路和产业结构优化升级的要求，以提升职业素质和职业技能为核心，以技师和高级技师为重点，形成一支门类齐全、技艺精湛的高技能人才队伍。到 2015 年，高技能人才总量达到 3400 万人。到 2020 年，高技能人才总量达到 3900 万人，其中技师、高级技师达到 1000 万人左右"。为了达到这一目标，核心举措是"完善以企业为主体、职业院校为基础，学校教育与企业培养紧密联系、政府推动与社会支持相结合的高技能人才培养培训体系。加强职业培训，统筹职业教育发展，整合利用现有各类职业教育培训资源，依托大型骨干企业（集团）、重点职业院校和培训机构，建设一批示范性国家级高技能人才培养基地和公共实训基地。"同时还要培养大批的农村实用人才队伍，"到 2015 年，农村实用人才总量达到 1300 万人。到 2020 年，农村实用人才总量达到 1800 万人，平均受教育年限达到 10.2 年，每个行政村主要特色产业至少有 1—2 名示范带动能力强的带头人。"主要举措是"大规模开展农村实用人才培训，充分发挥农村现代远程教育网络、全国文化信息资源共享工程网络、各类农民教育培训项目、农业技术推广体系、各类职业学校和培训机构的主渠道作用"。①

从《国家中长期人才发展规划纲要》关于培养高技能人才以及农村实用人才而提出的发展目标及其举措可以看出，我国的职业教育任重道远。实际上，这也是我国历次国家重大战略规划和教育发展战略中一再强调的，职业

---

① 国家中长期人才发展规划纲要（2010—2020 年）［EB/OL］. http：//www.gov.cn/jrzg/2010 - 06/06/content_ 1621777. htm.

教育的重要性和战略地位也随着我国工业化的发展不断提高。

从教育系统内部的重大政策来看，职业教育体系的建设一向占有重要地位。1985 年颁布的《中共中央关于教育体制改革的决定》指出，要"逐步建立起一个从初级到高级、行业配套、结构合理又能与普通教育相互沟通的职业技术教育体系"。1991 年，《国务院关于大力发展职业技术教育的决定》要求要"初步建立起有中国特色的，从初级到高级、行业配套、结构合理、形式多样，又能与其他教育相互沟通、协调发展的职业技术教育体系的基本框架"。2002 年国务院又颁布了《关于大力推进职业教育改革与发展的决定》，指出"加强中等职业教育与高等职业教育，职业教育与普通教育、成人教育的衔接与沟通，建立人才成长'立交桥'"。2005 年国务院发出了《关于大力发展职业教育的决定》，指出"进一步建立和完善适应社会主义市场经济体制，满足人民群众终身学习需要，与市场需求和劳动就业紧密结合，校企合作、工学结合，结构合理、形式多样，灵活开放、自主发展，有中国特色的现代职业教育体系"。最近的《国家中长期教育改革和发展规划纲要（2010—2020 年）》规定："到 2020 年，形成适应经济发展方式转变和产业结构调整要求、体现终身教育理念、中等和高等职业教育协调发展的现代职业教育体系，满足人民群众接受职业教育的需求，满足经济社会对高素质劳动者和技能型人才的需要。"

从我国国民经济和社会发展第七个五年计划（1986—1990 年）开始，我国就把职业教育的发展列入了国家的事业发展规划之中。此后每一次的五年规划（计划）都提出了加强职业教育的要求。

表 4　国民经济和社会发展五年规划（计划）中有关职业教育的政策要点

六五 (1981—1985)	扩大招生规模、调整专业布局、试办短期学校、分期分批培训
七五 (1986—1990)	"职业技术教育已经成为现代教育制度的一个重要组成部分" "先培训、后就业"（劳动就业制度改革） "大力发展职业技术教育" "使多数地区各类高中阶段职业技术学校的招生人数相当于普通高中的招生人数，同时发展初中阶段职业技术教育和短期培训。五年内，中专和职业技术学校总共要培养毕业生八百多万人，比'六五'期间增长一点五倍。要加强对在职干部、工人和农民的培训，加快他们的知识更新，提高他们的素质。"
八五 (1991—1995)	"大力发展职业教育" "今后十年，要使多种形式的职业教育得到较快发展。要统筹规划普通高中、中等专业学校、职业高中、技工学校等，调整科类结构，提高教学质量。一九九五年各类中等职业技术学校在校生人数占高中阶段在校生的比重，要由现在的百分之四十五提高到百分之五十以上，同时广泛开展灵活多样的短期技术培训。到本世纪末，使农村绝大多数新增劳动力接受程度不同的职业技术教育或培训，企业新增职工接受必需的职前教育和岗位培训。"
九五 (1996—2000)	"重点是普及义务教育，积极发展职业教育和成人教育，适度发展高等教育，优化教育结构。" "重点做好初中后的中等职业教育，积极发展高中后的职业教育。" "成人教育重点放在岗位培训和继续教育上，发展多种形式的职前、职后和转岗培训教育。"
十五 (2001—2005)	"积极发展各类职业教育和培训。" "普遍提高劳动者素质，建设一支宏大的、高素质的人才队伍，尤其是培养一大批急需的信息、金融、财会、外贸、法律和现代管理等专业人才。" "完善继续教育制度，逐步建立终身教育体系。"
十一五 (2006—2010)	"大力发展职业教育，扩大职业教育招生规模。" "加大教育投入，建立有效的教育资助体系，发展现代远程教育，促进各级各类教育协调发展，建设学习型社会。"

表4（续）

十二五 （2011—2015）	"大力发展职业教育，加快发展面向农村的职业教育。" "实行工学结合、校企合作、顶岗实习的职业教育培养模式，提高学生就业的技能和本领。" "加快发展继续教育，建设全民学习、终身学习的学习型社会。"

资料来源：历次国民经济和社会发展五年规划（计划）文件。

无论教育系统本身的规划和重大政策，还是国家的经济与社会发展规划，都把职业教育作为推动国家社会、经济发展尤其是人力资源开发的重要途径，给予了高度的重视和应有的地位。这也是我们认为在推进我国城镇化进程中，可以把职业教育作为产业吸纳劳动力，进而保障城镇化可持续发展的基本途径的重要政策依据。

二、职业教育发展的理论及案例分析：以人力资本红利替代人口资源的红利

2008年国际金融危机发生以后，珠三角的很多中小企业纷纷倒闭，其中一个很重要的原因是这些产业大多是低端产业，是劳动密集型、高耗能产业。随着全球化和国际化的程度不断加深，节能减排的问题被提上了议事日程，从东京协议到哥本哈根协议，中国要负更多的责任，要把高耗能低附加值的产业淘汰掉，这为我们瞄向现代服务业的转型发出了强烈信号。尤其是随着我国出生率的下降，劳动力人口规模缩小，也迫使我们的生产方式转型，传统的依靠廉价劳动力而在国际市场上获得竞争优势的时代对中国而言已经不可持续。在生产方式转型的过程中，职业教育将扮演关键的角色。

（一）从人口资源红利到人力资本红利

20世纪70年代以来，中国人口系统演变的一个重大特征是人口总量增长过快的势头得到有效控制，在低收入条件下进入"低出生率、低死亡率、低增长率"的阶段和劳动年龄人口比重持续上升阶段。在过去的30年时间里，中国经历了人口出生率持续下降（从20.19‰下降到12.14‰），劳动年

83

龄人口份额不断增加（从 61.5% 上升至 74.53%）的过程，这种人口结构变迁对中国的经济增长产生了积极的促进作用。① 但是，这种结构性的人口红利，随着时间的推移逐渐发生转变，劳动年龄人口的比重开始下降，而老龄人口比重上升，人口红利不断下降甚至消失，因此人们有理由担心，中国未来经济还能否持续高速增长？许多研究表明，未来几十年由于印度充分享有人口红利，其经济增长率将超过中国。② 但是，我们不仅应该看到人口统计学上的表面的不利变化，更要考虑到经济学上的决定经济增长的重要因素——人力资本的有利变化，实事求是地分析中国人力资源状况及发展趋势，科学地得出自己的研究结论。

我们通过对第六次全国人口普查（以下简称"六普"）数据的分析发现③，由于教育大发展，中国正在获得大规模的人力资源红利，未来不仅可以有效地抵消人口红利不断减少的负面作用，而且还可以保持人力资本总量的持续增加，从而支撑整个中国经济的长期持续高增长，为未来 20 年中国成为世界经济强国提供巨大的、丰富的人力资源基础。

1. 新的分析框架：人力资源红利

本课题组提出了一个基于人力资源红利的分析框架，它比简单地基于人口红利的框架要综合得多、全面得多，最重要的是我们会得出不同的结论，即未来 20 年中国不仅不会因为人口红利下降而放缓经济发展的步伐，还会因人力资源红利的上升而持续高增长。

首先，我们来分析教育发展的溢出效应。教育事业的发展，其效益不止局限在教育领域之内，而且对经济发展显示出多重外溢效应（见图 7）。这包括：教育发展可以提高劳动生产力，从而直接促进经济增长；教育发展可以提升受教育者的就业能力，提高他们的劳动参与率，特别是妇女的参与率，从而直接促进就业总量增长；教育发展有利于经济结构调整，促使劳动力从

---

① 胡鞍钢，刘生龙，马振国. 人口老龄化、人口增长与经济增长——来自中国省际面板数据的实证证据［J］. 2012（3）：14－26.

② 高盛公司在其关于"金砖四国"的研究报告中估计，在 2010—2050 年间，印度的年均经济增长率为 5.8%，中国的年均经济增长率为 4.2%。参见 Dominic Wilson, Roopa Purushothaman. Dreaming With BRICs: The Path to 2050, Global Economics Paper No. 99, Goldman & Sachs, October, 2003.

③ 中华人民共和国国家统计局. 2010 年第六次全国人口普查主要数据公报（第 1 号）［EB/OL］. http: //www. stats. gov. cn/tjgb/rkpcgb/qgrkpcgb/t20110428_ 402722232. htm.

低劳动生产率的农业向高劳动生产率的非农产业转移，从而促进就业结构中农业比重下降，非农业比重上升，这种结构效应也会提高全要素生产率（TFP）；教育发展也会促进现代人口转型，妇女受教育水平提高，可以直接降低妇女总和生育率，还会提高人口预期寿命等健康指标。因此，教育及其外溢性作用在经济社会发展中具有基础性、先导性的地位，人力资本快速积累是经济迅速增长、社会加速转型的重要推动因素。由于教育具有外溢效应，不仅本身产生教育红利，还会产生其他外溢红利即人力资源红利，远大于人口红利。

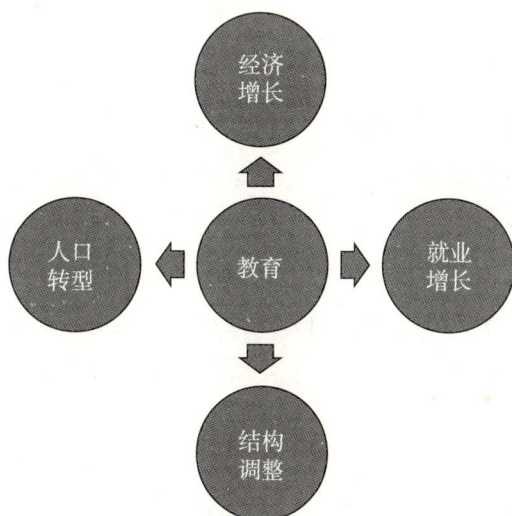

图7　教育对经济发展的多重外溢效应

其次，我们来界定和分析人力资源红利。所谓红利，就是收益减去投入的成本。这种投入有可能是经济投入，也可能是社会投入，或者是政策投入。根据这一定义，我们可以将人力资源红利定义为人力资源收益减去人力资本投资。这一红利既可以定性分析，也可以是定量计算；既可以是教育系统内部的红利，也可以是教育系统之外的溢出红利；既可以是短期的红利，也可以是长期的红利；既可以是当期的边际红利，也可以是基期累积的红利。因此，人力资源红利远比狭义的人口红利要大得多、全面得多。事实上，经济增长更多的是取决于人力资源红利，而不是仅取决于人口红利。人力资源红利随着教育投入持续地增加而持续发挥效益，而人口红利随着现代人口转型

85

成为人口负债。这就是为什么我们更关注的是人力资源红利，而不仅仅是人口红利。

中国的人力资源红利包括以下几个方面（见图8）。

首先是人力资本红利，主要是指由教育发展产生的直接收益，即国民受教育年限不断提高，进而提升一国总人力资本。

其次是就业总量红利。教育水平提高有利于提高劳动参与率，特别是可以提高女性的就业参与度，从而扩大了我国就业总量，表现为就业人口与非就业人口之比上升。

第三是就业结构红利。教育水平提高，特别是高等教育水平提高，对于促进一个国家服务业发展具有重要作用，会加速劳动力从农业部门向非农业部门转移，从低劳动生产率的部门向高劳动生产率的部门转移。

此外，人力资源红利还包括促进社会公平，缩小城乡差距、地区差距、贫富差距等社会效应。

总而言之，人力资源红利实质上是高质量的人口红利，人力资源红利的边际效率要显著高于人口红利。当人口红利下降的时候，如果充分开发和利用人力资源，不仅能够抵消人口红利下降的不利影响，而且还会进一步支撑整个中国的经济持续增长。

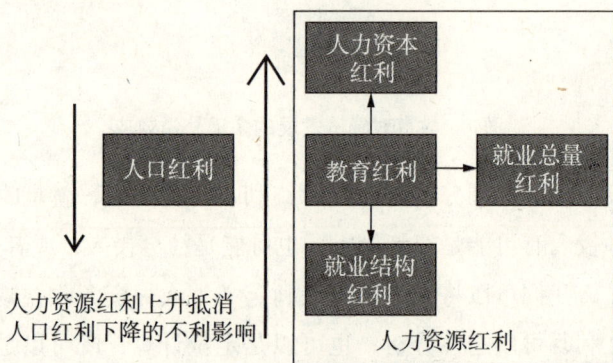

图8　人力资源红利的分析框架

上述分析框架有助于我们在分析"六普"数据的基础上，更加全面认识教育的外溢性及对国民经济和社会发展的作用，更加深入了解人力资源红利的长远性，更加深刻地理解教育优先发展的战略性。

2. 中国人力资源变化大趋势：加速走向人力资源强国

通过对"六普"数据的分析，我们可以清晰地看到中国人力资源的新变化、新趋势。

一是大学文化程度人口大幅增长。大学文化程度人口规模明显扩大，是"六普"数据所提供的中国人口国情最大亮点。过去十年（指 2000—2010 年）不仅中国 GDP 年平均增长率超过 10%（为 10.46%），而且大学文化程度人数年平均增长率也超过了 10%（为 10.12%）。从国际比较来看，不仅创造了世界经济增长率最高的历史纪录，也创造了人力资本增长最高的历史纪录。具有大学（大专以上）文化程度人口，从 2000 年的 4563 万人提高至 2010 年的 11964 万人，已经高于世界第十一大人口国家墨西哥的总人口（11372 万人），与世界第十大人口国家日本总人口（12648 万人）接近。具有高中（含中专）文化程度人口，由 2000 年的 14068 万人提高至 2010 年的 18799 万人，年平均增长率达到 2.94%。两者合计人数从 2000 年的 18631 万人提高至 2010 年的 30763 万人，已与世界第三大人口国家美国的总人口（31323 万人）相当接近。

我们预计，到 2020 年，中国大学文化程度人口将突破 2 亿人，高中与大学文化程度人口将接近 4 亿人，大大超过美国总人口（约 3.4 亿人），相当于美国劳动力总量（1.7 亿人）的两倍，在考虑到中国劳动生产率与美国劳动生产率水平加速趋同的情况下，就为中国成为世界经济强国、世界人才资源强国、世界创新型国家提供了最丰富、最重要的人力资本基础。

表5　全国高中、大学文化程度人口迅速增长（2000—2010）

	2000	2010	年平均增长（%）
大学（大专以上）文化程度人口（万人）	4563	11964	10.12
占总人口比例（%）	3.60	8.73	—
高中（含中专）文化程度人口（万人）	14068	18799	2.94
占总人口比例（%）	11.11	13.72	—
合计（万人）	18631	30763	5.14
占总人口比例（%）	14.72	22.45	—

资料来源：根据第五次、第六次全国人口普查数据计算。

　　二是人才聚集现象凸显，世界级人才城市逐步形成。从"六普"数据可以看到，中国大学文化程度人口集聚趋势更加明显，北京、上海等迅速成为世界级人才城市。北京市大学文化程度人口在 1990 年只有 100 万人，2010 年增长到 617.8 万人；上海从 1990 年的 87 万人增长到 2010 年的 505.31 万人；天津从 1990 年的 41 万人增长到 2010 年的 226.16 万人；重庆在 2000 年仅有 87 万人，但 2010 年增长到 249.3 万人，年平均增长率达到 11.15%，是四个直辖市中最高的（见表6）。四直辖市的大学文化程度人口合计占全国总数的 11.5%。

　　中国各类人才资源迅速发展是教育最典型的外溢性，哪里高等教育发展快，哪里各类人才资源就越多。以北京为例，根据最新的《2010 年北京人才发展报告》数据显示，北京人才数量达到 337 万人，相当于东京（207 万人）的 1.63 倍，相当于纽约（108 万人）和伦敦（109 万人）的 3.12 倍。这表明，北京、上海不仅是中国大学之都、人才之都，而且也成为世界大学之都、人才之都。从全国来看，大专以上文化程度人口数量居世界首位，中国人才总量已居世界首位。

表6　四大直辖市大学文化程度人口（1990—2010）

	北京	上海	天津	重庆
大学（大专以上）文化程度人口（万人）				
1990	100.63	87.18	41.01	
2000	232.8	179.5	90.15	86.58
2010	617.8	505.3	226.2	249.3
占全国比重（%）	5.16	4.22	1.89	2.08
1990—2010 年平均增长率（%）	9.5	9.18	8.91	11.15
每十万人口大学文化程度人数				
1990	9301	6534	4668	1070
2000	16843	10940	9007	2802
2010	31499	21952	17480	8643

　　资料来源：全国数据来自于 1990、2000、2010 年全国人口普查主要数据公报，北京、上海、天津数据来自 1990、2000、2010 年该市人口普查主要数据公报。

3. 中国经济发展来源：从人口红利到人力资源红利

人口红利窗口的逐渐关闭并不意味着人口因素将会成为中国经济社会发展的限制因素。相反，教育的迅速发展，将会为中国带来附加值更高的人口红利形式，即人力资源红利。

下面我们从三个方面来论证，人力资源红利的提高，可以保证中国经济的持续高增长。

首先，教育红利外溢产生的人力资本红利大幅上升，抵消人口红利下降的不利影响。教育发展的一项直接收益就是国民受教育水平的提高，带动全国总人力资本的提高。这里，我们将一国总人力资本定义为国民平均受教育年限和劳动年龄人口的乘积，这一指标不仅反映劳动力的数量，也在一定程度上体现了劳动力的质量。

如果比较一下中美两国的平均受教育年限就会发现，自新中国成立以来，中国人的受教育水平加速追赶美国。2010 年，中国 15 岁以上人口平均受教育年限已达到 9.0 年；我们估计，到 2020 年将达到 10 年以上，到 2030 年将达到 12 年。我们采用追赶系数来反映中国对美国的"教育追赶"和"经济追赶"。（见表 7）1950 年中国 15 岁以上人口平均受教育年限只有 1.0 年，这个追赶系数是 11.9%，要高于人均 GDP 追赶系数（4.7%）；1980 年中国 15 岁以上人口平均受教育年限只有 5.3 年，追赶系数是 44.3%，要远高于人均 GDP 追赶系数（5.7%）；到 2010 年这个追赶系数就提高至 73.8%，也高于我们人均 GDP 的追赶系数（25.6%）。这表明"教育追赶"快于"经济追赶"，属于"教育优先"发展类型，充分反映了中国特色的社会主义制度的优越性，即使在相对低的收入水平下，仍然可以"集中力量办大事"，大大缩小了中国与美国的人口平均人力资本水平的差距，培养了更多的人才。到 2030 年追赶系数预计达到 96.0%，也明显高于预计的人均 GDP 的追赶系数（56.2%）。因此，美国花 200 多年走完的现代教育和人力资本提升历史过程，我们只用 80 年（1949—2030 年）就可以基本完成，而且中国人口规模要比美国大 4—5 倍，人力资源红利要比美国大 3—4 倍。

表7　中美平均受教育年限、人均GDP及中国相对于美国的追赶系数（1950—2030）

年份	平均受教育年限（年）		追赶系数（中国/美国）	
	中国	美国	人均GDP	平均受教育年限
1950	1.0	8.4	4.7	11.9
1960	2.0	9.2	5.8	21.9
1970	3.2	10.8	5.2	29.7
1980	5.3	12.0	5.7	44.3
1990	6.4	12.1	8.1	53.0
2000	7.9	12.7	11.7	61.8
2010	9.0	12.2	25.6	73.8
2020	10.0	12.3	41.3	81.3
2030	12.0	12.5	56.2	96.0

说明：系指15岁以上人口平均受教育年限；人均GDP按购买力平价计算（1990年国际美元）。

资料来源：1950—2010年美国平均受教育年限数据引自Robert J. Barro, Jong-Wha Lee, A New Data Set of Educational Attainment in the World, 1950—2010, NBER Working Paper No. 15902, 2010；1950—2010年中国平均受教育年限数据系作者估计；人均GDP数据引自Angus Maddison, Statistics on World Population, GDP and Per Capita GDP, 1 – 2008 AD, 2010, http：//www. ggdc. net/MADDISON/oriindex. htm；2020—2030年数据系作者估计。

　　1978年以来，中国迅速实现了从人口包袱向人力资源财富、从人力资本负债向净人力资本红利的重大转变。比较中国劳动年龄人口占世界总量比重和中国人力资本总量占世界总量比重两条曲线可以发现，尽管前者从20世纪90年代以来就开始下降，但后者却一直处在不断上升的过程中。特别是，到2000年中国总人力资源占世界总量的比重达到24.1%，已经超过劳动年龄人口占世界总量的比重（22.2%）。也就是说，改革开放以来中国确实享受到人口红利和教育红利。由于平均受教育年限不断提高，尽管劳动年龄人口占总人口的比重在下降，但中国总人力资本占世界总量比重不仅没有下降，反而不断提高。我们估计，到2030年，中国劳动年龄总人口比重占世界总量比重将下降至17.7%，但是总人力资本却提高到世界总量的27.9%。需要指出的是，我们的预计尚不包括学前教育年限的统计，因此上述估计是相对保守的。

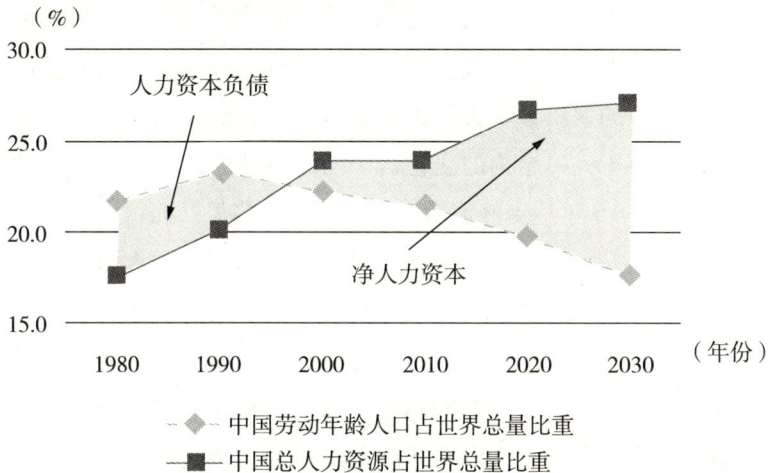

图9 从人力资本负债到净人力资本红利（1980—2030）

表8 中国的人力资本红利（1980—2030）

单位:%

年　　份	1980	1990	2000	2010	2020	2030
中国劳动年龄人口占世界总量比重	21.7	23.3	22.2	21.4	19.7	17.7
中国总人力资本占世界总量比重	17.6	20.0	24.1	24.1	26.8	27.2
中国净人力资本红利	−4.1	−3.3	1.9	2.7	7.1	9.5

注：总人力资本＝15岁以上人口平均受教育年限×劳动年龄人口（15—64岁）数；净人力资本红利系总人力资本占世界总量比重减去劳动年龄人口占世界总量比重，已反映在世界范围内一国或地区通过教育红利所表现的净人力资本红利，负号表示的是人力资本负债。

资料来源：Population Division of the Department of Economic and Social Affairs of the United Nations Secretariat, World Population Prospects：The 2010 Revision；Robert J. Barro, Jong-Wha Lee, A New Data Set of Educational Attainment in the World, 1950—2010, NBER Working Paper No. 15902, 2010；2020—2030年数据系作者估计。

这正是1999年中央决定扩大高等学校招生规模、2002年提出"形成全民学习、终身学习的学习型社会"等一系列决策的"教育红利"，不仅使中国在2002年实现了高等教育毛入学率达到15%，进入"大众化"阶段，而且使这一毛入学率在2010年达到26.5%，大学适龄人口比以往任何时代都具有更多的机会获得各种形式的高等教育。

其次，教育水平提高，劳动力素质上升，劳动者的就业参与率提高，就业总量规模持续扩大，中国将收获就业总量红利。教育发展的直接产出，就是可以提高劳动力的素质，直接扩大了就业规模，就业人口与非就业人口之比会持续上升。由于人口结构的变化，中国的劳动年龄人口与非劳动年龄人口之比在2010—2015年达到峰值后，将出现下降趋势；而就业人口与非就业人口之比将持续上升，预计2010—2030年，就业人口占总人口的比重将始终保持在59%左右。今后随着人口平均预期寿命、平均健康预期寿命、人口平均受教育年限不断提高，进一步提高并统一男性和女性退休年龄，退休金与实际工作年限直接挂钩，工作时间越长，未来收益就越高，鼓励人们自主创业、自主就业，实际的就业人口与非就业人口的比重还会进一步上升，能够使得就业总量红利保持更长的时间。因此，就业人口比率提高，在一定程度上可以抵消人口老龄化的负面影响。

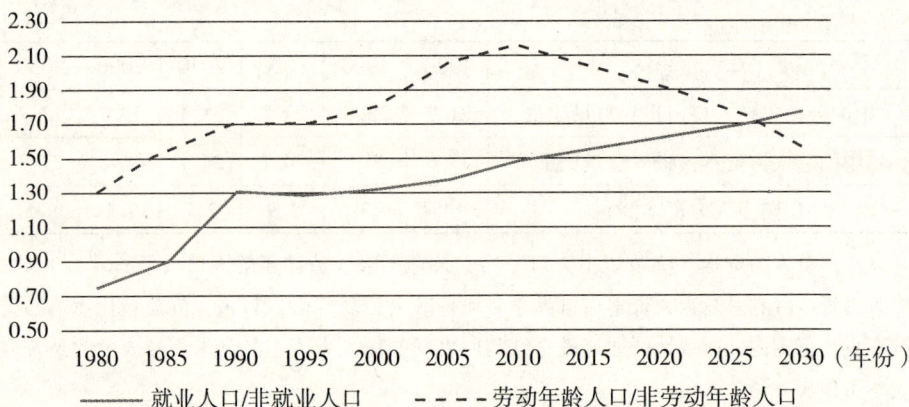

图10 全国就业人口与非就业人口之比和劳动年龄人口与非劳动年龄人口之比

注：2011—2030年数据系作者估算。

资料来源：Population Division of the Department of Economic and Social Affairs of the United Nations Secretariat，World Population Prospects：The 2010 Revision；国家统计局编《中国统计摘要（2011）》。

最后，教育水平提高，劳动力技能提升，就业从农业部门向非农业部门转移，从低生产效率部门向高生产效率部门转移，中国将收获就业结构红利。

尽管中国正在经历快速的工业化和城镇化过程，但农村就业人员和农业劳动力的规模仍很庞大，2009 年分别为 4.7 亿人和 3.0 亿人。而随着高等教育和职业教育的不断发展，农村劳动力向城镇迁移，从传统的农业部门向乡镇企业、城镇正规部门和城镇非正规部门等非农业部门转移。2010 年，农业部门的就业比例为 38.1%，非农就业的比例为 61.9%。我们估计，到 2030 年，农业部门的就业比例将降至 16.6%，非农部门就业的比例将提高到 83.4%。劳动力从第一产业向第二、第三产业的转移过程中就会形成转移就业红利，即从低劳动生产率部门转移到高劳动生产率部门，使得转移后的劳动生产率提高 2—5 倍，成为提高全要素生产率（TFP）增长率的重要来源。

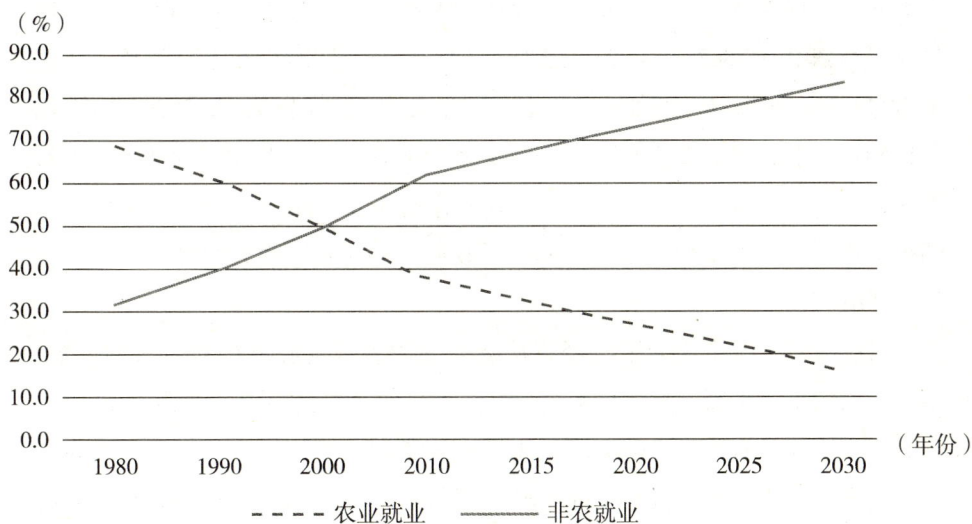

图 11　中国就业结构变动（1980—2030）

注：2011—2030 年数据系作者估算。

资料来源：国家统计局编《新中国六十年统计资料汇编》；国家统计局编《中国统计摘要（2011）》。

我们认为，人力资源是中国最大的战略性资源，人力资本投资是中国政府最大的公共投资①，人力资源红利是中国长期发展最大的红利。

4. 中国人力资源开发的新挑战

当然，"六普"数据也预示着教育将会面临来自人口转变的巨大挑战——加速的少子化和加速的老龄化，无论是少儿人口下降速度还是老年人口增长速度都高于原来的预期。这成为最重要的中国人口基本国情，使我国劳动力的年龄结构、人口抚养比例、代际关系发生重大变化，将对中国教育发展带来深刻影响。

我国正在经历世界上速度最快的少子化，不仅是绝对数下降快，而且是相对比重下降也很快。1990年以来，由于中国妇女总和生育率不断下降，且大大低于生育更替水平，少儿人口即0—14岁人口绝对数持续下降，从3.14亿人降至2010年的2.28亿人，减少了30%。与此同时少儿人口占总人口比重由27.7%下降至16.6%，也低于国家统计局公布的2009年数据（18.5%），相差了近2个百分点，约少了2500万人。今后中国少儿人口绝对数还会进一步快速减少，占人口比重还将继续下降。中国已经面临比较严重的少子化问题，现实严重程度和未来严峻形势将对我国教育和经济发展产生深刻影响。

目前来看，少子化问题已经直接影响我国各级各类学校新生入学人数，很多不错的小学都很难招到足够的学生，将来生源数量可能出现更明显的下降，如果不能及时应对，就会降低现有教育资源的利用效率。但从教育投入的角度来看，生均教育投入不断上升，那就意味着我们可以有条件来提高各级各类教育的质量，有利于解决教育发展中的不平衡问题，包括城乡之间不平衡和区域之间不平衡，实现教育服务的均等化。

"前人栽树，后人乘凉。"从未来的国际竞争态势来看，教育的层次越高，我们就可能在21世纪国际竞争中扮演越重要的角色。因此我们认为，应对当前人口转变的挑战要从以下四方面着手：一是强化学前教育，逐步普及学前1—3年幼儿园教育；二是大力发展高中教育，特别是中等职业教育，大

---

① 2001—2010年，公共财政教育投入从约2700亿元增加到约14200亿元，年均增长20.2%，高于同期财政收入年均增长幅度；教育支出占财政支出的比重从14.3%提高到15.8%，已成为公共财政的第一大支出。资料来自《国务院关于进一步加大财政教育投入的意见》（国发〔2011〕22号）2011年6月29日。

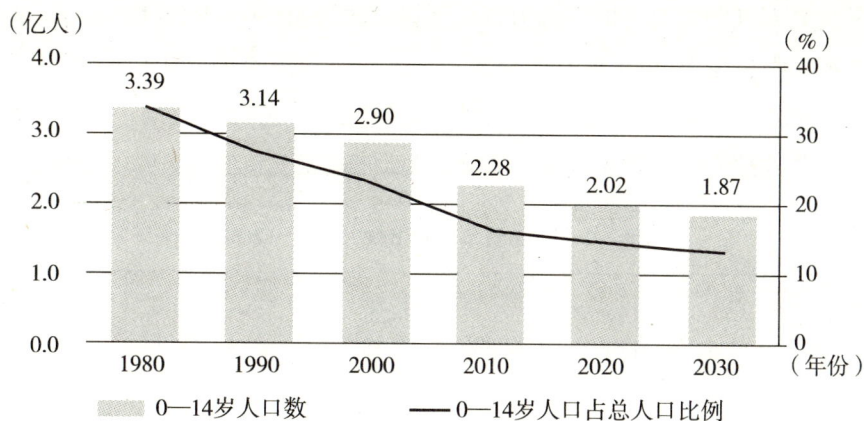

图12　全国少儿（0—14 岁）人口及占总人口比例（1980—2030）

数据来源：Population Division of the Department of Economic and Social Affairs of the United Nations Secretariat. World Population Prospects：The 2010 Revision.

幅提高高中毛入学率；三是继续发展大学教育，特别是扩大研究生教育规模，提高教育质量；四是积极发展终身教育和继续教育，让全体人民学有所教、学有所成、学有所用。

5. 小结：让人力资源红利发挥更大的长远效益

中国的社会主义现代化本质上是全体中国人民的现代化，即充分利用社会主义制度优越性，集中力量大力发展教育，使人口大国尽快成为人力资源大国。对所有人口特别是学龄人口进行人力资本投资，使他们普遍接受现代教育，从极低人力资本水平达到中等水平进而达到较高水平，从而加快教育追赶。按国民平均受教育年限计算的美国人力资本水平追赶系数，从1950 年的11.9%到2010 年73.8%，实现了现代教育的跨越式发展，使中国已经成为世界人力资源大国。

在分析和讨论人口红利下降的过程中，我们应该跳出人口统计学的分析框架，更多地关注人力资源红利，这是因为教育具有明显的多重外溢性和正外部性，这就包括教育红利所推动的人力资本红利、就业总量红利、就业结构红利。本文通过对"六普"的数据分析，更加明确说明这三大红利对中国未来发展的支撑作用。根据美国人口统计数据计算，美国总人力资本从1960—2000 年40 年的时间里翻了一倍。1980—2030 年的50 年时间，中国迅速从世界人口大国走向世界人力资源强国，2030 年中国 15 岁以上人口平均受教育年限相当于 1980 年的 2.26 倍，总人力资本相当于 1980 年的 4 倍。因此，中国是非常典型的人力资本快速追赶型国家，这就构成了中国长期高速经济增长的重要来源和人力资本基础，大大抵消了人口红利下降的影响。[①]

表 9　中国人力资本增长指数（1980—2030）

	1980	2010	2020	2030	1980—2010 年均增长率（%）	2011—2030 年均增长率（%）	1980—2030 年均增长率（%）
平均受教育年限（年）	1.00	1.70	1.89	2.26	1.78	1.45	1.65
15—64 岁人口数（亿人）	1.00	1.71	1.74	1.77	1.81	0.16	1.15
总人力资本（亿人年）	1.00	2.91	3.28	4.00	3.62	1.61	2.81

说明：增长指数以 1980 年为基点 1.00；总人力资本是 15—64 岁人口与平均受教育年限的乘积。

根据我们对中国经济长期发展的预测，2010—2030 年间中国 GDP 将保持 7.5% 的增长速度，人均 GDP 将保持 7.0% 以上的增长速度。那么，1978—2030 年 50 多年的时间内，中国的平均增长速度将达到 9.0%，人均 GDP 增速将达到 8.3%；2030 年的 GDP 相当于 1978 年的 87.4 倍，而人均 GDP 也相当于 1978 年的 62.5 倍。[②] 这将是人类历史上人口规模最大、增长速度最快、持续时间最长的增长纪录，而中国政府所制定的《国家中长期教育改革和发

[①] 美国哈佛大学 Dwight Perkins 和美国匹斯堡大学 Thomas Rawski 预测 2025 年之前中国经济持续增长，也认为即使中国劳动力数量在 2005—2025 年间会达到顶峰并开始下降，教育增长型劳动力仍将会继续对该时期内的经济增长做出积极贡献。这是因为，预期生产率从教育的持续扩大中获得的收益，超过了由于成年劳动力实际数量的缓慢增长及随后下降所带来的损失。Perkins, Dwight H. , Rawski, Thomas G. . *Forecasting China's economic growth to 2025.* In：Brandt, Loren, Rawski, Thomas G. (Eds.), China's Great Economic Transformation. Cambridge Univ. Press, Cambridge, New York, 2008.

[②] 清华大学国情研究中心，胡鞍钢、鄢一龙、魏星执笔. 2030 中国：走向共同富裕 [M]. 北京：中国人民大学出版社，2011.

展规划纲要（2010—2020 年）》和《国家中长期人才发展规划纲要（2010—2020 年）》顺应并大大地推动这一趋势，使中国从人力资源大国加速走向人力资源强国，为中国成为社会主义现代化强国奠定人力资源基础。按照目前的发展趋势，到 2020 年，教育发展规划设定的目标将会顺利实现，人力资源红利将支撑中国成为世界经济强国，实现 50 年的高速经济增长（1978—2030 年）。因此我们可以预见，教育发展将为中国崛起和建设社会主义现代化强国做出越来越大的贡献。

表 10　中国经济增长指数（1978—2030）

	1978	2010	2020	2030	1978—2010 年均增长率（%）	2011—2030 年均增长率（%）	1978—2030 年均增长率（%）
国内生产总值	1.00	20.57	44.4	87.4	9.9	7.5	9.0
人均 GDP	1.00	14.71	30.3	62.5	8.8	>7.0	8.3

注：增长指数以 1978 年为基点 1.00。
资料来源：1978—2010 年数据来自国家统计局编《中国统计摘要（2011）》；2011—2030 年数据系作者估计。

　　总之，中国最有效的公共投资是人力资本投资，这包括对教育、公共卫生及健康、就业及培训等事业的投资，这些投资将会对中国带来长期的多重红利。中国政府已经明确：教育投入是支撑国家长远发展的基础性、战略性投资，是发展教育事业的重要物质基础，是公共财政保障的重点。同时政府也做出了公开承诺，继续增加财政教育投入，到 2015 年实现 4% 目标。[1] 如果到 2020 年达到 5%，2030 年达到 6%，中国教育还会产生更大的人力资源

---

　　① 国务院 . 国务院关于进一步加大财政教育投入的意见 ［EB/OL］. http：//www.gov.cn/zwgk/2011 –07/01/content_ 1897763. htm.

红利，中国的人力资本增长和经济增长还会超过本文的预期（见表9、表10）。①

（二）人力资源红利的典型案例：中国城镇地区教育回报率研究②

教育对我国经济发展具有举足轻重的作用，发展教育一直被看作是一项基本国策，科教兴国、建立人力资本强国，是实现国家现代化的长期战略选择。改革开放以来，我国教育事业的发展取得了显著的成就：截至2010年底，我国"基本普及九年义务教育、基本扫除青壮年文盲"的人口覆盖率达到100%，学龄前儿童净入学率达到99.7%，小学至初中的升学率达98.7%，初中升学率达87.5%，分别比1978年相应的入学率和升学率高出4.2个、11个和46.6个百分点。此外，高中升学率从1990年的27.3%激增到2010年的83.3%，20年间增长了2倍③。政府不断加大财政对教育的投入，国家财政性教育经费支出占国内生产总值的比例从1989年的3.15%稳步上升到2010年的3.66%，但仍显著低于世界4.6%的平均水平；国家财政预算内教育支出占国家财政总支出的比重也从1980年的8.8%上升到2009年的15.0%。④

教育事业的蓬勃发展是和我国从计划经济向市场经济的成功转型紧密联系的。随着经济改革的深化，劳动力市场进一步发展和完善。教育作为一种投资，在劳动力市场上是否得到相应的回报，以及得到多少回报，已成为个人选择和政府决策时所关注的重要问题之一。个人在完成了一定水平的教育后是否选择继续接受更高水平的教育，以及政府应当如何增加教育投入等问题都需要事先了解教育的回报率，尤其是各阶段教育水平的回报率。

本报告将结合两套高质量的数据，研究我国经济转型以来城镇地区在职职工的教育回报率。首先，我们使用1988—2009年中国城镇住户调查数据。这套数据是长期的横截面数据，涵盖我国9个省份，有利于研究经济改革各

---

① 以上由本中心王磊、魏星博士根据本中心胡鞍钢教授2011年8月31日在"教育部/清华大学教育战略决策与国家规划研究中心"成立大会上的学术报告整理。

② 本部分由清华大学经管学院长江学者特聘教授李宏彬完成。

③ 高中升学率为普通高校招生数与普通高中毕业生数之比（2010年教育统计数据）。从2005年起，中国统计年鉴中公布了1990年以来的高中升学率数据。

④ 中华人民共和国国家统计局，科技部. 中国科技统计年鉴（2010）[M]. 北京：中国统计出版社.

阶段城镇地区职工教育回报率的变化趋势。然而，利用这套数据难以解决个人能力、家庭背景等不可观测因素所带来的影响，所以我们采用一套独特的2002年中国城镇双胞胎数据，运用科学严谨的计量分析方法，识别出真实的教育回报率。同卵双胞胎在基因和家庭背景上完全相同，因此运用配对双胞胎数据能在很大程度上消除未能观察到的能力以及家庭背景的影响。

城镇住户调查数据的研究结果显示，受教育年限的回报率已从1988年的2.3%猛增到2000年的9.0%，并在之后的十年中稳步升至2009年的9.5%。该回报率已相当接近其他亚洲市场经济国家的教育回报率水平，部分地说明随着经济改革的不断深入发展，我国劳动力市场逐渐建立和发展起来，至少目前在对城镇在职职工的教育回报率方面，能像亚洲其他竞争性劳动力市场那样运作。随后，我们估计了不同教育水平的回报率。结果显示大学的教育回报率最高，2009年大学本科、专科毕业生的收入要比高中毕业生高65.3%和38.1%，教育的年均回报率在13%—16%之间，略高于欧美发达国家高等教育10%的年均回报率。相比之下，高中的教育回报率最低，仅为13.5%，中专的教育回报率达35.2%。

利用独特的中国城镇双胞胎数据，我们发现教育的真实回报率只有2.7%，这说明已有研究中所得出的所谓教育回报率，很大部分应该归因于遗漏掉的能力或者家庭背景因素的影响。此处的研究结果表明，中国受过良好教育的个人获得成功的原因不仅源于教育本身，更源于其较高的能力或家庭背景的优势。进一步研究发现，较低的真实教育投资回报率和较高的能力偏差的原因在于中国独特的教育体系，即高度的选择性与应试导向。更具体地来说，我们利用双胞胎样本估计不同教育水平的回报率后，发现高中教育的回报率仍然最低，在去除了能力和家庭背景因素后，其回报率为零，说明高中教育主要是作为一个挑选大学生的机制。与此相反的是，职业教育与大学教育具有与其他市场经济体相近的投资回报率。

1. 世界各主要经济体教育年限回报率

研究中国的教育回报率之前，我们需要对整个世界的教育回报率有个基本的认识，在此基础上我们才能客观地评价中国的教育回报率，并给出合理的解释和政策建议。结合现有的关于教育回报率的研究，表11给出了世界主要国家和地区的教育年限回报率。据估计，2004 年世界平均的教育年限回报率达到 9.7%，在经济较为发达的地区教育回报率略低，而在经济落后的地区教育回报率却较高。这是因为随着经济的发展，人群中拥有高学历的比例越来越高，因此劳动力市场上受到良好教育的劳动力供给充足，从而使得教育回报率下降。然而，在经济落后的地区，人力资本是相对稀缺的资源，投资教育的边际回报率是很高的。同样的，按照人均收入将世界各国分为高收入、中等收入和低收入三组，发现了同样的结论，即在收入较高的地区，教育回报率较低，反之在较贫困的地区，教育回报率更高。中国是人均收入处于中低水平的发展中国家，按照上述分析，中国的教育回报率应该很高，但事实究竟如何还有待具体的实证检验。

　　考虑到文化、地缘等因素对教育回报率的影响，我们还列举出了亚洲地区一些国家的教育年限回报率，以期更好地与中国的教育回报率进行对比。根据不同的文献，计算各个国家教育回报率的途径会有所不同，所以从亚洲国家的教育回报率数据来看，经济发展程度与教育回报率的相关关系已不甚明显。然而，可以肯定的是，亚洲国家教育年限回报率还是非常高的，通常在 10% 以上。将亚洲地区的教育回报率与美国、英国等国家的教育回报率对比，可以发现美国、英国等发达国家的教育回报率不如亚洲。中国日趋成为世界主要的经济体，资源配置环境正在改变，那么中国的教育年限回报率会更类似于周围的亚洲发展中国家，还是向发达国家靠拢，或者独具自身的特点？本报告将从可靠的微观数据出发，对中国的教育回报率给出一个明确的答案。

表 11　世界主要地区受教育年限回报率

文　　献	地　　区	年份	受教育年限回报率（%）
世界主要地区			
Psacharopoulos and Patrinos，2004	世界		9.7
	亚洲		9.9
	欧洲/中东/北非		7.1

表 11（续）

文　献	地　区	年份	受教育年限回报率（%）
	经合组织（OECD）		7.5
	拉丁美洲/加勒比海地区		12
	撒哈拉以南非洲		11.7
按人均收入分			
	高收入（9266 美元以上）		7.4
	中等收入（755—9266 美元）		10.7
	低收入（低于 755 美元）		10.9
亚洲地区			
Cohn and Ng, 2000	中国香港	1991	12
Sakellariou, 2003	新加坡	1998	13.1
Psacharopoulos and Patrinos, 1994	中国台湾	1972	6
Cohn and Addison, 1998	日本	1988	13.2
Ryoo et al., 1993	韩国	1986	13.5
Patrinos, 1995	泰国	1989	11.5
Psacharopoulos and Patrinos, 1994	马来西亚	1979	9.4
Schady, 2000	菲律宾	1998	12.6
Duflo, 2001	印度尼西亚	1995	7
其他国家			
Rouse, 1999	美国	1991—1995	10
Harmon and Walker, 1995	英国	1986	6.1
Cohn, 1997	加拿大	1989	8.9

2. 1988—2009 年中国城镇在职职工的教育回报率

（1）数据

本研究主要使用 1988—2009 年连续 22 年的中国城镇住户调查数据，研究城镇在职职工教育回报率的发展趋势。该数据由国家统计局负责收集，涵盖了我国经济较发达的东南沿海地区（浙江、广东、北京），经济快速发展的东北地区（辽宁），经济逐步崛起的中部地区（安徽、湖北），以及经济欠发达的西部地区（四川、陕西、甘肃）。这种地域差异有利于我们在考虑了中国区域经济发展不平衡的前提下，研究经济转型 20 多年来教育回报率的变化趋势①。

各地区样本的分布以及按年度分类的描述性统计数据如表 12 所示。为从劳动力市场改革和发展的角度，以及从工资的决定因素理论出发估计教育回报率，我们将样本限制在处于就业状态的人员，包括国有经济单位职工、城镇集体经济单位职工、其他各种经济类型单位职工以及城镇个体或私营企业被雇者，排除了雇主、个体自雇佣者、退休人员、学生、家庭劳务人员和待业人员②。另外，中国劳动法规定 16 岁为最小劳务年龄，我们排除了年龄小于 16 岁的样本。根据中国的退休惯例，我们又剔除了年龄大于 60 岁的样本。

样本中的工资收入主要由四部分构成，即基本工资、奖金、补贴和其他劳务收入③。如图 13 与表 12 所示，按 2009 年价格计算④，城镇在职职工平均年工资从 1988 年的 4755.8 元迅速上升到 2009 年的 27994.1 元，增长了

---

① Zhang et al.（2005）使用中国城镇住户调查数据估计了 1988—2001 年城镇在职职工的教育回报率，其数据涵盖 6 个省份。与之相比，本报告中所使用的数据年限更长，至 2009 年，所涉及的省市除了 Zhang et al 研究过的 6 个省份外，还包括安徽、湖北和甘肃。

② 问卷中还有一类"其他就业者，例如保姆"。由于无法从问卷信息中得知这类就业者是否符合我们对研究对象的要求，即企业在职职工，因而将这一类就业者也排除在样本数据外。从收入数据上分析，这类就业者的收入普遍偏低，很可能是非全职就业者。在 Zhang et al.（2005）的研究中，他们还根据自己估算的各省份最低工资剔除了收入低于最低工资一半的样本，因为此类多为非全职职工。但在本报告中，我们未按这种原则剔除这类样本。

③ 由于 1988—2009 年间国家统计局在进行城镇住户调查的时候，根据经济改革发展的各阶段特征，不断改进问卷质量，根据调整的问卷问题，样本中的工资收入在 1988—1991 年间包括"全民（集体）所有制职工工资、个体被雇者收入和其他劳动收入"，1992—2001 年间包括"全民（集体、其他所有制职工工资）、个体被雇者收入和其他劳动收入"，2002—2009 年间指"工薪收入"，包括"工资及补贴收入"以及"其他劳动收入"。

④ 按 1988—2009 年居民消费者价格指数（CPI）折算各年按 2009 年价格计算的实际年收入。

4.9 倍之多。在 1988—1991 年经济改革遇到困难的时候，工资增长几乎停滞；自 1992 年邓小平南巡讲话后，经济改革步伐加快，工资开始明显增长；在 20 世纪 90 年代中后期，随着国有和集体企业改制，企业的生产效率不断增强，实际工资的增长速度加快；进入"十五"计划后，经济改革步伐加快，随着市场经济改革的不断深入、劳动力市场的不断发展，工资的增长速度也剧增。①

与此同时，我国城镇住户的平均受教育水平也稳步提高。图 13 中的虚线表示了 1988—2009 年间平均受教育年限的增长情况。从图中我们可以看出，平均受教育年限从 1988 年的 10.8 年上升到 2009 年的 13.3 年②。从数量看，22 年间平均受教育年限增加了 2.5 年，相当于提高了一个等级的教育水平。

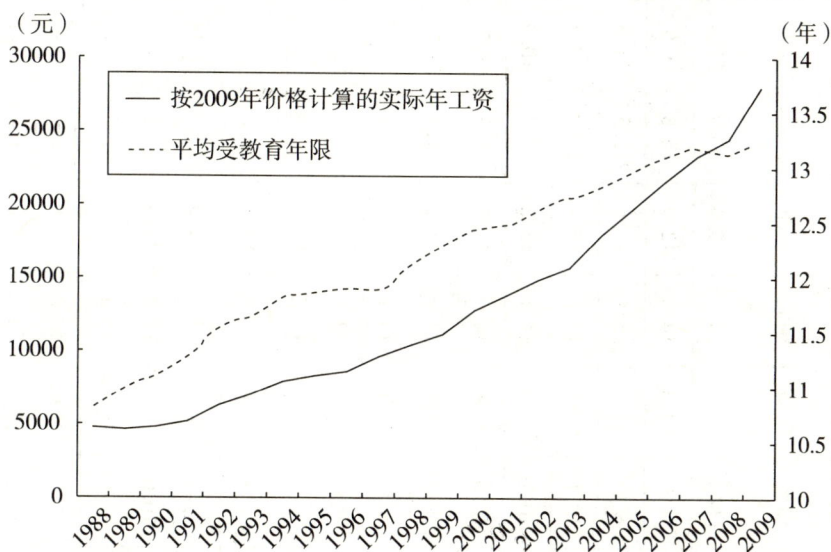

图 13　1988—2009 年城镇住户实际年工资与平均受教育水平的增长趋势

---

① 2010 年《中国统计年鉴》公布的全国城镇单位就业人员平均工资，2009 年为 32244 元，其中在岗职工为 32736 元，比本报告样本的平均工资略高些。

② 问卷中只包含了受教育水平。为建立受教育年限变量，我们假设：未上过学是 0 年，扫盲班是 2 年，小学学历 6 年，中学学历 9 年，高中学历 12 年，中专 15 年，大学专科学历 15 年，大学本科学历 16 年，研究生及以上 19 年。这里需要说明的是本报告采用了 Zhang et al. 的研究中对"中专 15 年"的假设。中专有两种，一种是高中毕业后就读中专，一种是初中毕业后就读的中专，包括各类职业学校。我国不同地区不同年代同时存在这两种中专形式，而问卷中没有额外的信息可以加以区分，所以本报告沿用 Zhang et al. 的假设。实证研究的结果表明，把中专设为 12 年或是 15 年，对教育回报率的估算结果影响很小。

表12　各时期样本总量及样本分布情况

年份	样本总量（个）	北京（%）	辽宁（%）	浙江（%）	安徽（%）	湖北（%）	广东（%）	四川（%）	陕西（%）	甘肃（%）	实际年工资（按2009年价格计算）（元）	男性比例（%）	平均年龄（岁）
1988	9167	3.5	15.7	9.3	12.3	14.3	12.9	16.8	8.6	6.7	4755.8	51.2	37.1
1989	8495	2.0	16.9	9.6	11.2	15.1	15.5	11.3	11.3	7.2	4616.0	51.7	37.4
1990	8977	3.9	15.8	10.1	10.8	13.8	12.4	15.9	10.7	6.6	4790.5	52.1	37.9
1991	8924	2.1	16.4	10.1	10.7	14.1	13.2	17.2	10.3	5.9	5178.9	52.0	37.7
1992	10116	9.3	18.9	10.0	9.7	14.0	11.3	11.3	8.2	7.4	6285.3	52.1	38.0
1993	9501	9.7	20.1	10.4	6.9	14.0	11.6	11.1	8.5	7.7	7021.7	52.1	38.3
1994	9410	9.4	19.6	9.9	9.0	14.1	11.5	10.9	8.3	7.3	7907.6	52.6	38.2
1995	9412	9.1	19.9	9.8	8.8	13.6	11.9	11.4	8.7	6.9	8302.2	52.4	38.5
1996	9259	8.9	19.0	9.6	9.2	14.0	12.2	11.8	8.2	7.1	8602.7	52.6	39.0
1997	9227	8.2	18.9	10.1	9.4	13.6	12.3	12.0	8.7	6.8	9624.8	53.0	39.2
1998	8878	8.3	18.4	10.1	9.5	14.4	12.5	11.5	8.6	6.8	10413.5	53.1	39.4
1999	8616	8.7	17.2	10.0	9.7	14.8	12.3	11.2	8.3	7.7	11148.3	53.2	39.8
2000	7982	9.6	18.4	9.5	9.0	15.4	12.7	9.5	8.0	7.9	12786.0	54.5	39.7
2001	7703	9.9	18.4	9.4	9.0	15.8	11.8	9.5	8.6	7.6	13804.9	55.1	40.3
2002	17610	7.8	13.8	11.1	13.4	13.1	13.6	9.6	11.1	6.6	14856.3	56.3	40.6

表 12（续）

年份	样本总量（个）	北京（%）	辽宁（%）	浙江（%）	安徽（%）	湖北（%）	广东（%）	四川（%）	陕西（%）	甘肃（%）	实际年工资（按2009年价格计算）（元）	男性比例（%）	平均年龄（岁）
2003	19327	6.8	13.4	12.2	12.5	12.6	13.1	12.5	10.8	6.1	15697.8	56.6	40.5
2004	20795	10.9	13.5	12.1	12.2	12.2	11.5	12.1	9.7	5.8	17945.1	56.7	40.9
2005	21392	12.9	12.9	12.1	13.8	11.2	11.0	11.4	9.2	5.5	19733.5	57.3	40.9
2006	21831	12.9	12.0	12.1	14.7	11.3	10.6	11.6	9.4	5.3	21585.4	57.0	41.2
2007	22399	12.9	12.6	11.9	14.1	11.5	10.7	11.9	9.1	5.3	23311.7	57.0	41.2
2008	20801	13.2	13.1	12.2	14.3	11.3	10.1	12.0	8.8	5.1	24463.1	57.0	40.0
2009	20775	14.2	12.4	11.8	14.2	11.1	10.4	12.0	8.8	5.1	27994.1	57.2	40.6

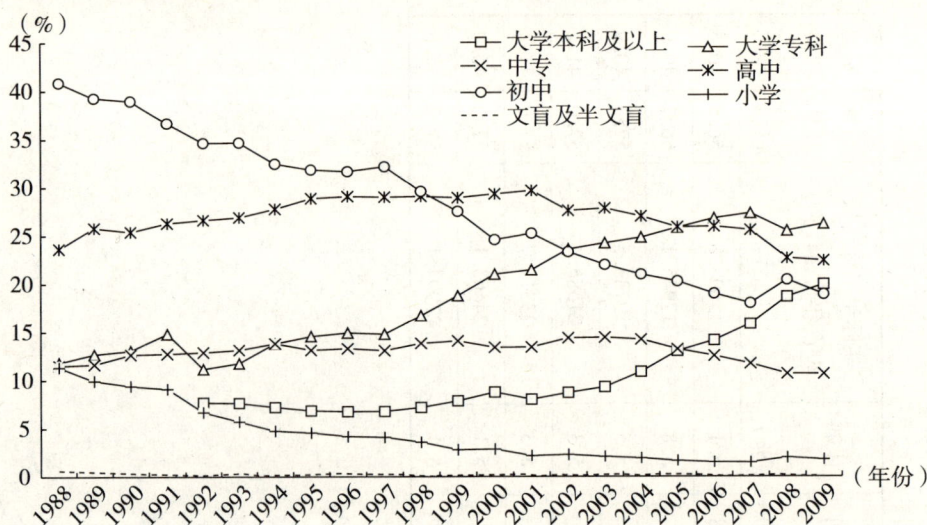

图 14   各年份城镇住户受教育水平的分布情况及其发展变化

教育结构在这期间则发生了更大的变化。[①] 如图 14 与表 13 所示，最明显的特征是拥有大学学历（包括专科和本科学历）的职工比例增长了近 3 倍，从 1988 年的 11.8% 迅速增加到 2009 年的 46.1%。其中，2001 年以前拥有大学专科学历的职工比例增加速度明显高于接受过大学本科学历的职工比例的增长速度，而进入"十五"计划时期后，大学本科学历的职工比例增长速度迅速提升，明显快于拥有大学专科学历的职工比例的增长。同时，初中及以下文凭的职工比例迅速下降，从 1988 年的 53% 下降了一多半，降至 2009 年的 20.9%。具体来看，初中文凭的职工比例下降了 53.8%，小学文凭职工比例下降了 84.2%，没有文化的职工比例下降了 75%。这种低教育水平职工比例的减少主要是因为受教育程度低的老一辈职工逐渐退休，而受教育程度高的新一代职工正逐渐进入劳动力市场[②]，这也与我国普及九年义务教育、扫除文盲的政策有着紧密关系。

---

① 1988—1991 年的数据中，教育水平"大学"包括了大学本科和大学专科教育，并未对这两种大学教育进行区分。1992—2001 年的数据中，教育水平"大学本科"中包括了研究生教育。2002—2009 年的数据中，教育水平"研究生"包括了硕士研究生和博士研究生教育，并未对这两种研究生教育进行区分。

② Zhang, Junsen, Yaohui Zhao, Albert Park, and Xiaoqing Song, Economic Returns to Schooling in Urban China, 1988 to 2001 [J]. Journal of Comparative Economics, 2005 (33): 730–752.

表 13　城镇在职职工平均受教育年限以及受教育水平的分布情况

年　份	平均受教育年限（年）	大学本科及以上（%）	大学专科（%）	中专（%）	高中（%）	初中（%）	小学（%）	文盲及半文盲（%）
1988	10.8	11.8		11.5	23.6	40.9	11.4	0.8
1989	11.0	12.7		11.7	25.8	39.3	9.9	0.6
1990	11.1	13.1		12.7	25.4	39.0	9.4	0.5
1991	11.3	14.8		12.7	26.3	36.7	9.1	0.4
1992	11.6	7.7	11.2	12.9	26.6	34.6	6.7	0.3
1993	11.6	7.7	11.8	13.1	26.9	34.7	5.7	0.2
1994	11.8	7.2	13.8	13.8	27.8	32.5	4.8	0.2
1995	11.9	6.9	14.6	13.1	28.4	31.9	4.6	0.2
1996	11.9	6.8	14.9	13.3	29.1	31.7	4.2	0.1
1997	11.9	6.8	14.8	13.1	29.0	32.2	4.1	0.1
1998	12.1	7.2	16.7	13.8	29.1	29.6	3.6	0.0
1999	12.3	7.9	18.8	14.1	28.9	27.5	2.8	0.0
2000	12.5	8.8	21.0	13.4	29.3	24.6	2.9	0.1
2001	12.5	8.0	21.4	13.4	29.7	25.2	2.2	0.0
2002	12.6	8.7	23.6	14.4	27.6	23.3	2.3	0.1
2003	12.7	9.3	24.2	14.4	27.8	22.0	2.1	0.2
2004	12.9	10.9	24.8	14.2	27.0	21.0	1.9	0.2
2005	13.0	13.0	25.8	13.2	25.9	20.3	1.7	0.2
2006	13.1	14.1	26.8	12.5	25.9	19.0	1.5	0.2
2007	13.2	15.8	27.3	11.7	25.6	18.0	1.5	0.1
2008	13.1	18.6	25.5	10.7	22.6	20.4	2.0	0.2
2009	13.3	19.9	26.2	10.6	22.4	18.9	1.8	0.2

　　注：1988—1991 年的数据中，"大学"包括了大学本科和大学专科教育，并未对这两种大学教育进行区分。1992—2001 年的数据中，教育水平"大学本科及以上"中包括了研究生教育。

我们的数据也存在着一些缺陷。首先，正如 Zhang 等研究者指出的，该套数据中不包含工作时间变量。因此，劳动力市场参与率可能并不按照教育程度平均分配。如果教育程度低的职工更倾向于在一年中的部分时间里失业或者更少地工作，我们就会高估教育回报率。其次，这套数据是重复的横截面数据，被调查对象每三年全部轮换一次，虽然在三年中有部分重复调查的对象，但是由于缺少标明被访对象的编码，因而无法形成有效的面板数据。该数据虽然能提供大量丰富的信息，但就本报告研究而言，难以控制能力等不可观测因素的影响。因为能力强的人倾向于接受更高程度的教育，同时在劳动力市场上能获得较高的工资，这将使我们估计的教育回报率被高估。我们将在本报告的第三部分利用独特的中国双胞胎数据解决该问题。

（2）估计模型

根据 Mincer 的计算公式①，我们首先建立关于收入的半对数模型：

$$\ln\omega_i = \beta_0 + \beta_1\,\text{edu}_i + \beta_2\,\text{exp}_i + \beta_3\,\text{exp}_i^2 + \beta_4\,\text{gender}_i + \text{region}\,'_i\beta_5 + \varepsilon_i \qquad (1)$$

其中 ω_i 是第 i 个人的实际年工资；edu 代表衡量教育水平的两种方式，一是将其看作连续变量，代表受教育年限，二是将其看作离散变量，代表各级受教育程度；exp 是职工的工作经验，本报告用调查年份与参加工作年份之差来衡量②；gender 是二元虚拟变量，在模型中用于控制性别对工资收入的影响，男性为 1，女性为 0；region 是省份虚拟变量的矩阵变量；ε 是残差项。在该模型中，我们最感兴趣的是 β_1，即受教育年限回报率。

（3）估计结果

①受教育年限的回报率

图 15 和表 15（第 1 列）是历年受教育年限回报率的最小二乘法（OLS）估计结果，也就是受教育年限回报率（β_1）的估计值。估计结果剔除了个体以及家庭之间的异方差，并且均在 1% 的显著性水平上显著。可以看出，受教育年限回报率在过去的 22 年间增长了 3 倍，从 1988 年的 2.3% 上升到了 2009 年的 9.5%，已经相当接近估计的在亚洲竞争性经济体 9.9% 的受教育年限回报率。利用年度数据，我们观测到受教育年限回报率并非以线性趋势

---

① Mincer, Jacob. Schooling, Experience and Earnings [M]. New York：NBER, 1974.

② 在估计 Mincer 教育回报率的过程中，工作经验通常是以年龄减去受教育年限再减 6 来衡量。

上升。1988—1990 年，受教育年限回报率上升了 0.5 个百分点，但是在 1991 年下滑到两年前的水平。从其后的 1992 年开始，受教育年限回报率显著递增，至 1994 年增长了 1 倍，但在 1995 年时又有所下滑，随后一直急剧上升，到 2000 年时又翻了一番，达到 9.0%。随后的 9 年间，受教育年限回报率比较稳定，保持在 9.1%—9.6%。这部分地说明随着经济改革的发展和深化，我国劳动力市场逐渐趋于健全和完善，至少在城镇在职职工的受教育年限回报率方面已经能像其他市场经济的劳动力市场一样运作了。

　　虽然中国劳动者的受教育年限回报率已经和其他市场经济体劳动者的受教育年限回报率很接近，但是中国对教育的公共投资和这些国家还相去甚远。如表 14 所示，2010 年中国政府教育支出占 GDP 比重为 3.66%，低于除日本外的所有国家或地区。我们甚至还没达到世界上贫穷国家的平均水平。

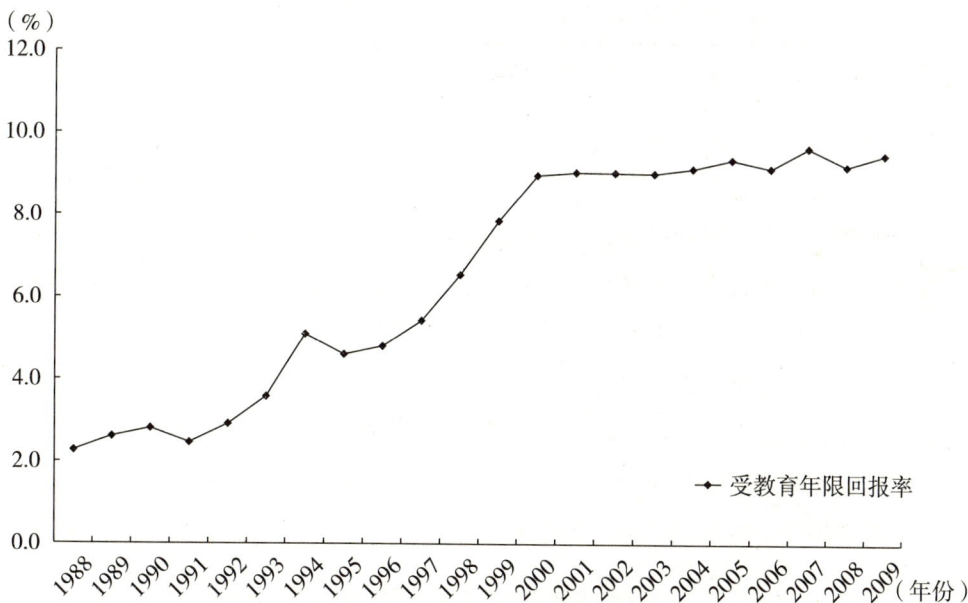

图 15　1988—2009 年受教育年限回报率的变化

109

表14 世界各国（地区）公共教育支出占 GDP 比重

国家或地区	年份	公共教育占 GDP 比重（%）
世界	2008	4.45
OECD 国家	2008	5.42
高收入国家	2008	5.37
中等收入国家	2008	4.34
低收入国家	2008	3.72
中国	2010	3.66
美国	2008	5.46
英国	2008	5.42
俄罗斯	2010	4.30
日本	2008	3.42
韩国	2008	4.80
印度	2008	3.80

资料来源：世界银行；OECD；中国财政部。

②受教育水平的回报率

估计受教育年限的回报率能从总体上把握我国教育回报率的发展变化，以及反映劳动力市场和经济转型的各发展阶段。但是个人理性地决定是否继续接受更高一级教育，以及政府该如何对各级教育进行投资时，需要以分教育水平的回报率作为参考。

使用虚拟变量来表示离散的教育水平，我们发现了受教育水平回报率的非线性特征。表15列出了多完成一个教育级别的边际回报率，例如将初中和小学比较，或将高中与初中比较，以及完成不同类别教育的边际回报率，例如大学本科与专科相比，中专与高中相比。

表15 1988—2009 年教育年限和各级教育水平的边际回报率

单位:%

年份	教育年限	研究生与大学本科相比	大学本科与高中相比	大学本科与中专相比	大学专科与高中相比	大学本科与大学专科相比	中专与初中相比	高中与初中相比	中专与高中相比	初中与小学相比
1988	2.3			7.4			11.7	6.6	2.2	10.2

表 15（续）

年份	教育年限	研究生与大学本科相比	大学本科与高中相比	大学本科与中专相比	大学专科与高中相比	大学本科与大学专科相比	中专与初中相比	高中与初中相比	中专与高中相比	初中与小学相比
1989	2.6				9.4		15.0	9.4	3.3	9.4
1990	2.8				11.9		17.4	7.3	7.8	10.3
1991	2.5				11.4		14.5	5.9	6.7	7.0
1992	2.9		17.9	10.4	12.9	5.0	15.2	5.9	7.5	9.1
1993	3.6		21.5	15.1	15.1	6.4	16.6	8.0	6.3	12.7
1994	5.1		33.7	20.7	20.4	13.3	26.5	11.5	12.9	12.8
1995	4.6		27.9	18.3	15.9	12.0	24.0	12.7	9.5	13.6
1996	4.8		30.0	19.7	19.1	10.9	23.8	11.7	10.2	14.4
1997	5.4		32.1	16.6	20.9	11.2	30.4	13.4	15.4	12.1
1998	6.5		42.3	23.0	27.1	15.2	34.7	13.7	19.3	14.5
1999	7.9		50.2	31.3	30.0	20.2	39.5	19.4	18.9	10.9
2000	9.0		55.6	36.0	35.1	20.4	42.7	20.6	19.5	23.2
2001	9.0		57.0	36.5	35.1	21.8	42.6	20.4	20.5	21.0
2002	9.0	13.6	60.1	40.3	36.4	23.7	41.7	20.1	19.8	20.5
2003	9.0	15.3	59.9	39.0	37.4	22.5	41.7	18.8	20.9	21.9
2004	9.1	32.7	65.2	44.9	39.0	26.2	38.1	15.9	20.3	22.0
2005	9.4	27.0	64.1	44.8	37.2	26.9	38.3	17.3	19.3	20.6
2006	9.1	21.1	63.1	44.1	37.3	25.7	36.4	16.0	18.8	19.5
2007	9.6	32.2	64.0	45.5	36.3	27.8	37.7	17.4	18.4	21.1
2008	9.2	32.6	65.7	45.2	38.7	27.1	34.3	12.3	20.3	15.8
2009	9.5	32.5	65.3	45.1	38.1	27.2	35.2	13.5	19.9	15.8

注：表格中所估计的各类教育回报率均在1%的显著性水平上显著。

这里需要说明的一个问题是，在我们的数据中，1988—1991年的大学教育水平，包含了专科、本科及以上的各种学历；1992—2001年的教育水平变量中，区分了本科和专科教育，但是本科教育中还包括研究生教育；2002—

111

2009 年数据将研究生教育从本科教育中独立出来，包括硕士研究生和博士研究生学历。

图 16 更直观地反映了各级受教育水平的边际回报率。从图中我们可以看出，一直以来边际回报率最高且上升较为显著和迅速的是大学本科教育，1992 年大学本科毕业生比高中毕业生和中专毕业生的收入分别高出 17.9% 和 10.4%，到了 2009 年，分别高出 65.3% 和 45.1%，增加了 2.6 和 3.3 倍。边际回报率排第二且增长速度亦较快的是大学专科教育，对于高中毕业生而言，完成大学专科教育，其回报率可从 1988 年的 7.4% 上升到 2009 年的 38.1%，增长了 4.1 倍。在大学教育中，本科相对于专科教育的回报率从 1992 年的 5.0% 上升到 2009 年的 27.2%，增长了 4.4 倍之多。从目前情况看，大学教育的年均回报率在 13%—16% 之间，略高于欧美发达国家高等教育 10% 的年回报率，接近于其他亚洲经济体的教育回报率。

研究生的教育回报率并没有大学的教育回报率高，而且波动较大。从表 15 的第 2 列中可以看出，2002 年拥有研究生学历的职工比大学本科毕业生的收入仅高出 13.6%，是所有教育水平边际回报率中最低的。然而，仅两年时间，研究生学历的回报率就提高了一倍多，2004 年已达到 32.7%，之后两年

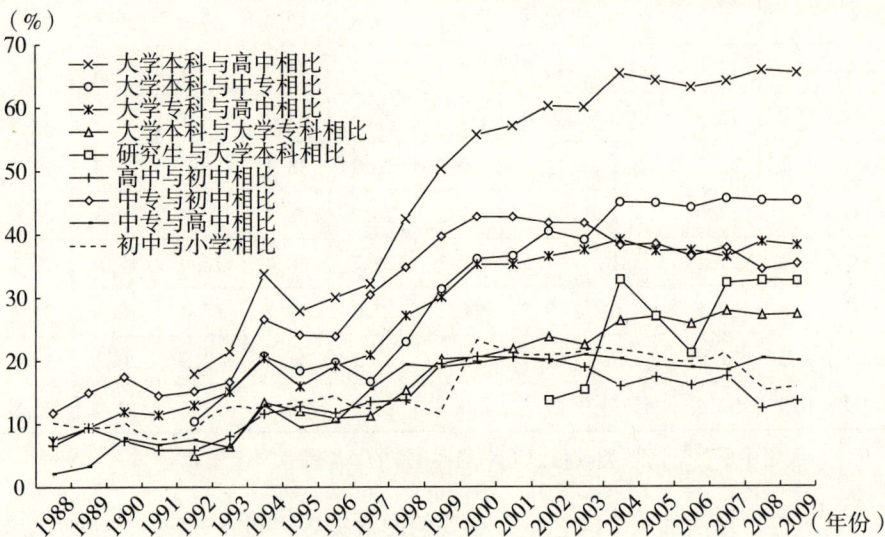

图 16 1988—2009 年各级受教育水平回报率的变化

又不断下滑，直到 2007 年，开始稳定在 32%—33% 的水平。目前来看，大学本科毕业后继续攻读研究生，收入可以增加三分之一左右。

一个有趣的结果是，高中教育的回报率最低。除个别年份外，高中教育的边际回报率比初中教育的边际回报率还低。1988 年，高中毕业生的回报率为 6.6%，在各级教育回报率中并不是最低，并一直稳步增长到 2000 年的 20.6%，随后一直下滑，到 2009 年仅剩 13.5%，成为边际回报率最低的教育水平。与之形成鲜明对比的是中专（包括职业中学、技术学校）教育对初中教育的边际回报率，一直比高中的回报率高。1988 年，中专毕业生较初中毕业生的收入高 11.7%，2009 年收入优势扩大到 35.2%，相当于年回报率达 10%。因此，目前对于完成了九年义务教育的初中生而言，升入高中，并且在高中毕业后进入劳动力市场，收入仅增加了 13.5%；而若选择就读中专，毕业后所获得的收入能增加三分之一以上。当然，若这名初中毕业生在高中毕业后继续就读大学，那么就能获得较高的回报率。本报告的最后部分将结合两组数据的估算结果，分析高中教育回报率较低的原因。

最后，初中教育的回报率一直相对较低，其增长率是各级教育回报率中最低的。1988 年，初中毕业生比小学毕业生的收入高 10.2%，到 2009 年高 15.8%，在 2000—2007 年的回报率达到 20% 以上。完成九年义务教育或多或少在收入上会有所提高。

3. 利用 2002 年中国城镇双胞胎数据估算的教育回报率

尽管我们运用大规模住户调查数据估算了受教育年限以及各级受教育水平回报率的变化，然而由于未能解决估计过程中个人能力等遗漏变量造成的影响，我们还无法获得真实的教育回报率。这一节中我们利用一套独特的中国城镇双胞胎数据，来剔除能力等因素的影响，估计真实的教育回报率。[①]

（1）数据

本部分数据来源于国家统计局城市经济社会调查司于 2002 年在中国 5 个城市所做的双胞胎调查，其中香港研究资助局对此项调查提供了资金支持。以美国和世界其他地方已有的双胞胎问卷为基础，此次调查包含了非常广泛的经济和社会信息。地方统计局通过多种渠道以确认 18—65 岁之间的成年双

---

① 本部分内容改自 Li, Liu and Zhang 2012 年发表在 Journal of Development Economics 上的内容。

胞胎，这些渠道包括同事、朋友、亲戚、报纸广告、社区通告、街道办事处以及地方民政局提供的户口信息。以上所有渠道获取的样本大致已经覆盖了5个城市中所有的双胞胎，因此该双胞胎样本具有非常强的代表性。[①] 调查采取面对面的直接采访方式，许多实地调查都经过了专家复查。

该数据是中国第一套经济社会的双胞胎数据，包括了被调查者非常广泛的经济和社会信息。覆盖了成都、重庆、哈尔滨、合肥和武汉5个城市。在总计有4683个观察值当中有3012个观察值来自双胞胎家庭。在双胞胎样本当中，我们区分了同卵（MZ）双胞胎和异卵（DZ）双胞胎。如果双胞胎之间具有几乎一样的头发颜色、外貌、性别和年龄等特征，我们就将其视为MZ双胞胎。我们共回收了有效问卷3002份，其中2996个为双胞胎，6个为三胞胎。在这3002个人当中，我们确认了914对（1828个）MZ双胞胎。调查信息既包括MZ双胞胎中两个人的收入、教育等变量信息，也包括其他488对（976个）双胞胎的信息。

为便于比较，以上5个城市中的非双胞胎数据来自于城市经济社会调查司每月的常规家庭住户调查。

虽然我们的配对双胞胎估计方法控制了可能的样本选择性问题，但将MZ双胞胎样本与我们拥有的其他数据样本进行比较更有助于我们对教育投资回报率的分析。为了便于比较，我们同样报告了国家统计局城调司所进行的更大范围调查的一些基础统计指标作为比较基准（NBS样本），其结果报告在表16第4列。[②] 从表16第1列中可以看出，MZ双胞胎样本中男性占60%，其平均年龄为35岁，平均受教育年限为12年，配偶的平均受教育年限也为12年。MZ双胞胎的平均工作经验为15年，月平均收入888元，其中包括工资、奖金和各种补贴。因为MZ双胞胎样本的平均年龄低于NBS样本的平均年龄，所以其平均收入低于NBS样本的平均收入。另外，非双胞胎样本（第3列）的平均年龄比NBS样本和双胞胎样本的平均年龄都高。

为了保证应用配对双胞胎数据对教育投资回报率进行估计的质量，配对

[①] 本报告应用的配对双胞胎估计方法控制了任何未能观察到的特征变量的影响，而这些特征变量可能导致调查样本中的选择性偏误。

[②] 国家统计局自1986年之后每年都对226个市（县）进行抽样调查。该项调查为此类调查中规模最大的调查。

双胞胎之间受教育水平的变异应该足够大。我们检验了配对双胞胎之间的教育差异并且发现其变异相当之大。仅仅 53% 的配对双胞胎拥有相同的教育年限，另外 13% 存在 1 年的差异，10% 存在两年的差异，24% 存在两年以上的差异。这些统计数据表明配对双胞胎之间存在足够大的差异以保证回归分析的质量。

表16 双胞胎样本与非双胞胎样本的描述性统计

变　　量	MZ 双胞胎	全部双胞胎	NBS 样本
教育（受教育年限）	12.22	12.16	11.62
	(2.89)	(2.91)	(2.83)
高中教育虚拟变量	0.27	0.25	—
	(0.44)	(0.43)	—
中专教育虚拟变量	0.34	0.35	—
	(0.47)	(0.48)	—
大学教育虚拟变量	0.13	0.12	—
	(0.33)	(0.33)	—
年龄	34.78	33.77	40.80
	(9.64)	(9.22)	(11.98)
性别（男性）	0.60	0.59	0.55
	(0.49)	(0.49)	(0.50)
婚姻状况（已婚）	0.66	0.64	—
	(0.47)	(0.48)	—
工作经验（16 岁之后全职工作年限）单位：年	15.03	14.03	18.45
	(9.93)	(9.50)	(12.94)
收入（包括月工资、奖金和收入）单位：元	887.85	872.52	1062.92
	(517.91)	(546.00)	(840.09)
观测值	976	1620	23288

（2）估计模型

以下我们对双胞胎样本的教育投资回报率进行经验分析，我们的经验分析集中于对如下半对数形式收入方程的估计：

$$y_i = X_i\alpha + Z_i\beta + \mu_i + \varepsilon_i \qquad (2)$$

y_i 为第 i 个人收入的对数形式，X_i 为可以观察到的家庭变量，Z_i 为可以观察到的影响个人收入的特征变量，其中包括教育、年龄、年龄平方、性别、婚姻状况以及工作经验。μ_i 表示一系列同样影响收入的不能观察到的变量，代表能力或者家庭背景效应。ε_i 为干扰项，独立于 Z_i 和 X_i。

一般说来，应用 OLS 模型估计方程（2）中教育的效应，β 是有偏的。因为通常情况下，我们都无法完美地衡量 μ_i，而 μ_i 很可能与 Z_i 相关。所以在横截面数据中对不同教育水平职工的收入进行比较并不能识别教育的效果，即使这些职工在其他所有可观察的变量上数据都相同。这是因为不同受教育水平的职工在其他不可观察的变量之间可能存在着差异，而这些变量同时影响收入。接受过良好教育的人可能具有更高的能力，更强的自我激励意识或者更好的家庭背景。因此，很难判断教育与收入之间的经验联系在多大程度上是受教育水平直接导致的，以及在多大程度上是由那些既影响教育又影响收入的未观察到的变量导致的。由被忽略变量所导致的偏差的大小决定于 cov（Z_i，μ_i）$/var$（Z_i），这个值反映了样本中未观察到的 μ_i 与可观察到的 Z_i 之间的关系，其中 Z_i 为教育变量。

许多方法都可以用来处理由被忽略变量所导致的偏差的问题。第一种方法是寻求更大的数据，其中包含更多的变量以衡量能力、家庭背景以及其他类似的因素。然而，这样做的问题是难以穷尽衡量能力或者家庭因素的变量。第二种方法是应用基于双胞胎数据的固定效应模型。因为 MZ 双胞胎具有相同的基因与家庭背景，所以他们应该有相同的 μ_i。因此，配对双胞胎之间的差分就已经控制了未被观察到的能力或者家庭背景因素 μ_i。所以，比较不同受教育水平的双胞胎的收入，我们就能确定教育与收入之间的关系是不是由与教育相关的能力、家庭背景导致的。

固定效应模型设定如下。首先，一对双胞胎的收入方程为：

$$y_{1i} = X_i\alpha + Z_{1i}\beta + \mu_i + \varepsilon_{1i,} \qquad (3)$$

$$y_{2i} = X_i\alpha + Z_{2i}\beta + \mu_i + \varepsilon_{2i,} \qquad (4)$$

其中 y_{ji}（$j = 1$，2）为配对双胞胎收入的对数，X_i 为一系列家庭背景变量，在不同家庭之间存在差异，但是在双胞胎之间是相同的。Z_{ji}（$j = 1$，2）

是一组在双胞胎之间不同的变量。

配对双胞胎内部固定效应模型中的估计值 β_{fe}，是建立在方程（3）与方程（4）一阶差分的基础之上：

$$y_{1i} - y_{2i} = （Z_{1i} - Z_{2i}）\beta + \varepsilon_{1i} - \varepsilon_{2i}，（5）$$

一阶差分消减了可观察到的以及不可观察到的家庭效应 X_i 和 μ_i。既然 μ_i 已经移除，那么我们可以应用 OLS 模型来估计方程（5）而不必担心被忽略变量和家庭背景因素所导致的偏差问题。

（3）估计结果

①整个样本的 OLS 回归分析

表17 中的第1、2列报告了运用 OLS 模型对包括了双胞胎和非双胞胎的整个样本进行回归分析的结果。因变量为收入的对数，t 的计算基于稳健性标准误差。第1列报告了基础回归结果，包括了教育、年龄、年龄平方、性别以及城市虚拟变量作为自变量。该回归表明教育投资的回报率是非常高的。多接受1年教育将提高个人收入 6.7%，并且回归系数相当显著，其 t 值为 16.71。年龄前面的系数为正、年龄平方前面的系数为负，这两个系数都在 10% 水平上显著。收入在 55 岁以前随着年龄增长而增长，在此之后随着年龄的增长而下降。最后，不同性别之间的收入存在着很大的差距，男性的收入比女性高 21.7%。

表17　中国城镇双胞胎样本与非双胞胎样本教育投资回报率
的普通最小二乘法（OLS）估计与固定效应模型（FE）估计

（因变量：收入的对数）

样本 模型	混合样本		双胞胎样本			
	OLS	OLS	OLS	OLS	FE	FE
	（1）	（2）	（3）	（4）	（5）	（6）
教育年限	0.066***	0.066***	0.083***	0.084***	0.025*	0.027*
	（0.004）	（0.004）	（0.006）	（0.006）	（0.015）	（0.015）
年龄	0.023**	0.011	0.043***	0.038**		
	（0.009）	（0.012）	（0.015）	（0.019）		

表 17（续）

样本 模型	混合样本		双胞胎样本			
	OLS	OLS	OLS	OLS	FE	FE
	（1）	（2）	（3）	（4）	（5）	（6）
年龄平方	-0.021*	-0.023*	-0.048**	-0.053**		
	（0.012）	（0.014）	（0.022）	（0.024）		
男性	0.225***	0.218***	0.200***	0.198***		
	（0.024）	（0.024）	（0.037）	（0.037）		
婚姻状况	-0.024		-0.020		-0.043	
		（0.042）		（0.050）		（0.052）
工作经验		0.015***		0.010*		0.015
		（0.003）		（0.006）		（0.010）
双胞胎 （对）					488	488
观察值	2253	2253	976	976	976	976
R^2	0.15	0.16	0.22	0.22	0.01	0.02

注：所有的 OLS 回归中包括了城市虚拟变量。括号中为稳健性 t 值；*显著性水平 10%，**显著性水平 5%，***显著性水平 1%。

在第 2 列中，我们加入了婚姻状况和工作经验两个变量之后，估计出来的教育回报率几乎没有任何变化，这表明忽略这两个变量并不会导致教育投资回报率估计的偏差。另外，在这个样本中我们并没有发现结婚将提高个人的收入，因为婚姻虚拟变量前的系数在标准的显著性水平上并不显著。最后，工作经验对收入存在正效应，增加一年的工作经验将提高收入的 1.6%。

②MZ 双胞胎样本的 OLS 回归分析

这里报告了应用 OLS 对 MZ 双胞胎样本进行回归分析的结果。通过比较对整个样本的 OLS 回归结果与 MZ 双胞胎样本的 OLS 回归结果，我们可以检验运用不同样本估计所得系数的稳健性。MZ 双胞胎样本观测值数量降至 976 个（488 对）。

表 17 第 3、4 列报告的回归结果表明，基于 MZ 双胞胎样本估计的教育

投资回报率高于整个样本。第 3 列中应用简单回归得出的教育投资回报率为 8.2%，而在第 4 列中包括了其他控制变量之后，回归系数变得更大了。[①] 因此，在基于相同的 OLS 模型的情况下，应用双胞胎样本估计出来的教育投资回报率比应用整个样本估计结果高 1.5%—1.7%。

③配对双胞胎固定效应

即使在控制了许多协变量之后，OLS 估计的教育投资回报率仍然非常之高，但是我们仍然不知道该效应中有多大比例是真正的教育投资回报率，多大比例是源自未能观察到的能力或者家庭因素。因此，这里我们应用配对双胞胎方法来控制未能观察到的变量以获得真正的教育投资回报率。

表 17 第 5、6 列报告了应用方程（5），即配对双胞胎固定效应模型估计的结果。因为 MZ 双胞胎有着相同的年龄与性别，所以差分之后这两个变量被消除。配对双胞胎固定效应方法估计显示，OLS 估计出来的教育投资回报中的很大部分是来自未能观察到的能力或家庭变量。就第 6 列而言，教育对收入的影响效应为 0.027，仅占基于同一样本应用 OLS 模型估计出来效应的三分之一左右。这说明 OLS 估计得出的教育投资回报率，有三分之二是由未能观察到的能力或家庭因素引起的。

④分教育水平的投资回报率

本报告的第二部分利用大规模城镇调查数据估计显示，在不同的教育水平上，投资回报率不相同。如果一个高中毕业生没有考入大学，那么其教育投资回报率是最低的。为了进一步判断这一论断的正确性，我们利用双胞胎数据估计不同教育水平的真实回报率。我们使用四个不同受教育水平虚拟变量来表示受教育水平，即高中、中专、大专和大学（以初中为基础组别）。如果个人的最后受教育水平是高中，那么高中教育虚拟变量为 1，其他情况下为 0。其他虚拟变量也是类似定义。双胞胎间在教育水平上的差异已经足以保证我们能够获得很好的双胞胎组内估计结果。

表 18 的回归结果表明高中的教育回报率远低于职业教育与大学教育。高中教育虚拟变量显著为正数（第 1 列），但远低于中专、大专和大学的回报率，并且这种差异显著异于零。因为高中和中专教育都是初中毕业后再接受

---

① 第 3、4 列报告的回归结果非常接近运用 NBS 样本的回归结果。

三年教育，因此两者具有可比性。两者的显著差异表明相比于普通高中，就读中专回报更高。

表 18　中国城镇双胞胎样本的高中教育、职业教育与大学教育投资回报率

（因变量：收入的对数）

样本模型	双胞胎 OLS（1）	双胞胎 FE（2）	双胞胎 IVFE（3）
高中教育	0.130**	0.022	0.054
	(0.053)	(0.078)	(0.086)
中专	0.229***	0.165*	0.219**
	(0.063)	(0.085)	(0.093)
大学专科	0.493***	0.190**	0.230**
	(0.051)	(0.084)	(0.090)
大学本科	0.706***	0.314***	0.400***
	(0.058)	(0.118)	(0.130)
年龄	0.045**		
	(0.019)		
年龄平方	-0.062***		
	(0.023)		
性别（男性）	0.192***		
	(0.037)		
婚姻状况	-0.069	-0.032	-0.029
	(0.050)	(0.053)	(0.053)
工作经验	0.008	0.015	0.016*
	(0.006)	(0.010)	(0.010)
双胞胎（对）		488	488
观察值	976	976	976
R^2	0.22	0.03	0.04

　　要估计高中教育回报率和职业高中、大专、大学教育回报率的差异，还需要进行固定效应估计和 IVFE 估计。IVFE 方法主要是为解决教育水平的汇报、测量误差，是所有方法中最为科学的。IVFE 估计发现高中教育回报率为

0（表18第3列）。中专的回报率是21.9%，大专教育回报率是23.0%，大学教育回报率是40.0%。大学教育回报率与美国和欧洲无异，即每多一年教育回报率为10%。另外，每个回归中（第2、3列），高中虚拟变量的系数显著异于职校和大学虚拟变量。高中教育的低回报率解释了中国整体上偏低的教育回报率。

表19　运用不同国家双胞胎样本数据估计的年教育投资回报率

文　　献	数据样本	OLS (A)	FE (B)	被忽略变量 偏差 (C＝A－B)
Taubman（1976a）	美国	0.079	0.027	0.052
Ashenfelter and Krueger（1994）	美国	0.084	0.092	－0.008
Behrman et al.（1994）	美国	—	0.035	
Miller et al.（1995）	澳大利亚	0.064	0.025	0.039
Behrman et al.（1996）	美国	—	0.075	
Ashenfelter and Rouse（1998）	美国	0.110	0.070	0.040
Behrman and Rosenzweig（1999）	美国	—	—	
Rouse（1999）	美国	0.105	0.075	0.030
Isacsson（1999）	瑞典	0.049	0.023	0.026
Bonjour et al.（2003）	英国（女性）	0.077	0.039	0.038
本文	中国	0.084	0.027	0.057

4. 讨论

（1）中国教育回报率的独特之处

如果将我们估计的结果与其他文献中运用来自不同国家的数据（主要是来自西方发达国家）估计的结果相比，可以发现许多不同之处。首先是我们运用两套高质量数据估计出来的毛教育投资回报率，即 OLS 估计出来的9.5%（2009年）和8.4%（2002年）与其他文献中估计出来的结果较近似，但是我们应用配对双胞胎方法估计出来的结果仅为2.7%，远低于表19中所列其他研究的估计值。而且我们样本中估计出来的能力偏差为5.7%，也远远高于其他研究中发现的能力偏差。这些结果表明在中国样本中估计出来的毛教育投资回报率中的很大一部分实际是源于能力偏差，这一点与从其他国家数据分析中得出的结论大相径庭。

（2）中国的教育系统

为了探知中国真实教育投资回报率如此之低而能力偏差如此之高，以及中国与众不同的原因，我们需要了解中国独特的教育制度。

中国教育体系具有高度的竞争性，学校特别强调应试的技巧，特别是在初中和高中。虽然中国的高中教育为 3 年制，但是通常情况下全部的课程在一到两年就已经完成，剩余的所有时间全部用来准备大学入学考试。高中学生每天都要完成很多家庭作业，并且一般情况下周末和节假日都要去学校，所有的课余时间都用来培训学生做考试题目。学校和老师们的奖惩很大程度上依赖于学生的高考成功率，因此老师也没有动力去教授学生其他知识。但是，这些应试技巧在通常情况下与学生在生活以及未来工作当中所需要的知识和技能完全无关[1]，所以这样的教育具有很低的投资回报率并不是很奇怪的事情。本报告第二部分的研究也发现中专的教育回报率远高于高中。这说明中专技校教授给学生一些实用的工作技能，然而高中仅教给学生一些不太实用的应试技巧，这无益于学生工作时生产率的提高。

5. 小结

了解教育回报率的变化以及真实教育投资回报率对中国的教育发展是极其重要的。因为中国正在经历从计划经济到市场经济的转型，在这一转型过程中，中国政府需要改革所有的经济部门，比如工业、银行、医疗系统以及教育。在给定有限资源的条件下，政府必须对其支出项目的优先次序做出计划。

我们可以得出以下一些探索性结论。

首先，利用 1988—2009 年中国城镇住户调查数据，我们发现受教育年限回报率已从 1988 年的 2.3% 猛增到 2000 年的 9.0%，并在之后的十年中稳步升至 2009 年的 9.5%。结果说明，整体上讲，中国的教育回报率已相当接近其他市场经济国家的教育回报率水平。与之形成鲜明对比的是，中国对教育

---

① Han, Min, and Xiuwen Yang. Educational Assessment in China: Lessons from history and future prospects [J]. Assessment in Education, 2001, 8 (1): 5–10.

的投资占 GDP 的比例却远低于其他国家。因此政府须进一步加大对教育的投入。

其次，通过估计各教育水平的回报率，我们发现大学学历的教育回报率最高，2009 年大学本科、专科毕业生的收入较高中毕业生分别要高 65.3% 和 38.1%，年均回报率在 13%—16%，略高于欧美发达国家高等教育 10% 的年均回报率，类似于亚洲市场经济中劳动力的教育回报率。中专的教育回报率也较高，达 35.2%；相比之下，高中的教育回报率最低，2009 年仅为 13.5%。我们利用双胞胎样本控制了能力和家庭背景因素后，发现高中的回报率为零。然而，中专、大专与本科教育具有与西方发达国家相近的投资回报率。这说明政府的有限教育资源应该投向回报率更高的职业教育、大学教育。

最后，通过对比普通方法和双胞胎方法的估计结果，我们发现普通方法估计出的教育回报率中有三分之二是由观察不到的能力、家庭背景等因素引起的。这表明，中国受过良好教育的个人获得成功的原因不仅源于学校教育，而且源于较高的能力或家庭背景的优势。尤其是基础教育已经成为一个挑选大学生的机制，而这种机制不利于弱势群体。如何能够设计出更加公平、合理的教育选择机制，是考验政策制定者智慧的难题。

三、城镇化与职业教育：需求与支撑

城镇化发展为职业教育的发展提供了难得的机遇，同时也向职业教育的发展提出了人才供给的需求。职业教育的发展也为城镇化的可持续发展提供了智力支撑。

过去 30 年，我国城镇化水平获得了快速的提高。1980 年，我国的城镇化率只有 19.39%，到 1990 年，也只有 26.41%，但到 2000 年达到了史无前例的 36.22%，到 2010 年则达到近 50%。2011 年，根据中国社科院的报告，我国城镇化率已经超过 50%。

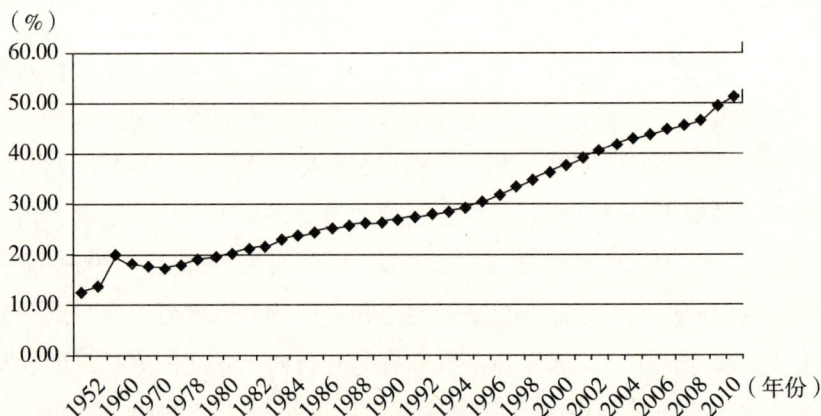

图 17　中国城镇化率（1952—2010）

资料来源：国家统计局历年数据，http：//www. stats. gov. cn/tjsj/ndsj/。

美国地理学家诺瑟姆（Northam，R. M.）将各个国家城市人口占总人口比重的变化绘制成曲线后发现，大部分国家的城镇化发展都经历了由慢到快，由快到慢，直到停滞不前的曲线发展过程：第一阶段为城镇化的初期阶段，城市人口增长缓慢，当城市人口超过 10% 以后，城镇化进程逐渐加快，超过 30% 时进入第二阶段，即城镇化加速发展阶段，这一趋势一直要持续到城镇化水平超过 70% 以后，才会趋缓，进入第三阶段，城镇化进程放慢或城镇化率略有下降。

我国目前的城镇化进程正处在加速发展的阶段，如果能保持这个速度，到本世纪中叶，我国城镇化将进入后期的成熟阶段。

当前我国所面临问题的核心是怎么样有质量地推进城镇化。未来我国的城镇化一定是在产业带动下的城镇化，是可持续的城镇化，这就向新的产业发展提出了非常重要的要求。产业化的发展又对产业工人、产业技术人员提出了强烈需求，需要一批具有高素质、高职业素养和职业技能的产业大军。因此，城镇化与产业转型升级对现代中等和高等职业教育发展发出了强烈的需求信号，要求职业教育在城镇化进程中发挥关键作用，主要体现在六个方面的要求，即：产业结构、就业结构的改变，农村劳动力的有序转移，解决城市就业问题，解决城镇化进程中的教育供需矛盾，补充城市技术人员缺口以及缩小收入差距和教育机会的差距。这些都依赖于职业教育的发展。①

国际经验表明，当人均 GDP 达到 3000 美元以上时，不仅是城镇化高速发展时期，也是职业教育旺盛发展时期。美国、日本、韩国都有这样的经验。美国南北战争后进入了职业教育的高速发展期，1862 年，美国颁布了"赠地法案"，发展高等教育，其中包括发展农业机械高等教育，就是每个州建一所大学，重点学习农业技术和农业机械。这对它的农业现代化和农村城镇化起到了非常大的推动作用。第二次世界大战后的日本也是一样，日本经济腾飞于 20 世纪 60 年代以后，日本的工业化发展，对乡村城镇化起到了极大的推动作用，今天的日本，早已看不出哪个地方是城市、哪个地方是乡村了。战后日本政府还特别重视农村职业技术教育，政府和私营企业同时参与，形成了分层次、有重点的农村职业技术教育体系。韩国 20 世纪 80 年代以来，其工业化的发展也促使城镇化发展对职业教育提出了巨大的需求。

城镇化发展既为构建现代职业教育体系提供了机遇，同时也提出了挑战。必须根据我们的经济增长、产业结构、就业结构很好地规划我们的职业教育体系，使职业教育体系的层次结构、专业结构与当地的产业结构和岗位需求结构相契合，促进区域职业教育与产业结构协调发展，并真正使产业、行业参与到职业教育体系中来，构建一个体现多方利益者需求的现代职业教育的治理方式，从传统的行政管理转向新的治理。

四、职业教育与城镇化发展：两个典型的案例

在我国一些地区，职业教育与城镇化的互动非常协调，同时也有一些地区的职业教育发展难以满足城镇化发展的需求。这里我们以佛山市顺德区②以及大连市为案例，来看一个地区的职业教育协调发展程度对一个城市经济和社会发展的影响。

---

① 杨海燕. 城市化进程中的职业教育发展研究［D］. 北京：北京师范大学，2006.
② 2002 年以前为广东省顺德市。2002 年 12 月 8 日，国务院批准调整佛山市行政区划，撤销顺德市，设立佛山市顺德区。

（一）职业教育促进产业化与城镇化的协调发展：顺德的案例

珠江三角洲是我国对外开放最早的地区，以进口替代和出口替代相结合的综合性工业化发展战略，在实现工业化、城镇化、信息化的过程中促进和带动了教育的快速发展，并在全面建设小康社会的新阶段提出率先基本实现包括教育在内的现代化的要求。

到本世纪初，珠三角地区经济社会发展迅速（见表20），成为全国现代化程度较高的地区。到2000年，珠三角以占广东全省30%、全国3.3%的人口（户籍人口23.07百万）创造了广东省GDP的76.4%、全国GDP的8.7%，全国出口总额的34.1%。[①] 在经济起飞和持续发展过程中，珠三角地区的经济社会结构发生了巨大变化，基本上从"桑基鱼塘"的农业起步，在20多年中完成了工业化，城镇化水平迅速提升。号称广东经济"四小虎"之一的顺德，2004年实现本地生产总值601.07亿元，人均GDP超过6800美元（按户籍人口108万计算），第一、第二、第三产业的比重分别为5:55:40，已进入工业化中后期阶段。[②]《顺德区国民经济和社会发展第十一个五年规划纲要》提出，到2010年，全区经济接近世界中等发达国家和地区水平，到2010年，生产总值超过1500亿元，年均增长13%，人均生产总值达到118718元（约合14657美元）。

实际到"十二五"规划前，2010年顺德区生产总值达到1935.6亿元，按户籍人口计算人均生产总值为158497元（约合23906美元），均比2005年实现了翻番。[③]

---

① 朱文晖. 走向竞合——珠三角与长三角经济发展比较 [M]. 北京：清华大学出版社，2003：86-87.

② 根据佛山市顺德区2004年国民经济和社会发展统计公报相关数据计算。

③ 根据佛山市顺德区2010年国民经济和社会发展统计公报相关数据计算。

表20　21世纪初珠三角部分地区主要经济发展指标

	国内生产总值（亿元）	财政总收入（亿元）	地方财政收入（亿元）	出口创汇（顺差）（亿美元）	在岗职工人平均工资收入（元）	年末城乡居民储蓄余额（亿元）
广东省（2004）	16039.46	3539.5	1416.87	259.83	21000	17631.07
佛山市（2003）	1381.39	——	——	39.82	17641	1783.99
顺德区（2004）	601.7	79.37	32.27	72	——	——
北滘镇（2004）	70	13.3	6.9	12.3	12183	72
深圳市（2003）	2860.51	——	290.84	85.25	30611	——
南山区（2003）	607.95	——	19.81	——	27240	——

资料来源：各地当年《国民经济和社会发展统计公报》。

社会经济的发展、产业结构升级和工业化战略的转变，要求转换劳动力的知识技能结构，增强教育的社会适应性。

改革开放以来，珠三角地区利用国家赋予的优惠政策，以其独特的地理区位引进外来资金和技术，以乡镇企业为基础，依靠"洗脚进厂"的转移农民和大量外地流入劳动力，创造了由地方政府主导的外向型快速工业化发展模式，并形成以制造业为龙头的名牌专业镇和以产业集群为特色的竞争优势。在20世纪80和90年代，珠三角主要承接来自香港和台湾转移过来的劳动密集型轻工业，如服装、家电、家具、电子信息等，在全国乃至全球形成了重要的制造业基地，在国际产业分工领域基本上处于技术要求不高、增值有限的加工组装和一般零部件制造等产业的低端环节上。21世纪，珠三角要成为区域乃至世界产业链条中的重要一环，竞争优势不仅体现在低技术、低附加值的产业低端环节，还要体现在高技术、高附加值的产业高端环节。这种战略性的结构调整，使珠三角的劳动密集型制造业面临着三个层次的产业升级：一是产业间的升级，即由轻型制造业适度转向以汽车、钢铁、装备机械等为代表的重型制造业；二是产业内升级，由中低技术劳动密集型制造业转向高技术劳动密集型制造业；三是产业链升级，低附加值的零部件和组装区段的外移。此外，在物流、金融、信息、中介服务、广告策划等第三产业领域，珠三角地区也有很大的成长空间（见专栏3）。

　　产业分工和结构的升级，以强大的人才队伍和劳动力知识技能结构的转换为先决条件。在岗、转岗、新增劳动力都需要接受技术培训，其中相当一部分要接受中等和高等教育层次的职业教育与培训。边干边学是形成内生技术进步的重要形式，因此需要发展成人教育和构建终身教育体系。同时要求各类教育的专业设置、发展方向、培养方式和教育手段都要适应不断变化的生产经营环境，为培育区域经济新的增长点做出贡献。

　　2008年全球性的金融危机，导致广东大量企业倒闭，对广东的企业转型升级进一步发起了挑战，因此，广东提出了"腾笼换鸟"的迫切需求。

专栏3　顺德的工业化进程与发展战略转型

　　20世纪80年代，顺德以乡镇企业为骨干，启动工业化进程，通过引进技术和设备，进入家电行业。90年代初，以企业产权改革为突破口的制度创新推动了80年代起步的工业化进程。到90年代后期，顺德已成为中国著名的家用电器生产基地，其生产的热水器、电冰箱、空调机、微波炉等产品在全国占据重要地位，而且作为成熟的产品，开始积极进入国际市场并成为出口的支柱。与此同时，来自香港和台湾的投资与产业大量涌进，通信电子、光机电一体化、化工等新兴行业和高新技术产业开始发展起来，呈现出内向带动和外向带动相互促进的发展模式。随着新一轮全国重化工业的推进和国际产业转移，顺德为争取成为整个珠三角区域乃至世界产业链条的重要一环，正把高档家电、光机电一体化、通信电子、汽车机械制造和化工等作为产业发展的方向。目前全球五大汽车零配件生产商已有四家在顺德落户，家庭汽车拥有率是20户有6部，

成为珠三角家庭小汽车最为普及的地区。

珠三角经济在转型过程中，面临着人才、科研和教育基础薄弱，区域创新能力不足，人才奇缺，对外凝聚力有所下降的问题。在顺德，技术人才缺乏和劳工素质低下，已经成为制约产业结构升级的瓶颈。到2000年，顺德人口的平均受教育年限仅为8.35年，还有5.2万文盲，按照177万人口（包括69万暂住人口）统计，大专以上文化程度的人口有5.48万人，约占总人口的3%。外来工大多是离开土地的农民，受教育程度普遍较低。在企业中，根据2002年的统计，每1000人中只有1名高级工程师，每100人中有1.8个技术工人。面对国外的技术和贸易壁垒，更何况顺德的一些企业正在接近家电产品的核心技术，增强企业的自主创新能力迫在眉睫。美的、格兰仕等大公司都建立了强大的技术开发机构。顺德确定的"十五"期间工业结构调整计划——"提升和优化现实支柱产业群（包括家电、轻纺行业），发展后备支柱产业群（光机电一体化等）和具备潜在优势的产业群（化工、医药等），转移低值高耗行业"也因人才和劳动力知识结构的制约而困难重重。

资料来源：课题组在顺德高职学院的座谈。

产业是城镇化的基础，在20多年的发展中，珠三角从初期发展乡镇企业，走以"离土不离乡"为特点的城镇化道路，逐步向大城镇化为核心，特别是以制造业为主的外向型经济转型。通过企业聚集与专业化分工，基本上形成了以工业化为主的城乡一体化和城镇高度密集的城市群。因此，顺德区"十二五"规划指出了"产城联动战略"，认为"产业是城市的基础，城市是产业的平台"，强化自主创新和产业软实力建设，加快经济发展方式从依赖土地、劳动力和资金，转向主要依靠科技、知识、人才和管理，促进土地、环境和人口结构的升级，以产业高端化提升城市发展水平。以规划引领城市发展，用全区"一盘棋"的思维谋划城市建设，推动镇街群向都市区发展转变，增强城市对产业提升、文化营造、人才吸引、生活服务的承载力。构建接轨世界、服务全省、辐射周边区域的开放型合作格局，以高水平城镇化支撑产业转型升级。①

表 21　珠三角经济发展与城镇化水平

年　份	珠三角GDP（亿元）	人均GDP（万元）	折合美元	城镇化水平（%）
2008	29746	6.3	9020	80.0
2009	31500	6.5	9381	80.1
2012	40000	8.0	11500	81.0

资料来源：根据珠三角各地区历年《国民经济和社会发展统计公报》计算得到。

2000年珠三角的城镇化水平已达到72.1%，远高于全省55%的水平，到2009年已经达到80%以上。随着大佛山市的组建，顺德要建成佛山市百万人口中心城区。新的广佛都市圈的设计和形成，粤港澳经济的一体化，港珠澳大桥、城市间轨道交通和高速公路的建设，使珠三角大城市基本联成一体，成为推动广东乃至整个华南地区现代化进程和参与经济全球化竞争的基础。

根据国家发改委制定的《珠江三角洲地区改革发展规划纲要》，珠江三角洲的产业定位为：优先发展服务业、加速发展先进制造业、大力发展高技术产业、改造传统产业、发展现代农业，形成以现代服务业与先进制造业为主的产业结构。

基于这样的产业和城市定位，广东提出了要大力发展职业教育，农村中等职业教育免费，推动校企合作，把珠江三角洲建设成集约化职业教育培训基地，建成中国南方重要的职业教育基地，使珠江三角洲成为全国农村劳动者转移就业、职业技能培训的示范区。

顺德正是地处珠江三角洲核心地带的区域。在由传统的农业县发展成新兴城市的30年来，中等职业教育持续发展，成为顺德教育的品牌。目前顺德已基本形成以高等职业教育为龙头，中等职业教育为主体，成人文化技术教育与岗位培训为延伸，培养与培训、学历教育与非学历教育相结合，相互衔

---

① 顺德区"十二五"规划编制工作领导小组办公室. 关于印发顺德区国民经济和社会发展第十二个五年规划纲要的通知 [EB/OL]. [2013-04-26]. http://sg.shunde.gov.cn/data/main.php?id=56551-7200156.

接，涵盖人的一生，覆盖全区的多层次、多元化的职业教育体系。目前全区
13 所职业技术学校中，有国家级重点职校 8 所、省级重点职校 5 所。全区职
业学校在校生与普通高中在校生比例为 4.5∶5.5，职校毕业生就业率
99.36%，双证率 99.47%。① 顺德职业教育的办学模式、办学水平、规模和
效益在全省乃至于全国都有一定的影响，实现了职业教育与经济社会的互动
发展。为适应企业人才需求层次的高移，同时满足学生升入大学的愿望，近
些年中职升高职途径得到拓宽。2004 年中职毕业生有 60% 就业，40% 就读高
职。② 中等职业教育发展不仅为顺德的工业化提供了大量的初、中级技术人才
和熟练劳动力，而且作为高中阶段教育的重要组成部分，大大加快了顺德高
中阶段教育的普及化进程。

表 22　顺德区部分专业镇集群经济与职业学校骨干专业简况

地　点	专业镇集群经济与特色产业	职业学校	主要（骨干）专业
大良镇	光机电一体化、包装装潢、印刷业	顺德中专、技工学校	电气运行与控制、计算机及应用、汽车维修等
		梁銶琚中学	数控技术应用、模具设计与制造、机电应用技术、工艺美术等
		大良李伟强职业技术学校	电子商务、化学工艺、旅游服务与管理、汽车运用与维修等
容桂镇	家用电器、电子信息、医药保健、化工涂料	容桂胡锦超职业技术学校	机电、电子、计算机、财经等
		容桂职业技术学校	电子与信息技术
伦教镇	电子、木工机械	培教职业技术学校	电子与信息技术

①②　顺德区教育局. 顺德区教育概况［J/OL］. ［2013 - 04 - 26］. http：//jyj. shunde. gov. cn/
page. php? singleid = 17.

表 22（续）

地 点	专业镇集群经济与特色产业	职业学校	主要（骨干）专业
陈村镇	机械制造、装饰建材	陈村职业技术学校	机电技术应用、电子技术应用、花卉园艺、工艺美术等
北滘镇	家用电器、饲料、包装产业（现代制造业名镇）	北滘职业技术学校	机电技术应用、计算机及应用为重点建设专业
乐从镇	家具、钢材深加工、塑料（商贸立镇）	乐从陈登职业技术学校	以财经为龙头专业
龙江镇	家具、机械制造	龙江职业技术学校	家具设计与制作
均安镇	纺织服装、塑料模具	均安职业技术学校	服装设计与工艺

资料来源：顺德区教育局《顺德市教育志》（1997—2002）。

1. 面向市场，以就业为导向，按专业镇规划学校布局和专业设置

在具有集群经济特点的顺德区，每个专业镇都有自己突出的产业亮点或特色，职业学校与当地的产业特色结合起来，并在此基础上确定骨干专业，各学校的骨干专业分工有重点，有的以汽车维修为重点，有的以财经为重点，有的以服装设计工艺为主，有的以家具设计与制造为主，有的以花卉为主，形成全区骨干专业网络，资源共享（见表 22）。

为了满足企业转型升级对高技能人才的需求，顺德不仅按照各个镇的产业重点建立了配套的职业中等专业学校，1999 年，顺德市政府还创办了顺德职业技术学院，学校的专业完全是根据当地的市场需求来设置，现设有机电工程、电子工程、计算机技术、医学、人文教育、艺术设计、外语、酒店及旅游管理等 8 个系、1 个二级学院（经济管理学院）、36 个招生专业，全日制在校学生 9607 人，近三年学生平均就业率为 98% 以上。学校积极开展校企合作、工学结合，与珠三角行业企业深度合作，共同制定人才培养方案，联合开展多种形式的人才培养，形成学校与企业、专业与职业、学生与岗位对接的人才培养机制，积极探索以真实工作任务为载体的人才培养模式改革。

2. 实行校企结合，办学模式开放化、社区化、终身化

顺德职业学校秉承"面向社会、服务经济"的办学宗旨，以"一专多能、'零距离'上岗"为培养目标，走出一条学历教育与职业技能培训相结合，校企合作、校校合作、学校与社区合作相结合的职业教育发展之路。

专栏4　顺德职业学校实行开放、多样、灵活的办学形式

顺德中专技工学校在校企结合方面，除创设校办实习工厂外，每个专业都有一两个企业作为培训企业或者订单培养企业；主动积极开展社会培训，与顺德区劳动和社会保障局、安全生产监督管理局、交通局等有关部门联合举办短期培训项目，发放从业资格或职业资格证书；校校结合，与中山大学、华南理工大学、广东工业大学等校联合举办成人学历教育，包括本科、专科等层次；为实训条件不够、就业条件不好的山区学生服务，山区学生前2年在当地上课，实习和就业在顺德。

北滘镇职业技术学校在与企业合作中，实行实习和就业相结合的方式，学生要在企业实习一个学期，每年都派教师到企业跟班劳动，了解企业的需求。学校还为没有培训机构的中小企业定制和组织专门性培训。在人才培养方面，学校要求学生基础扎实、技能熟练、一专多能，做到就业有优势、升学有希望，学校在高中的最后一个学期分流，进行职业选择。部分学生强化文化补习升入高职，其他学生进行实训随后就业，在没有毕业之前引导他们继续上进，毕业以后还可以回到学校参加补习准备成人高考，仅收取社会人员费用的1/3。此外，北滘镇成人文化技术学校也附设职业学校，举办各类成人教育，一部分是学历教育，主要是作为佛山、广州等地院校的教学点，涵盖大专、本科、硕士研究生三个层次，目前有900多人的规模；另一部分是非学历教育，学校主动去企业、农村进行动员培训，满足市民和农民不同层次的终身学习需求。

资料来源：调研组在顺德教育局座谈摘要。

3. 政府主导，部门合作，统筹职业教育资源和质量标准

政府发挥主导作用，统筹协调有关部门，为职业教育发展提供服务和营造良好环境。1997年顺德市政府成立包括各经济部门及劳动、教育、计划、财政等部门负责人在内的职业教育协调领导小组，全面实施持证上岗制度和劳动准入制度,统一利用培训资源,统一定点培训,统一考核,统一发证。政府投资 8000 万元建设梁銶琚职业培训中心和区中专技工学校职业培训中心,作为机械类和电子类两大实训基地,每年全区的职业教育毕业生封闭式集中在这些中心免费实训一个月,通过后发放职业资格证书,从而检验和控制毕业生的质量。

职业教育与区域经济、城镇化的互动发展,除了产业和就业市场的驱动外,还要有多元化的投入体制作保证。我们在调研中了解到,顺德职业教育与培训的个人回报率在不断提高,高级技工和技师的年收入在 10—30 万元,中职生一毕业就能拿到 4000 元左右。现在很多家长愿意要孩子上职业学校,掌握就业所需的一技之长,况且从职业学校毕业后也可以上大学。因此,随着社会对职业教育培训的需求日益增长,受教育者经济支付能力提高,企业对职业学校培训依赖性增强,拓宽职业学校的服务范围及生源面的空间还非常大。但政府的财政能力特别是责任范围必然是有限的,尤其是职业教育问题上不可能实现按需分配。因此发展教育培训产业,使顺德职业培训体系向产业化方向发展,将可以更快地推动顺德职业教育的发展。尤其是在教育体制改革与创新的过程中,民办教育应该成为职业教育发展新的增长点。

(二) 职业教育难以服务全域城镇化:大连市的案例

1. 大连市的产业发展定位与目标:"四个中心"、"四个基地"与全域城镇化

大连是一个具有区位优势、口岸优势、临港产业优势、城市功能优势和全方位开放的国际性城市。中共中央、国务院《关于实施东北地区等老工业基地振兴战略的若干意见》(中发〔2003〕11 号)提出,"充分利用东北地区现有港口条件和优势,把大连建成东北亚重要的国际航运中心"。《辽宁沿海经济带发展规划》(2009)提出,"到 2020 年,建成大连东北亚国际航运中心和国际物流中心,建成国际竞争力强的沿海临港产业聚集带,建成全国经济发达、社会进步、环境美好、开放度高的现代化区域。……进一步提升大连核心地位,强化大连—营口—盘锦主轴,壮大渤海翼和黄海翼,强化核心、主轴、两翼之间的有机联系,形成'一核、一轴、两翼'的总体布局框架。"辽宁沿海经济发展带上升为国家战略后,2009 年 8 月,大连市委十届

七次全会进一步明确大连发展目标：紧紧围绕建设东北亚国际航运中心、东北亚国际物流中心、区域性金融中心，具有国际竞争力的现代产业集聚区，对外开放重要门户的发展定位，以世界眼光和战略思维，高标准确定大连发展的参照系，借鉴国内先进城市的成功经验，参照上海在长三角、深圳在珠三角的功能和作用，引领辽宁沿海经济带开发开放，促进以大连为核心的辽宁沿海经济带成为我国新的重要增长极，推动东北地区更好地参与东北亚经济合作。这是对大连作为重要港口枢纽城市，在振兴东北和参与东北亚经济圈竞争所处地位和所应发挥作用的科学定位，着力建设东北亚国际航运中心、东北亚国际物流中心、区域性金融中心，成为大连提升核心地位和龙头作用的发展目标。

大连市提出，牢牢抓住新一轮国际产业转移的先机，依托现有基础，立足自主创新，进一步加快产业结构优化升级，构筑具有国际竞争力的现代产业聚集区。2008 年，大连全市 GDP 总值为 3858.2 亿元，按常住人口计算人均 63198 元，按年平均汇率折算 9099 美元①。产业结构与就业结构是工业化与城镇化的具体表现形式，2008 年三次产业产值为 7.5%∶51.7%∶40.8%，若不考虑乡村从业人员 142.14 万人，城镇单位从业人员比例为 0.96%∶50.09%∶48.95%②。2008 年末，全市常住人口为 613 万人，户籍人口为 583.37 万人，其中城镇人口（非农业人口）比重达到 59.6%③。其城镇化率高出全国平均水平十多个百分点。综合这些指标，大连市正处于工业化后期，正在向后工业化社会过渡。大连作为东北重要的老工业基地，在几十年的制造业发展中形成了庞大而坚实的基础，未来推进结构调整、产业升级的方向和重点是在维持先进制造业基础的同时，实现向现代服务业扩张。

在后工业时代，城市成功与否，取决于其吸引和培育新兴产业的能力。"十五"计划以来，大连市明确了"产业强市，工业先行"的发展思路，"十一五"期间，又推进"四个基地"建设（环渤海地区具有国际竞争力的炼化一体的重要石化基地、国家先进装备制造业的重要基地、全国主要的造船基

---

①③　大连市统计局，国家统计局大连调查队 . 2008 年大连市国民经济和社会发展统计公报［EB/OL］．［2013－04－26］. http：//www. dlzs. gov. cn/gov/Detail. asp？ ID =39669.

②　根据大连市统计局、国家统计局大连调查队编写的《大连统计年鉴（2009）》提供的数据测算。

地、国家级软件产业基地）和六个优势产业发展。① 面向未来，大连市提出要把大连产业发展放在全球产业体系中进行布局和谋划，促进现代产业加速聚集，形成一批具有核心竞争力的产业集群，构筑以绿色产业为方向、以高新技术为引领、以集群发展为特征、以现代服务业和先进制造业为支柱，具有国际竞争力的现代产业聚集区，发挥大连现代产业的示范、辐射和带动作用，推动辽宁沿海经济带乃至东北地区的产业结构升级。

2. 城市与产业发展面临人才规模与素质的制约

城市是教育资源最为集中的地理空间接点，从总体上看，大连市人口的文化程度相对较高，居民人均受教育年限、大专院校数、教职员工数、在校学生数在计划单列城市中处于较高水平。

但从大连人才供需上看，大连人才总量不足，尤其是高素质、高层次领军人才和技能人才总量不足。人才分布结构不合理，素质、专业结构与实际需要错位，成为大连市科技创新和产业发展的瓶颈。

改革开放以来，大连 GDP 绝大多数年份以两位数的速度高速增长，城市综合竞争力明显增强，但这期间主要是以加大城市基础设施投资力度、招商引资谋发展，凭借土地级差优势扩展空间、搞建设来维持的。根据有关分析，大连市的经济增长 60% 以上是靠投资拉动的②，考虑到大连匮乏的资源和短缺的资本，由高资本投入增长来驱动高增长的路径，显然是一种不可持续的增长模式，更何况这种以物力资本优先积累发展经济的模式不符合科学发展观以人为本的新理念，不符合走新型工业化道路的根本要求。随着大连人口老龄化加剧以及技能型劳动力对经济的贡献度的上升趋势，加速从资本驱动向知识、教育和创新驱动转型，从以积累为基础的增长模式转向更为依赖技术改变和人力资本培育的增长模式，成为大连经济走向可持续发展的必由之路。

从教育供给看，大连市各级各类教育已经普及，基本度过了数量满足阶段之后，面临着向结构调整和质量提高为主要内容的有效供给转变的阶段，

---

① 辽宁省发改委. 大连市国民经济和社会发展第十一个五年规划纲要［EB/OL］.［2013 – 04 –
26］. http://www.ln.gov.cn/zfxx/fzgh/qygh/200709/t20070914_ 130374. html.
② 赵立成. 大连市人口、产业、城镇格局调整的依据与对策研究［R］//大连市发展和改革委员会编. 大连市"十一五"规划重大问题研究，2005：226.

即教育供给要适应经济社会发展对人才类型、专业结构的需求，适应人们对多种自主选择的需求，同时满足居民对教育质量的需求。2009 年在连高校毕业生中，本专科生、研究生毕业总人数分别为 53478 人和 8087 人，在连就业人数分别为 21685 人和 2442 人。专科及高职学生、本科学生以及研究生在连就业人数及比例有所不同，将近 40% 的本科生在毕业之后会选择在大连就业，专科及高职学生的这一比例高达 53%，研究生该比例仅为 31%。在高校专业设置与行业企业需求的对接方面，专科和高职层面在校生最多的专业为软件技术、数控技术、旅游管理和计算机网络技术等专业，尤其是软件技术专业的人数（1684 人）远高于其他各专业（不足 700 人），专科、高职毕业生在大连就业的比例均较高，其中机械设计与制造、会计、学前教育、广告设计与制作、国际贸易实务等专业，在连就业的学生比例超过 90%，而与大连的软件外包产业相关的软件技术、计算机应用与维护等专业在连就业的学生比例则相对较低（见表 23）。从针对企业的调研结果来看，很多软件外包企业的录用标准都是本科学历，对专科和高职学历的人才需求较少。此外，大连发展所需要的新材料、生物技术、现代医药等高新技术产业人才以及金融、法律、贸易、物流、管理等现代服务业人才，驻连高校培养和储备明显不足，相应地对于调整教育供给结构都是一种挑战。

表 23　驻连高校招生数最多的专科和本科专业及在连就业学生比例

专科专业	毕业生数（人）	在连就业人数（人）	在连就业学生比例（%）	本科专业	毕业生数（人）	在连就业人数（人）	在连就业学生比例（%）
软件技术	1684	446	26.48	计算机科学与技术	1950	943	48.36
数控技术	648	361	55.71	艺术设计	1614	601	37.24
旅游管理	558	395	70.79	日语	1540	769	49.94

表 23（续）

专科专业	毕业生数（人）	在连就业人数（人）	在连就业学生比例（%）	本科专业	毕业生数（人）	在连就业人数（人）	在连就业学生比例（%）
计算机网络技术	497	268	53.92	会计学	1463	518	35.41
商务英语	427	316	74.00	英语	1454	740	50.89
电子商务	426	208	48.83	软件工程	1304	630	48.31
商务日语	419	342	81.62	信息管理与信息系统	915	436	47.65
治安管理	413	47	11.38	国际经济与贸易	895	324	36.20

资料来源：本课题组《大连高等教育发展规划研究》。

3. 大连职业教育难以满足全域城镇化的需要

大连的职业教育可以分为中等职业教育和高等职业教育两个部分，目前大连以中等职业教育为主，高等职业教育发展相对缓慢，仅有大连职业技术学院一所学校，其他如教育学院主要承担师资的培训，同时，大连广播电视大学承担部分职业教育功能，但在校生只有 1000 多人。民办高校共 9 所，比较典型的是东软软件学院。大连市目前共有中等职业学校 108 所。

表 24　大连市市属中等职业学校基本情况表（2009 年 6 月）

单位：人

	学校数（所）	毕业生数	招生数	在校生数	合计	教职工数 专任教师
合计	108	31633	36164	99669	6188	4005
中专	64	19733	21176	60022	4425	2815
技工学校	44	11900	14988	39647	1763	1190
其中：民办学校	33	6305	8408	22684	1493	838

注：师生比 1：16（国家规定 1：11—14）。专任教师师生比 1：25（国家规定 1：16—19）。

资料来源：《大连市教育事业统计年鉴·2008—2009 学年度》。

从表 24 可以看出：所有学校共招生 36164 人，分布在中专、技校和民办中职学校。其中，民办中职招生 8408 人，占总招生人数的 18.86%，中专招生 21176 人，占 47.5%，技校招生 14988 人，占 33.64%。

表 25　2005—2009 年大连 57 所中职技校招生规模统计

单位：人

年　份	2005	2006	2007	2008	2009
招生规模	13051	16019	16513	15973	13223

资料来源：历年《大连市统计年鉴》。

从我们调查的 57 所中职、技校 2005—2009 年招生情况来看，我们可以对大连中职学校近几年生源规模做出以下判断：（1）中职生源规模不稳定。2006、2007、2008 年比 2005 年招生规模扩大 23%，2009 年又退回到 2005 年水平。这可能与国家政策有关，2006—2008 年，国家出台了一系列中职优惠政策，在一定程度上刺激了中职招生。但在这些政策临时效应过去之后，中职招生规模与以前相比并无太大变化。（2）中职招生分散。大连中职层次学生分布在中专、技校和民办学校，每类学校学生比例都没有绝对优势。就我们所调查的 57 所学校来看，平均每所学校每年招生都在 200—400 人，本报告以大连本地生源、辽宁省内连外生源、省外生源、城镇生源与农村生源 5 个指标来分析大连中职学校生源结构情况。

表 26　2005—2009 年 57 所中职生源地统计

单位：人

生源来源地	2005	2006	2007	2008	2009
大连本地	7468	8386	7151	7466	7136
辽宁省内连外	2549	4001	4155	3695	3152
省外	2854	3632	5207	4812	2935
总计	13051	16019	16513	15973	13223

从这 5 年生源的总体情况来看，可以得出以下结论：大连中职学校生源主要来自大连本地。5 年中，有 3 年大连本地学生超过 50%。但是，外地生源（包括省内连外、外省）也占了很大比例，其中 2007 年和 2008 年外地生源超过了大连本地生源。

　　生源的家庭背景也是考察生源的重要指标之一。本研究调查了57所大连中职、技校学生户籍情况，结果发现2005—2009年间，大连中职、技校学生中来自农村家庭的比例高于城镇家庭。这说明，大连中职、技校学生主要以农村生源为主。

　　按照大连市的规划，到2020年前后全市人口将达到800万—1000万规模，大连未来中职招生应维持在年均4万人左右。但是，大连中职招生规模从未达到过4万人，最多的2008年，也仅为37019人。并且，大连初中毕业生人数锐减，整个辽宁省以及黑龙江、内蒙古、吉林（这4个省/自治区是大连中职学校的主要生源地）等省份的初中毕业生也呈递减趋势。未来几年，可以预见的是大连中职生源会大幅减少。按照大连产业结构与城市工业特点，大连需要大批中职培养的技能型人才。因此，未来大连产业发展需要与中职生源短缺将会是一个突出的矛盾。

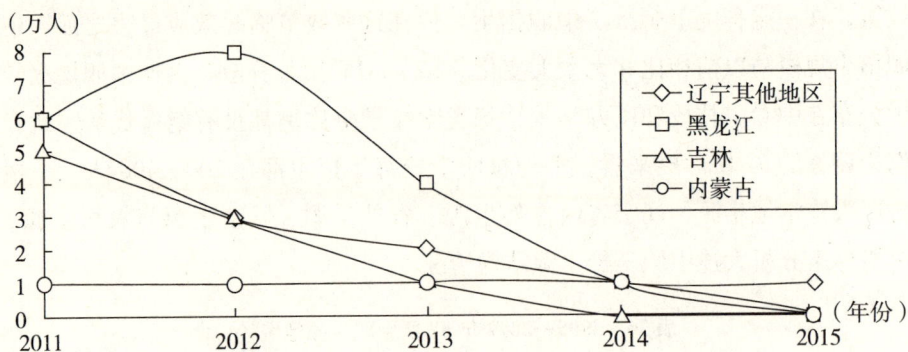

图18　2011—2015年东北地区可供给生源变化情况

　　依据大连市委组织部2008年所做的《大连市人才发展战略研究》分析，到2015年大连市技能型人才需求将达到56.2万人，到2020年将达到90.5万人。大连市所需的技能人才多为中职、高职培养的基层技能人才。

　　中职生在大连有较好的就业市场。2005—2009年，大连所有中职、技校就业率达98%。尽管如此，中职学校依旧缺乏吸引力，一方面有社会认同原因，另一方面也有中职办学本身的问题。大连中职学校所提供的基本是终结性教育。学生一旦选择中职学校，以后就只有毕业就业这条路，要进入高一级学校的可能性非常小，这让中职学生和中职教育看不到更光明的前途与未来，也使一部分有潜力而家庭经济状况不佳的学生丧失了进一步深造的机会。这是中职学校难以吸引优质生源的一个重要原因。

高等职业教育发展缓慢，一定程度上也制约了高等教育和城市以及产业之间的良性互动。与其他同等发达程度的城市相比，大连高等职业教育发展较为缓慢，这就在一定程度上影响了城市劳动力整体素质的提高、科技成果的转化以及科技进步对经济增长的贡献，特别是导致生产第一线技术应用型人才的缺乏。这种技术和人才上的不足，会使大连在国内以及国际竞争中处于不利地位。

因此，鉴于大连今后产业发展需要，如何加快发展高等职业教育是摆在大连面前一个重大课题。目前政府举办的高等职业学校仅有大连职业技术学院一所，主要为大连市经济社会发展培养高技能实用型人才。学院现有全日制学生 10662 人，设有机械工程技术系、电气与电子工程技术系、汽车工程技术系等 10 个系和 3 个教学部，开设涵盖制造、电子信息、财经、旅游等 11 个专业大类的 56 个专业（方向）。拥有以数控技术、应用电子技术、汽车检测与维修技术、物流管理、老年服务与管理专业为龙头的国家级示范专业群 5 个，以涉外旅游、商务日语专业为龙头的地方性重点示范专业群 2 个。但这还远远不能满足大连对高技能人才的需求。

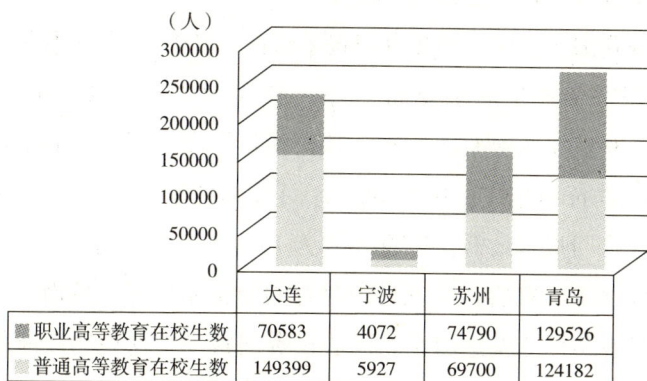

	大连	宁波	苏州	青岛
▨ 职业高等教育在校生数	70583	4072	74790	129526
▨ 普通高等教育在校生数	149399	5927	69700	124182

图 19　2007 年四城市普通高等教育在校生数和职业高等教育在校生数比例

资料来源：《大连统计年鉴 2008》、《宁波统计年鉴 2008》、《苏州统计年鉴 2008》、《青岛统计年鉴 2008》。

2007 年，大连和宁波、苏州、青岛相比，其职业高等教育和普通高等教育在校生比例分别为 1:2.12、1:1.46、1:0.93、1:0.96。在四所城市中，大连普通高等教育和职业高等教育在校生比例最高，主要原因是大连市职业高等教育规模较小，不能很好地满足当地产业所需的技术性人才，无法自给自足，而苏州、青岛等第二、第三产业相对发达的城市，职业高等教育在校生数已超过普通高等教育在校生数，职业高等教育发展迅速，为当地产业的发展培养了大量技术性人才。

总体来说，大连的职业教育难以满足大连市全域城镇化的发展以及产业布局和定位的调整。因此，大连市未来职业教育改革的方向就是加大高等职业教育的发展和专业结构的调整力度，强化中等职业教育的专业整合以及体制机制调整，以适应大连产业结构调整和重点产业建设的需要。

五、结论与建议

通过本研究，我们不仅全面分析了我国职业教育面临的国家产业转型、结构调整、城镇化建设等的需求，也从理论上论述了教育特别是职业教育对于我国未来从依靠人口红利转向依靠人力资本红利的可能性，并对我国城镇的教育回报率进行了较为严谨的分析。

研究发现我国大学学历的教育回报率最高，2009 年大学本科、专科毕业生的收入较高中毕业生分别要高 65.3% 和 38.1%，年均回报率在 13%—16%，略高于欧美发达国家高等教育 10% 的年均回报率，类似于亚洲市场经济中劳动力的教育回报率。中专的教育回报率也较高，达 35.2%。相比之下，高中的教育回报率最低，2009 年仅为 13.5%。我们利用双胞胎样本去除了能力和家庭背景因素后，发现高中教育的回报率为零。然而，中专、大专与本科教育具有与西方发达国家相近的投资回报率。这说明政府的有限教育资源应该投向回报更高的职业教育、大学教育。因此，建议政府大力发展中等和高等职业教育。

在报告的第三部分我们具体分析了我国城镇化对职业教育的需求以及职业教育对城镇化发展的支撑关系。发现产业发展与布局政策以及教育发展政策对城镇化的影响也尤为突出，特别是职业教育作为产业支撑的核心人力资本要素，对城镇化的可持续发展起着不可替代的作用。因此，我们建议在各地城镇化过程中，应该注意把产业培育和发展放在核心位置，而产业化的发展需要职业教育先行，只有职业教育才能培养产业需要的高素质技能型人才。

研究认为当人均 GDP 达到 3000 美元以上时，不仅是城镇化高速发展时期，也是职业教育旺盛发展时期。职业教育能帮助低收入、中低收入者改善新技能、适应新工作、提高收入。未来 5—10 年，我国将有 2 亿—3 亿农民工和农村人口要转化为城市人，他们需要在职业技能、生活理念、消费方式等方面融入城市，职业教育可以并必须帮助他们完成这一重大转变，促进大部分农民工城镇化。为此，我们建议，政府始终要把职业教育与人的发展、社会发展、产业发展紧密联系起来，树立发展职业教育也是解决民生问题的重要举措的观念，并以此来指导我们的职业教育发展。

本报告以佛山市顺德区和大连市为案例，分析了一个地区职业教育如何与其产业化和城镇化互动。研究表明，顺德市的职业教育促进了当地的社会经济发展，为产业的转型升级提供了高素质的技能型人才，树立了良好的职业教育品牌。而大连中职生源短缺，高等职业技术教育专业重复性较高，落后于当地产业发展的需求。为此，我们建议，地方政府在发展职业教育时，应该从当地的实际出发，把为产业发展服务、为产业提供高素质的人力资本作为规划和发展职业教育的重要依据。职业教育体系需要政府部门的精心扶持和规划，需要政府动用相关的政策工具调动企业和民间的积极性，参与到职业教育和人才培养中来。

参考文献

谈松华，王健．珠江三角洲新一轮教育现代化发展调研报告［J］．2006（13）：3－6.

国务院办公厅．关于促进东北老工业基地进一步扩大对外开放的实施意见［EB/OL］．［2005－07－13］．http：//www.chinaneast.gov.cn.

屠启宇，金芳等．金字塔尖的城市——国际大都市发展报告［M］．上海：世纪出版集团·上海人民出版社，2007.

张伟江等．教育服务产业研究：扩展与运营［M］．北京：教育科学出版社，2005.

世界银行．中国：深化事业单位改革，改善公共服务提供［J］．经济研究，2005（8）：4－17.

倪鹏飞主编. 中国城市教育竞争力比较——探寻宁波方位 [M]. 北京: 社会科学文献出版社, 2009.

大连市委组织部. 构建东北亚重要的人才高地 推进人才强市战略 [EB/OL]. [2010 – 12 – 24]. http://szb. dlxww. com/dlrb/html/2010 – 12/ 24/ content_ 436348. htm.

大连市委. 大连市结合实际制定建设社会主义新农村实施纲要 [EB/OL]. [2006 – 06 – 14]. http://www. gov. cn/gzdt/2006 – 06/14 /content_ 309775_ 3. htm.

大连市建设学习型城市领导小组办公室. 大连市建设学习型城市五年规划 (2006 年 – 2010 年) [EB/OL]. [2006 – 12 – 28]. http://www. dlteacher. com/crjy/html/2006 – 12/20061228143110. htm.

朱文晖. 走向竞合——珠三角与长三角经济发展比较 [M]. 北京: 清华大学出版社, 2003.

杨海燕. 城市化进程中的职业教育发展研究 [D]. 北京师范大学博士论文, 2006.

顺德区教育局. 2011 年顺德区教育工作总结 [R/OL]. http://jyj. shunde. gov. cn/data/main. php? id = 69331 – 1020020.

党中央, 国务院. 国家中长期人才发展规划纲要 (2010—2020 年) [EB/OL]. http://www. china. com. cn/policy/txt/2010 – 06/07/content_ 20197790. htm.

中国教育与人力资源报告课题组. 从人口大国迈向人力资源强国——中国教育与人力资源报告 [M]. 北京: 高等教育出版社, 2003.

国家统计局城市社会经济调查司编. 2007 年中国城市统计年鉴 [M]. 北京: 中国统计出版社, 2008.

郄海霞. 美国研究型大学与城市互动机制研究 [M]. 北京: 中国社会科学出版社, 2009.

刘铁, 邬大光. 高等教育发展与城市化进程的互动——以珠江三角洲为例 [J]. 江苏高教, 2002 (5): 28 – 30.

国家统计局. 中国统计年鉴 2004 [M/OL]. http://www. stats. gov. cn/tjsj/ndsj/.

国家统计局, 科学技术部. 中国科技统计年鉴 2009 [M]. 北京: 中国统计出版社, 2010.

教育部. 2010 年全国教育事业发展统计公报 [EB/OL]. http://www. moe. edu. cn/publicfiles/business/htmlfiles/moe/moe_ 335/index. html.

教育部. 2010 年教育统计数据 [EB/OL]. http://www. moe. edu. cn/publicfiles/business/htmlfiles/moe/s6200/list. html.

Andren, Daniela, John Earle and Dana Sapatoru. The Wage Effects of Schooling under Socialism and in Transition: Evidence from Romania, 1950 – 2000 [J]. Journal of Comparative Economics, 2005, 33 (2): 300 – 323.

Ashenfelter, Orley and Cecilia Rouse. Income, Schooling and Ability: Evidence from a New Sample of Identical Twins [J]. Quarterly Journal of Economics, 1998, 113 (1): 253 – 284.

Black, Dan, Mark Berger, and Frank Scott. Boundingparameter estimates with nonclassical measurement error [J]. Journal of American Statistical Association , 2000, 95 (451): 739 – 748.

Bound, Jone and Gary Solon. Double Trouble: On the Value of Twins-Based Estimation of the Return to Schooling [J]. Economics of Education Review , 1999, 18 (2): 169 – 182.

Cohn, E. and J. T. Addison. The economic returns to lifelong learning [J]. Education Economics, 1998, 6 (3): 253 – 308.

Cohn, E. and Y. C. Ng. Incidence and wage effects of overschooling and underschooling in Hong Kong [J]. Economics of Education Review, 2000, 19: 159 – 168.

Cohn, E.. The rate of return to schooling in Canada [J]. Journal of Education Finance, 1997, 23 (2): 193 – 206.

Duflo, E.. Schooling and labor market consequences of school construction in Indonesia: evidence from an unusual policy experiment [J]. American Economic Review, 2001, 91 (4): 795 – 813.

Han, Min, and Xiuwen Yang. Educational assessment in China: lessons from history and future prospects [J]. Assessment in Education, 2001, 8 (1): 5 – 10.

Harmon, C. and I. Walker. Estimates of the economic returns to schooling for the United Kingdom [J]. The American Economic Review , 1995, 85 (5): 1278 – 1286.

Li, Hongbin, Mark Rosenzweig, and Junsen Zhang. Altruism, favoritism, and guilt in the allocation of family resources: Sophie's choice in Mao's mass send down movement [J]. Journal of Political Economy , 2010, 118 (1): 1 – 38.

Li, Hongbin, Pak Wai Liu, and Junsen Zhang. Estimating Returns to Education Using Twins in Urban China [J]. Journal of Development Economics , 2012, 97: 494 – 504.

Mincer, Jacob. Schooling, Experience and earnings [M]. New York: NBER, 1974.

Neumark, David. Biases in Twin Estimates of the Return to Schooling [J]. Economics of Education Review , 1999, 18 (2): 143 – 148.

Patrinos, H. A.. Education and earnings differentials [M]. Washington DC: WorldBank, 1995.

Psacharopoulos, G. and H. A. Patrinos. Returns to investment in education: a further update [J]. Education Economics, 2004, 12 (2): 111 – 134.

Psacharopoulos, G.. Returns to investment in education: a global update [J]. World Development, 1994, 22 (9): 1325 – 1343.

Rouse, C. E.. Further estimates of the economic return to schooling from a new sample of twins [J]. Economics of Education Review, 1999, 18 (2): 149 – 157.

Ryoo, J. – K., Y. – S. Nam, and M. Carnoy. Changing rates of return to education over time: a Korean case study [J]. Economics of Education Review, 1993, 12 (1): 71 – 80.

Sakellariou, C.. Rates of return to investments in formal and technical/vocational education in Singapore [J]. Education Economics, 2003, 11 (1): 73 – 87.

Schady, N. R.. What education pays? Non-linear returns to schooling among Filipino men [M]. Washington DC: World Bank, 2000.

Woodridge, Jeffrey. Econometric analysis of cross section and panel data [M]. Cambridge, Massachusetts: MIT Press, 2002.

Zhang, Junsen, Yaohui Zhao, Albert Park, and Xiaoqing Song. Economic Returns to Schooling in Urban China, 1988 to 2001 [J]. Journal of Comparative Economics, 2005, 33: 730 – 752.

3

现代产业体系与现代职业教育体系对接研究

南开大学教育与产业、区域发展研究中心课题组[*]

摘　　要

　　课题组运用计量模型和统计分析对我国职业教育发展状况进行量化评估，结果表明：职业教育对经济增长和劳动生产率的带动作用和应然贡献率大于普通高中和高等教育，但对经济增长和劳动生产率的实际贡献低于普通高中和高等教育。其中的症结在于：对职业教育的公共投资占总教育投资的比重过低；对职业教育的公共投资增长过慢；支撑职业教育持续发展的制度、体制机制和标准不完善，职业教育的人才培养效率较低。

　　本报告重点回答了"为什么建立现代职业教育体系"、"建立什么样的现代职业教育体系"和"怎样建立现代职业教育体系"的问题。课题组认为，当前职业教育基础仍然薄弱，最需要加强；职业教育发展仍然滞后，最需要加快；职业教育体制机制仍不完善，最需要创新。

　　作为世界第二大经济体和第二大贸易体，作为全球具有重要影响的最大

---

　　* 课题组负责人：段文斌。课题组成员：陈卫民、胡秋阳、乔晓楠、姚万军、马云泽、姜磊、黄乾、宁光杰。

新兴经济体，作为世界工业和制造业大国，我国正处于从"中国制造"向"中国设计发明"、"中国创造"，从"制造业大国"向"制造业强国"迈进的重要历史时期。这就要求我们从新的历史高度科学认识职业教育的战略地位，积极构建现代职业教育体系；要求在新的历史起点上推动职业教育科学发展，为加快转变经济发展方式、经济结构战略性调整和发展现代产业体系，提供更有力的人才保证和人力资源支撑。

一、职业教育为我国经济发展做出了不可替代的重要贡献

运用计量模型和数理统计对我国职业教育发展状况进行量化评估，结果表明 2000 年以来特别是"十一五"时期，我国职业教育发展对经济持续增长和经济结构调整做出了不可替代的重要贡献。职业教育对国民经济发展的贡献是通过培养一大批职业技术人才①实现的。

（一）职业教育造就了宏大的职业技术人才队伍

"十一五"时期，我国技术工人由 2005 年的 8700 万人增加到 2010 年的 11000 万人，年均增长近 5%；高技能人才由 2005 年的 1860 万人增加到 2010 年的 2880 万人，年均增长 9%。高技能人才在职业技术人才中的比重从 2004 年的 43.3% 上升到 2008 年的 48.9%，占技能劳动者的比重从 2005 年的 21.3% 上升至 2009 年的 24.7%，占全部从业人员的比重从 3.92% 上升到 4.11%。我国人力资源结构的改善是中等和高等职业教育发展的直接贡献。各种形式的职业教育与培训也发挥了重要作用。

2009 年我国共有中等职业学校 14401 所，共计招生 868.5 万人、毕业 625.2 万人、在校生 2195.2 万人，分别占高中教育阶段学校数、招生数、毕业生数和在校学生数的 48%、51%、43% 和 47%。

2009 年全国独立设置的高职院校达到 1215 所，比 1999 年增长了 1.6 倍，全国 90% 以上的地市都至少有一所高职院校。2009 年全国高职院校招生数达

---

① 本报告所指职业技术人才包括技能型人才（初级工和中级工）、高端技能型人才和技术应用型人才。后两类人才可以并称为高技能人才（高级工、技师和高级技师）。

313.4 万人，比 1999 年增长了 6 倍以上，与本科生的招生规模大体相当；在校生数达 964.8 万人，比 1999 年增长了 8.2 倍；毕业生为 285.6 万，比 1999 年增长了 6.2 倍。高职院校招生数、在校生数和毕业生数占整个高等教育的比重分别为 49%、45% 和 53.8%。1999—2009 年，高等职业教育为国家培养了近 1300万高素质技能型专门人才，已成为国家培养高素质技术技能型人才的阵地，为我国在 21 世纪初实现高等教育大众化的历史性跨越起到了决定性作用。

（二）我国职业教育促进了经济持续增长

1. 职业教育投资对经济增长的促进作用

职业教育投资对我国经济增长的促进作用强于其他教育投资。在各级各类教育中，中等职业教育投资占全部教育投资的比重每上升 1 个百分点，经济增长将上升 0.31 个百分点，水平最高（中学教育和高等教育分别为 0.28 和 0.27 个百分点）。在中等和高等职业教育中，中等职业教育投资对经济增长的贡献大于高等职业教育。中等职业教育投资占全部职业教育投资的比重每上升 1 个百分点，对经济增长的拉动作用比高职高专高出 0.03 个百分点。

表 1　教育投资结构对经济增长影响的回归结果

	全　国	东　部	中　部	西　部
	固定效应	固定效应	固定效应	固定效应
lnK	0.679***	0.803***	0.492***	0.678***
	(26.873)	(18.476)	(8.591)	(28.015)
lnL	0.173***	0.079	0.183	0.043
	(3.868)	(1.409)	(1.253)	(0.614)
x1*lnE	0.270***	0.235***	0.212**	0.088*
	(8.016)	(5.362)	(2.396)	(1.665)
x2*lnE	0.309***	0.500***	0.285	0.037
	(3.851)	(4.669)	(1.292)	(0.385)
x3*lnE	0.283***	0.256**	0.509***	0.177***
	(5.193)	(2.295)	(4.467)	(3.457)

表 1（续）

	全 国	东 部	中 部	西 部
x4 * lnE	− 0. 052	− 0. 179*	0. 145	0. 023
	(− 1. 149)	(− 1. 942)	(1. 449)	(0. 492)
_ cons	− 0. 083	− 0. 130	1. 011	0. 750
	(− 0. 240)	(− 0. 304)	(0. 844)	(1. 428)
R^2	0. 985	0. 988	0. 981	0. 994
N	377	143	104	130

注: 1. 括号内为 t 值，* $p < 0.1$，* * $p < 0.05$，* * * $p < 0.01$。

2. x1，x2，x3，x4 等分别为高等教育、中等职业教育、中学和小学等类型的教育投资占总教育投资的比重。

表 2　不同职业教育投资对经济增长影响的回归结果

	全 国	东 部	中西部
LnK	0. 643* * *	0. 717* * *	0. 562* * *
	(17. 980)	(16. 631)	(10. 292)
LnL	0. 054	0. 074	− 0. 022
	(0. 976)	(1. 186)	(− 0. 245)
Z1 * lnVE	0. 057	0. 082#	0. 051
	(1. 400)	(1. 570)	(0. 909)
Z2 * lnVE	0. 089* * *	0. 055*	0. 147* * *
	(3. 455)	(2. 036)	(3. 062)
_ cons	1. 548* * *	1. 010*	2. 591* * *
	(3. 190)	(1. 809)	(3. 417)
R^2	116	44	72
N	0. 972	0. 981	0. 973

注: 1. 括号内为 t 值，# $p < 0.15$，* $p < 0.1$，* * $p < 0.05$，* * * $p < 0.01$。

2. Z1，Z2 分别为高职高专和中等职业教育投入占总的职业教育投入的比重。

2. 高技能人才对提高劳动生产率的贡献

我国高技能人才占比对经济增长的贡献高于高学历劳动力占比，对于提高劳动生产率发挥着更大的作用，而且依然有着较大的潜力。高技能人才占比提高 1 个百分点，可带动劳动生产率提高 4 个百分点，高出大专以上高学历劳动力 1 个百分点。

表3　高技能人才对劳动生产率影响的回归结果

解释变量	被解释变量：劳动生产率					
	（1）	（2）	（3）	（4）	（5）	（6）
常数项	0.20*** (5.91)	− 0.03 (− 9.59)	0.039 (1.49)	− 0.30*** (− 6.00)	− 0.005 (− 1.66)	− 0.09*** (− 13.00)
HIGHSK	− 2.23*** (− 1.95)	7.88*** (9.00)			4.825*** (37.09)	
HIGHSK2		− 75.09*** (− 13.81)				
AVERANK			1.79*** (3.68)	13.1*** (9.13)		5.02*** (29.89)
AVERANK2				− 70.36*** (− 8.91)		
PCAPITAL	0.61*** (62.66)	0.59*** (606.38)	0.59*** (202.36)	0.54*** (171.86)	0.58*** (269.92)	0.54*** (29.89)
修正的 R^2	0.9981	0.9996	0.9987	0.9987	0.9998	0.9996
样本数	60	60	60	60	54	54

注：1. 本文用 Eviews6.0 软件完成了所有计量模型的估计。括号内为 t 统计量；*、**和***分别代表10%、5%和1%的显著性水平。

2. HIGHSK，高技能人才占就业人数的比重；AVERANK，高技能人才平均技术等级；PCAPITAL，劳均资本存量。

（三）我国职业教育推动了经济结构调整

1. 职业教育支撑了产业优化升级

全国第一产业法人单位所使用的中级工以上职业技术人才由 2004 年的 17 万人增加到 2008 年的 30 万人，年均增长 15%，其中高级工以上的高技能人才年均增长 17% 。2008 年我国第二产业的高技能人才所占比重达 67% ，远高于其 27% 的就业比重及 44% 的职工比重。

表4 按产业划分法人单位各级职业技术人才（2008）

单元：万人

	从业人员	高技能人才				中级工	合计
		合计	高级技师	技 师	高级工		
总量	27154	1117	98	277	742	1168	2285
第一产业	195	16	1	3	12	14	30
第二产业	15735	748	64	194	491	877	1625
工业	11828	521	45	130	346	534	1054
建筑业	3907	227	19	64	145	343	570
第三产业	11223	352	34	80	239	277	630
交通运输、仓储和邮政业	1218	54	4	11	40	56	110
批发和零售业	1892	35	5	12	18	36	72
住宿和餐饮业	586	16	2	5	8	15	31
金融业	510	4	1	1	2	3	7
房地产业	552	19	3	6	11	16	35
其他	6465	224	19	46	159	151	375

资料来源：2008 年经济普查资料。

表5 职业技术人才年均增长率（2004—2008）

单位:%

	从业人员	高技能人才				中级工	合计
		合计	高级技师	技 师	高级工		
总量	6.3	7.6	17.3	14.2	4.7	1.7	4.4
第一产业	4.9	17.1	22.6	26.3	15.1	13.7	15.4
第二产业	6.1	8.5	17.9	13.7	5.9	2.3	4.9
工业	5.2	8.8	18.3	13.0	6.5	1.3	4.7
建筑业	8.8	7.9	16.8	15.1	4.5	4.0	5.4

表5（续）

	从业人员	高技能人才				中级工	合计
		合计	高级技师	技　师	高级工		
第三产业	6.7	5.4	16.2	15.0	2.0	−0.4	2.7
交通运输、仓储和邮政业	8.9	6.2	21.6	18.3	3.0	−0.3	2.7
批发和零售业	8.2	6.3	13.2	11.2	2.2	1.6	3.8
住宿和餐饮业	8.1	2.5	7.9	6.2	−0.6	−1.5	0.5
金融业	8.0	14.1	22.1	9.5	14.5	10.3	12.3
房地产业	8.7	10.2	14.8	10.9	8.8	4.9	7.6
其他	5.5	4.9	17.4	17.4	1.3	−1.4	2.1

资料来源：2004年经济普查资料，2008年经济普查资料。

2. 职业教育支撑了沿海地区开发开放和西部地区大开发

"十一五"期间，我国各地区的职业技术人才结构不断优化升级，高技能人才比重普遍上升。从中等和高等职业教育来看，中等职业教育对东中西部地区发展都有显著的促进作用；高等职业教育对东部地区发展的作用相对明显，而对中西部地区发展的作用已经开始显现。

表6　各地区高技能人才在从业人员中的比重

单位:%

	2004年	2008年	增长量
合计	3.92	4.11	0.20
东北	5.85	5.71	−0.15
东部沿海	2.89	3.12	0.24
北部沿海	4.12	4.22	0.10
中部沿海	2.23	2.62	0.39
南部沿海	2.29	2.58	0.29
中部	5.01	5.21	0.20
西北	5.32	5.94	0.61
西南	4.45	4.70	0.25

资料来源：2004年经济普查资料，2008年经济普查资料。

（四）我国职业教育助推了城镇化进程及其质量

职业教育成为推动农业和农村人口向非农产业和城镇转移的重要助推力。据统计，80%以上的中职学生来自农村，毕业生的80%走向城市。从"读完初中，外出打工"进一步发展到"学会当技工，进城路路通"，反映出农村劳动力转移发展到了一个新的阶段。

职业教育提高了进城务工人员的技能水平，也提高了进城务工人员的就业质量。不但促进了农民收入的增加，而且促进了农业和农村经济结构的调整，促进了城镇化的发展，促进了城市经济和社会的繁荣。

（五）我国职业教育服务于各类型经济

国有经济一直是我国职业技术人才的使用大户，而民营及外资经济占比较低，但"十一五"期间民营及外资企业使用职业技术人才的增长量大、增速快，职业技术人才在各类型经济中的分布有所调整。统计显示，2004—2008年国有企业高技能人才增长了41万人，而私营企业高技能人才增加了116万人，有限责任公司增加了74万人，港澳台及外商投资企业也增加了31万人。国有企业的用人比重由42%下降到35%，私营企业的用人比重上升最大，由14.6%上升到21.3%，港澳台及外商投资企业用人比重则由5.6%上升到7.0%。

表7　高技能人才在各类型经济中的分布

	2004 年	2008 年	增长量（万人）	年均增长率（%）
总　　计	100.0	100.0	284.0	7.6
内资企业	94.4	93.0	252.8	7.2
国有企业	42.0	35.0	40.8	2.8
有限责任公司	23.0	23.8	73.7	8.5
私营企业	14.6	21.3	116.3	18.3
其他内资企业	14.7	13.0	21.9	4.2
港、澳、台商投资企业	3.0	3.1	9.6	8.5
外商投资企业	2.6	3.9	21.5	18.6

资料来源：2004 年经济普查资料，2008 年经济普查资料。

二、我国职业教育发展中的深层矛盾和突出问题

当前，职业教育正处于"加快形成我国人才竞争比较优势，逐步实现由人力资源大国向人力资源强国转变"的重要历史时期。然而，职业技术人才的数量、质量和结构还难以满足加快转变经济发展方式和经济结构战略性调整的需要。这就折射出我国目前的职业教育体系尚存一系列深层矛盾和突出问题，集中表现在培养体系、办学体制、投入及其效率等诸多方面。

（一）职业技术人才数量、质量和结构存在的问题

1. "职业技术人才荒"现象频现

"十一五"期间，职业技术人才供不应求，求人倍率远大于1，并且居高不下。与之相比，主要来自学历教育的专业技术人才反而供大于求，求人倍率小于1。

表8 "十一五"期间我国劳动力市场的职业技术人才供求状况

年　份	对各级职业技术人才的求人数（1）	具有各级职业技术资格的求职人数（2）	（1）／（2）	平均求人倍率（岗位求人数/岗位求职数）
2010	7642560	7598624	1.01	1.668
2009	7213246	7438845	1.00	1.608
2008	6515906	6543715	1.00	—
2007	6248925	5835899	1.07	1.678
2006	5450274	5241639	1.04	1.734

资料来源：中国人力资源市场信息监测中心，部分城市公共就业服务机构市场供求状况分析（2006—2010 年）。

2. 职业技术人才的使用增速表现出"高高低低"的特征

高等级人才在法人单位中的使用量增速高，而中低等级人才增速低。相关统计显示，2004—2008 年我国法人单位的高级技师和技师年均增长分别达到17.3%和14.2%，而高级工和中级工年均增长仅为4.7%和1.7%。

155

表9 法人单位各级职业技术人才年均增长率（2004—2008）

单位:%

高技能人才				中级工	合计
合计	高级技师	技　师	高级工		
7.6	17.3	14.2	4.7	1.7	4.4

资料来源：2004年经济普查资料，2008年经济普查资料。

3. 在职业技术人才中，技术等级越高需求压力越大

2008—2010年，从初级工到高级技师的求人倍率平均值依次为1.41、1.42、1.63、1.91和1.89。

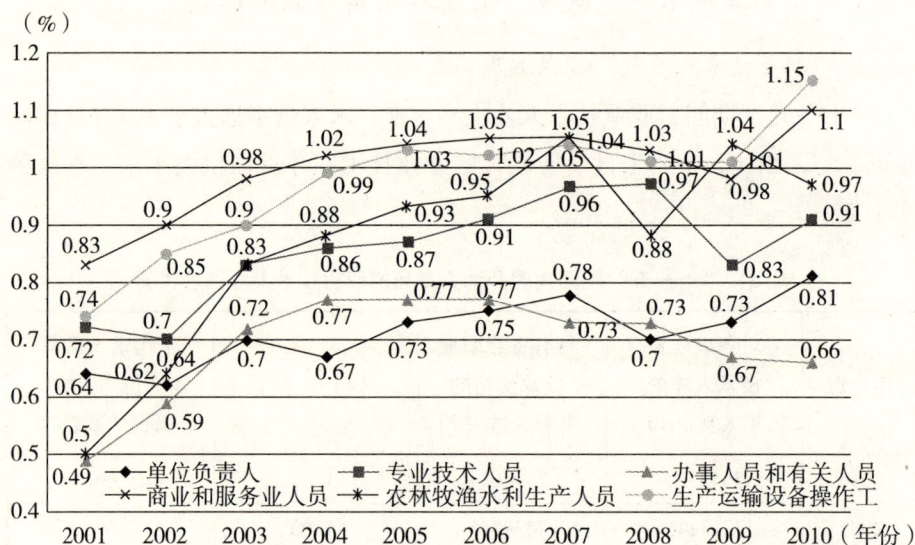

图1 劳动力市场部分职业供求变化（岗位空缺与求职人数的比率）

资料来源：中国人力资源市场信息监测中心，2010年度部分城市公共就业服务机构市场供求状况分析。

4. 人才短缺与技能老化落后并存

我国已发展为工业大国，但联合国工业发展组织的数据表明，我国的劳动技能指数仅居世界第59位。我国某些第二产业产能严重过剩，人才的知识和技能老化，难以转换。我国组装加工企业居于世界产业链的低端组装加工环节，技能水平得不到提高。在产业转型升级中，能够解决关键技术和工艺

的操作性难题、提出工业创新方案的高端技能人才不足。

5. 高技能人才队伍中存在着"老龄化"现象

随着老一代高技能人才的逐渐退休，许多企业原本就奇缺的高技能人才将后继乏人，有的已经出现断档。据调查，在上海、武汉、太原、沈阳、重庆等产业工人居多的城市，都不同程度地存在着技师年龄"断层"现象[1]。苏州高级技师的平均年龄为52.4岁，技师的平均年龄也达到50.2岁[2]。沈阳装备制造企业中，中、高级技师50岁以上的占到42.64%，技师50岁以上的占34.71%，而30岁以下的高级技师仅占5.18%，技师占7.46%，属于"稀罕物"[3]。

6. 高技能人才对第三产业发展的支撑明显不足

"十一五"时期高技能人才占第三产业从业人员的比重不升反降，下降了0.12个百分点。人才大部分分布在传统服务业领域，素质偏低，难以适应经济社会的发展要求。现代服务业发展快，人才需求量大，素质要求高，然而人才供给能力弱小已经严重制约了现代服务业的发展。

7. 高技能人才的区域分布不均衡

东部沿海和中部地区所占比重超过2/3。中西部和东北地区的现有高技能人才的使用效率低下，中部地区的问题尤为突出。

表10　各地区高技能人才在从业人员中的比重

单位:%

	2004 年	2008 年	增长量
合计	3.92	4.11	0.20
东北	5.85	5.71	−0.15
东部沿海	2.89	3.12	0.24
北部沿海	4.12	4.22	0.10
中部沿海	2.23	2.62	0.39

---

[1]　刘学民. 加快高技能人才队伍建设 ［J］求是，2005（1）.

[2]　中国人事科学研究院. 2009 年中国人才发展报告 ［R］.

[3]　姜敏. 技能型人才呃待"升位" ［N/OL］.（2008－05－13）. http：//news. xinhuanet. com/politics/2008－05/13/content_ 8156511. htm.

表 10（续）

	2004 年	2008 年	增长量
南部沿海	2.29	2.58	0.29
中部	5.01	5.21	0.20
西北	5.32	5.94	0.61
西南	4.45	4.70	0.25

资料来源：2004 年经济普查资料，2008 年经济普查资料。

总之，当前我国职业技术人才的总体发展水平，与加快转变经济发展方式、经济结构战略性调整的需要相比还有许多不适应的地方，对发展现代产业体系难以充分发挥支撑和引领作用。

（二）培养体系问题

1. 我国现行职业教育体系的人才培养模式是"3C＋5B"

依照《国际教育标准分类》，中等及高等职业技术教育包括 3C、3B 和 5B 三种类型。3C 类型教育是以直接进入劳动力市场的操作型技能人才为培养目标的中等职业教育。3B 类型教育是以高等职业教育为后续教育去向的知识和技术复合型技能人才为培养目标的中等职业教育。5B 类型教育是以应用型、工艺型的高端技能人才为培养目标的高等职业教育。

我国中等职业教育以 3C 类型教育为主，学生已占到高中阶段在校生的49.9%，超过了大多数 OECD 国家和新兴发展中国家。5B 类型的高等职业教育在我国发展迅猛，已占据我国高等教育的半壁江山，就规模看已达到发达国家水平，毕业生占适龄人口比重已达 14%，超过普通高等教育类型毕业生的相应比重。

以 3C 为主的职业教育人才培养模式适应了我国工业化初期需要大量操作性技能人才的要求。随着科技进步和现代产业结构升级，社会对技术技能型和技术服务型人才的需求急剧增加，高等职业教育是我国未来职业教育发展的重点，职业教育需要升级。

2. 中等职业教育过于依赖 3C 类型，不利于职业教育升级

我国中等职业教育中，普通中专、成人中专、职业高中和技工学校都按

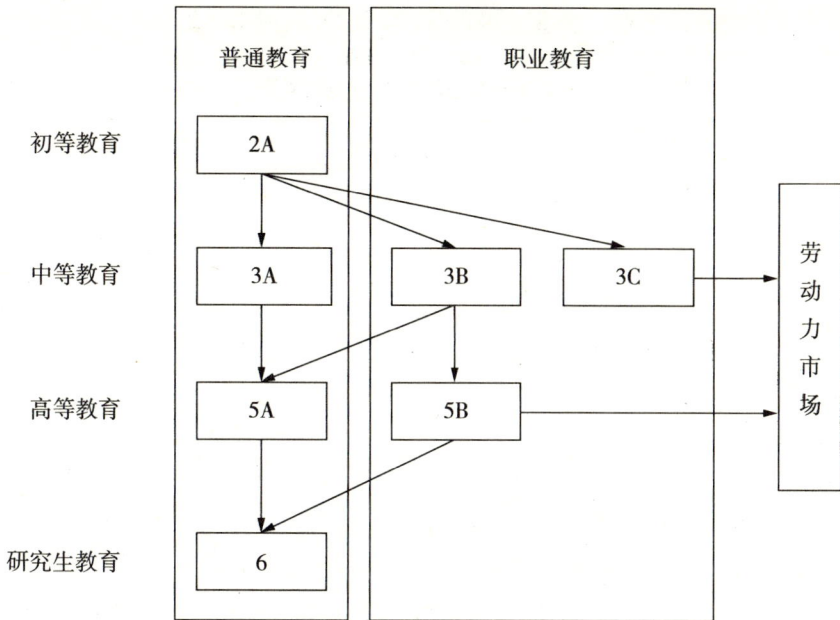

图2　教育体系基本框架

直接面向劳动力市场的要求办学，相互重复，缺少以高等职业教育为后续教育去向的3B类型，出现结构断层。而3C类型教育作为终端教育，一般不与5B教育直接贯通，导致现行中等职业教育与高等职业教育之间衔接不畅，相互脱节。

3. 对高等职业教育的定位存在认识误区

高等职业教育应该以技术服务型人才为中心，至少应该是技术应用型与高端技能型并重。目前我国对高职教育培养人才的目标定位还存在不同看法，很多时候把重点放在高端技能型人才的培养上，反映出认识上的误区。

（三）办学体制、投入和效率问题

1. 办学体制分割

教育部门和劳动部门分别举办职业教育，容易导致管理上缺乏统一协调，不利于技工学校与其他类型教育机构优势互补，合作办学。

政府、企业和社会在职业教育中的责任不清，调动社会力量兴办职业教育的机制还不完善，民办职业教育所占比重还不高。2009年高职院校中民办的不足四分之一，行业、企业主办的较少，超过六成由政府主办。

表11 2009年我国按办学性质分类的高职院校构成

办学性质		院校数量（所）	比例（%）
公办	省级人民政府	367	30.4
	地市级人民政府	399	33.1
	行业、企业	155	12.8
民办		286	23.7

2. 职业教育的公共投入比重低、增速慢

对职业教育的公共投资占总教育投资的比重过低，其中对中等职业教育的投资占比从1996年的12%下降到2008年的6%。

对职业教育的公共投资增长过慢，其中对中等职业教育的投资增长最慢，财政预算内中等职业教育投资、中学教育投资和高等教育投资的平均增长率分别为10.5%、16.9%和17.1%。

职业教育的公共投入远低于发达国家水平。中等职业教育生均财政性经费约为普通高中的85%，而OECD国家为110%，最高的国家（德国）达到197%。

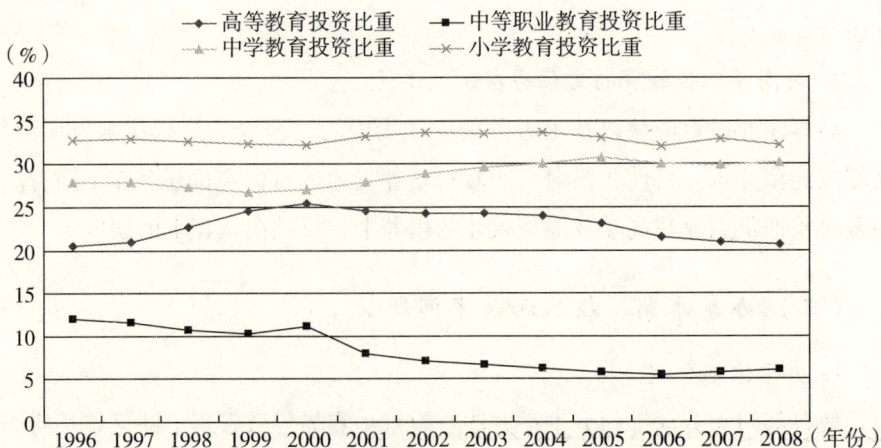

图3 教育投资结构中各类教育占总投资的比重

资料来源：中国统计年鉴（1997—2010年）。

3. 投资效率仍有待提高

针对中等职业教育公共投资效率的研究表明，从毕业生数和获得证书情况来看，我国中等职业教育公共投入的总体效率不断改善提高，但水平仍然较低，同等投入规模下，人才的产出效率有20%—40%的提升空间。

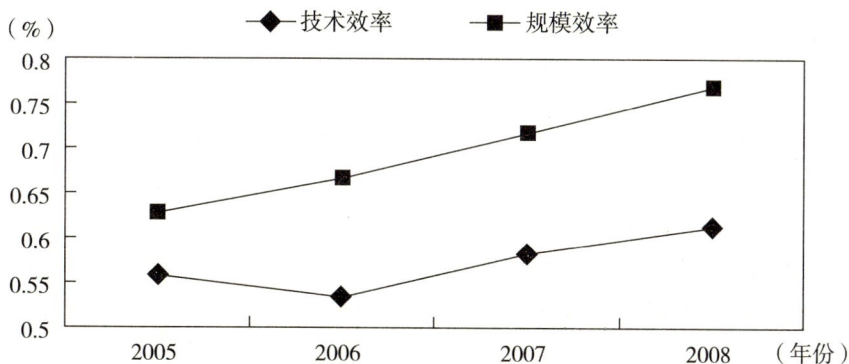

图4　2005—2008年我国中等职业教育技术效率与规模效率变动情况

4. 不同层级的职业教育投资在不同地区对地区经济增长的促进作用存在差异

中等职业教育投资对经济增长的促进作用强于高等职业教育投资，前者与经济增长的相关系数为0.089，大于后者的0.057。中等职业教育对东中西部地区的经济增长都存在显著的促进作用，高等职业教育对中西部地区经济增长的促进作用不明显。

在产出人才方面，中等职业教育投资在中西部地区处于规模递增阶段，在东部地区则处于规模递减阶段。

表12　不同职业教育投资对经济增长影响的回归结果

	全　　国	东　　部	中西部
	（4）	（5）	（6）
LnK	0.643 ***	0.717 ***	0.562 ***
	（17.980）	（16.631）	（10.292）
LnL	0.054	0.074	−0.022
	（0.976）	（1.186）	（−0.245）
Z1 * lnVE	0.057	0.082#	0.051

表 12（续）

	全　国	东　部	中西部
	（1.400）	（1.570）	（0.909）
Z2 * lnVE	0.089***	0.055*	0.147***
	（3.455）	（2.036）	（3.062）
_cons	1.548***	1.010*	2.591***
	（3.190）	（1.809）	（3.417）
R2	116	44	72
N	0.972	0.981	0.973

注：1. 括号内为 t 值，#p<0.15，*p<0.1，**p<0.05，***p<0.01。

2. Z1，Z2 分别为高职高专和中等职业教育投入占总的职业教育投入的比重。

表 13 中等职业教育支出的人才产出效率

省份	2005			2006			2007			2008		
	技术效率	规模效率		技术效率	规模效率		技术效率	规模效率		技术效率	规模效率	
北京	0.23	0.578	drs	0.179	0.478	drs	0.207	0.643	drs	0.195	0.778	drs
天津	0.186	0.844	drs	0.171	0.833	drs	0.201	0.969	irs	0.245	0.972	irs
河北	0.694	0.425	drs	0.697	0.489	drs	0.798	0.459	drs	0.814	0.527	drs
山西	0.39	0.605	drs	0.378	0.667	drs	0.477	0.727	drs	0.494	0.754	drs
内蒙古	0.255	0.757	drs	0.245	0.788	drs	0.241	0.979	drs	0.31	0.99	irs
辽宁	0.42	0.54	drs	0.387	0.591	drs	0.437	0.612	drs	0.419	0.717	drs
吉林	0.253	0.815	drs	0.248	0.816	drs	0.282	0.991	irs	0.305	0.983	irs
黑龙江	0.347	0.802	drs	0.423	0.817	drs	0.291	0.9	drs	0.33	0.981	irs
上海	0.211	0.538	drs	0.186	0.674	drs	0.217	0.658	drs	0.228	0.842	drs
江苏	0.627	0.379	drs	0.669	0.38	drs	0.897	0.418	drs	0.921	0.452	drs
浙江	0.784	0.429	drs	0.731	0.452	drs	0.758	0.482	drs	0.72	0.595	drs
安徽	0.648	0.72	drs	0.669	0.742	drs	0.82	0.84	drs	0.981	0.941	drs
福建	0.443	0.627	drs	0.416	0.712	drs	0.485	0.7	drs	0.472	0.82	drs
江西	0.864	0.935	irs	1	1	—	0.898	0.958	irs	1	0.968	irs
山东	1	0.32	drs	1	0.345	drs	1	0.334	drs	1	0.405	drs
河南	0.986	0.355	drs	0.901	0.357	drs	1	0.397	drs	1	0.501	drs

表 13（续）

省份	2005			2006			2007			2008		
	技术效率	规模效率		技术效率	规模效率		技术效率	规模效率		技术效率	规模效率	
湖北	0.631	0.831	drs	0.72	0.858	drs	0.831	0.871	drs	1	1	—
湖南	1	1	—	1	1	—	1	1	—	1	1	—
广东	0.635	0.274	drs	0.581	0.335	drs	0.69	0.416	drs	0.722	0.45	drs
广西	0.447	0.745	drs	0.423	0.839	drs	0.45	0.836	drs	0.466	0.873	drs
海南	0.538	0.414	irs	0.42	0.492	irs	0.106	0.919	irs	0.289	0.739	irs
川渝	1	0.578	drs	1	0.684	drs	1	0.547	drs	1	0.574	drs
贵州	0.224	0.919	drs	0.217	0.962	drs	0.358	0.937	irs	0.512	0.913	irs
云南	0.362	0.624	drs	0.311	0.665	drs	0.33	0.707	drs	0.366	0.873	drs
陕西	0.642	0.888	drs	0.62	0.913	drs	0.691	0.986	irs	0.639	0.956	drs
甘肃	0.265	0.82	drs	0.232	0.857	drs	0.255	0.992	irs	0.317	0.989	irs
青海	1	0.137	irs	0.474	0.288	irs	1	0.21	irs	1	0.297	irs
宁夏	0.926	0.332	irs	1	0.307	irs	0.978	0.362	irs	0.735	0.488	irs
新疆	0.182	0.961	irs	0.186	0.993	irs	0.212	0.939	irs	0.296	0.909	irs
平均值	0.558	0.627		0.534	0.667		0.583	0.717		0.613	0.769	

注：drs 表示规模报酬递减；irs 表示规模报酬递增。

三、从国家战略高度认识建立现代职业教育体系的意义

为什么要建立现代职业教育体系，是当前职业教育发展中需要回答的一个重大课题。这要求从重要战略机遇期国家战略的高度认识现代职业教育体系。

（一）实现国家战略规划需要现代职业教育体系的支撑

"十二五"时期是我国全面建设小康社会的关键时期，是深化改革开放、加快转变经济发展方式的攻坚时期。当前和今后一个时期，世情、国情继续发生深刻变化，我国经济社会发展呈现新的阶段性特征。一方面，我国发展的外部环境更趋复杂；另一方面，我国发展中不平衡、不协调、不可持续问题依然突出。以加快转变经济发展方式为主线，是推动科学发展的必由之路，符合我国基本国情和发展阶段性新特征。加快转变经济发展方式是我国经济社会领域的一场深刻变革，将贯穿经济社会发展的全过程和各领域。

经济结构战略性调整是加快转变经济发展方式的主攻方向。为此必须转型升级，根据科技进步新趋势，发挥我国产业在全球经济中的比较优势，发展结构优化、技术先进、清洁安全、附加值高、吸纳就业能力强的现代产业体系，提高产业核心竞争力。发展现代产业体系的要旨在于：（1）完善现代农业产业体系，发展高产、优质、高效、生态、安全农业；（2）改造提升制造业，促进制造业由大变强；（3）培育发展战略性新兴产业，积极有序发展新一代信息技术、节能环保、新能源、生物、高端装备制造、新材料、新能源汽车等产业，加快形成先导性、支柱性产业；（4）加快发展服务业，把推动服务业大发展作为产业结构优化升级的战略重点。由此促进经济增长向依靠第一、第二、第三产业协同带动转变。

加快转变经济发展方式赋予了职业教育新使命，经济结构战略性调整赋予了职业教育新要求，发展现代产业体系赋予了职业教育新任务。概括起来，就是需要现代职业教育体系的支撑和引领。

（二）"十二五"时期我国产业转型升级与发展现代产业体系

1. 中国产业成长累积的问题

近三十多年，中国创造了经济持续高增长的奇迹。GDP 从 1978 年的
0.36 万亿元增长到 2009 年的 34.05 万亿元，年均增长 9.9%。三十多年的高
增长主要依靠要素投入、低成本竞争和市场外延扩张的粗放型增长。同时，
高增长是在周期性经济波动中实现的。2008 年中国经济运行出现下滑态势，
是这种周期性经济波动的又一次反映，其深层次原因在于粗放型产业成长
方式。

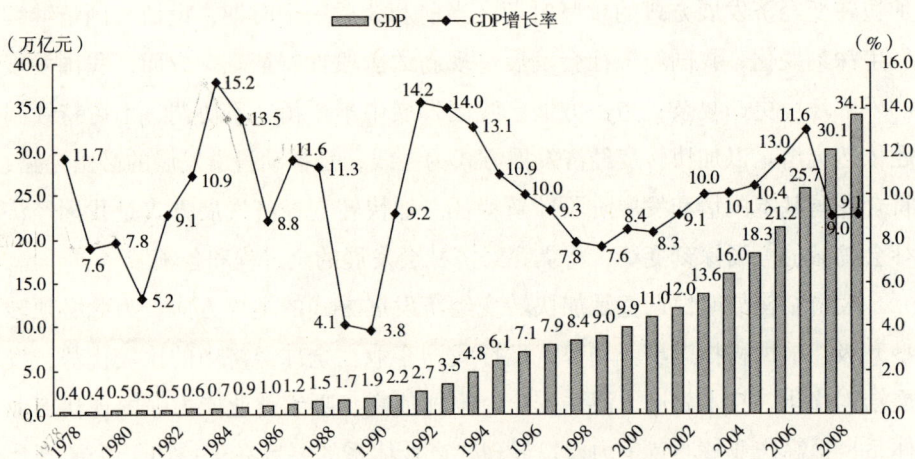

图 5　1978—2009 年中国 GDP 及增长速度

注：GDP 按现价计算，增长速度按不变价计算。

资料来源：《2009 年中国统计年鉴》和《国家统计局公告》。

低廉的要素价格使产业成长主要依靠要素投入。第一，中国的体制转轨
使人口由不流动转为流动，劳动力的充分供给使得工资水平缺乏弹性，劳动
力的低成本得以持续，进而为产业成长贡献了"人口红利"——延缓了资本
报酬递减的过程，保证了资本积累率。第二，高储蓄率和低利率政策使资本
成本长期维持在低水平（个别年份甚至是负的实际利率），银行呆坏账的冲
销和"债转股"还使得企业可以不必偿还本金。第三，只反映开发成本的能
源和资源价格长期偏低，加之低污染成本，这些共同构成了生产要素的低成

本竞争优势。

中国的改革是在较低的发展水平上起步的增量改革，广阔的增长空间形成了"先进入优势"。因此，中国产业成长表现为：高成长产业中先进入的企业取得优势，获得高回报→进入者不断增加，竞争加剧→企业间展开以低成本为基础的价格竞争→市场外延扩张。产业成长主要依赖低成本要素投入与成熟技术的引进和扩散①。技术引进的渠道主要是通过创办外资企业和设备引进来"以市场换技术"。因此，大多数产业以中低技术为主，以引进模仿为主，企业的核心能力并不在技术研发上。

主要以低成本要素投入为支撑的粗放型产业成长必然引发过度投资，进而形成通货膨胀与通货紧缩的交替往复和循环。中国的经济增长速度由20世纪90年代初的14.2%下降到90年代末的7.6%，已经反映出上述逻辑过程。始于2000年的新一轮经济增长还反映出，由于剩余劳动力的大量存在和扭曲的要素价格，不仅产生了过度投资而且过度投资不断向重化工业集中。

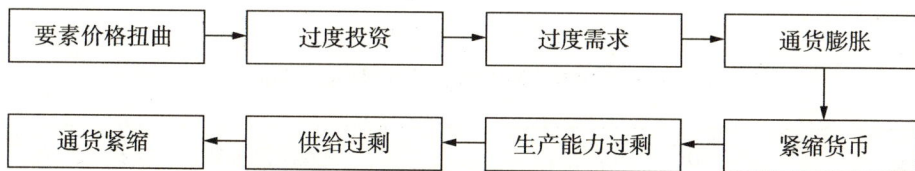

```
要素价格扭曲 → 过度投资 → 过度需求 → 通货膨胀
                                              ↓
通货紧缩 ← 供给过剩 ← 生产能力过剩 ← 紧缩货币
```

图6　通货膨胀与通货紧缩的循环

上图表示了由过度投资引发通货紧缩的传导机制。过度投资引起通货膨胀，需要从投资结构的角度来理解。投资可以分为长周期投资（如重化工业投资、基础设施投资等）和短周期投资（如一般消费品投资）。长周期投资在形成供给之前，一方面增加货币需求，使利率上升；另一方面吸收投资品和消费品，推动投资品和消费品价格上涨，并拉动短周期投资。短周期投资同样增加货币需求，推动利率上升。可见，过度的长周期投资对短周期投资的拉动，是形成过度投资的关键，进而引起过度需求和通货膨胀。

---

① 中国单位能源使用产生的 GDP 只有发达国家的 1/5—1/6。1 美元 GNP 消耗的煤电资源是美国的 4.3 倍，德国和法国的 7.7 倍，日本的 11.5 倍。用水量是全球平均水平的 4 倍，接近美国的 10 倍，日本的 24 倍。中国的科技进步贡献率为 39%，而创新型国家在 70% 以上。中国对引进技术的依存度为 54%，而创新型国家在 30% 以下。

　　由通货膨胀转为通货紧缩，需要从收入分配的角度来理解。当长周期投资形成供给时，由于利率上升（资本成本增加）和投入品价格上涨，其产品价格必然提高。如果在生产扩大的同时，有支付能力的需求相应扩大，那么并不会出现经济衰退。相反，如果马克思所揭示的"生产无限扩大的趋势与有支付能力的需求相对狭小的矛盾"产生，则高增长将难以为继，或经济将出现衰退。通货膨胀必然引发宏观调控通过紧缩货币来抑制需求，这样过剩生产能力和过剩供给就产生了，并进一步强化了增长速度的下降或经济衰退。

　　中国的体制转轨客观上已经给居民带来了风险和不确定性，这体现在失业、养老、医疗、住房、教育等诸多方面。居民的理性选择必然是缩减当前消费和增加储蓄。同时，中国的经济增长并没有带来居民收入的同步增长，而且收入差距拉大。衡量个人收入差距的基尼系数，在 2000 年超过 0.4 的国际警戒线，近年来收入差距出现进一步扩大的趋势。这样，消费需求不足已不可避免，生产无限扩大的趋势与有支付能力的需求相对狭小之间的矛盾已经显现。

表 14　中国实际 GDP 和居民收入增长率

单位:%

年　　份	实际 GDP 增长率（1）	实际工资 增长率（2）	（1）—（2）	城镇居民可支配收入增长率	农村居民纯收入增长率
1979—1998	9.9	4.4	5.5	5.8	4.2
1999	7.6	13.1	−5.5	9.3	3.8
2000	8.4	11.4	−3.0	6.4	2.1
2001	8.3	15.2	−6.9	8.5	4.2
2002	9.1	15.5	−6.4	13.4	4.8
2003	10.0	12.0	−2.0	9.0	4.3
2004	10.1	10.5	−0.4	7.7	6.8
2005	10.4	12.8	−2.4	9.6	6.2
2006	11.6	12.7	−1.1	10.4	7.4
2007	13.0	13.6	−0.6	12.2	9.5
2008	9.0	11.0	−2.0	8.4	8.0

表14（续）

年　　份	实际GDP增长率（1）	实际工资增长率（2）	（1）—（2）	城镇居民可支配收入增长率	农村居民纯收入增长率
1999—2008	9.75	12.78	－3.03	9.49	5.71
1979—2008	9.85	7.2	2.65	7.03	4.7

资料来源：《2008年中国统计年鉴》、《2008年中国劳动统计年鉴》和国家统计局网站。

比较1978—2008年中国实际GDP和居民收入增长率，可以发现1979—1998年实际GDP平均增长9.9%，实际工资平均增长4.4%，两者相差5.5个百分点。直至1999年的工资改革之后，这一趋势才得以扭转。[①] 即便如此，1979—2008年实际工资平均增长率仍低于GDP平均增长率2.65个百分点，城镇居民可支配收入和农村居民纯收入的平均增长率分别低于GDP平均增长率2.82和5.15个百分点。居民收入大部分来自于劳动收入，反映劳动收入的职工工资总额在GDP中的比重处于下降态势，从1980年的17%下降到2008年的11.2%。

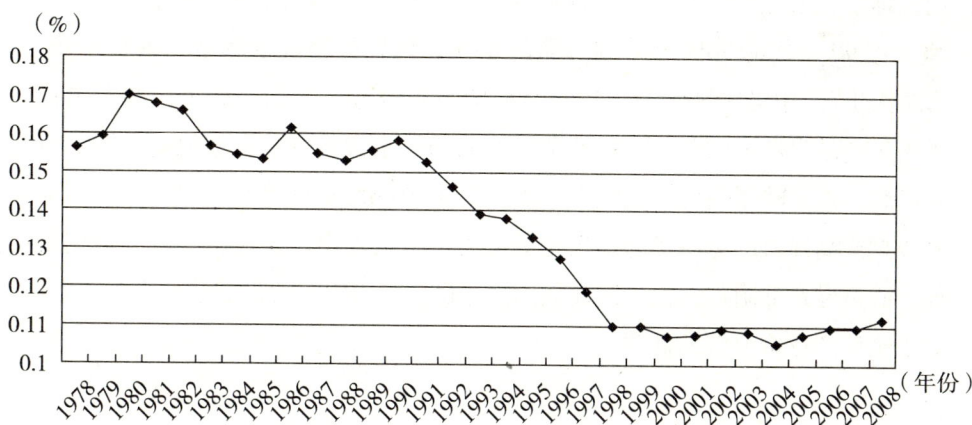

图7　中国职工工资总额在GDP中的比重

资料来源：历年国民经济和社会发展统计公报。

---

① 统计意义上的劳动力收入水平的提高，主要是通过提高就业人数实现，而单位劳动力的收入却长时间在低水平徘徊。

从 2000 年开始的新一轮经济增长，一方面尚未从根本上摆脱粗放型和出口拉动的增长方式，另一方面尚未从根本上摆脱不利于劳动力的收入分配结构。产业成长中的不可持续因素，在一定条件下必然通过经济波动反映出来。美国金融危机及由此引发的全球经济衰退，对中国形成了不利的外部冲击，这只是构成了诱发和加深中国经济下滑的外部条件。

2. 本轮危机对中国产业成长的影响

开放条件下，中国的产业成长是通过发挥要素组合优势和承接国际产业转移实现的。中国的要素组合优势与 20 世纪 80 年代的产业跨国转移[①]相契合，引进了资本、技术和营销网络等，历史性地承接了国际产业转移。在对外开放中，中国通过对外直接投资发挥比较优势，融入全球生产网络，成为全球重要的劳动密集制造基地和低成本制成品出口大国，被认为是"经济全球化最大的发展中赢家"。

实质上，超过一半的对外直接投资是将中国作为出口基地的出口导向型项目，中国产业体系在国际分工中处于"二传手"的位置，即从发达国家和东亚新兴经济体进口上游关键零部件，在华完成劳动密集环节的组装加工，向全球（主要是美、欧、日等发达国家）出口。[②] 中国的外贸依存度已经由 20 世纪 90 年代的 30% 上升到目前的 60%，但贸易格局依然是"两头在外，大进大出"。中国在国际分工中所承担的主要是劳动密集产品生产和资本技术密集产品生产中的劳动密集环节，产品的技术含量低、附加值低并缺乏自主品牌。这反映了国内要素组合在国际分工中的比较优势和竞争优势，劳动密集型产品出口的竞争优势实质是劳动力优势的输出。低技术含量和低创新能力必然导致低附加价值，因此我国生产供应能力强与价值创造能力弱并存，处于全球产业价值链的低端。

---

① 20 世纪 80 年代，第二轮国际产业转移兴起，发达国家发展以信息和生物技术、新材料、新能源为主的高新技术产业，加快传统产业改造，而把失去比较优势的传统产业和部分低附加值的技术密集型产业转移出去。

② 中国机电产品出口比重近 60%，其中 IT 等高新技术产品出口比重近 30%，超过 OECD 国家的平均水平。同时还应看到，加工贸易占出口总额的 50% 以上，占进口总额的近 40%。

（％）

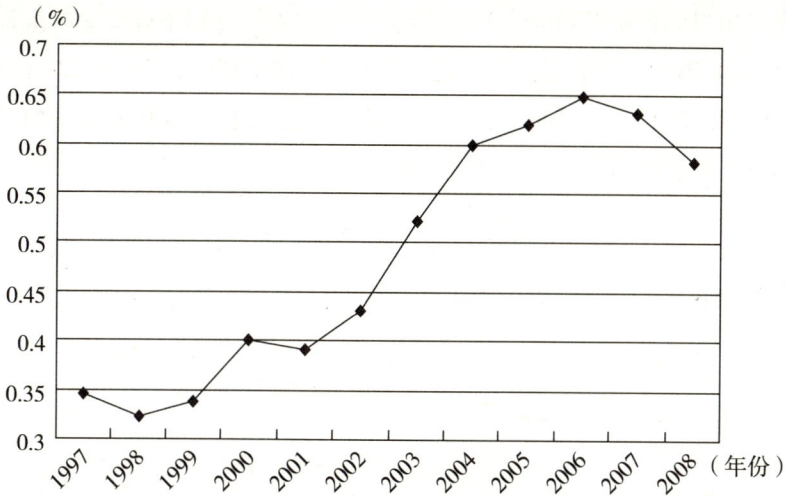

a. 1997—2008 年对外贸易依存度

（亿美元）

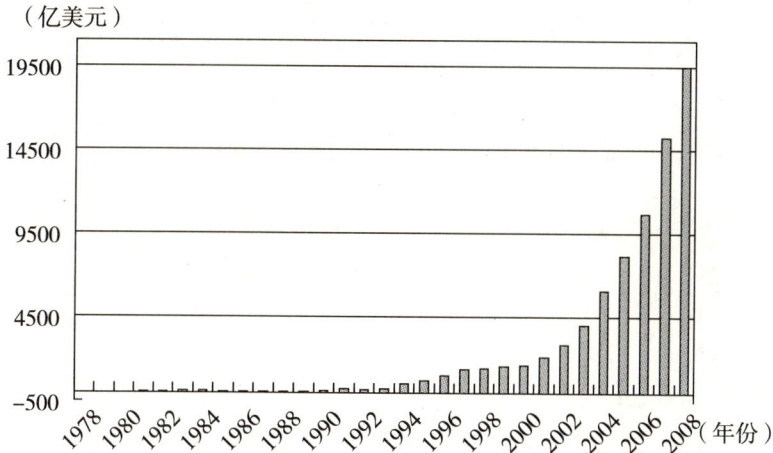

b. 1978—2008 年外汇储备

图 8　中国外贸依存度和外汇储备

注：对外贸易依存度 =（年末人民币汇率×进出口总额）/国民生产总值。

资料来源：相关年份《中华人民共和国国民经济和社会发展统计公报》。

　　中国依靠出口的增长来支撑投资的增长和产业成长，对海外市场、技术和资本（其背后是技术和营销网络）依赖的增强，不仅可能固化中国产业体系在国际分工中的低端地位，而且必然使整个经济暴露在全球经济周期的影响之下，承受着不利的外部冲击。在最近一轮全球金融危机中，2008 年 11

月，当月出口同比由升转降，2008 年 11 月和 12 月分别下降 2.2% 和 2.8%，2009 年下降 16%。更需要注意的是，中国进口继 2008 年 11 和 12 月分别下降 18.0% 和 21.3% 后，2009 年下降 11.2%，这对于中国处于组装加工环节的国际分工地位而言，是出口深度下滑的反映。

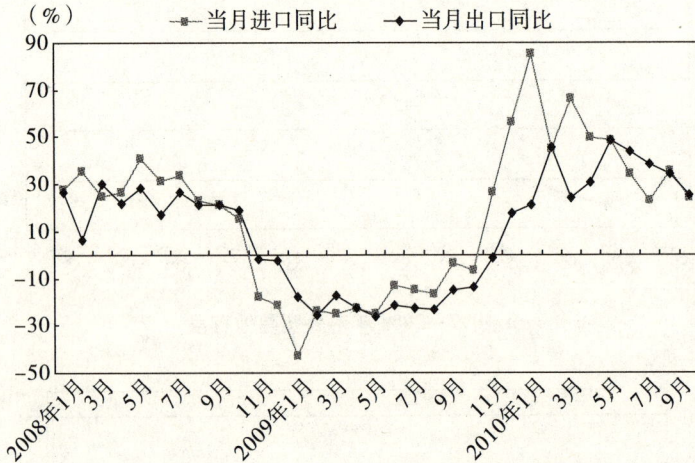

a. 2008 年 1 月—2010 年 9 月进出口同比增长

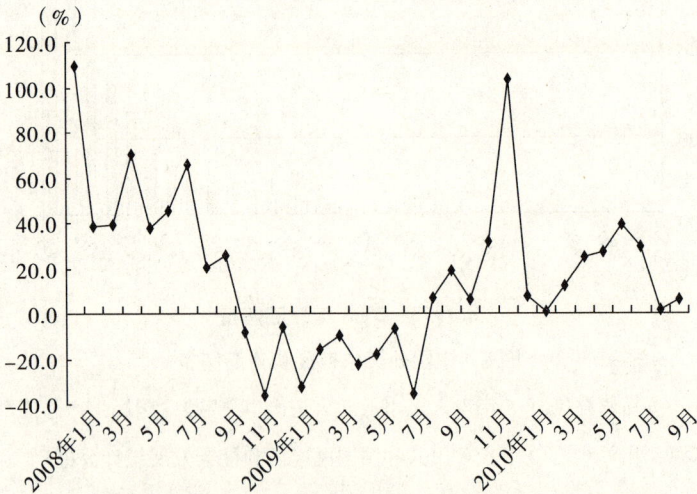

b. 2008 年 1 月—2010 年 9 月对外直接投资同比增长

图 9 中国进出口和对外直接投资同比增长

资料来源：商务部网站。

　　根据商务部在《中国外商投资报告》中披露的数据，外资企业引进技术在中国引进技术总额中约占 50%，外资企业出口约占中国全部出口的 60%，中国高新技术产品出口的 88% 是外资企业实现的。2008 年 10 月至 2009 年 7 月连续 10 个月，外商直接投资同比下降。即使没有出现国际资本大规模外流，本轮危机通过对外直接投资而产生的不利冲击也是显而易见的。

　　2008 年 1 季度至 2009 年 1 季度的 GDP 增长率分别为 10.6%、10.1%、9.0%、6.8% 和 6.1%，增速下滑明显。2009 年 2 月居民消费价格总水平（CPI）同比下降 1.6%，连续第 10 个月下降，为 6 年来首次出现负增长。工业品出厂价格（PPI）从 2008 年 12 月开始，先于 CPI 出现负增长，同比下降的状况持续 12 个月之久。可见，在全球性衰退中，中国经济难以独善其身。

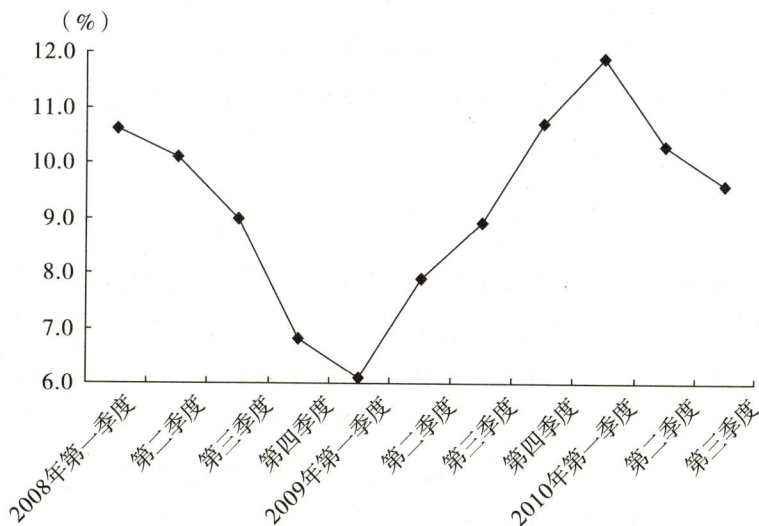

a. 2008 年 1 季度至 2010 年 3 季度 GDP 指数

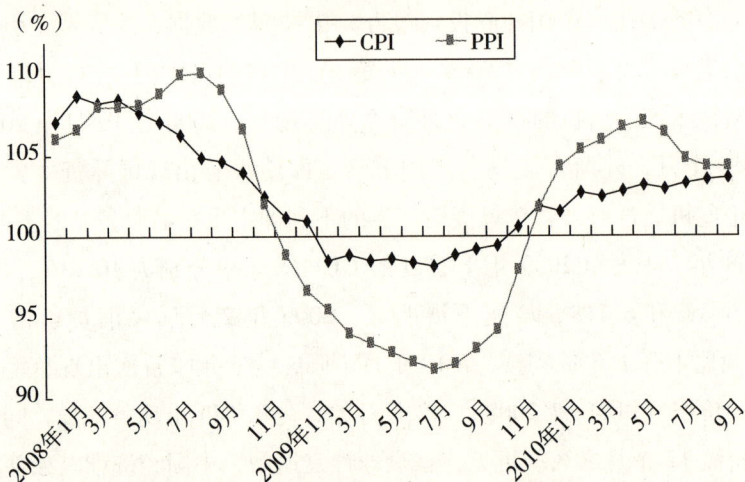

b. 2008 年 1 月至 2010 年 9 月价格指数

图 10 中国 GDP 增速、居民消费价格指数和工业品出厂价格指数同比增长

资料来源：国家统计局网站。

本轮危机充分暴露了世界经济发展方式不可持续，虽然经济全球化的长期趋势不可逆转，但全球经济格局面临深度调整和全面转型，转变经济发展方式是实现世界经济平衡有序发展的根本途径。本轮危机不仅是一个事件，更应被理解为一个过程。中国产业成长也是一个过程。所以本轮危机对中国产业成长的影响就不仅是一次"外部冲击"①，更是一个过程对另一个过程的持续作用。这主要体现为世界经济调整和全球化新走向的挑战。

（1）发达国家更加注重用科技引领实体经济发展。例如，美国增加对新能源的投入，希望新能源能成为新的经济增长点。其实质是通过"再工业化"延长国内高端产品线，塑造新的竞争优势，以高附加价值产品平衡与外围国家中低端产品间的贸易。由此会带来两个需要特别重视的问题：

其一，新型贸易保护的风险加大。发展新能源的一个基本障碍是：与传统能源相比成本太高，而依靠技术创新发展新能源的速度太慢。因此，无论

---

① 通过进出口和对外直接投资形成的直接冲击具有明显的结构性特征。对 C40（通信设备、计算机及其他电子设备制造业）产业，对广东、浙江、江苏三省，对三资和民营企业的影响最为明显，这映射出了中国开放以来的贸易和外资格局。

是风能、太阳能，还是生物能源，其发展都需要政府补贴。补贴的程度与传统能源价格相关。只有传统能源价格上涨到一定程度，补贴才能解除，新能源才能成为自我可持续发展的产业。可行的办法就是提高传统能源的成本。如何提高？就是制定更严格的环境保护规则。实际上，发达国家酝酿把碳排放与贸易挂钩，征收"碳关税"，与其发展新能源是紧密相关的，是针对以消耗传统能源为主的外围国家的新型贸易保护。

其二，世界产业调整和发展的路径存在很大的不确定性。例如，全球都认可发展清洁能源的大方向，但在发展路径上仍有很大的不确定性：是在传统能源基础上通过碳收集降低污染率的方式发展清洁能源，还是发展风能、太阳能、生物能源等新能源？为什么要强调这种差异呢？因为对产业发展路径的判断失误，会产生很大的负面影响。在20世纪80年代后期，发达国家都认可新一轮全球经济增长的方向是信息产业。但是对于信息产业的发展路径，美国跟日本的预期分歧很大。日本认为未来的信息产业发展方向是大型计算机，美国认为是计算机的小型化。结果证明，信息产业的发展按照美国的路径走，所以日本在后来的整个信息产业的十年繁荣中始终落后。所以即使我们认定未来全球产业调整的重点是发展清洁能源，但是对于它的路径还应该给予高度关注。这不仅对中国承接国际产业转移，而且对中国参与全球产业竞争有着重要意义。

（2）发达国家缩减财政赤字，居民改变消费模式。在应对本轮危机中，美国实际上是用更多的流动性来解决流动性过剩问题。虽然"无就业增长"使美国的量化宽松政策尚难以退出，但是缩减财政赤字和发展实体经济作为推动美国经济"再平衡"的两轮，缺一不可。发达经济体财政赤字的缩减，居民消费模式的改变，将会使市场需求成为后危机时代全球经济最稀缺的资源之一，进而全球贸易增长在短期内难以恢复到危机前的水平，这必将对中国的外向型经济形成制约。

3. 中国产业成长路径的转型

形成基于本土需求的产业自生能力、提升产业国际竞争力和保证经济全球化中的产业安全，是中国产业成长的目标。为此，需要产业成长方式的根本性转变和产业成长路径的战略性调整，即进入内生驱动、多极增长的轨道。

（1）在承接新一轮国际产业转移中形成内生技术能力。"刘易斯转折点"的逼近和要素价格形成机制的市场化改革，是后危机时代中国产业成长面对的新变化。从长期趋势看，中国人口结构已经发生变化，劳动力充分供给的特征正在逐步消失①。本轮危机可能延缓这一过程，但"刘易斯转折点"逼近和人口红利消失的趋势不会改变。同时，随着反映市场供求关系、资源稀缺程度和环境损害成本的生产要素和资源价格形成机制的完善，中国将进入一个生产要素成本周期性持续上升的阶段，CPI 上涨将不仅仅是一个短期现象。

依靠生产率提高而非要素投入的产业成长才是可持续的，为此需要大规模技术创新的支撑。中国应当将自主创新与新一轮国际产业转移结合起来，在扩大开放中实现技术创新和产业持续成长。

开放市场条件下，后发大国须把技术作为产业成长系统中的一个内生变量，技术创新须基于本土市场需求，形成内生技术能力。技术创新是分工深化的结果，政府在技术创新当中的作用主要是通过提高交易效率来降低交易成本，进而促进分工的深化。也就是说，政府的职能作用更多地体现于市场建设，更多地运用竞争政策而不是产业政策，致力于建设有效率的市场体系。企业及其组织能力是技术创新的载体。从 20 世纪 90 年代以来发达市场经济国家的实际来看，表现为中小企业的技术创新，其背后隐藏着大公司的影子，由大公司主导技术创新的本质并没有改变。通过深化垄断行业改革、引入竞争机制和推进公平准入，在市场竞争中生成有竞争力的大公司，是实现技术创新的必由之路。

始于上世纪 90 年代的新一轮国际产业转移仍在深入发展②，现代服务业和先进制造业成为产业转移的重点领域，服务外包和研发国际化进一步深化。在承接国际产业转移中增强自主创新能力，是实现中国产业持续成长的可行

---

① 自 20 世纪 80 年代初，中国劳动年龄人口的增长率开始下降而且速度逐渐加快，2020 年前后劳动年龄人口将停止增长。劳动力有效供给增长的放缓已经使得劳动力价格不断上涨。1999—2008 年，中国的实际工资增长率持续高于实际 GDP 增长率，实际工资平均增长 12.78%，实际 GDP 平均增长 9.75%，工资涨幅比 GDP 增幅高出 3.03 个百分点。

② 在这一轮产业转移中，发达国家重点发展知识密集型产业，加快向新兴工业化国家转移资本技术密集型产业。其特点主要是：产业链全球配置，产业转移与集群发展结合，单个项目、企业或产业的转移转变为相关产业链的整体转移，形成产业集群，跨国公司在产业转移中发挥主导作用。

路径。

技术创新显然可以为产业成长提供动力，同时技术创新亦是产业成长的结果。中国当前的技术创新要求是经过三十多年高增长后而内生出来的。中国经济正处于重化工业化阶段，拥有强大的制造业和基于加工组装能力的市场，当前中国自身的产业基础和市场规模具备在承接新一轮国际产业转移的同时实现技术创新的基本条件。在实行进口替代部门（如石化、钢铁、汽车），国内市场庞大，产业规模在全球占重要地位。在实行出口导向部门（劳动密集产品生产和资本技术密集产品生产中的劳动密集环节），中国是全球重要的劳动密集制造基地和低成本制成品出口大国。此外，中国的劳动力不仅成本低而且性价比高，具有分阶段的动态成本优势，其竞争力体现为从农民工到承接服务外包和研发国际化的延续。

（2）以扩大消费和消费升级推动产业成长。消费需求是产业成长的出发点和归宿。调整收入分配结构，提高居民收入在国民收入分配中的比重，提高劳动报酬在初次分配中的比重，是扩大消费需求的题中应有之义。建立覆盖城乡居民的社会保障体系，实现基本公共服务的均等化，其要义在于释放中国居民当前所面对的风险和不确定性，进而将收入更多地用于消费而不是储蓄。同时，通过规范资本市场，让更多居民拥有财产性收入，增加其物质资本积累。通过发展教育特别是针对农村和城镇低收入群体的教育，实现人力资本的积累，为城乡居民收入水平的提高创造条件。扩大国内消费就是使有支付能力的需求与生产的扩大相协调，更多地以国内消费来消化由投资形成的过剩产能。

近三十年，中国的消费结构依次经历了：20世纪80年代由衣（纺织品）食（食品）到手表、自行车、缝纫机（所谓"老三样"），20世纪90年代再到彩电、冰箱、洗衣机（所谓"新三样"）和空调、电脑，2000年以来进一步到汽车、住宅、旅游、教育的升级过程。相应地，主导产业也经历了由轻纺工业到新一代家电产品、基础产业和基础设施，再到汽车、住宅、通讯、城市基础设施等先导性产业，钢铁、建材、化工、机械等中间投入品行业，以及能源、运输等基础行业的升级过程，并且主导产业是经济增长的主要驱动力。在后危机时代，中国应进一步把消费结构升级与扩大消费需求结合起来，使消费结构升级成为产业结构升级的动力，以消费结构升级促进产业结构升级，进而驱动产业持续成长。其中，对农村消费结构的升级应给予特别的重视。

（3）依托城镇化形成多极增长的新格局。中国的城镇化有着巨大的潜力和空间。① 在后危机时代，中国的城镇化对于提升产业成长的内在动力具有不可替代的作用，可以把城镇化作为需求侧扩大消费和供给侧产业升级的引擎，进而取得"一石多鸟"的效果。

推进城镇化的关键在于完善城市化布局和形态，城市网络（City Networking）或城市群是均衡发展理念下的可行模式（刘鹤，2009）。从中国城镇化历程来看，小城镇模式和大城市模式都存在着不可逾越的障碍。在小城镇模式中，土地等资源能源利用率低，大工业难以聚集，整体就业压力难以化解，服务业相互提供市场的效应难以发挥。而大城市模式的障碍集中体现为"大城市病"。城市网络就是把一个区域内的大城市与中小城市，经由产业链和现代交通通信整合为一个经济系统，实现所谓"同城化"（见图11）。中心大城市是技术创新和产业升级的策源地，外围中小城市为中心大城市提供产业配套。中心大城市与外围中小城市间的产业内分工，使得城市网络既可以形成并发挥集聚效应和规模效应，避免了小城镇模式的弊病，又避免了"大城市病"。

每个城市网络作为一个增长极，其生成须主要基于各自的资源禀赋和比较优势。极与极之间形成产业分工，发展特色产业和优势产业。基于城市网络，产业转移就并非一般意义上的东部向中西部梯度扩散，而首先是不同中心大城市之间的产业转移，进而在极内扩散。城市网络通过拓展产业成长空间，培育新的产业成长极，形成多极增长的新格局。城市网络的政策指向是适合中国的区域多样性特征，摒弃"一刀切"式的思路，针对不同区域推行差别化政策。特别是，加快推进中西部地区城市网络的形成，把城镇化作为统筹城乡和区域协调发展的重要抓手。②

---

① 2009年中国城镇人口占总人口比重为46.6%，而发达国家城市化率一般已接近或高于80%，人均收入与中国相近的马来西亚、菲律宾等周边国家的城市化率也在60%以上。

② 2008年，中国东部地区城镇化率平均达到56%，而中部、西部地区分别只有43%、38%。2009年，城镇与农村居民收入之比为3.33∶1，东部地区与中西部地区人均国内生产总值之比为2.2∶1。

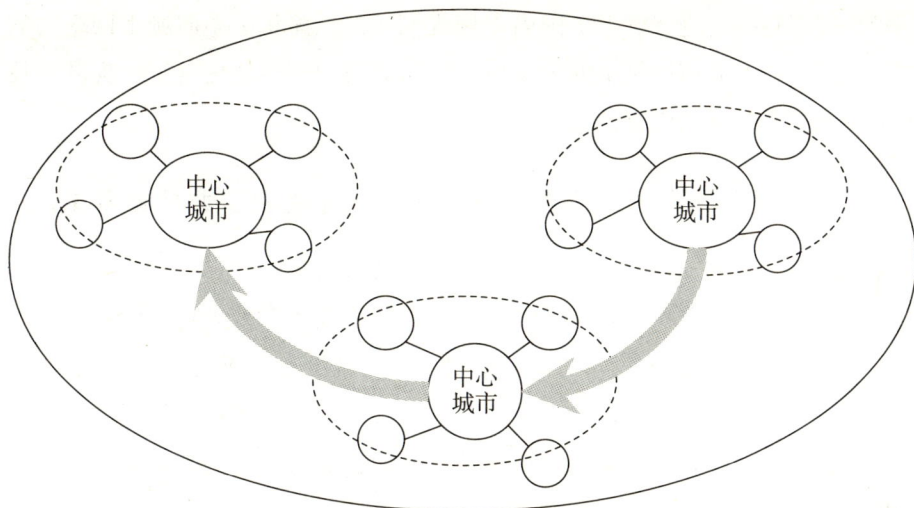

图 11 城市网络基本架构

城市网络模式使城镇化得以持续推进并创造出消费需求。一方面，农村居民人均资源占有量伴随城镇化相应增加，促进了农业适度规模经营，从而有利于提高农业效率、增加农民收入和扩大农村消费；另一方面，农民的市民化将扩大城市消费群体，其生活方式发生深刻变化，从而消费水平明显提高。[1]

同时，城镇化可以拉动投资需求。城市网络的重要基础，一是中心城市与外围城镇之间交通、通信等基础设施的完善，形成所谓"一小时都市圈"；二是社会保障和公共服务体系的完善。农村人口能否较为顺利地转入工业和城镇，是决定城镇化进程的关键。从目前来看，农民在城镇就业所应当享有的社会保障和基本公共服务的残缺，已经成为农村劳动力转移的主要制约因素，建立完善的社会保障和公共服务体系将有利于推进城镇化。城镇化进程不仅带来对基础设施和公共服务设施的投资需求，更为重要的是这种有效需求将成为消化钢铁、水泥等行业过剩产能的主要渠道。

由此可见，城镇化是扩大内需最雄厚的潜力所在。城市网络模式不仅使

---

[1] 2008 年中国农村居民人均消费支出为 3661 元，城镇居民人均消费支出为 8869 元，地级市居民人均消费支出为 10599 元，36 个大中城市居民人均消费支出为 14326 元。这表明从乡村到城市，居民消费明显增加。

城镇化得以持续推进，扩大了国内市场规模，而且深化了不同城市网络间的产业分工，以及城市网络中的大城市与中小城市间的产业内分工，提升了技术创新和产业升级的内在动力。

（三）发展现代产业体系对职业技术人才提出了新的更高要求

1. 需要全面提升各级各类职业技术人才的素质和能力

胡锦涛总书记 2009 年在珠海指出，"技能型人才在推进自主创新方面具有不可替代的重要作用"，"没有一流的技工，就没有一流的产品"。加快自主创新，促进技术进步，主体在企业，关键在人才。生产效率的提高、产品品质的提升、技术及工艺的改良革新等都需要提高劳动者的技能素质、熟练程度和知识水平。

2. 需要实现人才结构升级

发达国家技术工人中高级技工占 35% 以上，而我国尚在 25% 左右。至"十二五"末期的 2015 年，各产业所需高技能人才总量将达到 3300 万—3400万，高级工的需求数量最多，但技师的需求增幅最大，人才需求的结构升级趋势明显。其中第一产业和第三产业的人才使用结构向技师倾斜，第二产业的人才使用结构向高级工倾斜。

表 15　"十二五"末期高技能人才需求预测

单位：万人

	第一产业	第二产业	第三产业	合　计
高级技师	1.79	105.64	58.34	165.77
技师	15.58	460.39	228.29	704.25
高级工	82.58	1634.24	744.19	2461.01
合计	99.95	2200.27	1030.81	3331.03

表16　"十二五"末期高技能人才需求的等级结构及其变动

单位:%

	等级结构				等级结构变动			
	高级技师	技师	高级工	合计	高级技师	技师	高级工	合计
第一产业	1.79	15.59	82.62	100.00	-1.72	2.00	-0.28	0.00
第二产业	4.80	20.92	74.27	100.00	-1.32	-0.57	1.89	0.00
第三产业	5.66	22.15	72.19	100.00	-0.50	0.70	-0.20	0.00
合　计	4.98	21.14	73.88	100.00	-1.24	1.58	-0.34	0.00

3. 需要更好地发挥高技能人才在推动自主创新中的作用

高技能人才不仅仅是熟练操控高技术设备的操作人员，更因为在其技能磨炼过程中对生产工艺及产品属性有极为深入的理解，因而无论是发现问题还是提出现实解决方案都具有独到的能力。生产技术水平的完善和提高都需要高技能人才发挥不可替代的作用。

（四）目前的职业教育体系难以满足发展现代产业体系的要求

就业总量压力和结构性矛盾并存，是我国经济社会发展中需要加快解决的一个突出矛盾和问题。一方面，人口多带来的就业压力将长期存在；另一方面，发展现代产业体系对高素质职业技术人才的需求尚难以得到满足。这就明显地反映出目前的职业教育体系仍存在较大差距，需要构建现代职业教育体系，从而与发展现代产业体系相契合，为实现国家战略规划提供人才保证。这主要包括：

（1）把职业教育纳入经济社会发展和产业发展规划，促使职业教育规模、专业设置与我国经济社会发展需求相适应。

（2）以修订《职业教育法》为契机，把职业教育改革顶层设计、职业教育创新实践中不断积累的先进理念和成功做法提升为国家教育制度。

（3）建立健全高层次的职业教育组织协调机构，完善部际协调沟通机制，形成教育部与发改委、财政部、人力资源和社会保障部等部门共同谋划、支持职业教育发展的格局。

（4）从体制机制上强化对职业教育的经费投入，各级政府把职业教育作为财政支出重点领域予以优先保障，完善职业教育培养成本分担机制。

总之，到2020年，要形成适应经济发展方式转变和产业结构调整要求的现代职业教育体系，满足经济社会对高素质劳动者和技能型人才的需要。这不仅关乎教育改革和发展，更为重要的是关乎重要战略机遇期国家战略规划的实现。构建现代职业教育体系，直接关系到我国从人力资源大国向人力资源强国的转变，直接关系到我国人才竞争比较优势的形成，直接关系到为国家战略规划的实现提供更有力的人才保证和人力资源支撑。构建现代职业教育体系是推动经济发展、促进就业、改善民生、解决"三农"问题的重要途径，是缓解劳动力供求结构矛盾的关键环节，必须摆在更加突出的位置。

四、现代职业教育体系的基本特征

建立什么样的现代职业教育体系，是当前职业教育发展中需要回答的又一个重大课题。这是职业教育改革的顶层设计，要从"中国特色"和"世界水准"的客观要求出发，切实做到体系开放、机制灵活、渠道互通和选择多样，成为终身学习"立交桥"。

（一）具有中国特色，具备世界水准

现代职业教育体系应是具有中国特色、具备世界水准的职业教育体系。所谓中国特色，是指职业教育规模、专业设置与我国经济社会发展需求相适应，适应走新型工业化道路和产业结构优化升级的要求，满足我国经济社会对高素质劳动者和技能型人才的需要。同时，现代职业教育要成为中国工业文明和中国产业文化传承、创新与传播的主要渠道。所谓世界水准，就是要遵循职业教育规律，借鉴吸收先进国家的经验，把提高质量作为重点，以提升职业素质和职业技能为核心，着力培养学生的职业道德、职业技能和就业创业能力。

（二）与产业发展深度融合，支撑和引领经济社会发展

现代职业教育体系应是与产业发展深度融合、支撑和引领经济社会发展

的职业教育体系。现代职业教育体系的特征集中体现于人才培养体系模式和办学机制模式：其一，要形成以企业为主体、职业院校为基础，学校教育与企业培养紧密联系、政府推动与社会支持相结合的人才培养体系；其二，要实行"工学结合、校企合作、顶岗实习"的办学机制。只有这样才能真正做到专业与产业、企业、岗位衔接，专业课程内容与职业标准衔接，教学过程与生产过程衔接，学历证书与职业资格证书衔接。

（三）与普通教育相互沟通，体现终身教育理念

现代职业教育体系应是与普通教育相互沟通、体现终身教育理念的职业教育体系。现代职业教育既自成体系，同时又是现代教育体系和终身教育体系的有机组成部分。现代职业教育体系面向人人、面向社会，因此必须树立"人人成才、多样化人才"观念，构建人人能够成才、人人得到发展的人才培养开发机制。面向全体学生，为每个学生提供适合的教育，尊重个人选择，鼓励个性发展，不拘一格培养人才。只有这样才能真正做到"入口"有生源、"出口"有渠道。

（四）中等和高等职业教育协调发展

现代职业教育体系应是中等和高等职业教育协调发展的职业教育体系。现代职业教育体系以服务为宗旨、以就业为导向。定位不同，人才培养的类型和规格不同，是不同层次职业教育沟通衔接的前提。中等职业教育既要培养直接进入劳动力市场的应用型技能人才（即国际通行的 3C），又要培养能够进入高等职业教育的复合型技能人才（即国际通行的 3B）。高等职业教育的定位不应当是将中等职业教育培养的 3C 人才进一步提高实操技能，培养成为所谓高技能人才。这实际上应通过提高中等职业教育质量来完成的任务。因此，高等职业教育的定位是培养技术应用型人才（即国际通行的 5B）。只有这样才能真正做到职业教育的层次结构优化而又协调发展。

五、把先进理念和成功做法提升为国家教育制度

怎样建立现代职业教育体系，是当前职业教育发展中需要回答的第三个

重大课题。这要求以更大决心和勇气全面推进改革，更加重视改革顶层设计和总体规划，明确改革优先顺序和重点任务，深化综合配套改革试验，进一步调动各方面积极性，尊重群众首创精神，在重要领域和关键环节取得突破性进展。其中的关键就在于，把职业教育创新实践中不断积累的先进理念和成功做法提升为国家教育制度。

（一）在实现职业教育与产业发展深度融合上下功夫、见实效

"十二五"时期我国优化农业产业布局，将加快构建以东北平原、黄淮海平原、长江流域、汾渭平原、河套灌区、华南和甘肃新疆等的农产品主产区为主体，其他农业地区为重要组成的"七区二十三带"农业战略格局。

"十二五"时期我国改造提升制造业，将优化结构、改善品种质量、增强产业配套能力、淘汰落后产能，发展先进装备制造业，调整优化原材料工业，改造提升消费品工业，促进制造业由大变强。引导生产要素集聚，依托国家重点工程，打造一批具有国际竞争能力的先进制造业基地。以产业链条为纽带，以产业园区为载体，发展一批专业特色鲜明、品牌形象突出、服务平台完备的现代产业集群。

"十二五"时期我国培育发展战略性新兴产业，将大力发展节能环保、新一代信息技术、生物、高端装备制造、新能源、新材料、新能源汽车等战略性新兴产业。以重大技术突破和重大发展需求为基础，促进新兴科技与新兴产业深度融合，在继续做强做大高技术产业基础上，把战略性新兴产业培育发展成为先导性、支柱性产业。"十二五"时期，战略性新兴产业增加值占国内生产总值的比重达到8%左右。

"十二五"时期我国推动服务业大发展，将着力发展金融服务业、现代物流业、高技术服务业、商务服务业、商贸服务业、旅游业、家庭服务业，以及体育产业和体育事业。"十二五"时期，服务业增加值占国内生产总值的比重预期提高4个百分点。

为此，职业教育在技能人才、高端技能人才和技术应用型人才培养上，就应当与之相契合。

针对农产品主产区的产出特点和农业现代化需求，加强涉农专业建设，

加大力度培养适应农业和农村发展需要的专业人才，为实现"十二五"时期"在工业化、城镇化深入发展中同步推进农业现代化"的重大任务，提供更有力的引领和支撑。

针对重点产业结构调整和产业布局优化、七大战略性新兴产业和八大服务业发展领域对职业技术人才特别是高端技能人才和技术应用型人才的需求，适时调整专业设置和培养规模，着力提升职业教育对打造先进制造业基地和发展现代产业集群、培育发展战略性新兴产业，以及推动服务业大发展的引领和支撑作用。

（二）在创新职业教育服务的供给方式上下功夫、见实效

职业教育所提供的是一种社会化的专业服务。构建现代职业教育体系，需要改革职业教育提供方式，放宽市场准入，引入竞争机制，扩大购买服务，鼓励社会资本以多种方式参与，实现提供主体和提供方式多元化，增强多层次供给能力，满足群众多样化需求。

"政府主导"应更多地体现于：（1）完善职业标准和就业准入制度，执行"先培训、后就业"、"先培训、后上岗"的规定；（2）制定职业学校基本办学标准，建立健全职业教育质量保障体系，吸收企业参加教育质量评估；（3）统筹职业教育发展，整合利用现有各类职业教育培训资源，建设一批公共实训基地，提升职业教育基础能力；（4）加强"双师型"教师队伍建设，建立健全职业技术人才到职业学校从教的制度，完善符合职业教育特点的教师资格标准和专业技术职务（职称）评聘办法；（5）促进职业技术人才评价多元化，进一步提高职业技术人才经济待遇和社会地位，从根本上增强职业教育吸引力。

"行业指导"和"企业参与"要找到切实的突破口和着力点。依托大型骨干企业（集团）、先进制造业基地、现代产业集群和各级各类产业园区和农产品主产区，建设一批示范性国家级职业技术人才培养基地，是落实"工学结合、校企合作、顶岗实习"的办学机制的可行之路。

（三）在建设协调贯通的培养体系上下功夫、见实效

职业教育未来的发展应从规模扩大转向结构升级和内涵建设上来。《国

家中长期教育改革和发展规划纲要（2010—2020 年)》提出，到 2020 年形成适应经济发展方式转变和产业结构调整要求、体现终身教育理念、中等和高等职业教育协调发展的现代职业教育体系。从内涵看，所谓现代职业教育体系的一个突出要求是体系要求，强调职业教育是系统教育，不仅要科学设计内部结构，使初等、中等和高等职业教育合理衔接和协调发展，还要安排好职业教育与普通教育的转接关系，体现全面教育、终身教育的理念，做到各级各类教育科学定位、合理分工，又相互联系。

明确职业教育体系各层次的定位。中等职业教育定位于培养直接进入劳动力市场的应用型技能人才（即国际通行的 3C)，以及培养能够进入高等职业教育的复合型技能人才（即国际通行的 3B)。高等职业教育定位于培养技术应用型人才（即国际通行的 5B)。

按 3B 和 3C 两种类型设计中职教育的结构，强化以高等职业教育为后续教育去向的 3B 型中等职业教育。比如技工学校和成人中专按 3C 类型、普通中专和职业高中按 3B 类型实施教育。这样既有利于中职教育毕业生的继续教育分流，解决 3C 类型教育的重复和 3B 类型教育的断层，也有利于中等职业教育与高等职业教育的有效衔接，形成培养体系各层次与劳动力市场及现代产业体系有效衔接、中等和高等职业教育之间合理贯通和协调发展的现代职业教育体系。"十二五"时期应当着力在以下六个方面取得突破性进展：

☆坚持学校教育与职业培训并举，全日制与非全日制并重。

☆在职业教育中推行学历证书和职业资格证书"双证书"制度。

☆推进职业学校专业课程内容和职业标准相衔接。

☆制定高技能人才与工程技术人才职业发展贯通办法。

☆建立健全职业教育课程衔接体系。

☆鼓励毕业生在职继续学习，完善职业学校毕业生直接升学制度，拓宽毕业生继续学习渠道。

（四）在加大职业教育投入、提高投入效率上下功夫、见实效

1. 在教育投入不断增加的过程中，应当着力提高职业教育投入所占比重

目前，职业教育对经济增长和劳动生产率的实际贡献低于普通高中和高

等教育。对中等职业教育、中学教育和高等教育的公共投资为经济增长分别做出 0.93%、6.66% 和 4.86% 的贡献。高技能人才比重的上升对提高我国劳动生产率的贡献率为 4.64%，平均技术等级的提高的贡献率为 12.11%，大专以上高学历劳动力比重上升的贡献率为 27%。

然而各级各类教育中，职业教育投资占全部教育投资的比重每上升 1 个百分点，对经济增长率上升的带动作用大于普通高中和高等教育（分别为 0.31、0.28 和 0.27）。高技能人才占比提高 1 个百分点，对劳动生产率提高的带动作用大于大专以上高学历劳动力。

这表明职业教育投资的作用更强，但实际贡献率反而较低。其原因就在于：（1）对职业教育的公共投资占总教育投资的比重过低，其中对中等职业教育的投资占比从 1996 年的 12% 下降到 2008 年的 6%；（2）对职业教育的公共投资增长过慢，其中对中等职业教育的投资增长最慢，财政预算内中等职业教育投资、中学教育投资和高等教育投资的平均增长率分别为 10.5%、16.9% 和 17.1%。

2. 把加大中等职业教育投入放在优先位置

中等职业教育是职业教育体系的基础，最需要夯实。然而，中等职业教育的人才培养效率较低，是职业教育体系中的短板。同时，中等职业教育对经济增长的促进作用强于高等职业教育，对东中西部地区的经济增长都存在显著的促进作用。高等职业教育对中西部地区经济增长的促进作用不明显。中等职业教育在东部地区处于规模递减阶段，在中西部地区则处于规模递增阶段。

因此，在加大职业教育投入的同时提高投入效率，就应当明确重点，即中西部地区应当重点发展中等职业教育，作为加大中等职业教育投入的重点；东部地区应当重点发展高等职业教育，适度发展中等职业教育，推动中等职业教育向高等职业教育的升级。

4

现代职业教育体系构建途径研究

国家教育发展研究中心课题组*

摘　　要

本文重点探讨了构建现代职业教育体系的内涵、原则、路径以及策略。关于构建现代职业教育体系的内涵和基本原则，要把握经济、产业、职业结构变化对技能人才培养需求的影响，要用终身教育的理念改造职业教育制度和体系，要使职业教育更具多样性、灵活性和开放性，要促进各级各类教育协调发展并相互沟通衔接，构建技能人才成长的立交桥。构建现代职业教育体系，一是要大力推进技能人才培养模式多样化，使职业教育在办学模式、学制、学生招录方式以及教学内容方法等方面更加多样化，以满足社会日趋多样的技能人才培养需求；二是要着力加强各级各类职业教育的沟通衔接，理顺不同层次职业教育的关系，促进中等职业教育与高等职业教育更好地衔接；要把非正规教育和无固定形式的学习也纳入现代职业教育体系，从教育制度、培养模式、课程设置、学习成果认证等维度，促进正规教育与非正规教育、学校教育与继续教育、职前教育与职后培训的沟通与结合。推进现代职业教育体系建设应遵循深入研究、审慎设计、先行试点、有序推进的原则。

---

* 执笔人：韩民。

现代职业教育体系具有丰富的内涵，它至少包含职业教育的学制体系、结构体系、课程体系、管理体制、办学与人才培养模式等诸多子系统。探讨现代职业教育体系的实现途径可以有不同视角、方法和侧重点，本研究重点探讨现代职业教育体系建设中职业教育人才培养模式的多样化及各级各类职业教育的沟通衔接问题。

一、建立现代职业教育体系的内涵及基本原则

建立现代职业教育体系，首先要深入理解现代职业教育体系的丰富内涵，准确把握其基本原则。

（一）现代职业教育体系的提出及其内涵

关于建立职业教育体系的提法最早见诸 1985 年颁布的《中共中央关于教育体制改革的决定》，其中提出："逐步建立起一个从初级到高级、行业配套、结构合理又能与普通教育相互沟通的职业技术教育体系"。1996 年颁布的《职业教育法》规定："建立、健全职业学校教育与职业培训并举，并与其他教育相互沟通、协调发展的职业教育体系"。"现代职业教育体系"的提法最初见诸 2005 年《国务院关于大力发展职业教育的决定》，即"进一步建立和完善适应社会主义市场经济体制，满足人民群众终身学习需要，与市场需求和劳动就业紧密结合，校企合作、工学结合，结构合理、形式多样，灵活开放、自主发展，有中国特色的现代职业教育体系"。2010 年颁布实施的《国家中长期教育改革和发展规划纲要（2010—2020 年)》（以下简称《教育规划纲要》）把构建现代职业教育体系作为我国职业教育发展的重要战略目标，提出"到 2020 年，形成适应经济发展方式转变和产业结构调整要求、体现终身教育理念、中等和高等职业教育协调发展的现代职业教育体系"。

在以上各个相关文件的表述中，我们不难发现其对现代职业教育体系内涵想强调的是以下几点：一是对经济、产业、行业发展需求的适应性，也就是说随着经济、产业、行业结构和需求的变化，需要对职业教育体系进行相应的调整；二是体系上的整合性，即结构体系合理、各级各类教育协调发展

且相互沟通衔接，包括各级职业教育的衔接、职业教育与职业培训的协调发展与沟通、职业教育与普通教育的沟通；三是终身性，强调要体现终身教育理念，满足全民学习、终身学习、不断提高技能的需求；四是多样性、灵活性和开放性，就是要构建多样、灵活、开放的技能人才培养途径，构建技能人才成长的立交桥。

（二）建立现代职业教育体系的几个基本原则

1. 现代职业教育体系要与经济、产业发展需求相适应

职业教育是经济社会发展到一定阶段的产物，职业教育体系是与一定的经济和产业结构相适应的，经济社会发展水平不同，经济结构和产业结构不同，决定了职业教育体系的不同。如果经济和产业结构发生变化，人力资源需求就会发生变化，开发人力资源的职业教育体系也将随之发生变化。从职业教育的基本理论和国内外职业教育发展变化过程来看，社会经济结构、产业结构变化对职业教育体系的影响主要体现在以下三个方面。

首先，产业结构、劳动力分布结构对职业教育结构的影响。职业教育体系结构与生产力发展水平、社会劳动力需求、劳动力在三大产业中的分布状况相关联。农业社会中，农民生产技能主要在生产和生活实践中形成，有组织的职业教育尚未出现。进入工业化阶段以后，随着制造业的发展，需要大量受过培训的技能工人，于是出现了制度化的职业教育。在工业化的初期和中期，职业教育主要集中在中等教育阶段，其主要任务是培养初、中级技能工人。到了工业化后期，随着制造技术的发展和第三产业（服务业）的发展，社会对高技能人才和服务业实用型人才的需求增大，于是出现了高等职业教育，在一些发达国家，职业教育的重心逐渐向高等教育层次转移。从产业结构与职业教育结构的对应关系看，高端制造业和第三产业越发达，职业教育的重心越高，劳动力市场对高等职业教育需求越大。目前，我国尚处在工业化中期，从业人员在第一、第二、第三产业中的分布结构为38∶28∶34，第一产业所占比重较大，第三产业所占比重较小。适应这一产业结构特征，中等职业教育仍将在我国职业教育体系中占据重要位置。维持中等职业教育规模的合理水平，坚持中等职业教育与高等职业教育协调发展，防止职业教

育重心超出实际需求而过早地从中职向高职转移，是今后一个时期应坚持的政策取向。

其次，职业结构变化对职业教育结构的影响。社会产业结构的变化将导致职业结构发生变化，职业结构的变化要求职业教育与之相适应。随着社会发展特别是经济产业结构的变化，过去几十年来，社会的职业结构持续发生变化。一些旧的职业消失了，同时新的职业大量产生。职业结构的变化可以通过国际劳工组织制定的国际职业标准分类（International Standard Classification of Occupations，ISCO）的不断修订反映出来。该组织自 1958 年制定国际职业分类标准以来，根据世界范围内职业结构的变化，先后于 1968 年、1988 年和 2008 年对该标准进行过三次修订。这些修订反映出的职业结构变化主要体现在以下几方面：一是随着职业的分化、细化及新职业的出现，职业数量持续增大，分类越来越细化（见表 1）。比如，从 1968 年到 1988 年，职业大类从 9 个增加到 10 个；从 1988 年到 2008 年，职业中类从 28 个增加到 43 个，小类从 116 个增加到 215 个，细类从 390 个变为 436 个。最重要的变化是在专业技术人员和办事员、技能工人两个职业层次之间新增加了一个"技术员及准专业人员"的职业类型。这类职业的从业人员具有中间性、复合性的特点，既要有较强的实际操作技能，又要具备一定的理论知识，通常还要辅助专业技术人员开展工作，组织和指导技能人员从事生产、服务活动，因此还需要有一定的组织或管理能力。相对于专业技术人员通常需要本科及以上层次的专业教育，办事员和技能工人需要中等职业教育，这类职业的从业人员通常需要高中后两到三年的职业教育，也就是要通过高等职业教育来培养。这一新兴职业岗位群的出现及其人才培养需求增大是高等职业教育迅速兴起和发展的社会基础。目前在我国的职业分类中还未将这一职业岗位群作为新的、独立的职业岗位群来看待。其原因在于该职业岗位群在我国尚处于发展的初级阶段，其职业需求及人们的认识还比较模糊。而我国高等职业教育的办学定位、培养目标之所以不够清晰，以及高职毕业生就业市场需求不稳定，都与此有关。

职业教育服务于劳动力市场。从一定意义上说，职业教育结构是职业结构在教育上的反映。因此，职业结构和教育结构之间存在着一定的对应关系。

两者的对应关系取决于不同职业岗位对不同层次和类型知识、能力与技能的要求。国际劳工组织在制定和修订职业分类时，将职业技能（指广义的技能，即知识、能力与技能的总和）分为四个层次（四级最高，一级最低），并认为其与联合国教科文组织的国际教育标准分类存在对应关系（见表1）。

表1 国际职业标准分类（ISCO）的变化及与国际教育标准分类（ISCED）的对应关系

ISCO—1968 年版	ISCO—1988 年版	ISCO—2008 年版	职业岗位所要求的技能水平及与国际教育标准分类（ISCED—2011 年版）的对应关系
0/1 专业技术人员（含小类 18 个）	1 高级行政、管理人员、议员等（含中类 3 个、小类 8 个、细类 33 个）	1 管理人员（含中类 3 个、小类 8 个、细类 33 个）	
2 经营管理人员（含小类 2 个）	2 专业技术人员（含中类 4 个、小类 18 个、细类 55 个）	2 专业技术人员（含中类 4 个、小类 18 个、细类 55 个）	4 级技能水平，高等教育第二阶段及以上教育层次（ISCED6、7、8 层次）
3 办事员（含小类 10 个）	3 技术员、准专业技术人员（含中类 4 个、小类 21 个、细类 73 个）	3 技术员、准专业技术人员（含中类 4 个、小类 21 个、细类 73 个）	3 级技能水平，高等教育第一阶段或短期高等教育层次（ISCED5 层次）
4 销售人员（含小类 7 个）	4 办事员（含中类 2 个、小类 7 个、细类 23 个）	4 办事员（含中类 2 个、小类 7 个、细类 23 个）	2 级技能水平，中等教育层次（ISCED3 层次）
5 服务人员（含小类 10 个）	5 服务、销售人员（含中类 2 个、小类 9 个、细类 23 个）	5 服务、销售人员（含中类 2 个、小类 9 个、细类 23 个）	同上
6 农林牧渔从业者（含小类 5 个）	6 农渔业技术员（含中类 2 个、小类 6 个、细类 17 个）	6 农渔业技术员（含中类 2 个、小类 6 个、细类 17 个）	同上

表1（续）

ISCO—1968 年版	ISCO—1988 年版	ISCO—2008 年版	职业岗位所要求的技能水平及与国际教育标准分类（ISCED—2011 年版）的对应关系
7/8/9 机械运输操作工（含小类 30 个）	7 工艺及有关人员（含中类 4 个、小类 16 个、细类 70 个）	7 工艺及有关人员（含中类 4 个、小类 16 个、细类 70 个）	同上
	8 机械操作、安装工（含中类 3 个、小类 20 个、细类 70 个）	8 机械操作、安装工（含中类 3 个、小类 20 个、细类 70 个）	同上
	9 非技能人员（含中类 3 个、小类 10 个、细类 25 个）	9 非技能人员（含中类 3 个、小类 10 个、细类 25 个）	1 级技能水平，初等教育层次
X 无法分类人员（含小类 3 个）			
军人	0 军人（含中类 1 个、小类 1 个、细类 1 个）	0 军人（含中类 1 个、小类 1 个、细类 1 个）	

资料来源：国际职业标准分类相关内容引自国际劳工组织（ILO）网站，国际教育标准分类相关内容引自联合国教科文组织（UNESCO）网站。

再次，技能需求变化对职业教育的影响。人的职业能力由知识、能力和技能等几方面要素组合而成，不同职业岗位对从业人员的知识、能力和技能的层次与类型的要求不同。即便是在同一个职业岗位上，技能也有程度的差别，正如技能工人有初、中、高级之分一样，因此，技能培养和积累也必然经历初、中、高级几个阶段，其中间过程可以缩短但很难跨越。技能培养的层次性和阶段性是各级职业教育确定培养目标和定位以及建立相互衔接关系的基本依据。需要强调的一点是，即便是同一职业岗位，其技能要求也会随着经济社会和技术等的发展而发生变化。过去几十年来，很多岗位对从业人员知识与技能的要求越来越高，有些岗位则呈现细分化的趋势，对从业人员知识与技能要求趋于多样化。概括而言，技能的变化主要表现在以下几个方面：一是对技能发展所要求的核心能力，如学习能力、思考能力、解决问题能力、与人交流等提出了更高的要求；二是对新岗位、新技术和新工具的应对能力，比如使用现代信息技术等的要求更高；三是对生产、服务过程中的组织、协调、管理能力等要求更高。这些变化对技能人才培养模式、内容、方法乃至职业教育制度都有重大影响。比如，要求职业教育加强通用技能的培养，要求加强职业技能的持续培训，要求中等和高等职业教育、职前教育与职后教育的有效衔接，等等。

2. 现代职业教育体系必须满足终身学习的需求

现代职业教育体系是终身教育体系的重要组成部分。在传统的教育体系中，职业教育往往被视为一种以就业准备为目的的"终结性"教育，而从终身教育的观点来看，任何级别和类型的教育都不再是"终结性"的，职业教育也不应是继续学习的"死胡同"。在知识社会和终身学习背景下，人的知识、能力和技能都需要通过持续的教育和学习加以提高，技能从低级到高级的发展，必须以终身教育来支撑。有研究认为，人一生所获得的知识和技能的大部分是离开学校以后通过终身学习和实践获得的。终身教育有助于将人一生中各个阶段的教育和学习的成果，包括通过实践积累的经验和技能有机融合起来，促进人的持续发展。

3. 现代职业教育体系必须具备开放性

开放性是终身教育背景下现代教育体系的重要特征。《教育规划纲要》提出构建完备的终身教育体系，使学历教育和非学历教育协调发展，职业教育和普通教育相互沟通，职前教育和职后教育有效衔接，这也是构建现代职业教育体系应遵循的基本原则。现代职业教育体系不可能也不应该是一个自我封闭的体系，它应当具有制度上的灵活性，教育对象上的包容性，教育机会的开放性，人才培养途径的多样性。现代职业教育体系应当为学习者提供开放的学习资源、多样的学习路径、多次选择机会，满足人们各种职业教育与培训需求，满足从业人员职业能力持续提升的需求。

现代职业教育体系要将正规教育、非正规教育、无固定形式的学习（如工作场所的学习）都纳入进来，使学校教育和职业培训、学历教育和非学历教育、职前教育与职后教育紧密结合。因此，要建立健全更加开放的办学模式、招生制度和教育教学制度，推进工学结合、校企合作，构建能体现职业教育和终身学习特点、非正规教育和无固定形式学习等各种学习成果的价值都能得到恰当承认的评价机制，等等。

要促进职业教育资源的开放和共享。职业教育是面向人人的教育，公共职业教育资源要更加开放。中、高等职业学校应拓展招生面向，积极探索注册入学、宽进严出、弹性学制学习制度。同时，学校职业教育资源也应向社会开放，在终身学习、职业技术教育方面发挥更大作用。要大力推进优质职业教育资源共享。

二、大力推进职业教育人才培养模式多样化

由于社会对技能人才的需求日趋多样化，职业教育在人才培养模式上也必然趋向多样化。现代职业教育体系必然是融合多样化人才培养模式的包容的体系。因此，构建现代职业教育体系的重要任务是大力推进职业教育人才培养模式的多样化。

（一）办学模式或培养模式的多样化

适应社会对技能人才的多样化需求，要进一步拓宽技能人才培养和成才途径。在目前我国的技能人才培养中，学校教育占据主导地位。以高职为例，我国培养高技能人才的教育机构主要有以下几类：一是全日制的高职（专科）院校，目前全国有此类院校1246所，在校生966万人。相对于其数量发展，这类高职教育的主要问题是质量上还不能完全适应社会要求，对学生职业技能的培养还比较薄弱。二是非全日制的学历高职教育，如远程、开放教育（如广播电视大学）和成人高等学校等，规模上也有数百万人，这类高职教育的特点是提供以业余学习为主的职业教育，而且其对象主要是已进入社会的成人学生。目前这类教育的主要问题是工学结合不紧密，甚至存在工学矛盾，教育质量保障机制不健全。三是非学历教育机构，如人力资源与社会

保障系统举办的高级技工学校、技师学院、社区学院等。此外，还有民办的专修学院、培训学院等，全国现有此类机构 836 所，各类注册学生 85 万多人。这类非学历职业培训机构主要以获得职业技能资格为导向，其主要问题也是质量保障比较薄弱。

从技能人才培养多样化的视角出发，在职业教育发展中把学历教育和非学历教育并重，把各种非学历教育也纳入高职发展的政策视野，统筹公办教育和民办教育、教育部门和其他相关的教育资源，在尊重各类教育培训机构办学特点的前提下，促进学历教育与非学历教育、学历资格与职业资格的沟通衔接。要探索建立高技能人才成长的立交桥，建立学历资格与职业资格相统一的新型国家资格框架，建立不同类型教育机构间的学分认证、积累和转换制度。对进一步拓宽技能人才培养和成才途径，本课题组有以下几点具体建议：

一是大力推进工学结合、工学交替的技能人才培养模式。在坚持和改进学校职业教育为主的培养模式的同时，要积极探索企业主导、工作场所学习和职场实际操作为主、课堂学习为辅的现代学徒制。二是加强农业高技能人才的培养。要改进农业职业教育招生办法，把涉农专业招生范围向更广泛的农村拓展。积极发展"半农半读"的涉农教育模式。三是加快建立职业教育中的学分认证、积累和转换制度，推进正规教育与非正规教育的学习成果互认，促进学校教育与继续教育、职前教育与职后教育、正规教育与非正规教育的沟通衔接。

（二）职业教育学制的多样化

从国际上看，职业教育可以划分为学历教育（正规教育）和非学历教育（非正规教育），即便是学历教育其学制年限也是多样的。中等职业教育通常是初中毕业起点两至四年，以三年居多；高等职业教育以高中毕业为起点，通常学制为一至四年，两至三年学制居多。在那些把短期高等教育视为一个教育层次的国家，如美国和日本，高等职业教育通常为两年。总之，职业教育的学制是由一个国家劳动市场需求和教育结构体系所决定的。随着劳动市场需求的多样化，职业教育的培养模式和学制年限也应多样化。近年来，随着科技进步等，在医疗、卫生和保健等专业性较强、技术要求高的职业领域，高等职业教育的学制年限有逐渐延长的趋势，比如在美国和日本，护士专业或医疗技师专业出现了四年制的高职。

目前我国高等职业院校以高中起点两至三年的学制为主。这种模式的特点是以高中普通教育为基础的职业教育，比较适合那些对通用能力要求较高且不需要长期积累专业技能的职业领域，尤其是第三产业中的一些职业岗位。还有一种学制，是少数院校正在探索的初中起点五年一贯制的模式。这种模式的特点是三年中职加两年高职，对学生实施五年一贯的技能训练，比较适合那些需要较长时间积累技能的职业领域，如制造业中的一些职业领域。此外，我国的民办专科或高职近年升格为四年制院校者不在少数，这些院校虽然学制年限延长了，但其职业面向和人才培养模式仍保留了原来的高职特色。如果这类院校可以被看作是四年制高职的话，我国的高职在学制年限上就可以说是两年、三年、四年和五年制等多种模式并存。换句话说，我国高职教育已经呈现出一种多样化的趋势。值得注意的是，近年一些高职学校或者研究者提出，高中毕业起点两或三年的高职学制在规格和质量上已不能适应社会的人才需求，因此应考虑将学制延长至四年。

高职学制年限的多样化以及延长学制的问题是构建现代职业教育体系中的一个重要问题。对此，本课题组有以下几点政策建议。

第一，在一个较长的时期里高职应坚持以高中起点两或三年的学制为主。对高职延长学制的需求要采取审慎的态度，延长年限应局限在少数确实需要的专业领域，要注意防止盲目的、一窝蜂式的延长年限或者升格。其理由有三：一是高职学制年限的延长，将造成高职学习成本和机会成本的增大；二是各种原因导致高职院校中存在强烈的升格冲动，部分高职院校学制年限的延长可能会对其他高职院校产生刺激作用，使高职院校的注意力转向外延式发展而不是内涵发展；三是延长学制后，很可能导致四年制高职与目前数量庞大的"应用型本科"在培养目标上趋同，从而给高职教育办学特色带来负面影响。

第二，在那些确实需要长期技能养成的专业领域，对初中毕业起点五年一贯制的模式应在制度上予以认可并给予相应的政策支持，允许其学生享受中职生国家助学金和高职生助学贷款等。

（三）学生招录方式及教学内容方法的多样化

要培养多样化的技能人才，满足技能人才的终身学习需求，就要改革职业学校的招生录取制度。以高职为例，随着高职院校招生考试制度的改革，高职生源正趋于多样化。目前高中起点的高职院校生源既有应届高中阶段毕业生，也有往届毕业生，其中应届毕业生是主流，有职业经历者较少。从其教育经历看，既有普通高中毕业生，也有中等职业学校毕业生，普通高中毕业的生源是主体，但中等职业学校毕业生呈增加趋势。生源的多样化一方面给高职院校带来了新的活力，同时也给高职院校的招生考试和教学提出了更高的要求。一是如何完善适应职业教育的、多元的学生招录模式。对不同学历、经历的学生可采取不同的招录方式，综合利用高考成绩、高中会考成绩、在中等职业学校的学习成绩及获得的职业资格、技能测试等多样的评价结果。二是加强教学的针对性。由于经不同发展路径入学的学生其知识、能力、技能和经验不同，高职院校在教学安排上也应有所不同。一般来说，普通高中毕业生的知识基础较好，而动手能力较差，中等职业学校毕业生则相反。如何适应高职生源的多样化趋势，针对不同学业和能力背景的学生开展有效和有针对性的教学，是摆在高职院校面前的新课题。

三、着力加强各级各类职业教育的沟通衔接

现代职业教育体系是由多样化的教育层次和类型构成的，但它们应当是一个有机的整体，各级各类职业教育应协调发展并相互沟通和衔接。

（一）加强不同层次职业教育的相互衔接

要使中等教育、专科层次的教育、本科层次的教育以及本科以后的教育衔接更加顺畅。

中职与高职的衔接可以有多种模式，既有"直通车式"的，即从低层次学校直接进入高层次学校，也有"夹心饼干式"的，即从学校到职场再到学

校。不同的衔接方式适用于不同的产业领域和不同类型技能或实用人才的培养。"夹心饼干式"的培养模式比较适用于制造业高技能人才的培养，特别是那些需要操作性强、在实际操作中逐渐积累技能的领域，这些领域里高技能人才的培养很难单靠学校教育来完成。社会上很多职业资格也要求一定工作年限，这也从一个侧面反映出在工作岗位上技能积累的重要性。相比较而言，"直通车式"的衔接模式比较适用于服务业应用型人才培养。

目前，我国正在探索中的中高职衔接模式主要有：中高职五年一贯制、中职毕业生对口直升高职、中职毕业后先就业再进入高职、中职毕业后边工作边通过业余和远程教育继续深造等。这些不同模式应当说各有其长处，多种模式并存有利于满足人们多样化的需求和培养多样化的技能型人才。

高职毕业生的升学路径或者毕业后继续学习深造的途径目前比较单一，主要是专升本模式，而且多数是通过业余或远程教育等方式。有人认为除了提高学历层次外，专升本从高技能人才培养的角度来说积极意义不大。也有人提出，应将部分高职的年限延长至四年本科，由其承担高职毕业生专升本的任务。还有人提出，应像日本那样，建立技术科学大学，主要承担高技能人才专升本和本科后继续深造的任务。对于高职毕业生如何继续学习深造，还有很多需要深入研究的理论和政策问题。比如，专升本模式对技能人才的继续深造是否具有积极意义？如果是，其积极意义是什么？如果专升本对高技能人才的培养积极意义不大，那么是否需要创建新的继续深造的路径？

高职毕业生继续学习的需求是多样的，因此应为高职毕业生继续学习开辟更多的路径。除现有的专升本之外，有两条途径可探索：一是符合条件的高职毕业生可以升入应用型本科继续学习，这种升学模式在北美的社区学院和四年制大学比较常见。但在具体操作上，需要有相应的配套制度安排。比如，本科院校要为专科毕业生预留一些学位，在课程上也要研究如何更好地衔接。二是借鉴日本的技术科学大学的经验，设立少量应用技术大学，设立以高职毕业生为对象、涵盖本科和硕士研究生阶段的专门路径，满足培养本科或研究生层次高技能人才、应用型技术人才的需要。

（二）促进学历教育和非学历教育的沟通衔接

非学历教育、职业培训也是职业教育体系中的重要部分，在技能人才培养中发挥着不可替代的作用。但目前非学历职业教育或培训尚未得到应有的重视，其学习成果尚未得到恰当的评价，其与学历职业教育的沟通还存在体制性障碍。

促进学历与非学历职业教育沟通衔接的一个重要途径是构建新型的国家资格框架，把学历资格与职业资格打通。我国已经建立了学历资格和职业资格制度，但学历资格证书和职业资格证书各有各的体系，两者缺乏有机沟通，甚至相互排斥。我们要尽快构建与终身教育相适应、符合现代职业教育体系要求的新型资格框架，加强学历资格体系与职业资格体系的相互融通。近年来国际上构建终身教育体系、职业教育体系的一个重要趋势就是建立把学历资格与职业资格融为一体的新型国家资格框架。英国、澳大利亚等发达国家已经建立了比较完善的新型国家资格框架，通过这一框架把基础教育、职业教育、高等教育、职业培训等不同层次和类型的教育纳入一个统一的体系中。欧盟也建立了"终身学习资格框架"，大力推进在统一的能力框架下的学历资格与职业资格的衔接沟通。我国也有必要建立将学历资格体系与职业资格、技能资格体系相互沟通衔接的新型国家资格框架，这是构建现代职业教育体系、构建技能人才成长立交桥的重要前提和基础。有些人担心，建立学历资格与职业资格相统一的资格框架，可能会导致用学历资格来规范职业资格。其实这是个误解，建立新型国家资格框架，有助于提高职业资格在整个资格体系中的地位。

总之，要在科学区分职业人才类型和层次的基础上理顺不同类型和层次教育的关系，促进各类教育的横向沟通与各个层次的纵向衔接，包括教育制度、培养模式、课程设置等方面的沟通衔接，这是构建现代职业教育体系的根本要求。

四、构建现代职业教育体系的步骤和策略

推进现代职业教育体系建设应遵循深入研究、审慎设计、先行试点、有序推进的原则。

首先，要加强研究。对存在争议的理论和实践问题要进行深入的研究和

讨论，尽可能达成共识。比如，高职是否应向本科及以上层次延伸？四年制高职与应用型本科是否有本质区别？职业教育向研究生层次延伸后与专业学位教育有无区别？以怎样的制度安排满足高技能人才继续深造的需要？对于这些问题还需要进行更深入的研究和探讨。

其次，要做好顶层设计。构建现代职业教育体系，涉及职业教育制度的变革和教育结构的调整，既要从经济、产业、职业需求出发，也要符合人才特别是技能人才的成长规律，不可能一蹴而就。做好顶层设计至关重要。科学的顶层设计可以避免不当决策，减少实施过程中的偏差。

再次，要先进行试点。以试点工作推动教育改革是《教育规划纲要》倡导的做法，同样适用于构建现代职业教育体系。体系调整牵一发而动全身。凡涉及改革的事项应尽量做到试点先行，经试点取得成效和经验后再全面推开。比如，对初中后五年一贯制的模式有些地区已试点多年，有不少经验值得总结，也遇到了一些需要注意的问题。要鼓励地方和学校通过试点进行探索。

最后，还要有序推进。要遵循教育发展规律，积极而稳妥地推进现代职业教育体系建设，注意防止出现不考虑条件、"一窝蜂"式的盲目冒进。

参考文献

黄尧. 2009. 职业教育学——原理与应用［M］. 北京：高等教育出版社.

马树超，等. 2009. 中国高等职业教育历史的抉择［M］. 北京：高等教育出版社.

欧阳河，等. 2006. 职业教育基本问题研究［M］. 北京：教育科学出版社.

全国高职高专校长联席会议. 2010. 高等职业教育改革与发展报告2000—2010［M］. 北京：高等教育出版社.

孙琳. 2007. 转型时期中国职业教育的改革与发展［M］. 北京：高等教育出版社.

王明伦. 2004. 高等职业教育发展论［M］. 北京：教育科学出版社，2004.

张新民. 2010. 高等职业教育理论构建［M］. 长沙：湖南人民出版社.

韩民. 1996. 现代日本の専門学校——高等職業教育の意義と課題［M］. 日本：日本玉川大学出版社.

5

现代职业教育体系与公共政策研究

中国人民大学教育发展与公共政策研究中心课题组

摘　要

教育不仅是一个社会民生问题，更是人力资本积累的一个主要途径。其中的职业教育不仅关系到就业，更关系到我国工业化进程和产业升级。但目前我国职业教育发展相对滞后，业已成为制约我国经济长期可持续发展的一个主要瓶颈。这主要与长期以来我国职业教育持续被边缘化、政府在职业教育上的财政投入规模不足以及职业教育后的企业培训激励不足有关。因此，如何通过财政政策有效促进我国现代职业教育快速发展就成为我国政府迫切需要解决的重大问题。

本课题通过"促进现代职业教育发展的财政政策"、"加大职业教育财政投入"、"推进职业教育'校企合作'的政策"、"美国对职业教育的政策和法律支持"和"技能人才就业创业政策"五个代表性的专题研究，探讨现代职业教育体系中有关公共政策问题，为建立现代职业教育体系，促进现代职业教育发展提供参考。

一、促进现代职业教育发展的财政政策

职业教育是推动产业结构调整升级、提升国家产业竞争力、推进社会主

义新农村建设的可靠保证，是促进就业、改善民生、建设和谐社会的战略选择，既是长远大计又是当务之急。要实现职业教育又好又快的发展，合理的财政投入和相应的税收优惠必不可少。

（一）职业教育财税政策情况

2005 年大力发展职业教育以来，我国职业教育的投入占 GDP 的比例和职业教育财政性经费占全国教育财政性经费的比例都得到提升。到 2009 年我国职业教育财政性经费达到 1162.1 亿元，占 GDP 的 0.34%，比 2005 年的 0.22% 明显提升。但是，从国际经验来看，现阶段 0.3% 左右的投入比例明显低于 OECD 中等发达国家 0.6%—0.75% 的水平。而从我国职业教育投入水平的变化情况来看，现阶段财政性经费投入水平也只和 20 世纪 90 年代中期相当。相比于普通高等教育，高等职业教育的生均经费明显偏低。投入主体的构成上，和美国、英国、加拿大等教育市场机制完善的国家相比，我们政府投入的比例也明显偏低。因此，"十二五"期间应该进一步加大对职业教育的财政投入。

对于职业教育，应坚持政府主导，以财政投入作为职业教育主要的经费来源渠道。在国家教育经费总量增加的同时，应确保职业教育经费投入总量的增长。合理确定职业教育财政性投入在全国教育财政性投入中的比例，逐步提升全国职业教育财政性经费的投入以达到该比例。对于地方政府而言，也需要逐年提高财力用于职业教育的比例，保证地方政府用于职业教育的财政性经费逐步增长，提高预算内职业教育经费占整个教育总经费的比例。同时，合理确定中央政府、省政府及市县政府的职业教育投入职责，分级承担职业教育经费。对经济落后的地方加大中央财政专项资金的转移支付力度。

2006 年联合国教科文组织（UNESCO）有关职业教育的报告认为，在职业教育实践中由于教学和实习过程的特殊性，职业教育往往需要比普通教育更高的投入。世界银行的研究也表明，发展中国家职业技术学校生均成本通常比普通中学高 153%。因此，应组织相关机构，提出职业院校生均经费标准的制定原则，规定生均经费标准的构成内容，并根据我国区域经济社会发展水平和专业教学成本差异，制定不同地区和不同专业大类的生均经费标准，各省份以此作为制定本地区职业院校生均经费标准和生均公用经费标准的指导意见。原则上保证职业教育拨款标准高于同级普通学校。同时，各地政府要依照标准，足额拨付经费，保证生均经费和生均公用经费稳定增长，改善职业学校的办学条件，加强职业学校的基础能力建设，为职业院校今后的可持续发展创造条件。

对于财政投入的职业教育经费应加强管理，提高职业教育经费投入效益。应建立职业教育经费监管机制，根据各项标准对财政经费实施有效监管。在进一步加大职业教育投入的同时，还应认识到职业教育还存在学校和机构臃肿，布局结构不尽合理，专业设置重复，教学科研设施利用率不高等众多问题。因此，需加强对职业教育财政投入的审计与监督，让各级财政部门公布相应职业教育经费的构成及细节，并且要求每个使用或分配教育经费的机构都做到逐级公布，使职业教育财政经费的使用效益逐步提高。

明确不同阶段职业教育的公益性，完善职业教育投入保障机制。基础职业教育是面向每一个有中、高等技能需求的人的教育，应建立基础职业教育投入政府保障机制，确保相应经费足额到位，并实现逐年稳定增长。进一步完善中等职业教育免学费、补贴生活费政策，并逐步提高标准。建立高等职业教育政府投入为主，企业、个人合理分担制度，完善国家助学金政策和贷款政策。

从国际经验来看，职业教育发达国家经费来源大致分为两个部分：一是公共财政经费；二是由企业、社会捐赠投资，家庭个人交纳学费，学校服务性收入所形成的多渠道教育投入。应建立健全职业教育政府主导，行业企业、社会团体、公民个人参与的多元筹资机制，以政府和市场两种方式拓宽职业教育经费来源渠道。充分调动社会举办职业教育的积极性，制定政策加强行业企业的参与融合。积极引导社会资金特别是公益基金支持中西部和农村地区职业教育。

另外，还应建立职业教育资源国家购买制度。完善政府按社会需求程度购买培训成果的机制，制定公共财政购买教师企业实践岗位、学生实训岗位、企业培训资源的政策。实施支持改善职业教育办学条件的土地出让金返还、减缓有关用地费用等政策。完善财政贴息政策，支持职业院校获取国内金融信贷资金及国外优惠贷款，推进基础能力建设。

有效落实用于职业教育的教育费附加。2005 年 10 月《国务院关于修改〈征收教育费附加的暂行规定〉的决定》明确提出按照增值税、营业税、消费税三税总额的 3％ 计征教育附加费，这是保障教育事业改革发展的一项重要政策。而同年 11 月《国务院关于大力发展职业教育的决定》第 26 条规定，确保将城市教育费附加的 20％—30％ 用于职业教育。根据各地发展状况，有条件的地区可以适当提高教育费附加用于职业教育的比例，加大对职业教育的支持力度。

建立完善现代企业职业教育培训的经费保障制度，并给予相应的税收优惠。接受职业教育培训是企业职工的一项重要权利，也是其应尽的一项义务。2005 年《国务院关于大力发展职业教育的决定》要求"企业按照职工工资总额的 1.5％—2.5％ 提取教育培训经费，列入成本开支，用于职工特别是一线职工的教育和培训"。对于按规定足额提取教育培训经费并进行员工培训的企业，应给予一定的税收减免或准许费用加计扣除。

进一步落实和完善职业教育税收优惠政策。2004 年《财政部、国家税务总局关于教育税收政策的通知》等相关法规已经全面制定了教育相关的税收优惠政策，但由于相关优惠政策缺乏实施主体和细则，对职业教育的支持并不到位。首先，应制定社会公益性单位举办职业教育的税收优惠政策，落实鼓励社会各界捐赠职业教育的所得税减免政策，鼓励尝试实行社会捐赠的超额扣除，调动社会各界捐资举办职业教育的积极性。对独立举办职业教育的企业，或为职业教育提供实训基地的企业，应给予更为优惠的税收减免，例如直接减免一定比例的企业所得税。全面落实企业支付学生实习报酬准予企业所得税税前扣除，并对实习开支进行超额扣除。对企业购置实训设备等培训支出实施限额税收抵免优惠。落实企业相关职业技术咨询、技术服务业务收入的税收减免。鼓励个人在职接受职业教育与培训，相关教育和培训费用在个人所得税税前扣除。

（二）促进现代职业教育发展的税收政策

除了政府部门以外，现代职业教育的发展同样离不开民间经济主体的参与。因此，我国政府一方面应加大在职业教育方面的财政投入力度，另一方面也应采取有效的税收政策以鼓励民间经济主体更加积极地参与职业教育，促进职业教育的发展。

1. 职业教育相关的现行税收政策

事实上，为了促进我国教育事业的发展，我国业已采取了一系列税收优惠政策。2004 年，《财政部、国家税务总局关于教育税收政策的通知》中明确规定，对各级学校提供教育劳务取得的收入、办学用地以及社会教育捐赠等方面在营业税、增值税、企业所得税、个人所得税、房产税、城镇土地使用税、印花税、耕地占用税、契税、关税等方面给予相应的税收减免。

目前来看，这些税收优惠政策总体上较为综合全面，在鼓励更多的社会力量发展教育事业方面发挥了重要作用，但缺乏特别针对职业教育发展的具体政策措施。因此，今后应进一步加以完善。

2. 完善税收政策促进职业教育发展

具体而言，我国政府应在如下几个方面进一步完善相关税收政策，以更好地促进我国现代职业教育的发展。

第一，适当提高针对职业教育的社会捐赠的超额扣除比例。依据我国当前的《企业所得税法》，企业社会捐赠的扣除比例是其年度利润总额的 12% 以内的部分，即企业捐赠金额超过企业当年税前利润的 12% 部分仍需缴纳企业所得税。而《个人所得税法实施条例》规定，捐赠额未超过纳税义务人申报的应纳税所得额 30% 的部分，可以从其应纳税所得额中扣除。这一比例总体上较好地兼顾了我国当前的财政承受能力和纳税人负担水平，但与国外部分国家相比仍存在着进一步提升的空间。特别是为了更好引导社会力量参与职业教育的发展，今后，可适当将针对职业教育的企业捐赠扣除比例提高到 20%，个人捐赠扣除比例提高到 50%。

第二，允许民间职业培训机构购买用于培训的机器设备等费用的纳税扣除。目前，我国企业所得税并没有针对民办职业教育培训机构购买用于培训的机器设备等费用的纳税扣除，只有对于进口设备的关税免除。为了减轻民间职业培训机构的费用成本，鼓励民间经济主体更多地参与职业教育培训，今后可考虑允许民间职业培训机构在缴纳企业所得税时，将购买用于培训的机器设备等费用按照 50% 或 80% 的比例进行扣除。

第三，提高企业提供实习的税收激励，规范税收减免范围。我国《企业支付实习生报酬税前扣除管理办法》规定，企业支付给在本企业实习学生的报酬，可以在计算缴纳企业所得税时依照该办法的有关规定扣除。但是，接收实习生的企业与学生所在学校必须正式签订期限在三年以上（含三年）的实习合作协议，明确规定双方的权利与义务。参考国外相关优惠措施，可将企业提供的实习工资总额按一定比例纳入税收减免，同时根据实习培训专业、内容、方式分类确定减免额度。

第四，针对企业聘用职业教育学生提供税收激励。我国还没有针对持有职业教育学历或职业技术资格证书人员就业的税收优惠政策。而 2006 年的《关于下岗失业人员再就业有关税收政策问题的通知》规定，企业吸纳持有《再就业优惠证》人员，签订一年以上劳动合同并缴纳社会保险费的，按实际招用人数予以定额依次扣减营业税、城市维护建设税、教育费附加和企业所得税优惠。定额为每年 4000 元，可上下浮动 20%。参考类似优惠政策，可允许企业聘用职业教育学历的应届毕业生，1—3 年内享有定额的税收减免或毕业生工资部分比例的减免。

第五，适当提高企业培训支出的限额税收扣除。我国《企业所得税法》规定：除国务院财政、税务主管部门另有规定外，企业发生的职工教育经费支出，不超过工资、薪金总额 2.5% 的部分，准予扣除；超过部分，准予在以后纳税年度结转扣除。而《国务院关于大力发展职业教育的决定》中提出，企业按照职工工资总额 1.5% 足额提取职业培训费，从业人员技术素质高、培训任务重、经济效益较好的企业可按 2.5% 提取，列入成本开支。今后，应首先保障企业提取工资总额 1.5% 的最低限额，同时将税收扣除的比例提高到 5%，以鼓励有能力的企业加大对职工的技能培训力度。

第六，允许个人接受职业教育、在职参加职业培训的费用的纳税扣除。目前，我国个人所得税并没有针对个人接受职业教育、在职参加职业培训的费用的纳税扣除。今后，可考虑允许个人接受职业教育、在职参加职业培训的费用在缴纳个人所得税时全额或一定比例的扣除。

二、加大职业教育财政投入研究

（一）我国职业教育投入的现状

1. 职业教育投入的整体规模

首先，从职业教育投入的总体规模来看，2005 年以来我国职业教育的投入显著增长，职业教育财政性经费从 399.6 亿元增长到 2009 年的 1162.1 亿元。职业教育的财政性经费投入占 GDP 的比例从 2005 年的 0.22% 上升到 2009 年的 0.34%。

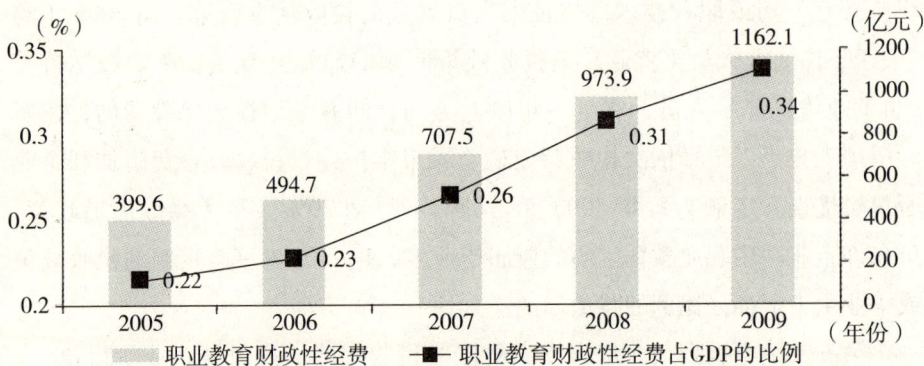

图1 我国职业教育财政性经费及其占 GDP 的比例

而从教育投入的内部结构来看，职业教育财政性经费占国家财政性教育经费的比例自 2005 年以来也出现了明显的上升，从 2005 年的 7.74% 上升到 2009 年的 9.50%。这说明在整个教育体系中，职业教育越来越受到重视，投入比例逐年上升。

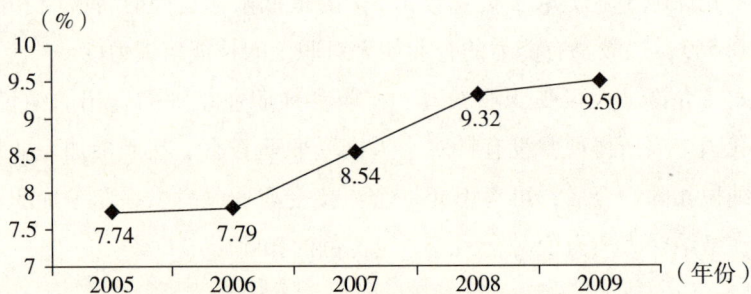

图2 职业教育财政性经费占国家财政性教育经费的比例

由于 2005 年前我国未将高等职业教育的经费统计出来，所以只能从中等职业教育投入的情况来分析 2005 年之前的变化趋势。从图 3 和图 4 中等职业教育财政性经费占 GDP 比例和占国家财政性教育经费比例的变化情况可以看出，2005 年大力发展职业教育以后，我国职业教育的这两个比例都得到提升。这说明 2005 年国务院召开的全国职业教育工作会及颁布的《国务院关于大力发展职业教育的决定》，在我国职业教育发展进程中具有里程碑的意义，强力推进了"十一五"期间我国职业教育的快速发展。

（%）

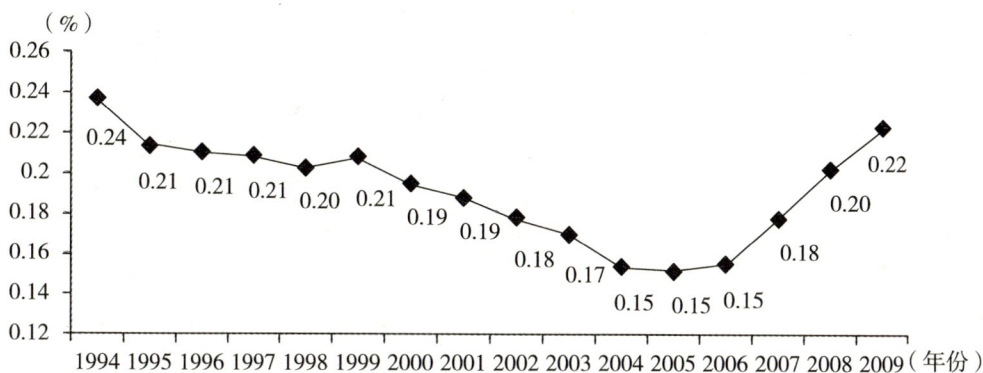

图 3　中等职业教育财政性经费占 GDP 的比例

（%）

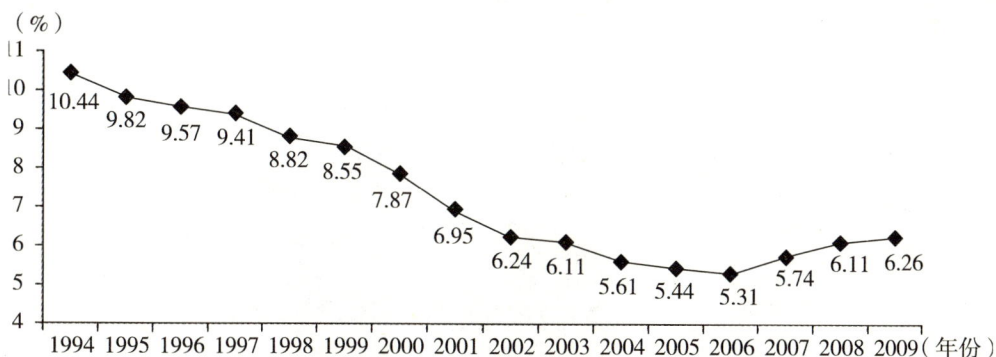

图 4　中等职业教育财政性经费占国家财政性教育经费的比例

从 2006 年以来职业教育财政性经费变化情况来看，不管是整个职业教育还是中职、高职教育，其财政性投入的增长率均在 2007 年达到最高值。虽然 2008 年、2009 年的增长速率有所放缓，但从图 5 中可以明显看到职业教育财政性经费的增长速率还是明显高于财政性教育经费。

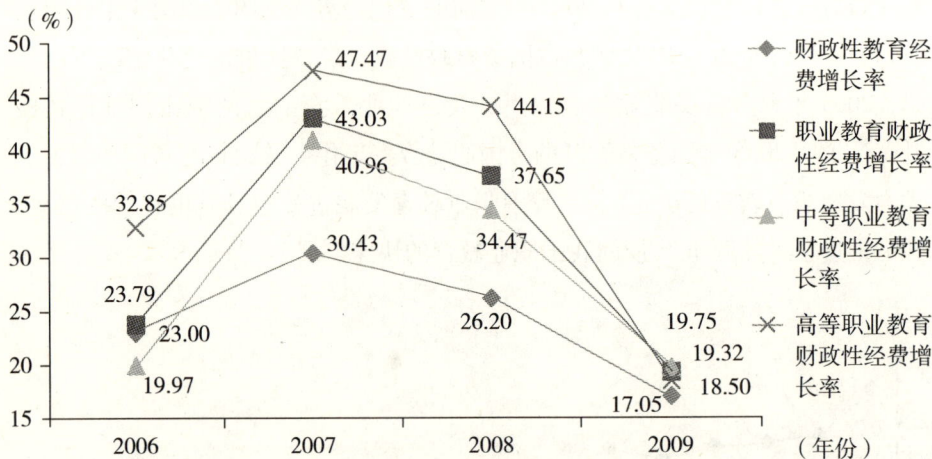

图 5　职业教育财政性经费增长率

2. 职业教育投入的水平

首先，从高等职业教育投入的水平来看，近年来地方高等职业学校生均经费逐步上升，但升幅不大，从 2007 年的 10420 元上升到 2009 年的 11909 元，地方高等专科学校的情况也类似。但和地方高等本科学校的生均经费相比较，地方高职高专的生均经费仍明显偏低。

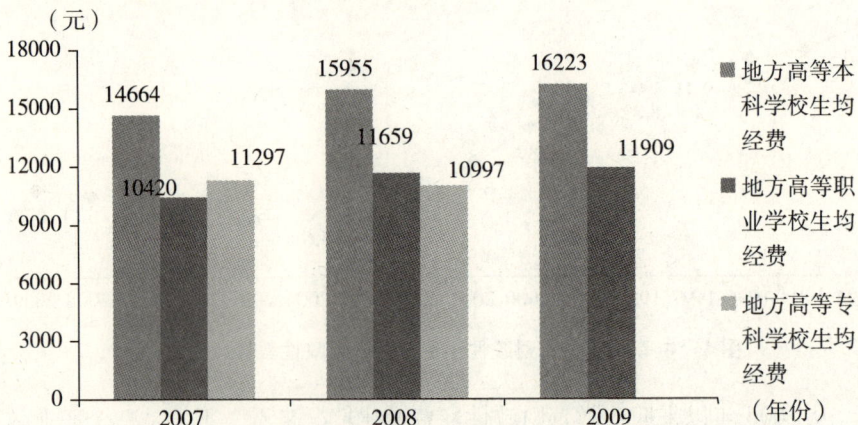

图 6　高等职业学校生均经费

其次，从预算内高等职业教育投入情况来看，和总体经费比例一致，近年来地方高等职业学校和高等专科学校的预算内生均经费逐步上升，但和地方高等本科学校的预算内生均经费相比较，地方高职高专的预算内生均经费更低，两者的差距比在总经费中的差距更大。

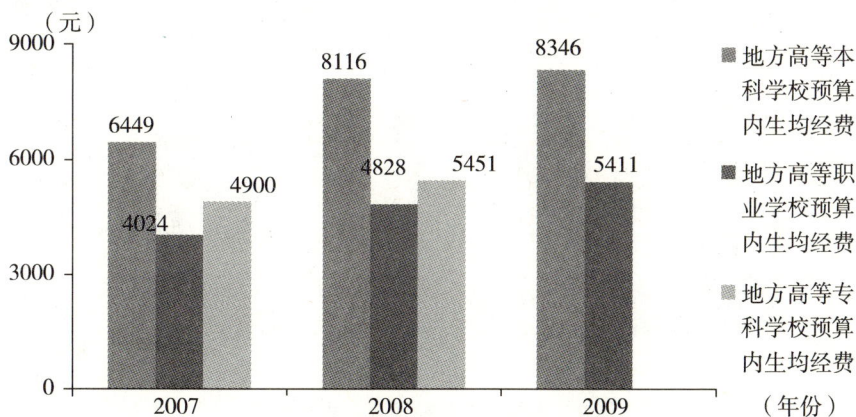

图7　高等职业学校预算内生均经费

最后，从中等职业教育投入的水平来看，近年来虽然中等职业教育投入的总体规模没有普通高中的规模大，但不管是地方中等专业学校还是职业高中和技工学校，其生均经费以及预算内生均经费普遍高于地方普通高中的水平。

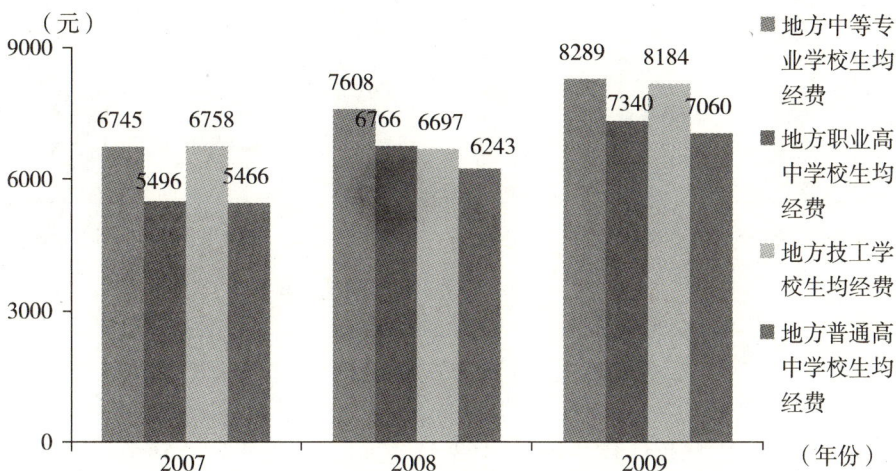

图8　中等职业学校生均经费

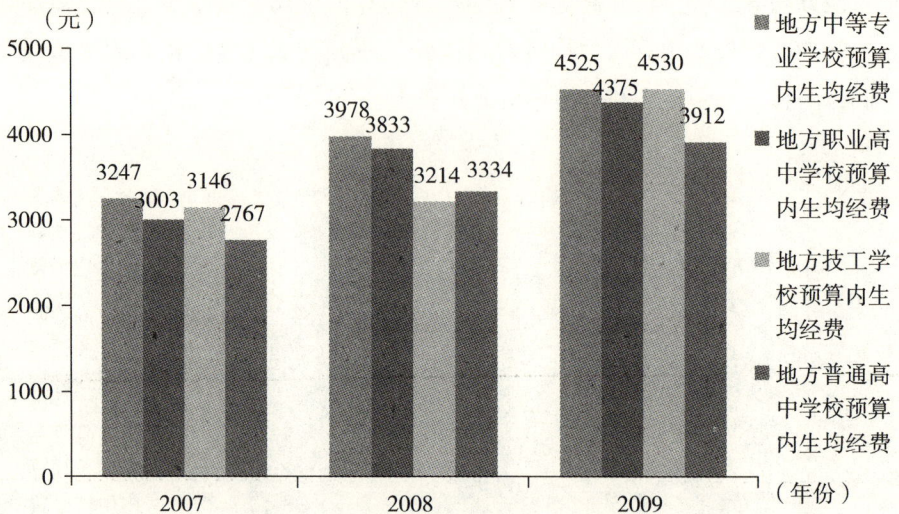

图9 中等职业学校预算内生均经费

从生均经费指数来看，现阶段我国高等职业教育的生均经费指数大概在20的水平，明显低于普通高等教育（31），而中等职业教育生均经费指数的水平跟普通高中生均经费指数持平，在15左右。

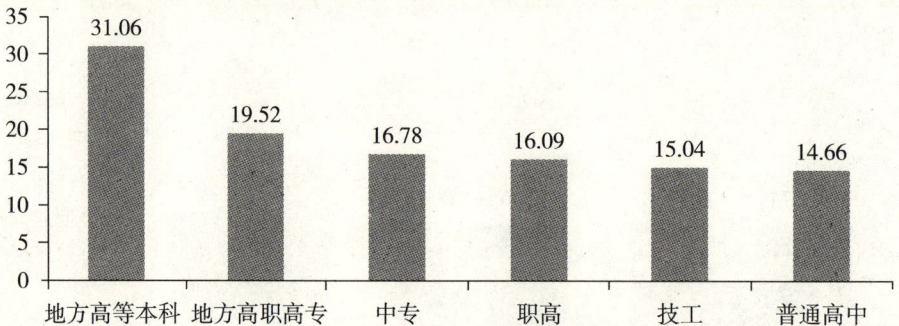

图10 不同类型学校生均经费指数

3. 职业教育投入的主体

从2009年职业教育经费投入情况看，全国职业教育经费主要来源于以下几个渠道。（1）财政性教育经费1162.11亿元，占总经费的56.64%，其中包括：预算内教育经费1026.02亿元，约占总经费的50.01%；各级政府征收用于教育的税费116.97亿元，约占总经费的5.70%；企业办学中的企业拨

212

款 16. 21 亿元, 约占总经费的 0. 79%; 校办产业和社会服务收入用于教育的经费 2. 91 亿元, 约占总经费的 0. 14%。(2) 非财政性经费包括事业收入为 782. 63 亿元, 约占总经费的 38. 15% (其中学杂费 670. 05 亿元, 约占总经费的 32. 66%)。(3) 民办学校中举办者投入为 29. 91 亿元, 约占总经费的 1. 46%。(4) 社会捐赠经费为 6. 80 亿元, 约占总经费的 0. 33%。(5) 其他收入为 67. 98 亿元, 约占总经费的 3. 42%。

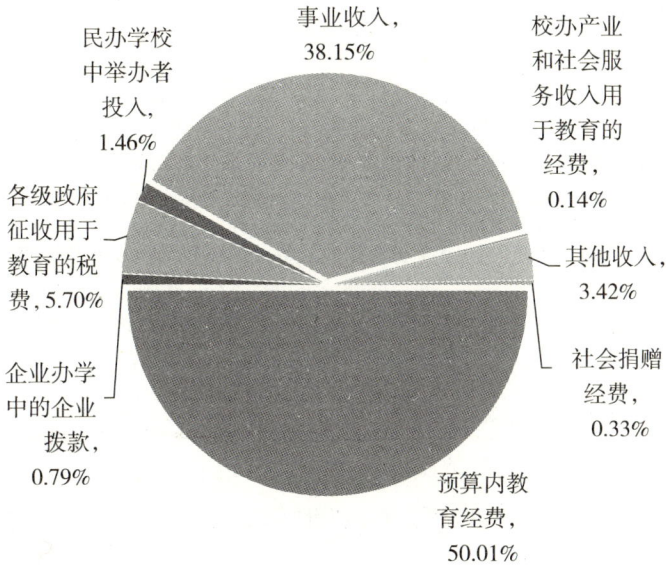

图 11 职业教育经费的构成

从政府投入职业教育的总体情况来看, 财政性经费所占比例从 2005 年以来逐渐上升, 从 2005 年的 44. 79% 增长到 2009 年的 56. 64%, 增长比例超过 10%。而从预算内教育经费投入来看, 和财政性教育经费增长的趋势相同, 职业教育预算内教育经费也从 2005 年的 39. 74% 增长到 2009 年的 50. 01%, 增长比例也超过 10%。可以看到, 财政性经费在总经费中比例的增长主要来源于预算内教育经费比例的增长。

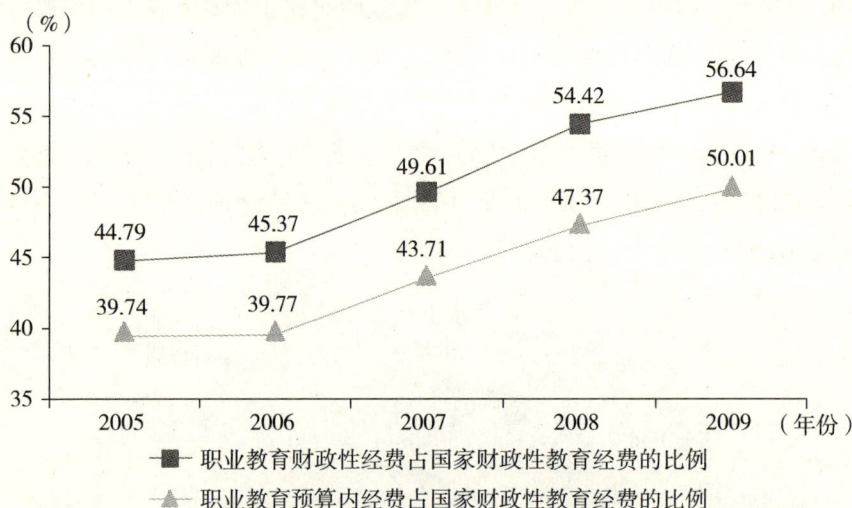

（%）

图 12　职业教育财政性经费及预算内经费占国家教育财政性经费的比例

　　而从非政府渠道投入职业教育主要项目事业收入来看，事业收入总额虽逐年增长，但占职业教育总经费的比例却变化不一，2007 年以后这一比例出现了明显的下降。而从事业收入的主要构成——学杂费来看，它在总经费中所占比例的变化情况跟事业收入的情况一致，2005 年以后经历了先增长后减少的过程。从变化幅度来看，事业收入占总经费比例变化的主要原因是学杂费的变化。

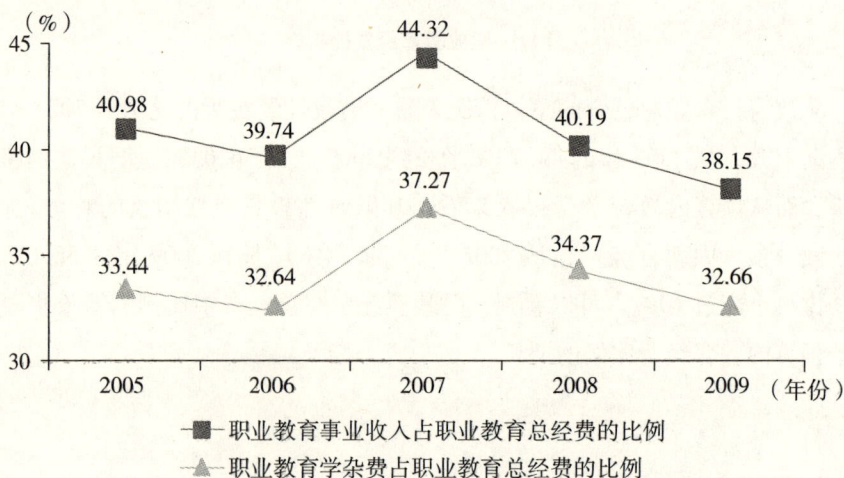

图 13　职业教育事业收入及学杂费占职业教育总经费的比例

从职业教育经费其他主体投入的情况来看，由于我国的职业教育经费主要来源于财政拨款和学杂费，其他主体投入职业教育的经费占总经费的比例都不太高。在其他主体中，民办学校举办者投入经费占总经费比例较高，2007年以来均在1%以上，2009年达到1.46%。另外，民办学校举办者投入经费占总经费的比例近年来出现明显的增长趋势，说明民间对职业教育的投入水平正在提升。而其他几个主体的投入占总经费的比例均低于1%，并且近年来变化趋势并不明显，维持在一个相对较低的水平。企业办学中的企业拨款及校办产业和社会服务收入用于教育的经费占总经费的比例大致维持在0.85%和0.15%的水平，社会捐赠经费占总经费的比例也不高，近年来大致在0.35%的水平。

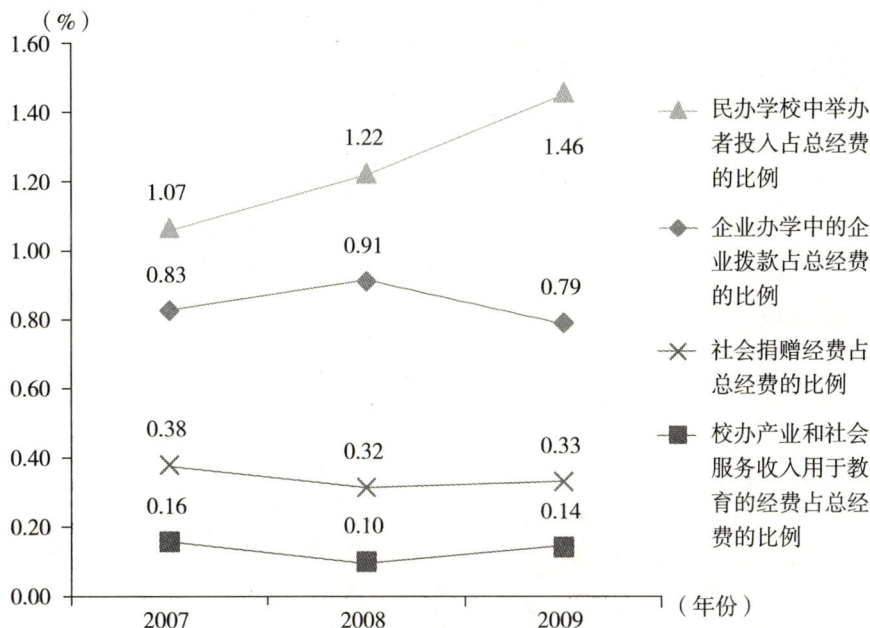

图14 职业教育其他投入主体投入状况

（二）国外职业教育投入情况

1. 国外职业教育投入的规模

我国近年来职业教育投入实现了逐年稳步的增长，但和国外职业教育的投入规模相比较，明显还是低于一些国家对于职业教育的投入。表1给出了

2000 年部分欧盟国家职业教育投入的情况。首先，从职业教育在整个教育投入中所占比例来看，公共职业教育投入占教育公共投入的比例都在 10% 以上，都比现阶段我国 9.5% 的比例要高，其中最高的捷克达到了 22.5%。另外，波兰、匈牙利和斯洛伐克也都在 20% 以上。

表 1　2000 年部分欧盟国家职业教育的公共投入

单位：%

国　　家	占 GDP 的比例	占教育公共 投入的比例	国　　家	占 GDP 的比例	占教育公共 投入的比例
捷克	0.9	22.5	立陶宛	0.6	10.5
爱沙利亚	0.7	12.5	波兰	1.0	20.0
匈牙利	0.9	20.0	斯洛伐克	0.9	21.4
拉脱维亚	0.7	13.0	斯洛文尼亚	0.7	12.5

资料来源：ETF，2005.

从职业教育公共投入占 GDP 的比例来看，表 1 中的 8 个国家的比例均在 0.5% 以上，波兰最高，达到了 1.0%，而最低的立陶宛也有 0.6%。从图 15 也可以看到，这些欧洲国家中，中等教育阶段用于职业教育的公共投入占 GDP 的比例大多也高于我国现阶段 0.34% 的水平。

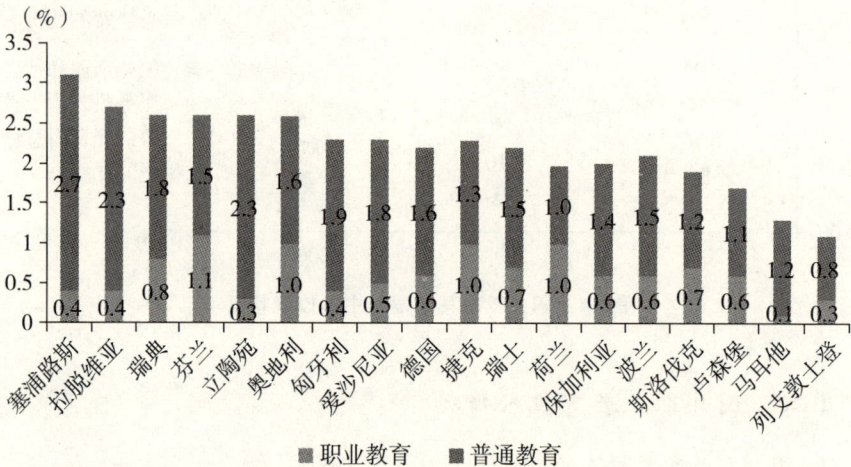

图 15　2005 年部分欧洲国家中等教育阶段职业教育公共投入占 GDP 的比例

资料来源：UOE. Eurostat 2008.

总体来看，和国外其他国家相比较，我国职业教育投入的相对规模明显偏小，因此，加大我国职业教育投入的规模势在必行。

2. 国外职业教育投入的水平

职业教育是一种需要高投入保障的教育类型，教学过程需要大量先进、完备、仿真的设备设施，以及配套的实习实训场所。即使在办学规模相等的情况下，也需要得到比相应阶段普通高中教育更多的经费支持，才能保证其正常运转。因此，职业教育投入应高于普通教育，这也是国际上的普遍经验和做法。表 2 给出了部分 OECD 国家中等教育阶段职业教育和普通教育生均投入水平。

表2　2008 年各国中等教育的生均支出情况

单位：美元

国　　家	整　　体	普通教育	职业教育
澳大利亚	9062	9767	5816
奥地利	11741	11571	12031
捷克	6174	6103	6283
法国	10231	9762	12518
德国	8606	7605	12573
以色列	6429	5187	10389
卢森堡	19898	19530	20736
墨西哥	2333	2564	1115
荷兰	10960	9335	12677
瑞典	9940	10215	9424
瑞士	17825	15767	21904
OECD 平均	8972	8735	9641
欧盟平均	9116	9174	10312
印度尼西亚	806	675	131
俄罗斯	4071	4041	4306

资料来源：OECD. Education at a Glance 2010.

从表 2 可以看出，大部分 OECD 国家的职业教育投入水平明显高于普通教育，其中以色列的职业教育生均支出达到了普通教育的 2 倍左右，反映了这些发达国家对职业教育的重视程度。而对比我国现阶段职业教育的投入水平来看，虽然中等职业教育的生均投入已经超过普通高中，但高等职业教育的生均投入还明显低于普通高等教育，即使剔除研究生阶段的教育，高等职业教育投入水平也只有普通高等教育的70%左右。

3. 国外职业教育投入的主体

美国职业教育主要由社区学院承担，其经费的5%来自联邦政府拨款，60%来自州政府拨款，11%来自地方政府拨款，15%来自学费收入，9%来自其他收入。

新西兰职业教育经费的70%来自政府，20%来自学费，10%来自社会资助。

英国将基础职业教育纳入义务教育范围。2013年将义务教育的年龄上限提高到17岁，2015年达到18岁。地方政府确保每名16岁以上年轻人都清楚了解政府提供哪些资金支持，并鼓励他们申请。政府把失业人群作为职业教育投入的重点之一（由此可见，英国政府实际上将职业教育纳入了社会保障的制度范畴）。

澳大利亚公共职业教育经费的管理和拨付主要是由州政府来完成的，联邦政府把补充经费拨付给州政府，由州政府负责具体的拨付和分配。近年来，各州对于公共职业教育经费的拨付都采用了一种"准市场化"机制来管理与操作。公共职业教育经费的主要来源有：联邦和州政府拨款、学费、公立职业学院的服务收入（如短期培训和咨询服务、开办合营企业、出售教育技术与教材等）。州政府的拨款为主要部分，一般在57%左右，2004年达55.4%。其次是联邦政府拨款，约为22%，2004年达22.2%。

德国义务教育之外的职业教育也以政府投入为主，即便是企业的职业教育也由政府承担相当一部分经费。约2/3的职业继续教育活动在企业进行，余下部分依次在国立教育机构（11.8%）、行业协会（9.5%）、企业职教联合会（6.7%）及其他机构（2.2%）进行。2008年10月，德国联邦政府与联邦州在德累斯顿召开了教育峰会，目标是增加对教育与研究的投入，使之在2015年达到GDP的10%。其中，职业教育占有相当大的比例。

意大利职业教育所需资金主要来源于公共教育经费，即教育部和地方政府依据既定方案的拨款，每年的政府财政报告会明确政府用于职业教育和培训的拨款数量。意大利政府将职业教育纳入社会保障的制度范畴，通过降低企业社会保障金来支持"师带徒"培训。地方政府也会将部分欧洲社会基金用于支持学校职业教育。

表3　部分国家职业教育经费来源结构

单位:%

国　家	政府来源	非政府来源
美国	76	24
英国	75	25
澳大利亚	90	10
新西兰	70	30
加拿大	65	35
中国	56	44
菲律宾	47	53

从世界各国职业教育经费来源看，政府来源占主体地位，非政府来源占一定比例。政府承担起了职业教育经费投入的主要责任。从中国的现状来看，我国政府对职业教育还有加大投入的可能。

（三）加大职业教育投入的需求和途径

《国家中长期人才发展规划纲要（2010—2020 年)》提出，为适应社会主义现代化需要，我国要以技师和高级技师为重点，形成一支门类齐全、技艺精湛的高技能人才队伍。到 2015 年，高技能人才总量达到 3400 万人。到 2020 年，高技能人才总量达到 3900 万人，其中技师、高级技师达到 1000 万人左右。实施高技能人才振兴计划，到 2020 年，在全国建成一批技能大师工作室，1200 个高技能人才培训基地，培养 100 万名高级技师。

表4　教育事业发展目标

单位：万人

指　标	2009 年	2015 年	2020 年
中等职业教育在校生	2179	2250	2350
普通高中在校生	2445	2250	2350
高等职业教育在校生	1280	1390	1480
普通本科在校生	1406	1520	1620

```
┌─────────────────────────────────────────┐
│   确定职业教育财政性经费占教育总经费的比例   │
└─────────────────────────────────────────┘

              提高职业教育拨款水平

┌──────────────┐  ┌──────────────┐  ┌──────────────┐
│ 高标准：中职、高 │  │ 中标准：中职、高 │  │ 低标准：中职预算内 │
│ 职预算内生均经费 │  │ 职预算内生均经费 │  │ 生均经费为普通高中 │
│ 为普通高中、普通 │  │ 为普通高中、普通 │  │ 的1.16倍，高职为普 │
│ 本科的1.5倍     │  │ 本科的1.2倍     │  │ 通本科的0.65倍    │
└──────────────┘  └──────────────┘  └──────────────┘

┌──────────────┐  ┌──────────────┐  ┌──────────────┐
│ 职业教育预算内生 │  │ 职业教育预算内生 │  │ 职业教育预算内生 │
│ 均经费：中职5868 │  │ 均经费：中职4695 │  │ 均经费：中职4536 │
│ 元，高职12519元 │  │ 元，高职10015元 │  │ 元，高职5411元  │
└──────────────┘  └──────────────┘  └──────────────┘

          依据目前各类学校学生规模，得到：

┌──────────────┐  ┌──────────────┐  ┌──────────────┐
│ 职业教育预算内总 │  │ 职业教育预算内总 │  │ 职业教育预算内总 │
│ 经费（高标准）： │  │ 经费（中标准）： │  │ 经费（低标准）： │
│ 1549.3亿元     │  │ 1317.6亿元     │  │ 1026.0亿元     │
└──────────────┘  └──────────────┘  └──────────────┘

      依据目前预算内教育经费占国家财政性教育经费比重，得到：

┌──────────────┐  ┌──────────────┐  ┌──────────────┐
│ 职业教育财政性教育 │  │ 职业教育财政性教育 │  │ 职业教育财政性教育 │
│ 总经费（高标准）： │  │ 总经费（中标准）： │  │ 总经费（低标准）： │
│ 1750.7亿元      │  │ 1488.7亿元      │  │ 1162.1亿元      │
└──────────────┘  └──────────────┘  └──────────────┘

┌──────────────┐  ┌──────────────┐  ┌──────────────┐
│ 职业教育财政性经 │  │ 职业教育财政性经 │  │ 职业教育财政性经 │
│ 费占教育总经费的 │  │ 费占教育总经费的 │  │ 费占教育总经费的 │
│ 比例（高标准）： │  │ 比例（中标准）： │  │ 比例（低标准）： │
│ 13.6%         │  │ 11.9%         │  │ 9.50%         │
└──────────────┘  └──────────────┘  └──────────────┘
```

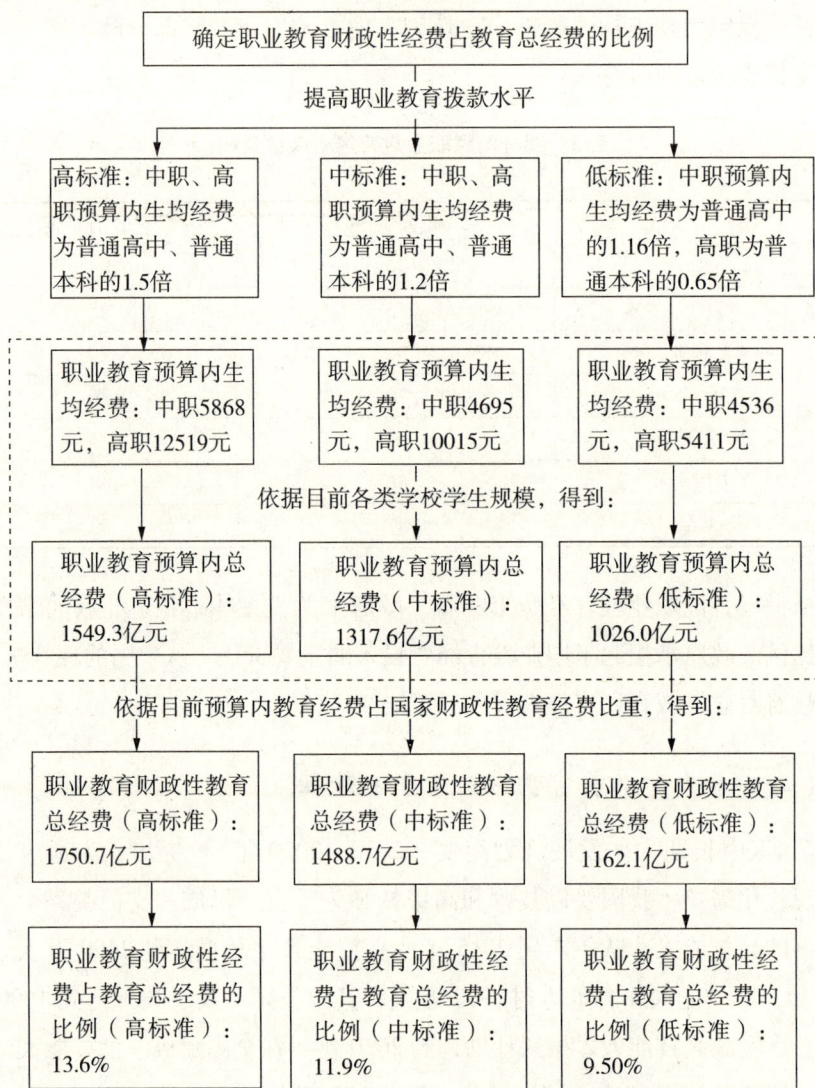

图16 按低、中、高三种标准对提高职业教育投入水平的预测

据统计，在发达国家技术工人中，高级工占35%，中级工占50%，初级工占15%。而截至2010年，我国技能人才总量为11200万人，其中高级工2768万人，占技能劳动者总数的25%，中级工4400万人，占技能劳动者总数的40%。当前，我国技能型人才总量明显不足，学历层次偏低，产业结构分布不均衡，特别是新型产业，几乎找不到合适的技工。由于技能型人才缺

乏，近几年我国已出现"技工荒"。"东西南北中，普遍缺技工"，"学士硕士满街跑，技工技师无处找"是人力资源市场的真实写照。

适应建立现代产业体系和现代职业教育体系的要求，政府要进一步加大对职业教育的投入水平。图16从低、中、高三种标准分析了提高职业教育投入水平后，职业教育投入的变化。所谓低标准就是保持现状，维持中等职业教育生均预算内拨款为普通高中的1.16倍，而高等职业教育生均预算内拨款则为普通高等教育的0.65倍的水平。中等标准是将中等职业教育和高等职业教育生均预算内拨款标准定为普通教育的1.2倍，高标准则是将相应标准定为普通教育的1.5倍。从不同标准投入来看，维持现状的低标准投入将使职业教育投入占教育总投入的比例维持在9.50%的水平，中标准可实现职业教育投入占教育总投入的比例达到12%左右，而高标准则可将职业教育投入占教育总投入的比例提升到13.6%。

图17给出了职业教育财政性经费占国家财政性教育经费比例的变化趋势，如果维持近5年的平均增长速率，大概在2015年可以使财政性职业教育投入占教育经费总投入的比例达到12%左右。因此，可以逐步提高职业教育投入的水平，使职业教育预算内生均拨款水平达到普通教育的1.2倍，到2015年实现公共职业教育投入占总教育投入的12%。

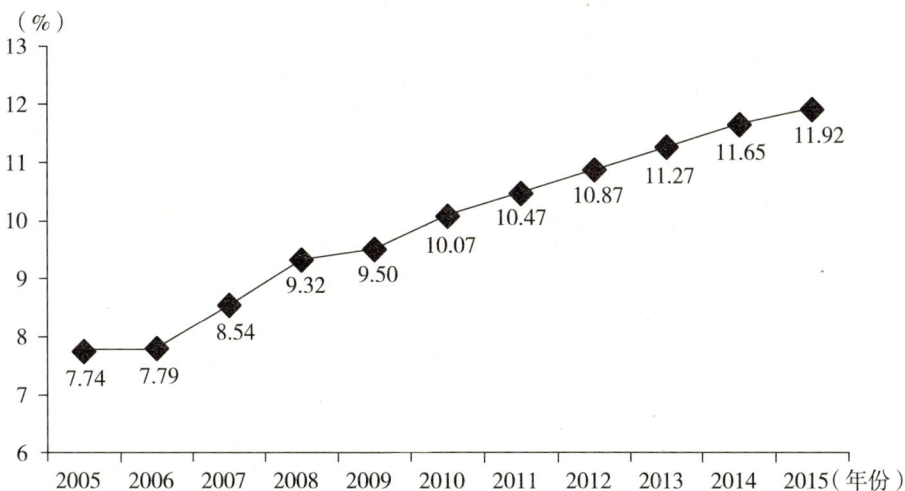

图17 职业教育财政性经费占国家财政性教育经费比例的变化趋势

当然，职业教育的规模也是会变化的。为适应我国现代产业升级和经济转型，必须大力发展职业教育，同时根据《教育发展规划纲要》对我国各类教育事业发展的规划，我们估算了高标准（加大职业教育投入）条件下职业教育投入和 GDP 的关系。图 18 给出了具体的分析过程，在保持高标准投入的前提下，保障近年来职业教育投入的平均增长速度，可实现职业教育投入占 GDP 的比例到 2015 年达到 0.59%，而到 2020 年则可达到 0.94%。

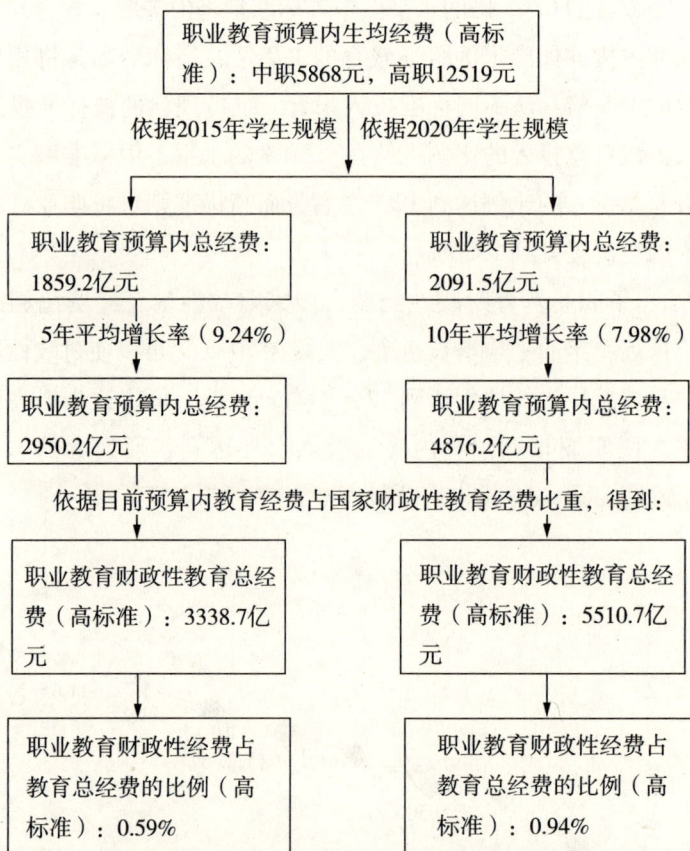

图 18　高标准条件下职业教育投入与 GDP 的关系

以中标准水平投入职业教育，即职业教育投入为普通教育的 1.2 倍，可实现职业教育投入占 GDP 的比例到 2015 年达到 0.47%，到 2020 年达到 0.75%。

表5　估算职业教育财政性经费占 GDP 的比例

单位:%

	2015 年	2020 年
高标准	0.59	0.94
中标准	0.47	0.75

三、推进职业教育校企合作的政策

2005 年《国务院关于大力发展职业教育的决定》明确提出,"十一五"期间,继续完善政府主导、依靠企业、充分发挥行业作用、社会力量积极参与,公办与民办共同发展的多元办学格局和在国务院领导下,分级管理、地方为主、政府统筹、社会参与的管理体制。并且提出大力推行工学结合、校企合作的培养模式。这一规定在《职业教育法》等法律法规关于产教结合、校企合作的规定基础上,为"十一五"期间推进校企合作提供了更加坚实的政策基础。

"十一五"以来,国家出台了一些推进职业教育校企合作的政策,不仅使职业教育校企合作的理念深入人心,而且持续促进职业教育校企合作的创新;政府通过执行法律法规来推进职业教育校企合作;各地积极打破行政管理部门之间的壁垒,探索并建立促进职业教育校企合作的新机制;个别地区有效推进行业协会参与职业教育,实现校企合作的深层次运行。

(一) 我国推动职业教育发展及鼓励校企合作的相关政策

自 1996 年以来,国家相继出台了包括《职业教育法》、《国务院关于大力推进职业教育改革与发展的决定》、《国务院关于大力发展职业教育的决定》、《教育部关于职业院校试行工学结合、半工半读的意见》、《关于中等职业学校农村家庭经济困难学生和涉农专业学生免学费工作的意见》、《教育部关于充分发挥行业指导作用推进职业教育改革发展的意见》等职业教育法律法规,为我国职业教育的发展奠定了政策和制度基础。

地方政府也相应出台关于推进校企合作的政策。2009 年 3 月 1 日,我国首部针对职业教育校企合作的地方性法规——《宁波市职业教育校企合作促进条例》正式实施。2010 年 2 月,《山东省职业教育校企合作促进条例(草案)》公布。这些地方性政策法规的出台,为地方职业教育的发展和企业参与职业教育提供了有效保障。

1994 年分税制改革以来,为推动企业参与教育,国家相继出台了一些财税政策,包括《国家税务总局关于学校办企业征收流转税问题的通知》(〔1994〕156 号)、《国家税务总局关于校办企业征免所得税问题的通知》(〔1996〕138 号)、《财政部国家税务总局关于教育税收政策的通知》(财税〔2004〕39 号)、《财政部国家税务总局关于加强教育劳务营业税征收管理有关问题的通知》(财税〔2006〕3 号)、《财政部国家税务总局关于企业支付学生实习报酬有关所得税政策问题的通知》(财税〔2006〕107 号)、《国家税务总局关于印发〈企业支付实习生报酬税前扣除管理办法〉的通知》(国税发〔2007〕42 号)。这些相应的财税政策为我国企业参与职业教育提供了一定的激励和保障。

但是,从现行的税收优惠政策来看,其主要对象都只是针对职业院校,对企业参与职业教育的规定和鼓励政策并不多。

专栏 对企业参与职业教育的规定和鼓励政策

企业应按规定提取职工教育经费(职工工资总额的 1.5%—2.5%),加大高技能人才培养投入。企业进行技术改造和项目引进,应按相关规定提取职工技术培训经费,重点保证高技能人才培养的需要。(《中共中央办公厅国务院办公厅关于进一步加强高技能人才工作的意见》)

建立企业接收职业院校学生实习的制度。实习期间,企业要和学校共同组织好学生的相关专业理论教学和技能实训工作,做好学生实习中的劳动保护、安全等工作,为顶岗实习的学生支付合理报酬。(《国务院关于大力发展职业教育的决定》)

企业可以联合举办职业院校,也可以与职业院校合作办学。企业有责任接受职业院校学生实习和教师实践。对支付实习学生报酬的企业,给予相应税收优惠。(《国务院关于大力发展职业教育的决定》)

国外职业教育校企合作的先进经验表明，校企合作需要相关法律政策给予支持，明确规定参与各方的职责和义务，保障各方在合作中的合法权益。德国政府制定了《职业教育法》、《青年劳动保护法》、《劳动促进法》和《手工业条例》等法律法规来调整校企合作中的多方关系，对企业、学校、学生三者的义务、责任都做了明确规定。德国各相关部门、行业和地方出台了配套的具有法律效力的条例或实施办法，如《实训教师资格条例》、《考试条例》等。1973 年英国政府颁布了《就业与培训法》，规定设立由劳资双方、地方教育代表和教育专家组成的人力服务委员会，其成员由政府大臣任命，在该委员会下设立就业服务处和培训服务处。人力服务委员会的成立，使职业培训与劳动力供求紧密联系起来，可以更好地说服企业主参与职业教育。1988 年颁布的《教育改革法》规定由企业与政府共同创办城市技术学院，实行联合办学。美国、日本、法国、韩国和新加坡等国也都通过立法对各参与主体的职责任务做出了相关规定，明确提出了企业参与职业教育的要求，并通过财政或税收手段，鼓励和支持企业积极参与。这些政策的讨论将在下文中详细展开。

（二）我国企业参与校企合作的现状

"十一五"期间，我国职业教育发展取得了显著的成绩，但与经济社会快速发展对人才、技术的需求相比还存在较大的差距，存在着制度建设的缺失，没有根本解决教育与产业脱节、职业教育体系不完善、校企合作项目运行层次较低等问题，职业教育的吸引力有待提升。校企合作中存在的具体问题包括：相关的法律制度还不完善，制度保障有待加强；政府的主导作用发挥不够充分，协调引导、资源整合的力度有待加强；行业参与职业教育校企合作的机制不成熟，对开展校企合作的指导作用发挥还不够充分；职业教育用于校企合作专项资金投入不足或配置不合理等。而就企业方面来看，企业对校企合作的积极性不高、主动性不强、投入较少以及合作形式内容单一是面临的主要问题。

1. 企业举办职业教育的驱动力不足

企业办学的直接动力是为自己培养技术人才，但当前在我国就业市场上这个需求有限，并且可以尽可能地借助社会办学来满足，从而影响了企业投入的意愿。另外，由于现行制度，企业投资培养的毕业生相当一部分并不会留在企业工作，这降低了企业办学的积极性。也有一部分企业或者是基于维持原有的教育机构，或者是基于扩大企业影响，也有兴趣面向社会办学，但是身份特殊，即属于社会力量办学，无法享受国家财政资金，然而其办学又带有公办教育性质，无法采用民办教育的收费政策，处于两难境地。鉴于以上原因，很多企业逐渐收缩办学规模，尤其上市企业更是将所办学校直接剥离。

2. 企业参与社会职业院校办学投入力度不大

企业投入应该是企业办学的主要经费来源，但由于用于职业教育的资产本质上是不可能产生经济回报的公益性资产，与企业追求直接经济利益的本质相悖，尽管企业为了保证和提升员工业务能力也需要进行相应的教育培训，但一般仅限于满足自身需要而已，对所举办的院校进行投入建设的力度与政府办学相比明显偏弱。

3. 企业参与社会职业院校办学形式内容单一

由于学生属于学校而不属于企业，目前的校企合作基本上属于学校主导型，企业参与职业教育往往处于被动地位。校企合作方式以接受学生实习和委托职业教育机构培训企业员工为主，合作的内容单一，合作面窄，且不够深入。合作过程中，企业提供的实习岗位以简单劳动岗位为主，实习生很难进入实质性或者技术型岗位工作；企业对于合作院校的专业业务指导不足，没有体现企业一方的责任。

从校企合作的现实情况来看，要想让企业真正参与到职业教育体系中来，必须控制相应的条件。首先，企业规模决定了其参与职业教育的积极性，大企业更容易产生规模效益，它们可以把参与职业教育的成本分摊到更多的产品和人身上，从而增强培训特别是在职员工培训的动机。而规模较小的企业因为不具备培训成本的优势，且培训收益不确定，所以普遍存在人力资本投资不足的问题。其次，市场专业人才供需情况会影响企业参与职业教育的积极性，当从外部劳动力市场上获得适需人才难度较大，劳动力价格成本较高时，企业就有可能选择成本相对较低的参与职业教育行为来保障劳动力的供给。最后，受培训者流动性也能决定企业参与的积极性，如果企业不能和在职以及在校的受训者形成稳定的雇佣关系，培养出的人才没有进入原先预定的岗位，或者被同行轻易地"挖墙脚"，企业自身就会遭到严重的损失。

（三）国外鼓励企业参与职业教育和培训的经验

随着经济全球化和科学技术的发展，各国日益重视职业教育，均把职业教育和培训作为其总体政策中的重要一环，通过立法、拨款等各种途径，加强职业教育的发展，同时促进行业、鼓励企业参与职业教育。从国际比较来看，政府与企业共同参与职业教育与培训的基本形式包括以下几种主要类型。

- 企业不承担培训及筹资方面的义务（例如：加拿大、荷兰、瑞典、英国和美国）。
- 企业自愿承担员工培训筹资的责任（例如：德国、日本和瑞士）。
- 企业和工会在集体劳动协议的培训条款下成立培训发展基金（例如：比利时、丹麦和荷兰）。
- 政府提供培训企业的税收减免（例如：比利时、智利、德国、韩国、马来西亚和巴基斯坦）。
- 政府实施强制性的培训税费（例如：丹麦、法国、爱尔兰、韩国、马来西亚、尼日利亚、新加坡和拉丁美洲各国）。

每个国家企业参与职业教育和培训的形式受本国社会、经济、政治、文化背景的影响，当然，各种形式也不具有绝对的普适性，应就每个国家的具体情况来讨论。从我国的现实情况来看，首先，企业并没有参与职业教育和培训的义务，大多数政策也只是鼓励企业举办职业院校、职业培训机构，发展职业教育。其次，相比于职业教育高度发达的德国、日本和瑞士，我国职业教育与培训对企业的吸引力明显偏小，企业也不会自愿参与到其中。最后，工会主管教育培训的部门归属于没有行政权力的行业协会，只能发挥有限的沟通、协调作用，有的工会自身维持都很困难，更无力关注职教。因此，在我国可通过政府的税收减免或者收取培训税费，鼓励企业参与到职业教育体系中，提高企业提供职业教育与培训的积极性。

从国外来看，政府鼓励企业参与职业教育与培训的方式有以下几种（这些方式也可结合我国的实际，应用到相关政策制定中，以达到鼓励企业参与职业教育和培训的目标）。

- 在一定限额内，企业培训支出额可从企业的税收中直接扣除，相当于政府承担企业培训的全部费用（智利）。
- 企业培训支出金额从应税利润中扣除（德国、韩国和巴基斯坦）。
- 企业采购培训设备，免征进口税（巴基斯坦）。
- 企业建立培训中心，政府提供低息贷款，并减免各种相关税费（韩国）。
- 企业通过某种政府基金或成本分担，给员工提供培训（澳大利亚）。

以下是一些国家为鼓励企业投入职业教育与培训而采取的具体措施举例。

✪ 苏格兰

- 针对青少年的大规模职业教育培训计划（Skillseekers Initiative），该计划从原来仅仅解决失业问题，发展到现在开始干预私营企业的职业教育和培训。

- 地方经济发展公司（Local Economic Development Companies，LEDCs），核心资金由当地企业公司（LEC）和地方当局提供的独立公司。其培训活动包括：
  ○ 促进地方企业和当局（如 Skillseekers）同其签署促进方案的实施。
  ○ 根据地方发展需求，提供定制的培训计划。

- 管理和技术培训补助金计划（Management and Technology Training Grant scheme）。MTTG 计划培训的重点是企业管理和新技术产业的技能，由欧洲社会基金（ESF）提供资金支持。

✪ 新西兰

- 政府补贴企业的原则：
  ○ 补贴的目的是可转移技能（transferrable skills）的发展，而不是高层次的行业或职业技能。
  ○ 补贴的培训应从以产业为基础（industry-based）转换为以产业为导向（industry-led）。

- "技能新西兰"战略（Skill New Zealand Strategy）。

- 政府和企业的合作培训基金，主要用于通用行业技术的培训。由于通用行业技术更可能发生在入门级，因此，该政府补贴被限制用于有8个级别的国家资格标准（NQF）训练中较低水平（1—4级）的培训。

- 建立行业培训组织（Industry Training Organizations，ITOs），负责制定培训标准和安排系统的训练。目前有51个行业培训组织，覆盖新西兰职业范围的70%左右。

- 企业获得政府培训补贴的方式：
  ○ 选择ITO提供的离岗培训和在岗培训。政府对企业参与ITO在岗培训提供50%的管理成本、50%的评估成本的补贴，对离岗培训提供平均成本82%的补贴。
  ○ 选择招收培训供应商提供的离岗职工，并提供在岗职工的管理培训。政府对企业招收培训的离岗职工提供成本75%左右的补助，而对在岗职工培训提供全额补助。

✥ **丹麦**

- 国家财政负担"开放学习"（Open Learning）80%的成本，为所有成年人提供在职培训。失业者在不必放弃失业救济金的前提下，也可接受该培训。

- 通过自愿性质的就业保险基金资助，为员工和失业者提供培训。基金来源中包括由被保险人（雇员及自雇人士）支付的失业基金。该基金相当于企业年工资总额的8%，培训的参与者中65%为在职员工，其余35%为失业人员。

- 培训基金通过三大渠道分配：全国劳动力市场培训机构（AMU），劳工部组建的双边劳动力市场培训委员会，区域劳动力市场议会。

✥ **德国**

- 联邦政府支持互通培训中心（Interworks Training Center）的投资成本和运营费用，以确保小型和中小型企业愿意并有能力培养学徒。

- 除了互通培训中心的支持，联邦政府也可提供额外资助给获得认可的学徒行业的学徒培训，个别地方政府也为该计划筹资。

- 支持对员工的继续教育培训，联邦资助包括课程学习、补习、工作服、考试费、资质认可费、差旅费等多项费用。资助费用的78%由联邦政府提供，剩余部分由州政府承担。

✿ 澳大利亚

- 非营利的政府资助的集团培训公司，帮助企业完成对学徒和学员的培训、就业、安置的管理。通过集团培训公司的培训，企业雇主可以获取不同水平的学徒和学员，并可以免除相关责任。

- 政府对企业的补助。
  - ○ 对于一个初始学徒或学员，其在澳大利亚职业资格水平框架（AQF）中属于2、3或4级，补助1250澳元，如果从AQF 2级别上升到AQF 3或AQF 4级别，还会得到另外1250澳元的补助。
  - ○ 对于再培训的学徒或学员，在AQF 3或AQF 4级别，政府补助750澳元。
  - ○ 为了确保培训的水平，对一个完成AQF 3或AQF 4级别的学徒或学员，如果跟不上技术要求重新回到组织接受培训，将额外补助1500澳元。
  - ○ 对于女性学徒或学员，在AQF 2、AQF 3或AQF 4级别，采用"非传统"的培训，额外支付1000澳元的补助。

- 联邦政府为肯定集团培训公司的重要作用，也提供了基于绩效的奖励。
  - ○ 对于一个初始学徒或学员，职业水平在AQF 2、AQF 3或AQF 4级别的，对集团培训公司补助1250澳元（跟支付给企业的一样），而对每个初始的培训，额外支付1000澳元。
  - ○ 和企业再培训一个AQF 3或AQF 4级别的学徒或学员，集团培训公司获得500澳元补助。
  - ○ 对一个完成AQF 3或AQF 4级别的学徒或学员，如果跟不上技术，要求重新培训，集团培训公司将获得1500澳元补助。

✿ 比利时

- 就业和职业培训服务组织（The Flemish Employment and Vocational Training Service，VDAB）对不能在VDAB培训中心内提供集体培训方

案提供行业补贴。

   ○ 补贴给接受培训学员的薪金补贴为月最低工资标准，而教官的工资补贴高达每小时 773 比利时法郎。

- 1998 年推出以创新为导向的培训基金（Leverage Fund for Innovation Oriented Training），对于和新技术公司合作的培训组织进行补贴。

   ○ 每个培训项目保障至少有 20 名参加者，对每名参与者给予最低 20 小时的训练时间。

   ○ 补贴最高覆盖到 27.5% 的项目总成本，不包括工人的工资。

   ○ 个人培训项目最高补贴金额为 25 万比利时法郎，集体培训项目最高资助 100 万比利时法郎。

- 企业可以得到不同类别工人的培训，如下岗工人培训等。经济困难的公司、中小企业（最多 50 个工人）、与 VDAB 缔结协议的公司可以从该计划中获益。根据公司规模，企业支付工人培训费的部分或全部豁免。

   ○ 聘请 10 名以内工人的公司被豁免支付员工再培训费。

   ○ 聘请 10—25 名工人的公司交纳 25% 的培训费。

   ○ 聘请 26—50 名工人的公司交纳 50% 的培训费。

- 瓦隆大区政府推出培训券（Training Voucher）制度，资助中小企业培训。

   ○ 允许公司用 600 比利时法郎购买支付一个小时培训费用的培训券，其实际价格相当于 1200 比利时法郎。

   ○ 培训券可以用于支付工人在正常工作时间的培训。

   ○ 企业每年最多获得 400 张培训券。

✪ **法国**

- 未来研究合同计划（The Prospective Research Contract, *Contratd'etudes prospective*, CEP），其目的是预见行业技能的演变，为员工适应不断变化的工作要求提供技能培训。

   ○ 国家财政承担一半费用，另外一半则由企业承担。

- 专业技术资格证书计划（The Certificates of Professional Qualification,

Certificats de qualification professionnelle，CQP），其目的是确保培训的技术能够得到各行业雇主认可。

- 在 CEP 之后，往往会建立培训发展机构（*Engagement de developpement de la formation*，EDDF），其目的是支持 CEP 项目，提高劳动者技能水平，以应对长期发展趋势。
  - ○ 往往优先考虑小企业和低资质企业。参与培训的企业中，92% 的企业员工不足 50 人，而 66% 的学员只有低级别的技能。

◈ **韩国**

- 企业可获得政府提供的低成本贷款，该贷款最多可以达到新建或扩建培训设施、购置必要设备等成本的 90%。
  - ○ 对企业贷款的最高金额为 20 亿韩元，其利率取决于企业的规模。大型企业的利率为 2.5%，中小企业为 1.0%（当时的市场利率为 13%）。
  - ○ 针对企业协会的培训贷款，最高金额可达 40 亿韩元，利率和企业相同。
  - ○ 当培训贷款的对象是一个获得授权的职业培训机构时，其最大金额是 20 亿韩元，利率为 6.0%。
- 除贷款外，可以提供给个别中小企业及其协会补贴，用于培训机构的建设。
  - ○ 参与补贴的职业培训设施，20 年内不能用于其他目的。
  - ○ 补贴最多提供建筑和设备总成本的 50%，最高可达 2 亿韩元。

（四）推进校企合作，鼓励我国企业参与职业教育与培训的政策建议

1. 明确企业在职业教育与培训中的法律地位及其权利与义务

建议在《职业教育法》中明确企业在职业教育与培训中的主体地位，规范企业的权利和义务；在与企业直接相关的法律法规中，增加对企业参与职业教育的行为规范，为企业参与职业教育提供法律依据。

2. 制定促进企业参与职业教育与培训的税收政策

制定促进企业参与职业教育与培训的优惠政策，对于积极参与职业教育

与培训的企业给予税收优惠或经济补偿。企业支付的实习学生报酬、津贴等视同员工工资，可以按照国家规定在计算企业应纳税所得额时扣除。企业发生的职工教育经费支出和用于职业教育事业的公益性捐赠支出，可以按照国家规定在计算企业应纳税所得额时扣除。对于按规定足额提取教育培训经费的企业，给予一定的税收减免，对于那些没有按规定进行员工培训或没有按规定足额提取教育培训经费的企业，收取其应当承担的职业教育经费，并处以一定比例的罚金。对于积极与职业院校合作并进行专业指导的企业，给予一定的税收减免或者补偿性资助，并将企业在合作和指导中产生的费用计入生产成本。对于在职业教育与培训中有突出贡献的企业，给予一定的物质奖励或授予相关荣誉称号。

3. 制定企业独立办学或与职业院校联合办学的激励政策

对于独立办学或是与职业院校合作办学的企业，依据一定标准给予政策扶持和经济扶持。除给予融资担保及优惠税收减免等政策之外（如减免一定年限或数额的企业所得税），改变将企业办学投入作为利润支出的做法，将办学投入计入企业生产成本。企业委托职业院校开发新产品、新技术、新工艺发生的研究开发费用，可以按照国家规定享受企业所得税优惠。开辟政府财政经费进入企业办学的渠道（企业办学享受与政府办学同等财政拨款，或者建立政府、企业的联合资金投入等），或者政府按照一定比例返还城市教育费附加，资助企业办学。

四、美国对职业技术教育的政策和法律支持

（一）健全的职业技术教育管理体制

美国属于联邦制国家，职业技术教育的行政管理以州政府为主。美国职业教育的管理机构是州一级设立的职业技术教育委员会或类似机构，由其统筹、协调和规划全州职业技术教育，其职责包括：

（1）制定本州有关职业技术教育的政策、法规和确定发展规划。

（2）管理分配联邦政府和州政府用于职业技术教育的资金。

（3）审议、评估课程设置和培训项目。

(4) 颁发教师资格证书。

(5) 确定学生的收费情况和审计学区财务执行情况等。

各州下设的学区教育委员会负责讨论制定学区财务预算、确定和调整专业设置及培训计划、向学生提供经济资助和就业指导、聘任校长和聘请教师等。

(二) 美国国会通过立法促进联邦政府支持职业技术教育

美国国会于 1998 年通过《卡尔·帕金斯职业技术教育法》（Carl D. Perkins Vocational and Technical Education Act of 1998）（以下简称《卡尔·帕金斯法案》），之后多次对其进行修订，最近的一次修订是在 2006 年（Carl D. Perkins Career and Technical Education Improvement Act of 2006）。该法案规定，从 2006 年到 2011 年，每个财政年度通过该法案用于职业技术教育的联邦政府拨款为 13.07 亿美元。

《卡尔·帕金斯法案》对这些财政拨款的使用范围做了较为明确的规定，即用于支持中学阶段、大学阶段和成人的职业技术教育。法案也明确了州政府和地方政府在使用这些财政拨款时的允许范围和禁止范围。

美国的职业技术教育中，有一个较具特色的项目称为"技术准备计划"（TECH PREP PROGRAM）。该项目通过开展中等教育机构和中等后教育机构之间的合作来引领职业教育改革，建立一个无缝过渡的系统，避免课程中的重复。

《卡尔·帕金斯法案》对"技术准备计划"的资助对象和期限都做了非常明确的规定。法案规定，用于该计划的财政拨款根据特定公式或者是竞争性方式划拨给资助对象。通常情况下，这一计划的资助对象包括：（1）地方教育机构、教育中介机构、教育服务机构、为中学生提供服务的地区职业技术教育学校以及由印第安事务署设立的中学。（2）授予副学士学位或职业证书的两年制非营利性高等教育机构和授予副学士学位的两年制私立高等教育机构。在特定情况下，这一计划的资助对象也可以包括：（1）授予学士学位的高等教育机构。（2）雇主（包括小型工商企业）、商业中介机构或者劳工组织。在该计划的实施期限方面，法案也做了详细的规定：任何一个获得该计划资助的组织机构都必须实施一个为期 4—6 年符合法案相关规定的"技术准备计划"。

（三）经济危机时期对职业技术教育的特殊支持

1. 罗斯福新政时期公立两年制社区学院迅速发展

美国的两年制社区学院是职业技术教育体系中的主要构成部分，社区学院的教学、服务及其他各项工作都明确以社区为中心、发展社区经济。在美国，90% 以上的公民在离家 25 英里之内（半小时车程）即可找到一所社区学院，学生可以不住校以节省住宿生活费。通过考察美国社区学院的发展历史，可以发现在罗斯福新政时期，公立两年制社区学院得到迅速发展，其发展速度要高于整个高等教育的发展速度。如表 6 所示，1934—1942 年，公立两年制社区学院数量占高等教育机构数量的比例由 10.7% 提高到 13.1%，与此同时，公立两年制社区学院注册学生数占高等教育注册学生总数的比例也由 5.3% 提高到 7.2%。

因此，可以说罗斯福新政时期是美国政府加大财政投入发展公立职业技术教育的时期。这一点印证了后危机时期职业技术教育的重要性，因为经济危机往往伴随着经济结构的调整，由此产生的众多结构性失业人口亟须通过便捷的职业技术教育获得新的就业能力。

表 6   美国高等教育规模和公立两年制社区学院规模（1934—1942）

	1934	1936	1938	1940	1942
高等教育机构数量（所）	1418	1628	1690	1708	1769
公立两年制社区学院数（所）	152	187	209	217	231
注册学生总数（千人）	1055	1208	1351	1494	1404
公立两年制社区学院学生数（千人）	56	71	82	108	101

资料来源：Snyder T D. 120 Years of American Education: A Statistical Portrait [Z]. National Center for Education Statistics, 1993.

2. 教育和职业培训是奥巴马经济刺激计划的一个重要主题

2009 年 2 月 17 日，美国总统奥巴马正式签署了资金总额达 7870 亿美元的经济刺激计划。通过分析该刺激计划的详细清单，可以发现有许多项目都是与教育和职业培训相关的，这些项目涉及对州政府的援助、对个人的援助、对个人的减税、健康、能源以及失业等。表7列出了该经济刺激计划中所有与教育和职业培训相关的项目，据此计算，在整个经济刺激计划中，与教育和职业培训相关的减税及政府支出总额高达1282亿美元，所占比例达到16.3%。因此，可以说大幅增加联邦政府对教育和职业培训的投入是奥巴马经济刺激计划的一个重要主题。

表7 奥巴马经济刺激计划中有关教育和职业培训的联邦政府支出和减税

类　别	项目计划	金　额
教育和职业培训；对州政府的援助	帮助州政府避免削减对教育的基本支出，其中将近400亿美元提供给各地方学校以及公立学院和大学	536亿美元
教育和职业培训；对个人的援助	将"佩尔奖学金"（Pell Grant）项目的最高限额提高500美元，从4850美元提高到5350美元①	156亿美元
教育和职业培训；对个人的减税	提高高等教育课税扣除。以课税扣除的形式提高联邦奖学金，将大学四年的学费抵扣额度调整为每年2500美元，而原来前两个学年的抵扣额度仅为每年1800美元；另外也对购买教科书提高税收返还比率	139亿美元
教育和职业培训	给学校提供额外资金以帮助低收入家庭的儿童。对面向贫穷儿童的第I级学校提供额外的资金，金额为130亿美元，分两年拨付，年增长率超过40%	130亿美元
教育和职业培训	给特殊教育提供额外的资金，提高联邦政府对儿童特殊教育的成本分担比例	122亿美元
对州政府的援助；教育和职业培训	发行新的债券用以改善公立教育。发行新的债券用以购置和维修公立学校的设施或者购买土地兴建新的公立学校。同时批准州和地方政府发行另外14亿美元债券用以改善低收入地区的办学条件	109亿美元

---

①　联邦政府的"佩尔奖学金"项目旨在对来自低收入家庭的大学生和部分研究生进行资助，以帮助他们顺利完成学业，项目的资金需求由美国教育部根据一个标准的程序来确定。

表7（续）

类　别	项目计划	金　额
教育和职业培训	职业培训融资项目。重点支持与健康护理和环境相关的工作岗位，其中12亿美元用于为青少年创造夏季短期工作岗位	40亿美元
教育和职业培训	增加"开端"（Head Start）项目和"早期开端"（Early Head Start）项目的资金投入，使更多的孩子参加儿童教育项目①	21亿美元
教育和职业培训	提供资金对学校进行技术升级，包括购置电脑、建立科学实验室以及对教师进行技术培训	6.5亿美元
教育和职业培训；对州政府的援助	帮助州和地方学校处理学生数据以及提高教师素质。其中2.5亿美元用于支持州政府发展分析学生个人信息的数据处理系统，3亿美元用于应对教师短缺问题以及对优秀教师进行奖励	5.5亿美元
教育和职业培训；健康	培训初级健康护理员，包括医生和护士。另外，也为医科学校的部分学生支付实习经费，条件是这些学生需要去医疗服务水平低下的社区实习	5亿美元
教育和职业培训；能源；失业	培训节能与可再生能源领域的工人	5亿美元
教育和职业培训；对州政府的援助；失业	帮助州政府为失业人员寻找就业机会	5亿美元
教育和职业培训	为高校学生的勤工助学项目追加提供经费	2亿美元

资料来源：纽约时报网站（http：//www.nytimes.com/），根据美国参众两院通过并经奥巴马总统签署的经济刺激计划最终版本整理而得。

---

① "开端"项目和"早期开端"项目是由美国联邦政府设立的，旨在促进学校通过教育、健康、营养和社交等手段加强儿童对社会的认知能力。

五、技能人才就业创业政策研究

我国现阶段正处于一个经济持续快速发展、产业结构调整不断加快的时期。然而，我国的人才培养模式和机制却不能满足经济转型和产业升级的需求。从我国劳动力市场来看，技能人才得不到相应的价值回报和应有的社会尊重，造成我国现阶段技能人才紧缺现象，并最终成为制约我国经济发展的瓶颈。

因此，在"十二五"转变经济发展方式的大背景下，分析我国技能人才的供给状况，制定相关政策以促进我国技能人才充分就业，提供相应的创业环境，对促进我国经济的可持续发展具有十分重要的意义。

(一) 技能人才和技能人才的有效供给

相比于通用型人才，技能人才通常是指具备专门知识和技术，掌握一定的操作技能，能够在工作实践中运用自己的技术和能力的实际操作人员。在我国主要是指技师、技工及相应水平的技能人员。随着经济发展和产业结构调整升级，技能型人才在数量和结构上都无法满足社会经济发展的需要，技能人才有效供给和就业已成为制约经济发展的现实问题。

从我国技能人才在劳动力市场的供需状况来看，技能人才并没有达到有效供给。首先，技能人才总量不足。人社部2011年发布的四季度城市公共就业服务机构市场供求状况的分析显示，各技术等级的岗位空缺与求职人数的比率均大于1，劳动力需求大于供给。其中，高级技师、高级工程师、技师的岗位空缺与求职人数的比率较大，分别为2.68、2.56、1.97。其次，技能人才结构不合理。2011年第四季度全国求职技能劳动者中初级工（职业资格五级）占总人数的23.7%，中级工（职业资格四级）占总人数的10.2%，高级工（职业资格三级）占总人数的3.8%，技师（职业资格二级）占总人数的1.5%，高级技师（职业资格一级）占总人数的0.4%。与发达国家呈橄榄形即两头小、中间大的技能结构相比，我国的技能结构明显呈金字塔形的结构失衡状态，这不仅严重制约了产业结构的调整升级，同时也影响了经济的进一步可持续协调发展。最后，技能人才行业分布不均。2011年第四季度求职人员相对集中的职业是商业和服务业人员、生产运输设备操作工，其所占比重分别为28.1%和29.1%，两者合计约占求职总人数的57.2%。而现代服务业、现代制造业和现代农业等新兴产业的技能人才需求却大于供给。

只有制定相关政策激励技能人才有效供给，保障技能人才的有效就业，才能满足产业转型升级对劳动力市场的需求。从涉及技能人才就业的政策主体来看，包括政府、市场（劳动力市场）、企业和职业院校。从政府层面来看，应为技能人才的有效供给提供引导、组织、协调等方面的支持；而市场则应提供人才供求与价格等信息来引导供需交易的完成，使技能人才能够获得就业机会、实现职业变迁；企业的重点在于提供就业机会，通过实现技能人才的劳动价值、给予合理回报促进技能人才人力资本的投资；职业院校则应培养出符合市场与企业需求的技能人才，为降低人力资本投资风险和缩短人力资本投资的回收期创造有利条件。以上四个主体促进技能人才有效就业的举措构成了我们制定相关政策的主要依据。

（二）支持技能人才就业的相关政策

完善技能人才就业的公共服务体系和社会氛围。政府既是技能人才的投资主体，更是技能人才成长制度环境与社会氛围的创造者和引导者。政府的相关政策及其引导可以形成尊重技能人才的社会文化环境，同时适当的公共财政补贴可以弥补企业对于技能人才就业的投入不足，以及技能人才相应的社会公共保障。政府合理的制度安排能够使以技能工作为职业的人获得更好的社会地位和经济收入，促进技能人才的就业。从我国实际出发，可以出台高技能人才以及农民工入户城镇政策，提高他们的社会地位。

完善技能人才劳动力市场机制，搭建需求信息平台。技能人才市场是对技能人才的服务定价，按服务价值付酬的市场。一个完善的技能人才市场，其劳动力价格应当能够充分反映人才资源的稀缺程度及其劳动贡献。因此，开放竞争的技能人才市场能够通过劳动力价格信号构成对技能投资、成长与供给的激励。劳动力价格提高，技能人才供给量增加，反之则减少。如果技能人才的劳动力价格长期偏低，则意味着技能人才的劳动价值无法得到充分体现，这将影响到技能人才人力资本投资的水平及技能人才培养的规模与结构，从而使整个社会技能人才的有效就业减少。

提高技能人才的工资待遇，改善技能人才的工作环境。企业既是技能人才人力资本的重要投资主体，也是技能人才的使用主体，在技能人才成长中发挥着关键作用。作为一种"活"的资本形式，技能人才的劳动贡献不仅取决于人力资本的存量，更取决于技能人才自身的劳动积极性与工作主动性。因此，企业既需要保障技能人才的物质条件，也要为技能人才的成长发展提供良好的劳动环境以及相应的精神性激励。同时，现阶段应结合我国特殊企业的发展契机，如小微企业、文化创意产业的企业，优先促进相关技能型人才的就业。

调整职业院校专业设置和人才培养结构，完善专业对接产业的相关政策。提升技能型人才培养质量，同时加强职业院校学生就业指导工作，实现有效就业。职业院校是技能人才培养的主要载体，对于专用性人力资本的形成及满足企业技能人才需求具有至关重要的作用。如果学校能够根据市场需求来设立相应的专业和开发相关的课程，所培养的人才能够及时满足企业的需求，具有较高的就业率和较好的职业前景，不仅将大大提高人才的有效供给能力，同时也会使更多的潜在劳动者选择职业技术类教育，为技能人才的持续供给奠定良好的基础。

（三）支持技能人才创业的相关政策

从就业观念来看，创业不是就业的次等选择，更不是失业，创业是新形势下积极就业的全新模式，是技能人才积极面对社会、适应社会的有效行为，也可以看作是建设创新型国家的有力举措。相比于促进技能人才就业的其他实施主体，政府和职业院校在鼓励技能人才创业方面应有更大的责任。

树立创业的新理念，改善技能人才创业的环境，完善相关创业扶持政策，通过创业基金、税收减免、信贷贴息等政策优惠，积极引导技能型人才创业。

加强技能型人才的创业指导和培训。改革职业院校课程体系，开设创业教育课程，鼓励院校积极开展与学生创业教育有关的各项教学改革。搭建创业教育的实践平台，强化社会实践，多渠道为学生提供实战场所，着力提高学生的创业综合能力。同时，职业院校应强化创业典型的示范效应，形成创业的连锁反应。

6

现代职业教育体系与高技能人才培养研究

中国教育科学研究院教育规划与战略研究中心课题组[*]

摘　　要

　　高技能人才是转变经济发展方式的决定性因素。中国要成功实现经济发展方式的转型，优化产业结构，离不开一支数量充足、结构合理、技术精湛、门类齐全、素质优良的高技能人才队伍的支撑。依据《中华人民共和国职业分类大典》中的定义和《高技能人才队伍建设中长期规划（2010—2020 年)》的界定，本研究认为：高技能人才是指在一线技能型从业者中，掌握较高水平的专门知识和应用技术，具备精湛操作技能和高超技艺，能够在工作实践中解决工艺操作和关键技术难题的高素质技能型人才。高技能人才是发达国家经济腾飞的秘密而又公开的武器，我国也已将高技能人才作为国家人才队伍建设的重点，纳入《国家中长期人才发展规划纲要（2010—2020 年)》。

　　目前，我国高技能人才供需差距较大。2009 年，81.1% 的单位用人需求集中在制造业、批发和零售业、住宿和餐饮业、居民服务和其他服务业、租赁和商务服务业、建筑业。其中，所培养人才仅在制造业和建筑业两类有匹配，但供需差距大，制造业人才需求量与人才供给量分别为 19 万人与 700 多

---

* 课题组主要成员：张男星、孙诚、马延伟、张智、刘巧利、孙继红、赵晶晶。

万人，建筑业则分别为 15 万人与 100 多万人之差。严重缺乏技术工人和现有的技术工人素质低是当前企业面临的严峻现实。现代农业、工业、服务业、战略新兴产业都迫切需要补充大批高技术高技能人才。

但是，承担高技能人才培养的职业教育体系尚不完善，服务国家和地方经济社会发展能力不强。具体表现及原因是：第一，缺乏完备的法律保障体系，未能有效明确企业职业教育责任，缺少支持职业院校教师发展的刚性措施，职教学生顶岗实习缺乏法律保护；第二，缺乏统筹职教系统的管理协调机制，职业技能培养和认证机制、监督体系不完善，引导行业企业参与职业教育培训措施不力；第三，人才培养通道不畅通，职业教育体系与现代经济社会脱节，以职业学校为主的学制体系仍然相对封闭，难以满足行业、企业对高技能人才的需求，教育体系内部衔接不够，导致技能型人才缺乏向上发展的通道；第四，高职院校教师队伍建设存在先天不足，"双师型"教师的概念模糊，培养机制不健全，评价和激励制度缺失，高职教师缺乏企业实践机会；第五，高等职业教育财政经费投入不足；第六，实现企业教育资源共享面对诸多困难。

为推动建立相对独立完善的现代职业教育体系，我们建议：（一）成立统筹职业教育的国家管理部门；（二）建立以行业企业为依托的现代职业教育发展格局；（三）建立学校教育与职后教育一体化的终身职业教育体系；（四）建立以公共财政为主的多元经费保障制度；（五）建立企业参与职业教育资源开发与共享的激励机制。

今天，我国已经成为世界经济大国，综合国力大幅度提升。2010 年，国内生产总值达到 39.8 万亿元，跃居世界第二位；全年进出口总额近 3 万亿美元，居世界第二位；外汇储备余额超过 3 万亿美元，居世界第一位；220 多种工业产品产量跃居世界第一位；人均 GDP 达到 4000 美元。我国已经进入现代化建设的新阶段，这个新阶段若要有突破，实现既定目标，就必须深化改革开放，加快转变经济发展方式，推动产业升级，建设现代产业体系。这就对培养高技能人才提出了更加迫切的需求。

我国"十二五"时期的最突出特征用一个字概括就是"转"，即转变经济发展方式，创新发展模式，破解发展难题，提高发展质量。回顾改革开放

30 多年的历程，我国的经济发展取得了令人瞩目的成就，年均经济增长保持了近 10% 的快速水平，国内生产总值居世界前列。但我们要清醒地看到，随着经济全球化的深入发展，国际产业分工加快重组，全球经济结构不断调整，在国际产业链中，中国处于不利的分工地位，只能依靠廉价劳动力的比较优势换来微薄利润，成为低端产品的"世界工厂"，承受随之而来的资源、环境代价。缺乏核心技术是目前中国制造业的致命弱点，加工制造密而不优，大而不强，缺少中国创造。中国由"制造大国"向"制造强国"转变，除遭遇能源短缺、资源短缺、贸易壁垒等诸多障碍外，技工短缺成为这一转变的瓶颈。由于中国教育片面注重高学历教育，造成高级技工严重不足，找一个高级技工比找一个博士、教授还难。由于缺少训练有素、技术精湛的能工巧匠，精密性、精细化、精确度成了中国制造的"永远的痛"。"中国制造"由谁来造？主要是职业院校培养出来的高素质技能型人才。要想改变这一局面，职业技术教育无疑应发挥更加重要的作用。

职业教育是中国经济社会发展的重要基础，承担着培养数以亿计的高素质劳动者和数以千万计的高技能人才的重要任务。当今的职业教育已从经济社会发展的外在推动力内化为经济社会发展的重要核心支撑力。因此，职业教育的发展与改革，必须以支撑发展和引领未来为导向，要将技能人才培养全面融入经济社会发展的大循环中。

加快推进现代职业教育体系建设是职业教育适应经济社会发展方式转变、产业结构调整的时代需求，是保障民生幸福、繁荣文化产业、提升人力资源整体素质的必然趋势，是体现终身教育理念改革创新国民教育体系，破解中高职衔接和普职沟通难题，构建科学的人才培养结构的内在需要，是当前贯彻落实科学发展观的一项重要举措。

现代职业教育体系的基本理念和架构已初步形成。在政府主导下，我国已逐步确立了现代职业教育体系的基本理念和架构，并形成了不断深化体系建设任务的政策合力，各个省份也逐步积累了一些探索建立现代职业教育体系的经验。从政策角度看，在政府主导下，职业教育体系建设已形成了一定的政策合力保障。1985 年《中共中央关于教育体制改革的决定》提出"逐步建立起一个从初级到高级、行业配套、结构合理，与普通教育相互沟通的职业教育体系"。1991 年《国务院关于大力发展职业技术教育的决定》强调构建"中国特色职业技术教育体系的基本框架"。1996 年《职业教育法》明确了职业教育体系的法律地位。2002 年《国务院关于大力推进职业教育改革与发展的决定》首次提出了"现代职业教育体系"的称谓和基本内涵，并部署了"力争在'十五'期间初步建立起适应社会主义市场经济体制与市场需求，和劳动就业紧密结合，结构合理、灵活开放、特色鲜明、自主发展的现代职业教育体系"的战略任务。2005 年《国务院关于大力发展职业教育的决定》强调要建立"有中国特色的现代职业教育体系"。2010 年出台的《国家中长期教育改革和发展规划纲要（2010—2020 年）》要求："到 2020 年形成适应经济发展方式转变和产业结构调整要求、体现终身教育理念、中等和高等职业教育协调发展的现代职业教育体系"，进一步丰富和扩展了现代职业教育体系的内涵和目标，深化了职业教育改革发展的指导思想。从各省份经验看，许多地方这些年来，按照党中央和国务院的工作部署，积极开展改革探索，初步构建了适应区域经济社会发展需求、与产业结构布局相配套的现代职业教育体系框架。

在 21 世纪的今天，现代职业教育体系应责无旁贷地发挥高技能人才培养的主渠道作用。本研究正是要致力于探索这一时代问题。近期，课题组主要围绕当今我国高技能人才的概念、特征、现状和规模等进行了研究，同时从产业升级对高技能人才的需求中发现差距，并分析当今职业教育体系在高技能人才培养中存在的问题，为建立现代职业教育体系提出若干对策建议。

一、高技能人才是转变经济发展方式的决定性因素

高技能人才对我国经济增长方式转型起着关键性作用。在科技成果转化为新产品的过程中，不仅需要科研人员、工程技术人员的研发设计，还必须有技术工人将图纸转化为现实的产品，他们往往发挥着科研人员、工程技术人员难以替代的作用。我国能否成功实现经济发展方式的转型，优化产业结构，实现经济持续快速发展，全面提升中国企业核心竞争力，离不开一支数量充足、结构合理、技术精湛、门类齐全、素质优良的高技能人才队伍的支

撑。由中央人才工作协调小组领导，中央组织部、人力资源和社会保障部、国家统计局共同组织开展的 2010 年度全国人才资源统计结果显示，截至 2010 年年底，我国人才资源总量稳步增长。全国人才资源总量达到 1.2 亿人，比 2008 年增加 780 万人。人才资源总量占人力资源总量的比重达到 11.1%。其中，企业经营管理人才资源 2979.8 万人，专业技术人才资源 5550.4 万人（具有专业技术职称的企业经营管理人才资源交叉统计在其中），高技能人才资源 2863.3 万人，农村实用人才资源 1048.6 万人。人力资本投资占国内生产总值比例达到 12.0%，比 2008 年增长 1.3 个百分点；人才对经济增长的贡献率达到 26.6%（据 2008 年不完全统计，1978—2008 年的平均值为 18.9%），人才对我国经济增长的促进作用进一步提升。（盛若蔚，2012）

（一）高技能人才概念的提出

在 1999 年的《中华人民共和国职业分类大典》中高技能人才有着一席之地："高技能人才是在生产、运输和服务等领域岗位一线的从业者中，熟练掌握专门知识和技术，具备精湛的操作技能，并在工作实践中能够解决关键技术和工艺的操作性难题的人。主要包括技术技能劳动者中取得高级技工、技师和高级技师职业资格及相应职级的人员。"（国家职业分类和职业资格委员会，1999）

2003 年，我国召开第一次全国人才工作会议，提出"高技能人才"概念，明确其是人才队伍的重要组成部分。2010 年，中央组织部、人社部联合下发《高技能人才队伍建设中长期规划（2010—2020 年)》，对高技能人才做了明确界定："高技能人才是指具有高超技艺和精湛技能，能够进行创造性劳动，并对社会作出贡献的人，主要包括技能劳动者中取得高级技工、技师和高级技师职业资格的人员。"这一定义是和我国职业资格证书制度紧密相关的，高级技工、技师和高级技师职业资格人员构成高技能人才的主体部分（见专栏1）。作为我国第一个高技能人才队伍建设中长期规划，该规划标志着我国国家层面对于高技能人才建设的目标、举措、载体、投入均已明确，高技能人才培养进入新的历史发展阶段。同时，该规划也明确了高技能人才的重要社会地位，指出"高技能人才是我国人才队伍的重要组成部分，是各行各业产业大军的优秀代表，是技术工人队伍的核心骨干，在加快转变经济发展方式、促进产业结构优化升级、提高企业竞争力、推动技术创新和科技成果转化等方面具有重要作用"。

专栏　我国职业资格证书制度

　　1993年，我国开始推行职业资格证书制度。职业资格证书制度是指按照国家制定的职业标准，通过政府认定的考核鉴定机构，对从业者的技能水平或职业资格进行客观、公正、科学规范的评价和鉴定，并对合格者授予相应的国家职业资格证书。我国技能型人才的国家职业资格证书分为五个等级：初级（五级）、中级（四级）、高级（三级）、技师（二级）和高级技师（一级）（见图1）。

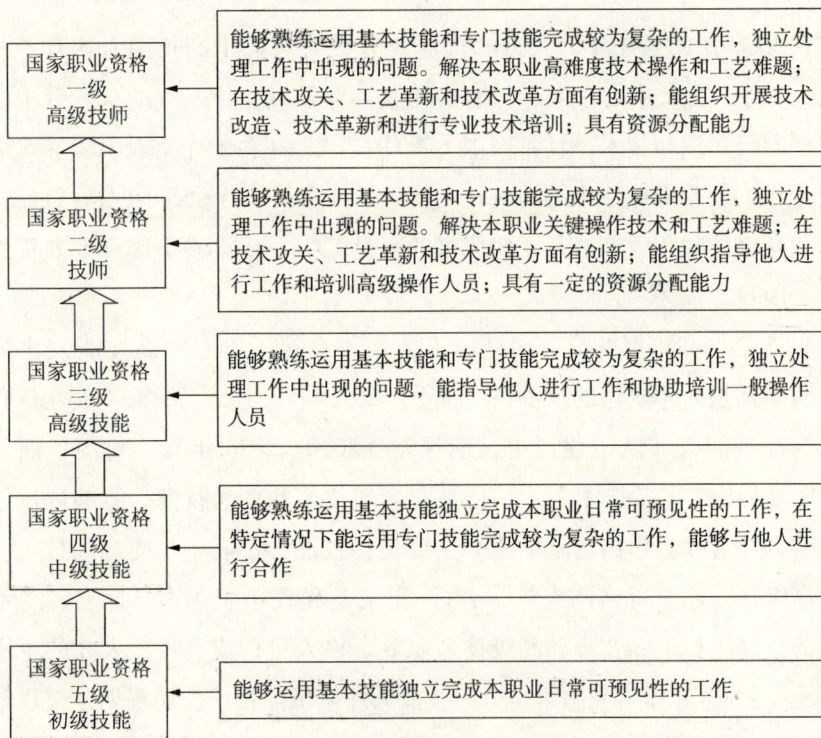

国家职业资格一级 高级技师	能够熟练运用基本技能和专门技能完成较为复杂的工作，独立处理工作中出现的问题。解决本职业高难度技术操作和工艺难题；在技术攻关、工艺革新和技术改革方面有创新；能组织开展技术改造、技术革新和进行专业技术培训；具有资源分配能力
国家职业资格二级 技师	能够熟练运用基本技能和专门技能完成较为复杂的工作，独立处理工作中出现的问题。解决本职业关键操作技术和工艺难题；在技术攻关、工艺革新和技术改革方面有创新；能组织指导他人进行工作和培训高级操作人员；具有一定的资源分配能力
国家职业资格三级 高级技能	能够熟练运用基本技能和专门技能完成较为复杂的工作，独立处理工作中出现的问题，能指导他人进行工作和协助培训一般操作人员
国家职业资格四级 中级技能	能够熟练运用基本技能独立完成本职业日常可预见性的工作，在特定情况下能运用专门技能完成较为复杂的工作，能够与他人进行合作
国家职业资格五级 初级技能	能够运用基本技能独立完成本职业日常可预见性的工作

图1　我国职业资格证书制度

（二）高技能人才的界定与特征

依据《中华人民共和国职业分类大典》中的定义和《高技能人才队伍建设中长期规划（2010—2020 年）》的界定，本研究认为对高技能人才可以给出以下的描述性定义：高技能人才是指在一线技能型从业者中，掌握较高水平的专门知识和应用技术，具备精湛操作技能和高超技艺，能够在工作实践中解决工艺操作和关键技术难题的高素质技能型人才。

高技能是解决复杂的、前沿性的技术实践问题的能力，需要动作技能和智力技能的有机结合。知识、技巧和创造力是高技能三个核心的构成要素。知识和技巧是高技能的基础，创造力是高技能的源泉。案例研究表明，高技能人才表现出鲜明的个体和群体特征：一是高超的操作技艺，二是较强的问题解决能力，三是突出的创造能力，四是极强的适应能力，五是较强的终身学习能力。这些突出特征，使高技能人才能够在加快产业优化升级、提高企业竞争力、推动技术创新和科技成果转化等方面发挥不可替代的重要作用。

（三）高技能人才培养的战略意义

1. 高技能人才是发达国家经济腾飞的秘密而又公开的武器

国际劳工组织的调查显示，发达国家的产业工人基本都是技术工人，其中高级工占 35%，中级工占 50%，初级工占 15%。（吴玲，2009）充满危机感的美国人写道："日本人与欧洲人在很多年前就已认识到，经济成功的关键在于高素质的一线劳动力"，"尽管在培养一线工人的高职业技能方面，日本和德国所采取的方法大相径庭，但结果是一样的：两国都拥有世界上技能最高的劳动力"（马歇尔，塔克，2003）[81,66-77]。如果美国要避免继续滑向更低工资水平和更低生活标准的道路，就要采用新的工作组织方式，其本质就是"一线工人被赋予经理、技术人员和专业人员的许多职责"，而"那些正在运用高绩效工作组织或正在转向这种工作组织的美国公司的报告说，它们遇到的最严重阻碍是缺少受过良好教育的高技能劳动力"（马歇尔，塔克，2003）[81]。

247

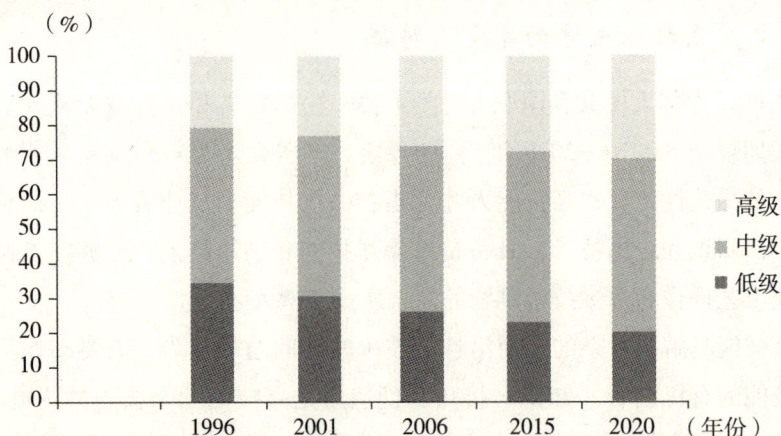

图2　欧盟 25 国学历水平与过去和未来工作结构

资料来源：European Foundation for the Improvement of Living and Working Conditions. Fourth European Survey on Working Conditions, EU－27 ［Z］. 2005.

2. 高技能人才培养成为各国增强国家核心竞争力的重要举措

在后金融危机时代，许多国家和地区都将大力发展高技能人才作为增强国家竞争力的重要举措。

2011 年 2 月，美国公布了《美国创新战略：确保我们经济增长与繁荣》，强调要加大对美国创新基础的投资，培养具有 21 世纪知识和技能的美国人，打造世界一流的劳动力。美国总统奥巴马强调，对职业教育进行投资，是对未来长期经济发展进行投资的一项重要内容，是增强美国经济竞争力的关键因素。

2010 年 3 月，欧盟公布了"欧洲 2020 战略"，规划了欧盟未来 10 年的发展重点和具体目标，提出 7 项旗舰行动计划，其中，加强职业教育、提高劳动者技能是非常重要的内容。2010 年 12 月，来自欧洲 33 个国家的教育部长在比利时通过了《2011—2020 年促进欧洲职业教育与培训的布鲁日公报》，提出了到 2020 年欧洲职业教育发展的远景目标、11 个战略目标以及 38 条政策建议。

2009 年 11 月，英国颁布了《为增长而提高技能：国家技能战略》，将英国技能水平的增长与构建英国社会未来紧密相连，计划到 2020 年，低技能人员要减少到11%，高技能人才要增加到40%。2010年11月，英国又颁布了《为可持续发展而提高技能》和《为可持续发展而对技能投入》两个国家战略性文件，提出要通过提高技能水平，使英国"具有世界级的技能基础"。

2010年，瑞士拥有超过200个职业教育项目，职业教育真正成为瑞士国家经济链条上的重要一环。

综上所述，高技能人才是转变经济发展方式、产业优化升级的决定性因素。高技能人才是衡量一个国家生产制造能力的重要方面。它作为生产要素之一，对于促进区域经济更快发展，提升和优化产业结构，在国际市场争取配置都具有重要作用。第二次世界大战以来，世界各国尤其是发达国家特别重视新加工制造技术的发展，21世纪竞争优势主要来自新的加工技术，而不是新产品技术。美国国家生产率委员会的调查表明，在企业的生产率构成中，制造技术的作用占65%，要提高产品质量和劳动生产率，必须依靠制造技术的进步。他们预测，今后15年内制造技术的发展速度要超过以往75年（罗传银，2010）。

（四）高技能人才队伍建设目标已纳入国家人才战略规划

2003年年底，新中国成立以来国家召开的首次人才工作会议指出："我国现代化建设需要大批善于治党、治国、治军的领导人才，需要大批高水平的专业人才，需要大批熟悉国际国内市场，具有现代管理知识和能力的企业家，需要大批能够熟练掌握先进技术、工艺和技能的高技能人才。"随后，颁布了《关于进一步加强人才工作的决定》，进一步明确了高技能人才是我国人才队伍的重要组成部分，并强调高技能人才是推动企业技术创新和实现科技成果转化不可缺少的重要力量。2006年4月，中共中央办公厅、国务院办公厅又发布了《关于进一步加强高技能人才工作的意见》，其中明确指出："高技能人才在加快产业优化升级、提高企业竞争力、推动技术创新和科技成果转化等方面具有不可替代的作用。"

2010年6月，《国家中长期人才发展规划纲要（2010—2020年）》（以下简称《人才规划纲要》）颁布，将高技能人才作为国家人才队伍建设的重点，要求"以高层次人才、高技能人才为重点统筹推进各类人才队伍建设，为实现全面建设小康社会奋斗目标提供坚强的人才保证和广泛的智力支持"。要求高技能人才发挥高端引领作用，将培养造就"一大批技艺精湛的高技能人才"与培养造就"一批善于治国理政的领导人才，一批经营管理水平高、市场开拓能力强的优秀企业家，一批世界水平的科学家、科技领军人才、工程师和高水平的哲学社会科学专家、文学家、艺术家、教育家，一大批社会主义新农村建设带头人，一大批职业化、专业化的高级社会工作人才"并提，要求其充分发挥在经济社会发展和人才队伍建设中的引领作用。

因此，《人才规划纲要》赋予了高技能人才极为重要的战略地位，也赋予了我们加快培养大批高技能人才的重大使命。同时，明确了高技能人才队伍建设目标：适应走新型工业化道路和产业结构优化升级的要求，以提升职业素质和职业技能为核心，以技师和高级技师为重点，形成一支门类齐全、技艺精湛的高技能人才队伍。到 2015 年，高技能人才总量达到 3400 万人。到 2020 年，高技能人才总量达到 3900 万人，其中技师、高级技师达到 1000万人左右。

表1　2020 年高技能人才队伍建设目标

指　　标	单　　位	2008	2015	2020
人才资源总量	万人	11385	15625	18025
每万劳动力中研发人员	人年/万人	24.8	33	43
高技能人才占技能劳动者比例	%	24.4	27	28
主要劳动年龄人口受过高等教育的比例	%	9.2	15	20
人力资本投资占国内生产总值比例	%	10.75	13	15
人才贡献率	%	18.9	32	35

注：人才贡献率数据为区间年均值，其中 2008 年数据为 1978—2008 年的平均值，2015 年数据为 2008—2015 年的平均值，2020 年数据为 2015—2020 年的平均值。

（五）我国高技能人才的规模与培养渠道

近年来，我国高端技能型人才规模获得了较快发展。2010 年我国技能人才总量为 1.12 亿人，占就业人员总数的 14.33%。其中初等、中等技能人才8344 万人，占就业人口的 10.96%，占技能型劳动者的 74.5%；高技能人才2856 万人，占就业人口的 3.75%，占技能型劳动者的 25.5%，其中，高级技工占技能型劳动者的 20.5%，技师、高级技师占技能型劳动者的 5%。

目前，我国高技能人才培养主要有四个渠道：教育部门的学校、人保部门的教育机构以及行业部门和企业举办的学校。教育部门承担高技能人才培养工作的学校主要有高职高专、普通本科、成人高校、本科院校的分校大专班、民办高校等五类高等教育机构。据统计，2010 年此类高技能人才培养机构共 2085 所，毕业 286 万人。

人保部门主要是由高级技工学校、技师学院来承担高端技能型人才的培养工作。2008 年，人保部门的高级技工学校共有 485 所，招生 161 万人，其中高级技工、预备技师和技师班学生超过 47 万人。2010 年此类高技能人才培养机构共有 3064 所（含技工学校），毕业 115 万人，获高级职业资格证书者 21 万人。

行业部门承担高技能人才培养任务的主要是行业学校，目前主要涉及水利、铁路、煤炭、有色金属、机械、钢铁等行业，2010 年此类高技能人才培养机构共有 596 所，毕业 190 万人。

此外，还有企业大学，2010 年有 300 余所。

综上可知，教育部门是培养高端技能型人才的重要部门。教育部门的五类学校中以高职高专为培养高端技能型人才的主渠道（具体结构见图 3）。

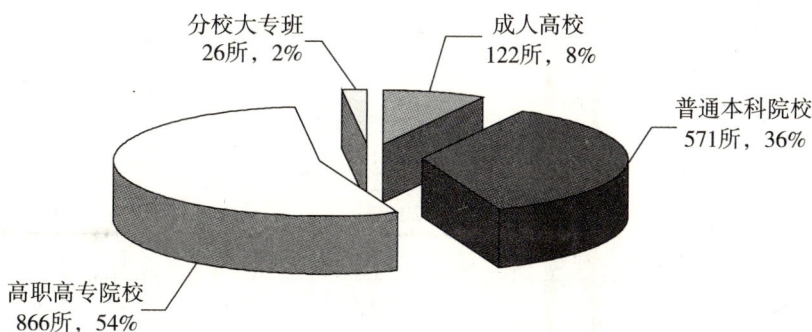

分校大专班 26所，2%
成人高校 122所，8%
普通本科院校 571所，36%
高职高专院校 866所，54%

图 3　2009 年教育部门培养高端技能型人才的学校类型及数量

二、我国产业结构升级与高技能人才供给之间的差距

根据《高技能人才队伍建设中长期规划（2010—2020 年）》的分析与预

测，2009 年我国有高技能人才 2631 万人，占技能人才队伍的 24.7%。2015 年要在此基础上增长 540 万人，占到 27%；2020 年要增长 990 万人，占到 28%。

从行业当前需求来看，2009 年，81.1% 的单位用人需求集中在制造业、批发和零售业、住宿和餐饮业、居民服务和其他服务业、租赁和商务服务业、建筑业。其中，培养人才仅在制造业和建筑业两类有匹配，但供需差距大（见表 2）。

表 2 2009 年我国产业结构对高端技能型人才的需求

行 业	需求人数（人）	所占比重（%）	上年相比需求变化（百分点）
农、林、牧、渔业	413878	1.8	-0.4
采矿业	203014	0.9	+0.1
制造业	7492998	32.1	-0.4
电力、煤气及水的生产和供应业	322099	1.4	+0.1
建筑业	1059603	4.5	+0.3
交通运输、仓储和邮政业	547249	2.3	-0.1
信息传输、计算机服务和软件业	662055	2.8	—
批发和零售业	3856419	16.5	+0.4
住宿和餐饮业	3018620	12.9	+0.8
金融业	386848	1.7	-0.1
房地产业	641958	2.7	+0.2
租赁和商务服务业	1432244	6.1	-0.1
科学研究、技术服务和地质勘查业	204881	0.9	+0.1
水利、环境和公共设施管理业	139483	0.6	-0.1
居民服务和其他服务业	2099616	9.0	-0.8
教育	215982	0.9	0.1
卫生、社会保障和社会福利业	191844	0.8	-0.1
文化、体育和娱乐业	373908	1.6	0.1
公共管理和社会组织	94121	0.4	-0.1
国际组织	2930	0.0	—
合计	23359750	100.0	—

从行业需求预测来看，2009—2020 年制造业、建筑业集中了 60% 以上的高技能人才需求量，这两类人才的培养量目前占总量的 14.37%（见表3）。

表3　人社部所做的我国产业结构对高端技能型人才需求分析（2009—2020）

行业分布	2009—2015年高技能人才需求增长量（人）	2009—2020年高技能人才需求增长量（人）	2015年分行业需求（人）	2020年分行业需求（人）	2020年需求占比（%）	2009—2020年需求增长占比（%）
制造业	2200367	3985810	14742510	16527953	40.70	40.09
建筑业	1180970	2168259	7768078	8755366	21.56	21.81
批发和零售业	310867	579246	2002498	2270877	5.59	5.83
采矿业	279498	525995	1774534	2021032	4.98	5.29
交通运输、仓储和邮政业	223436	407315	1484202	1668080	4.11	4.10
电力、燃气及水的生产和供应业	161123	282573	1125790	1247439	3.07	2.84
公共管理和社会组织	129420	234211	868230	973021	2.40	2.36
租赁和商务服务业	137496	268074	826580	957158	2.36	2.70
科学研究、技术服务和地质勘查业	124153	223512	838705	938064	2.31	2.25
教育	115627	204393	799880	888646	2.19	2.06
房地产业	102813	192632	657020	746839	1.84	1.94
住宿和餐饮业	94775	169221	647229	721674	1.78	1.70
水利、环境和公共设施管理业	81093	142114	567129	628150	1.55	1.43
农、林、牧、渔业	83302	160895	508340	585933	1.44	1.62

表 3（续）

行业分布	2009—2015年高技能人才需求增长量（人）	2009—2020年高技能人才需求增长量（人）	2015年分行业需求（人）	2020年分行业需求（人）	2020年需求占比（%）	2009—2020年需求增长占比（%）
信息传输、计算机服务和软件业	65908	119328	441892	495311	1.22	1.20
卫生、社会保障和社会福利业	51696	92771	350713	391787	0.96	0.93
居民服务和其他服务业	44643	80935	298780	335072	0.83	0.81
文化、体育和娱乐业	41617	71444	298468	328295	0.81	0.72
金融业	18378	34473	117426	13341	0.33	0.35

　　根据专家的分析和预测，21 世纪初，在我国的产业结构中，第二产业的产值比重将基本保持不变，第三产业的产值比重会不断上升，而第一产业的产值比重会持续下降。第三产业的扩张和第一产业的缩减，是这一阶段我国产业结构调整的基本特征。在这种社会整体产业结构内部，还将出现更深层次的结构调整，这就是产业结构的不断升级。三大产业优化的方向和内部升级问题非常值得重视。第一产业应发展生物工程、生态农业。第二产业应占领产业链高端，如研发设计、材料采购、销售渠道。第三产业应大力发展现代生产型服务业，如金融保险、现代网络、现代物流、法律咨询、会计审计等，包括现代消费型服务业与公共服务业。第三产业应从低知识性、低附加值向高知识性、高附加值发展。这一过程，是在第三产业内部升级的过程。很多发达国家的服务业占比在 20 世纪六七十年代时已超过 50%（见表 4）。

表 4　部分国家在各个时间点上三大产业增加值占 GDP 的比重

单位:%

国　家	年　份	农业增加值占 GDP 比重	工业增加值占 GDP 比重	服务业增加值占 GDP 比重
阿根廷	1990	8.12	36.02	55.85
	1997	5.6	29.15	65.25
巴西	1995	5.77	27.53	66.7
	2008	5.9	27.91	66.19
中国	2010	10.1	46.75	43.14
法国	1973	8.3	33.94	57.76
	1978	5.61	32.25	62.13
	1986	4.41	28.74	66.85
德国	1973	3.25	45.11	61.64
	1978	2.92	42	55.08
	1986	1.92	39.13	58.95
日本	1974	5.51	43.3	51.19
	1978	4.55	40.38	55.07
	1986	2.96	38.8	58.25
韩国	1988	10.72	41.82	47.46
	1993	6.93	41.65	51.42
	1996	5.96	41.27	52.77
马来西亚	1995	12.95	41.4	45.65
	2008	10.18	47.93	41.89
俄罗斯	2004	5.62	36.33	58.05
	2007	4.4	36.12	59.48
英国	1975	2.72	38.96	58.33
	1980	2.12	40.71	57.17
	1987	1.81	36.95	61.25
美国	1976	3.56	33.76	62.67
	1980	2.9	33.51	63.59

资料来源:根据相应年份《世界经济年鉴》相关国家统计数据整理。

我国目前产业结构升级的一个显著特征是以高新技术产业的发展为龙头，加快积极采用高新技术和使用技术改造提升传统产业的步伐，推进产业结构的优化升级。各产业中产品的知识含量与技术含量不断提高，产业间呈现出由劳动密集型向知识、技术密集型转移的趋势。这种产业结构的变化会在产业内部引起劳动要素，即资本、原料、劳动力之间的结构变化。经营者将会改变投资模式，即逐渐减少物质、金融资本的注入，代之以尽量加大人力资本的投资，提升人力资源在经济增长中的作用。

（一）我国农业人才与现代农业对人才的需求之间的差距

我国的第一产业面临着两大发展任务：一是引进、推广和普及农业技术；二是在生物工程、基因工程等高新技术的带动下，促进新的育种技术的发展和经济作物数量的增加，快速提高农业产值在国民经济总产值中的比例。要完成这两项任务，我国的中、高等职业技术教育就必须为之提供大量的、高素质的农业技术人员。我国广大农村实行承包责任制以来，年产量较以前有了很大提高，生产力得到了很大解放，但是，农业科学技术的引进、推广和普及的步伐却相当缓慢，大部分地区仍然处于原始耕作和经验性的操作管理状态，农业科技含量还相当低。现实情况是：一方面职业学校不能有效提供农业产业所需的技能型人才，另一方面现有的职业农校毕业生由于我国农业产业化水平低而没有施展技能的机会。这种矛盾如不能得到及时解决将会造成一种恶性循环，最终影响综合国力的提高。因此，目前我国职业教育的基础是服务农业，其中心任务也就在于改革和引进农业技术，全面推广和普及现有的农业科技，迅速提高农业产值的比例，从根本上解决"三农"问题。必须使高职、中职教育找准与第一产业的结合点，调整专业设置，扩大培养人才的规模，同时结合我国农村分散经营的特点，大力开展各种形式的对农民的职业技术培训活动，普及农业技术，以较为快捷的方式向未来的劳动者传授农业和机械方面的技能。

（二）我国工业人才与现代工业对人才的需求之间的差距

产业结构调整后，我国将全力发展制造业，努力提高制造业的层次和品位，职业教育的重心就是培养大量的、高素质的技术工人。我国劳动力资源丰富，但生产一线的技术工人整体素质却不高。据统计，目前城镇企业共有1.4 亿名职工，其中技术工人有 7000 多万人，初级工占 60% 左右，中级工占35%，高级工仅占 3.5%。这与发达国家高级工占 40% 的比例相差甚远。对广州市 80 家制造企业的专项调查发现，技术工人特别是高级技工在广州相当匮乏。在引进高新技术的情况下，企业只有 19.5% 的技术工人能完全胜任工作。人保部的一项调查表明，到劳动力市场招人的 2 万多家企业中，有 1/3在招企业工人。企业对高级技工的需求量甚大，不少企业技术工人已出现断层。一些地方曾出现"哄抢工人"和"高价竞聘"有基本操作经验的工人的现象。另外，技术工人素质低带来的影响也不可忽视，目前，我国企业产品平均合格率只有 70%，不良产品每年损失近 2000 亿元。严重缺乏技术工人和现有的技术工人素质低是当前的基本状况。因此，职业教育应特别注重培养各级各类能满足企业需求的高质量的技术工人。

（三）我国服务业人才与现代服务业对人才的需求之间的差距

随着我国第三产业的迅速发展，职业教育必须积极跟上其前进的步伐，瞄准目标，加快发展。目前，我国第三产业的产值比重仅相当于低收入国家的水平，21 世纪初要接近或达到发展中国家的平均水平，产业结构调整的重点是大力发展第三产业，而第三产业内部也将进行某些方面的调整。对北京市部分劳动力市场职业供求状况的调查统计表明，第三产业的职业需求约占需求总量的 80% 左右，各类社区服务、旅游服务、美容美发、信息服务等，成为吸纳就业的主要途径。对各类社会服务型从业人员的要求趋于技能化和专门化，这是社会不断进步和人们物质文化生活需求水平日益提高的必然表现与发展趋势。特别是第三产业中的社会服务和市场营销类，占到了整个社会需求的 55% 以上，因此，服务于第三产业的中职教育应占较大的比例。

（四）战略性新兴产业的发展与人才需求

战略性新兴产业以服务国家经济社会发展、满足产业行业需求为目标，以促进高等教育更好地适应和服务于经济建设与社会发展的需要为指导思想。其人才培养目标应该定位于战略性、支柱性产业所需要的"工人、线长、主管、经理"。在新兴产业领域，我国企业经过自主创新，已经掌握了很多核心技术，但仍然难以生产出质量过硬的产品，不能形成产业优势，很大程度上就是因为缺少高素质的技术工人。这严重制约着我国新兴产业的发展进程。

战略性新兴产业人才培养与普通专业的人才培养相比有其自身的特征。首先，其所培养的人才主要服务于战略性新兴产业。它既是新兴产业，也是重要产业。一方面，战略性新兴产业代表科技创新的方向和产业发展的方向，体现新兴科技和新兴产业的深度融合，但同时其发展可能不够成熟，对人才的具体要求尚未完全定型，市场前景具有一定的不确定性。在此背景下培养人才，相比于传统专业，缺乏一定的经验，需要更多的探索和创新。另一方面，战略性新兴产业也是中国社会经济发展、地方区域经济发展不可或缺的重要产业，符合国家未来发展战略目标，能产生良好的经济和社会效益，是推动社会生产和生活方式发生深刻变革的重要力量。因此，需要引起高等学校的高度重视。

其次，其所培养的人才是应用型、复合型、技能型人才。在知识经济社会，新兴产业中最重要的战略资源是信息、知识、科技和创造力，新兴产业的发展是知识体系中各学科共同发展的结果，需要大量创新人才、复合人才和高素质技术工人。因而，产业计划需要培养三类人才：一是拥有某一门专业学科知识的理论基础，能把成熟的科学理论和科学方法应用到生产、生活实际的应用型人才；二是拥有2—3门专业学科知识，形成学科交叉、知识融合的复合型知识体系，既有扎实的专业基础又有广阔知识底蕴的复合型人才；三是在生产和服务等领域岗位一线，掌握专门知识和技术，具备一定的操作技能的技能型人才。大学本科阶段的技能培养主要强调学生在实践岗位的集成创新。

最后，战略性新兴产业的人才培养要求实施开放性办学。培养战略性新兴产业人才需要我们在办学中建立一种开放性的、国际性的氛围，以拓宽学生视野和创新能力，适应市场需求和产业需要。因此，在人才培养过程中要强化开放性办学意识，充分利用自身优势加强校内外教学实习基地建设，加强与企业、行业、产业的交流和联系，完善开放性实验室的管理，创新教学方式和手段，培养学生批判性思维，不断提高人才培养质量。

（五）我国高技能人才比重与发达国家之间的差距

我国技能人才培养取得了一定的成就。然而，目前，我国生产、服务、管理一线的劳动者素质偏低和技能型人才紧缺问题依然严峻。从技术工人分布状况看，截至 2010 年，我国技术工人达 1.12 亿人，其中初级、中级技工占 74.5%，高级工占 20.5%，技师、高级技师占 5%。如表 5 所示，我国高技能人才的比例远远落后于发达国家的 35%。高技能人才是世界上发达国家经济腾飞的秘密而又公开的武器。和其他亚洲国家相比，我国有更多的公司认为劳动者技能不足是发展的障碍。在我国制造业比较发达的沿海地区，技术工人短缺已成为制约产业升级的突出因素。

表5　中国与发达国家具有职业资格认证的技工分布比较

单位:%

	高级技师	技师	高级工	中级工	初级工
中国	0.1	1	3.5	35	60
发达国家	35			50	15

资料来源：中国数据来自人力资源和社会保障部网站；发达国家数据来自：世界银行东亚及太平洋地区人类发展部. 中国：教育发展评估［Z］. 2009（3）.

如表 6 所示，日本农、林、牧、渔业从业人员中大专及以上文化程度人员比重为 8.16%，而中国仅为 0.14%，日本是中国的 58 倍；建筑业中日本大专及以上文化程度人员的比重为 21.29%，而中国仅为 4.61%，日本是中国的 5 倍；制造业中日本大专及以上文化程度人员的比重为 28.25%，而中国仅为 5.81%，日本是中国的 4.86 倍，社会服务业中日本大专及以上文化程度人员的比重为 51.62%，而中国仅为 8.7%，日本是中国的 6 倍。对比可见，我国第一、第二、第三产业从业人员文化素质落后态势十分明显。

表6　中国与日本部分行业人员素质比较

行业名称	人均受教育年限（年）		大专及以上文化程度从业人员比重（%）	
	中国	日本	中国	日本
农、林、牧、渔业	6.79	10.67	0.14	8.16
建筑业	8.98	11.74	4.61	21.29
制造业	9.47	12.33	5.81	28.25
电力、煤气、热、水供应业	11.25	13.21	16.28	31.58
交通通信业	9.8	12.08	6.85	22.25
批发、零售、饮食业	9.32	12.57	5.17	34.04
金融、保险、房地产业	12.79	13.58	37.45	54.18
社会服务业	9.75	13.24	8.7	51.62

资料来源：日本文部科学省网站2001年资料及中国第五次人口普查资料；教育部发展规划司. 国家教育事业发展"十一五"规划纲要重点课题研究报告选编［M］. 北京：人民教育出版社，2007.

三、相对独立的职业教育体系尚不完善

目前，我国职业教育体系还不完善，发展不平衡，服务国家和地方经济社会发展的能力还不强。具体表现及原因如下。

（一）缺乏完备的法律保障体系

综观西方发达国家职业教育的发展经验，不难发现一个共同特点，即政府把加强立法作为保障职业教育健康发展的重要途径之一。德国发达的职业教育有赖于完善的法律法规体系。德国的《职业教育法》规定了关于培训教育、职业继续教育、转岗教育等所有重要方面。在此基础上，德国颁布了一系列职业教育法律法规如《职业教育促进法》、《劳动促进法》、《青年劳动保护法》、《企业法》、《手工业条例》、《实习教师资格条例》以及370余种国家承认的培训条例，使得整个经济领域和职业教育领域都有章可循、有法可依。

美国更是将立法作为职业教育兴旺之源。1862 年美国国会通过"莫雷尔法"及相关补充法案，对于此后美国职业教育的稳步发展起到了重要的奠基作用。1917 年，美国国会通过了世界上最早的职业教育立法——"史密斯 - 休斯法"，标志着美国的职业教育体系开始形成。1963 年美国出台了《职业教育法》，之后又通过了两个职业教育法修正案；1974 年颁布了《生计教育法》；1982 年通过了《职业训练协作法》；1984 年出台了《伯金斯职业应用技术教育法》，开启了全民职业教育之门；1994 年出台了《从学校到工作机会法》，鼓励学校在提供学术教育的同时，教给学生具体的工作技能，要求各行业部门给学生提供延伸学习的机会，如提供合作学习课程、向高中学生提供实习职位等。在上述法律基础上，美国还出台了大量的相关补充法案。正是这些法律法案，保障了美国职业教育的健康发展。

我国 1996 年制定了《职业教育法》，1998 年制定了《高等教育法》，虽然两部法律奠定了高等职业教育的法律地位和基础，标志着我国职业教育初步走上了依法治教的发展轨道，但事实上高等职业教育在这两大法之间是处于一种非常尴尬的地位。《职业教育法》主要侧重于中等职业教育，而《高等教育法》又主要论述的是普通高等教育，具体论述高等职业教育的条款非常有限。并且这两大法已历经 10 多年，进入 21 世纪后，虽然教育部相继出台了大量政策法规，但均缺少配套的执行措施，导致经费投入制度、办学制度、证书制度、就业准入制度、用人制度、人才制度等不配套，社会、行业、企业参与不足，市场机制表达不充分等，出现了职业教育"无法可依"、"有法不依"以及执行不力等现象。特别是在对企业、教师、学生等的支持力度上存在以下问题。

1. 法律没有明确企业与学校合作、企业承担职业教育责任的具体规定

从基本法的角度来说，我国《教育法》并没有明确的有关企业应承担或者说分担职业教育责任的法律条文。作为教育领域的基本法，《教育法》规定：教育必须与生产劳动相结合（第 5 条）；企业事业组织应当采取措施，发展并保障公民接受职业学校教育或者各种形式的职业培训（第 19 条）；国家机关、企业事业组织和其他社会组织，应当为本单位职工的学习和培训提供条件和便利（第 40 条）；国家鼓励企业事业组织、社会团体及其他社会组

织同高等学校、中等职业学校在教学、科研、技术开发和推广等方面进行多种形式的合作，企业事业组织、社会团体及其他社会组织和个人，可以通过适当形式，支持学校的建设，参与学校管理（第46条）；国家机关、军队、企业事业组织及其他社会组织应当为学校组织的学生实习、社会实践活动提供帮助和便利（第47条）。

对于上述规定，可以从两个层面来解读：其一，如果说企事业组织须依法履行职业教育的义务，也仅仅是停留在对本单位职工所尽的义务水平上，至于本单位之外的职业教育职责，则企事业单位是没有法定义务去担当的；其二，在企业与学校合作方面，上述规定在用词上使用的是"鼓励"和"可以"，这种引导性和授权性的规定，在法律上是没有真正约束力的。尽管《教育法》第47条使用了"应当"一词，表面上属强制性规定，但在实践中也是缺乏法律约束力的：其一，企业的义务仅限于为学校组织的学生实习、社会实践活动提供帮助和便利，"帮助和便利"主要是道德范畴，对不帮助他人、不给他人提供便利者，无法给予强制性制裁；其二，如果把这一规定看成是原则性规定，而这种原则性的规定在该法的其他规定中或者在其他的下位阶法中找不到落实这一原则性规定的明确规则，这种空洞的规定与道德号召没有实质区别，因此不具备实际法律约束力；其三，如果把这一规定看成是规则性规定，根据一般法理，一个完整的规则至少包括行为模式和法律后果两部分，然而从该法以及该法的下位阶的法律条文中，找不到法律后果部分，依法理也无法推导出其法律后果是什么。一项法律规则，没有法律后果部分，难以产生实际法律效果。

作为职业教育领域的单行立法，《职业教育法》也没有有关企业与学校合作、企业承担职业教育责任的明确规定。《职业教育法》第6条规定："行业组织和企业、事业组织应当依法履行实施职业教育的义务。"这个规定可以解读为对《教育法》第19条在职业教育领域的进一步明确，但是这种规定仍仅是一种原则性的规定，这种原则性的规定也没有相应的规定去落实，也即企业如不履行职业教育的义务，并不用承担什么不利的法律后果。

2. 缺少支持职业院校教师发展的刚性措施

德国《职业教育法》和《教师培养法》都规定"职业教育师资必须不断

接受新技术知识、新规范的继续教育，教师参加培训进修是一种必须履行的义务"。职业学校的教师在从教 30 年内，每两年要接受一次综合考核，考核合格者顺利晋升到上一级，不合格者必须参加相应的进修培训，培训合格后方可重返校园教学。德国以法律形式确立了职业教育教师继续教育的制度，并在实践中切实执行，如此造就了德国职业教育教师的高素质，也成就了德国职业教育的辉煌。然而，由于我国职业教育相关政策基本上是方向性和纲领性的，没有制定出具体性的、激励性的政策和规范，因此职业教师到企业实践存在很大障碍。

表7　我国有关文件对职业教育教师企业实践工作的规定

文　件	政　策
《国务院关于大力发展职业教育的决定》（国发〔2005〕35 号）	建立职业教育教师到企业实践制度，专业教师每两年必须有两个月到企业或生产服务一线实践
教育部、财政部《关于实施国家示范性高等职业院校建设计划加快高等职业教育改革与发展的意见》（教高〔2006〕14 号）	制定"双师型"教师培养和专兼结合专业教师队伍建设的支持政策与办法
《关于全面提高高等职业教育教学质量的若干意见》（教高〔2006〕16 号）	安排专业教师到企业顶岗实践
《国家中长期教育改革和发展规划纲要（2010—2020 年）》	制定优惠政策，鼓励企业接收学生实习实训和教师实践；将教师到企业实践纳入长期教育战略规划；制定优惠政策，让企业主动接收教师实践

目前为止，我国尚没有明确的政策措施或经费支持来保证职业教育的教师进入企业实习，对诸如实践相关主体的权利和义务、实践的内容和形式、实践的组织与管理、实践结果的考核、实践期间与期后的薪金待遇与职称评审等方面还缺少明确的规定和要求。此外，教师去企业实践不仅是高职院校和企业之间的事，还涉及财税机关、人力资源和社会保障部门、教育部门等众多的机构和部门，这就要求国家制定相应的法律规范来统筹安排，协调各部门合理对待教师到企业实践这一事项。

3. 学生顶岗实习不受现行《劳动法》的保护

校企合作使大量的学生进入企业实习，学生顶岗实习已被明确规定为技能人才培养的重要一环，但学生在企业实习的安全问题缺乏相应的保障制度。最突出的问题是实习生不受现行《劳动法》的保护。由于实习是课堂教学的延伸，是学校教学活动的组成部分，是一种培训性质的学习，因此实习生和实习单位之间不属于劳动关系，这带来了一系列安全隐患和社会问题。诸如实习生的劳动报酬、社会保险、意外伤害保险费等，也没有制度规定，完全是学校与企业之间协商。例如意外伤害保险费，有的是学校交，有的是企业交，有的根本没交，加之实习生是刚接触岗位的"新手"，很容易出现人身伤害等安全问题，对于实习生发生意外后的责任如何界定等问题，目前还缺乏切实可行的保障制度，这些都严重影响了校企合作的健康发展。

（二）缺乏统筹职教系统的管理协调机制

职业教育涉及各个行业和领域，从世界职业教育发达国家的通行做法来看，在国家层面成立职业教育的宏观管理协调机制是职业教育健康快速发展的重要保障机制。

历史上，英国政府对职业教育和企业培训很少进行干预，而是依靠市场指导职业教育的发展方向，这样，职业教育与经济发展之间的关系并不协调。20 世纪 80 年代后期，英国在职业教育市场化过程中开始进行必要的政府干预，建立统一的职业资格体系，加大对职业教育和培训的资助力度，设立有关机构对职业教育和培训进行宏观协调和管理，保证职业教育的质量和规格能够从总体上与市场维持平衡状态。1995 年英国政府把教育部与就业部合并，更名为教育与就业部。英国政府声称：两部门合并的目的是通过提高国家教育成就及技能水平，并通过促进高效灵活的劳动市场来支持经济的发展（Aldrich，Crook，2000）。2001 年 6 月，教育与就业部又更名为教育与技能部，进一步强调对青年的技术技能教育，提高他们的职业能力。2004 年，英国实施关键能力资格制度，将职业能力分为五个等级，以强化职业技能的鉴定，正式将职业教育证书纳入国家教育证书体系中，使职业技能与英国古典精英教育所强调的学术研究具有同等重要的位置。

　　德国数量众多的企业培训部门间各方面差别很大，为了确保培训合格、程度一致，联邦政府制定了明确详尽的职业培训条例来规范它们的培训活动。职业培训条例是在各专业部长（联邦经济部长或联邦农业部长与联邦教育与科学部长）取得意见一致的情况下颁布的，它作为法律条令对企业的培训工作具有极强的约束力。每个职业的培训条例都规定了这样一些固定的内容：培训企业的名称，培训期限，应获得的技能和知识，对技能与知识在专业上和时间上的划分说明以及考核要求等。而培训条例除了包括一个培训总计划以外，各个企业在培训总计划的基础上，还可制订自己的超出最低限度要求的培训计划。这样，可以确保参加不同培训部门的受训者，能达到统一的技能水准（王琴，郭扬，2011）。

　　澳大利亚联邦政府为给职业教育与培训提供全国范围内的学历认可和质量保障体系，专门制定了国家培训框架，这一框架包括培训院校与课程框架和培训包。首先是培训院校与课程框架，规定了全国统一的职业教育培训院校与课程的注册要求及审批标准，即培训机构注册标准及州、领地培训注册机构和课程审核机关审核标准。认证框架按照规定的培训标准对培训机构进行资格确认、注册，以确保国家职业培训的质量。澳大利亚允许职业资格认证的培训由符合要求的个人、教育机构、培训组织或者由被批准为注册培训组织身份的企业在指定领域或范围内承担。该框架对培训机构所需要的专家、设施和设备及其他资源也做了规定。

　　与部分发达国家相比，目前我国还没有真正建立起校企合作的运行机制、体制和模式。各级政府在制定区域技能型人才发展规划等方面也没有发挥应有的作用，不能及时、定期发布行业企业所需技能人才信息，校企合作培养人才没有针对性，造成职业院校专业设置与人才培养"瞎子摸象"。政府没有承担起在校企合作中作为中间人的作用，缺乏必要的政策引导、规范校企之间的合作，特别是缺乏对企业参与校企合作的激励。具体表现在以下几个方面。

　　一是我国缺乏一个统一的职业技能培养和认证机制。我国职业资格实行分类管理，包括职业准入类（36项）和职业水平评价类（229项），由不同政府部门或机构实施。例如，人力资源和社会保障部负责大部分职业技能资格的审定，但其他部委也有相关认证的权限：注册会计师由财政部管理，注册建筑师由住房与城乡建设部管理，道路运输师由交通运输部管理，注册律师由司法部管理……但这些人才的培养则主要由教育部承担。职业技能培养与认证体系的分离导致职业教育发展未能形成合力。

二是我国缺乏严格有效的监督体系。对于我国高职教育所存在的诸多问题有关部门不是没发现，对绝大部分问题也以规章、政策的方式予以规范，但这些法规规章中往往只有规范要求，却没有相关责任条款，致使这些法规规章成了口号式、宣言式文件。法律规范如果仅仅有适用条件和行为准则而没有制裁措施，则不成其为法律规范。职业教育发展快的国家都对职业教育法的实施有严格的监督体系。德国的《职业训练条例》和《职业培训规章》都明文规定违反条例者可"判处关押"或"处以不超过一万马克的罚金"。日本颁布的《学校教育法》明确规定应设置监督部门，并且专门设有"罚则"一章来论述监督和惩罚。此外，西方各国还设立了教育审议制度来加强对职业教育的监督，对职业教育的政策和措施及法规的实施效果进行全面、及时、有效的监督与调节。而我国到目前为止还没有这样的专门机构对职业教育进行审议和监督。

三是我国缺乏引导行业企业深度参与的措施。职业教育不同于普通教育，需要行业企业的深度参与，才能确保职业教育的培养质量。在英国，国家职业资格证书的鉴定发放主要由各行业协会及行业性质的团体承担（翟海魂，2005），而证书中的能力要素和操作标准，则是由专门的主导工业机构（Lead Industry Bodies，LIB）制定的（吴雪萍，2004）。行业技能发展署（SSDA）作为国家职业资格体系的管理机构，负责向各个行业技能委员会提供经费资助和监督，而这些行业技能委员会都是全英国某一行业的以雇主为主导的专业团体，其与各个专业和学术团体紧密联系，负责制定本行业的职业资格标准及考核颁证。如"BTEC"一词既是英国著名的职业资格授予机构之———工商技术教育委员会的简称，同时也可以作为该机构颁发的职业资格的简称，该委员会后与伦敦考试评估委员会合并成为国际性的教育组织，其颁发的 BTEC 证书被世界大多数国家所认可。

（三）人才培养通道不畅通

目前，我国职业教育体系与现代经济社会脱节现象还比较严重。职业教育体系开放性不够，以职业学校为主的学制体系仍然相对封闭，不能很好适应技能型人才阶段性成长规律要求，难以满足行业、企业对高技能人才的需求。特别是职业教育体系内部的衔接不够，与普通教育沟通乏力。主要表现在以下几个方面。

一是职业教育人才培养纵向不连接，横向不沟通。中职和高职教育衔接不畅，中等职业学校学生上升通道受限，成为制约职业教育发展的"瓶颈"。一方面，国家将中等职业学校学生进入高职的比例控制在5%左右，据统计，2009年625万中等职业学校毕业生中仅有3%升入高职院校。另一方面，职业教育和普通教育的沟通不畅，高等职业院校毕业生"专升本"比例目前控制在5%以内，据统计，2009年223万高职毕业生中仅有4%升入本科。通道不畅，职业教育体系不完善，无形中使职业教育降格为"低层次教育"和"断头教育"。在"文凭本位"思想尚占有很大市场的中国，学制短，仅仅只有专科层次的职业教育难有立足之地。这严重影响着学生报考职业学校的积极性，职业学校学生会有"低人一等"的感觉，职业教育被视为"学业失败者的教育"。这种现状阻碍了职业教育的可持续发展，不利于高技能人才培养。

二是职业教育学历证书与职业资格证书沟通互认不畅。建立职业教育学历证书与职业资格证书沟通互认体制是世界各国通行做法。而我国由于在职业教育证书体系上存在的多头管理，存在职业教育学历证书与职业资格证书沟通互认不畅的弊端。职业教育学历证书由教育部门管理，职业资格证书、专业技术人员的职业资格评定等则由人力资源与社会保障部门审核、发放。不同种类职业教育资格证书在内容要求上不统一，证书认证过程中也互不相认。这种证书管理体制既影响了学生的利益，也不利于技能型人才的培养。

三是职业教育人才供给与行业企业需求不匹配。目前我国职业教育体系开放性不够，以职业学校为主的学制体系仍然相对封闭，缺乏对行业、企业参与的吸引力和规范要求。中等职业教育和高等职业教育在专业、课程、教学过程和评价、师资等方面存在脱节、断层或重复现象，不能很好适应技能型人才阶段性成长规律要求，不能满足行业、企业对高技能人才的需求。学校不能在各自层次上办出水平和特色，办学模式上中职和高职照抄照搬普通高中和高等教育，农村学校又仿效城市学校的做法，失去了职业教育原本应该有的特色。职业教育与经济界、产业界联系不密切，导致服务国家和区域社会经济发展的功能难以充分发挥。以 2009 年为例，我国高职 19 个专业大类毕业生中，财经、文化教育和电子信息是毕业生数量最多的三个大类，占当年毕业生总数的近 50%，而该年度我国不同行业部门对这三个大类毕业生的需求量仅占总需求量的 13%①。同年行业需求量最多的两个专业是制造和建筑，占行业需求量的比例超过 64%，而这两个专业毕业生占当年高职毕业生总量的比例不到 20%②。我国高职教育供需不匹配还体现在专业与工作对口率偏低上。麦可思第三方就业调查数据显示，2009 届全国高职高专毕业生专业与工作对口率仅为 57%，低于普通本科对口率 67%，也低于全国高校平均水平 62%。

（四）高职院校教师队伍建设存在先天不足

我国高职高专学校很多是由原来的中专学校升格而成的，教师学历普遍偏低，很难适应当前高职教育的发展需要。另外，受传统模式影响，教师一般偏重于理论知识和学历的进修与提高，忽视了实践操作的锻炼，使得"双师型"教师匮乏，教师实践能力不强，"一专多能"教师奇缺。

同时，高职院校教师主要来源于普通高校毕业生，他们多数没有接受过正规、系统的实践业务培训，缺少在企业生产一线进行专业实习的机会，实践经验明显不足。而企业的"能工巧匠"由于各种原因很难进入高职院校任教，因此，高职院校的"双师型"人才很难得到补充。

1. "双师型"教师的概念模糊，导致标准制定的随意性

自 20 世纪 80 年代提出"双师型"教师的概念以来，我国职业教育界提出了多种观点。先后有"双职称"（教师系列职务 + 另一系列相关专业技术职务）、"双素质"（教师基本素质 + 实践技能素质）、"双资格"（教师职业资格 + 其他行业或职业资格）、"双证书"（教师资格证书 + 职业技能等级证书）等多种说法。

---

① 根据中国人力资源市场信息监测中心发布的《全国劳动力市场供求状况分析》计算所得。
② 根据教育部提供的分专业毕业生数计算所得。

由于对"双师型"教师的内涵理解不同，在实际执行过程中，教育主管部门、职业技术师范院校及相关研究者等制定或提出了不尽相同的标准。较有代表性的有以下两种。

一是行政标准。教育部高等教育司在高职高专教育教学工作合格学校评价体系中提出的双师素质教师标准，要求双师素质教师符合下列条件之一。第一，有两年以上基层生产、建设、服务、管理第一线本专业实际工作经历，能指导本专业实践教学，具有中级及以上教师职称，即"工作经验加教师职称"。第二，既有讲师及以上教师职称，又有本专业实际工作的中级及以上专业技术职称，即"双职称"。第三，主持或主要参加两项及以上应用性项目研究，研究成果已被社会企事业单位实际应用，具有良好的经济和社会效益，即"研究能力加应用效益"。

二是院校标准。一些职业技术师范院校提出了不同的"双师型"教师标准，可归纳为：既能讲授专业理论课，又有一定实践经验即具有所教专业相关的社会职业岗位经历、资格和能力，能指导技能训练的教师。具体标准：大学本科及以上学历，具有中级以上教师职称，具有两年以上的相关专业经历或具有高级工及以上职业资格，接受过系统教育理论的培养和培训。

综上所述，对"双师型"教师概念的不同理解导致目前对"双师型"教师的资格认定缺乏权威性，认识无法统一，造成"双师型"教师队伍建设无论是在概念体系层面还是在操作层面均未能厘清思路，阻碍了我国高等职业教育师资队伍的良性发展。

2. "双师型"教师的培养机制不健全

各级教育行政主管部门已明确提出了"双师型"师资队伍建设的目标，这已成为高职院校师资队伍建设的方向和依据，但绝大多数高职院校在"双师型"教师的培养上还没有形成一套科学的、完整的新机制，仍处在一种开放型的状态和自发的阶段。许多高职院校照搬普通高等教育的模式，背离了对高职教师强化应用的本质要求，表现出了严重的学科化倾向。有些高职院校教师的第二职称证或行业资格证与学院开设的专业不相符，还有的与自己的专业不对称，不能真正发挥指导实践性教学的作用。另外，目前我国建立的国家、省、市高等职业教育师资培训网络中，主体仍然是高职院校，企业参与度很低，这种培训模式不利于教师专业实践能力的提高，也影响了高等职业教育与社会的沟通和联系。

3. "双师型"教师的评价和激励制度缺失

我国不少高职院校对"双师型"教师的评价还没有走出普通教育模式的影子，且面临不少困惑。譬如，在收入分配上，学校向"双师型"教师倾斜，却引发了评价机制公平与否的问题；在职称晋升上，"双师型"教师优先，不少教师却拿了一个与本专业无关的证书，导致评价效率低下；在"双师型"教师认定上，学校对能够开拓学生就业渠道与教学途径的教师给予优先考虑，但实施较难，因而对教师激励不够，等等。上述措施都有其可取性，但缺乏整体观，"双师型"教师的评价机制并未真正形成。评价制度和激励制度的缺失，严重影响了高职院校教师成为"双师型"教师的积极性，阻碍了"双师型"师资队伍的建设。

4. 经费不足困扰高职教师企业实践

到企业实践的经费是困扰高职院校、企业和教师的一个主要问题。从高职院校角度讲，办学经费本来不足，高职院校很难划拨足够的资金用于教师的实践费用或者支付教师不在岗期间的薪酬待遇，这在一定程度上制约了教师到企业实践的顺利展开；从企业角度讲，大多数企业把教师到企业实践视为一种干扰，认为不会产生经济利益，因此更不情愿给来实践的教师发工资；从教师角度讲，如果实践期间的学习费用、食宿费用、交通费用等主要由个人承担，实践期间没有相应的津贴，而且实践后在绩效考核或者职称评审上没有体现，教师就没有到企业实践的积极性。可见，实践经费不足是高职教师到企业实践的主要障碍之一。

5. 企业不愿接收高职教师实践

高职院校"双师型"教师缺少相对稳定的培养渠道和培训基地已经成为制约"双师型"教师队伍建设的瓶颈。校企联合的通道并没有打通，企业对高职院校"双师型"教师的培养积极性不高，产教结合不紧密。企业的关键技术、关键岗位和整个生产过程也不愿意对教师开放。而校内外的实训基地都是为学生准备的，很少有教师能深入实训基地负责业务工作，更谈不上根据生产技术工艺的发展，定期对教师进行实践技能的考核和考查。

缺少补偿机制，企业不愿提供实践机会。高职教师在企业实践，企业既要提供相应的岗位，又必须提供优秀的业务辅导人员，而且不能任意指使可能没有任何实际工作经验的教师做日常工作，因此，教师的实践不但不能给企业带来利益，而且可能成为一种负担和麻烦。

缺少合作保密机制，企业不愿让实践教师接触核心技术。出于保密的考虑，实践教师往往被企业安排在一些无关紧要的岗位，对于一些重要的、涉及核心技术的或正在研发的技术产品，企业不愿让外人涉及，怕教师泄露和偷学技术，对企业发展造成损失。这使得教师在企业实践时难以接触前沿技术，效果大打折扣。

（五）高等职业教育财政经费投入不足

经费问题一直是困扰我国职业教育发展的重要因素。以 2009 年为例，我国高等职业学校经费总投入为 921.1 亿元①。其中，事业收入（包括学杂费）最多，为 463.99 亿元，占高等职业学校经费总投入的 50.4%，其次是国家财政性教育经费，为 396.97 亿元，占高等职业学校经费总投入的 43.1%，低于事业收入近 7 个百分点（见图 4）。由此可以看出，我国高等职业学校经费投入以事业收入和国家财政补助收入为主。

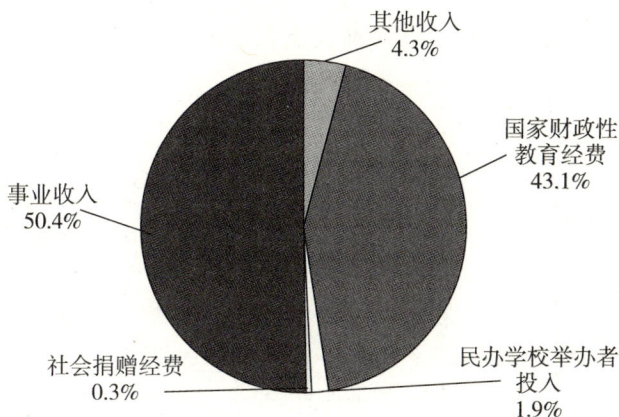

图4　2009 年高等职业学校各项经费的比例

① 数据根据 2006—2010 年《中国教育经费统计年鉴》整理，下文中我国相关经费数据如无特殊说明均来源于此年鉴。

再来看看高等职业学校和普通高等学校的国家财政性教育经费占 GDP（340507 亿元）的比例，两者分别为 1.16‰和 6.65‰，也就是说，普通高校国家财政性教育经费是高等职业学校的 5.7 倍多，两者之间存在巨大差距（见图 5）。

图 5 2009 年高等职业学校与普通高等学校国家财政性教育经费占 GDP 比例

2005—2009 年，高等职业学校生均预算内教育经费支出逐年上升。如图 6 所示，2009 年，高等职业学校生均预算内教育经费支出为 5406 元，普通高校为 9035 元，是高等职业学校的 1.67 倍。由于经费压力越来越大，许多高职学校不得已提高其学费标准以维持学校发展。

图 6 2005—2009 年高等职业学校与普通高等学校生均预算内教育经费支出

（六）企业教育资源共享面临诸多困难

目前，我国大中型国有企业都具有较为成熟的企业教育体系。一方面，我国法律规定，企业必须将职工工资总额的 1.5%—2.5% 投入企业教育，企业设有专门的教育培训部门，持续不断地推动企业教育。另一方面，企业教育对于人才的培养与开发起到关键性的作用，而人才是企业最重要的生产力，能给企业带来巨大的绩效与回报，因此，企业高层对于企业教育越来越重视。特别是在学习型企业、终身学习等理念被大众普遍接受之后，企业教育成为企业自身内发的需求。但是多年来，企业教育独立于职业教育系统之外，两者之间难以形成教育资源共享局面，究其原因主要有四点。

1. 没有成熟的资源共享机制

目前，即使是企业自身举办的职业学校与企业教育的资源共享，也没有成熟的模式。职业教育学校培养的是在校学生，而企业教育培养的是在职职工，两者服务的对象与目标不一致。例如，企业内部专业讲师与职业教育学校教师之间的流动，现在都只有临时性的做法，而缺乏成熟的机制。又如，对于企业教育资源的使用如果缺乏合理的回报，将降低企业员工开发资源的积极性和分享的意愿。

2. 企业对资源共享的动力不足

目前，企业对于自身的教育资源共享动力不够。一方面，企业内部专业讲师较少有愿意从事职业学校教育的；另一方面，课程资源由于版权问题及部分保密性问题，共享程度很低；另外，由于使用损耗及安全性考量，企业也不愿意将设备资源贡献出来。企业在教育资源共享问题上是有所保留的，因此需要一些行政性和财政政策去鼓励企业教育资源共享。

3. 资源信息不对称

目前，对于企业教育资源的数量、类别及质量等，只有企业教育主管部门能充分掌握相关信息，企业外部无法掌握相关信息，就无法寻找相关的资源支持。因此，需要企业教育主管部门参与推动资源信息建设。

4. 缺乏合理的回报与精神奖励

目前，企业的教育资源共享是没有回报的，这制约了进一步共享的动力。

因此，需要对合理回报进行研究，并且由政府给予足够的精神奖励，鼓励企业教育资源共享。另外，教育资源共享还涉及安全责任问题。特别是企业的实验室设备资源，企业对于学生使用的安全性有所顾虑。

四、建立相对独立完善的现代职业教育体系的若干建议

为支撑产业结构调整、经济发展方式转变，培养大批能够适应技术革新和进步并富有创新精神和能力的高技能人才，有赖于我国相对完善的现代职业教育体系的建设。体系的完善，离不开政府、行业、企业、社会等多元办学主体的参与，更离不开财税、人事、资格证书等相关国家制度的配套保障。基于对现存问题的深层次剖析，我们提出以下建议。

（一）成立统筹职业教育的国家管理部门

国际经验证明，建立统筹职业教育的国家级管理部门是非常必要和有效的。联合国教科文组织于 2000 年提出"建立负责职业教育规划的专门机构，促进教育政策规划和就业政策间的相互补充"。2008 年以后，澳大利亚建立了独立的高等教育（第三级教育）和就业部长级理事会，把职业教育和高等教育纳入同一管理框架中。理事会同时负责管理高等教育、职业教育与培训、国际教育、成人和社区教育、澳大利亚资格框架、就业和广泛的青年政策，目的在于引导形成一个互相联系的第三级教育与培训体系。发达国家在职业教育管理上，多由教育部门与就业部门、工业部门、雇主组织等通力合作，一些国家通过扩大由国家教育部门领导的职业教育咨询委员会的作用、教育部门与就业部门和工业部门一起制定职业资格、推行统一的国家专业证书、教育部与就业部合并而成立教育就业部、全面沟通学校管理机构、建立教育机构和雇主之间的联系等措施，使各方面的力量形成统一的合力，从而使职业教育进入良性循环、协调发展的状态（陈嵩，2008）。

完善全国性职业教育培训统筹管理体制，使多部门联动起来将成为建立现代职业教育体系的重要环节之一。职业教育与经济发展的紧密联系，决定了其必须由教育、就业、经济等部门以及行业企业等雇主组织密切合作，联

动推进其改革与发展，才能保证其规模、结构、质量与经济社会发展需求相匹配。近年来，我国职业教育发展受到高度重视，特别是职业教育体系建设被纳入了"十二五"专项规划，这是提升职业教育统筹管理力度的重要信号。

第一，切实发挥职业教育部际联席会议制度的作用，统筹协调各有关部门研究制定并落实职业教育改革发展的重大政策。在此基础上，可探索建立更高层次的统筹管理机构，统筹协调教育、就业、培训、经济、行业等工作，在社会用人制度、行业企业指导和参与制度、教师人事制度改革等方面力求有所突破，破解制约技能型人才培养、使用等方面的瓶颈问题。

第二，建立专家咨询机构。在行业指导委员会等基础上，设立职业教育培训咨询委员会，由行业组织、大中型企业、相关部委专家组成，直接由国家层面职业教育统筹管理部门负责，对国家职业教育体系建设、国家技能人才培养规划、职业教育质量保障等方面开展研究、调查、评估，形成并发布重要决策咨询报告。

（二）建立以行业企业为依托的现代职业教育发展格局

《教育规划纲要》提出要加快建立健全政府主导、行业指导、企业参与的职业教育办学机制，这是推动职业教育适应经济发展方式转变和产业结构调整要求，培养大批用得上、素质高的技术技能型人才的根本途径。凡拥有成功职业教育办学模式的国家，其行业企业都发挥了重要作用。

最典型的要数德国。"双元制"是其职业教育典型模式，学员一般每周在企业里接受 3—4 天的实践教育，在职业学校里接受 1—2 天的理论教育。职业学校的任务主要是以专业理论来提高学员在企业中的实践培训成果，加深和补充普通文化课程学习。德国有一半以上的企业直接进行或参与职业培训，为企业培养了一支高质量的劳动大军。同时，政府出面干预，使产学合作制度化，学校和企业相互支援、共同受益。企业按给予学校的财力支援比例来分享教育成果，学校通过培养企业所需人才接受企业的资金援助。同时，政府设立产业合作委员会，对企业和学校双方进行控制和监督，对与学校合作的企业给予一定的财政补偿。对不依靠大学培养人才的企业则增加一定的税收，同时公布因教育水平低而不能满足企业需要的学校名单，并减少或停止对其的财政支持，以此来促进企业与学校间的相互合作（姜军，2005）[49]。

澳大利亚职业教育体系则以行业主导为特色。澳大利亚国家培训署董事会负责职业教育与培训的宏观决策，包括对职业教育与培训发展中的重大问题（如适应就业市场、满足企业需求、争取经费投入等）做出宏观决策，体现了行业的主导作用；全国培训质量委员会负责职业教育与培训的质量控制；国家行业培训指导机构以及州和领地行业培训指导机构为职业教育与培训提供行业需求分析，参与制定培训计划、教学大纲、培训规范和考核标准等。根据澳大利亚2005年对职业教育管理体系的调整，国家培训署中止运行后，国家行业技能小组（National Industry Skills Group，NISG）取代国家培训署董事会，其成员是清一色的联邦政府及州和领地一级的行业和行业组织的代表，更加突出了行业具有职业教育最高发言权的特点；国家质量培训委员会更名为技能质量委员会（Skills Quality Council）。行业技能委员会（Industry Skills Councils，ISCs）是澳大利亚行业参与职业教育与培训的主要机构，其成员由来自联邦以及州和领地政府负责职业教育与培训事务的官员和行业、工会代表组成，他们从不同的行业背景出发，研究企事业单位对职业岗位技能的客观需要，为职业教育与培训的改革发展提供咨询意见。行业技能委员会在联系大小企业，协调政府与企业、企业与学院之间的关系，为政府和学院提供企业的需求信息，向企业宣传政府的政策，把学院的教育培训推荐给企业等方面发挥了行业领导的积极作用，在职业教育与培训适应就业形势、满足行业需求、真正为企业发展服务等重大问题的宏观决策上产生了重要影响（周祥瑜，吕红，2005）。

英国的现代学徒制值得关注。到2004年，英国大约有1/3的16—24岁青年在工商企业里当18—24个月的学徒，边学习，边工作，工学交替，既获得职业资格等级证书，又获得一定的工作报酬。学徒期结束后可根据个人意愿，或选择新的工作岗位，或进入高等教育机构继续深造。这个措施体现了职业教育与产业的有机结合，反映了职业教育的本质特征。

我国近年来在职业教育办学体制机制改革方面，逐步完善了促进产教结合、校企合作的办学机制。仅2011年就先后举行了职业教育与商业服务业、服务贸易、有色金属、现代物流和汽车等国家重点产业的"产教对话"活动，30个行业协会、1500多家企业、1600多所学校、80多家教育和产业研究机构、130多家中央和地方新闻媒体参加活动，促成企业和学校签订300份校企合作协议，合作资金达数亿元，形成了政府搭台、产教对话、校企合作的新局面。同时，全国中职教育教学改革创新指导委员会和43个行业职业教育教学指导委员会，在推进课程教学改革方面也发挥了重要作用。《关于充分发挥行业指导作用推进职教改革发展的意见》等制度性文件的陆续发布，完善了行业企业参与职业教育的相关制度，促进了教育与产业、学校与企业深入对接，资源共享，合作共赢。

结合国际经验，为进一步深化我国校企合作，加强行业指导和参与，我们建议。

第一，明确行业指导职责，提升行业指导能力。强化落实《教育部关于充分发挥行业指导作用推进职业教育改革发展的意见》（教职成〔2011〕6号）要求，鼓励、引导行业举办职业教育，对本系统本行业的职业教育发挥组织、协调和业务指导作用，引导和鼓励本行业企业开展校企合作，收集、发布国内外行业发展信息，开展新技术和新产品鉴定与推广，制定行业职业教育规划，发布人才供求报告，参与国家对职业学校的教育教学评估和相关管理工作。各级政府要积极主动转变职能，下放权力，将行业调研、行业规划、研究制定职业资格标准和技能等级考核以及各类人才的培训指导等事宜，都纳入行业协会的职能范围，通过各种鼓励、支持性政策，提高行业参与、指导职业教育的积极性，同时提升行业指导的能力。

第二，加强职业教育校企合作法律法规建设。目前，我国部分省份已经有了先行探索取得的经验，应及时总结提炼，形成国家层面的法律制度，抓紧着手制定职业教育校企合作促进条例以及相应的实施细则，尽快明确多方参与主体包括政府、企业、学校、学生、教师等的权利、义务和责任，为校企合作开展的相关培训、课程建设、学生实习实训、教师实践等各方面活动提供法律依据和有力保障。

（三）建立学校教育与职后教育一体化的终身职业教育体系

调整职业教育结构，促进职业教育和普通教育的沟通与衔接，改变职业教育在社会上的地位，重视发挥职业教育对经济社会发展的作用，已成为许多国际组织、发达国家和地区的共识。大多数国家（如美国、德国、英国、澳大利亚等）通过资格认证、学分互认、学历对等的方式促进职业教育和普通教育之间的衔接，少数国家（如韩国）则在普通教育之外，构建一个相对完整、独立的包括中职、高职、本科、研究生层次的职业教育体系。

21世纪以来，国际上的一些主要组织对于职业教育的重视程度日益增加，希望通过建立更加灵活、开放的教育结构促进职业教育与普通教育之间的沟通与融合，促进职业教育的深层次发展。2010年6月，由欧盟峰会通过的"欧洲2020战略"将教育和培训视为欧盟未来发展的核心。欧盟建议各成员国"真正打通职业教育通往高等教育的路径，开发高等职业教育专业和课程，使初始职业教育与培训成为既高度适应劳动力市场需求，又能通向高等教育的有吸引力的学习选择"；"使非正规学习和非正式学习都可获得有效的高级学位"。经合组织发布的《教育概览2009》也提出：在高等教育阶段，一个明显的趋势是职业教育项目与学术教育项目日益被相似的机构所提供，即很多大学和其他高等教育机构同时提供两种类型的教育项目；高等教育入学率较高的国家中，一般都有更畅通的转学路径，使学生在职业和学术两种教育项目间自由转换。

为增强职业教育与培训的社会认可度和吸引力，提高学生适应劳动力市场变化的能力，加强职业教育与普通高等教育的沟通与衔接，在两者间形成更加畅通的转学和升学路径，成为世界职业教育改革的重要目标。综合来看，各国采取的主要措施包括：为职业教育与高等教育建立能够反映教育资格结构与劳动力市场职业结构及教育和社会变化之间关系的共同资格框架；实施终身学习战略；加强对先前学习的认可；发展针对职业教育或高等教育的学分转换和认证体系；把普通教育作为所有职业教育与培训项目的一部分；实现资格的模块化或双元化；加强经费激励机制（税收激励、补助金、教育券、学习账户等）。

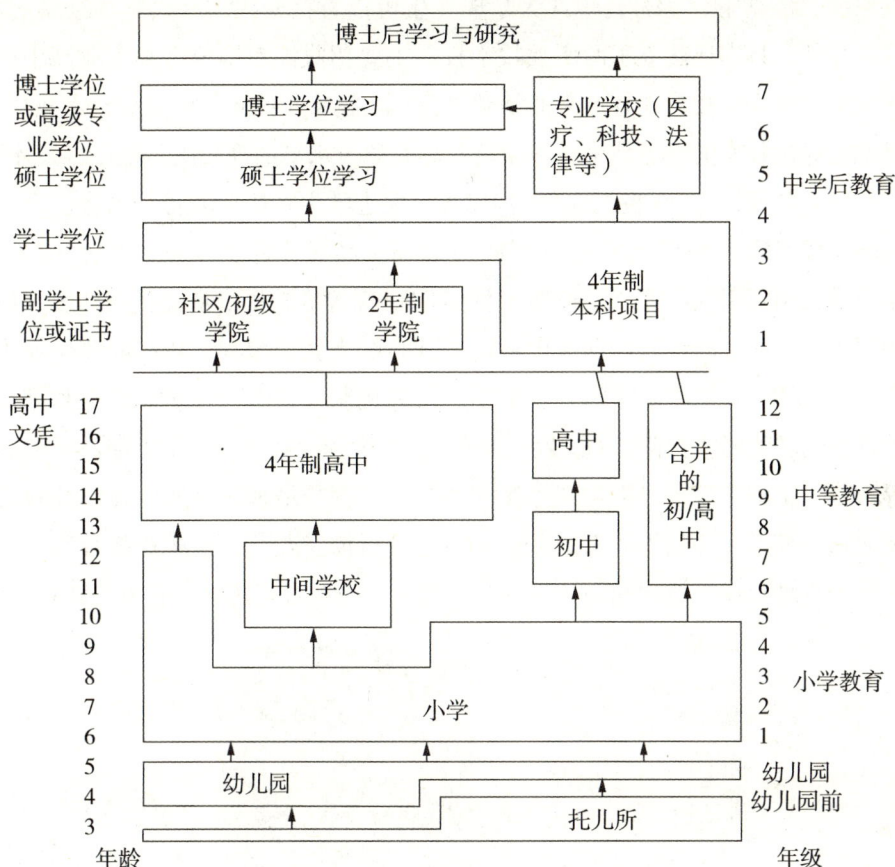

图 7　美国教育体系结构

　　美国：各类高等教育相互沟通是美国高等教育学制的重要特征。提供短期高等职业教育的社区学院与实施普通高等教育的四年制院校，通过签订校际或全州范围内甚至是跨州的转学协议进行沟通。此外，普通高等教育中学术型和专业型教育也自然融通，如工程类本科教育之后分化出工程硕士和工程学硕士两类，前者强调技术领域课程学习，后者侧重基础理论课程学习，但进入博士层次后两者又合二为一。

　　日本：日本高等职业教育包括高等专门学校、短期大学、专门学校以及其他高中后职业技术培训机构等形式，还有公共职业训练机关以及大企业内训练机构提供的高中后职业技术教育课程。日本政府在 1991 年修改的《学校教育法》规定：短期大学毕业生读够规定的学分并通过毕业考试之后，都可以取得"准学士"称号；短期大学毕业生可以直接升入本科大学继续学习。除此之外，日本还建立了两所独特学校，主要招收高专毕业生和工业高中的毕业生，进入学校后在其原来的基础上分别实施4年或6年的高等技术教育，目的是通过长期的专业技术学习，培养具有硕士水平的高级应用型技术人才。

澳大利亚：自20世纪80年代以来，促进学生在职业教育与高等教育间的转换成为澳大利亚政府的重要政策导向。经过多年的探索，1995—2000年，澳大利亚引入国家资格框架（见图8），高等教育提供从文凭到博士学位的课程，而职业教育与培训提供从证书到高级文凭的课程，还有职业研究生证书和文凭。在这些资格间有一个学历对等机制，为学生在职业教育和高等教育间的转换提供保障。自2008年开始，澳大利亚为建立一个更加灵活的高等教育与培训体系，对影响高等教育和职业教育与培训间融通的体制性障碍及课程、教学和评估等方面的深层次问题进行彻底改革，把职业教育与高等教育的管理责任、拨款和调控机制结合起来，在两者间建立强有力的联系。

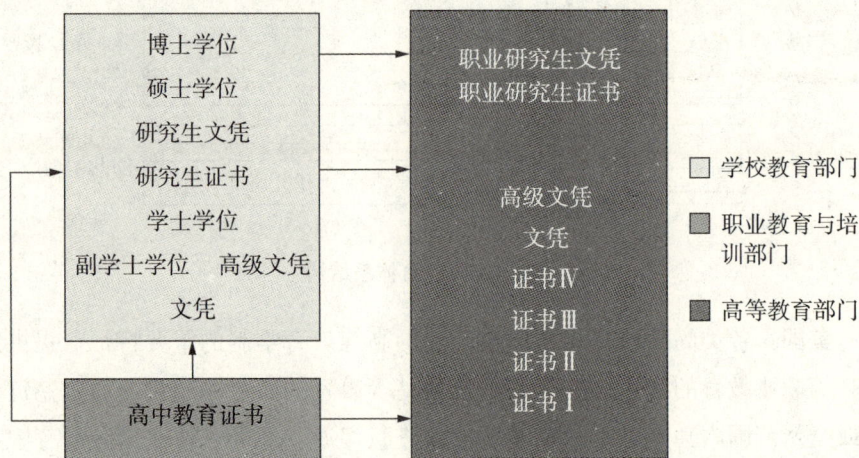

图8　澳大利亚国家资格框架中高等教育与职业教育间的资格联系

欧盟：2008年4月，欧洲议会和欧盟理事会正式发布《关于建立欧洲终身学习资格框架的建议》，资格框架以促进终身学习为目的，以学习结果为导向，把教育与培训的所有分支类型——普通教育、职业教育和高等教育都纳入进来，为加强职业教育与培训和高等教育间的融通提供了新的理论视角。欧洲资格框架强调学习结果而非学习时限等学习投入方面的内容，并在此基础上将学习结果分为知识、技能和能力三个维度。基于这三个维度，欧洲资格框架被设计成八级体系，覆盖从义务教育结束后到接受最高层次学术与专业教育和培训全过程所能获得的资格。这对淡化职业教育与高等教育间的差异，消除在两种类型教育间流动的障碍发挥了重要作用。同时，还发布了《欧洲议会和部长理事会关于推荐建立欧洲职业教育和培训学分体系的建议书》，探讨通过两个学分转换系统实现学生资格的不断提升并增强学生的流动性。一是欧洲学分转换和累积系统（ECTS），以学习结果和学习过程为基础，广泛应用于正规高等教育系统，也适用于其他终身学习活动。二是欧洲职业教育和培训学分系统，基本目标是扩大各国在教育和培训领域的合作，提高学习者的学习结果透明度、可比性，促进学分转换与累积，使学习者实现无障碍流动，最终为学习者建立一个无障碍的终身学习环境。在学分制下，通过学分转换和累积，学习者可以从一个学习系统转到另一个系统，从一个学习地点转到另一个地点，真正实现弹性学习路径和可持续的生涯发展阶梯。

借鉴国际经验，我国可建立一体化终身职业教育体系。首先，促进普职融合与渗透。重视职业早期教育，在义务教育阶段开展职业启蒙教育，帮助孩子从小确立尊重劳动、关注技术进步的思想观念和习惯，帮助孩子由浅入深了解产业结构、行业类型等常识。通过综合实践活动、劳动技术等课程，培养动手能力和使用工具、技术的基本方法。在高中教育阶段，一方面要在课程设置上加强普职教育渗透，另一方面在管理制度上要设立普职教育交流的通道，让那些有潜力接受学术型教育的中职生有机会学习更多的文化课程。那些可能在高中毕业后就业的孩子应有机会接受职业技术教育，并取得相关资格证书。其次，促进纵向衔接与横向贯通。按照技术技能水平的划分，构建由低到高、纵向衔接的职业教育体系，使技能型人才获得不断向上发展、提升技术技能水平的通道。建立国家教育资格证书体系，逐步建立统一的资格框架，促进职业教育、培训与普通教育之间学分互认、课程互换，实现各类教育与培训的横向贯通和纵向衔接。

（四）建立以公共财政为主的多元经费保障制度

职业教育的功能定位，决定了其成本通常远高于普通教育，因此需要强大的政策支持和充足的资源。从国际经验看，欧盟成员国公共职业教育投入占教育公共投入的比例都在10%以上，高于我国现阶段的9.5%，其中捷克已达到22.5%，波兰、匈牙利和斯洛伐克也都在20%以上[①]。许多经合组织成员国将教育总支出的11%—18%用于职业教育。美国职业教育经费的来源渠道有五种：地方税收、州政府拨款、联邦政府资助、学生所缴学费和其他收入。其中，办学经费的一半来自社区的税收收入，另外一半一部分来自政府的拨款，一部分由学校自筹。联邦与州的补助是社区学院经费的主要来源。以职业教育较为发达的威斯康星州为例：自1984年以来，该州职业教育（社区学院）的经费约45%来自地方税收，约20%为州政府拨款，联邦政府的资助约占10%，学生学费约占10%，还有来自企业、私人的赞助和学校有关产业的收入（刘建同，2004）。以此推算，政府投入占到了职业教育经费的75%。2004年统计资料显示，就全美平均水平看，公立职业学校45%的经费来自州政府税收，20%来自当地政府拨款，20%来自学费，5%来自联邦政府拨款，其他占10%。此外，欧盟新成员国和候选国家在资金拨付中兴起了一种新趋势，即生均拨款计划，一次性生均拨款以标准成本为基础，考虑学科和参与学生的类型（例如，全日制学生、夜校学生、远程教育学生、有特殊需求的学生）的差别（毕建宏，2009）。

借鉴国际经验，建议我国政府建立职业教育经费保障机制，确保职业教育的稳步健康发展。

1. 构建科学合理的职业教育经费投入体系

建立政府与行业企业和社会的共担机制，形成政府主导，行业、企业、社会和个人参与的经费投入结构，并建立健全各方责任约束机制。借鉴国际经验，通过政策激励，引导企业直接资助。如在德国西门子公司、大众汽车公司、奔驰公司等投资建立培训中心，购置培训设备，负担专业实践课教师工资和学徒培训津贴等。或者通过建立区域基金、行业基金等方式，探索多种融资方式，并由政府或行业统筹安排使用。

在确立财政性教育经费支出总额的前提下，政府应按照以教育成本确定经费配置比例的原则，调整公共教育经费中高等职业教育的份额，构建科学

---

① 数据源自欧盟培训基金会（ETF）（2005）。

合理的高职院校成本投入体系。各级政府要将职业教育经费列入财政预算，新增教育经费要向职业教育倾斜，增加职业教育专项经费。各级政府要逐步提高财政性教育经费用于职业教育的比例，职业教育经费占教育经费总量的比例不低于35%，国家财政性教育经费支出增量的35%用于职业教育，教育附加用于职业教育的比例不低于35%。鼓励企业、事业单位、社会团体、其他组织及公民对职业教育捐资助学，鼓励境外的组织和个人对职业教育提供资助和捐赠。

2. 以财政预算方式建立职业教育生均拨款制度

坚持政府主导，财政投入应成为职业教育经费来源的主渠道。职业教育作为教育的一个组成部分，无疑也具有公益性质。将职业教育作为政府主导供给的一项公共服务，符合国家和社会的公共利益，可以使国家、社会、企业和个人四个主体共同受益。以财政预算方式，建立职业教育生均拨款制度，是满足高端技能型人才培养的经费需求的重要保障。

省级政府应在国务院指导下，根据国家办学条件基本标准和教育教学基本需要，通过核算职业学校生均培养成本，制定并落实职业学校生均经费基本标准和生均财政拨款基本标准。面向未成年人的中等职业教育应按照公益性原则，由政府财政负担，生均经费标准和生均财政拨款标准均要达到当地普通高中标准的1.5倍以上。高等职业学校财政预算继续纳入普通高等学校系列，生均预算内拨款标准应达到或高于本地区同等类型普通本科院校生均财政拨款标准。中央和地方可以按不同比例分摊生均拨款。

3. 统筹高等教育经费配置

2009年，我国高等职业教育经费总投入为921.1亿元，普通本科教育经费总投入为4645亿元，分别占高等教育总投入的19.8%和80.2%。前文已分析指出，普通高等学校的国家财政性教育经费是高等职业学校国家财政性教育经费的5.7倍多。高等职业学校国家财政性经费占GDP的比例为1.17‰；预算内教育经费占GDP的比例为1.07‰；而普通高等学校国家财政性教育经费占GDP的比例为6.65‰，预算内教育经费占GDP的比例为6.44‰。

应逐步提高国家财政性教育经费对高等职业教育的投入，使其占GDP的比例与普通高等学校相当，从 1.17‰提高到 6.65‰。平衡高等职业学校国家财政性教育经费与高等本科学校国家财政性教育经费的比例，使两者之比从 1∶5.7 提高到 1.7∶1。

4. 提高企业学习经费比例，建立企业成本补偿机制

目前我国国有企业的培训经费按职工工资总额的 1.5%—2.5% 提取。根据美国培训与发展协会（ASTD）的一项调查，目前全世界企业学习投入水平为 2.66%，并且这个平均水平包含了发达国家和不发达国家。

落实企业足额提取职工教育培训经费的政策。切实落实企业按照不低于职工工资总额 1.5% 的比例提取教育培训经费，并列入成本开支的政策，所提取经费主要用于企业职工特别是一线职工的教育培训。从业人员技术要求高、培训任务重、经济效益较好的企业，按不低于职工工资总额 2.5% 的比例提取。强化政府对企业足额提取与使用职工教育培训经费的监督检查，对未按规定用足职工教育经费和未开展职工培训的企业，依法收取企业应当承担的职工教育经费。上海市对一线职工培训经费的政策保障值得借鉴："企业应当按照规定，足额提取职业培训经费，并可依法在税前扣除。企业用于一线职工的培训经费所占比例，应当高于职业培训经费总额的百分之六十，并每年将经费使用情况向职工代表大会报告。"

5. 建立健全职业教育学生资助政策体系，提高高职资助标准和覆盖面

2007 年 5 月，国务院决定建立健全普通本科高校、高等职业学校和中等职业学校家庭经济困难学生资助政策体系，通过完善国家奖学金和助学金制度，进一步完善和落实国家助学贷款政策，切实解决家庭经济困难学生的就学问题，使他们能够上得起大学。目前，高等职业院校学生享受国家奖学金、助学金和助学贷款，受资助面超过 20%。

完善职业教育国家助学金、奖学金和助学贷款政策体系，扩大高等职业教育资助标准和覆盖面。加大中央财政对经济落后地区职业教育的转移支付力度。建立退伍军人免费职业教育制度。中央和地方财政共同设立退伍军人免费接受职业教育专项资金。对需要接受高等职业教育与培训的退伍军人提供免学费、助学金等资助。对获得相关职业教育培训证书或职业资格证书的复员转业军人，用人单位在同等条件下优先聘用。

6. 完善职业教育税收优惠和金融支持政策

全面落实企业支付学生实习报酬准予企业所得税税前扣除、行业企业购置实训设备税收抵扣优惠等已有的支持职业教育发展的税收优惠政策。实行社会捐赠的超额扣除、实习开支的超额扣除、企业培训支出的限额税收抵免、个人在职接受职业教育与培训的费用在个人所得税税前扣除等税收优惠政策。

制定金融机构支持职业教育发展的信贷政策，通过财政贴息、政策性银行无息或低息、商业性金融机构降息等政策手段，对职业院校和培训机构提供支持。允许金融机构为公共实训基地建设提供融资服务。完善学生实习保险制度，落实职业学校实习学生的实习责任保险。支持有市场信誉的培训企业上市融资。制定企业失业保险余额用于职业教育与培训的政策。

（五）建立企业参与职业教育资源开发与共享的激励机制

经过数年的积累，我国许多企业已具有丰富的企业教育资源，这些资源主要包含：众多资深的专家型内部讲师，数以万计的课程资源，众多的培训基地与培训实验室。如果这些宝贵的企业教育资源能够为我国的职业教育所用，在不过于增添企业额外负担的前提下将发挥一举多得的功效：避免企业教育资源浪费，避免职业教育资源重复建设，使职业教育的教学培养更加具有针对性、实用性，扩大职业教育与企业之间的良性互动。

1. 建立企业教育资源数据库

建立企业教育大型数据库，首先针对我国国有企业，设立中央数据库及地方数据库，采取统一的软件与信息格式，分门别类收集我国企业中的教育资源，包括课程资源、师资资源、培训设备资源等。信息在一定范围内面向职业教育学校公开。

2. 建立政府推动、企业支持、行业指导的良性机制

政府在企业教育资源的共享方面发挥推手作用，制定相应的行政政策、财政政策、专业政策，建立企业支持教育的良好局面。特别是需要企业高层对于教育资源共享的肯定，在条件具备的情况下，将其作为业绩考核标准之一。行业协会发挥指导作用，建立资源标准，将资源体系化，淘汰旧资源，跟踪国内外最新资源。

3. 企业对于教育资源的建设与投入，享受减免税收政策

在国家规定的 2.5% 范围之外，超过部分同样享受减免税收政策，这样能够体现政府对于企业教育资源建设的重视，也能激励企业积极响应政府的号召，同时还能让企业获得一定的资源使用回报。行业协会或者政府制定资源使用回报标准，使得企业在共享资源时有一定的回报，这既是对企业的行为的肯定，也使参与者的劳动能够得到一些补偿，提高参与者的积极性。

参考文献

毕建宏. 2009. 职业技术教育与培训的提供及财政问题 ［J］. 北京大学中国教育财政科学研究所简报（9）.

陈嵩. 2008. 国外职业教育管理体制的经验 ［N］. 教育文摘周报，11－03.

国家职业分类和职业资格委员会. 1999. 中华人民共和国职业分类大典 ［M］. 北京：中国劳动保障出版社.

姜军. 2005. 中国职业技术教育体系建构研究 ［D］. 哈尔滨：哈尔滨工业大学.

刘建同. 2004. 美国职业教育办学体制浅析 ［J］. 教育与职业（1）.

罗传银. 2010. 高技能人才队伍建设与产业结构调整——基于杭州城市实证分析 ［J］. 中国就业杂志（12）.

马歇尔，塔克. 2003. 教育与国家财富：思考生存 ［M］. 顾建新，赵友华，译. 北京：教育科学出版社.

王琴，郭扬. 2011. 推进职业教育均衡发展的国际性普遍规律 ［J］. 职教论坛（28）.

吴玲. 2012. "技工荒"凸显培养机制"短板" ［EB/OL］. （2009－11－05）［2012－05－24］. http：//discovery. china. com. cn/news/comment/2009 － 11/05/content ＿ 18834233. htm.

吴雪萍. 2004. 国际职业技术教育研究 ［M］. 杭州：浙江大学出版社.

翟海魂. 2005. 英国中等职业教育发展研究 ［M］. 北京：高等教育出版社.

周祥瑜，吕红. 2005. 行业主导——特色鲜明的澳大利亚职业教育体系 ［J］. 职教通讯（10）.

Aldrich R，Crook D. 2000. DFEE and Its Place in History ［M］. London：University of London Press.

7

现代职业教育体系建设与提高
我国对外开放水平的关系研究

对外经济贸易大学教育与开放经济研究中心课题组

摘　要

　　随着经济全球化的深入，对外开放面临的内外条件发生深刻变化，在诸多应对战略与措施中，提高劳动者素质、建立人力资源的强有力支撑是重要内容。现代职业教育体系所培养的大量技能型劳动者在地区、行业、数量、能力上的差异，是提高对外开放水平的决定因素与发展动力，同时提高对外开放水平也对现代职业教育理念的开放度、结构的匹配性与体系的国际化提出了深层次的诉求。

　　经过改革开放三十余年来的发展，中国已逐步形成开放型经济体系，深深打上了"全球化"的烙印，这不仅是我国改革开放的重要成果，也是我国经济发展和国际分工合作的客观要求。伴随着中国对全球化的融入度和依赖度的提高，资源与环境问题日渐突出，劳动力等要素成本持续上升，传统比较优势面临严峻挑战，产业调整和升级日益迫切，国内企业发展与国家经济安全以及国家竞争力都面临着新的挑战。我国人口占世界总人口的20.13%，但2008年出口只占世界总出口的8.9%，相比之下，占世界总人口1.26%的德国出口占比为9.1%，占世界总人口4.6%的美国出口占比为8.1%，占世界总人口1.96%的日本出口占比为4.9%，按人均计算，我国出口份额与德国、日本、美国存在较大差距，2008年我国人均出口额仅为德国的1/16，美国的1/4，日本的1/5。目前我国外贸发展方式还不适应"后危机时代"世界市场的新变化，主要表现为：出口贸易生产的地理集中度过高，仍然处在国际分工的中低端，产业延伸和转移尚未取得实质性进展；国际竞争方式落后，以生产性服务为代表的现代服务业发展不足；对外贸易领域缺乏跨国经营的市场主体和全球商业网络；贸易保护主义的困扰依然存在；人力资本要素禀赋不足，高级技能型人才缺乏，劳动力规模、结构和层次与开放型经济需求不匹配等。在诸多应对战略与措施中，提高劳动者素质、建立人力资源的强有力支撑是重要内容，现代职业教育体系的建立对于建立开放型经济体系、提高对外开放水平具有重要作用，对外开放水平的提高也对现代职业教育理念的开放度、结构的匹配性与体系的国际化提出了深层次的诉求。

一、建立现代职业教育体系是提高对外开放水平的稳定器和助推力

（一）提升国家全球竞争力的需要

1. 发展职业教育对提升全球竞争力排名的战略意义

世界经济论坛自1979年以来每年发布的全球竞争力排名，是判断一个经济体在年度时间内全球竞争力变化的重要国际比较参考要素，近年来被各国视为测度一个经济体综合竞争实力、经济发展程度以及可持续发展能力的最具权威性的重要指标之一。《2012—2013年全球竞争力报告》中，排名前十的经济体分别是：瑞士、新加坡、芬兰、瑞典、荷兰、德国、美国、英国、中国香港、日本。瑞士连续第四年被评为世界最具竞争力的经济体。中国的排名在由2005年的第49位（117个经济体）升至2011年的第26位（142个经济体）后，于2012年下降至第29位（144个经济体），但仍在金砖五国中处于领先地位。

对全球竞争力指标体系及近年来各经济体排名进行深度分析，可以得出

如下结论。

第一，即使从经济发展角度评价一个国家的竞争力，教育也是其中最为重要的衡量指标，是提升一国全球竞争力的最关键因素。在全球竞争力指标体系的 113 项指标中，有 14 项指标与教育相关，对于效率驱动发展阶段的国家（地区），上述 14 项指标在全球竞争力指数中所占权重约为 16%，对于创新驱动发展阶段的国家（地区），上述指标所占权重约为 18%，高于其他任何支柱所占权重。① 值得一提的是，全球竞争力排名前三的瑞士、新加坡、芬兰的教育与培训指标的排名也位列前三。可见，对于这三个国土面积有限、资源匮乏的小国来说，能够不断创造经济发展的奇迹，其最大的资本就是教育。教育质量的提升能够对其他领域的竞争力提升产生直接的辐射作用与联动效应。

第二，提高教育系统运行质量、推进职业教育发展是从教育入手提升国家竞争力的两大支点。2012 年全球竞争力排名前 28 位的国家（地区），既有发达国家（地区），也有发展中国家（地区），其经济结构不尽相同，人力资本结构以及教育与培训的组织和管理模式自然也存在明显差异，但在教育系统质量、院校管理质量、职业教育的专业性、教职工培训等指标方面大都具有非常明显的优势。相比较而言，中国相关指标排名落后，尤其在教育系统质量、职业教育的专业性方面差距更大。有鉴于此，我们认为提高教育与培训的质量是当前时期为国家发展输送和储备人力资本的首要抓手，而提高教育系统运行质量、推进职业教育发展是从教育入手提升国家竞争力的两大支点。

第三，中国若要提升全球竞争力，从效率驱动阶段发展到创新驱动阶段，必须要科学认识职业教育的战略地位，促进职业教育规模、结构、质量的同步提升。职业教育发展对一国全球竞争力提升具有重要的驱动作用。在全球竞争力 113 项指标中，有 10 项指标与职业教育相关（包括 5 项教育指标）。通过运用历史分析、国际比较等不同研究方法对与职业教育关系最为密切的三项教育指标（即"教育系统的质量"、"专业性培训在当地的可获得性"、"职工培训的程度"）对全球竞争力排名的影响程度进行分析可以发现，无论

---

① 在全球竞争力指标体系中，赋予了各项指标在其上一级指标中所占的比重。三大板块中每一板块所占权重取决于国家所处的不同的发展阶段。具体计算方法参见《The Global Competitiveness Report 2012 – 2013》。

是对于我国,还是对于发达国家（地区）,上述三个指标的同步提升与一国（地区）全球竞争力排名的提升呈现明显正相关关系。2012 年竞争力排名前 28 位的国家（地区）在与职业教育相关教育指标上的排名,集中居于前 28 位。全球竞争力排名第一的瑞士在与职业教育关系最为密切的三项教育指标上的排名均位列榜首,其发达的职业教育和培训制度为其全球竞争力的提升和经济繁荣做出了重要贡献。2009 年,瑞士在经合组织国家中青年失业率最低,只有 7%。目前,瑞士每年超过 2/3 的初中毕业生进入中等职业学校,90%—95% 的中等职业学校毕业生直接就业。据统计,日内瓦 75% 的企业老板是学徒出身。2000—2007 年,瑞士接受过高中阶段职业教育的学生就业后工资均比接受过普通教育的学生就业后工资要高。

2. 提升全球竞争力排名对建立现代职业教育体系的客观要求

中国若要提升全球竞争力,从效率驱动阶段发展到创新驱动阶段,必须重点发展短板——职业教育,提高排名靠后的 10 项与职业教育相关指标的得分,从规模、结构、质量、投入、创新等五方面提升职业教育发展水平,使其由中国全球竞争力排名的制约因素转变为驱动因素。具体要求如下。

（1）扩大职业教育的普及面——建立面向社会、面向人人的现代职业教育体系。一方面,应当增强中、高等职业教育对学生的吸引力,由其吸收大部分高中阶段和高等教育阶段毛入学率提高所带来的学生增量,同时为避免未来教育供给过剩,应当促进中、高等职业教育由规模向质量的发展方式的转变;另一方面,应当加强各种形式的职业教育培训,以应对经济结构调整和产业优化升级对技能型人才尤其是高技能人才的迫切需求。

（2）增强职业教育的匹配度——建立适应经济发展需要的现代职业教育体系。一方面应当改变现有人才培养结构,大力发展处于弱势的职业教育,建立"H"形普通教育与职业教育地位平等且相互衔接沟通的人才培养结构以及人才评价体系,拓展技能型人才的职业生涯提升空间,改善技能型人才的福利待遇,提高技能型人才的社会地位;另一方面,应当增强职业教育服务经济发展的匹配度,针对重点产业结构调整和产业布局优化,针对现代农业和制造业升级,针对七大战略性新兴产业和八大现代服务业发展领域,调整专业设置和培养方式,建立适应经济发展需求的现代职业教育体系。

（3）提升职业教育的竞争力——建立具有国际竞争力的现代职业教育体系。在建立现代职业教育体系过程中，应当以职业教育国际竞争力指标体系为发展依据，建立具有科学结构、相当规模、最佳效率、优秀质量、良好产出、较大投入的现代职业教育体系，增强社会对职业教育和职业培训的认同度，提高职业教育的吸引力和影响力。

（4）拓宽职业教育的投入源——建立政府主导、行业企业积极参与的现代职业教育体系。企业既是职业教育实施的责任主体，又是职业教育的直接受益者。发挥企业参与和举办职业教育的积极性，落实企业对于职工培训的经费投入和实施效果，鼓励行业企业参与举办职业教育，对于拓宽职业教育的投入来源，缓解职业教育经费短缺现象，提高企业生产效率和管理水平具有重要意义。

（5）加强职业教育的创新性——建立传授先进技术和培育创新能力的现代职业教育体系。一方面，应当围绕走新型工业化道路、不断提高现代化水平的要求，培养造就一大批活跃在创新一线、数量充足、结构优化、技艺精湛、勤于实践、善于创造的高技能人才队伍，充分发挥其在推动企业技术创新和实现科技成果转化中的骨干作用，从而加快产业结构的优化与升级、技术创新能力的增强、生产技术和管理水平的提升；另一方面，应当依托职业教育与行业企业紧密结合的优势，针对行业产业经济发展的核心问题，培育职业学校、科研院校或机构、行业企业、地方政府等多团队深度融合的协同创新中心，为地方政府战略决策和行业企业重大需求，提供技术支撑和人力资本支持。

（二）统筹"引进来"与"走出去"的需要

"十二五"规划目标：坚持"引进来"和"走出去"相结合，利用外资和对外投资并重，提高安全高效地利用两个市场、两种资源的能力。

1. 提高利用外资水平

我国加入世界贸易组织十余年来，外商直接投资不仅规模逐渐扩大，而且随着其投资结构和投资方式的变化，产生了技术溢出效应、结构调整效应、市场结构重构效应、促进经济社会发展效应以及人才培养效应，在很大程度上提高了我国的开放水平，为促进我国经济发展做出了积极贡献。"十一五"时期我国实际利用外资合计约6500亿美元，是"十五"时期的1.7倍，其中吸收外商直接投资约4600亿美元。2010年中国外资流入占世界外资流入的比重达到8.5%，居全球第一。（桑百川，2011）"十二五"规划对外商直接投资发展提出"优化结构，引导外资更多投向现代农业、高新技术、先进制造、节能环保、新能源、现代服务业等领域，鼓励投向中西部地区"的目标，对现代职业教育发展提出了如下要求。

第一，外商投资结构地区与行业的调整，需要大量与之匹配的技能型、应用型人才进行支持。2010年以来，外商直接投资的区域结构变迁加速，虽然东部沿海地区仍然是中国吸收外商直接投资的主体，但随着东部地区劳动力成本逐步上升，中西部地区外商直接投资的规模显著扩大，中西部地区职业教育所培养的劳动力的规模与质量是决定东部沿海地区劳动密集型外资企业向欠发达的中西部地区进行梯度转移能否成功的关键所在。从投资结构上，2010年外商直接投资基本确立了第二、第三产业并重的格局。职业教育应当在加强对外商投资先进制造业的劳动力供给的同时，抓住国际服务业加快转移的机遇，在继续培养传统的劳动密集型服务业（如零售业、餐饮业）的技能劳动者的同时，大力发展服务外包领域的职业教育，加快现代物流、工业设计、软件服务、信息服务等领域的技能型劳动者培养，促进服务业和整体产业结构的优化升级。

第二，中国在"跨国公司"未来战略中的地位的不断提升，需要职业教育为跨国公司在华发展输送高级技能型、高级应用型人才。国务院发展研究中心对近500家在华外商投资企业的调查问卷结果显示，中国在跨国公司未来战略中的地位将进一步提升，跨国公司不仅将继续把中国作为其面向全球市场的制造基地，而且计划将更多的研发活动、区域总部、先进服务业和高端制造等高附加值的产业活动向中国转移。

表1　后危机时期跨国公司在华战略

单位:%

	所有企业	日韩企业	美国企业	欧盟企业
大力开拓本地市场	49.1	46.0	54.3	51.2
提升在华产业的技术水平	46.8	50.4	47.1	39.5
扩大对中国制造业的投资	42.5	42.5	44.3	51.2
以中国为基地开拓国际市场	32.1	27.4	40.1	23.3
在华开展研发活动	31.0	21.2	34.3	39.5
与本地企业开展合作	28.2	29.2	32.9	32.6
加大对配套产业的投资	22.1	20.4	22.9	23.3
在华开展区域地区总部活动	16.0	7.1	25.7	20.9
加大本地融资	16.0	7.1	15.7	16.3
加大在华服务活动的投资	15.8	7.1	21.4	32.6
逐渐退出生产制造领域，靠技术专利授权或品牌授权盈利	2.0	2.7	1.4	0.0
其他	0.8	0.0	2.9	0.0

资料来源:2009年10月国务院发展研究中心企业调查问卷。

第三，我国劳动力成本比较优势的不断降低，需要职业教育培养大批高技能人才，以增加劳动力的附加值。以纺织业为例，根据工信部的报告，2011年，我国纺织行业生产、出口及利润平稳增长，但增长速度出现趋缓势头。据统计，1—5月，美国从我国进口的服装、棉制品、毛制品数量分别下降0.8%、13.4%、5.7%，而从越南、孟加拉、印尼进口的数量均呈增长趋势。我国劳动力成本上涨是造成这一现象的原因之一。因此，保持中国"世界工厂"地位，要求企业进行转型升级，抢占高端市场，要求职业教育为之进行具有高技能附加值的人才储备。

2. 加快实施"走出去"战略

"走出去"战略是我国对外开放进入新的历史时期的必然结果，这一战略实施的目标是要实现从被动接受国际分工地位到主动打造国际分工体系的模式转变，从低端和低价竞争到中高端和差异化竞争的战略调整，从简单模仿到科技创新、市场创新、管理和组织创新的动力再造，进而形成境外加工贸易生产体系、自主生产体系和与跨国公司合作的混合所有制生产体系之间的要素创造和开放竞争，在全球有效配置我国的资本、产业和市场，建立全球开放风险的对冲机制，以实现开放经济的综合效益最大化。"走出去"是一个国家或地区利用国际资源和市场的能力以及经济国际化水平的集中体现，是直接利用海外资源、转移过剩产能、缓解贸易摩擦、实现与东道国平等合作、互利共赢的有效途径，是我们应对国内外环境变化、扩展发展空间、优化资源配置的必由之路（戴翔，2012）。

"走出去"战略要求现代职业教育为人力资本输出准备分结构有层次的高素质劳动者和技能型人才：随着产品、产业、货币资本"走出去"，人力资本的跟进是成败关键。而在全球有效配置资本、产业和市场的过程中，不仅急需高端研究型人才，也急需职业教育加快培养不同专业、不同领域、不同层次的技能型、应用型人才，主要表现在如下方面：第一，我国跨国公司的国际化发展，需要职业教育为其培养高级技能型、高级应用型人才。第二，中国企业外向开拓世界资源与能源，需要职业教育为其培养大量会外语、懂技术的技术工人。第三，中国文化"走出去"，需要职业教育培养具有职业道德、凝聚中华民族奋斗精神的海外技能型人才队伍。第四，扩大劳务合作规模，需要职业教育为高端劳务国际合作培育高级技能型人才，打造"中国劳务品牌"。

（三）完善对外开放格局的需要

改革开放30多年来，我国区域开放从南到北、从东到西，从沿海到沿江、沿边，逐步向内地扩展，大体上按照经济特区—沿海开放城市—沿海经济开放区—沿边沿江经济区—内地中心城市的序列推进。区域对外开放程度具有明显的非均衡性，由东到西呈现梯度分布。区域开放水平的差距受区域经济发展程度、市场化程度、自然地理条件、物理资本投资、人力资本禀赋、中央及地方政府的政策选择、地区历史传统文化心理等多方面因素影响，而在上述因素中，人力资本差异是影响区域开放程度的重要因素之一。研究表明，劳动力成本优势与地区开放型经济的发展水平呈正相关，这种优势不仅在于劳动力数量的无限供给，更在于劳动者承载的受教育水平和技能的持续改善。

大量研究表明，我国东、中、西部地区的人口平均受教育年限、初中以上教育程度以及大专以上教育程度人口比重均呈现自东向西依次递减的趋势，这与中国经济发展水平的区域分布以及对外开放水平的区域分布是一致的（蔡昉，2004）。近年来，我国职业教育在为区域开放有针对性地进行布局调整方面，取得了一定的成绩。

1. 深化沿海开放

"十二五"规划目标：全面提升沿海地区开放型经济发展水平，加快从全球加工装配基地向研发、先进制造和服务基地转变。率先建立与国际化相适应的管理体制和运行机制，增强区域国际竞争软实力。推进服务业开放和国际服务贸易发展，吸引国际服务业要素集聚。深化深圳等经济特区、上海浦东新区、天津滨海新区开发开放，加快上海国际经济、金融、航运、贸易中心建设。

与这一目标相适应，深圳特区已成立职业教育集团，并准备立项开建深圳职业教育园区。天津市与教育部共建了国家职业教育改革创新示范区，为天津滨海新区开发开放培养数量足够、结构合理的高素质技能型人才和应用型人才。上海浦东新区成立了浦东职业教育集团，以"政府引导、市场运作、校企合作、实现共赢"为宗旨，把职业教育与浦东经济发展方式转变和产业结构优化升级有机结合起来。

2. 扩大内陆开放

"十二五"规划目标：以中心城市和城市群为依托，以各类开发区为平台，加快发展内陆开放型经济。发挥资源和劳动力比较优势，优化投资环境，扩大外商投资优势产业领域，积极承接国际产业和沿海产业转移，培育形成若干国际加工制造基地、服务外包基地。推进重庆两江新区开发开放。

与这一目标相适应，重庆两江新区成立了重庆市两江职业教育中心，大力发展以订单培训为主的职业教育，以良好的教学质量、办学水平，实现"人人都有工作"的目标，为两江工业园区发展提供良好的人力资源保障。

3. 加快沿边开放

"十二五"规划目标：发挥沿边地缘优势，制定和实行特殊开放政策，加快重点口岸、边境城市、边境（跨境）经济合作区和重点开发开放试验区建设，加强基础设施与周边国家互联互通，发展面向周边的特色外向型产业群和产业基地，把黑龙江、吉林、辽宁、内蒙古建成向东北亚开放的重要枢纽，把新疆建成向西开放的重要基地，把广西建成与东盟合作的新高地，把云南建成向西南开放的重要桥头堡，不断提升沿边地区对外开放的水平。

与这一目标相适应，辽宁省发布了《关于开展对接产业集群省级职业教育示范专业建设的实施意见》，围绕省内支柱产业、振兴产业、战略性新兴产业对技能型人才的需要，以校企共建为载体，实施专业（群）与产业集群对接的示范专业建设计划。云南省成立了玉溪烟草职业教育集团、省旅游职业教育集团、国土资源职业教育集团等富有特色的职业教育集团，整合职业教育资源，充分发挥行业指导作用，增强职业教育服务区域开放的能力。广西壮族自治区不断加强与东盟的职业教育合作，南宁职业技术学院、广西国际商务职业技术学院等职业院校加强了小语种人才、会展策划与管理、国际经济与贸易等专业人才的培养力度，各职业学校与越南、泰国等东盟国家多所著名职业院校不断深化友好合作，开展跨国联合办学项目，跨国培养实用型技能型人才。

（四）优化对外贸易结构的需要

"十二五"规划目标：继续稳定和拓展外需，加快转变外贸发展方式，推动外贸发展从规模扩张向质量效益提高转变、从成本优势向综合竞争优势转变。

1. 培育出口竞争新优势

"十二五"规划目标：保持现有出口竞争优势，加快培育以技术、品牌、质量、服务为核心竞争力的新优势。提升劳动密集型出口产品质量和档次，促进加工贸易从组装加工向研发、设计、核心元器件制造、物流等环节拓展，积极开拓新兴市场，推进出口市场多元化。

在当前对外开放格局下，一方面要提升劳动密集型产品的出口质量和档次，通过深加工延长其产业链，从而带动其他相关部门的总产出；另一方面要扩大资本技术密集型产品的出口，尤其是在中等技术密集产品领域，不断向产品内高端价值链攀升，培育本土企业在该领域的出口竞争优势。

一般而言，发现、发明、科技创新需要一支素质精良的科学家队伍、工程技术人员队伍和企业管理者队伍。而科学技术的应用和实体经济的操作则需要规模庞大、人数众多、适应现代化大生产和不断出新的行业要求的高级技能型人才和高级应用型人才。没有一流的技工就没有一流的产品，没有一流的产品就没有一流的企业。因此，出口国内增值链条的拉长和出口技术复杂度的攀升意味着在出口的各个环节均需要大量专业对口的劳动者，而且是高素质、高技能、高应用型劳动者，出口竞争新优势的培育对职业教育的技能型人才培养的数量、质量和方向提出了新的更高的要求。

2. 大力发展服务贸易

"十二五"规划目标：促进服务出口，扩大服务业对外开放，提高服务贸易在对外贸易中的比重。在稳定和拓展旅游、运输、劳务等传统服务出口的同时，努力扩大文化、中医药、软件和信息服务、商贸流通、金融保险等新兴服务出口。大力发展服务外包，提高服务业国际化水平。

鉴于服务业与人力资本的天然联系，大力发展服务贸易对劳动者的技能水平提出了更高的要求。当前，以服务业转移为标志的第二轮经济全球化正在兴起，如果说我国借助制造外包成功地抓住了制造业国际转移的机会，实现了经济的第一次起飞，成为"世界工厂"，那么，实现第二次起飞，则在相当程度上取决于能否借助服务外包抓住服务业国际转移的机会，尽快成为"世界办公室"，在保持现有加工制造业优势的同时，努力实现从"中国制造"到"中国服务"的跃迁。在这一过程中，需要不同专业、不同层次的多样化金字塔形人才结构加以支撑，而职业教育所培养的大量高素质技能型人才正是支撑这一金字塔的坚实基座。

以服务外包为例，"十一五"期间，商务部启动了"千百十工程"，即每年投入不少于一亿元，建设十个服务外包基地城市，推动一百家著名跨国公司将其服务外包业务转移到中国，培育一千家取得国际资质的承接服务外包的企业，实现 2010 年服务外包出口额在 2005 年基础上翻两番。这一工程的实现，需要庞大的人才队伍加以支撑。据调查，2010 年我国服务外包行业就业人数超过 230 万人，新增就业人员 78.1 万人，其中新增受训人员达到 24 万人，但这仍不能满足行业发展对人才的需求，到 2015 年，仅服务外包直接就业机会就将达到 270 万，带动相关就业机会 840 万，但是每年能够提供的中职、高职教育毕业生和本科毕业生中，适应服务贸易就业需求的仅 300 万人，缺口巨大。与当前服务外包发展对各层次人才的巨大需求相比，我国服务外包人才培养在规模、结构、专业、质量等方面均存在一定问题。因此，需要构建服务外包人才梯度培养体系，创新服务外包人才培养机制，以市场需求为导向调整职业学校专业设置，以能力为本位调整课程体系设置，培养"外语＋专业"复合型服务外包人才。

（五）实现中国和平崛起的需要

中国的和平崛起要求现代职业教育提供具备人文理念的高素质劳动者，同时也需要职业教育为中国开展对外援助提供有力支撑。

从 21 世纪教育发展的趋势看，科技与人文的和谐统一是职业教育改革的大趋势，当今世界职业教育正逐步从"生存型"（重技术能力轻人文素养）向"发展型"（技术能力与人文素养协调和谐发展）转型。

目前我国职业教育受工业化进程的历史影响，偏重于专业技术和职业能力培养而轻视社会人文学科教育。突出表现在两个方面：一是功利主义教育价值观念流行，片面追求经济性指标，忽视教育"以人为本"的基本原则；二是课程内容结构中技术与道德、能力与素质失衡，极不利于职校学生的民族精神培养、人格塑造及价值观形成。

随着开放型经济的发展，职业教育所培养出的劳动者也担负着传播中华文化成果、弘扬和平发展理念和展示优秀民族精神的重要使命，因此必须培养出具备人文理念的高素质劳动者，让世界更全面地了解中国，让更多外国人和主流媒体熟悉中国的文化、行为方式，了解中国的和谐发展意图，从而为中国的和平崛起，建设和谐世界创造良好氛围。

中国始终坚持奉行互利共赢的开放战略，促进世界各国共同发展，根据自身能力积极开展对外援助。对外援助不仅需要资金和设备的支持，更需要相应科技、文化、教育和人力资源支持，职业教育在对外援助中发挥了不可替代的作用。以对非洲国家职业教育援助为例，对非职业教育援助项目自2001 年开始，2004—2007 年开展了一系列活动，如援建职业学校，对口行业部门的职业教育援助，非洲国家主管职业教育的政府官员和职业学校校长培训等。项目促进了我国与非洲各国职教界之间的相互了解，为中非职教界的进一步合作奠定了一定的基础。

（六）摆脱贫困提供公平教育机会的需要

温家宝总理指出，为广大群众提供更多、更好、更公平接受教育的机会，是政府的责任。职业教育是面向人人、面向社会的教育，根本目的是让人学会技能和本领，能够就业，成为有用之才。目前我国接受职业教育的学生，85%以上来自农村和城市低收入家庭。发展职业教育，使他们能够掌握一定的专业技术，顺利实现就业，摆脱贫困，从而过上有尊严的生活，是促进社会公平、实现社会和谐的有效途径。大力发展职业教育对实现公民基本人权中的工作权利和受教育权利具有基础性作用。

1. 职业培训——实现公民的工作权利

2009 年，国家出台《关于实施特别职业培训计划的通知》，决定从 2009 年至 2010 年实施特别职业培训计划，重点围绕受金融危机影响的各类劳动者的就业需求，开展针对困难企业在职职工、失去工作返乡的农民工、城镇失业人员和新成长劳动力等四类群体的技能培训。2009 年共组织开展职业培训 2160 多万人次，其中包括困难企业职工培训 260 多万人次、农村劳动力转移就业培训 1100 万人次、城镇失业人员再就业培训 450 万人次、劳动预备制培训 240 万人次以及创业培训 110 万人次。上述职业教育为金融危机背景下，作为劳动者基本人权的工作权利的实现创造了有利条件。

2. 职业教育——实现公民的受教育权利

改革开放 30 多年来，中国政府大力发展职业教育、民办教育和继续教育，为青年受教育权的实现提供了更多的选择。各地积极扩大各类职业教育招生规模，提高职业教育质量。2009 年中等职业学校招生超过 860 万人，在校生达到 2200 万人，意味着所有愿意接受职业教育的学生都可以走进职业学校的大门。在 2009 年经济形势严峻的情况下，党中央出台了中等职业教育免学费政策，有利于增加农村地区和贫困地区青少年接受高中阶段教育的机会，有利于促进教育从形式公平走向实质公平，有利于促进公民受教育权利的实现。

1999 年召开的第二届国际职业技术教育大会上所形成的《职业技术教育与培训：展望 21 世纪的建议》指出："接受教育是基本人权，职业技术教育的普及与其提供的学习技能，将会促进全世界的所有公民接受教育。……职业技术教育可用一切可能的方法，来使那些弱势群体走上继续学习的道路，包括正规教育系统的辍学生。"

（七）提高教育业开放水平的需要

1995 年世界贸易组织（WTO）通过《服务贸易总协定》（GATS）之后，教育服务作为一种服务产品，也包括在服务贸易之中，成为整个国际服务贸易的重要组成部分。中国加入 WTO 时对教育服务贸易的具体承诺①使我国教育逐步融入世界教育体系。

1. 入世后给我国职业教育带来的机遇与挑战

机遇：外资进入职业教育市场，一方面使职业教育的服务供给进一步增加，为受教育者提供更多的选择机会，另一方面国外教育机构带来的新的理念、模式和内容，有利于国内职业教育整体服务水平的提高，并向多元化发展。

挑战：一方面，"入世"使国际分工体系发生变化，使国内产业结构和经济结构出现大范围的调整，由此直接引起人才培养需求的变化，引起职业教育专业结构、招生规模和培养质量的调整；另一方面，"入世"使我国职业教育市场进一步开放，国外资本以服务贸易的形态逐步介入职业教育领域将对公益性职业教育体系带来一定冲击，对传统职业教育观念带来冲击，对相关法规完善提出更高要求。

2. WTO 框架下的职业教育服务内容

WTO 框架下的职业教育服务是一个大职业教育概念，在中等教育服务、高等教育服务、成人教育服务和其他教育服务中均有所涉及。WTO 主要关注的是

---

① 我国加入 WTO 对教育服务的承诺是部分承诺，承诺的具体内容如下：1. 军事、警察、政治和党校等特殊领域的教育和义务教育领域不对外开放；2. 除上述特殊领域和义务教育外，我方在初等、中等、高等、成人教育及其他教育服务等五个项目上做出承诺，许可外方为我方提供教育服务；3. 在教育服务提供方式上，对跨境交付的教育服务未做承诺；对境外教育消费未做任何限制；允许商业存在，即允许中外合作办学，但不一定给予国民待遇；对自然人流动，承诺具有一定资格的境外个人教育服务提供者应中国学校或教育机构聘用或邀请，可以来中国提供教育服务。

进入服务贸易领域的教育服务，作为各成员方政府职能的公益性教育不在其讨论范围之内。WTO 国际服务贸易的提供方式包括四种，即跨境交付、境外消费、商业存在和自然人流动。对应于职业教育服务，则主要指跨境远程职业教育服务（如跨境网络教学服务、跨境电化教育服务和跨境函授等）、职业教育留学服务、存在于本土的境内外职业教育合作办学以及外籍教师流动服务等。

3. 我国职业教育服务贸易现状及存在的问题

在教育服务贸易进口方面，我国通过以海外留学为主要形式的境外消费、以在我国境内中外合作办学为主要形式的商业存在和以接受或聘请外籍教师为主要形式的自然人流动等三种模式进口教育服务。[1] 在教育服务贸易出口方面，我国通过以接收海外留学生为主要形式的境外消费、以在我国境外举办孔子学院和孔子课堂为主要形式的商业存在和向外国派遣中国教师为主要形式的自然人流动等三种模式出口教育服务。[2] 近年来，我国许多高职院校和中职学校都开展了不同形式的中外合作项目，如中澳（重庆）职业教育与培训项目[3]、中德职教师资进修项目[4]等。

---

[1] 据统计，2001—2010 年，我国到海外留学的各类留学生达到 153 万余人，除了 2003—2005 年相对稳定之外，在此 10 年间的年增长率均超过 10%，而在 2008—2010 年则达到 20% 以上。2001—2010 年，我国批准设立并通过 2010 年教育部审核公布的中外合作办学机构和项目共有 400 多个。2010 年，我国新批准中外合作办学机构和项目 20 个。2001—2010 年，我国每年从国外引进大量外籍教师充实各类学校的教师队伍。

[2] 据统计，2001—2010 年，我国接收海外留学生共 156 万余人，在此 10 年间的年增长率均超过 10%。2001—2010 年，我国举办中外合作海外孔子学院和孔子课堂 300 多个，遍布 80 多个国家和地区。此外，每年我国派出大量的国内教师到海外孔子学院、孔子课堂或其他海外教育机构任教，2010 年我国正式派到海外任教的汉语教师达到 5000 多人。

[3] 中澳（重庆）职业教育与培训项目是迄今为止由政府组织实施的中澳两国职业教育领域最大的合作项目。项目实施期限为 5 年半，于 2007 年 9 月结束。项目活动主要集中在 5 个行业领域的 5 个项目试点学校和一批职教师资培训基地。项目试点学校的成功经验不仅推广到重庆市相应的伙伴学校，还在全国更大范围内得到了一定的推广。该项目达到了预期目标，取得了以下成果：在试点院校和相应的伙伴学校树立了需求导向职教理念，探索出行业引领职教的机制，开发了能力本位职教课程，加强了"双师素质"职教师资队伍建设，搭建了中澳院校合作平台，为我国职业教育改革提供了政策参考。

[4] 中德职教师资进修项目由我国教育部与德国国际继续教育与发展协会联合实施，2004—2006 年，通过国内和国外培训相结合的方式，共为我国中等职业学校培训了数控、汽车、电子等 6 个专业的 916 名骨干教师，重点学习专业教学法，提高专业教学能力。作为该项目的拓展，中德双方还开展了中国中等职业学校骨干校长高级研修活动，共有 375 名中国重点职业学校校长赴德考察。与此同时，双方还共同支持我国东南大学、天津大学与德国马格德堡大学联合开展职业教育学硕士培养项目。

　　需要指出的是，尽管近年来我国教育服务贸易的数量和类型都呈增长态势，但是我国教育服务贸易呈现明显的贸易逆差，而且教育服务贸易的发展水平与区域分布呈现较大差别。对教育经济属性的认识不足，也阻碍了教育服务贸易的发展。中国有着巨大的教育市场和优质的教育资源，如何有效发展包括职业教育在内的教育服务业，对于促进服务贸易发展具有重要作用。以美国为例，在1970年的十大服务中，教育服务的收益仅次于旅游、运输、金融，位于第四。

　　在这一背景下，建立开放型的现代职业教育体系，加强职业教育的国际化建设与国际合作，提高职业教育服务水平，对于优化教育服务贸易市场结构、促进教育服务贸易健康可持续发展，提高我国对外开放水平具有重要作用。

二、对外开放水平的提高呼唤现代职业教育体系的开放性和国际化

（一）在国家战略高度下理解职业教育

　　职业教育与培训的改革发展作为世界各国经济社会综合发展战略的重要组成部分，对于缩小不合理的收入差距、提高就业能力、解决社会公平与效率问题，对于解决经济发展与资源环境之间的平衡问题，对于解决城镇化进程中"二元结构"矛盾和流动性问题等，具有便于操作、易于调整、见效较快、其他教育类型难以取代的作用。因而在新工业革命来临、金融危机引发经济衰退、各国实体经济竞争日趋激烈的态势下，美国、英国、德国、日本等主要发达国家纷纷将现代职业教育发展上升至国家战略高度，作为应对社会经济、人口、环境挑战，实现高水平、可持续发展以及社会和谐的钥匙。

　　美国认为今天教育的滞后会导致在明天竞争中出局，放弃在教育领域的主导权等于放弃在世界上的领导地位，因此通过颁布一系列职业教育法案将政府对职业教育的资助上升为国家意志，并将社区学院作为美国重返制造业巅峰的基石。英国认为重振英国经济，需要更加关注技能，职业教育成为其大力发展的领域。德国认为职业教育是经济腾飞和应对经济社会巨变的"秘

密武器"，是联邦政府的职责，而义务教育和高等教育则由地方政府负责。澳大利亚认为未来繁荣与劳动力技能和生产能力密切相关，对职业教育特别是中等职业教育极其重视。日本在明治维新之后就根据"富国强兵"的需要，把创办职业学校作为教育的基本方针，至今这仍是日本指导人力资源开发的国家理念。

鉴于此，在我国社会经济转型期，应当将现代职业教育放在各级各类教育中突出的位置，从促进就业、繁荣经济、消除贫困、保障公平和建设和谐社会的国家战略角度理解职业教育的重要意义，将建设现代职业教育体系作为加快转变经济发展方式、实施创新驱动发展战略的重要基础，作为实现工业化、信息化、城镇化、农业现代化同步发展的重要支撑，作为改善人民生活、增进人民福祉和促进社会和谐稳定的重要保障。

（二）在全球"大职业教育观"语境内理解职业教育

现代职业教育是适应现代科学技术发展和生产方式变革，主要培养现代产业技术技能人才的教育类型。其不仅要传授职业的知识、技能以及职业理想、职业道德和职业态度，而且要继续发展在基础教育中所培养的正确的世界观、人生观、价值观，是面向人人、面向全社会的教育，既包括技术教育，也包括技术培训，既包括职业教育，也包括职业培训。

联合国教科文组织自 20 世纪 70 年代以来一直使用"技术与职业教育"（TVE）概念。1999 年第二届国际技术与职业教育大会后，该组织在正式文件中首次使用了"技术和职业教育与培训"的提法。教科文组织副总干事鲍维尔提出："我们需要的不仅是重振活力和更加协调的技术和职业教育与培训计划，而且是技术和职业教育与就业结合的新局面。我们需要把技术和职业教育与培训联系起来的新模式，使教育、培训、就业和社会福利几个方面工作在一个国家内、在国际范围内联系起来。"

2001 年联合国教科文组织和国际劳工组织共同发布的《技术和职业教育修订建议》把"技术和职业教育与培训"定义为：一个综合性的术语，除了普通教育外，教育过程参与的所有方面，学习科学技术和相关科学，获得与经济和社会生活各个领域有关的实践技能、态度、理解力和知识。我国《职业教育法》中也采用广义的职业教育的概念："本法适用于各级各类职业学校教育和各种形式的职业培训"。

美国、英国、德国等发达国家的非学历职业教育都经历了强调实用性的零星发展阶段，与学历职业教育并行发展的扩张阶段，以及二者相互渗透、相互衔接、共同构成职业教育体系阶段。近年来，世界上主要国家职业教育的内容不断扩大，形式日趋灵活，使得不同个体通过不同途径、不同学习阶段获得的学习成果能够得到认可和继续，以满足个人不同职业生涯发展阶段的各种需求。

我国在建设现代职业教育体系过程中，应从"大职业教育观"理解职业教育，打破学校职业教育与职后教育培训"各自为战"的藩篱，有效整合各类职业教育资源，使全日制职业教育与非全日制职业教育相融合，学历职业教育与非学历职业教育相衔接，学校教育与企业培训相结合。应当充分发挥各级各类职业学校技能型教师多、实验实训设备较为完备、与企业和地方政府联系密切的天然优势，学历职业教育和非学历职业教育并举，充分释放职业教育机构的社会服务功能。

（三）在国际倡导的终身教育体系中理解职业教育

现代职业教育是终身教育体系中的重要组成部分。相比于其他教育，职业教育的培养对象最广、时间跨度最长，是实现人的尊严、择业自由和全面发展的终身教育，贯串于人生的不同发展阶段，旨在使人的职业发展成为一个有机的可持续的整体。加强职前预备教育与职后继续教育的衔接，构建终身职业教育体系，已成为 21 世纪以来世界各国职业教育发展的重点。

联合国教科文组织 1999 年第二届国际技术与职业教育大会形成的《职业技术教育与培训：展望 21 世纪的建议》中指出："职业教育是终身教育的有机组成部分。技术与职业教育对于所有人来说，都应成为一种主流教育渠道，而非只是从普通教育体系中延伸出来的一个庞大的附属品。终身教育的概念不应仅限于作为一种专业进修渠道，只是为某人在其原有专业领域基础上提高技能为目的，而也应作为向人们提供更多职业机会的手段。包括职业教育与普通教育在内的 21 世纪的教育，将使受教育者终身求知进取、终身追求新的价值观与态度、终身提高自己的能力与技术水平。各国都需要以职业技术教育作为基本组成部分并建立前后一致的教育政策和协调发展的教育体制。"（UNESCO，1999）联合国教科文组织 2011 年修订的国际教育标准分类（ISCED）中，将教育标准划分为 0—9 级，在 ISCED2—ISCED5 层次将教育分为普通教育与职业教育，在 ISCED6—ISCED8 层次将教育分为学术教育与专业教育。可见，根据新标准，广义的职业教育贯串于 ISCED2—ISCED8 层次。

当前，我国经济社会发展呈现出高速的城镇化和过快的老龄化两大特征，对现代职业教育终身化提出较强的诉求。人口老龄化背景下"招生荒"和"用工荒"的逐渐凸显，将推动劳动力成本的上升，引起劳动力市场供求关系的变化，引起经济发展要素投入结构的变化。破解这一难题的有效途径之一是在终身教育体系中发展现代职业教育，通过对不同年龄层次的劳动者进行多样化、灵活性的职业教育与培训，提升劳动者素质，增加劳动者的资本积累，提高劳动生产率以抵消劳动力成本上升和数量减少带来的影响，从而实现广大劳动者体面的劳动和有尊严的生活。与此同时，针对老龄化社会对养老服务业的需求，适度超前培养相关职业人才。在终身教育语境中理解现代职业教育，要求建立职业教育与普通教育相互衔接、相互沟通、相互补充的关系；要求职业教育体系内部向纵向延伸，建立服务技术技能人才可持续发展的终身化的职业教育系统，形成职前预备教育、职业教育和职后继续教育贯通一体的教育链条；要求职业教育岗位技能与通用能力并重，关注生涯发展。

三、现代职业教育体系国际化实现形式

经济全球化给职业教育发展带来的最大课题就是国际化，各国职业教育国际化的发展趋势，要求我国职业教育必须从浅层次国际化转向深层次国际化，从零散国际化转向系统国际化，在提高对外开放水平的背景下，立足于国内，放眼世界，全面深化职业教育改革，构造职业教育国际化支撑体系，培养大批具有国际视野、通晓国际规则、能够参与国际事务和国际竞争的国

际化人才，使我国现代职业教育体系所培养的技术技能型人才能够在开放竞争的国际舞台上展现中国的风采。

（一）明确职业教育国际化人才培养目标

《国家中长期教育改革和发展规划纲要（2010—2020年）》提出，要适应国家经济社会对外开放的要求，培养大批具有国际视野、通晓国际规则、能够参与国际事务和国际竞争的国际化人才。职业教育国际化人才培养目标的确定应当突出职业教育自身特色，与国际上职业教育人才培养标准相一致，与我国当前经济发展需求相匹配。鉴于此，我们认为当前我国**职业教育国际化人才培养目标应当是：具有开放的国际视野、掌握先进的职业技能、具备优秀的职业素养、能够参与国际竞争的高级技能型应用型人才。**

（二）构建职业教育国际化教学支撑体系

本土国际化的职业教育，其核心内容是在经济全球化和教育国际化的背景下，通过全面深化职业教育教学改革，构造与本土国际化相匹配的支撑体系，使深深植根于本国文化和社会环境的绝大多数学生在国内完成他们的国际化培养，特别是在本土完成对学生跨文化交流能力和具备国际竞争力的能力结构的培养。具有国际先进水平的"本土国际化"职业教育教学支撑体系，包括以下几个方面。

1. 职业教育师资队伍国际化

师资队伍的国际化是职业教育国际化的基础保障。国际化的职业教育教师应当具备如下特质：一是要有国际视野，具有较强的外语能力和国际交流能力，能够进行双语授课；二是要有开放性的知识结构和先进的教学方法，能够适应国际形势变化，获取国外最新的专业发展信息及职业教学信息，具有较强的信息辨别分析能力，能够及时更新并掌握国际化的专业知识和先进技术；三是要有实践经验，具有对国际工作岗位的实训指导能力和实际操作经验；四是要有国际理解能力和人文关怀，注重培养学生良好的职业道德及包容开放的世界观。

目前，我国职业教育师资国际化水平与美国、新加坡、澳大利亚等职业教育发达国家相比还有较大差距，需要在"引进来"和"走出去"两个方面加强职业教育国际化的师资队伍建设。一是要加强对国外"双师型"人才的引进。通过优惠的人才待遇以及海外招聘的积极开展，吸引来自不同国家和地区的高水平、高技能、高层次留学人员或外国专家来华任教，扩大外籍教师所占比重；通过教师互访制度，聘请合作学校的教师、访问学者来中国开展学术讲座和合作研究。二是加强对本土教师的国际化培养。支持教师参加各类学术知识、专业培训、项目开发的国际交流活动；充分利用国家留学基金和设立骨干职业教师海外交流专项经费，资助鼓励职业教师出国参加短期访学或长期进修；建立海外教师培训基地；建立长效的教师外语培训机制及国外职业资格认证培训机制，提高职业教师获得国外职业资格认证的比例，提高能够用全外语讲授专业课程的教师比例。

2. 专业设置及课程体系国际化

（1）设立满足国际市场需求的新专业

根据经济全球化发展趋势以及我国开放型经济发展的新需求，设立一批满足国际市场需求的新专业。例如，2012 年高职专业目录中新增加的光伏发电技术及应用、新能源应用技术、物联网应用技术、软件技术（3G 手机软件开发方向）等，均体现了职业教育专业设置国际化的要求。

（2）建立与国际接轨的课程体系

充分借鉴德国"双元制"、澳大利亚技术与继续教育（TAFE）、加拿大能力本位教育（CBE）、英国工商技术教育委员会（BTEC）等的课程体系，建立与国际标准接轨的职业教育课程体系，设立模块化的课程结构。课程要以职业需求为导向，以应用能力和实践能力培养为目标，构建理论教学、实践教学和素质培养相互融合的体系，包括如下内容。一是设置国际通识教育课程及世界公民素质养成课程模块。二是开设与国际职业技术标准相对接的职业专业课程，培养符合国际标准的职业技能。三是开设专业外语课程，提高全英语授课或双语授课的专业课程的比例，逐步实现示范性高等职业学校重点专业主干课程的全外语授课。

（3）开设国际职业资格证书培训课程

国际职业资格证书是国际权威机构对特定职业所需技能与能力的认可，

是国际化人才在国际性企业发展的"职业护照"。在现有职业教育课程中，应当使职业技能培训标准与国际资格认证标准相接轨，逐步引入一批国际职业资格证书的培训、考评等专业人员的培训认证课程和管理系统，建立获得国际认可的技能标准和职业资格质量标准，实现职业资格证书培训的国际化，使学生不仅能够通过本土化培养接受国际化的教育，同时还能够在本国考取国际职业资格证书。

（4）实施课程体系的国际质量认证

职业学校课程的国际质量认证，有助于提升职业教育的国际化水平，提高国际市场对我国职业教育质量的认可度。美国、新加坡、澳大利亚等国的很多学校都通过了 ISO9001 质量管理体系认证，美国在 1992 年有 220 所高等院校采用该标准，北美洲有 139 所、欧洲有 263 所、亚洲有 123 所教育机构通过了国际认证。我国青岛远洋船员学院、同济大学职教学院、郑州市科技工业学校等职业学校均通过了 ISO9001 认证。

3. 国际化的职业教育专业教材

（1）引入国外优秀教材

优秀的职业教育教材的知识体系应包括三方面内容：一是知识更新，二是能力培养，三是经验传授。德国、美国、日本的一些职业教育教材在国际上具有较大的影响力，经过反复的实践验证和不断更新，能够反映现代职业的发展趋势和人才培养需求。在全外语课程教学中引入优秀的职业教育教材，不仅可以使学生直接获得满足国际市场需求的知识和技能，也有助于提高学生的专业外语水平。

（2）对国外教材实施本土化改造

通过一线教师、技术专家和翻译人员的共同努力，对国际化的职业教育专业教材实施本土化改造，与我国职业标准、职业学校教学实际相结合，补充职业教育最新教学成果，融合国内外职业教育之所长。

4. 国际化的职业教育教学方式

（1）引入国际化的符合职业教育特点的教学手段

将课程教学与实践操作有机结合，借鉴德国、澳大利亚等国家职业教育的先进教学方式，推行探究式、讨论式、协作式等自主学习方式，从"学"

和"用"的角度改进"教"的方法，强化实践教学方式的工作过程导向，提升教育教学效果。

（2）加大职业学校的外语教学力度

对不同层次不同专业的学生进行分类别的针对性培养，尤其应加强对学生日常外语交流能力和相关职业外语应用能力的培养，逐步实现示范性高等职业学校重点专业主干课程的全外语授课，探索适合职业学校发展的外语教学模式。

（3）采用现代化的教学手段

澳大利亚 TAFE 学院提供 1000 余门远程学习课程，海外学生可以通过网络直接与 TAFE 进行交流。美国凤凰城大学"依托网络资源开展各类职业培训"的模式，也成为国际上实施远程教育的典范。我国职业教育在国际化的过程中也应充分利用网络资源，开展远程教育，设立网上虚拟大学，建立国际交流网站等。

5. 国际化的职业教育学生实训环境

职业教育培养懂技术、会应用的人才，因此先进的实训环境、一流的实训设备对实现学生培养与国际化企业的零对接具有重要作用。在职业教育国际化的过程中，应当实行生产实际紧密衔接的教学模式，构建具有鲜明职教特色的校园环境、实训环境和教室环境。

（三）搭建职业教育国际化合作平台

1. 加强国际合作政策对话

推进中国与联合国教科文组织、世界银行等国际组织和区域组织以及职业教育发达国家和地区之间在职业教育发展战略、宏观政策和国家制度领域的交流对话。通过对话，一方面可以加强对他国职业教育国家战略、国家制度等方面的国际经验的研究，了解职业教育发展的最新国际趋势，促进我国职业教育发展与世界接轨，参与职业教育国际标准的制定，另一方面能够吸引更多的国内外政府官员、专家学者、企业代表关注和研究中国的职业教育，提高职业教育研究层次，扩大研究范围，挖掘研究深度，增强我国职业教育的国际影响力。

2. 丰富国际合作形式

在职业教育国际化的过程中，一方面要不断扩展国际合作对象，由单一的学校间的国际合作转向与国外政府、国际组织、行业协会、国外培训机构、跨国公司、国外企业或国内知名外企合作等，另一方面要逐渐丰富国际合作内容，由少数的教师培训和学生交流扩展到学生跨国联合培养、校企联合办学、国际项目合作开发、参加国际会议、教育资源和技术应用国际交流等各个领域。应当重点发展如下形式的国际交流合作。

（1）中外合作办学

中外合作办学能够引进国外先进的教育理念、课程内容、教学方法、教师资源和管理机制，是培养国际化人才的重要途径，也是教育国际化的重要表现形式。中外合作办学的授课方式可以采取引入境外教育资源，在境内实施教学的全过程，由境外合作院校颁发相应的学位和资格证书的模式，或者采用学生在境内学习部分课程，最后一阶段转入境外合作院校就读，获得境外颁发的学历和资格证书的模式。近年来，我国多所职业学校与国外职业院校建立了一对一友好合作关系，通过学分互认，实现学生的跨国联合培养，包括"3＋N"、"2＋N"等。相比于普通高等教育的中外合作办学发展规模，相比于目前国内外市场对国际化技能型人才的迫切需求，我国职业教育中外合作办学规模亟待扩大、质量亟待提升、层次亟待提高，因此应注重与国外优秀职业院校开展合作项目，注重开展能够使学生获得国际职业资格认证的中外合作办学项目，注重开展包括与欧洲国家应用科技大学及高水平国外职业教育机构合作在内的能够使职业教育学生获得本科学位的中外合作办学项目。

（2）中外校企合作

职业教育以培养应用型技能型人才为目标，学生校外实习是其教学过程的重要组成部分。从职业学校学生就业情况的反馈看，具有海外实习经验或在大型外企实习经验的学生，往往具有较高的专业技能和职业素养，能更快地适应工作岗位需求，毕业分配时更受用人单位青睐，具有较强的就业竞争力。在职业教育国际化的过程中，应当建立我国职业院校与境内外企或境外企业紧密合作的机制，注重选择具有国际影响力的、能够为学生提供与其所学专业相匹配的实习岗位的优质企业作为合作对象，通过教学—实训—就业的一体化，让学生更好地适应国际化的工作环境，实现国际化人才培养目标。

（3）国际交流

职业教育及专业技术领域的国际交流是获得国外最新研究成果、让世界了解中国职业教育的重要窗口。在职业教育国际化的过程中，应当开展政府、行业、学校多层次、多样化的国际交流活动，学习国外职业教育先进经验，拓展国内职业教育研究视野，推广国内优秀研究成果。国际交流的形式包括参加和举办学术报告会、研讨会、学术讲座、合作论坛、进修学习、实地考察等。职业教育国际交流应当与企业"走出去"战略相配合，实现学校走出去、教师走出去、学生走出去，如鼓励职业院校走出去办学、实施职业教育教师海外培训计划、建立职业院校优秀学生国家资助留学政策等。

3. 挖掘国际合作深度

在国际合作过程中，应当建立以就业和产业需求为导向的国际合作机制，防止国际合作的盲目性，加强对目标市场的系统性分析与前瞻性预测，加强对合作项目本身的短期效益与长期影响的统筹安排，加强对合作方的执行能力与发展前景的综合考量。

一是要推进国家或地区间的职业教育学历学分互认工作，尤其是扩大高职学分互认的国家和专业范围，加强相关学历证书和职业资格证书的国家间承认与认可，建立职业教育国内培养加国外深造的有效衔接机制。

二是扩大职业教育对外输出，由留学生的主要母国变成留学生的东道国。通过与国外优质职业院校合作、设立分校的形式，开办各种双联课程、学分转移课程、外部学位课程、国外职业资格认证课程、新兴职业短期培训课程，制定优惠的来华留学政策，吸引外国学生尤其是东南亚、非洲、拉丁美洲等发展中国家学生来中国学习职业教育，扩大职业教育对外输出规模。

4. 建立区域性职业教育跨境合作联盟

借鉴欧盟职业教育联盟的相关经验，建立与区域经济合作联盟相对接的区域性职业教育合作联盟，如东盟职业教育合作联盟、粤港澳职业教育合作联盟等。

面对经济全球化和教育国际化的挑战，欧盟不断加速其职业教育一体化进程，从20世纪90年代中期开始，启动了著名的"达芬奇计划"，通过跨国合作的方式提高职业教育与培训质量，建立职业教育制度与实践方面的"欧洲维度"，并逐渐形成了超国家层面的一体化职业教育与培训制度。2010年欧盟提出《欧洲2020战略》，提出建立"欧洲资格框架"、"欧洲职业教育学分转移系统"、"欧洲通行证"以及"欧洲职业教育和培训质量保障体系"，进一步增强职业教育区域联盟合作的紧密度，增强职业教育吸引力。

> **专栏　《欧洲2020战略》中与职业教育相关的内容**
>
> ——真正打通职业教育通往高等教育的路径，开发高等职业教育专业和课程。使初始职业教育与培训成为既高度适应劳动力市场需求，又能通向高等教育的有吸引力的学习选择。
>
> ——采用菜单式培训，扩大用人企业、传统培训机构和高等教育机构提供的培训机会。
>
> ——与社会伙伴和国家就业部门合作规划，使职业教育和培训更加适应不断发展变化的劳动力市场的需求。
>
> ——加强教师和培训师的能力建设。提供综合指导和咨询服务，帮助学习者在学习的同时向工作过渡，进行职业选择。
>
> ——加强关键能力的开发，确保学习者和劳动者具备适应性和灵活性，更多地采用基于工作的学习方式。
>
> ——向弱势群体提供充分帮助，帮助其提高技能或变更职业。使非正规学习和非正式学习都可获得有效的高级学位。
>
> ——使用"欧洲资格框架"、"欧洲职业教育学分转移系统"和"欧洲通行证"，使学习者资格更加透明，学习成果得到普遍承认。
>
> ——按照"欧洲职业教育和培训质量保障体系"的要求，在国家层面建立质量保障体系。
>
> ——制定跨国流动战略，帮助职业教育和培训提供者建立适当的流动支持机制。

中国—东盟自由贸易区（CAFTA）全面启动后，中国与东盟双方对各方面人才的需求不断扩大，教育成为优先发展的重点合作领域之一。根据 2007 年 1 月签订的中国—东盟自贸区《服务贸易协议》，从 2007 年 4 月开始，中国和东盟各国包括教育部门在内的 60 多个服务部门相互做出了高于 WTO 水平的市场开放承诺，进一步开放教育等领域的服务市场。该协议的实施为教育领域的服务贸易提供了更加优惠的市场准入条件，促进双方进一步拓展合作方式和贸易规模，使双方的教育消费者享受到更多优质服务。目前，双方在高等教育方面的合作成效显著，已实施一年的中国与东盟间的"双十万学生流动计划"推进顺利，双方在过去的一年里互派 1 万多名留学生。按照计划，双方在 2020 年前将互相派出 10 万名留学生。2010 年，我国举办了"中国—东盟职业教育国际论坛"，进一步加强双方在高等职业教育方面的合作，搭建区域性职业教育合作联盟。鉴于东盟各国在基础设施建设、纺织、制鞋、采矿、冶金等许多劳动密集型行业缺乏专业技术人才，高等职业教育发展较快的广西等省份可通过与东盟合作获得更快发展。

2009 年，广东出台的《关于推进与港澳更紧密合作的决定》提出，到 2020 年，推动广东与港澳进一步融合发展，实现区域内要素流动快速化、产业结构高级化、运行机制市场化、区域经济国际化，形成最具活力和竞争力的世界级城市群，成为辐射带动能力强的经济增长极。随着粤港澳一体化进程不断推进，教育领域尤其是职业教育领域的合作联盟亟待建立。应积极推进三方在职业教育与培训领域的合作，探索职业教育发展与产业对接的多种形式，支持港澳高校在广东合作办学，引进港澳知名职业教育培训机构，建立多层次的职业培训体系。

（四）树立职业教育国际化品牌

在重点行业、重点领域建设一批国际化精品课程，扶植一批国际化程度较高的专业，培育若干个具有国际影响力的职业教育国际化示范校和职业教育集团，打造高端职业教育与培训新模式，通过强强联合，形成职业教育就业闪光点，增强社会对职业教育和职业培训的认同度，提高职业教育的吸引力和国际影响力。

此外，应当抓住以服务业转移为标志的第二轮经济全球化的难得机遇，通过与国外企业和中介公司建立国际合作关系，推进高层次职业学校学生国际劳务合作的发展，为学生创造"本国学习＋国外实习＋国外就业"的一条龙服务模式，通过职校学生走出去，实现我国高技能人才的走出去，打造"中国服务"的品牌。

（五）建立职业教育国际化保障机制

1. 法律保障机制

我国目前实施职业教育国际化的法律依据包括《教育法》（1995年9月1日起施行）、《高等教育法》（1999年1月1日起施行）、《中外合作办学条例》（2003年9月1日起施行）、《中外合作办学条例实施办法》（2004年7月1日起施行）、《高等学校境外办学暂行管理办法》（2004年2月1日起施行）等，上述法律虽然构成了中外合作办学的初步法律框架，但对中央政府与地方政府关于中外合作办学的管辖权缺乏明确划分，使普通高等教育与职业高等教育之间、学历教育与非学历教育之间审批管辖权错综复杂，各地标准不统一，在中外合作办学的课程设置、教学内容、教学方法、质量评估等方面缺乏具有操作性的配套规定，导致职业教育领域中外合作办学发展缓慢。在《职业教育法》及相关法律完善过程中，应当加入职业教育国际化的相关内容，落实各方权责内容，为职业教育国际化提供完备的法律保障。

2. 政策保障机制

在建立现代职业教育体系的过程中，应当建立健全职业教育国际化的国家和各级政府的政策保障体系，明晰职业教育国际化过程中政府、学校、企业等合作方各方权责关系，明确规定中外合作办学及职业教育其他跨境合作方式的国家和各级政府的管辖权划分、政策引导方向、配套支持政策、质量评估体系和监督实施主体。中央政府应从国家层面制定职业教育国际化发展的战略规划、主要目标、配套政策、评估标准和促进措施，各省及学校应当根据本地实际情况制定具体的职业教育国际化实施方案和相关措施。

3. 经费保障机制

应当设立职业教育国际化的专项经费，以提高职业教育国际化水平。此外，应当充分争取发达国家或国际组织向发展中国家提供职业教育援助，多渠道增加职业教育国际化的经费来源。例如：我国先后两次与世界银行签订《中国职业教育基础项目贷款协定》，共利用世界银行贷款 8000 万美元，同期，作为项目的一部分，德国政府向我国提供了平行贷款 600 万马克，后又追加到几千万马克；1991 年中国与加拿大开展的 CCCLP 项目中，加拿大国际发展署提供了 750 万加元；2000 年中国—欧盟工业职业教育培训项目中，欧盟委员会出资 1510 万欧元支持中国的职业教育。

4. 质量评估机制

对于职业教育国际化，可以从人才培养目标、师资队伍构成、课程和教学设置、服务和管理水平以及交流合作活动等方面加以评定。

表 2　职业教育国际化评估指标

一级指标	二级指标
人才培养国际化	人才培养国际化目标的确立及科学性评估
	外国留学生百分比
	外派交换生、交流生百分比
	职业院校留学生在公费出国留学生中的占比
教师国际化	专职教师中外国专家的比例
	出境访学三个月以上专任教师的比例
	获得国外职业资格认证的教师比例
	教师参加国际交流活动情况
	能够用全外语授课的教师比例
课程及教学体系的国际化	国际化精品课程所占比例
	具有国际前沿水平的专业所占比例
	全外语或双语讲授的专业课程的比例
	开设国际职业资格证书课程的比例
	课程体系是否通过国际质量体系认证
	引入国外优秀教材（包括实行本土化改造）的比例
	引入国外先进教学方式的比例
	开展远程教学的情况
	实训环境的国际化评估
	中外合作办学项目数量

表2（续）

一级指标	二级指标
交流与合作的国际化	与跨国公司、境内外企、境外企业合作项目数量
	获得国外或其他国际组织资助的项目数量
	主办或承办国际学术交流活动情况
	参加国际学术交流情况

参考文献

蔡昉，王德文. 2004. 外商直接投资与就业［J］. 财经论丛（1）：4 - 6.

戴翔. 2012. 后危机时代中国开放型经济发展方式转型研究［M］. 北京：经济科学出版社：2 - 5.

桑百川. 2011. 中国外商投资发展报告（2011）［M］. 北京：对外经济贸易大学出版社：2.

UNESCO. 1999. Technical and Vocational Education and Training：A Vision for the 21st Century，Recommendations，Second International Congress on Technical and Vocational Education，April 26 - 30，1999［C］. Seoul，Republic of Korea.

第二部分

財税政策研究

8

职业教育投入对缩小收入分配
差距的贡献研究

南开大学教育与产业、区域发展研究中心课题组*

摘　　要

　　本报告首先对我国收入分配差距现状进行了分析，明晰了我国存在个人、城乡和地区之间收入差距扩大的问题，在此基础上，研究了教育与收入分配差距形成的相关关系，特别是职业教育的投入对调节收入分配差距的作用。为进一步证实这一观点，本报告利用计量经济方法，从地区、城乡两个方面出发，实证检验了职业教育投入对缩小我国收入分配差距的贡献。其后，本报告进一步分析了我国职业教育经费投入现状，并与国外相关经验进行了对比，通过借鉴德国、美国、澳大利亚职业教育经费投入模式，提出了完善我国职业教育经费投入保障体系的政策建议。

　　在30余年的改革开放进程中，在居民收入水平大幅度提高的同时，我国的收入差距问题越来越突出。收入差距过大会影响经济发展和社会稳定，因此非常有必要对收入分配差距进行调节。与税收、社会保障、转移支付等再

---

　　* 课题组成员有：刘秉镰、翁羽、王家庭。

分配手段相比较而言，职业教育不仅能够促使人力资本的较快增长，在一定程度上弥补因为财政、政策和歧视等因素所带来的不平等影响，使社会各阶层收入趋于"均等化"，而且能够提高个人的生产能力和配置能力，因而是缓解和克服贫困的有力手段。本报告在对我国收入分配差距现状进行分析的基础上，基于职业教育与收入分配差距之间的关系，利用计量经济方法实证检验了职业教育投入对缩小我国收入分配差距的贡献，进而在分析我国职业教育经费投入现状及借鉴国外相关经验的基础上，提出了完善我国职业教育经费投入保障体系的政策建议。

一、我国收入分配差距的现状分析

收入分配不仅是一个经济问题，更重要的是一个社会问题。合理拉开收入差距有利于优化资源配置、提高社会劳动生产效率。随着我国经济体制改革的不断深入，计划经济体制下收入分配领域内的平均状态已被打破，这成为社会经济增长活力的一个重要源泉。然而，在居民收入水平大幅度提高的同时，我国的收入差距问题也越来越突出。在 30 余年的改革开放进程中，个人之间、城乡之间和地区之间的收入差距呈现不断扩大的趋势。收入差距过大会影响经济发展和社会稳定，因此非常有必要对收入差异进行调节。

（一）我国总体收入差距扩大

图 1 显示，改革开放以来，全国、城镇以及农村居民收入分配基尼系数总体上均呈现出不断扩大的趋势，这表明我国居民的总体收入差距在不断扩大。改革开放前，我国是一个收入分配相当平均的国家，居民总体收入差距的基尼系数低于世界上的大多数发展中国家。与改革开放前相当平均的收入分配格局相比，改革开放以来，我国的居民收入差距经历了一个缓慢上升然后迅速扩大的过程。改革开放初期（1978—1984 年），我国的居民收入差距在波动中有所缩小，除 1980 年以外，这个时期的基尼系数始终在 0.3 以内。1985—1996 年间，我国的居民收入差距开始缓慢上升，但始终保持在 0.3—0.4 之间，可见这一时期我国的居民收入分配仍然是比较合理的。然而，在

1997—2010 年间，我国的居民收入差距则逐年扩大，基尼系数从 1997 年的 0.33 迅速上升为 2005 年的 0.47，超过了 0.4 的国际警戒线。由此可见，在 30 多年的改革开放过程中，我国的居民收入差距持续扩大，我国从一个收入分配比较平均的国家变成了世界上收入差距较大的国家之一。此外，在 1997—2010 年期间，城镇和农村居民收入分配基尼系数虽然没有超过 0.4 的国际警戒线，但是却呈现快速增长的态势，这表明城镇居民收入差距和农村居民收入差距均呈现出不断扩大的趋势。

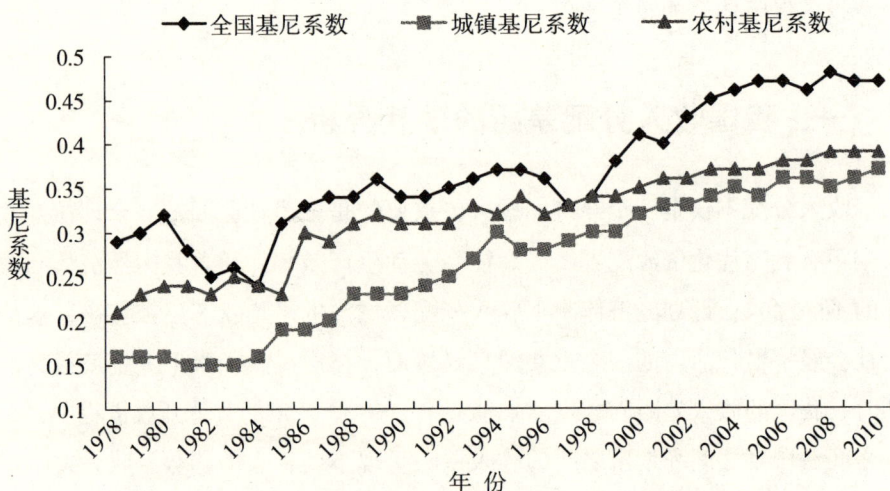

图1 1978—2010 年全国、城镇及农村居民收入分配基尼系数

（二）地区之间收入差距扩大

改革开放以来，由于国家政策、地理位置和资源禀赋等各个方面的差异，我国的区域经济发展极不平衡。虽然各地区的经济都保持了持续增长的态势，但地区间的经济差距却在不断扩大。在 2010 年全国三大地带各省份人均 GDP 排序中，前十位中有八个属于东部地带，排在后五位的地区中有四个属于西部地带，其中人均 GDP 最高的上海和人均 GDP 最低的贵州之比为 12.96：1。可见富裕地区在向东部地带集中，而贫困地区也正在向西部地区聚集。我国的地区差距已呈现为各地带间的"共贫"或"共富"的特点。从表1 中各地区人均收入比的时间序列比较也可以发现，自 1981 年以来，我国东、中、西

部地区城镇居民的收入差距在逐步扩大。1981 年，东部地区城镇居民人均可支配收入分别是中部地区和西部地区的 1.16 倍和 1.12 倍；1990 年，上升到1.33 倍和 1.23 倍；2010 年，更达到 1.52 倍和 1.47 倍。同样的，改革开放以来，我国东、中、西部地区农村居民的人均收入差距也在急剧扩大。1979年，东部地区农民人均纯收入是中部地区的 1.11 倍，是西部地区的 1.38 倍；2010 年，则分别上升为 1.68 倍和 2.14 倍。换言之，综合东、中、西部地区城镇居民和农村居民的人均收入比例来看，我国地区之间城镇收入差距和农村收入差距均在扩大。

表1　1978—2010 年我国东、中、西部地区的居民人均纯收入比

收入比 \\ 年份	城镇居民人均纯收入比			农村居民人均纯收入比		
	东/西	东/中	中/西	东/西	东/中	中/西
1978	1.37	1.43	1.04	1.38	1.29	1.08
1979	—	—	—	1.38	1.11	1.24
1980	1.18	1.20	1.02	1.42	1.28	1.10
1981	1.12	1.16	1.04	1.47	1.25	1.18
1982	1.10	1.18	1.05	1.47	1.25	1.18
1983	1.13	1.20	1.06	1.50	1.17	1.29
1984	1.12	1.24	1.10	1.59	1.23	1.29
1985	1.10	1.25	1.13	1.56	1.31	1.19
1986	1.12	1.23	1.11	1.64	1.37	1.19
1987	1.12	1.26	1.12	1.79	1.44	1.21
1988	1.19	1.31	1.10	1.79	1.52	1.18
1989	1.22	1.32	1.08	1.89	1.60	1.18
1990	1.23	1.33	1.08	1.70	1.46	1.16
1991	1.21	1.35	1.11	1.83	1.66	1.10
1992	1.27	1.38	1.09	1.90	1.66	1.13
1993	1.37	1.48	1.06	2.09	1.79	1.17
1994	1.39	1.48	1.06	2.15	1.71	1.25
1995	1.38	1.47	1.06	2.26	1.71	1.32

表1（续）

年份 \ 收入比	城镇居民人均纯收入比			农村居民人均纯收入比		
	东/西	东/中	中/西	东/西	东/中	中/西
1996	1.35	1.46	1.08	2.19	1.60	1.37
1997	1.28	1.45	1.07	2.19	1.58	1.39
1998	1.34	1.46	1.09	2.16	1.60	1.35
1999	1.48	1.48	1.20	2.13	1.57	1.36
2000	1.35	1.49	1.20	2.13	1.60	1.32
2001	1.38	1.50	1.09	2.16	1.64	1.31
2002	1.38	1.45	1.05	2.16	1.66	1.30
2003	1.39	1.47	1.08	2.15	1.60	1.33
2004	1.37	1.51	1.15	2.19	1.63	1.35
2005	1.44	1.52	1.12	2.16	1.65	1.32
2006	1.40	1.55	1.19	2.15	1.66	1.29
2007	1.38	1.49	1.19	2.19	1.62	1.38
2008	1.42	1.46	1.14	2.23	1.63	1.35
2009	1.41	1.50	1.13	2.20	1.67	1.30
2010	1.47	1.52	1.20	2.14	1.68	1.36

（三）城乡居民收入差距扩大

在20世纪50年代至80年代，由于我国推行重工业优先发展的国家战略，实行计划经济体制，人为地造成了巨大的城乡差别。世界银行报告《共享增长的收入：中国收入分配问题研究》的统计数据显示，绝大多数国家的城乡居民人均收入之比都小于2，而中国的城乡居民人均收入之比远大于2。图2显示，除了1982—1985年期间短暂地下降到小于2之外，在其他年份我国城乡居民人均可支配收入之比均大于2。研究发现，按照国际上的通常情况，当一个国家的经济发展水平处在人均GDP为800—1000美元的阶段时，该国的城乡居民人均收入之比约为1.7。2000年，我国的人均GDP大约为800美元，但城乡居民人均收入之比却高达2.79；2001年之后，我国城乡居民人均可支配收入之比呈现出快速增长的态势，到2005年已经高达3.27，这表明我国城乡居民收入差距在不断扩大。需要说明的是，图2所显示的城乡居民收入差距并没有包括城镇居民享有的各种补贴和福利，例如医疗、教育、养老金、最低生活保障金等。如果将这些隐形收入计算在内，我国城乡居民收入差距将会更大。

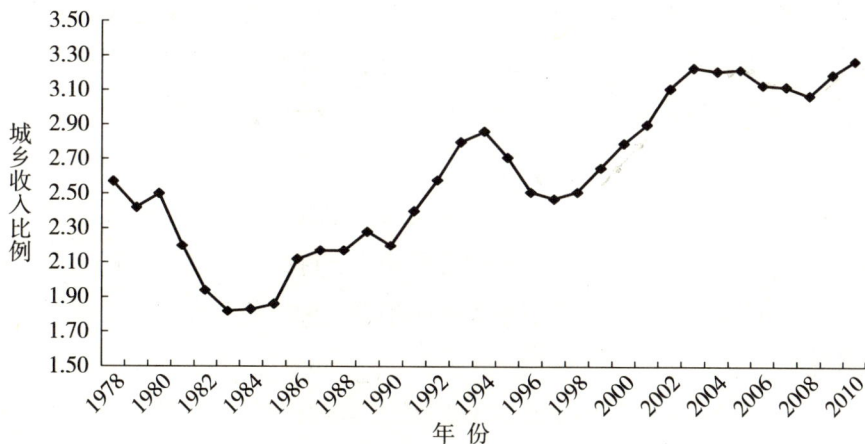

图2　1978—2010年我国城乡居民人均可支配收入比例

二、职业教育与收入分配差距之间的关系

教育可以提高人的知识和技能，从而增加个人收入，使个人工资和薪金结构发生变化。职业教育能够调节收入分配差距的作用机制在于，国家通过职业教育制度在全国范围内为适合人群提供一定年限的职业教育，通过教育机会的均等来提高劳动者的能力，从而达到缩小收入分配差距的目的。

（一）教育与收入分配差距之间的关系

美国经济学家舒尔茨曾对人力资本投资（主要是教育投资）与收入分配的关系做过深入的研究。他认为个人收入的增长和个人收入差距缩小的根本原因是人们受教育水平的普遍提高，是人力资本投资的结果。因为通过教育可以提高人的知识和技能，从而增加个人收入，使个人工资和薪金结构发生变化。教育对个人收入的影响主要表现在以下三个方面。

第一，工资的差别主要是由所受教育的差别引起的，教育能够提高个人的劳动技能，影响个人收入的社会分配，改善收入差异的不平衡状态。

第二，教育水平的提高会使因受教育不同而产生的相对收入差异缩小，随着义务教育普及年限的延长，随着中等和高等教育升学率的提高，社会个人收入不平衡状况将得到改善。世界上绝大多数国家之所以实行免费的义务教育，一个重要的原因是，各国政府希望用于义务教育的公共开支产生向低收入家庭再分配的效果，在所有适龄儿童享有入学机会的基础上，减少社会财富的分配不均。

第三，人力资本较快增长，将使国民收入中源于知识、技能等因素的份额相对上升，源于财产等其他因素的份额相应下降，从而在一定程度上弥补因为财产、政策、歧视等因素所带来的不平等影响，使社会各阶层收入趋于"均等化"。

公平的教育可以使贫困家庭的子女摆脱其家庭背景、父母出身以及家庭收入状况等因素影响，通过学习获得人力资本和教育投资改变自身的状况，使教育这一后天性因素发挥积极的作用。随着改革的深化，我国的社会经济生活引进了市场意识和竞争机制，市场机制激励人们以个人才能获得市场回报。在这一背景下，教育作为最重要的决定收入流动性的因素，正逐步取代权力和特权因素，成为调节收入分配不均的有效手段之一。

（二）职业教育投入对收入分配差距的调节作用

职业教育能够调节收入差异的作用机制在于，国家通过职业教育制度在全国范围内为所有适合人群提供一定程度的职业教育，通过教育机会的均等来提高劳动者的能力，从而达到缩小收入分配差距的目的。在现代工业社会中，一个未接受过最起码职业教育的劳动者，很难适应现代化的生产过程，也缺乏起码的参与国家和社会事务的能力，因此他们获取收入的能力必然很低。发展中国家贫富差距的核心问题是低收入群体的大量存在，而这些低收入人群中的绝大多数是没有受过职业教育或受职业教育程度很低的人。生产能力和自身素质的低下必然导致他们没有获得高收入职业的机会，也就没有提高收入的机会。因此，解决贫困问题、缩小贫富差距的一个重要手段在于发展职业教育。给广大农村劳动力和城市低收入家庭提供获得收入所必需的受职业教育机会，可以为他们取得收入创造一个比较平等的起点。只有给低收入者提供更多的受职业教育机会，通过职业教育向劳动者传授知识和技术，才能提高他们的劳动技能、技术水平和自身素质，改变其劳动形态，提高其生产能力，增加其一生的收入。

如果我们将税收、社会保障、转移支付等再分配手段与职业教育进行比较可以发现，虽然前几种再分配手段对居民收入差距有相当的调节功能，然而这几种手段更多是对既定收入分配格局的事后调节，是一种二次层面上的再分配。二次层面再分配只能减缓收入差距拉大，并不能从根本上提高收入分配受益者的竞争能力，也不太可能在初次分配层面上保证公平分配的机会。职业教育制度则不然，它不仅具有二次分配层面上的调节功能，同时还具有在初次收入分配层面上的调节功能。一方面，对农村劳动力和城市低收入劳动者而言，职业教育是一项相对较昂贵的商品。政府加大职业教育投入能够直接减少中低收入家庭在教育方面的支出，使得这些家庭能将更多的收入用于其他方面的支出。另一方面，职业教育具有投资功能，它直接影响孩子的人力资本积累。如果职业教育能为低收入家庭的孩子提供相当质量的人力资本积累，这些孩子成年后进入劳动力市场就能获得更高的收入，从而缩小他们与富裕家庭后代的收入差距。

三、职业教育投入对缩小我国收入分配差距的实证研究

（一）职业教育投入与我国地区收入差距

分别以差分对数人均地区生产总值和职业教育投入/地区生产总值作为模型的自变量对全国及东、中、西部三大地区进行面板 VAR 模型估计，可以得到表 2 中的计量结果。从表 2 可发现，对全国样本而言，当人均地区生产总值作为因变量时，一阶滞后 GRP 是显著的且回归系数高达 0.85，而一阶滞后 PEI/GRP 是不显著的；两个二阶滞后的自变量的影响都是显著的且为负值。这反映出职业教育投入对人均地区生产总值的短期促进作用并不明显，也就是说职业教育投入对缩小我国地区收入差距的短期促进作用并不明显。相应

的，当以职业教育投入作为自变量时，其显著受到了自身和 GRP 一阶滞后的正向影响，而两个二阶滞后的自变量的影响同样是显著的且为负值。图 3 是二阶滞后差分对数人均地区生产总值与职业教育投入/地区生产总值的二阶滞后脉冲响应图，从中可以清楚地看到职业教育投入对缩小我国地区收入差距并没有发挥长期促进作用。

表 2　职业教育投入与我国地区收入差距动态关系的面板 VAR 模型估计

面板数据	全　国		东部地区		中部地区		西部地区	
	dlnGRP	PEI/GRP	dlnGRP	PEI/GRP	dlnGRP	PEI/GRP	dlnGRP	PEI/GRP
Lag(1)dln GRP	0.85***	0.07***	0.90***	0.13***	0.90***	0.06***	0.68***	0.02**
	(19.88)	(6.24)	(-15.56)	(-5.60)	(-11.63)	(-4.03)	(-7.24)	(-2.07)
Lag(1)PEI/ GRP	0.31	0.94***	0.38*	0.89***	-0.08	0.88***	-0.09	0.61**
	(1.56)	(10.10)	(-1.77)	(-8.77)	(-0.09)	(-9.10)	(-0.10)	(-2.49)
Lag(2)dln GRP	-0.03***	-0.03**	-0.34***	-0.05**	-0.25***	-0.02***	-0.04	-0.01
	(-6.89)	(-2.59)	(-6.82)	(-2.21)	(-3.94)	(-2.79)	(-0.44)	(-1.01)
Lag(2)PEI/ GRP	-0.07***	-0.17**	-0.71***	-0.12	-1.37***	-0.12	0.11	-0.16
	(-3.78)	(-2.12)	(-3.53)	(-1.36)	(-2.01)	(-1.25)	(-0.11)	(-0.96)

注：*、**、***分别表示 10%、5% 和 1% 的显著性水平；括号内数字为 t 值。

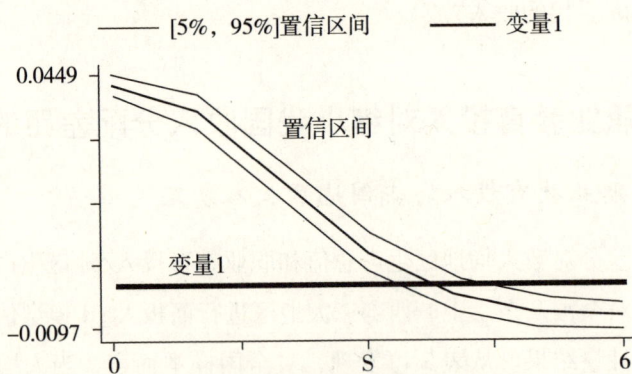

（a）变量1对变量1冲击的响应

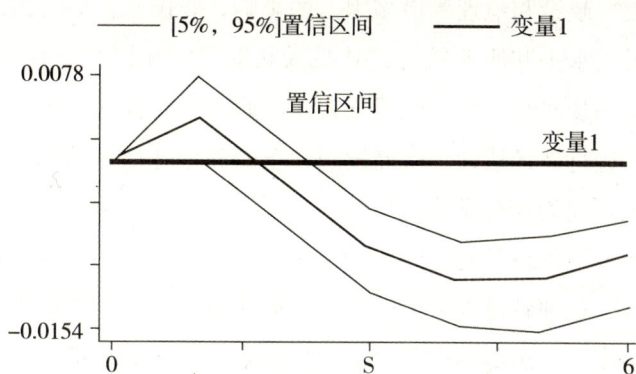

（b）变量1对变量2冲击的响应

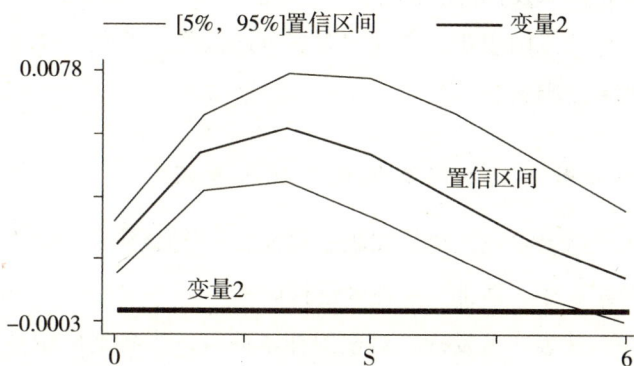

（c）变量2对变量1冲击的响应

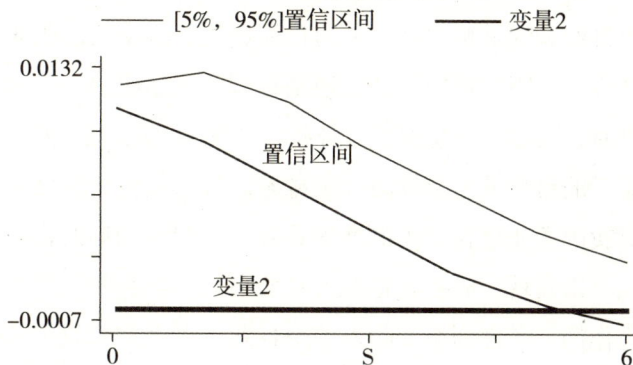

（d）变量2对变量2冲击的响应

图3　dlnGRP 和 PEI/GRP 二阶滞后脉冲响应图（全国样本）

注：置信区间［5%，95%］数据来源于500次蒙特卡洛模拟；变量1为人均地区生产总值增长率；变量2为地区职业教育投入占地区生产总值的比例。

由于历史、政策和地理等诸多因素的影响，我国东、中、西部三大地区的职业教育发展水平和职业教育经费投入状况并不相同甚至存在较大差距。为此，我们进一步对东、中、西部三大地区职业教育投入与地区收入差距之间的动态关系进行计量估计。研究发现，东部和中部地区的职业教育投入与地区收入差距之间均存在显著的相关性，不同的是东部地区职业教育投入对缩小地区收入差距的贡献要大于中部地区，且对于相同的一阶滞后人均地区生产总值而言，东部省份地区生产总值对职业教育投入的正向促进作用是中部省份的两倍多。与东部和中部地区相比而言，西部省份的职业教育投入对人均地区生产总值的影响几乎不存在，这意味着西部地区职业教育投入对缩小地区收入差距尚未发挥应有的作用。由此可见，中西部地区职业教育投入的相对不足是导致我国职业教育投入对缩小地区收入差距总体上没有充分发挥促进作用的重要因素。

（二）职业教育投入与我国城乡收入差距

分别以各地区城乡收入比例和职业教育投入/地区生产总值作为模型的自变量对全国及东、中、西部三大地区进行面板 VAR 模型估计，可以得到表 3 中的计量结果。从表 3 可发现，对全国样本而言，当各地区城乡收入比例作为因变量时，一阶滞后城乡收入比例和一阶滞后 PEI/GRP 均是显著的，而两个二阶滞后的自变量的影响均是显著的且为负值。这反映出职业教育投入对缩小我国城乡收入差距的短期促进作用是显著的。相应的，当以职业教育投入作为自变量时，其显著地受到了自身和城乡收入比例一阶滞后的正向影响，而两个二阶滞后的自变量的影响同样是显著的且为负值。这反映出城乡收入差距的扩大对我国职业教育投入的增加具有较为明显的制约作用。此外，从脉冲响应图也可以发现，职业教育投入对缩小我国城乡收入差距具有较为明显的长期促进作用。考虑到城乡收入差距日渐扩大是造成我国总体收入差距不断扩大的最重要因素之一，因此增加低收入阶层的职业教育投入将是缩小我国收入分配差距的有效方式之一。

我们进一步对东、中、西部三大地区职业教育投入与城乡收入差距之间的动态关系进行面板 VAR 估计。研究发现，东部和西部地区的职业教育投入与各省份城乡收入差距之间均存在显著的相关性，不同的是东部地区职业教育投入对缩小城乡收入差距的贡献要大于西部地区，且对于相同的一阶滞后城乡收入比例而言，东部省份地区生产总值对职业教育投入的正向促进作用是西部省份的两倍多。与东部和西部地区相比而言，中部省份的职业教育投入对各省份城乡收入比例的影响几乎不存在，这意味着中部地区职业教育投入对缩小城乡收入差距尚未发挥应有的作用。由此可见，职业教育投入对缩小我国东部和西部地区的城乡收入差距均具有较为明显的促进作用，而对中部地区城乡收入差距的促进作用尚不明显，这可能与中部地区对农村职业教育投入和城市低收入阶层的职业教育投入相对不足存在着较为密切的关系。

表3　职业教育投入与我国城乡收入差距动态关系的面板 VAR 模型估计

面板数据	全　　国		东部地区		中部地区		西部地区	
	dRate	PEI/GDP	dRate	PEI/GDP	dRate	PEI/GDP	dRate	PEI/GDP
Lag(1) dRate	0.57***	0.22**	0.67***	0.24***	0.51**	0.01***	0.61**	0.00***
	(11.06)	(4.71)	(−10.79)	(−5.49)	(−7.41)	(−2.15)	(−11.92)	(−4.11)
Lag(1)PEI/ GDP	0.24**	0.89***	0.15**	1.13***	−0.26	0.53***	−0.37*	0.8***
	(5.12)	(9.45)	(−1.04)	(−8.05)	(−0.27)	(−2.57)	(−0.38)	(−9.18)
Lag(2) dRate	−0.11*	−0.16***	−0.57*	0.06*	−0.21	−0.09*	−0.54**	−0.1***
	(−5.70)	(−5.09)	(−7.05)	(−2.17)	(−0.61)	(−1.09)	(−4.23)	(−2.87)
Lag(2)PEI/ GDP	−0.02**	−0.05**	−0.94***	−0.01	−0.06	−0.24	−1.66***	−0.2
	(−1.38)	(−1.72)	(−3.76)	(−1.25)	(−0.28)	(−1.04)	(−2.3)	(−1.33)

注：*、**、***分别表示10%、5%和1%的显著性水平；括号内数字为 t 值。

四、我国职业教育经费投入现状及其国际比较

（一）我国职业教育经费投入的现状

在中央政府的引导下，各级地方政府对职业教育的投入也是越来越重视，职业教育经费已经有了显著的增长。但整体来看，职业教育的经费投入还相对偏低，还没有完全达到应有的增长速度和水平。突出表现在以下几个方面。

1. 职业教育经费总量不断增长，但其所占教育总经费的比例却有所下降

2002 年，我国对中等职业教育的经费支出总量为 393.4 亿元，到 2007 年达到了 739.6 亿元，增长了 88.0%，总量上得到很大增长。但整个教育总经费同期的增长量是 113.8%，职业教育经费的增幅远远低于教育总经费的增幅。从中等职业教育经费支出占教育总经费支出的比例来看，2007 年比最低的 2005 年、2006 年有所回升，但仍然低于 2002—2004 年的比例，与 2002 年还差了 0.9 个百分点。特别是中专学校所占的比重基本上是逐年下降，2002 年为 4.61%，到 2007 年仅为 3.32%，5 年间下降了近 1.3 个百分点。

2. 职业教育以政府投入为主的多渠道筹资机制已基本建立，但是受教育者承担的学费比例偏高，来自政府、企业和社会的教育投入相对不足

国家财政拨款仍是职业教育经费的主要来源，但其所占比例有逐年下降趋势，与普通教育的差距不断拉大。这种情况一直到了 2007 年国家大力发展职业教育，加大对职业教育的专项投入后才有了较大的变化和改善。校办产业、勤工俭学和社会服务用于职业教育的经费一直较少，目前又呈现出继续减少的趋势。2002 年，三类中等职业学校校办产业、勤工俭学和社会服务用于教育的收入仅为 3.07 亿元，到 2007 年，减少到了 1.2 亿元，所占比例也由 0.8% 下降到了 0.2%，呈现逐年减少的趋势。社会捐集资收入用于职业教育的比例一直较低，近年来比例还有所下降。学杂费收入作为职业教育经费的重要来源之一，近年来一直占有 30% 左右的比例。

3. 各地区对职业教育投入均有所增长，但地区间差异十分显著

2007 年，我国职业中学的生均预算内教育事业费平均值为 2911.71 元，比 2002 年的 1664.06 元增长了 74.98%。其中投入最高的上海市为 8601.03 元，是全国平均值的 2.95 倍，是投入最低的安徽省 1664.88 元的 5.17 倍。从上面的分析可以看出，我国尽管已初步形成职业教育多渠道筹集经费机制，但无论是政府还是企业和社会，对职业教育的投入力度还远远不够，与普通教育的差距比较明显，这势必给职业教育的发展造成一些不利影响，降低职业教育的吸引力，制约职业教育的快速发展，最终也会给我国经济增长和产业发展带来不利影响。

（二）职业教育经费投入保障的国际经验借鉴

对比德国、美国和澳大利亚等国外职业教育经费模式可以得出以下几点

共识：一是职业教育经费来源多渠道以及主体多元化已成为各国筹措职业教育经费的基本模式。二是即使在发达国家，政府依然是职业教育经费的主要提供者，对职业教育的私立办学机构，一些国家的政府也给予了一定的经费资助。三是发达国家职业教育经费筹措的法律保障体系都比较完备，保证了职业教育经费来源的稳定。四是职业教育的办学贴近市场、贴近企业，得到了社会各界尤其是企业界的大力支持，因此也吸纳了来自社会各界的稳定的资金资助，这一部分经费已在职教经费构成中占据了相当大的比例。

1. 德国职业教育经费投入模式

德国的职业教育实行由社会众多部门参与的多元多层次管理体制，除联邦和州政府外，经济部门、行业协会、联邦劳动局、各类公共部门和教会均是职业教育的直接参与者。《联邦职业教育法》规定，职业教育包括职业培训、职业继续教育和职业转换培训三方面内容，分别由不同的机构承担且在不同的地点进行。职业培训分别在学校、企业或跨企业培训中心进行；职业继续教育则根据不同类型和形式分别在行业协会培训中心、企业、师傅和技术员学校进行；职业转换培训多在跨企业培训中心和企业进行。因此，不同的培训场所及多元的教育承担者决定了职业教育办学经费来源的多样化。

按照职业教育法及其他法律的规定，职业教育经费是由联邦、州政府及企业分别承担的，职业学校的经费，由地方和州政府共同负担。通常是州政府负担教职工的工资和养老金等人事费用，地方政府负担校舍及设备的建筑与维修费用和管理人员的工资等人事费用。企业的职业教育经费完全由企业自己负担，企业除了负担培训设施、器材等费用外，还必须支付学徒工在整个培训期间的津贴和实训教师的工资等。德国企业承担了职业教育的大部分费用，这一投入计入企业经营成本，是培训企业为职业教育所做的贡献。企业对职业教育的投入又可以细分为几个方面，主要包括企业直接投入、企业外集资投入、混合经费投入。

2. 美国职业教育经费投入模式

美国的职业学校以政府举办的公立学校为主体，辅之以个人或团体举办的私立学校。公立学校经费的来源包括地方税收、州政府拨款、联邦政府拨款、学费和其他收入。根据 2004 年统计资料，就全国平均水平看，美国公立职业学校 45% 的经费来自州政府税收，20% 来自当地政府拨款，20% 来自学费，5% 来自联邦政府拨款，其他占 10%。私立学校的经费主要来自学费，同时也可得到政府小额补贴或从有关公司和私人得到一些资助。对于公立职业学校，企业虽也有直接资助，但主要还是通过税收发生联系。由于美国各地区差异很大，不同州的不同学校从各渠道得到的经费也大不相同。

在美国，职业学校来源于政府的资金主要由联邦政府、州政府和地方政府提供。一般来说，地方社区提供的资金占学校经费的比重最大，由州政府提供的经费次之，而联邦政府通过特殊目的提供给学校的资金仅占很小的比例。上述政府三级资金是相互补充的。地方财产税筹集的资金是稳定的、可以预测的，故地方社区拥有相当大的决定控制权，这就决定了职业教育专业同本地区的社会需求的适应性。州政府的支持弥补了社区之间存在的差异，使职业教育学校有足够的资金保证教学质量。联邦政府提供的资金所占比重不大，但是非常有利于创新，目的是支持重点专业，鼓励地方和州政府开办适合社会需求的新专业。

3. 澳大利亚教育经费投入模式

在澳大利亚，公共职业教育经费的主要来源有：联邦和州政府拨款、学费、公立职业学院的服务收入。州政府的拨款占主要部分，一般在 57% 左右，2004 年占 55.4%；其次是联邦政府拨款，约为 22%，2004 年占 22.2%；学院自身的服务性收入约为 16%；学费收入一般为 5% 左右。在分配程序上，首先由各州的职业教育委员会（STA）制定出年度的职业教育和培训方案。该委员会由职业教育提供者代表、政府代表、企业代表、产业界及各行业代表组成。

方案的内容主要涉及年度职业教育的投入和产出目标，以及相应的经费投入比例。该方案经州政府同意后纳入年度预算，再交由州职业教育部负责具体的拨付工作。具体的分配程序和方式可见图 4。从图 4 中可以看出，除了日常管理和运作经费（约占总经费的 1%—5%）之外，澳大利亚职业教育公共经费的拨付主要通过三种方式进行：经常性拨款，占公共职业经费的 70%—80%；用户选择拨款，占总经费的 10%—20%；项目拨款（或竞争性拨款），占总经费的 5%—10%。

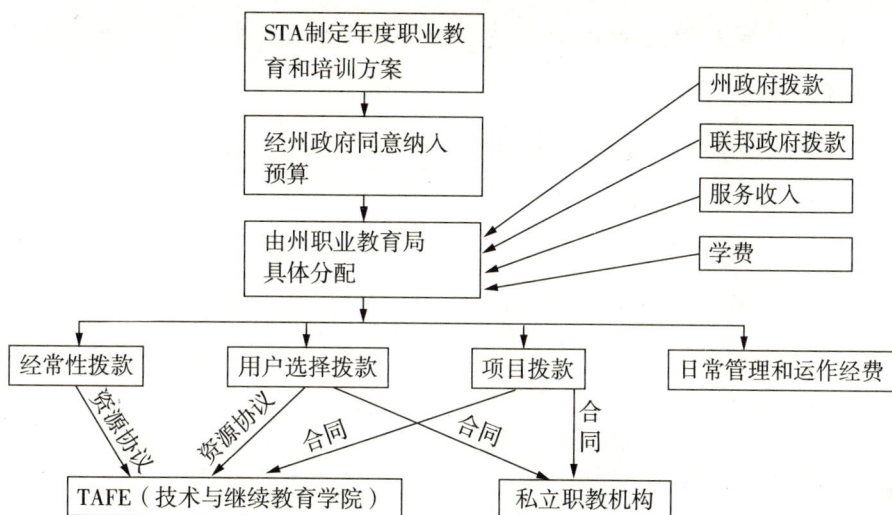

图4 澳大利亚公共职业教育经费拨付流程

资料来源：Ross Adans. Allocation of VET funding by state training authorities ［J］. ［2006－03－01］. http：//www. ncver. edu. au/research/proj/nr2202. pdf.

五、政策建议：完善我国职业教育经费投入保障体系

职业教育对我国经济增长和产业发展都具有非常明显的贡献，与同级普通教育相比，职业教育对经济增长的贡献甚至更大。因此，加大职业教育投入，加速职业教育发展，对更快更好地促进经济社会发展具有十分重要的意义。要切实支撑职业教育的可持续发展，关键在于形成一个能够与职业教育培养成本相匹配的经费保障机制。从国民经济再次分配讲求公平的原则出发，笔者认为作为职业教育的主要经费来源，财政性经费应注重向职业教育投入倾斜。应进一步拓宽思路，综合采用法律、税收、金融等政策，鼓励企业、社会对职业教育投资，共同构建一个能够支撑职业教育可持续发展的经费保障机制。

（一）加大财政对职业教育的投入力度，健全职业教育经费的财政保障机制

1. 明确近期内各级政府职业教育经费投入的增长比例和中长期职业教育发展的财政投入目标

近期内，我国各级政府在提高教育支出占财政支出比重的同时，应将增量的教育支出更多地投向职业教育。即在保持教育财政支出增长速度快于财政支出增长速度的同时，保持职业教育财政支出增长速度快于教育财政支出增长速度。从中长期来看，我国需要进一步转变职业教育办学体制与机制，完善职业教育公共产品供给制度，通过市场与政府手段的有效对接，扩大职业教育公共产品的供给。

2. 明确各级政府在发展职业教育中的职能

由于职业教育这一准公共产品具有区域外溢效应，因此需要由中央政府与地方政府合作提供。中央政府主要发挥调控区域间、产业间职业教育均衡发展的职能，中央财政投入的主要方向一是往中西部地区职业教育倾斜，二是往农村职业教育以及涉及农业的职业教育学校与专业倾斜。中央政府发挥区域与产业间职业教育均等化职能，根据各地职业教育发展差异，对中西部职业教育发展落后省区实行转移支付，对涉农职业技术学校与专业从资金投入、人才培养以及学生就业等方面给予重点扶持。

3. 不断完善经费拨款模式，逐步缩小地区职业教育经费差距

目前，在财政上，我国政府对公立中等职业学校实行"基数＋发展"的拨款模式，即增量拨款的模式，对公立高等职业学校则实行"综合定额＋专项补助"的拨款模式。两种模式有较大的差别，但它们在管理上有两大共同点：第一，两类学校都属于政府附属物，即全额拨款事业单位；第二，对学校教职工采用编制管理。在这种拨款与管理模式下，职业学校的拨款很难与教育业绩相联系，职业教育财政性经费投入并没有体现公平与效率，由此导致了区域之间和区域内部教育机会的不平等及教育资源利用率不高等问题。要真正缩小地区职业教育经费使用差距，实现职业教育拨款的公平与效率，就要秉承"公平、效率、公开"的原则，采用绩效拨款的模式。

4. 完善公共财政职业教育经费支出管理与监督体制，改革职业教育财政投入与拨款结构

在明确各级政府职业教育投入职责的基础上，我国需要进一步强化职业教育经费支出的财政监督制度，加强立法机关对各级政府贯彻职业教育政策情况的监督与审核，扩大社会组织对职业教育发展的监督范围，确保职业教育财政预算得以贯彻执行。此外，我国当前财政对职业教育经费投入与拨款制度带有明显的计划经济色彩与人治特点，直接导致职业教育投入不均等，既损害教育公平，也降低了职业教育资源配置的效率。因此，在职业教育投入与拨款结构中，需要妥善安排专项经费、项目支出，适当增加一般性支出，减少政府在职业教育发展中不适当的干预与调控，促进职业教育健康、协调发展。

（二）拓宽职业教育经费的筹集渠道，逐步健全职业教育多元化筹资机制

1. 发挥职业教育中介与社会组织的资金筹集职能，规范与拓宽社会资金捐赠职业教育税收优惠政策范围

非营利组织与政府合作提供公共产品是西方国家通行的做法，由于我国公民社会发育不完善，非营利组织在参与公共产品提供事务中的作用没有得到有效发挥。我国需要培育公民社会，放宽对非营利组织的规制，发挥其多方筹资、多方监管的机制，鼓励其参与职业教育公共物品提供事务，扩大职业教育公共物品供给。同时，我国需要改革现行的企业与个人捐赠税前扣除制度，拓宽准予税前扣除的范围，规范与放宽对社会性团体资格认证制度，简化资格认证程序，对直接向职业学校捐赠的企业和个人适度予以所得税前扣除。

2. 实行企业与职业学校"订单式"人才培养模式，扩大职业教育免费制度范围

首先，职业学校要通过就业指导、培训合作以及顶岗实习的途径加强与企业的合作，并通过有效的课程模块开发、实习实训培养出动手能力强、对企业实用的技能人才。其次，在此基础上，职业学校加强与用人单位沟通，

与企业岗位对接，实行企业与职业学校订单式的人才培养模式。通过这一途径，一方面可以降低企业职业培训费用，另一方面企业也能够为职业学校分摊一部分培养成本。最后，根据我国区域经济发展以及产业发展状况，我国应在涉农职业教育免费的基础上，对一部分公共服务型职业技能人才实行免费教育，加大政府对这些行业与职业人才技能的政府采购力度，提高公共服务人才队伍素质。

3. 引导职业教育创办企业，实行产学结合，推动技术进步，培养学生技能

首先，应进一步鼓励职业学校创办经济实体，特别是对于带动就业、促进职业学校学生实习与培训相结合的企业要大力支持，通过放宽政府审批范围、简化审批程序等方式降低校办企业的成本与风险，并且在信贷、土地审批等环节给予适当的照顾。其次，要进一步完善促进职业学校校办产业发展的税收优惠政策，在商品税、所得税等环节都给予适当的减免，减免职业学校校办企业的行政收费。

（三）健全职业教育经费相关法律制度，切实加强经费监管，着力提高职业教育经费使用效率

1. 促进职业教育投资行为法制化和具体化

目前，我国的《职业教育法》对于职业教育的经费投入问题已经有了一些规定，但这些教育法律中关于对职业教育投入的规定还存在不具体、不系统、可操作性不强、法律责任不明确等缺陷，特别是对于违反法规的处罚问题更是比较笼统，对于职业教育经费的逐步增长的理解存在一定偏差，对于如何保证职业教育经费的增长、如何鼓励企事业单位举办职业教育更是缺乏具体的操作措施。因此，有必要进一步完善职业教育的财政法规，促进职业教育投资行为的法制化并切实保护职业教育投资者和捐赠者的利益。同时，有必要制定技能型人才工资最低标准，建立健全优秀技能人才津贴制度，切实提高技能型人才的社会地位和工资待遇。

2. 加强对经费相关政策落实情况的监督和检查

有了好的政策，还必须有好的执行。中央和地方要分别建立相应的机构，对职业教育经费投入和使用情况进行监督和检查。地方政府应定期向社会公

布各县市区教育经费预算的使用情况。省、市、县各级人民政府督查室和政府教育督导室以及有关部门应将职业教育真正纳入督查和督导的范畴，并将其作为自身的重要工作，切实加强监督。对不能保证职业教育预算内经费增长、不能保证职业教育经费占教育总经费比例增长以及挪用、占用职业教育经费的地区，在中央专项资金的投入、省市财政的转移支付方面要有所限制，并追究主要领导人责任。

3. 全面推行目标管理和项目管理，提高经费使用效益

我国公共教育资源极其有限，职业教育公共教育资源更加稀缺，资源的稀缺性决定了提高教育资源利用效率或效益的必要性。目前，我国职业教育经费在使用方面存在着两方面的问题：一是财政性教育经费使用的结构不合理，人员支出占教育经费的比例过高；二是专项投入的效益难以度量和彰显。对于第一个问题，可以通过增加职业教育经费总量、改善职业教育经费使用结构来解决；对于第二个问题，则必须通过改变管理方式和手段来解决。建议推行目标管理和项目管理的方式，加强对专项投入的建设以及绩效考核与评价。只有对从项目的投资决策到项目结束的全过程进行计划、组织、指挥、协调、控制和评价，才能最终保障项目的目标得以实现。

9

健全继续教育国家制度、提高劳动者受教育年限对缩小收入分配差距的贡献研究

清华大学教育战略决策与国家规划研究中心课题组

摘　　要

本研究运用文献法、案例法、问卷访谈法，从三个角度就提高劳动者受教育年限对缩小收入分配差距的贡献机制进行了理论上与实践上的梳理和研究。本研究的第一部分首先探讨了本课题的研究背景与意义。在人才资源成为决定国家核心竞争力的关键因素大背景下，知识与人才已成为当代经济社会发展的两大支点，转变经济发展方式也对继续教育提出更高的要求。推动第四次工业革命，需要大力转变经济发展方式，而转变经济发展方式，需要迅速提高劳动者的职业技能和职业素质。继续教育也是落实科教兴国战略的重要内容。《国家中长期教育改革和发展规划纲要（2010—2020 年）》指出：到 2030 年，我国要建成世界上最大的全民学习、终身学习、灵活学习的学习型社会。继续教育是全民终身学习体系的重要组成部分，发展继续教育也是构建全民终身学习型社会的内在要求。继续教育在构建终身教育体系中起着至关重要的作用，是构建全民终身学习型社会的坚实基础和内在要求，是实现教育现代化、建成世界教育强国和人力资源强国的重要内容和方法途径。因此，我们要对继续教育进行理念和认识上的更新，从国家战略高度重新认

识继续教育事业的基础作用和重要性。第二部分着眼于继续教育的理论研究。首先是对继续教育概念的重新界定，继续教育概念的提出是以终身教育理念为基础的，因此发展继续教育是为构建全民终身学习型社会服务的，从教育所覆盖的范围来看，继续教育的范围应当是最为广泛的，一切正规学校教育之外的、满足全民各种类型各种层次的教育需求的教育培训，都可以属于继续教育的范畴。接着是对继续教育的经济学分析和政治学分析，并明确政府在发展继续教育中的主导地位。第三部分基于对我国继续教育的现状分析和我国继续教育面临的任务与挑战，展开提高劳动者受教育年限对缩小收入分配差距的贡献机制研究。首先从理论上结合劳动力市场理论、人力资本理论，综述了教育与收入的关系以及人均受教育年限对于经济增长的贡献率。其次实证分析了人均受教育年限与基尼系数的关系，研究世界上人均受教育年限与收入指数的关系。第四部分根据中国国情给出了健全继续教育国家制度的政策建议：（1）抓住战略机遇期，全面发展继续教育。首先要在财政上对继续教育"优先投入"。（2）以大系统观、大教育观发展继续教育，推进创新型国家建设。对于整个继续教育体系，需要树立大系统观、大教育观，把工程教育、职业教育和继续教育的需求结合起来，使学校教育和继续教育有机衔接，形成一个各类教育密切协作、互为补充的大教育系统，为我国现代产业体系构建提供强大的人才支撑。同时要全面增强继续教育的系统性和普适性，大力促进我国创新型国家的建设和全民学习型社会的构建。（3）引导一部分发达地区率先大力发展继续教育，进而全面扩展，促进全民学习型社会构建。加强继续教育治理，有所为有所不为。（4）完善继续教育法律保障，推动终身学习法律机制的建立。重视大学后继续教育的发展，不断提高继续教育人才培养层次。

一、研究背景与意义

（一）人才资源决定国家核心竞争力

当今世界，随着科学技术的迅猛发展，经济全球化趋势日益凸显，知识经济初见端倪,生产社会化程度不断提高。传统产业在经济发展中的比重逐渐下降,各种自然物质资源在生产过程中的消耗比重不断减少,以知识为基础的产业逐渐上升为社会的主导产业,以知识创新为特征的新经济正在蓬勃兴起。知识与人才已成为当代经济社会发展的两大支点。人才作为知识的创造者、承担者、传播者、使用者,正在成为生产力发展的核心要素。人才已经成为影响经济增长和社会进步的关键因素。国际竞争,说到底是人才的竞争,人才竞争力是一个国家的国际竞争力的重要决定因素,人才已经成为世界各国之间综合国力较量的核心竞争力。人力资源的开发已成为世界各国经济和社会发展最重要的战略资源和战略制高点,而谁占据了这个制高点,谁就能在国际竞争中处于有利地位。

我国一直非常重视人才对于经济社会发展的巨大作用,我国的人才战略是与科技发展和教育发展紧密相连的。改革开放30年来,中国的人才战略和人才构想从提倡"科学技术是第一生产力"到主张"人才资源是第一资源",从倡导"尊重知识,尊重人才"到突出"科学人才观",从实施"科教兴国战略"到凸显"人才强国战略",发生了一系列重大变化。《国家中长期人才发展规划纲要(2010—2020年)》中再次强调,"人才是我国经济社会发展的第一资源"。走"人才强国"之路,充分发挥人才在科学发展中的积极作用,已经成为国家领导人和社会公众的共识。

目前我国已经成为人才和教育大国,人才总量规模巨大,高等教育规模位居世界第一,但我国人才存在结构性短缺问题,距离人才强国和教育强国的目标还存在一定差距。一方面是创新创业拔尖人才和领军人才严重不足,另一方面是满足经济结构调整和城镇化建设的职业技能人才严重短缺。如果说高端创新型人才的培养主要依靠高等教育来完成,那么大量面向生产一线的高素质应用型人才的培养就要靠职业教育和继续教育来完成。特别是在当前我国还未能建立起科学完善的现代职业教育体系、职业教育人才的数量和质量都不能满足社会需求的情况下,继续教育应当在技能型人才的培养中发挥更重要的作用,以弥补职业教育人才培养的不足。

(二)转变经济发展方式对继续教育的要求

人类发展离不开资源,世界格局走向多极化过程中,自然资源的竞争是显而易见的。根据人口统计分析预测，未来 15—20 年全球人口将持续增加，到 2025 年全球的自然资源与环境及能源短缺问题将不容乐观。中国是仅次于美国的第二大能源消费国，尽管中国 GDP（国内生产总值）规模尚未超过美国，然而据国际能源署预测，中国二氧化碳排放量将由 2005 年的 51 亿吨上升到 2030 年的 114.4 亿吨，跃居世界第一位。显然，中国崛起将对全球经济增长、贸易增长、投资增长（外国直接投资），产生越来越大的积极影响，与此同时对全球资源、环境和气候则产生至关重要的负面影响。对此我们必须做出积极的回应，改变国内高消耗、高污染排放、高碳经济的"黑色发展"模式，在国际上主动承担全球减少温室气体排放的责任和行动，与发达国家和发展中国家一起，发动和推动第四次工业革命——绿色工业革命。

推动第四次工业革命，需要大力转变经济发展方式，而转变经济发展方式，需要迅速提高劳动者的职业技能和职业素质。仅靠过去粗放型、资源消耗型的简易生产模式，既不能适应知识经济时代信息的产业革命，也无法实现环境友好和资源节省。这意味着改善劳动者劳动方式，提高其技能，调整劳动者知识集成的组织结构，培养劳动者学习知识的兴趣和能力，应当成为推动产业结构调整，改变经济发展方式的第一步骤。对成熟的资本市场而言，继续教育是人才资源开发的主要途径和基本手段，着重点是开发人才的潜在能力，提高队伍整体素质，从而实现基础教育所不能实现的长效人才培养机制（见图 1）。

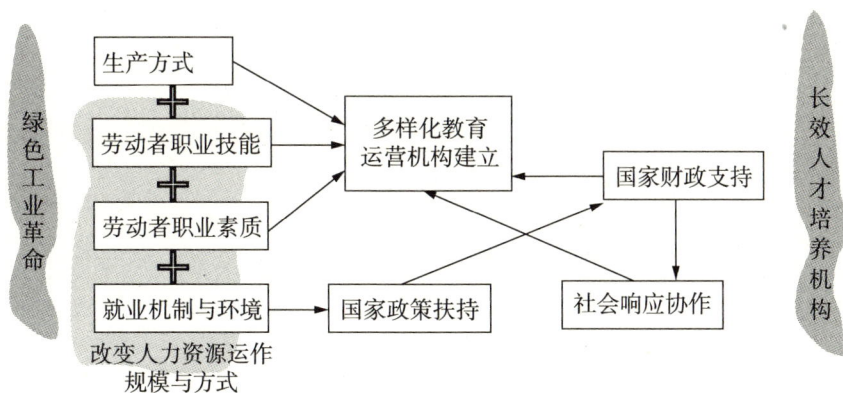

图 1　长效人才培养机制的建立模式

341

（三）国家软实力竞争与继续教育

随着穷国与富国之间"数字差距"的逐渐扩大，两者软实力的竞争也日趋白热化。以文化、价值观念、社会制度、发展模式的国际影响力与感召力为有机组成部分的国家软实力的渗透，作为不同于经济、军事的一种软手段，使国家能够利用自身文化的吸引力影响他国，甚至对他国文化领域进行侵蚀。文明冲突理论的缔造者塞缪尔·亨廷顿在其著名的"冲突论"中融入了大量的文化霸权论调，认为由于全球化进程的加速，经济上和政治上的冲突不会成为占主导地位的冲突，而文化和文明之间的冲突将成为占主导地位的冲突。

这种情况之下，传统意义上的文化继承在全球化的语境下正在失去原有的空间，不少国家和地区的人们正在遭遇"属性危机"，世界文化的多样性和各国的文化安全受到挑战。中国文化要立足于世界文化之林，一是要"走出去"，二是要"留下来"。"走出去"是通过各种途径，让世界人民了解和喜爱中国文化，学习中国文化，最终接受中国文化。"留下来"是通过加强职业教育，促进传统文化、技艺、工艺的传承，促成多样化的文化学习途径，保留传统文化精粹，弘扬民族文化风采，从而更好地促进中华文化国际竞争力和影响力的提升。除基础教育和职业教育外，继续教育有可能更多地深入文化素质教育领域，创造出新鲜、灵活、多样化的学习途径和学习方式，使人们在完成学校应用型教育之后，能够继续完善自身的文化素质修养。一个充分了解本国文化，并且热衷于学习和传播本国文化的公民，是很难受到他国意识形态和文化视角的煽动的。

专栏1 走出国门的继续教育

从2004年开始，我国在借鉴英国文化委员会、德国歌德学院、法国法语联盟、西班牙塞万提斯学院等机构推广本民族语言经验的基础上，探索在海外设立以教授汉语和传播中国文化为宗旨的非营利性公益机构，取名为"孔子学院"。近年来，孔子学院快速发展，已成为世界各国人民学习汉语和了解中华文化的园地、中外文化交流的平台、加强中国人民与世界各国人民友谊合作的桥梁，受到各国人民的欢迎。在中外双方的共同努力下，在世界各国人民的热情关注和大力支持下，截至 2009 年年底，已有 88 个国家和地区建立了 282 所孔子学院和 272 个孔子课堂。

孔子学院的公益性质与一般继续教育的经济属性有差别，但从教育方式、教育对象和教育目的来看，孔子学院以非学历教育为主，以兴趣教育为主，以语言技能培训为主，目的在于培养学生的语言能力，拓展其知识边界，完善其知识体系，增强其就业能力，因此，它又具有继续教育的一般社会属性，可谓走出国门的继续教育。许多人在工作之余，投入到中文与中国文化历史的课程学习中，尽管孔子学院是非营利性公益机构，它间接创造出的经济价值和文化价值却是超乎想象的。同时值得注意的是，孔子学院作为主要以国家财政来支持的新型国外办学模式在近 10 年来的发展速度、光荣成绩以及响亮的声誉和强大的吸引力，充分体现出了它不同于民间一般语言培训机构的优越性。政府的重视，财政拨款的力度，促进了它的茁壮成长。孔子学院在国外创造的成绩和积累的办学经验，应该得到关注，值得国内继续教育、成人教育和培训教育事业借鉴。

（四）继续教育是落实科教兴国战略的重要内容

科教兴国是党中央、国务院按照邓小平理论和党的基本路线，科学分析和总结世界近代以来特别是当代经济、社会、科技发展趋势和经验，并充分估计未来科学技术特别是高技术发展对综合国力、社会经济结构、人民生活和现代化进程的巨大影响，根据中国国情，为实现社会主义现代化建设三步走的宏伟目标而提出的发展战略。

科教兴国是指全面落实科学技术是第一生产力的思想，坚持教育为本，把科技和教育摆在经济、社会发展的重要位置，增强国家的科技实力及向现实生产力转化的能力，提高全民族的科技文化素质，把经济建设转移到依靠科技进步和提高劳动者素质的轨道上来，加速实现国家的繁荣强盛。1996

年，全国人大八届四次会议正式通过了国民经济和社会发展"九五"规划和2010年远景目标，由此，科教兴国成为我国的基本国策。

随着知识经济的不断深化，经济社会发展对科技与教育的依赖度越来越高，科技与教育在经济社会发展中的功能越来越突出，国家对科技与教育的重视程度不断增强。进入21世纪，国家提出了落实科学发展观，必须依靠科技进步和创新，以及走自主创新道路和建设创新型国家的重大战略决策，使我国的科教兴国战略不断向前推进。

胡锦涛指出："推动经济社会又好又快发展，实现中华民族伟大复兴，科技是关键，人才是核心，教育是基础。"科技、人才和教育是实现中华民族伟大复兴的三个重要支撑力量，也是我国实施科教兴国战略的三个基础根本环节。继续教育是除学校教育之外的另一大人才培养环节，应当得到与正规学校教育同样的重视程度，并在全面提升我国人才质量方面起到主力军作用，从而带动教育、人才和科技共同发展，促进科教兴国战略的深入落实。

（五）全民学习型社会建设与继续教育

构建全民终身学习型社会是重要的国家战略。党的十六大报告和十七大报告先后指出要"形成全民学习，终身学习的学习型社会，促进人的全面发展"。建立全民终身学习体系，构建全民学习、终身学习的学习型社会，也是我国中长期教育发展的重要战略目标之一。《国家中长期教育改革和发展规划纲要（2010—2020年）》（以下简称《教育规划纲要》）指出：构建体系完备的终身教育。学历教育和非学历教育协调发展，职业教育和普通教育相互沟通，职前教育和职后教育有效衔接。继续教育参与率大幅提升，从业人员继续教育年参与率达到50%。现代国民教育体系更加完善，终身教育体系基本形成，促进全体人民学有所教、学有所成、学有所用。我国学者胡鞍钢指出：满足世界上最大规模教育人口的日益增长的教育需求，是教育改革发展的根本目的。到2030年，我国要建成世界上最大的全民学习、终身学习、灵活学习的学习型社会，成为"人人皆学、处处可学、时时能学"的"学习之邦"。建成世界人力资源强国，成为中国综合国力的重要人力资源基础。（清华大学国情研究中心，2011）

表1　2001—2030 年中国和美国预期受教育年限

单位：年

		2001	2009	2020	2030
学前	中国	1.1	1.4	2.45	2.7
	美国	1.8	1.7	1.8	1.9
	中美差距	0.7	0.3	－0.65	－0.8
初等至中等	中国	9.3	10.3	11.55	11.7
	美国	11.6	11.5	11.5	11.5
	中美差距	2.3	1.2	－0.05	－0.2
高等	中国	0.5	1.2	2.25	3.5
	美国	3.3	4.4	4.4	4.4
	中美差距	2.8	3.2	2.15	0.9
初等至高等	中国	9.9	11.6	13.8	15.2
	美国	15.4	16	16	16.5
	中美差距	5.5	4.4	2.2	1.3
学前至高等	中国	11	13	16.25	17.9
	美国	17.2	17.4	17.4	17.4
	中美差距	6.2	4.4	1.15	－0.5

资料来源：2001 年和 2009 年数据引自 UNESCO Education Database 2009，2020 年和 2030 年数据系作者估算。

继续教育是全民终身学习体系的重要组成部分，发展继续教育也是构建全民终身学习型社会的内在要求。继续教育具有显著的宽门类、多样化、灵活性、个性化等特点，教育形式手段多样，教育内容丰富繁多，旨在满足全社会成员工作和生活的专业化和个性化的学习需求，通过全面开发人力资源，实现人的全面和谐发展，因此继续教育具有其他种类教育不可替代的独特作用。继续教育将终身教育、终身学习的理念落实为个人和社会的实践过程，使接受教育贯穿人们整个的生命阶段，在构建终身教育体系中起着至关重要的作用，是构建全民终身学习型社会的坚实基础和内在要求，是实现教育现代化、建成世界教育强国和人力资源强国的重要内容和方法途径。

因此，我们要对继续教育进行理念和认识上的更新，从国家战略高度重新认识继续教育事业的基础作用和重要性。对继续教育的意义和作用的认识，不能仅仅停留在通过开展传统的岗位技能培训和管理培训等来促进人才的职业能力提升上，而应把继续教育置于构建终身教育体系、建设全民终身学习型社会的大框架和大背景之下，置于建设教育强国和人力资源强国的国家战略背景下，把发展继续教育提高到服务于全民终身学习体系构建和学习型社会构建的国家战略层面上，予以高度的重视。从总体上看，我国的终身教育体制将朝着"大众化、生活化、社会化、科学化、国际化"方向发展，逐步形成一个多序列、多层次、多结构、多功能的终身教育网络体系。因此，我们应大力发展继续教育，针对全社会不同阶层和群体的教育学习需求，不断扩展继续教育的教育对象范围，发展更多的教育类型，丰富教育内容，创新教育方式手段，促进灵活开放的终身教育体系构建与完善，从而推动全民终身学习型社会和创新型社会构建，不断提高我国经济实力和综合国力。

（六）缩小收入差距是重大的民生问题

改革开放以来，中国虽然实现了令人瞩目的经济高增长和大幅度减少贫困，但也出现了收入差距日益扩大的发展趋势。亚洲开发银行的数据显示，中国的基尼系数从1993年的0.407上升到2004年的0.473，已经成为亚洲收入分配不均最严重的国家之一。（Asian Development Bank，2007）从2000年开始，我国基尼系数已越过0.4的警戒线，2006年已升至0.496，2007年为0.48，目前基尼系数可能在0.5。世界银行认为，中国的收入不平等情况已经影响到今后发展的可持续性。（中国外交部，联合国驻华系统，2009）如果目前城乡家庭收入差距和各省份城乡家庭收入增长速度不平衡的趋势持续下去的话，收入差距将会继续扩大。

收入差距问题涉及城乡差距、地区差距、行业差距以及不同群体的收入差距等多个复杂的维度和层面，从本质上说是公平与效率的问题，是亟待解决的重大民生问题，同时，收入差距问题与教育、就业和健康等民生问题紧密交织，对社会发展起着巨大的影响。在我国，不断扩大的分配差距带来了一系列的社会问题，对社会和谐与稳定所造成的威胁，可能比发达国家要大得多。收入差距问题密切关系着广大人民的生活质量和生活满意度，也直接关系着我国高人类福祉社会构建和共同富裕的目标能否顺利实现。而收入来自就业，就业的基础是教育，因此，教育特别是继续教育对于解决收入差距问题有着内在的基础性作用。从理论上说，通过继续教育来提高劳动者的综合素质和职业能力，促进充分就业和高质量就业，从而提高中低收入人群的收入水平，将是解决我国收入差距问题的关键路径。

二、继续教育的理论研究

（一）继续教育概念的重新界定

1. 对继续教育概念的传统认识

多年来，继续教育作为教育领域的一个常用概念虽已被广泛使用，但目前国际与国内学界和公众对继续教育的概念仍然没有形成一个统一的、确定性的定义。世界各国对继续教育的界定不尽相同（见表2）。

表2　各国继续教育概念含义比较

国　　家	继续教育概念的含义
美国	继续教育为正规教育之后进行的一种范围很广的教育（如短期培训和攻读学位等）
法国	继续教育被认为是大学后的教育
英国	继续教育是与初等教育、中等教育相衔接的公共教育体系的组成部分，它主要为受完义务教育者提供职业教育、普通教育和闲暇教育
苏联	继续教育指人们为了获得和完善知识、技能和技巧，在各类普通学校和专业学校或通过自学进行的有系统有目的的活动
中国	继续教育是面向学校教育之后所有社会成员的教育活动，特别是成人教育活动，是终身学习体系的重要组成部分

资料来源：申秀清. 论继续教育与成人教育的可持续发展［J］. 教育评论，2002（6）：65－67；吴雪萍，项晓勤. 英国继续教育改革探析［J］. 比较教育研究，2008（5）：77－81.

各国对继续教育赋予的任务虽有不同，但都有共同之处，那就是继续教育是继正规学校教育之后的一种教育，其教育对象是已经具有一定职业和对生活承担一定职责与义务的成人，其目的是提高劳动者的素质和培养高级专业人才，提高人们对新生活的适应性，促进生产力的发展和社会生活及其他方面的文明与进步。联合国教科文组织对继续教育的定义所涵盖的范围最为广泛，其出版的《职业技术教育术语》一书中称，继续教育是"指那些已脱离正规教育，已参加工作或负有成人责任的人所受的各种各样的教育"。这就是说，凡是人们在正规教育之外所接受的教育，都可以属于继续教育的范围。

《教育规划纲要》指出："继续教育是面向学校教育之后所有社会成员的教育活动，特别是成人教育活动，是终身学习体系的重要组成部分。"我国目前的继续教育通常是指大学后在职的专业技术人员和管理人员的教育。继续教育、成人教育、职业教育以及终身教育的概念既有区别又有联系。

继续教育是指离开正规学校后继续接受的教育，它可以延伸到人的一生。继续教育从学习者的年龄来看，是以成人为主要对象的；从学习者的学习时间来看，可以是全日制的，也可以是非全日制的；从学习内容来看，可以是职业的，也可以是非职业的。因此，如果某种继续教育是针对成人进行的，那么它同时也属于成人教育的范畴；如果某种继续教育的内容是与工作相关的、旨在促进职业发展的，那么它同时也属于职业教育。

专栏2　继续教育的定位

继续教育的发展定位是以构建终身教育体系为理论前提的。终身教育的理论家和实践家保罗·朗格朗在1970年出版的《终身教育导论》中明确提出了终身教育的思想。他认为，由于人类面临着前所未有的挑战，包括社会变革加速、人口快速增长、科学技术的发展、政治的挑战、意识形态的危机等因素，在现代社会凭借某种固定的知识和技能就能度过一生的观念已成为过去。因此，他提出了一些具体的战略建议：终身教育的责任是"确定能够帮助一个人在其一生中不断学习和得到训练的结构和方法"。同时，他也提出了应遵循的原则：确保教育的连续性以防止知识的老化；教学计划和方法要适应每一个团体的具体目标和根本目标；无论哪一种教育水平，教育对于人的塑造都要以适应进步、变化和改革的生活为宗旨；要突破传统的教育定义和组织机构的限制，大量地利用和安排各种信息和训练；各种活动形式要服从于各种教育的目标。

国际二十一世纪教育委员会的报告《教育：财富蕴藏其中》在对终身教育内涵的分析中进一步指出，终身教育的任务除了满足人的工作和职业需要之外，还要重视铸造人格、发展个性、使每个人潜在的才干和能力得到充分发挥。即在终身教育的理念里注入实用主义和人本主义的核心精神。

资料来源：胡泽民，李兵. 对继续教育改革与发展的一些问题的思考 [J]. 广西广播电视大学学报，2009，19（2）：10 – 15.

我国的成人教育主要是对已经走上各种生产或工作岗位的从业人员进行的教育，能够直接有效地提高劳动者和工作人员的素质，从而可以直接提高经济效益和工作效率。成人教育包括各级各类以成人为教学对象的学校教育、扫盲教育和其他形式的教育，包括成人高等学历教育。由此可见，成人教育主要强调的是对在职人员的教育，成人教育也是一种离开正规学校后的教育，因此是一种继续教育。如果某种成人教育是针对职业能力培养的教育，那么它同时也属于职业教育。

职业教育是对受教育者施以从事某种职业所必需的知识、技能的训练，因此职业教育亦称职业技术教育或实业教育。职业教育是与基础教育、高等教育和成人教育地位平行的四大教育板块之一。职业教育是针对教学内容而言的，即学生学习的内容是与工作相关的，教育的目标是提升职业能力，职业教育是所有在工作岗位上的人们都需要接受的教育。中国的职业教育体系包括职业学校教育与职业培训，可涵盖初等职业教育、中等职业教育以及高等职业教育。我国的职业教育以学校教育为主，职业教育中的职业培训等非学校教育同时也可以说是一种继续教育和成人教育。

终身教育一般是指人们在一生各阶段当中所受各种教育的总和，是人所受不同类型教育的统一综合。它包括教育体系的各个阶段和各种方式，既有学校教育，又有社会教育；既有正规教育，也有非正规教育。它主张在每一个人需要的时刻以最好的方式提供必要的知识和技能。联合国教科文组织的报告《教育：财富蕴藏其中》提出："教育的种种使命以及教育可能具有的多种形式，均使教育包括从童年到生命终止的、起下述作用的所有活动灵活地结合起来，使每个人能够生动地了解世界、了解他人和了解自己……委员会把与生命有共同外延并已扩展到社会各个方面的这种连续性教育称之为'终身教育'。"

因此，继续教育、成人教育和职业教育之间都有互相重合的部分，三者分类的标准不同，不能概括为简单的包含与否的关系。继续教育是按照教育的连续性来划分的，它是相对于正规教育而言的；成人教育是按照学习者的年龄来划分的，它是相对于未成年人的教育而言的；职业教育是按照教学内容来划分的，它是相对于学术性内容而言的。由于各自的划分标准不同，因而产生了这几种教育类型互相重叠的现象。

2. 继续教育概念的重新界定

我们认为，继续教育概念的提出是以终身教育理念为基础的，发展继续教育是为构建全民终身学习型社会服务的，从教育所覆盖的范围来看，继续教育的范围应当是最为广泛的，一切正规学校教育之外的、满足全民各种类型各种层次的教育需求的教育培训，都可以属于继续教育的范畴。

首先，继续教育包含国民经济产业链上遍及低端到高端范围所需各类人才的教育培训。它不仅包括传统的面向技能型人才开展的较为基础性的和低端的技术技能类教育和培训，如操作技能培训、IT（信息技术）培训等，而且包含针对职业经理人等管理型人才开展的 MBA（工商管理硕士）等类型的高端管理类培训。其次，继续教育不仅通过培养专业化人才直接服务于国家的经济发展，同时，继续教育还包括针对全社会各种类型和层次的教育需求开展的各类教育培训，特别是与社会发展和民生领域紧密相关的特殊群体和弱势群体的继续教育，如针对农民工、残疾人、退伍军人、贫困人群、女性、老龄人口等群体的教育培训，以及面向有闲暇需要的群体、针对其他高端和个性化学习需求的各种类型的继续教育等。

由图2可见，在知识经济的大背景下，继续教育和国家发展之间的关系表现为双方建立起以知识和人才为核心，在物质（财富）、文化（价值）等不同层面的积极循环互动关系。这种关系不但使双方受益，而且将促进整个国家经济和社会的发展。对国民经济产业链各类人才的继续教育，直接促进了国家经济发展，国家经济的繁荣发展又反过来为继续教育的可持续发展提供更多的财富和物质资源支持与保障。对与社会发展和民生领域紧密相关的特殊群体和弱势群体的继续教育，直接促进了国家民生发展和民主化进程，从而推动了社会发展，同时国家在通过制定和落实相关制度、政策等推动特殊群体继续教育的过程中，又为继续教育的科学健康可持续发展提供了相应的文化和价值导向。由此，继续教育与国家发展之间建立起相互影响、协调互动的动态机制。

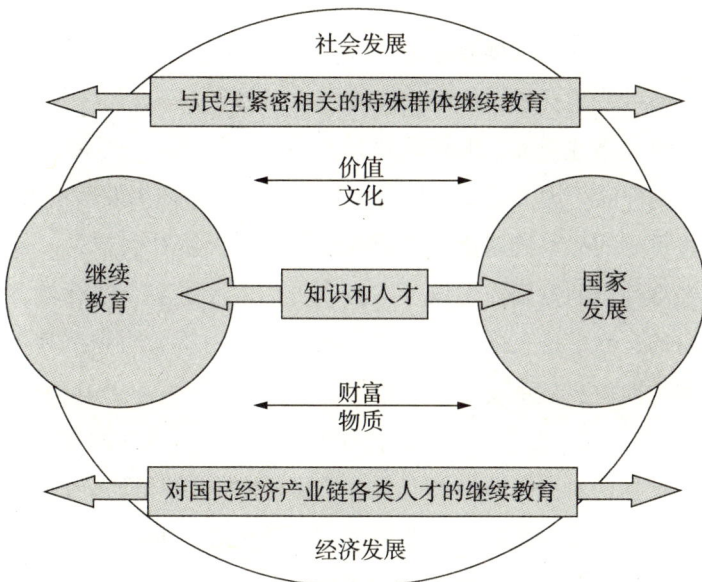

图2　继续教育与国家发展积极互动、协调发展的关系

（二）发展继续教育的经济学分析

1. 继续教育的战略资源性

这里我们首先要强调的是继续教育是一种重要的战略资源。所谓战略资源，是指一个国家所赖以生存和发展，对其社会发展、历史传承或国家文明具有不可替代的重要意义的资源。继续教育作为一种战略资源，支撑着很多人类文化和文明的发展，使得文明得以传承发展，因此，继续教育具有战略

价值，具有全局性、长远性、全面性、可持续性等。当这些战略价值通过商品化、商业模式、企业运作等方式服务于社会时，就形成了消费意义上的经济价值。因此，战略的经济价值可以被看作是战略价值的外化。继续教育对现代经济的作用，可以概括为三点：一是提高全民素质，进而提高社会生产力；二是有助于优化人文社会环境，进而改善投资环境；三是促进经济的可持续发展。现代经济要发展，除了通过增加物质、资金、自然资源等投入以外，一个重要的方式就是通过全面发展继续教育以促进人力资本的提高，从而提高全要素生产率（TFP）。这不仅是我们发展经济的重要途径，也是经济社会可持续发展的重要方式。因此，继续教育应该属于重要的战略资源。而本文所讨论的全面发展继续教育正是为了充分开发并不断积累这些战略资源，为经济社会的可持续发展提供坚实保障。

作为一种战略性资源，继续教育具有不可替代性，一旦缺失便会导致经济社会发展的停滞，因而需要长期持之以恒的发展。如果发展不力、不及时，就可能错过重要的战略机遇期，造成难以弥补的经济社会损失。发展继续教育要切合经济社会的发展需求以及人类本身的发展进步。继续教育的功能作用不是暂时的，而是持久的、长期发挥的，它在物质文明和精神文明发展过程中的作用与地位愈显重要。

唯 GDP 论、以物为本的发展观曾导致对继续教育投入的不足，以人为本的发展观则更强调对人力资源的开发。不同历史时期对投入要素的需求有所不同，经济社会越发展，对人力资源发展水平的要求越高。继续教育的发展也是受历史条件限制的，不为人的意志所转移。以人为本，全面协调可持续的科学发展观要求继续教育必须是全面发展的。因此，继续教育的战略资源性质还体现出它的历史性和时代性。

表3　三代发展观

	第一代发展观	第二代发展观	第三代发展观
发展目标	追求高速度 赶英超美 2000 年实现"四化"	追求高增长 2000 年 GDP 翻两番	以人为本 促进人类发展， 实现持续增长

表 3（续）

	第一代发展观	第二代发展观	第三代发展观
积累与消费的关系	高积累、低消费 强调生产性投资	较高积累、刺激消费 强调硬件投资	强调软件投资 强调人力资本投资
产业发展结构	优先发展重工业 优先发展军事工业	利用比较优势 重视产业结构调整 科教兴国战略	充分利用比较优势 促进结构变革 知识信息发展战略
工业化技术路线	自主开发技术 资本密集技术路线	开发与引进技术相结合 重视劳动密集技术路线	多要素密集技术路线 开发和利用人力资源
国内与国际市场的关系	自给自足，进口替代 主要依赖国内资源和市场 高度国内保护主义	对外开放 出口导向增长 利用两种资源、两个市场 逐步贸易、投资自由化	参与世界经济一体化 提高国际竞争力 利用国际资源、市场、资本和技术 贸易、投资自由化
人与自然的关系	大力开发资源，破坏资源和生态发展	先污染，后治理 生态赤字扩大 "黑色发展"	可持续发展 生态建设 "绿色发展"
收入分配关系	平均主义	"先富论"	"共同富裕论"
城乡关系	城市优先发展论 城乡分割	城市优先发展论 城乡差距拉大	城乡协调发展论 缩小城乡差距
地区关系	内陆优先发展 地区差距拉大	沿海地区优先发展 地区差距先缩小后扩大	东、中、西 协调发展论
经济发展与社会发展	注重社会发展	经济发展优先论	经济与社会协调发展
公平与效率	公平优先	效率优先，兼顾公平	市场机制要效率 再分配、公共服务公平优先，社会和谐优先

表3（续）

	第一代发展观	第二代发展观	第三代发展观
政府与社会	政府控制社会	政府主导社会、领导与被领导关系	政府与社会合作、伙伴关系
经济体制	中央计划经济	引入市场机制，建立市场经济	建立现代市场经济体制

资料来源：清华大学国情研究中心. 国情与发展——中国五大资本动态变化（1980—2003）与长远发展战略 [M]. 北京：清华大学出版社，2005：163-167.

从人类发展的全球意义来看，继续教育不仅服务于中国，也服务于全人类文明的发展，是全人类的共同财产。因此，全面发展继续教育不仅具有重要的国内意义，也是负责任的大国应该树立的国际形象。

2. 继续教育的物品性质分析

物品性质分析基于两个本质特征：一是排他性，一是消费上的竞争性。竞争性是指提供某种产品的边际成本为零，排他性是指人们必须支付价格才能消费商品，存在把没支付价格者排除在消费以外的现实手段。

我们用下面的九象限图来进行关于继续教育性质的分析。图3中的纵轴表示排他性的强弱，按照由强到弱的程度分为排他、不完全排他或不完全非排他、非排他三种。横轴表示竞争性的强弱，按照由强到弱的程度分为完全非竞争、不完全非竞争或不完全竞争、完全竞争三种。

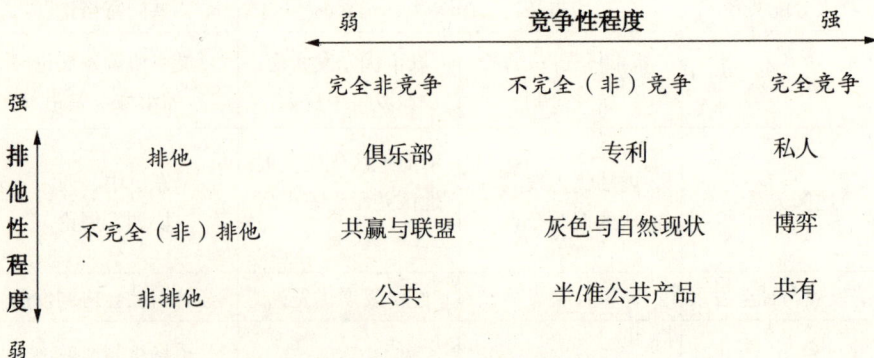

	弱　　　　竞争性程度　　　　强		
	完全非竞争	不完全（非）竞争	完全竞争
排他	俱乐部	专利	私人
不完全（非）排他	共赢与联盟	灰色与自然现状	博弈
非排他	公共	半/准公共产品	共有

（强←排他性程度→弱）

图3 根据竞争性和排他性的不同程度来定位的物品性

通过三种竞争性程度与三种排他性程度的不同组合分出9个象限，分别

354

为排他/完全非竞争、排他/不完全（非）竞争、排他/完全竞争、不完全（非）排他/完全非竞争、不完全（非）排他/不完全（非）竞争、不完全（非）排他/完全竞争、非排他/完全非竞争、非排他/不完全（非）竞争、非排他/完全竞争。

任何一种物品都可以根据竞争性和排他性的程度被定位到上面的九象限图中。通过对不同物品不同性质的定位，可采取不同的发展策略。

很显然，继续教育具有多种类型的物品。如长江商学院、中欧商学院属于俱乐部类型，爱国主义教育基地属于共有类型等。对于不同类型的继续教育物品，政府所采取的发展策略是有区别的。

表4　一些继续教育物品的分类

俱乐部 长江商学院 中欧商学院 高级工程师培训 高端管理培训	专利 MBA/EMBA（高级管理人员MBA）/MPA（公共管理硕士） 工程硕士 老年大学 在职研究生课程	私人 资格和能力证书培训班 考试辅导班 出国留学预科班 兴趣爱好培训班
共赢与联盟 论坛和研讨会 政府公务员培训 企业岗位培训 农民工培训	灰色与自然现状 传销培训	博弈 民办职业技术学校 民办大学 企办大学
公共 扫盲教育 社区、公共图书馆免费讲座	半/准公共产品 公办职业中等/高等学校 下岗职工再就业培训 专业军人再就业培训	共有 爱国主义教育基地

对于具有完全的排他性的商品来说，如果它具有完全非竞争（垄断）性，要采用俱乐部的形式发展，这样有利于降低成本，实现规模经济；如果只是不完全竞争性的，比如是一种寡头或垄断竞争形式，那么竞争主体一定要注意差异化战略的实施，同质化竞争必然带来成本的提高、资源的浪费，最终不利于市场参与者的发展，政府可以通过专利的形式鼓励其发展；而如

果是完全竞争性的，则可以定位为私人物品，对于私人物品，完全竞争可以实现资源的最优配置，实现帕累托最优，因此政府的政策应该是鼓励其自由发展。

不完全（非）排他/完全非竞争的产品比较特殊，其具有的一定程度的排他性可以吸引私人企业的进入，因此政府可以与私人企业联盟以达到共赢。比如政府可以通过采取一些优惠政策等方式来鼓励企业进入，以优化资源配置。

与此相似的还有另一种产品，那就是非排他/不完全（非）竞争的商品，它属于半/准公共产品，这类产品的发展需要政府的特殊政策来引导。对于具有正的外部性的物品政府，可以通过采取税收等优惠政策来鼓励其发展，而对于具有负的外部性的物品，则要通过一些措施来制约其发展。

那些既具有非排他性又具有完全非竞争性的商品属于公共品，这部分商品私人是没有激励去做的，因此只能靠政府来承担。那些既具有完全的非排他性又具有完全竞争性的商品属于共有资源，对于这类商品要防止"共有地悲剧"的产生。

如果某种商品是不完全（非）排他同时又是不完全（非）竞争的，那么就会存在一些灰色区域或形成自然现状。

如果一种物品一方面是不完全排他的，即只能不完全阻止其他消费者的消费，另一方面又是完全竞争的，提供产品的边际成本为零，那么这种情况下一方面完全竞争性以及一定程度上的排他性可以吸引企业进入，另一方面一定程度上的非排他性又阻碍企业进入，因此该市场的结构取决于市场参与者之间的博弈，而政府可以根据自身的利益，视该产品的利弊来制定相应的支持或限制政策。

3. 继续教育的边际效益递增性

继续教育具有经济效用边际递增的独特性。实际上，从经济学来看，与资本资源"边际收益递减"的原理不同，继续教育收益类似知识的特性使其遵循"边际收益递增"的原理。对继续教育的投资如同对知识的投资一样具有规模效应和收益指数增长效应：一方面如果继续教育工作能够系统化、工程化、数字化、网络化，就能够产生巨大的品牌效应、传播效应和规模效应；另一方面随着人均收入水平提高，人们对教育的消费需求会相应提高，而且继续教育属于高消费弹性的特殊物品，即消费增长率高于人均收入增长率，呈指数增长，因而继续教育收益的价值就会随之大幅度提高。换言之，继续教育的价值与商品价值最大的不同之处是，前者随一个国家或地区经济发展水平的提高呈指数型增长，后者则呈指数型下降（例如计算机就是典型的产品）。那么，经

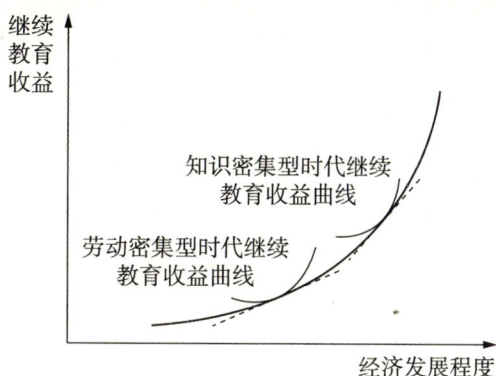

图4　随着经济发展水平的提高，
继续教育的边际收益递增

济发展水平越高的地区，继续教育收益的价值就越大；反过来，从机会成本的角度看，"以物为本"的情况就越明显。

三、发展继续教育的政治学分析

1. 继续教育"优先投入"的政治优先性

从短期来看，继续教育优先投入和 GDP 增长之间存在此消彼长的矛盾关系。尤其是在唯 GDP 的政绩观较严重的地方，对发展继续教育的漠视或投入不足还比较普遍。这种市场和政府同时失灵的现象，根本原因还在于政府部门特别是部分官员还没有对发展继续教育建立起正确的价值观。

实际上，发展继续教育和经济发展不仅不是一组矛盾体，而且恰恰相反，两者之间构成相互促进、相辅相成的良性循环。从长远来看，中国经济保持高质量高增长的关键是提高全要素生产率（TFP）（胡鞍钢，郑京海，2004），而 TFP 的提高又取决于人的素质的提高，取决于人类发展水平的提高。

中国人力资本促进 TFP 增长的主要机制包括：一是支撑经济结构升级，使得社会资源由劳动生产率低的部门转向劳动生产率高的部门，例如农业比重下降，工业和服务业比重上升，以及传统产业向新兴产业转型。二是促进劳动力的流动和转移，由农村转向城市，由农业转向非农产业等。三是促进技术普遍应用。中国经济增长核算中，1978—1995 年，TFP 对经济的贡献率

高达40%以上。未来30年，人力资本对于TFP的这三种促进机制的作用强度还将持续保持较高水平。因此，如果考虑TFP中所包含的因素，那么中国广义的人力资本对于经济增长的贡献比重可能达到20%以上（蔡昉，王德文，1999）。正是从这个意义上，我们认为人力资源是经济增长的重要源泉。这也说明，人力资源开发以教育为基础，但是要影响经济增长，还必须依赖于一些互补的环节和政策措施，例如，产业结构的转变、劳动力市场的灵活性、技术的传播和应用等。

现代化过程是不同国家相互竞争、相互追赶的动态变化的过程。每一次成功的经济追赶都同时伴随着人力资本的追赶。以韩国为例，20世纪60年代以来韩国花了30年时间追赶西欧国家。1965—1992年，韩国GDP年平均增长率均为8.8%。1973年韩国人均GDP相当于西欧国家（12个国家）人均GDP水平的24.3%，到1992年上升为57.5%。与此同时，1965—1992年也是韩国人力资本对西欧国家加速追赶的时期。韩国在1965年人均受教育年限相当于西欧国家的58.3%，到1992年相当于西欧国家的84.9%。许多分析人士认为，韩国在相当长时间内保持经济增长，教育与培训起了非常重要的作用。

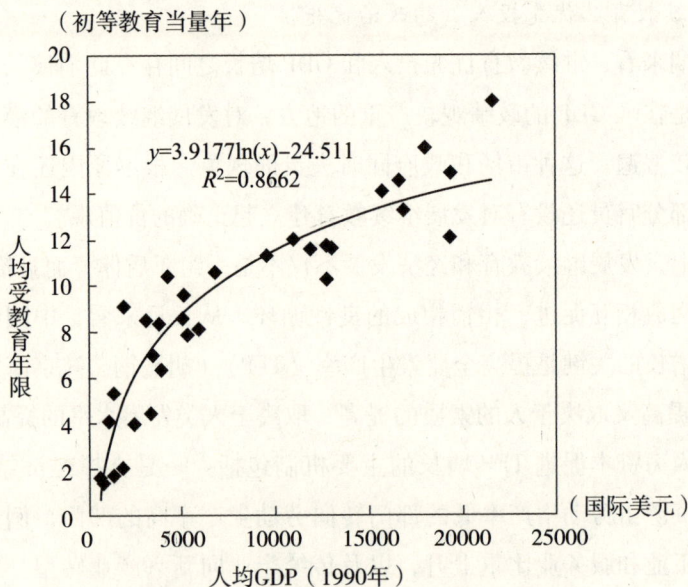

图5 经济增长与人力资本积累的关系

资料来源：根据麦迪森（1996）数据绘制。

考察和分析世界上现代经济追赶的成功案例，可以发现一些基本的规律。首先，人力资本快速积累是经济迅速增长的重要推动因素。其次，在人力资本积累与经济追赶的相互关系上，一般人力资本的追赶先于经济追赶，我们称之为"人力资本先导模式"。

如图6所示，对角线表示人力资本追赶进程与经济追赶同步的关系。历史上成功的追赶案例当中，人力资本追赶进程与经济追赶进程相互关系的拟合曲线表明，在经济追赶之前人力资本追赶已经开始，而当经济追赶启动时，人力资本追赶已经达到较高的水平。这说明成功的经济追赶一般以人力资本追赶为先导。人力资本先导模式要求必须有相应的继续教育"优先投入"。

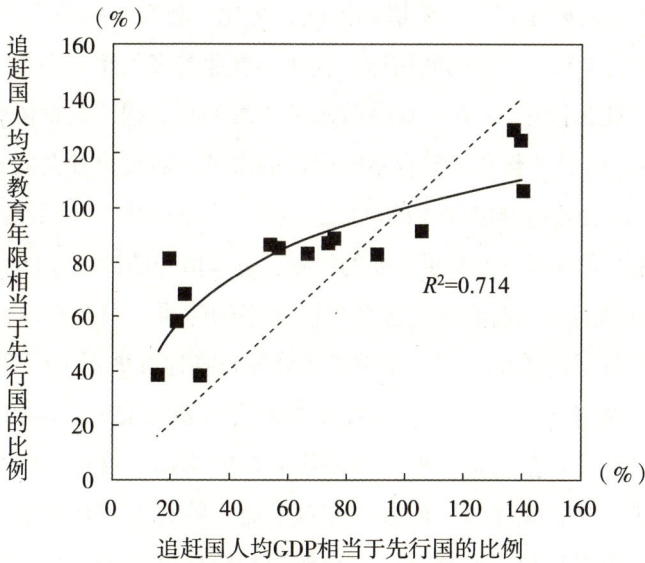

图6　人力资本追赶与经济追赶进程比较

资料来源：根据麦迪森（1996）数据绘制。

2. 明确政府在发展继续教育中的主导地位

继续教育体系构建中确立政府主导地位的理论与实践依据主要有以下几点：

继续教育事业很多内容具有公共产品属性。继续教育的这一属性和特点决定了政府肩负主要的推动责任。尽管继续教育事业的发展可以有民间组织的参与推动，也可以适度引入市场机制，但是政府的主导作用也是不可缺少的。

　　继续教育事业关系国家发展命脉，是国家战略体系的重要内容。一国的经济社会越发展，越有赖于人力资源的发展水平，而且继续教育很大程度上决定着在经济发展中能否实现人力资本先导模式，这说明继续教育攸关国家经济命脉。在我国和谐社会建设中，继续教育的发展关乎民生、关乎人的权利实现、关乎社会民主进程，继续教育的发展与各类人群利益紧密关联，对和谐社会的进程将产生直接的影响，这说明继续教育攸关国家社会命脉。因此，继续教育事业作为整个经济社会发展的战略体系内容，需要政府发挥主导作用，以保证整个战略体系实施的全面性、系统性和前瞻性。

　　继续教育体系构建是系统的宏观工程。在我国，继续教育事业的发展涉及的部门、行业、人群较多，需要诸如民政、文化、教育、财政、人事、宣传、劳动等多个部门参与，需要民间团体、企业、事业等多种组织参与，需要市民或外来工、在职或下岗、专业或业余等多类人群参与。继续教育体系构建是一项系统的宏观工程，不仅仅是教育系统内部的事情，需要全社会的共同配合和努力。因此，需要政府制定完善的制度、政策，发挥制度、政策的导向作用，在人、财、物、服务等方面提供主要的保障，运用恰当的措施进行系统的建设。

　　体制、机制问题是发展继续教育可能面临的障碍。继续教育体系构建过程中，面临着各部门条块分割、办学资源分散、各地发展不平衡等种种问题，需要统筹、协调各个部门、行业、人群的关系，需要宏观层面的体制保障。国内外实践证明，在任何社会形态中的任何地区构建继续教育体系，均需要自上而下地进行。扫除体制障碍是政府自上而下的行为，是构建继续教育体系基本框架的重要途径。发挥政府主导作用扫除体制障碍、统筹规划，建立良性、系统、可持续运行的机制环境，才能逐步构建纵向贯通、横向衔接的继续教育体系。

　　我国特殊国情需要确立政府主导地位。我国是经济发展不平衡的发展中国家，教育的发展状况与地方的经济社会发展水平直接相关。全面发展继续教育，推动继续教育的发展进程必须考虑各地的实际情况，更加需要确立政府的主导地位。在政府的主导下，结合各地实际，依据经济、文化、社会等发展状态，反映地方经济、文化、习俗等特色，发挥政府的宏观指导和全面推动作用。

　　国内外经验也表明需要政府主导作用的发挥。国内经验表明，凡是政府主导作用明显的地方，继续教育事业推动步调一致、措施得力而发展迅速。在国外，一些西欧国家及美国、日本在继续教育体系构建中，国家和政府也都发挥了重要的主导作用，美国政府建立了社区学院作为社区教育主要场所，英国政府成立开放大学作为社区教育的重要载体，日本政府投资建立了公民馆作为公民活动场所。发达国家和地区政府大都注重运用法律、法规的形式规范继续教育的发展。国外实践表明，继续教育发展并非是自发形成的，需要依靠国家和政府的强劲动力来推动，依靠国家和政府的力量来加以规范和引导。

在发展继续教育中确立政府的主导地位有着重要的意义。之所以要强调政府的角色，是因为政府对于一个社会的发展有着至关重要的作用，特别是在我国现有国情下，很多事业能否发展，发展的速度如何，都要看能否取得政府的支持和保障。因此，全面发展继续教育，构建全民学习型社会，需要政府主导地位的充分体现。

四、我国继续教育发展现状与面临的挑战

（一）我国继续教育的现状分析

1. 我国继续教育的规模

（1）成人学历教育规模

成人高等教育是我国继续教育的重要组成部分。近年来，我国成人教育的规模在学校数量、师资数量、招生人数、在校人数和毕业人数等方面都呈现了下降趋势。

截至 2010 年，我国成人高等学校共 365 所，比上年减少 19 所，成人高中 654 所，比上年减少 99 所，成人中专 1720 所，比上年减少 163 所，成人初等学校 1.10 万所，比上年减少 0.31 万所。其次，继续教育师资数量也有所减少。截至 2010 年年底，我国从事成人教育工作的教职工达 23.29 万人（比 2007 年减少 11.94 万人），其中成人高等学校 7.71 万人、成人高中 0.47 万人、成人中专 8.53 万人、成人初中 1.54 万人、扫盲教育 5.04 万人。成人教育专任教师队伍达 13.49 万人，其中成人高等学校专任教师 4.59 万人、成人高中专任教师 0.35 万人、成人中专专任教师 5.70 万人、成人初中专任教

师 0.90 万人、扫盲教育教师 1.95 万人。以上成人教育的教师数量均比上年有不同程度的减少。

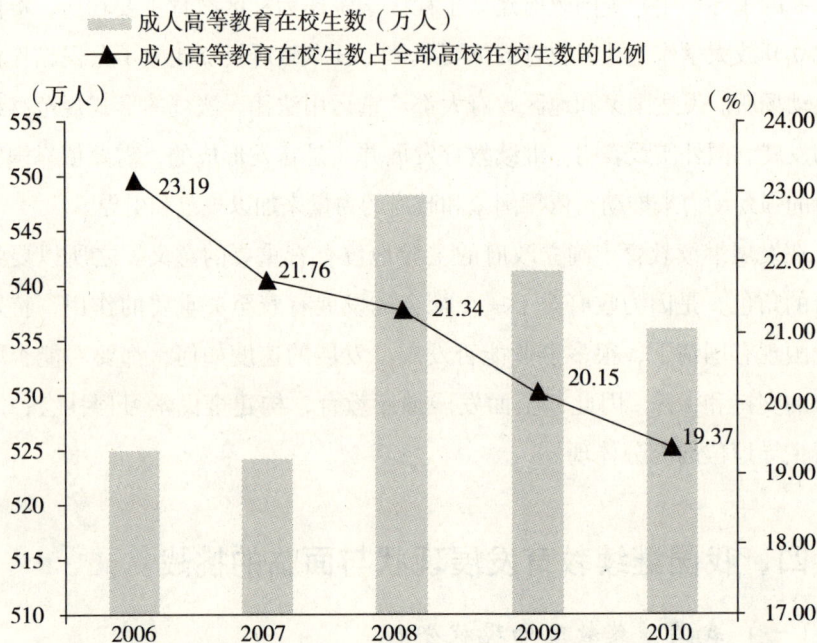

图 7　近年我国成人高等教育在校生数及其占全部高校在校生数的比例

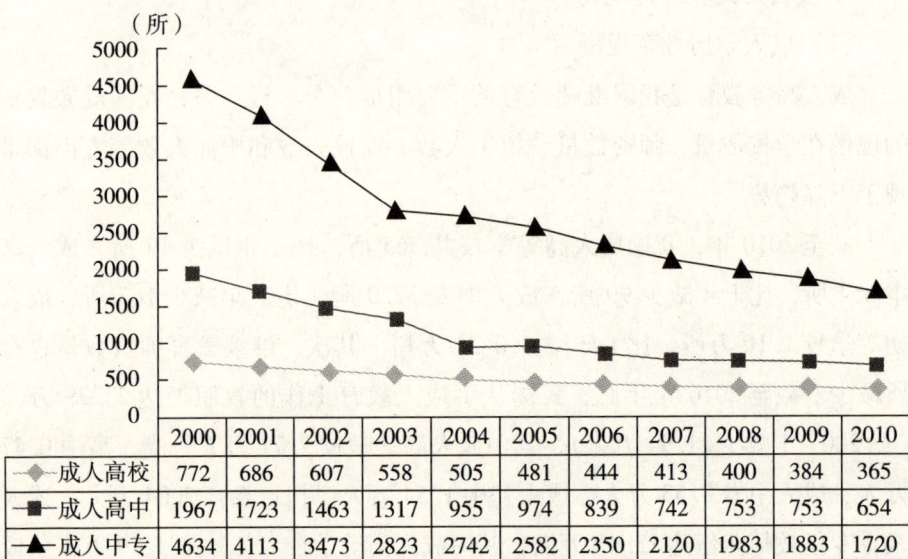

	2000	2001	2002	2003	2004	2005	2006	2007	2008	2009	2010
成人高校	772	686	607	558	505	481	444	413	400	384	365
成人高中	1967	1723	1463	1317	955	974	839	742	753	753	654
成人中专	4634	4113	3473	2823	2742	2582	2350	2120	1983	1883	1720

图 8　2000—2010 年成人教育学校数量

（2）非学历成人教育规模

但是，成人学校数量和人数的减少并不代表我国继续教育整体规模和市场需求的缩小。相反，我国民众进行继续教育的方式和途径突破了传统成人学校教育的固有模式，向着更加多样和灵活的方向发展。

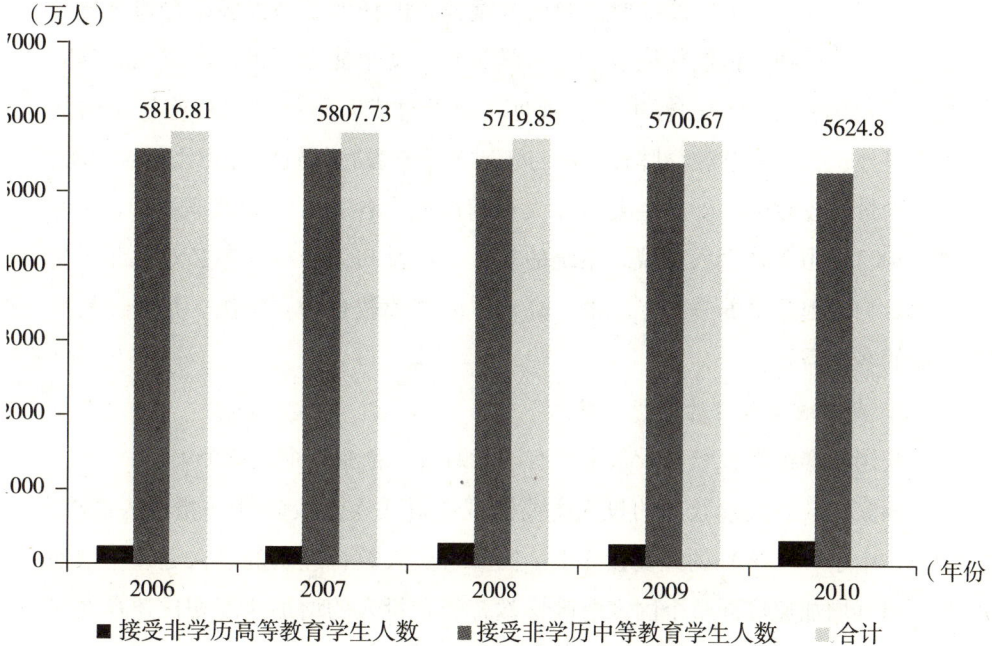

图9　成人培训的非学历教育规模

非学历教育的成人培训有效地扩大了我国的教育资源，为数以万计的成人提供了继续接受教育培训的机会。这些成人教育方式之外的继续教育的规模在不断扩大，满足了不同人群对继续教育的不同层次、不同教学方式、不同培养目标等的需求，包括中等教育层次的职业技工教育及培训、高等教育层次的 MBA/MPA、高级工程师培训等普通高校开展的继续教育，等等。形式多样的继续教育模式综合体现了继续教育在我国不断发展壮大的趋势。2009 年，我国从业人员继续教育人数达到了 1. 66 亿人次，《教育规划纲要》提出了到 2015 年我国从业人员继续教育达到 2. 9 亿人次、2020 年达到 3. 5 亿人次的目标。

2. 我国继续教育的师资情况

继续教育的师资质量很大程度上决定了继续教育质量的高低，没有好的师资就没有好的继续教育。继续教育的重要作用之一是培养高级人才的创新教育，教师不仅要具有广博的知识、较高的学术水平，而且还必须具有高超的授课艺术和丰富的实践经验。当前继续教育的任课教师大多是普通全日制学校的任课教师，他们往往以理论教学见长，动手能力不足，离成人教学需要的"双师型"教师的标准相去甚远，缺乏对成人学员"因材施教"的能力。另外，我国继续教育师资队伍与普通全日制教育师资配置相比相对薄弱，除了少量高校教师之外，主要依靠大量聘用社会各类人员做兼职教师。（何刚，2002）由于社会人员缺乏系统的教学方法及知识结构，势必对授课质量产生影响。因此培养一支专职的、高水平的继续教育师资队伍，是继续教育发展的客观需要。

3. 我国继续教育的经费情况

我国的继续教育经费投入主要有国家财政、企业和个人三个渠道。

国家财政对继续教育的投入主要体现在对成人学校教育（指成人高校、中专、中学、小学）的经费投入上。国家对成人教育经费的投入是逐年增加的，但其增加速度同整个国家财政性教育经费投入的增加速度相比还存在很大差距，从而造成了其占国家财政性教育经费比例不断缩小的趋势。

国家规定企业职工工资总额的 1.5% 用于职工教育与培训。1981 年 2 月中共中央、国务院《关于加强职工教育工作的决定》中规定：企业职工教育的经常费用，大体按工资总额的 1.5% 掌握使用，在企业成本中开支。1987 年国务院批转《关于改革和发展成人教育的决定》规定：企业职工教育经费除按规定的比例支付外，不足部分，属于新项目、研究新产品的技术培训费用，可直接在成本中支出，属于其他的职工培训费用，在企业利润留成、包干节余和税后留利中开支。2005 年《国务院关于大力发展职业教育的决定》明确规定：一般企业按照职工教育工资总额的 1.5% 足额提取教育经费，从业人员技术要求高、培训任务重、经济效益较好的企业，可按 2.5% 提取。

随着生活水平的提高，人们对教育的需求呈现多样化的趋势。出于兴趣爱好、精神需要以及职业发展需要和能力提升需求的学习和培训，使个人进行教育投资成为一种时尚和趋势。同其他教育领域一样，经费不足是继续教育事业发展的瓶颈，由表5可见成人学校总经费占国家财政性教育经费的比例连年下降，因此，政府和社会各界应提高对继续教育的重视程度，提供广泛的资金支持。

表5　1997—2008年成人学校经费投入占国家财政性教育经费比例

年份	国内生产总值（GDP）（亿元）	成人学校总经费（亿元）					成人学校总经费占国家财政性教育经费的比例（%）	比上一年增长（%）
		合计	成人高校	成人中专	成人中学	成人小学		
1997	78973	73.21	39.51	31.18	1.63	0.89	3.93	18.23
1998	84402.3	76.33	42.24	31.54	1.72	0.83	3.76	4.26
1999	89677.1	85.77	49.07	34.04	1.9	0.76	3.75	12.37
2000	99214.6	98.96	62.19	34.47	1.67	0.63	3.86	15.38
2001	109655.2	106.11	68.31	35.2	1.94	0.66	3.47	7.23
2002	120332.7	120.31	80.78	37.08	1.96	0.49	3.45	13.38
2003	135822.8	135.88	95.53	37.61	2.34	0.4	3.53	12.94
2004	159878.3	146.38	103.35	40.19	2.44	0.4	3.28	7.73
2005	183084.8	158.78	107.62	47.1	3.47	0.59	3.08	8.47
2006	210871	174.31	118.89	50.53	4.4	0.49	2.75	9.78
2007	267763.7	189.76	128.12	57.09	4.12	0.43	2.29	8.86
2008	316228.8	204.60	136.64	62.32	5.11	0.53	1.96	7.82

资料来源：1998—2009年《中国教育经费统计年鉴》。

4. 我国继续教育的法制保障

改革开放之初，随着中国现代化建设的全面展开，应经济发展的迫切要求，加之政府的大力提倡，继续教育事业起步并快速发展。1983年，我国著名科学家华罗庚、王大珩等人在六届全国人大上共同提出开展继续教育并建立机构的倡议，受到政府的重视。1984年11月，中国继续工程教育协会成立。同时，六届全国人大五次会议关于"七五"计划的报告明确提出："要逐步建立和完善对科技人员继续教育的制度"。1985年，国家教委批准成立清华大学继续教育学院，标志着我国正规继续教育的起步。

我国颁布的有关继续教育的法律法规包括：《教育法》、《职业教育法》、

《高等教育法》、《民办教育促进法》等国家法律;《普通高等学校举办非学历教育管理暂行规定》、《企业科技人员继续教育暂行规定》、《关于开展大学后继续教育的暂行规定》、《全国专业技术人员继续教育暂行规定》等行政法规;另外,一些省、市、自治区也相应地颁布了关于区域范围内的继续教育的条例和办法。

以上法律法规的制定和颁布表明我国已经基本建立了保障继续教育发展的法律体系,使我国的继续教育工作走上了有法可依、有章可循的轨道,但同国外一些国家尤其是美国相比①,我国在继续教育的法律体系构建上仍存在一定差距,例如没有一部专门的继续教育法律,因此需要在今后的法制建设中不断完善。

(二) 我国继续教育面临的任务与挑战

1. 人口红利下降

20世纪70年代以来,中国人口系统演变的一个重大特征是人口总量增长过快的势头得到了有效控制,在低收入条件下进入"低出生率、低死亡率、低增长率"的阶段和劳动力年龄人口高比重的阶段,形成了"人口控制红利"。

从中国和印度的比较来看,中国无论在人口数量、质量还是在结构上都已经先行获得了"人口红利期"(始于1980年),印度进入时间相对较晚(始于1990年)。这使得中国成为世界上劳动力资源最为丰富的国家。中国总人口将于2020年达到14.6亿人,2033年前后达到峰值15亿人左右。中国的劳动年龄人口到2016年达到高峰10.1亿人,比发达国家劳动年龄人口总和还要多(国家人口发展战略研究课题组,2007),如果能够有效开发,就可能成为中国各类战略资源中唯一具有全球竞争优势的资源。

---

① 20世纪60年代以来,许多国家尤其是欧美国家,出现了专门为成人教育立法的趋势,旨在使本国成人教育制度化,满足本国社会政治、经济、文化、科技的发展以及个体的自我完善。1966年,美国联邦政府颁布了《成人教育法》,从法律上为美国成人教育的发展提供了保证。因此,60年代也是美国现代成人教育迅速发展的时期。70年代美国还颁布了《终身教育法》,进一步促进了成人教育的发展。

（%）

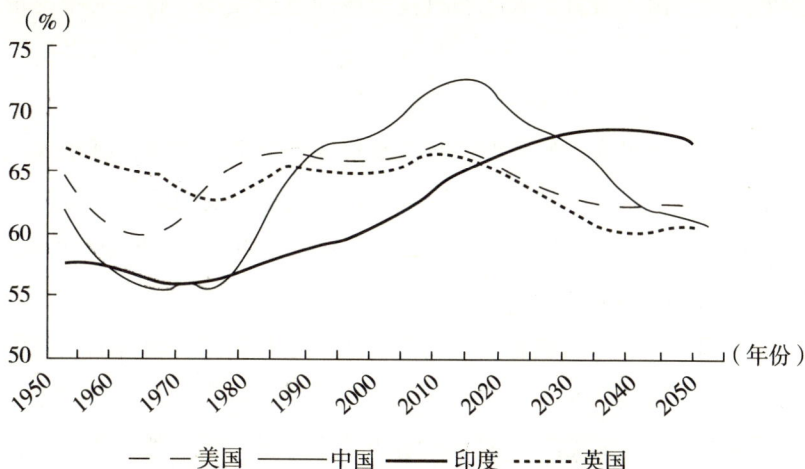

图10　1950—2050 年中、印、美、英四国劳动年龄人口比重比较

数据来源：UN. World Population Prospects［R］. 2004.

　　然而，中国的"人口红利期"虽然峰值高，但是持续时间相对较短，到 2015 年达到高峰，而后不断下降，红利开始消失，到 2035 年基本结束。有两个明显的现象充分印证了中国"人口红利期"已是强弩之末，其一是北京已连续四年高考生人数下降，2010 年降幅达 20%，其二就是沿海一带的用工荒。"人口红利期"走下坡意味着中国经济竞争力长期依赖于廉价劳动力的优势将逐渐消失。因此，中国经济必须在"人口红利期"走下坡之前成功实现发展方式转变，不然将陷入"中等收入陷阱"① 而无法自拔。比较优势会随经济的发展而变化，基于廉价劳动力的比较优势的消失是发展的必然结果。

　　这预示着当前正是中国大力开发人力资源的黄金期，错过了这一黄金期就等于给国家造成难以弥补的巨大损失。从另一角度看，当人口红利效应逐

---

　　① 从发展阶段看，中国进入"中等收入"的新阶段，也遇到了"中等收入陷阱"。中等收入阶段就是人均 GDP 在 1000 美元—1 万美元，从较低收入到较高收入的发展阶段。从下中等收入阶段到上中等收入阶段，是重要的经济社会转型期，是欠发达经济体成为较发达或发达经济体的关键时期。这一时期有三种可能性：如果转型成功则经济保持持续增长或经济起飞，顺利进入上中等收入；如果转型不成功，则停滞在原有水平上；如果转型失败则可能中断经济起飞，陷入"中等收入陷阱"。防止"中等收入陷阱"的关键是从经济入手，加快转变经济发展方式，从低水平发展转向高水平发展，从低质量发展转向高质量发展，从不公平发展转向公平发展，从不协调发展转向协调发展，从不可持续发展转向可持续发展。参见：胡鞍钢. "十二五"规划：再上新台阶［J］. 国情报告，2010（36）.

步减少的同时，由于教育、人才和科技领域的迅速发展，将会为中国带来新的附加值更高的红利形式，即人力资本红利①。人力资本红利可以抵消人口红利的下降，并进一步支撑中国经济增长。

因此，如何通过大力发展继续教育来形成人力资本红利以抵消人口红利下降的不利影响，是继续教育事业面临的一大挑战，这也意味着我国未来的继续教育将在提升全体国民职业能力和综合素质方面承担起更艰巨的重任。

2. 教育发展面临的挑战

中国的教育发展正面临着多方面的挑战，主要包括：现行的教育供给远远不能满足人民对高质量、多样化、个性化教育的巨大需求，中国已经基本解决了"能上学"的问题，但是还没解决"上好学"的问题，优质教育资源相当短缺；以比较低的世界公共教育资源提供世界最大规模的教育体系，中国教育人口占世界总量的比重约为20%，2007年GDP（汇率法）占世界总量的5.9%，公共教育经费支出占世界总量的比重为4.2%，这是因为中国公共教育经费支出占GDP总量的比重（3.2%）要低于世界公共教育经费支出占世界GDP总量的比重（4.5%）（World Bank，2009）；现行的教育体制、教学方式和人才培养模式还存在明显缺陷，片面追求考大学的升学率，不能适应就业市场、国际竞争需要，也不能满足受教育者的不同需要；城乡教育发展差距很大，各地区义务教育服务水平差异很大，不同学校、不同人群的教育机会存在不平等、不公平现象；相当部分教师质量不高，直接影响教育质量。

未来20年，中国需要有效应对教育改革和发展的挑战，到2030年，我国要率先实现中国特色社会主义教育现代化，构建世界上最大的全民学习、终身学习、灵活学习的学习型社会，建成世界人力资源强国。这是一个十分宏大的战略目标，它旨在全面开发、充分利用世界上最大、最丰富、最宝贵的人才资源，把沉重的人口包袱和负担转化为丰富的人才资源优势和竞争力，把教育大国发展成为教育强国，把人口大国建设成为人力资源强国，造就数以亿计的专门人才和高素质劳动者，全面扩大全体人民的学习机会，全面投

---

① 人力资本红利包括两方面内容：一是教育红利，即具有较高受教育水平的人口占总人口的比例；二是就业红利，即就业人口占总人口的比例。

资全体人民的人力资本,全面提高全体人民的发展能力,全面建设普及全体人口的学习型社会。

因此,如何通过发展继续教育来为构建全民终身学习型社会、缓解教育不公平现象、满足不同人群的多样化教育需求做出贡献,将是我国继续教育事业面临的重大挑战。

3. 职业教育人才匮乏

从国际经验看,大力发展职业教育,为产业发展提供足够数量和较高质量的技能型人才,不仅仅是教育部门和职业院校的重任,更是一项关系到经济转型、社会发展的政府工程。职业教育人才培养合理的数量规模对于国家进步具有多方面的溢出效应,它直接影响我国劳动者整体素质提高、企业生产产品质量、科技成果转化等问题,密切关系着我国缩小城乡收入差距、加快城市化进程、提升社会文明程度等重大问题。

然而,由于受到历史上"重仕轻工"、"重学历轻技能"的人才观念影响,职业教育人才培养模式和机制不尽合理,使得我国现阶段技能型人才无论是数量还是结构都存在严重紧缺与不合理状况,特别是高级技工和技师等高技能人才严重匮乏。2007 年全球金融危机爆发以来,在我国经济受到不利影响、失业加剧的情况下,技能人才短缺现象在全国迅速蔓延,东南沿海地区多地爆发了"技工荒"。这种现状不仅严重影响了我国经济结构调整和新型工业化战略的实施,而且也极大地影响了企业的核心竞争力。

根据《高技能人才队伍建设中长期规划(2010—2020 年)》,2015 年、2020 年全国技能劳动者需求总量将达 1.35 亿人和 1.49 亿人。技能人才中具有较高技能水平的人才群体即高技能人才累计总量分别达到 3612 万人和 4062 万人,占技能劳动者总量的比重分别为 26.8% 和 27.3%(发达国家的相应比重为 35% — 40%),比 2009 年(24.7%)上升 2—3 个百分点。按照 2020 年国家人才资源总量增加到 1.8 亿人的人才发展目标〔见《国家中长期人才发展规划纲要(2010—2020 年)》〕,预计到 2020 年高技能人才将占人才资源总量的 22.7%,占人力资源总量的比重为 3.6%。

表6 2015年和2020年各等级技能劳动者需求增长预测

单位：人

技能劳动者结构	2009年技能劳动者需求规模	2009—2015年加权方式下技能劳动者需求增长	2009—2020年加权方式下技能劳动者需求增长
合计	115773408	18881288	32909662
高级技师	1141688	214314	401897
技师	5292948	963859	1781466
高级工	24236005	4269010	7759835
中级工	43368086	7364523	13130332
初级工	41734680	6069583	9836133

由此可见，我国经济发展方式转型、经济结构调整和城镇化建设需要数以万计的技能人才的支撑，特别是对高技能人才的需求则更为迫切。在当前我国职业教育体系的人才培养无法满足社会对职业教育人才需求的情况下，继续教育应当与学校教育有机衔接起来，在提升技能人才数量和质量方面发挥更充分的作用，使职业教育人才在走出校门之后仍有不断提升自身职业能力和技能水平的机会，以满足社会、行业和企业的需要。特别是在需要进行长期实践训练的高技能人才培养中，继续教育应当在技能培养和实践教育方面做出更多贡献，以弥补学校教育在实践性方面的不足。

4. 工程教育的困境

进入21世纪以来，党中央、国务院先后制定颁布了科技、人才和教育三个国家中长期发展规划纲要，为我国加快经济发展方式转变、加快建设创新型国家、全面建设小康社会做出了顶层设计和系统谋划，为贯彻落实科教兴国和人才强国战略，推动社会主义现代化建设第三步战略目标的实现打下了良好的基础。建设创新型国家目标的提出使大量创新型人才，尤其是大量工程实践中的合格、卓越的工程师成为急需人才。因此，工程科技人才承担着推动科技进步、实现产业发展、建设创新型国家的重要使命。

工程教育是继续教育内容领域的一个重要方面。工程教育作为一个教育类别，广义而言，是指培养工程人才的社会活动，狭义而言，是指培养工程人才的学校教育。总的来说，工程教育是根据一定的社会要求和受教育者身心发展规律，由工程教育者有目的、有计划、有组织地对受教育者身心施加全面系统的影响以达到预期目的的社会活动。目前我国工程教育存在一系列问题，例如：国家建设和发展中存在工程"路径依赖"和"路径锁定"；工程教育的地位偏低、投入不足、教育培养目标不明确；教师队伍建设严重落后；工程教育中实践环节薄弱；工程人才的实践能力和创新能力严重缺乏；人才培养模式单一，多样性与适用性欠缺；产学研合作不到位，与社会需求的结合很不紧密等。

面对工程教育的种种欠缺与不完善，继续教育应该积极行动，应对挑战，在工程师的塑造培养中弥补工程教育的不足，把"工程师的毛坯"① 培养成为合格的工程师，为创新型国家建设培养大量高素质的工程人才。

5. 就业问题

我们正处在经济结构调整的关键时期。我国经济已经到了不调整就不能发展的时候。但是结构调整并不是"免费的午餐"，而是一个创造与破坏并存的过程，甚至还需要付出相当大的代价。这需要重新认识结构调整的含义及其政策含义。目前中国正处在结构调整的初期，在那些正规部门、传统产业、非熟练劳动力主要是就业破坏，而那些就业创造的产业、部门、熟练劳动力相对比例比较低，出现负的净就业创造，实际失业人数在上升。②

从经济增长与就业增长的关系来看，经济增长是就业增长的必要条件，但不是它的充分条件，这取决于选择何种经济增长模式。总的来说，根据经济增长与就业增长速度的不同，可以有四种模式：一是高经济增长率，高就

---

① 在大学阶段的工程人才培养上，一般认为主要有两种模式：美国工程教育主要是让学生打好基础科学和技术科学理论基础，专业知识和技术由企业培训，即所谓"毛坯工程师"；德国和法国工程教育则实行"文凭工程师"制度，工程教育和职业资格紧密联系在一起，学生在学期间学科学理论，也学专业知识和技术，重视设计和生产实习，毕业后到企业继续培训。我国工程教育以四年学制为主，加上实践环节也有限制，因此我国工程教育界提出的培养目标是"工程师的毛坯"。参见：陈以一，王雁. 对工程教育改革中关键问题的探索与思考 [J]. 中国高等教育，2010（9）.

② 所谓创造就业是指净就业创造（Net Job "Creation"），它等于总就业创造（Gross Job "Creation"）减去总就业破坏（Gross Job "Destruction"）。总就业创造常常产生于新经济部门、采用新技术领域、新企业、新生产方式、新城市等，这是扩大就业的新来源；总就业破坏常常发生于旧经济部门、采用老技术领域、老企业、旧生产方式、老城市等，这是摧毁就业的主要来源。净就业创造就是这两种力量的竞赛。通常在经济结构调整的初期，旧工作岗位增长率低或负增长，但是比例高，而新工作岗位增长率高，但是比例低，因而总就业破坏会超过总就业创造，出现负的净就业创造，实际失业人数在上升。

业增长弹性；二是高经济增长率，低就业增长弹性；三是低经济增长率，高就业增长弹性；四是低经济增长率，低就业增长弹性。

20世纪80年代中国属于"高经济增长、高就业增长"模式，基本上实现了"充分就业"目标，每年新增就业岗位1440万个。1980—1985年，我国GDP年均增长率为10.7%，就业增长率为3.3%，就业增长弹性系数为0.31；1986—1989年，GDP增长率为7.9%，就业增长率为2.63%，就业增长弹性系数达到0.33（见表7）。"八五"期间GDP增长率升为12.3%，就业增长率降为1.01%，就业弹性系数降为0.08，属于"高增长、低就业"模式，每年新增就业岗位660万个。中国至今还没有摆脱"高增长、低就业"模式，就业问题依然严重。

表7　1980—2009年不同时期的经济增长率与就业增长率

时　　期	GDP增长率（%）	就业增长率（%）	就业增长弹性系数
1980—1985	10.7	3.32	0.31
1986—1989	7.9	2.63	0.33
1991—1995	12.3	1.01	0.08
1996—2000	8.6	1.15	0.13
2001—2005	9.6	1.02	0.11
2006	12.7	0.76	0.06
2007	14.2	0.77	0.05
2008	9.6	0.63	0.06
2009	9.1	0.66	0.07

资料来源：《中国统计摘要2006》；《2006年国民经济和社会发展统计公报》；《人民日报》，2007年3月1日；《2010年中国统计年鉴》。

就业是民生之本。中国实行的积极的就业政策取得了良好的政策效果，进一步扩大了中国的就业规模，调整了中国的就业结构。扩大就业能够产生一系列良好的经济社会结果，提高城乡居民收入，刺激城乡居民消费，进而促进国内需求。但金融危机使我国经济受到不利影响，造成失业加剧和技能人才短缺，劳动力市场面临"就业难"和"用工荒"的双重困境。一方面是高级技工和技师等高技能人才严重匮乏，另一方面是大学生就业难，城镇失

业人口结构由过去的下岗失业人员为主转化为现在以大学毕业生为主的高学
历人口的就业压力（见图 11）。高学历群体的失业是一个结构性问题，主要
是由劳动力市场信息不对称和预期回报较高造成的。

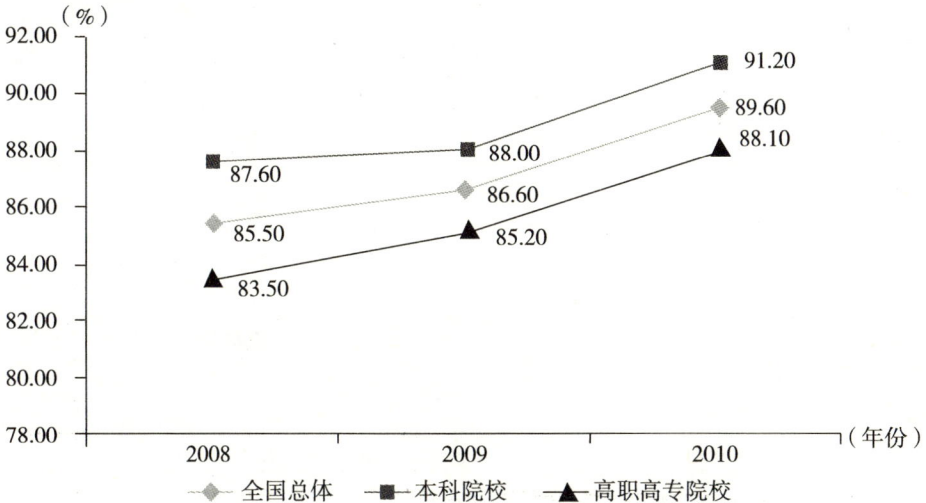

图 11　2008—2010 届大学毕业生毕业半年后的就业率

资料来源：麦可思研究院. 2011 年中国大学生就业报告［M］. 北京：社会科学文献
出版社，2011：53.

　　面对长期的就业压力，政府实现比较充分就业目标的任务仍然非常艰巨。
继续教育如何能够通过提升国民的职业能力来促进充分就业和高质量就业，
也是继续教育发展面临的一大任务和挑战。

　　6. 减贫

　　对发展中国家而言，贫困是最大的挑战，这不仅是指简单的收入贫困挑
战，也包括人类贫困、知识贫困和生态贫困在内的多维度、全方位的发展挑
战。消除贫困成为全世界最优先的国际发展目标（MDG）[①]——建立一个没
有贫困，没有因贫困带来的痛苦的世界（世界银行，2001）。在四类贫困里，
跟继续教育密切相关的是知识贫困（knowledge poverty），它是基本发展能力

———————————

　　① 2000 年 9 月，189 个国家在联合国峰会上达成了历史性的《千年发展宣言》，确立了八个千
年发展目标（MDG）。MDG 是全世界普通人民的发展宣言，是消除人类贫困的全球公约。参见：联合
国开发计划署. 2003 年人类发展报告［M］. 北京：中国财政经济出版社，2003.

与机会的贫困，是 21 世纪全球进入知识经济、知识社会时代的新贫困。这里把它定义为人们普遍缺乏获取、交流、应用和创造知识与信息的能力，或者缺乏权利、机会与途径获得这一能力（见图 12）（胡鞍钢，2006）。

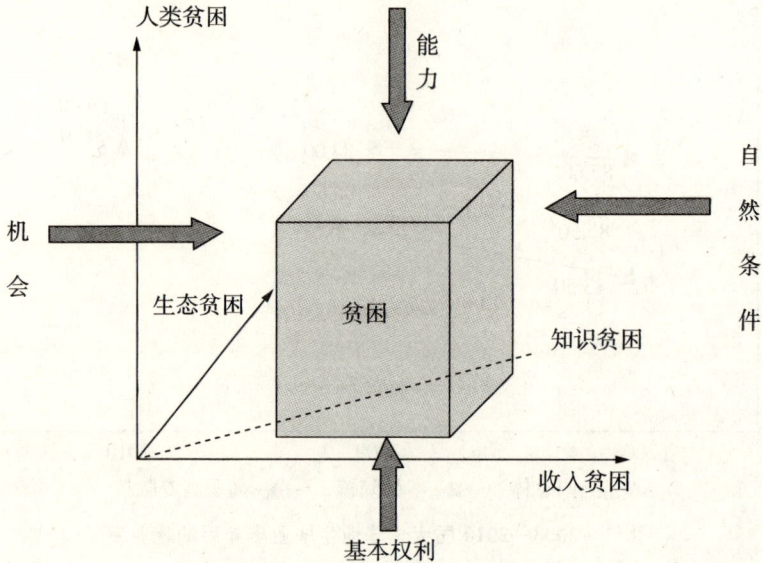

图 12　贫困的多维度分析框架

21 世纪的综合减贫战略就是一种同时全面减少四类贫困的战略，不但要提高贫困人口的收入，还要赋予他们发展的权利，增强其发展能力，扩大他们的发展机会，并且要帮助他们学会吸收知识，运用知识，改善当地的生态环境，增加自然资产，提高生产效率。

因此，通过继续教育来减少各类贫困特别是知识贫困，增强全体国民获取、交流、运用和创造知识的能力，是 21 世纪的继续教育面临的新形势和新任务。

7. 如何投资于青年

青年是充满活力的人群，是最具潜力的人群。世界银行《2007 年世界发展报告》强调，青少年时期是人类生命周期中进行人力资本投资的黄金时期，也是受益最大化时期；反之，如果错过了这一时期的投资，那么带来的损失将是巨大的，并且终其一生也是难以弥补的。这对个人和家庭而言是如此，对整个社会而言更是如此。

目前，中国是世界青少年人口最多的国家，但青少年人口比重明显下降，人口红利机遇窗口逐渐关闭，出现发达国家的人口特征。因此，需要加强教育投入以形成"人口教育红利"，而青少年是其中的最大受益者。所以说，中国的"人口教育红利"主要体现在青少年人口上，将使中国迅速从人口大国向人力资源大国转变（胡鞍钢，2007）。

因此，加强对青少年的继续教育投入，提升国家整体人力资源素质，也将是我国发展继续教育的一个重要的战略导向和工作出发点。

五、提高劳动者受教育年限对缩小收入分配差距的贡献机制研究

（一）理论综述

1. 教育与收入关系的探究

随着我国经济的高速增长，我国居民个人收入差距呈现出不断扩大的趋势。导致这一现象的原因有很多，许多学者对教育方面的因素进行分析，研究教育与居民收入差距之间的关系。

有学者在对中国劳动力市场 1998 年（见表 8）和 2005 年（见表 9）的典型城市年工资指导价位分别进行调查对比之后得出，随着市场化改革的加快，与 1998 年工资指导价位相比，2005 年不同地区、不同学历从业者工资差距在不断拉大。发达地区不同学历从业者收入差距很大，例如 2005 年杭州地区博士及以上学历者的年收入比初中及以下学历者年收入多出约 75000 元，这说明劳动者受教育程度对其个人收入的多少存在很大的影响。（王云多，2006）

表 8　1998 年典型城市劳动力市场不同学历收入抽样调查数据

单位：元

城市	大专及以上学历	中专、技校及高中学历	初中及以下学历
上海	18700	13217	11972
重庆	8472	7474	7600
黄石	7694	6898	6806

资料来源：2000 年 7 月劳动保障部规划财务司公布的国内典型城市 1998 年劳动力市场抽样调查的工资价位。

表9　2005年典型城市年工资指导价位

单位：元

城市	博士及以上学历	硕士学历	本科学历	大专学历	高中、中专及技校学历	初中及以下学历
湘潭	21408	16632	15871	12731	10221	6600
广州	57508	40774	32555	31799	23469	20723
郑州	28644	20928	14856	11772	9216	8904
杭州	88400	57241	36256	23369	16003	13207

注：表中数据为统计数据的中位数。

　　有学者对劳动者教育收入差距[①]拉大的影响因素进行分析，认为教育投资的差异是不同地区教育收入差距扩大的深层次原因。研究发现个人教育收入较高的杭州和深圳，所在城市私人教育支出和地方政府教育支出也较高，而教育投资对于教育收入的影响主要是通过教育对经济增长的贡献实现的。（王云多，2006）教育投资之所以能促进经济的长期增长，是因为它所形成的收益是规模递增的，这种规模递增不仅能抵消物质资本收益的规模递减，而且使整个经济增长的规模收益递增。此外，教育投资对经济增长的作用还在于它能降低交易成本，因为现在教育不仅是文化技术的教育，而且还包括思想道德教育，而思想道德教育的重要经济功能在于减少由道德风险、机会主义等引起的交易成本，从而使更多的资源用于经济增长。（赖德胜，1997）

表10　2003年城镇家庭人均全年教育支出和地方政府教育财政支出的抽样统计

省份	城镇家庭人均全年教育支出（元）	教育事业费（万元）
浙江	801.66	1642075
河南	332.79	1311582
湖南	549.59	90057
广东	678.88	2652474

资料来源：《2004年中国统计年鉴》。

　　以往的研究还表明，人力资本积累的差距是不同学历教育收入差距的主

---

① 指的是受教育程度不同的群体之间的收入差距的现象。

要原因。教育是人力资本的主要投资形式，教育投资将提高个人获利能力。（王云多，2006）个人获利能力可以分为两个方面，一方面是生产能力①，另一方面是配置能力②。这两种能力共同发挥作用，配置能力优先于生产能力发挥作用，只有当资源配置合理时，生产能力更高才会带来更多的收入（赖德胜，2001）。

2. 劳动力市场理论

新古典劳动力市场理论认为，由边际生产力决定的工资是可变的，而且正是工资的这种可变性调节着劳动力的配置。也就是说，根据这一理论，企业应该根据劳动力的供应情况来调整工资，而劳动者则应该选择工资高的部门去就职。由此我们可以得出，随着教育的普及化和公平化发展，人们的收入水平会提高，收入差距会减小。因为教育可以提高低收入者的技能和生产效率，而且还可以减少低技能工人的供给量，增加高技能工人的供给量，这样低收入者不但可以通过提高自身技能和生产效率来获得较高工资，同时也可以给高收入人群施加竞争压力，从而缩小收入差距。（赖德胜，1996）

瑟罗、卢卡斯等人在1972年提出了职位竞争理论，来修正工资竞争理论在现实应用中的不足。职位竞争理论建立在信息不完全对称和不确定性的基础上，雇主不能预知职位申请者未来的表现如何，他们只能把申请者的预期培训成本作为判断工人未来表现的依据。所以该理论可以简化为：职位由技术进步决定，而职位又决定了生产力的提高；职位之间的工资不同，但每个职位上的工资相对固定；工人的工资收入取决于其在劳动力阶梯上的位置，处于阶梯顶端的工人更容易获得较高的职位和收入。而决定工人在阶梯中所处位置的是预期培训成本。在职位竞争理论中，教育没有了提高生产力的功能，而是一种筛选的标准，教育不会使好职位变多也不会使工资水平提高，于是随着教育的膨胀，竞争的日益激烈，每个职位对应聘者受教育年限的要求也就越来越高，受过较多教育的人只能从事那些只需接受少量教育就可以胜任的工作。职位竞争理论最终会导致文凭主义盛行和过度教育。（赖德胜，

---

① 生产能力是指教育增加将提高受教育者的知识技能和能力，进而提高受教育者的生产效率和工资收入。

② 配置能力是指发现机会、抓住机会，最有效地使各种资源变成产出的能力，也可以称为"处理不均衡状态的能力"。

1996）

多林格和皮奥里在 1971 年出版的《内部劳动力市场及人力政策》一书中，把劳动力市场划分为主要劳动力市场和次要劳动力市场，建立了二元劳动力市场理论。二元劳动力市场理论认为，劳动力市场远非是竞争和统一的，它被分割成了两大块，即主要劳动力市场和次要劳动力市场，每一块在劳动力配置和工资决定方面都各有其特点。在主要劳动力市场中，劳动力市场工资仍然由职位本身决定，教育仍然是一种信号。而在次要劳动力市场中，劳动力市场工资由劳动力的供求决定。该理论认为劳动者一旦在次要劳动力市场就业，即使他想办法接受更多的教育，也很难再进入主要劳动力市场。（赖德胜，1996）

激进的分割劳动力市场理论把劳动力市场的分割看成是垄断资本主义发展和阶级斗争发展的产物，认为劳动力市场的分割是在资本主义从竞争到垄断的过渡过程中出现的，资本家为了稳定一支较高素质劳动力队伍、削弱工会力量而做出的自觉努力以及制度本身的演化，也推动了劳动力市场的分割。我们可以看出在激进的分割劳动力市场理论中，劳动力市场分割的出现和固化是功能性的，它有利于防止工人阶级组成统一联盟和形成统一阶级意识，有利于雇主对生产进行控制，从而有利于资本主义制度的运转。（赖德胜，1996）

3. 人力资本理论

美国经济学家舒尔茨在 1960 年首次提出了人力资本概念，贝克尔等人在此基础上进行补充和发展，形成了人力资本理论。贝克尔认为人力资本投资是通过增加人的资源而影响未来的货币和物质收入的活动，个体人力资源的提高，即人对信息、知识、技术的获取、运用和转化能力的提高，将大大提高劳动生产率，从而带动社会经济的增长。（李亚玲，汪戎，2006）

舒尔茨认为人对健康和教育的投资都应视作人力资本投资，知识和创新能力是财富创造的主要因素，教育培训对人力资本的形成产生重要作用，而在工作中的经验积累也是人力资本形成的辅助因素。罗默和卢卡斯在 1986 年把这一观点引入教育部门，论证了知识产品和人力资本具有溢出效应，对知识和教育的不断投入可以持续提高一国的长期经济增长率。

从人力资本分布结构来看，教育的分布结构无论是对社会福利还是对生产的影响都是极端重要的。如果一项资产，比如物质资本，在一个竞争性的环境中可以跨企业自由贸易，它的边际产量将会通过自由市场机制均等化，结果，它对产出的贡献就不会受它在企业或个人之间分配方式的影响；而如果一项资产不是完全可交易的，那么这项资产对不同人的边际产量就不会均等化，在这种情况下，总生产函数不仅取决于资产的平均水平，而且取决于它的分配结果。因为教育和技能仅是部分可交易的，只考虑受教育的平均水平就不足以反映一个国家人力资本的特征。有学者利用各国受教育年数的标准方差来衡量人力资本分布结构，研究了初始人力资本分布对经济增长和贫困降低的影响，认为教育的不平等对于总体经济增长具有负相关效应。（李亚玲，汪戎，2006）

4. 人均受教育年限对经济增长的贡献率

舒尔茨等人在研究经济增长中"剩余部分"的过程中，逐渐发现了受教育程度对经济增长的贡献，其后有人对此进行了更深入的探索，并引入了计量经济学模型来计算固定投资与人力资本投资对经济增长的贡献率。

我国学者对教育的经济贡献率也进行了大量的测算，有学者采用柯布－道格拉斯生产函数进行了实证分析，通过对生产函数（$Y = AK^{\alpha}L^{\beta}$，$\alpha + \beta = 1$）进行演化运算，将该函数分解出资本投入、劳动力投入和其他因素等对经济总量的贡献份额，建立人均受教育年限对经计增长的贡献模型（$Y = AK^{\alpha}L^{\beta} + e^{\mu}$，$\alpha + \beta = 1$，其中 Y 代表产出，K 代表物质资本投入，L 代表人力资本投入，A 代表其他因素，e^{μ} 代表残差，α 代表物质资本的产出弹性系数，β 代表人力资本的产出弹性系数）。（邓飞，2008）研究运用 1990—2005 年数据进行运算得出结论：物质资本对 GDP 的贡献率仍然最大，但以受教育年限衡量的人力资本贡献率达到 26.43%，表明人力资本对经济增长具有持续高效的拉动作用。将规模报酬引入该问题后，研究表明人力资本投资规模的扩大能够获得非常显著的递增收益，人力资本越雄厚，这一效应体现得越明显。也就是说人均受教育年限逐步提高，人力资本不断发展，对 GDP 的拉动作用和贡献率会不断放大。

表 11　各因素影响率及贡献率分析结果

单位：%

	年平均增长率	对 GDP 增长的影响率	对 GDP 增长的贡献率
Y（GDP）	10.682	10.682	100
K（物质资本）	13.273	7.831	73.31
L（人力资本）	2.641	2.832	26.43
A（其他因素）	—	0.028	0.26

资料来源：邓飞. 我国受教育年限问题实证研究 ［D］. 西安：陕西师范大学，2008：21.

（二）实证研究

1. 人均受教育年限与基尼系数的关系研究

（1）选用基尼系数的依据

基尼系数是意大利经济学家基尼在 20 世纪初根据劳伦茨曲线所定义的判断收入分配公平程度的指标。基尼系数是一个比例数值，介于 0—1，是国际上普遍用来考察居民内部收入分配差异状况的一个重要指标。我们通过对教育年限指标与基尼系数指标的考察，来判断教育年限的增长对缩小收入差距的贡献。

有关提高教育年限对缩小收入分配差距的贡献这类问题，一直以来在学界探讨的较少，本部分将通过对我国 1990—2009 年 20 年间的部分国民平均受教育年限与我国的基尼系数进行分析，探讨受教育年限与基尼系数之间的关系，从而了解提高受教育年限对缩小我国收入分配差距的影响。

（2）基尼系数的直接测度与人均受教育年限的对比

基尼系数的直接测度公式如下：

$$GINI = \frac{1}{\mu N(N-1)} \sum_{i>j} \sum |\,y_i - y_j\,|$$

其中，$GINI$ 表示基尼系数，μ 是变量平均值，即地区平均收入，N 是观察值的数量，对于收入 $GINI$ 来说，是个人收入。（杜鹏，2005）

人均受教育年限的定义用公式表达如下：$\overline{Y} = \dfrac{E}{P}$。其中，$E$ 表示调查人口群体中，每个个体受教育年限之和，P 表示该人群总人数。由于 E 的值较难

380

获得，为了简化，这一公式可以等价转化为 $\bar{Y} = \dfrac{\sum P_i E_i}{P}$。在新公式中，$P_i$ 表示具有 i 种文化程度的人口数，E_i 表示具有 i 种文化程度的人群受教育年限系数。（邱国华 等，2005）在学历层次的划分上，一般分为文盲（以及识字量极少）、小学、初中、高中（包含中等职业教育）、大专以上（包括大专、高职、本科、研究生及以上）五个层次。每一层次受教育年限的系数争议较大，一般分为三种，而为了方便计算和进行国际比较，我们将采取以现行学制年数作为系数的方法，将文盲、小学、初中、高中和大专以上五个层次的系数确定为 0 年、6 年、9 年、12 年和 16 年。6 岁及以上人口的人均受教育年限可以反映国家整体人口的受教育情况；15 岁及以上人口的人均受教育年限可以反映义务教育后的人口受教育状况，数值会相对偏大；而 25—64 岁人口群体最能反映劳动力市场的人口受教育状况。（刘巍，2003）我国通常使用第一种统计口径作为通用的统计标准。本研究选用 P 值，即统计口径认定为 25—64 岁就业人群，这样更能反映劳动者受教育年限与收入分配差距之间的关系。

我们将 2007—2009 年的各层级教育程度的劳动力人口占就业人口的比重带入人均受教育年限的公式进行计算，得出以下数据（见表 12）：

表12　2007—2009 年就业人口人均受教育年限

年份	文盲（%）	小学（%）	初中（%）	高中（%）	大专及以上（%）	人均受教育年限（年）
2007	6.0	28.3	46.9	12.2	6.6	8.44
2008	5.3	27.4	47.7	12.7	6.9	8.57
2009	4.8	26.3	48.7	12.8	7.4	8.68

资料来源：根据 2007—2009 年《中国人口和就业统计年鉴》计算所得。

通过计算和对比数据我们发现，就业人口人均受教育年限与 6 岁以上人口平均受教育年限结果相当近似。由于 1990—2009 年就业人口受教育程度的数据很难获得，我们将用 6 岁以上人均受教育年限来代替就业人口平均受教育年限。

通过表 13 可以看出，随着人均受教育年限的增长，我国的基尼系数并没

有如预期那样减小。有学者认为，教育的扩张过程中，教育的发展对收入分
配的影响是一种简单的单向作用，即教育要素的发展和进步有助于改善收入
分配不均的状况，使社会财富向中、低收入人口流动。（王佳，2010）也有
学者认为，教育的发展对收入分配的影响并不显著，甚至会起相反作用。
（孙百才，2009）我们认为最能够解释表13所呈现现象的研究，是1980年刘
易斯等人对38个欠发达国家进行的数据分析，他们发现对于人均GNP在500
美元以下的国家来说，收入基尼系数与人均受教育程度呈正相关关系，而对
于人均GNP在500美元以上的国家来说，收入基尼系数与人均受教育程度呈
负相关关系。（Leipziger，Leiwis，1980）

表13 我国历年人均受教育年限与基尼系数对比

年 份	人均受教育年限（年）	基尼系数
1990	6.05	0.33
1995	6.51	0.38
1998	6.88	0.39
1999	6.97	0.40
2000	7.41	0.40
2001	7.47	0.43
2002	7.52	0.45
2003	7.70	0.46
2007	8.44	0.51
2008	8.57	0.52
2009	8.68	0.53

资料来源：根据历年《中国人口和就业统计年鉴》整理和计算所得。

还有学者认为，在教育扩展的过程中，教育成就的提高对收入分配的影
响不仅仅是简单的正相关或者负相关关系，教育成就的作用力在教育发展的
初期会对收入分配产生反方向作用，从而加剧收入不平等，而随着教育扩张
到一定水平，教育成就的提高将会缩小收入的差距。（王佳，2010）

鉴于受教育年限的增长有助于教育成就的扩大，我们认为教育年限对
收入分配的影响与教育成就对收入分配的影响有同方向作用效果，因此增

加人均受教育年限与收入分配差距同样呈现一种倒"U"形关系。就我国当前教育发展形势来看，我国正处于教育发展的前期阶段，即教育发展初期，增加教育年限会加剧收入分配的不公平性，而随着教育的不断发展完善，增加教育年限将会促进基尼系数的减小，对收入分配的公平性产生相应的促进作用。

2. 世界人均受教育年限与收入指数的关系研究

教育越发达的国家，经济也相对较为发达，且基尼系数较小。人文发展在很大程度上可以体现教育的发展状况，我们将世界各国按照人文发展指数①进行分类，将世界各国分为超高人文发展国家、高人文发展国家、中等人文发展国家和低人文发展国家，目前中国正处于中等人文发展国家的行列。

我们对分布于各个行列中的国家的成人人均受教育年限②和收入指数③进行综合处理，得出每个行列的成人人均受教育年限和收入指数（见表 14）。

表14　不同人文发展水平国家人均受教育年限与收入指数

国家和地区	人均受教育年限（年）	收入指数
世界	7.5	0.58
超高人文发展国家	10.5	0.82
高人文发展国家	9.0	0.66
中等人文发展国家	6.7	0.52
低人文发展国家	3.8	0.31

资料来源：马建堂. 人文发展指数［M］//国际统计年鉴2011. 北京：中国统计出版社：361-368. 数据经过作者处理。

通过对这组数据的分析，我们可以发现人文发展程度较高的国家，人均受教育的年限较高，同时收入指数也较高。在去除各国汇率与通胀对人均收入的影响后，我们可以得出结论：增加人均受教育的年限，可以提高劳动者

---

① 人文发展指数是人类发展的一项综合指标，它测量了人类发展的三个方面的平均成就：寿命、教育程度以及体面的生活。人文发展指数是对这三个方面的指标标准化后的稽核平均值。

② 成人人均受教育年限是指 25 岁及以上人口已经获得的文化程度转换成理论教育年限的平均值。

③ 收入指数是将收入与物价指数紧密联系起来，收入随物价指数的变动而变动。

的收入，通过提高低收入劳动者的收入，并将其引入高收入者职位的竞争中，在一定程度上有助于缩小收入差距，让收入分配趋于合理。

六、健全继续教育国家制度的政策建议

由以上分析可见，提高劳动者受教育年限对于缩小收入分配差距确实具有一定的促进作用。从本质上看，劳动者受教育年限的提高实质上是其在受教育过程中职业能力和综合素质的提高，因而接受较多教育培训的劳动者能够更好地适应工作和社会的需求，从而提高收入，特别是对于中低收入群体的劳动者来说，这一收入提高效应更为明显。

而继续教育则是提高劳动者职业能力和综合素质、提升其受教育年限的重要途径。因此，从理论上分析，大力发展继续教育，将对缩小收入分配差距起到根本性的推动作用。针对我国继续教育的现状、面临的挑战及其自身的特性，我们认为，要突出政府在全面发展继续教育中的政策主体、投资主体、监督主体和责任主体的主导地位，从国家综合国力建设和经济社会可持续发展的角度出发，着力解决好目前继续教育的现存问题，对此，我们提出如下政策建议。

（一）抓住战略机遇期，全面发展继续教育

如上文所述，中国"人口红利期"将在 2015 年达到高峰，然后下降。因此，当前正是全面发展继续教育的战略机遇期，是大力投资于继续教育的黄金时期，错过了这一战略机遇期将会导致无法挽回的损失。

因此，发展继续教育要有历史和战略眼光，要充分认识到继续教育在当前我国国家战略体系中的重要地位，从而将继续教育工作置于更加突出的位置，提升到新的战略高度。所谓历史眼光，就是要认识到继续教育在中华民族的伟大复兴进程中对经济社会所起的先导作用，对全面提高民族素质所起的基础作用，对提升民族凝聚力和感召力所起的引导和辐射作用，对构建全民学习型社会所起的推动作用。所谓战略眼光，就是要意识到继续教育在经济社会的发展过程中所具有的全局性和长远性，继续教育不只是教育本身的

问题，而是牵涉经济、政治、社会、文化等方方面面，需要从战略的高度来统筹考虑。

要把继续教育提升到服务于经济发展方式转型、服务于全民终身学习型社会构建、服务于提高人力资源素质以应对人口红利下降、服务于科教兴国战略与国家软实力提升的战略高度上来定位，同时在政策的制定和落实过程中还应考虑到继续教育对于促进就业、减贫等多个社会维度的直接或潜在的影响和作用。

（二）以大系统、大教育观发展继续教育，推进创新型国家建设

2006 年年初召开的科学技术大会提出了建立创新型国家的目标，建立创新型国家需要大量创新型人才，尤其是大量工程实践技术人才。直接培养工程技术人才的工程教育是继续教育领域不可或缺的内容，要充分发挥工程教育在继续教育阶段的"教育再造"作用，对实践创新能力薄弱的毕业生进行知识和技能再造与拓展，以应对全球化时代对工程技术人才实践型、综合型和创新型的要求。具体措施包括在全国范围内广泛开展"卓越工程师培养计划"，注重行业企业深度参与的培养过程，按通用标准和行业标准培养工程人才，强化培养学生工程能力和创新能力。另外，努力构建政府、高校、企业三位一体的工程教育支撑架构，积极发挥产学研紧密结合的人才培养模式，培养出真正满足社会和企业需求的工程技术人才。

总之，对工程技术人才的培养要真正着眼于国家的未来，必须强调大系统观、大工程观，强调以生态的、社会的、人文的理念来培养，对工程教育体系进行全面系统的改革。推而广之，对于整个继续教育体系，则需要树立大系统观、大教育观，把工程教育、职业教育和继续教育的需求结合起来，使学校教育和继续教育有机衔接，形成一个各类教育密切协作互为补充的大教育系统，为我国现代产业体系构建提供强大的人才支撑。同时要全面增强继续教育的系统性和普适性，大力促进我国创新型国家的建设和全民学习型社会的构建（见图 13）。

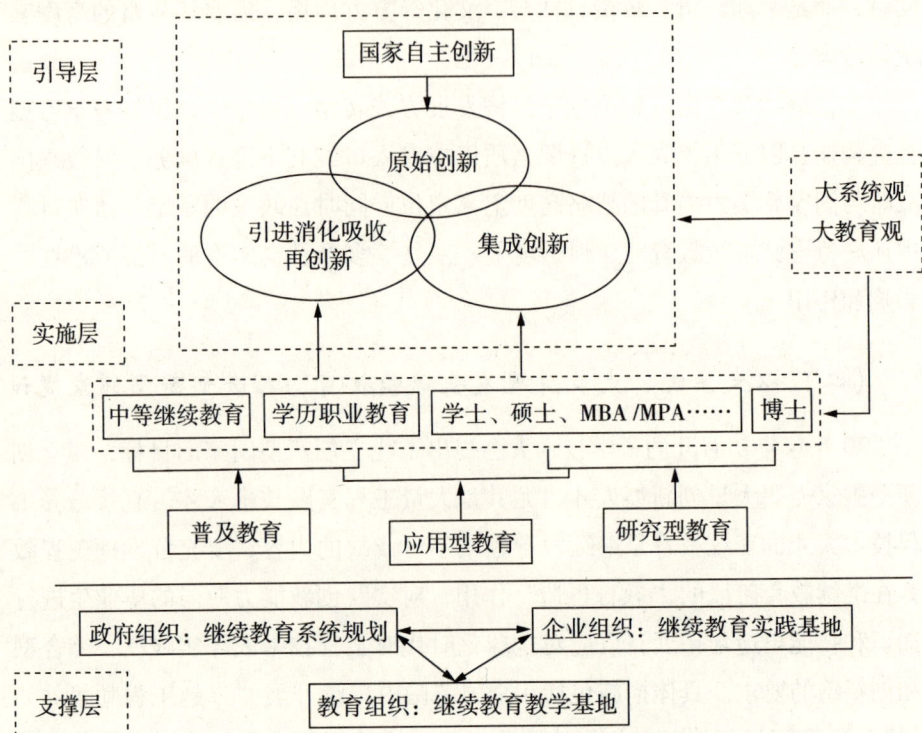

图13　继续教育改革的系统构建框架

（三）在财政上对继续教育优先投入

中国要成功实现经济追赶，从国际经验来看，人力资本先导模式是经实践证明行之有效的模式。要采取人力资本先导模式需要在财政上对继续教育有相应的优先投入。教育投入不足一直是制约我国教育事业发展的软肋。2012年国家财政性教育经费支出占GDP的比例首次实现4%，仍低于4.5%的世界平均水平。

与规模庞大的教育体系相比，中国教育经费投入严重不足，如果不重视对继续教育的经费投入，那么继续教育的发展将更加困难甚至难以为继。因此，我们建议国家通过制定相关政策法规，明确政府支持继续教育的财政边界，确定政府和继续教育机构所应承担的对继续教育经费的投入比例，并加大对继续教育的财政支持力度。对于作为公共产品的公办学校机构的继续教育，应主要由政府财政拨款提供，特别是与就业和民生息息相关的继续教育类型的经费，如岗位技能培训、农民工培训等，建议均由国家财政提供经费。另外，对于作为私人产品的民办机构的继续教育，国家也应积极扶持，并提供相应的经费支持。

专栏3　美国政府对继续教育的投入

美国政府除不断增加国家财政拨款外，还以法律、法规的形式明确规定中央和地方政府对继续教育经费所承担的比例，规定企业、产业部门及雇主对职工教育经费所承担的义务，既有财力的投入，也有政策法规的保障。

在美国，各州举办继续教育的公立大学、社区学院、成人学校所需经费的70%均由政府提供，私立大学所需经费的13%也由政府提供。同时，引导社会各界积极参加，形成多元的继续教育办学格局。在美国，开展继续教育的主体包括高校、企业、行业协会和私人等。

资料来源：胡泽民，李兵. 对继续教育改革与发展的一些问题的思考 [J]. 广西广播电视大学学报，2009，19（2）：10-15.

（四）引导一部分发达地区率先大力发展继续教育，进而全面扩展，促进全民学习型社会构建

如上所述，经济发展水平越高的地区，继续教育收益的价值就越大，体现出边际效益递增的特性。这一特性预示着继续教育将在经济发展水平高的地区率先得到全面发展。随着经济社会向共同富裕迈进，全民学习型社会将得以实现。这是由无形之手的市场规律决定的。而政府的有形之手则以宏观调控的形式对继续教育加以引导，更好地促进教育共同发展。

（五）完善继续教育法律保障，推动终身学习法律机制的建立

法律具有强制性的特点，它以其强制性和约束力来规范国民的行为，保障国家各项政策的实施。世界发达国家和地区以其自身实践证明了制定

有关终身学习法律法规的重要性。美国早在 1976 年就制定了《终身学习法》，日本于 1990 年通过了《终身学习振兴法》。欧盟在 2000 年通过了《全民终身学习手册》，英国于 1998 年和 1999 年相继发布了《学习时代》绿皮书和《学习成功》白皮书。同时，各国的地方政府也围绕终身学习活动的开展颁布了相应的地方性政策或法规。这些终身学习的法律法规从法律上保障了本国人民参与终身学习的权利，为终身学习体系的构建提供了法律支撑。

我国在教育领域建立了基本的法律体系，有《教育法》、《职业教育法》、《高等教育法》、《民办教育促进法》等法律作为基础支撑，还颁布了其他一些专项规章作为补充。这些法律主要对基础教育和学历教育进行了规定，虽然对继续教育领域有所涉及，但没有一部专门的继续教育法律。而继续教育作为终身教育体系的重要组成部分，是国民进行终身学习的主要方式，在继续教育领域法律的缺失不利于我国终身学习体系和全民学习型社会的创建。因此，必须完善我国继续教育领域的法律法规，逐步构建我国的终身学习的法律机制，为全国人民的终身学习提供法律上的保障。

（六）加强继续教育治理，有所为有所不为

继续教育产品多种多样，其产品特性从排他的到非排他的，从竞争的到非竞争的，分别呈现出公共产品、俱乐部产品、私人产品等多种形态。因此，政府在治理和发展继续教育产品时，针对不同形态的继续教育产品要有相应的治理举措，有所为有所不为。为此，需要重新界定政府在继续教育治理领域的职能和干预内容，调整政府的职权范围、行为方式、工作重点，在一些领域从"缺位"变为"到位"，在另外一些领域从"越位"变为"归位"。当政府的治理恰到好处时，政府和市场的力量将得到最充分的发挥，从而最大限度地调动多方面资源全面发展继续教育。

（七）重视大学后继续教育的发展，不断提高继续教育人才培养层次

党的十六大报告①和十七大报告②先后指出：要"形成全民学习、终身学习的学习型社会，促进人的全面发展"，把建立全民终身学习型社会作为全面建设小康社会的奋斗目标之一。建立全民终身学习体系，构建全民学习、终身学习的学习型社会，也是我国中长期教育改革和发展的重要战略目标之一。③

学习型社会的形成是以促进人的全面发展为目标的，是以全民学习和终身学习为主要表现形式的。而这一目标的实现，仅靠普通全日制学校教育是远远不够的，即使是正规学校教育的最高层次——高等教育，其作用也是有限的、阶段性的。针对传统教育的阶段性和终极性特点，继续教育打破了传统学校教育的封闭性，实现了正规的、官方的学校教育体系与非正规的、非官方的甚至是民间自发的教育系统之间的有机联系。

在工业化社会初期，人们在学校特别是高等学校学习的知识和技能几乎可以受用终身，"一次性"的高等教育把人生分成学习和工作两个截然不同的阶段。而在当今世界，科学技术突飞猛进，知识经济已见端倪，国际竞争日趋激烈。知识更新的速度不断加快，知识和技能的更新周期越来越短。据估计，技术知识每年以10%—15%的速度贬值，如机械制造技术使用衰减期为10年，计算机技术使用衰减期仅为4年，因此，在世界知识总量大增而知识更新周期越来越短的情况下，即便在大学阶段也只能获得整个人生所需知识的10%左右，其余的则要靠大学毕业后的继续教育来补充。

---

① 十六大报告指出："全民族的思想道德素质、科学文化素质和健康素质明显提高，形成比较完善的现代国民教育体系、科技和文化创新体系、全民健身和医疗卫生体系。人民享有接受良好教育的机会，基本普及高中阶段教育，消除文盲。形成全民学习、终身学习的学习型社会，促进人的全面发展。"这是全面建设小康社会的目标之一。

② 十七大报告指出："发展远程教育和继续教育，建设全民学习、终身学习的学习型社会。"

③ 《教育规划纲要》指出："构建体系完备的终身教育。学历教育和非学历教育协调发展，职业教育和普通教育相互沟通，职前教育和职后教育有效衔接。继续教育参与率大幅提升，从业人员继续教育年参与率达到50%。现代国民教育体系更加完善，终身教育体系基本形成，促进全体人民学有所教、学有所成、学有所用。"

大学后继续教育是在大学学历教育基础上的再教育，具有其他继续教育所不具备的知识高起点性，对于更高层次的具有良好综合素质的创新型人才培养意义重大，有利于我国整体国民素质水平向更高层次发展，有利于推动我国创新型国家的建设。作为高等教育的延伸和发展的大学后继续教育，成为终身教育越来越重要的组成部分和继续教育改革与发展新的增长点，是构建全民学习型社会的关键环节。

因此，我们应当更加重视大学后的继续教育，用继续教育来弥补高等工程教育和高等职业教育在人才培养方面的不足之处，培养具有较强职业能力的高素质人才，同时通过继续教育来提升全民综合素质，促进全民高质量的工作和生活，为我国全民学习、终身学习的全民学习型社会构建做出贡献。

参考文献

邓飞.2008. 我国受教育年限问题实证研究 [D]. 西安：陕西师范大学.

杜鹏．2005. 基于基尼系数对中国学校教育差距状况的研究 [J]. 教育经济(3)：31.

国家人口发展战略研究课题组.2007. 国家人口发展战略研究报告 [R]. 01 – 11.

何刚.2002. 当前继续教育应重视的几个突出问题 [J]. 滨州师专学报 (3)：78 – 80.

胡鞍钢.1999. 中国发展前景 [M]. 杭州：浙江人民出版社：62 – 63.

胡鞍钢.2006. 全球化挑战中国 [M]. 北京：北京大学出版社：134 – 136.

胡鞍钢.2007. 投资青年就是投资未来 [J]. 中国科学院 – 清华大学国情研究中心. 国情报告 (23).

胡鞍钢，王绍光，周建明.2003. 第二次转型：国家制度建设 [M]. 北京：清华大学出版社：45 – 46.

胡鞍钢，郑京海.2004 保持中国经济高质量高增长的关键是提高 TFP [J]. 中国科学院 – 清华大学国情研究中心. 国情报告 (增刊4).

赖德胜.1996. 分割的劳动力市场理论评述 [J]. 经济学动态 (11).

赖德胜.1997. 教育、劳动力市场与收入分配 [J]. 当代经济研究 (4)：21 – 25.

赖德胜.2001. 教育、劳动力市场与收入分配 [J]. 经济研究. (4)：42 – 49.

李亚玲，汪戎.2006. 人力资本分布结构与区域经济差距 [J]. 管理世界 (12).

刘巍.2003. 人均受教育年限三种计算方法的比较 [J]. 北京统计 (6)：19 – 20.

清华大学国情研究中心.2011. 2030 中国——迈向共同富裕 [M]. 北京：中国人民

大学出版社.

邱国华, 等. 2005. 关于人口平均受教育年限与平均预期受教育年限的思考 [J]. 辽宁教育研究 (3).

申秀清. 2002. 论继续教育与成人教育的可持续发展 [J]. 教育评论 (6): 65 – 67.

世界银行. 2001. 2000/2001 年世界发展报告: 与贫困作斗争 [M]. 北京: 中国财政经济出版社: 5.

孙百才. 2009. 教育扩展与收入分配: 中国的经验研究 [M]. 北京: 北京师范大学出版社: 3 – 6.

王佳. 2010. 教育成就与收入不平等——基于 1978—2008 年我国相关数据的实证检验 [C]. 武汉: 2010 年教育经济学学会.

王云多. 2006. 教育收入差距研究 [J]. 边疆经济与文化 (2): 104.

吴雪萍, 项晓勤. 2008. 英国继续教育改革探析 [J]. 比较教育研究 (5): 77 – 81.

中国外交部, 联合国驻华系统. 2009. 中国实施千年发展目标进展情况报告 [R/OL]. http: //www. un. org. cn/public/resource/Ibff408dd533a46210b78038a9da8649. pdf.

Asian Development Bank (ADB). 2007. Key Indicators 2007: Inequality in Asia [R/OL]. http: //www. adb. org/Documents/books/key_ indicators/2007/pdf/Key-Indicators-2007. pdf.

Leipziger D M, Leiwis M. 1980. Social Indicators, Growth and Distribution [J]. World Development, 8 (4): 299 – 302.

World Bank. 2009. World Development Indicators 2009 [R]. Geneva: World Bank, 2009: 14 – 16, 80 – 82.

10

增加职业教育投入是缩小
收入差距的重要举措

中国人民大学教育发展与公共政策研究中心课题组

摘　要

　　近年来，伴随经济总量增长的是我国收入差距的日趋扩大。由于国民收入初次分配环节中的差别因素，再分配过程中有效调节手段的缺失，居民收入的城乡间差异、地区间差异、行业间差异日益显著。本文系统讨论教育投入，尤其是职业教育投入与缩小收入差距的关系。从我国居民收入差距现状出发，透过数据图表，详细展现了三大差异的现实状态与变化趋势。在此基础上，一方面提出缩小收入差距的对策措施，另一方面建议从规模、水平、主体及结构等方面增加职业教育投入。最后，引入西蒙·库兹涅茨的收入差距拐点理论，阐述了其基本概念与形成原因；并与我国具体国情相结合，提出缩小收入差距的可能性与解决对策。

引言

　　改革开放以来，我国经济发展取得了令人瞩目的成就，30多年来经济增长率平均接近 10%。到 2011 年，我国国内生产总值达到 471564 亿元，比新中国成立初期增长了 600 多倍，比改革开放初期也增长了 100 倍以上。在国民经济快速发展的同时，我国贫困人口的数量也在迅速减少。改革开放以来，我国绝对贫困人口在 30 年间减少 2.15 亿：1978 年我国绝对贫困人口大约有 2.5 亿，约占总人口的 1/4，到 2007 年末绝对贫困人口占总人口数不到 3%。对于居民个人而言，2009 年与 1978 年相比，我国城镇居民家庭可支配收入增长了 4.66 倍，农村居民家庭纯收入增长了 5.18 倍，居民收入快速增长，来源不断拓宽。

但是，在经济快速增长，居民收入不断提高、来源渠道逐步拓宽的同时，居民收入差距却呈现日益扩大的局面，且这种态势愈演愈烈。居民收入差距扩大，体现在城乡间居民收入差距、地区间居民收入差距、不同行业间居民收入差距等多个方面。根据相关数据测算，到 2009 年我国城乡间居民收入差距达到 3.33 倍，地区间居民收入差距达到 2.43 倍，行业间居民收入差距达到 4.21 倍。在收入初次分配环节上存在诸如城乡间、地区间、不同行业间等差别因素，制约了收入的公平分配，加之再分配又缺乏有效的调节手段，从而促成了居民收入差距的不断扩大。

在以往研究中，将财政、教育作为解决收入差距问题的对策多有分析，但系统讨论教育投入，特别是职业教育投入与缩小收入分配关系的研究却不多。一方面，主要由于宏观的教育投入与受教育者的收益关系存在滞后性，对收入分配的影响也同样存在滞后。另一方面，相比于个人的教育投入数据，受教育年限更易获得。因此，这里我们讨论增加职业教育投入和缩小收入差距的关系则多从理论分析出发。

一、缩小收入差距的举措

假设到 2020 年我国全面建设小康社会完成的时候，如果要比较好地解决收入差距问题，至少必须把现在农村人口占 50% 的常态降低到占 40%，现在农村里面是 6.7 亿人，到 2020 年，农村里面的人可能剩下 5 亿多人，接近 2 亿人在未来要进城。农村劳动力进城，农民面对的一方面是生活方式的转变，必须适应城市里边的生活方式，但更重要的是工作方式和劳动技能的转变。这些人必须有能力进城，这个能力就是二三产业方面的劳动技能，因而职业教育对缩小城乡收入差距、构建和谐社会至关重要，对留在农村的人收入水平继续提高也至关重要。农村劳动力转移同时也带来农民扩大土地规模的可能性，这时对农产品的需求表现一是量的增加，二是质的转变，三是对食品安全重视的不断提高。在这种状况下就必须掌握新的技术，只有不断地让他们接受并掌握必要的新的职业教育和技术技能，他们才有办法把握市场机会。

随着产业就业结构、技术结构水平的不断变动，城市里面的人也同样必须不断学习，掌握新的技能，所以职业教育的外延大概包括中等职业教育、高等职业教育以及在工作岗位上的继续教育，如果能做得好，对落实科学发展观、保证我国经济能够继续增长以及缩小城乡间差距会有很大贡献。对农村的中等职业教育，政府要担负起主要责任，因为这是对和谐社会做出最大贡献的一种教育方式，而和谐社会是一个公共产品，是一个外部性很强的一种社会活动。对于高职教育和继续教育，可以用市场化、产业化的方式做，因为受益者主要是工人和企业，可以由就业者和企业提供更多的投入，解决他们的就业和招聘问题。

（一）城乡间居民收入差距

我国现阶段城乡间居民收入差距过大是不争的事实。国际上一般认为，当一个国家经济发展水平达到人均 GDP 3000 美元时，城乡间居民收入比不应超过 2，而我国 2009 年的人均 GDP 已经达到 3566 美元，城乡间居民收入比却高达 3.33（见表 1），这可清晰表明现阶段我国城乡间居民的收入差距之大。

表 1　我国城乡间居民收入差距情况（1978—2009）

单位：元

年份	1978	1979	1980	1981	1982	1983	1984	1985
I_1	343	405	478	500	535	565	652	739
I_2	134	160	191	223	270	310	355	398
I_1/I_2	2.56	2.53	2.50	2.24	1.98	1.82	1.84	1.86

表1（续）

年份	1986	1987	1988	1989	1990	1991	1992	1993
I_1	901	1002	1180	1374	1510	1701	2027	2577
I_2	424	463	545	602	686	709	784	922
I_1/I_2	2.13	2.16	2.17	2.28	2.20	2.40	2.59	2.80
年份	1994	1995	1996	1997	1998	1999	2000	2001
I_1	3496	4283	4839	5160	5425	5854	6280	6860
I_2	1221	1578	1926	2090	2162	2210	2253	2366
I_1/I_2	2.86	2.71	2.51	2.47	2.51	2.65	2.79	2.90
年份	2002	2003	2004	2005	2006	2007	2008	2009
I_1	7703	8472	9422	10493	11760	13786	15781	17175
I_2	2476	2622	2936	3255	3587	4140	4761	5153
I_1/I_2	3.11	3.23	3.21	3.22	3.28	3.33	3.31	3.33

注：表中 I_1 代表城镇居民家庭人均可支配收入，I_2 代表农村居民家庭人均纯收入，I_1/I_2 代表城乡间居民收入比值。数据根据历年《中国统计年鉴》中数据整理而得。

改革开放以来，我国城乡间居民收入比的变化呈现出明显的阶段性，从最初1978年的2.56的逐渐下降到1985年的1.86，1986年后攀升，至1994年达到2.86，在1995—1997年间出现短期下降，但1998年后又重新扩大，到2009年达到3.33。

城乡居民间过大的收入差距直接反映了我国二元经济结构的特征，在该特征下，城乡市场分割。在城市发展过程中，农村向城市提供劳动力、土地等生产资料，城市却没有给农村相应支持，由此引发的经济总量差距和财力投入差距使得农村各项公共服务均与城市形成巨大反差。

职业教育对提升人力资本价值的重要作用非常显著，虽然接受职业教育并不必然带来较高的收入水平，但它绝对是影响居民收入能力和收入水平的重要因素。我国农村职业教育发展明显落后于城镇职业教育，较大的城乡间职业教育差距势必会导致城乡间居民收入差距的进一步扩大。

另外，就业机会的差距也是引起我国城乡间居民收入差距的重要原因。工业化过程中，农业创造新的就业机会的能力非常有限，农村就业难度明显增大。在农村推进职业教育能够明显提升农村劳动者的就业机会，从而充分带动就业，缩小同城市居民的收入差距。

（二）地区间居民收入差距

改革开放以来，我国各地居民收入虽然显著提高，但收入增长速度不同，导致地区间居民收入差距的扩大。2009 年，我国东、中、西部地区的城镇居民人均可支配收入分别为 21969 元、14280 元和 14060 元，中、西部地区城镇居民人均可支配收入分别为东部地区的 65% 和 64%；同年，东、中、西部地区的农村居民人均纯收入分别为 8831 元、4769 元和 3886 元，中、西部地区农村居民人均纯收入是东部地区的 54% 和 44%。

从表 2 可以看出，2009 年我国城镇人均可支配收入居前五位的北京市（26738 元）、上海市（26675 元）、浙江省（24611 元）、广东省（21574 元）和天津市（21430 元）全部集中于东部地区；而农村人均可支配纯收入居前五位的北京市（11986 元）、上海市（11385 元）、天津市（10675 元）、浙江省（10008 元）和江苏省（8004 元）也全部集中于东部地区。相比之下，不管是城镇还是农村人均收入靠后的省份大都位于西部或中部地区。

表 2　2009 年我国部分省份城乡居民人均纯收入

单位：元

省份	城镇居民人均可支配收入	农村居民人均纯收入	省份	城镇居民人均可支配收入	农村居民人均纯收入
北京	26738	11986	河北	14785	5130
上海	26675	11385	陕西	14600	3500
浙江	24611	10008	云南	14424	3369
广东	21574	6906	河南	14372	4807
天津	21430	10675	湖北	14367	5035
江苏	20533	8004	江西	14020	5075
福建	19558	6880	安徽	14086	4504
山东	17812	6119	吉林	14006	5450
内蒙古	15850	4938	宁夏	14000	4100

表2（续）

省份	城镇居民人均可支配收入	农村居民人均纯收入	省份	城镇居民人均可支配收入	农村居民人均纯收入
辽宁	15800	6000	四川	13904	4462
重庆	15749	4621	海南	13751	4910
广西	15451	3980	甘肃	13025	3355
湖南	15084	4910	青海	12692	3346
山西	14787	4256	新疆	12120	4000

资料来源：《中国统计年鉴2010》。

从地区间居民收入差距的变化趋势来看，改革开放后，我国东部沿海地区经济迅猛发展，从而带来该地区居民收入水平大幅提升，而地区之间的绝对收入差距和相对收入差距也逐步扩大。1985年，东、中、西部地区城镇居民人均可支配收入之比为1.11∶1∶1.26，此时西部城镇收入反而偏高，而东、中、西部地区农村居民人均纯收入之比为1.59∶1.18∶1，差距已经较为明显。到1997年，东、中、西部城镇居民人均可支配收入之比达到1.45∶1∶1.03，农村居民人均纯收入则变为2.15∶1.41∶1，城镇和农村都出现扩大趋势。而到2009年，东、中、西部城镇居民人均可支配收入之比为1.47∶1∶1.01，农村居民人均纯收入则变为1.87∶1.26∶1，地区之间城镇居民收入差距扩大的趋势减缓，而农村居民收入差距则出现缩小的趋势。

我国地区间经济发展差距本身就很大，加之地区间财力和公共服务水平的差异，从而导致地区间居民收入的差距。仅从教育来看，2009年小学生均预算内教育经费支出最高的上海（14844元）为最低的河南（1960元）的7.6倍，由此可见地区间公共服务水平差距之大。然而加大对中、西部地区的教育投入，特别是职业教育投入不仅可以扭转地区间公共投入的不均衡，同时也可以促进居民收入偏低地区提高收入水平。另一方面，加大贫困地区的职业教育投入，发展当地的职业教育，可以提高贫困地区劳动力的技术技能水平，满足发达地区产业发展的需求，同时促进劳动力流动，从而使得贫困地区的劳动力通过在发达地区就业实现收入水平的提高，进一步缩小地区间居民收入的差距。

（三）行业间居民收入差距

改革开放以后，尤其是近些年来，虽然各行业就业者的收入水平都有了大幅度提高，但提高的程度各不相同，导致各行业劳动者的收入差距进一步扩大，各行业收入高低排序发生很大变化。同时，不同行业间劳动者的收入差距也有不断拉大之势。这些变化是与行业的市场准入制度、行业人均受教育程度以及国家的产业政策密切相关的。

从表3可以看出，2000年和2009年各行业劳动者年收入水平的变化情况，通过这张表可以清楚地了解到，在目前的中国，哪些行业的劳动者收入较高，哪些行业劳动者的收入增幅较大。

表3　2000年和2009年不同行业职工年平均工资

单位：元

行　业	2000年	2009年	行　业	2000年	2009年
房地产业	12616	32242	采掘业	8340	38038
金融保险	13478	60398	卫生福利	10930	35662
科研技术	13620	50143	建筑	8735	24161
交通邮电	12319	35315	商业餐饮	7190	20860
电煤气水生产供应	12830	41869	农林牧渔	5184	14356
			水　利	9622	23159
党政团体	10043	35326	社会服务	10339	25172
文艺广电	9482	37755	制造业	8750	26810

资料来源：《中国统计年鉴2010》。

通过表3可以发现，2009年相比于2000年，行业职工年平均工资的情况发生了一定变化，劳动者收入居于前列的一般是新兴行业或具有垄断地位的行业，这些行业随着市场经济的发展，业务量突飞猛进，取得了高额利润，并将其中一部分以不同形式分配给企业劳动者，使这些行业劳动者的收入大幅提高。这些年来，我国收入分配的趋势是向技术密集型、资本密集型行业与新兴产业不断倾斜，这些行业与劳动密集型产业的收入差距不断拉大，构成了行业间收入差距的主要方面。而那些传统的资本含量少、劳动密集、竞争充分的行业，其从业者收入则相对越来越低。

从目前我国不同行业间的职工收入差距现状来看，行业性垄断是其中最大的影响因素，同时也包括行业间成本价格结构差异和政府财政扶持政策差异等因素。当然行业间劳动者本身的素质以及其劳动生产率差异也是导致收入差距的重要因素。例如，技术密集型产业要素的相互配合程度较高，使得该产业的劳动生产率远高于劳动密集型产业的劳动生产率。在相同条件下，高劳动生产率行业获得的利润自然高于低劳动生产率行业，这使得技术密集型产业的职工工资增长程度也高于劳动密集型产业。

加大职业教育投入，促进职业教育发展，就是要适应我国经济发展过程中的产业升级，培养更多技术人才满足技术密集型产业发展的需求。同时，给劳动者接受培训的机会，提高劳动者素质，由原来仅能提供简单重复性劳动成为适应产业需求的技术工人。如此，将有助于缩小原来这些劳动者同高收入行业劳动者之前的收入差距，从而降低整个社会的收入差距水平。

二、增加职业教育投入

教育公平是实现社会公平的重要基础，职业教育公平则是实现教育公平的重要途径。强化职业教育的公益性，维护职业教育的公平与均等，加大职业教育的投入，是缩小收入分配差距、促进基本公共服务均等化与加快城乡社会统筹发展的重要途径。改革开放以来，职业教育的发展取得了历史性突破。办学规模不断扩大，质量明显提高，使国家具备了大规模培养数以亿计中高等技能型人才的基本能力，具备了加快普及高中阶段教育的基本能力，具备了服务国家从人力资源大国向人力资源强国转变的基本能力。各级政府对发展职业教育重要性的认识也普遍提高，相应地也更加重视对职业教育的经费投入。

（一）职业教育投入的整体规模

从职业教育投入的整体规模来看，2005 年以来我国职业教育的投入显著增长，职业教育财政性经费从 399.6 亿元，增长到 2009 年的 1162.1 亿元。财政性的职业教育经费投入占 GDP 的比例从 2005 年的 0.22% 上升到 2009 年的 0.34%（见图 1）。

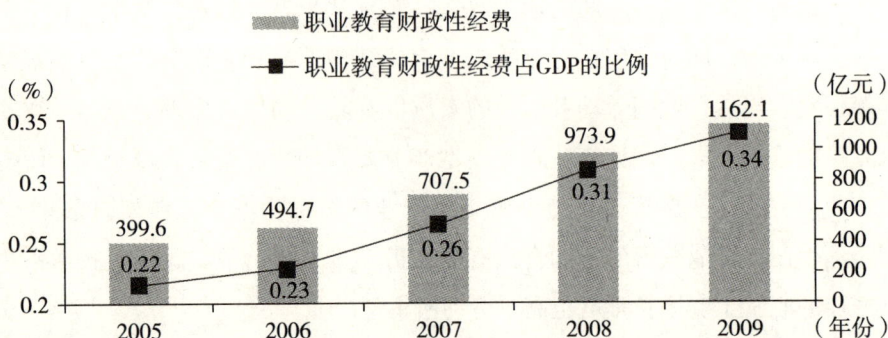

图1　2005—2009 年全国职业教育财政性经费及占 GDP 的比例

　　而从教育投入的内部结构来看，职业教育财政性经费占整个教育经费的比例从 2005 年以来也出现了明显的上升，该比例从 2005 年的 7.74% 上升到 2009 年的 9.50%。说明在整个教育体系中，职业教育的投入越来越得到重视，投入比例也实现了逐年上升（见图 2）。

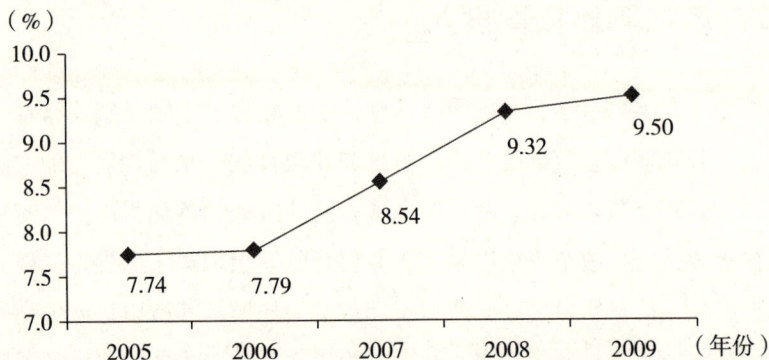

图2　2005—2009 年全国职业教育财政性经费占各类教育总经费的比例

　　从中等职业教育财政性投入占其他教育经费投入比例的变化情况可以看出，2005 年大力发展职业教育以后，我国职业教育在各类教育中的比例都得到提升（见图 3）。说明 2005 年国务院召开的全国职业教育工作会、颁布的《国务院关于大力发展职业教育的决定》，在我国职业教育发展进程中具有里程碑的意义，强力推进了"十一五"期间我国职业教育的快速发展。

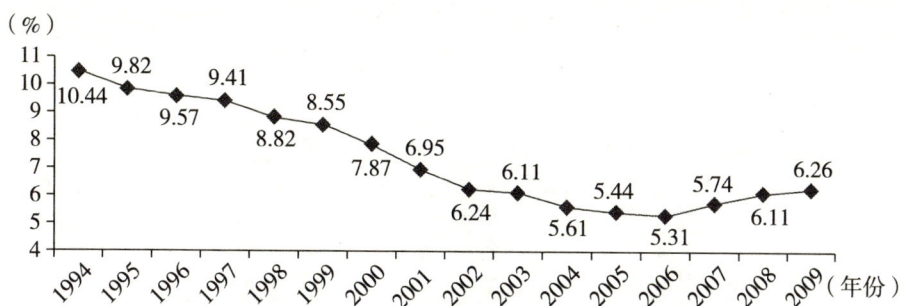

图3　1994—2009 年我国中等职业教育财政性经费占各类教育总经费的比例

从 2006 年以来的财政性教育经费变化情况来看，不管是整个职业教育还是中职、高职，其财政性投入的增长率均在 2007 年达到最高值。虽然 2008 年、2009 年的增长速率有所放缓，但从图 4 中可以明显看到职业教育财政性经费的增长速率还是明显高于财政性教育经费。

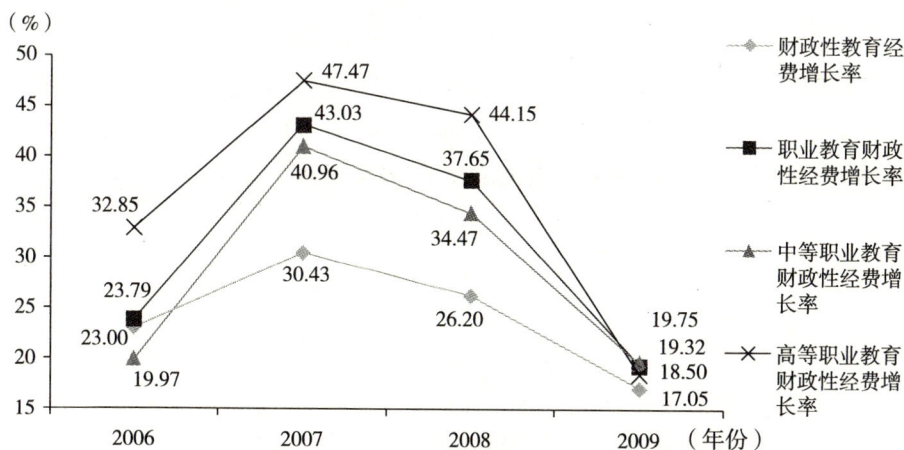

图4　2006—2009 年我国财政性教育经费及职业教育财政性经费增长率

（二）职业教育投入的水平

从高等职业教育投入的水平来看，这两年地方高等职业学校生均经费逐步上升，但上升的幅度不大，从 2007 年的 10420 元上升到 2009 年的 11909 元，地方高等专科学校的情况也类似。和地方高等本科学校的生均经费相比较，地方高职高专的生均经费明显偏低（见图 5）。

（元）

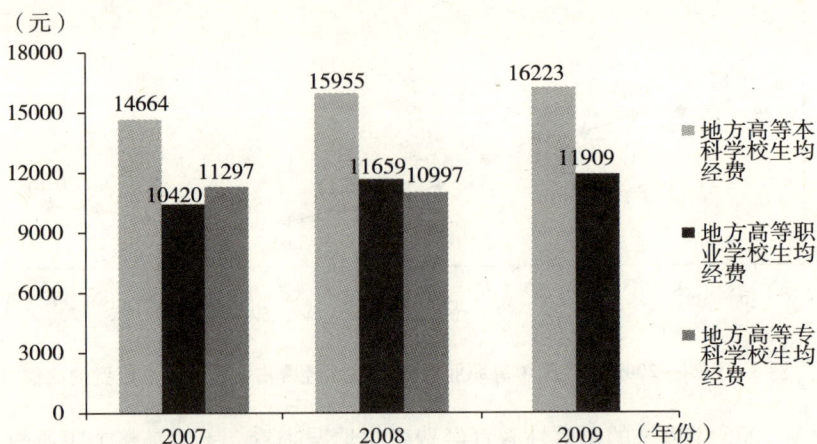

图5　2007—2009 年地方高等本科及高职高专生均经费

注：《中国教育经费统计年鉴 2010》将地方高等职业学校和地方高等专科学校合并成地方高职高专统计，因此图中 2009 年地方高等职业学校生均经费数据实际为地方高职高专生均经费数据。

从预算内高等职业教育投入情况来看，和总体经费比例一致，这两年地方高等职业学校和高等专科学校的预算内生均经费逐步上升，但和地方高等本科学校的预算内生均经费相比较，地方高职高专的预算内生均经费更低，比总经费中两者的差距更大（见图6）。

（元）

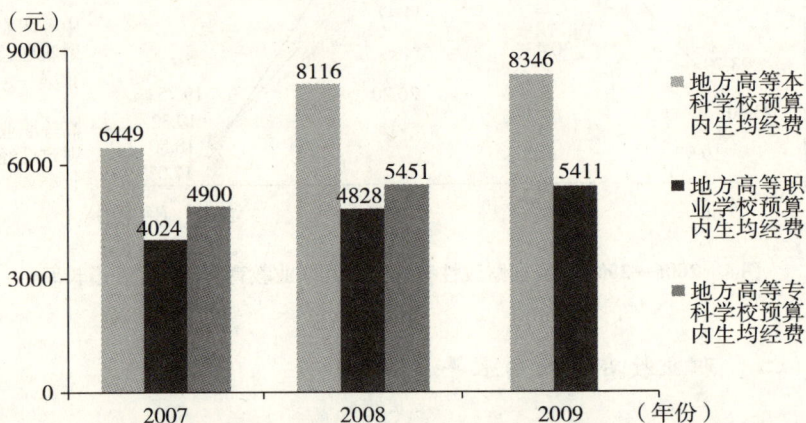

图6　2007—2009 年地方高等本科及高职高专预算内生均经费

注：《中国教育经费统计年鉴 2010》将地方高等职业学校和地方高等专科学校合并成地方高职高专统计，因此图中 2009 年地方高等职业学校预算内生均经费数据实际为地方高职高专预算内生均经费数据。

从中等职业教育投入的水平来看，近年来虽然中等职业教育投入的总体规模没有普通高中的规模大，但是从投入水平来看，不管是地方中等专业学校还是职业高中和技工学校，其生均经费及预算内生均经费普遍高于地方普通高中的水平（见图7、图8）。

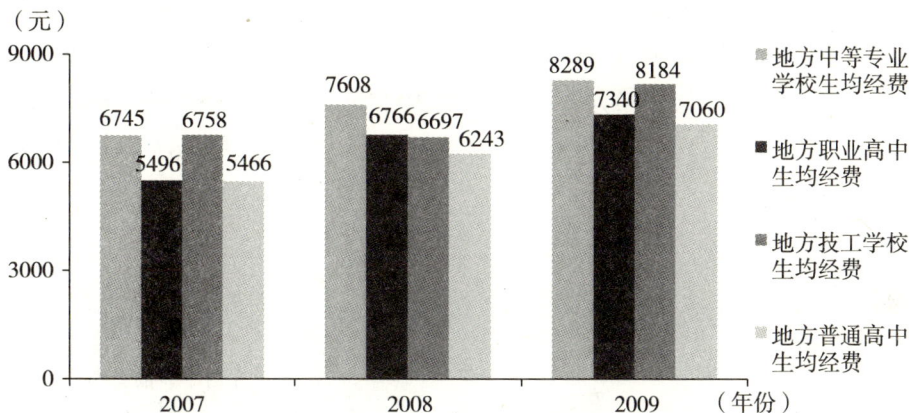

图7　2007—2009年地方中专、职高、技工学校及普通高中生均经费

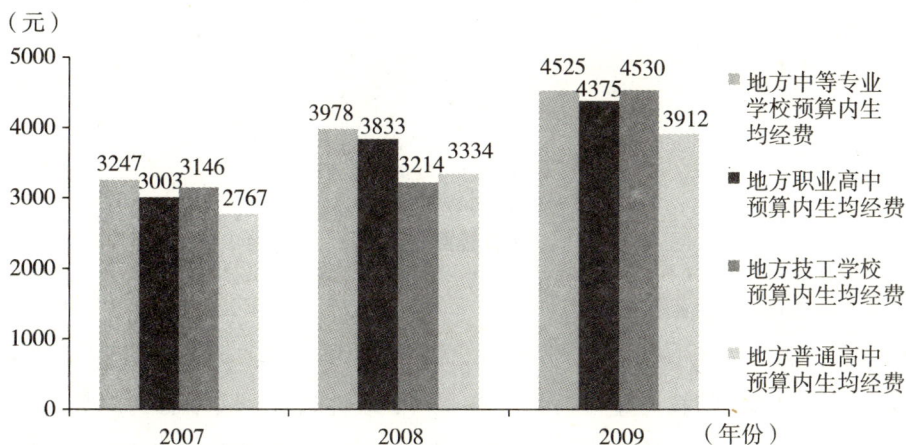

图8　2007—2009年地方中专、职高、技工学校及普通高中预算内生均经费

（三）职业教育投入的主体

从2009年职业教育经费投入情况看，全国职业教育经费主要来源于以下几个渠道：财政性教育经费 1162.11 亿元，占总经费的 56.64%（其中包括预算内教育经费为 1026.02 亿元，约占总经费的 50.01%；各级政府征收用于教育的税费 116.97 亿元，约占总经费的 5.70%；企业办学中的企业拨款 16.21 亿元，约占总经费的 0.79%；校办产业和社会服务收入用于教育的经费 2.91 亿元，约占总经费的 0.14%）；非财政性经费包括事业收入为 782.63 亿元，约占总经费 38.15%（其中学杂费 670.05 亿元，约占总经费的 32.66%）；民办学校中举办者投入为 29.91 亿元，约占总经费的 1.46%；社会捐赠经费为 6.80 亿元，约占总经费的 0.33%；其他收入为 67.98 亿元，约占总经费的 3.42%（见图 9）。

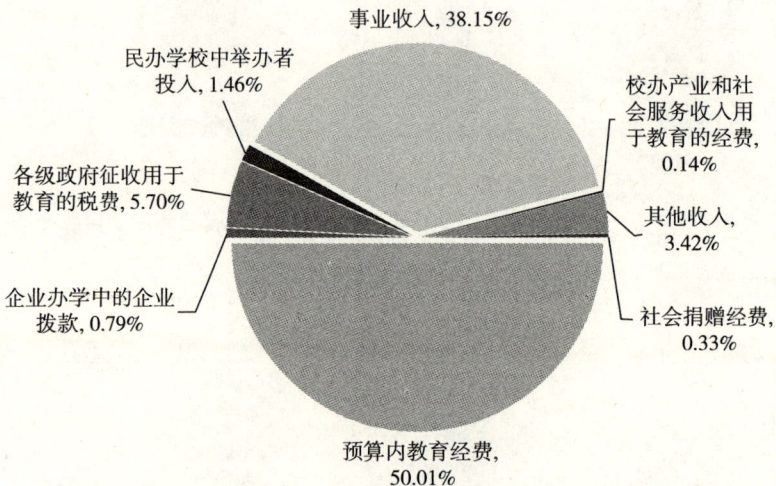

图9　全国职业教育经费主要来源（2009 年）

从政府投入职业教育的总体情况来看，财政性经费的比例从 2005 年来逐渐上升，从 2005 年的 44.79% 增长到 2009 年的 56.64%，增长超过 10 个百分点。而从预算内的教育经费投入来看，和财政性教育经费增长的趋势相同，职业教育预算内教育经费也从 2005 年的 39.74% 增长到 2009 年的 50.01%，增长也超过 10 个百分点（见图 10）。可以看到财政性经费在总经费中比例的增长主要来源于预算内教育经费比例的增长。

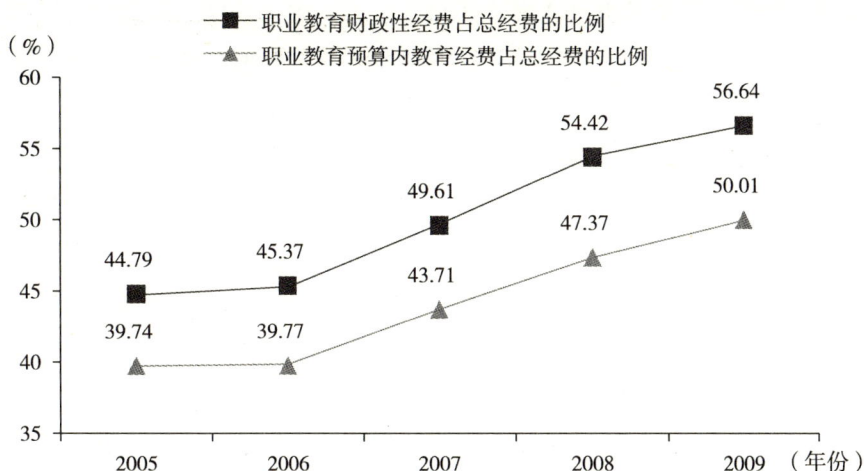

图10 2005—2009 年全国职业教育财政性经费、预算内教育经费占总经费的比例

而从非政府渠道投入职业教育主要项目事业收入来看，事业收入总额虽逐年增长，但占职业教育投入总经费的比例却变化不一，2007 年以后这一比例出现了明显的下降。而从事业收入中的主要构成——学杂费来看，它在总经费中所占比例的变化情况跟事业收入的情况一致，2005 年以后经历了先增长后下降的过程（见图 11）。从变化的幅度来看，事业收入占总经费比例变化的主要原因来源于学杂费的变化。

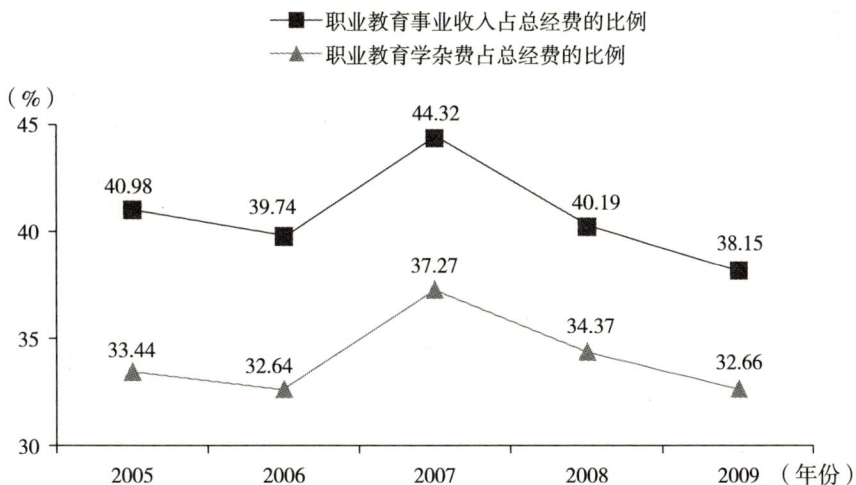

图11 2005—2009 年全国职业教育事业收入、学杂费占总经费的比例

从职业教育经费其他主体投入的情况来看，由于我国的职业教育经费主要来源于财政拨款和学杂费，其他主体投入职业教育的经费占总经费的比例都不太高。民办学校中举办者投入经费在其他主体投入经费占总经费比例中属较高主体，从 2007 年以来的比例均在 1% 以上，2009 年达到 1.46%。另外，民办学校中举办者投入经费占总经费的比例这两年来出现明显的增长趋势，说明民间投入职业教育的水平正在提升。而其他几个主体投入经费占总经费的比例均低于 1%，并且近年来变化趋势并不明显，维持在相对较低的一个水平。在财政性教育经费中，企业办学中的企业拨款及校办产业和社会服务收入用于教育的经费占总经费的比例大致维持在 0.85% 和 0.15% 的水平，社会捐赠经费占总经费的比例也不高，近两年来大致在 0.35% 的水平。

（四）增加职业教育投入的需求

《国家中长期人才发展规划纲要（2010—2020 年）》提出，为适应社会主义现代化需要，我国要以技师和高级技师为重点，培养造就一支门类齐全、技艺精湛的高技能人才队伍。到 2015 年，高技能人才总量达到 3400 万人。到 2020 年，高技能人才总量达到 3900 万人，其中技师、高级技师达到 1000 万人左右。实施高技能人才振兴计划，到 2020 年，在全国建成一批技能大师工作室以及 1200 个高技能人才培训基地，培养 100 万名高级技师。

为缩小居民收入差距，适应建立现代产业体系和现代职教体系的要求，政府要进一步加大对职业教育投入水平。据统计，在发达国家技术工人中，高级工占 35%，中级工占 50%，初级工占 15%。而截至 2010 年，我国技能人才总量为 11200 万人，其中高级工 2768 万人，占技能劳动者总数的 25%；中级工 4400 万人，占技能劳动者总数的 40%。当前，我国技能型人才总量明显不足，学历层次偏低，产业结构分布不均衡，特别是新型产业，几乎找不到合适的技工。由于技能型人才缺乏，近几年我国已出现严重的"技工荒"。"东西南北中，普遍缺技工"、"学士硕士满街跑，技工技师无处找"是人力资源市场的真实写照。为满足这些人才需求，同时进一步提升简单劳动者的收入、缩小收入差距，需要加大对职业教育的投入。

三、增加职业教育投入，把握收入差距拐点

西蒙·库兹涅茨曾提出，一国的收入差距与经济发展呈倒 U 型关系，即在经济发展的初期阶段，收入不平等状况会逐渐加剧；当经济发展到一定水平以后，收入差距会逐渐缩小。经济发展与收入分配的这一关系，也被称为"库兹涅茨曲线"。我国改革开放 30 多年的发展实践应验了"库兹涅茨曲线"的前半部分，即经济发展带来收入差距的持续扩大。不过随着我国经济发展阶段的变化，随着中央调整收入分配关系举措的不断推出，我国正迎来收入差距变化的转折点，但这一转折还很不稳定，需要进一步的改革和政策支持。

（一）收入差距缩小的拐点

前面第一部分的分析提到收入差距主要缘于城乡之间、地区之间和行业之间的收入差距。城乡之间的收入差距缩小、地区之间的收入差距缩小、收入差距较小的城镇地区的人口比重上升、行业结构转变、产业升级都会带动库兹涅茨拐点的出现。当前，有迹象显示我国收入差距缩小的拐点或已来临。

据有关研究，我国收入差距约 50% 来自城乡之间的差距，城乡差距的走向对整体收入差距的变动起着决定性作用。国家统计局的统计数据显示，我国城乡之间的收入比最近两年持续下降，从 2009 年的 3.33 下降到 2010 年的 3.23，进一步下降到 2011 年的 3.13。城乡收入比下降的背后，是农村居民人均纯收入实际增速连续两年超过两位数：2010 年为 10.9%，这是近年来农村居民纯收入增长速度首次超过城镇居民可支配收入增长速度；2011 年为 11.4%，显著地快于城镇居民收入 8.4% 左右的增长。另外，在我国工业化和城镇化过程中，城乡收入差距不断拉大，而农村内部收入差距始终大于城镇。这样，人口从收入差距较大的农村向差距较小的城镇迁移，就起到了减缓收入差距拉大的作用。未来，在持续的人口城镇化与城镇地区收入差距缩小两种因素的共同作用下，社会整体收入不平等程度有望减弱。

（二）收入差距拐点出现的原因

人口转型和刘易斯拐点（劳动力从供大于求到供不应求的转折点）来

临，劳动者工资迅速上涨。近几年，劳动者工资上涨幅度较大，这是刘易斯拐点出现的必然结果。由于我国人口出生率下降和老龄化加速，劳动人口比重开始出现转折性变化。2011 年 15—64 岁的劳动年龄人口占总人口比重为74.4％，比上年降低 0.1 个百分点。与此同时，我国经济依然保持快速发展态势，对劳动力的需求非常旺盛。一旦经济发展对劳动力的需求大于劳动力的供给，劳动力的"价格"——工资自然会上涨。2004 年沿海省份开始出现"用工荒"，现在已经扩展到内地省份。为了应对劳动力短缺，企业采取提高工人工资和福利待遇的手段以招聘到合适的工人。刘易斯拐点的出现，意味着劳动者工资开始脱离"生存工资"水平，并持续保持上升态势。国家统计局的统计数据显示，2010 年城镇居民人均工资性收入达到 13708 元，比 2005年增长 75.8％；农村居民人均工资性收入达到 2431 元，比 2005 年增长 1.1倍。在城乡居民工资都大幅上涨的同时，农村居民的工资性收入增长快于城镇居民，城乡间工资性收入差距趋于缩小。

劳动者受教育程度普遍提高，不同学历劳动者之间的工资收入比稳中有降。根据 2009 年全国人口变动抽样调查，我国粗文盲率下降到 5.91％，新增劳动力人均受教育年限超过 12.4 年。教育的普及对教育收益率（每多受一年教育带来的收入增长率）的变化产生了重要影响。20 世纪 80 年代以来市场取向的改革，使人力资本的市场价值得以实现，居民的教育收益率从较低水平提高到 10％左右，这也是不同受教育水平劳动者之间收入差距扩大的重要原因。随着劳动者受教育程度普遍提高，高学历劳动者不再稀缺，教育收益率逐渐稳定，不同学历劳动者的工资比不再上升，近年来甚至出现工资趋同的现象，不同学历劳动者之间的收入差距在缩小。随着我国职业教育发展的完善，教育对缩小收入分配差距的积极效应将进一步显现。

（三）巩固收入差距缩小趋势

应当指出的是，虽然目前我国正迎来收入差距缩小的拐点，但也存在一些不确定性。为巩固收入差距缩小趋势，应加大对职业教育的投入。人力资本对收入分配具有重要作用。我国收入差距拉大，主要不是由于高收入者收入增长过快，而是低收入者收入增长太慢。特别是农村低收入群体，其收入的绝对规模和相对增速都处于较低水平。低收入群体收入水平的提高取决于多种因素，其中个人的工作技能是基础性因素。因而，要提高低收入群体的收入水平，就必须提高其人力资本水平。应继续增加教育特别是职业教育的支出，加强对流动人口的教育和培训，使他们享有更好的教育资源。

同时，发展职业教育，加大职业教育投入能够让转移去城市的农村富余劳动力拥有一技之长，能够提高其就业、创业能力，让他们真正地融入城市，有效地帮助其完成"城乡转移"。另外，职业教育能够让进城务工的农民工提高自身的劳动技能，提升其劳动价值，进而帮助其增加收入。

11

4%背景下职业教育财政投入问题研究

北京大学人力资本与国家政策研究中心课题组[*]

摘　　要

本文对我国职业教育财政投入状况进行了国际比较研究，并对近年来我国职业教育财政投入的变化趋势和未来财政需求进行了分析和预测。研究发现：首先，无论是从公共职业教育支出占 GDP 的比例还是从教育经费投入中职业教育所占的比例来看，我国职业教育财政投入明显不足。其次，从投入主体来看，我国职业教育财政性经费投入仍有较大的提升空间。再次，从生均预算内经费指数来看，我国对职业教育发展日趋重视，投入力度逐年加大。相比中职教育，高职教育生均预算内经费指数增加缓慢，未来还需加大对高职教育的投入力度。最后，我国财政性教育经费投入实现占 GDP 4% 的目标后，预计到 2015 年我国公共职业教育财政支出能够达到部分发达国家的水平。

随着中国经济转型和产业升级，提高劳动者素质，培养一大批高端技术劳动力，形成更多的人力资本积累，是创新、吸收和应用新技术的前提条件。在这个过程中，职业教育作为一种面向工作岗位的技能要求的教育形式，不仅关系到劳动者的就业能力和就业质量，更关系到我国的工业化进程和产业

---

* 课题组主要成员有：岳昌君、孙百才、杨中超、庞星星和陈婧霖。

升级。发展职业教育是把巨大的人口压力转化为人力资源优势的重要途径。从目前到 2020 年期间，工业化和城市化较快发展，有 1 亿—2 亿新增劳动力从农业领域转移到非农业领域就业。大力发展职业教育可以帮助农村劳动力获得非农就业的岗位技能，促进农村劳动力转移。而我国职业教育发展滞后，政府投入不足，已经成为我国经济长期可持续发展的瓶颈。

一、国际比较

（一）公共职业教育支出占 GDP 的比例

公共职业教育支出占 GDP 的比例反映了一个国家对职业教育发展的重视程度和投入力度，是衡量一国职业教育发展状况的重要指标。如表 1 所示，欧洲国家的职业教育投入占 GDP 的比例普遍较高，最低的爱沙尼亚、拉脱维亚、斯洛文尼亚为 0.7%，最高的波兰和意大利为 1%，平均值为 0.8%。芬兰的公共职业教育支出占 GDP 的比例最高，2003 年和 2007 年分别为 1.07% 和 1.05%，2007 年荷兰、芬兰、奥地利的这一比例分别为 1.05%、1.05% 和 0.95%（教育部教育规划与战略研究理事会秘书处，2012）[78,94]。

公共职业教育支出占全部公共教育支出的比例可以反映一个国家普通教育和职业教育的相对发展程度。由表 1 看出，欧洲国家的公共职业教育支出占教育投入的比例都在 10% 以上，最高的捷克达到了 22.5%，波兰、匈牙利和斯洛伐克也都在 20% 及以上。

对比中国 2009 年的数据，公共职业教育支出占 GDP 的比例仅为 0.34%，公共职业教育支出占全部公共教育支出的比例也相对偏低，为 9.5%，均处于较低的水平，说明政府对职业教育投入的重视程度不足，需要加大投入力度。

表 1　2000 年欧洲部分国家及中国职业教育的公共支出情况

单位:%

国　　家	占 GDP 的比例	占公共教育支出的比例
捷克	0.9	22.5
爱沙尼亚	0.7	12.5
匈牙利	0.9	20.0

表1（续）

国　　家	占 GDP 的比例	占公共教育支出的比例
拉脱维亚	0.7	13.0
立陶宛	0.6	10.5
波兰	1.0	20.0
斯洛伐克	0.9	21.4
斯洛文尼亚	0.7	12.5
意大利	1.0	—
中国*	0.34	9.5

﹡中国数据为2009年数据。

资料来源：Grootings，P，Nielsen，S.（eds）.2005. ETF Yearbook 2005—Teachers and Trainers：Professionals and Stakeholders in the Reform of Vocational Education and Training [M]. Luxembourg：Publications Office.

（二）职业教育经费投入的负担主体

世界主要发达国家的职业教育经费来源虽然呈现多元化趋势，但是主要以政府负担为主。澳大利亚职业教育的政府负担比例最高，为90%；美国和英国政府负担比例相近，基本在3/4左右；负担比例最低的是加拿大，也达到了65%（见表2）。目前，我国的职业教育经费主要来源于国家投入、事业收入、民办学校举办者投入以及捐赠收入等，2009年职业教育的国家财政性经费占总投入的比例为57%，与上述发达国家相比，政府负担仍处于一个较低的水平。

表2　2009年部分国家职业教育经费来源结构

单位:%

国　　家	政府负担比例	非政府负担比例
美国	76	24
英国	75	25
澳大利亚	90	10
加拿大	65	35
新西兰	70	30
中国	57	43

资料来源：教育部教育规划与战略研究理事会秘书处. 教育科学决策研究中心2012年学术年会报告汇编 [C]. 2012.

(三) OECD 国家中职教育比例

OECD 国家平均来说，中职教育在高中阶段教育所占的比例都很高，OECD 国家平均值为42.7%，其中21个欧盟国家平均值为48.0%。有些国家的中职比例达到非常高的值，例如奥地利、捷克、比利时、斯洛伐克的中职比例都超过了70%，分别达到77.3%、73.3%、72.8%和71.6%。芬兰、荷兰、瑞士、斯洛文尼亚、卢森堡等五个国家的中职比例都超过了60%，分别为68.8%、67.1%、65.5%、64.3%和61.3% (见图1)。

韩国和日本的中职比例相对并不高，分别只有24.4%和23.8%；而加拿大的中职比例最低，只有5%。可见，各个国家之间的差异很大 (见图1)。

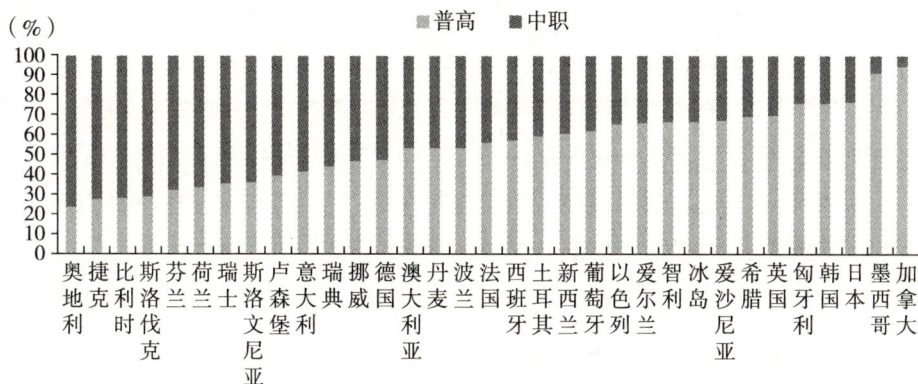

图1　OECD 国家高中和中职教育比例 (2009 年)

资料来源：OECD. 2011. Education at a Glance 2011：OECD Indicators [M]. Paris：OECD.

二、我国职业教育投入现状

职业教育包括中等职业教育和高等职业教育。从官方公布的数据来看，只有《中国教育经费统计年鉴》有较为详细的职业教育投入数据。根据《中国教育经费统计年鉴》，中等职业教育经费在不同年份统计口径不同，2001—2006 年，中等职业学校包括中等专业学校、技工学校和职业高中，其中的中等专业学校包括中等师范学校、中等技术学校和成人中专学校。没有汇总的中等职业教育的经费投入数据，只有分类数据，且没有职业高中的经费投入数据，但有职业中学（包括职业初中和职业高中）的经费投入数据。2007—2009年，中等职业教育包括中等专业学校、成人中专学校、职业高中、技工学校，既有分类的教育经费投入数据，也有汇总的中等职业教育的经费投入数据。高等职业教育经费统计中，只能得到2007—2008年的教育经费投入。其他年份都是将高等职业学校和高等专科学校合并列支为"高职高专学校"。2001—2004年经费统计中，高等学校分为"普通高等学校"和"成人高等学校"，没有列出高职高专的经费投入数据。

（一）职业教育公共经费投入占公共教育总经费和GDP的比例

根据《中国教育经费统计年鉴》，可以得到2007—2009年中等职业的教育经费投入数据，以及2007—2008年高等职业教育的经费投入数据，其他年份的经费投入数据列支在别的分类中，难以区分和剥离。因此，我们合并了2007—2008年的职业教育投入，分析我国的职业教育投入情况。从表3至表5可以看出，职业教育经费总收入占全国公共教育总经费的比例在12%左右，国家财政性经费占全国的9%左右，占GDP的比例在0.3%左右。随着我国对职业教育重视程度的提升，职业公共教育经费占GDP的比例呈现出逐年提高的趋势，但与前述一些发达国家相比，无论是职业教育公共经费占GDP的比例，还是职业教育公共经费占公共教育总经费的比例，都处于相对较低的水平，这显然与我国大力发展职业教育的政策要求不相适应（见图2）。

表3 2007—2008年我国职业教育经费总收入

年份	中职（千元）	高职（千元）	职业教育（千元）	全国（千元）	中职占全国的比例（%）	高职占全国的比例（%）	职业教育占全国的比例（%）
2007	85179826	55220624	140400450	1214806630	7.01	4.55	11.56
2008	104924351	69442987	174367338	1450073742	7.24	4.79	12.02

资料来源：2008—2009年《中国教育经费统计年鉴》。

表4　2007—2008年我国职业教育公共经费收入

年份	中职（千元）	高职（千元）	职业教育（千元）	全国（千元）	中职占全国的比例（%）	高职占全国的比例（%）	职业教育占全国的比例（%）	职业教育占GDP的比例（%）
2007	51219569	19552234	70771803	828021421	6.19	2.36	8.55	0.27
2008	68227144	27841073	96068217	1044962956	6.53	2.66	9.19	0.31

资料来源：2008—2009年《中国教育经费统计年鉴》。

表5　2007—2008年我国职业教育预算内经费收入

年份	中职（千元）	高职（千元）	职业教育（千元）	全国（千元）	中职占全国的比例（%）	高职占全国的比例（%）	职业教育占全国的比例（%）
2007	44087521	18105093	62192614	765490819	5.76	2.37	8.12
2008	58554921	25003418	83558339	968556019	6.05	2.58	8.63

资料来源：2008—2009年《中国教育经费统计年鉴》。

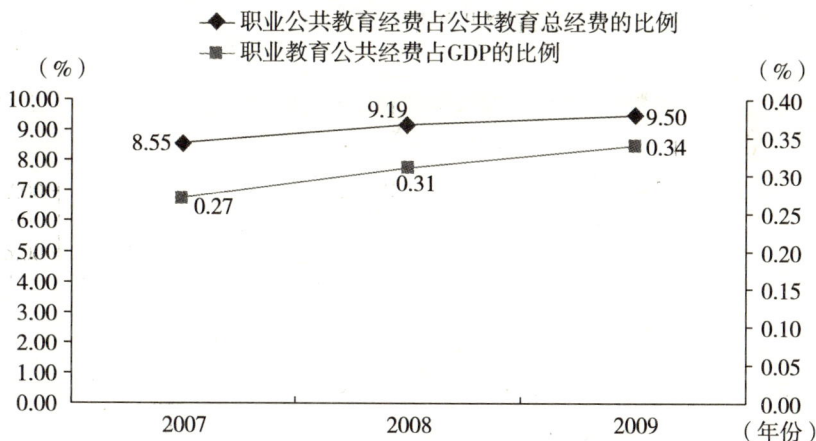

图2　2007—2009年我国职业教育公共经费占公共教育总经费和GDP的比例

注：2009年后高职和高专的经费数据是合并在一起的，图中2009年高职的数据是根据上一年高职与高专的比例估算的。

（二）职业教育投入的来源与结构

随着时间的推移，国家投资职业教育的努力在逐年加大。无论是国家财政性教育经费还是预算内教育经费，2008 年占全国职业教育总经费的比例都比 2007 年有所提高（见表 6）。职业教育投入来源中，2007—2009 年政府的公共经费投入比例分别为 50.41%、55.10%、57%（见图 3），虽然有逐年增加的趋势，但与发达国家相比比例仍然较低。如澳大利亚职业教育政府投入的比例高达 90%，美国为 76%，英国为 75%，新西兰为 70%，加拿大为 65%。由此可见，从职业教育的投入主体来看，我国职业教育财政性经费投入仍有较大的增加空间。

表 6 2007—2008 年职业教育经费政府负担比例

年份	预算内教育经费（千元）	国家财政性教育经费（千元）	教育总经费（千元）	预算内教育经费占总经费的比例（%）	国家财政性教育经费占总经费的比例（%）
2007	62192614	70771803	140400450	44.30	50.41
2008	83558339	96068217	174367338	47.92	55.10

资料来源：2008—2009 年《中国教育经费统计年鉴》。

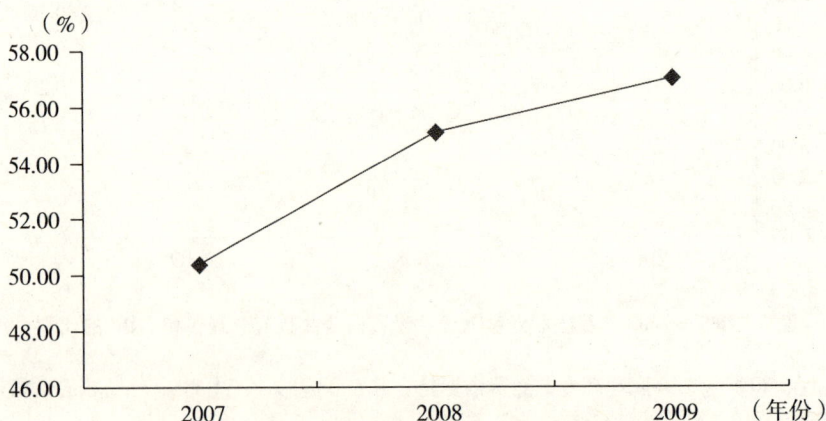

图 3 2007—2009 年政府投入占职业教育总经费的比例

（三）职业教育生均预算内教育经费指数

生均教育经费指数是指生均教育经费占人均 GDP 的比例，是把一个国家的教育经费与国家的富裕程度综合考虑的衡量指标，它可以用来比较在不同的经济发展程度下，各国生均经费的投入水平。我们根据 2005—2009 年职业教育、普通高中与普通高校生均预算内经费数据（见表7）计算了生均预算内教育经费指数、职业教育与普通教育生均经费的比例（见表8）。可以看出，中职与普通高中的生均预算内教育经费之比、高职与普通高校生均预算内经费之比、中职教育生均预算内经费指数均呈现出增长的趋势，说明国家对职业教育发展日趋重视，投入力度逐年加大，但高职教育生均预算内经费指数多年来徘徊不前，未来还需要加大对高职教育的投入力度，逐年提高高等职业教育生均预算内拨款的水平。

表7　2005—2009 年我国职业教育、普通高中与普通高校生均预算内经费

单位：元

年份	中职生均预算内经费	普通高中生均预算内经费	高职生均预算内经费	普通高校生均预算内经费	人均 GDP
2005	1962.47*	2111.40	2954.39**	5940.77	14185.36
2006	2094.03*	2420.63	3252.11**	6395.38	16499.70
2007	3247.41	2767.05	4024.36	6963.39	20169.46
2008	3939.59	3334.46	4827.81	8241.58	23707.71
2009	4547.75	3912.04	5410.85**	9035.33	25607.53

*2005—2006 年的经费统计中没有中职生均预算内经费数据，这里根据中职教育经费和中职在校生数计算，中职在校生数来自教育部网站，其他年份均为地方学校的生均预算内教育经费；**数据为高职高专生均预算内教育经费。

资料来源：2006—2010 年《中国教育经费统计年鉴》。

表8　2005—2009年我国职业教育与普通教育生均经费比值、生均预算内经费指数

年份	中职与普通高中生均预算内经费之比	高职与普通高校生均预算内经费之比	中职教育生均预算内经费指数	高职教育生均预算内经费指数
2005	0.929	0.497	0.138	0.208
2006	0.865	0.509	0.127	0.197
2007	1.174	0.578	0.161	0.200
2008	1.181	0.586	0.166	0.204
2009	1.163	0.599	0.178	0.211

（四）职业教育经费投入的区域差异

2007—2009年，中等职业学校经费总收入的区域差异有逐年扩大的趋势，衡量绝对差异的全距和标准差逐年扩大，但衡量相对差异的差异系数则起伏不定，国家财政性经费投入和预算内经费投入也存在相同的趋势（见表9）。对2007—2008年高等职业教育的地区差异分析表明，投入的区域差异明显，以2008年为例，国家财政性教育经费投入最高的江苏省为350161.3万元，而最低的西藏仅为10218.7万元（见表10）。

表9　2007—2009年我国各地区中等职业教育经费收入的描述统计
单位：千元

年份	项目	最小值	最大值	全距	标准差	差异系数
2007	经费总收入	106738	7644404	7537666	2049568	0.75
	财政性经费收入	100176	4201676	4101500	1133965	0.69
	预算内经费收入	100176	3573879	3473703	933523	0.66
2008	经费总收入	134769	9302393	9167624	2411738	0.71
	财政性经费收入	127688	5523854	5396166	1459247	0.66
	预算内经费收入	127688	4901026	4773338	1191159	0.63
2009	经费总收入	170115	12918017	12747902	2872723	0.74
	财政性经费收入	159335	8099569	7940234	1812535	0.69
	预算内经费收入	159335	7479376	7320041	1553567	0.68

资料来源：2008—2010年《中国教育经费统计年鉴》。

表10　2007—2008年我国各地区高等职业教育经费收入的描述统计

单位：千元

年份	项　目	最小值	最大值	全距	标准差	差异系数
2007	经费总收入	121277	5658488	5537211	1469616	0.83
	财政性经费收入	61786	2231454	2169668	542420	0.86
	预算内经费收入	50450	2223796	2173346	513429	0.88
2008	经费总收入	112516	8153412	8040896	1892837	0.84
	财政性经费收入	102187	3501613	3399426	785502	0.87
	预算内经费收入	99582	2913015	2813433	679890	0.84

资料来源：2008—2009年《中国教育经费统计年鉴》。

（五）2001—2009年中等职业教育经费投入情况

由于大多数年份高等职业教育经费数据列支在高职高专经费中，我们以中等职业教育为例，分析历年教育经费投入的变动情况。如前所述，中等职业的教育经费统计在部分年份的统计口径不同，在2001—2006年的统计口径中，中等职业学校包括中等专业学校、技工学校和职业高中，其中的中等专业学校包括中等师范学校、中等技术学校和成人中专学校。没有汇总的中等职业教育的经费投入数据，只有分类数据，且没有职业高中的经费投入数据，但有职业中学（包括职业初中和职业高中）的经费投入数据。从表11可以看出，2001—2010年职业初中的人数所占比例是逐年递减的，从2001年的17.86%降低到2010年的0.47%。相应的，我们按照这个比例来区分职业高中和职业初中的经费投入，计算2001—2006年的职业高中经费投入，并将各类中等职业学校的经费收入汇总（见表12）。从表13和图4可以看出，2001—2004年中等职业教育的国家财政性经费投入占总经费的比例变化波动不大，2005年有所下降，2006—2009年则呈现出不断攀升的趋势，说明国家投入中等职业教育的力度在逐年加大。

表 11　2001—2010 年职业中学在校生人数

单位：人

年　份	职业高中	职业初中	职业初中所占比例
2001	3831040	833268	17.86%
2002	4281281	833717	16.30%
2003	4557622	724087	13.71%
2004	5169246	525134	9.22%
2005	5824293	431363	6.90%
2006	6556379	205699	3.04%
2007	7252485	152955	2.07%
2008	7503168	50664	0.67%
2009	7784240	72995	0.93%
2010	7263332	34173	0.47%

资料来源：中华人民共和国教育部网站。

表 12　2001—2006 年中等职业学校经费收入

单位：千元

年　份		2001	2002	2003	2004	2005	2006
中等专业学校	经费总收入	24404338	24102521	24898964	25248164	27112197	30265801
	财政性经费收入	13401547	13220609	13590662	13811235	14394881	16592193
	预算内教育经费收入	12914890	12737602	13040687	13144257	13171024	14913333
职业中学	经费总收入	9969467	11548309	13825569	16764448	22262107	27147437
	财政性经费收入	6431450	7318569	8487200	10261253	12641429	16298933
	预算内教育经费收入	5491081	6472586	7321387	8950201	10648886	13469947
技工学校	经费总收入	1932937	2502868	2979206	3592823	5848405	6911128
	财政性经费收入	1118239	1434282	1704109	1843346	2751046	3340124
	预算内教育经费收入	1094581	1374853	1648763	1782557	2177799	2798380
中等职业学校	经费总收入	36306742	38153698	41703739	45605435	55222709	64324366
	财政性经费收入	20951236	21973460	23781971	25915834	29787356	36231250
	预算内教育经费收入	19500552	20585041	22010837	23877015	25997709	31181660

资料来源：2002—2007 年《中国教育经费统计年鉴》。

表13 2001—2009 年我国中等职业教育国家财政性经费收入

单位：千元

年份	经费总收入	国家财政性经费	预算内经费	财政性经费占总经费的比例	预算内经费占总经费的比例	财政性经费占GDP的比例
2001	36306742	20951236	19500552	57.71%	53.71%	0.19%
2002	38153698	21973460	20585041	57.59%	53.95%	0.18%
2003	41703739	23781971	22010837	57.03%	52.78%	0.18%
2004	45605435	25915834	23877015	56.83%	52.36%	0.16%
2005	55222709	29787356	25997709	53.94%	47.08%	0.16%
2006	64324366	36231250	31181660	56.33%	48.48%	0.17%
2007	85179826	51219569	44087521	60.13%	51.76%	0.19%
2008	104924351	68227144	58554921	65.03%	55.81%	0.22%
2009	119886746	81418480	70861849	67.91%	59.11%	0.24%

资料来源：2002—2010 年《中国教育经费统计年鉴》。

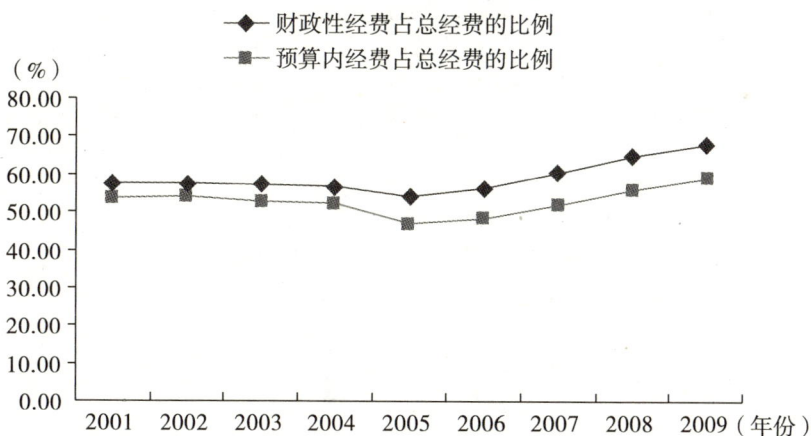

图4 2001—2009 年我国中等职业教育财政性经费和预算内经费占总经费的比例

三、2012—2015 年职业教育经费政府投入水平预测

国务院分别于 2002 年、2005 年两次召开全国职业教育工作会议，做出了

大力发展职业教育的决定。在国家重视和政策的影响下，我国职业教育获得快速的发展。公布的官方统计数据中，尚无历年高等职业教育的学生人数，我们得到了2000—2010年中等职业教育的在校生数和招生数（见表14），从中可以看出，2005年以来，我国的中等职业教育规模得到了较快的提高（见图5）。

表14　2000—2010年中等职业教育在校生数与招生数

单位：万人

年　　份	在校生数	招生数
2000	1213	387
2001	1165	400
2002	1191	474
2003	1257	516
2004	1409	566
2005	1600	656
2006	1810	748
2007	1987	810
2008	2087	812
2009	2195	869
2010	2239	870

资料来源：2000—2010年《中国教育统计年鉴》。

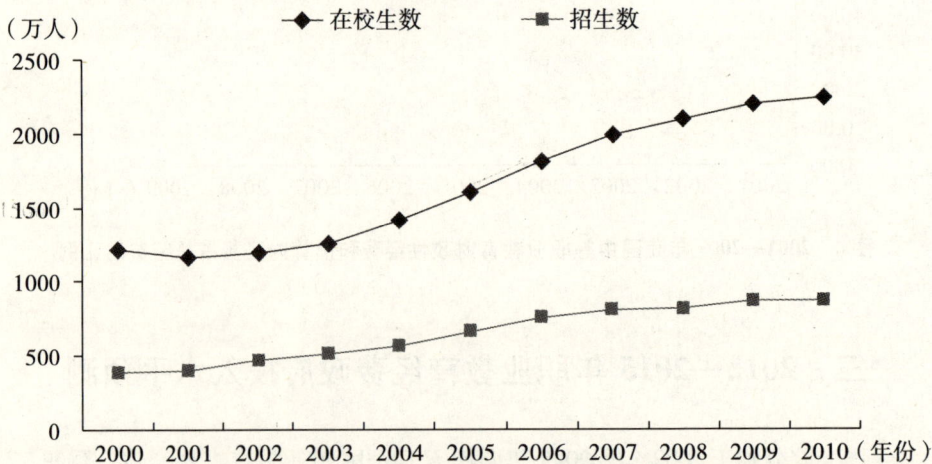

图5　2000—2010年中等职业教育在校生数与招生数变化

《国家中长期教育改革和发展规划纲要（2010—2020 年）》（以下简称《教育规划纲要》）提出，2015 年我国高等职业教育在校生数达到 1390 万人，中职教育在校生数达到 2250 万人。下面根据这一发展目标对我国 2012—2015 年职业教育经费需求做出预测。

（一）预测依据

一是《教育规划纲要》规定的 2015 年职业教育在校生数发展目标。《教育规划纲要》提出，2015 年我国高等职业教育在校生数达到 1390 万人，中职教育在校生数达到 2250 万人。

二是 2010 年以后扩大高中阶段教育和高等教育的步伐会相对平稳。我国在"十五"后期高中阶段的适龄人口出现高峰，2004 年达到最高峰值 7700 万人左右，2005 年以后开始递减，2010 年进入 5000 万左右的低谷阶段。2010—2014 年高等教育适龄人口平均每年减少 294 万人，2017—2020 年平均每年减少 198 万人。职业教育发展进入适度规模、提高质量的发展阶段。

三是《中等职业学校设置标准》规定的中职生师比。教育部 2010 年颁布的《中等职业学校设置标准》规定，中职学校生师比应达到 20：1。

（二）达到 4% 目标后 2012—2015 年国家教育财政性教育经费测算

2010 年全国公共财政预算教育经费为 14670.07 亿元，GDP 为 401202 亿元，国家财政性教育经费占国内生产总值比例为 3.66%。《教育规划纲要》规定，到 2012 年，国家财政性教育经费占 GDP 的比例达到 4% 的目标，由于 2011 年国家财政性教育经费占国内生产总值比例尚未公布，我们取 2010 年和 2012 年的中间值，即 3.83%。由此可以测算"十二五"期间新增国家财政性教育经费。《中华人民共和国国民经济和社会发展第十二个五年规划纲要》制定了国内生产总值年均增长 7% 的发展目标。2011 年初步核算的国内生产总值为471564 亿元，假设"十二五"期间的物价指数与"十一五"期间相同，我们取"十一五"期间的平均数（见表 15）来测算 2012—2015 年的 GDP，由此可以得到"十二五"期间各年份的 GDP。按照国家财政性教育经费占 GDP 的比例 4% 的目标，可以测算各年的财政性教育经费投入（见表 16）。

表15　我国"十一五"期间的消费物价指数

年　份	2006	2007	2008	2009	2010	平均数
居民消费价格指数	101.5	104.8	105.9	99.3	103.3	102.96

资料来源：2007—2011年《中国统计年鉴》。

表16　2012—2015年新增财政性教育经费测算表

单位：亿元

年　份	2012	2013	2014	2015	合计
国内生产总值（GDP）	519509	572328	630518	694624	—
国家财政性教育经费投入	20780.4	22893.1	25220.7	27785.0	96679.2

注：按照GDP每年7%的增速、消费物价指数102.96计算，为当年价格数。

（三）预测结果

1.方案一：自然增长的测算结果

从表17可以看出，2006—2009年，我国职业教育生均预算内经费的年均增长是不均匀的，2007年的增长率最高，高职为23.7%，中职为55.1%。此后增长速度稍有降低。中职和高职生均预算内教育经费四年的平均增长率分别为23.4%和16.3%。

表17　2006—2009年职业教育生均预算内经费年增长率

单位:%

年　份	2006	2007	2008	2009
高等职业教育	10.1	23.7	20.0	12.1
中等职业教育	6.7	55.1	21.3	15.4

假定2010—2015年间，生均预算内经费的增长速度与2006—2009年间相同，则可以测算出2010—2015年的生均预算内职业教育经费（见表18）。

表18　2010—2015年职业教育生均预算内经费

单位:元

年　份	2010	2011	2012	2013	2014	2015
高等职业教育	6292.82	7318.55	8511.47	9898.84	11512.35	13388.87
中等职业教育	5611.92	6925.11	8545.59	10545.26	13012.85	16057.86

根据《教育规划纲要》目标，2015年我国高等职业教育在校生数达到1390万人，中职教育在校生数达到2250万人，假定在校生人数的增长是均匀的，高职在校人数的年均增长率为1.38%，中职在校人数的年均增长率为0.41%，可以测算2010—2015年的高职和中职在校生人数（见表19）。将高职和中职的在校生人数乘以相应的生均财政性教育经费，可以得到2010—2015年自然发展状况下职业教育预算内教育经费投入水平（见表20）。

表19   2010—2015年职业教育在校生人数

单位：万人

年　　份	2010	2011	2012	2013	2014	2015
高等职业学校	1298	1316	1334	1352	1371	1390
中等职业学校	2204	2213	2222	2232	2241	2250

表20   2010—2015年职业教育预算内经费投入测算

单位：万元

年　　份	2010	2011	2012	2013	2014	2015
高等职业教育	8168080	9631209	11354303	13383233	15783435	18610523
中等职业教育	12368672	15325276	18988301	23537016	29161794	36130174

根据表6可以计算出2007—2008年职业教育预算内教育经费占财政性教育经费的比例为87.88%和86.98%，我们以预算内教育经费占财政性教育经费的比例为87%来测算2011—2015年的职业教育国家财政性经费需求。最终结果可见表21。

表21   2011—2015年职业教育国家财政性经费投入测算

单位：万元

年　　份	2011	2012	2013	2014	2015
高等职业教育（万元）	11070355	13050923	15383027	18141879	21391406
中等职业教育（万元）	17615260	21825634	27054042	33519303	41528936
合计（万元）	28685616	34876556	42437069	51661183	62920342
GDP（亿元）	471564	519509	572328	630518	694624

表 21（续）

单位：万元

年　　份	2011	2012	2013	2014	2015
公共职业教育投入占 GDP 的比例（%）	0.61	0.67	0.74	0.82	0.91
公共职业教育投入占公共教育总投入的比例（%）	15.88	16.78	18.54	20.48	22.65

2. 方案二：扩大中职教师编制的测算结果

以上是在自然增长状态下，职业教育发展所需国家财政性教育经费测算。当前我国的教育发展进入"促进公平"和"提高质量"的发展阶段，职业学校的办学质量普遍不高，办学条件也没有达到国家标准。从专任教师来看，2010 年我国的中等职业教育生师比为 25.69：1，距离《中等职业学校设置标准》规定的 20：1 还有一定差距。我们假定在三年之内逐步达到这一标准，即 2011 年为 24：1，2012 年为 22：1，2013 年为 20：1。根据以上分析，可以得到 2011—2015 年各年份中等职业教育新增专任教师需求人数（见表 22）。

表 22　2011—2015 年中等职业教育因编制扩大新增专任教师数测算

单位：人

年　　份	2011	2012	2013	2014	2015
新增专任教师数	62168	85923	103109	1151	1153

假定"十二五"期间，国家预算内投入用于教师人均工资福利待遇的支出按照 2007—2009 年的平均速度增长。通过计算，中等职业学校的专任教师人均支出增长率分别为 6.99%，可以测算出各年国家预算内投入用于专任教师工资福利待遇的人均支出，将预测的专任教师人均支出乘以 2011—2015 年因编制扩大新增的专任教师人数，得到 2011—2015 年中等职业教育国家预算内投入用于新增中职教师的工资福利待遇经费。再按照一定比例折算，可以得到用于新增教师工资福利待遇的中等职业教育国家财政性经费。根据 2011 年教育部《示范性县级教师培训机构评估标准》要求，每年当地政府财政拨付的中小学教师培训经费不低于本地教职工工资总额的 1.5%，可以计算出扩大编制新增中职教师培训经费投入。将新增教师工资福利待遇与新增培训

费加总，可得到中职扩大编制后新增国家财政性教育经费（见表23）。

表23　2011—2015年中等职业教育因编制扩大新增教师投入的公共经费

单位：万元

年　　份	2011	2012	2013	2014	2015
新增工资福利经费	348867	515882	662340	7911	8479
新增培训经费	6025	8852	11293	134	143
合计	354892	524734	673633	8045	8622

将表23的结果与表21的结果加总，可以得到表24的测算结果。到2015年公共职业教育支出达到6293亿元，占GDP的比例为0.91%，公共职业教育投入占公共教育总投入的比例为22.65%，已经达到一些发达国家的水平。

表24　2011—2015年职业教育国家财政性经费投入测算

单位：万元

年　　份	2011	2012	2013	2014	2015
高等职业教育（万元）	11070355	13050923	15383027	18141879	21391406
中等职业教育（万元）	17970152	22350368	27727675	33527348	41537558
合计（万元）	29040507	35401291	43110702	51669227	62928964
GDP（亿元）	471564	519509	572328	630518	694624
公共职业教育投入占GDP的比例（%）	0.62	0.68	0.75	0.82	0.91
公共职业教育投入占公共教育总投入的比例（%）	16.08	17.04	18.83	20.49	22.65

四、结论与政策建议

综合以上分析，可以得出以下结论。

第一，"十五"和"十一五"期间，国家重视发展职业教育，国家财政性教育经费投入水平得到了一定程度的提高。以中等职业教育为例，2001年国家财政性经费投入209.5亿元，2009年达到814.2亿元。从中等职业教育国家财政性经费投入占总经费的比例来看，2005—2009年也出现了不断提高的趋势。衡量相对投入水平的中职与普通高中的生均预算内教育经费之比、高职与普通高校生均预算内经费之比、中职教育生均预算内经费指数均呈现出逐年上升的趋势，说明国家对职业教育发展日趋重视，投入力度逐年加大。

第二，尽管政府对职业教育的投入力度逐年加大，但与其他国家相比，政府投入仍处于相对较低的水平。随着我国对职业教育重视程度的提升，职业公共教育经费占 GDP 的比例呈现出逐年提高的趋势，但与一些发达国家相比，无论是职业教育公共经费投入占 GDP 的比例，还是职业教育公共经费占职业教育总经费的比例，都处于一个较低的水平。

第三，从职业教育内部分析，国家投入到中等职业教育的经费投入相对充足，而投入到高等职业教育的经费相对不足。高职教育生均预算内经费指数多年来徘徊不前，2005 年为 0.208，2009 年为 0.211。2006—2009 年，我国职业教育中的高职和中职的生均预算内经费的年均增长是不一致的，中职和高职生均预算内教育经费四年的平均增长率分别为 23.4% 和 16.3%，中职的增长水平远高于高职。

第四，职业教育投入的区域差异明显。2007—2009 年，中等职业学校经费总收入的区域差异有逐年扩大的趋势，国家财政性经费投入和预算内经费投入也存在相同的趋势。另外，高等职业教育投入的区域差异也很明显，以2008 年为例，国家财政性教育经费投入最高的江苏省为 350161.3 万元，而最低的西藏为 10218.7 万元。

第五，两种预测结果显示，在实现 4% 的目标下，到 2015 年我国的公共职业教育财政支出已经达到一些发达国家的水平。在自然增长情况下，达到4% 的投入目标，2015 年职业教育国家财政性教育经费投入将达到 6292 亿元，此时公共职业教育经费占 GDP 的比例为 0.91%，公共职业教育投入占公共教育总投入的比例为 22.65%。按照扩大中职教师编制的测算结果，到2015 年公共职业教育支出达到 6293 亿元，占 GDP 的比例为 0.91%，公共职业教育投入占公共教育总投入的比例为 22.65%。

在对我国职业教育投入的现状和水平进行梳理，同时结合国际比较的基础上，我们对未来五年的职业教育投入进行预测。根据研究结果，提出以下政策建议。

第一，国家需要继续加大对职业教育的投入力度。从分析来看，我国目前的职业教育国家投入的努力程度相对不足，职业教育公共经费占 GDP 的比例处于一个相对较低的水平。如果按照我们预测的水平进行投入，到 2015 年我国的公共职业教育财政支出可以达到一些发达国家的水平。

第二，增加政府对职业教育的投入，可以有效促进教育公平。职业教育的学生一般来自低社会经济地位的家庭或少数民族族裔等。在国外，对职业教育学生资助的力度要大于普通教育学生，政府一般通过政府资助的形式减免职业教育的学生学费，以此加大对职业教育的投入力度。我国的职业教育，尤其是中等职业教育的办学质量不高，建议在加大财政投入的总方针指导下，继续实施现有的助学金和部分学生免学费政策不变，但放缓在全国全面实施免费政策；与此同时，将新增财政投入主要用于提高职业教育办学质量这一政策目标上。

第三，考虑到职业教育国家投入的区域差异，对 2012—2015 年职业教育经费投入预测仅仅是一个总量概念，这一预测结果是比较保守的。从"增量改革"和"促进公平"的角度出发，应该加大对欠发达地区职业教育的支持力度，建议中央财政建立专项资金，用于扶持职业教育薄弱学校建设。

第四，未来职业教育投入应更多地放在软件建设，用于师资队伍建设和"双师型"教师的培养。政府高度重视职业教育发展，中央和地方政府采取了诸多措施发展职业教育，分别实施了"示范性高等职业院校建设计划"、"中等职业教育改革示范学校建设计划"等项目。目前政府在教育投入上过于关注提升学校的办学条件和硬件水平，而对师资队伍建设的投入相对较少。

参考文献

教育部教育规划与战略研究理事会秘书处 . 2012. 教育科学决策研究中心 2012 年学术年会报告汇编［C］.

Grootings, P, Nielsen, S. （eds）. 2005. ETF Yearbook 2005—Teachers and Trainers: Professionals and Stakeholders in the Reform of Vocational Education and Training［M］. Luxembourg: Publications Office.

OECD. 2011. Education at a Glance 2011: OECD Indicators［M］. Paris: OECD.

12

关于财政性教育经费支出占国内生产总值 4%背景下职业院校生均拨款问题研究

对外经济贸易大学教育与开放经济研究中心课题组

摘　　要

目前我国财政性教育经费支出占国内生产总值4%已具备制度及政策保障，如何在此前提下合理、有效、科学配置各类教育资源，是理论界和实践界亟待解决的问题。本课题力求在现状分析、政策依据、国际比较几方面，研究如何合理确定职业教育政府投入的规模、力度、比例，如何确立职业教育生均经费水平以及如何实现职业教育生均拨款公平和效率的统一，进而提出政策建议，以解决目前职业教育投入偏低、生均拨款模糊等现状。

一、现状分析

自 2005 年以来，我国职业教育财政性经费投入取得了重大进展，主要体现在以下几个方面：一是总量不断增加。职业教育财政性经费投入从 2005 年的 339.6 亿元增长到 2009 年的 1211.15 亿元，增幅为 257%。二是占比不断加大。职业教育财政性经费占各类财政性教育经费的比重从 2005 年的 7.74%上升到 2009 年的 9.90%，职业教育财政性经费占 GDP 的比例由 2005

年的 0.22% 上升到 2009 年的 0.36%。三是职业教育经费投入中政府投入力度不断加强。职业教育财政性经费占职业教育总经费的比重从 2005 年的 44.79% 上升到 2009 年的 57.13%。四是职业教育预算内教育经费增长速度明显高于财政性教育经费增长速度和财政经常性收入增长速度。五是职业教育生均预算内经费水平逐年提高。中职从 2006 年的 2656.84 元①上升到 2009 年的 4548.69 元，增幅为 71%；高职从 2006 年的 3233.24 元上升到 2009 年的 4987.90 元，增幅为 54%。

尽管在"十一五"期间，我国在职业教育经费投入方面取得了显著成绩，但与职业教育发展需求相比，仍存在一些问题，主要体现为如下方面：第一，我国职业教育财政性教育经费投入占总财政性教育经费以及 GDP 的比重低于各类教育；第二，职业教育经费投入中政府投入力度低于全国各类教育中政府投入的平均水平，职业教育事业费拨款低于同级普通教育事业费拨款水平；第三，职业教育生均预算内经费、生均预算内事业费以及生均预算内公用经费水平偏低，地区差异较大，且个别地区生均预算内经费发展水平与地区经济发展水平呈现错位现象；第四，目前我国尚未制定职业教育生均拨款国家标准，仅有八个省份制定了职业院校生均经费拨款标准，主要采用投入拨款机制，拨款的范围、内容、标准均呈现较大差异。

具体分析如下。

（一）职业教育财政性经费投入占 GDP 比例

2009 年，我国职业教育财政性经费投入占财政性教育经费比重为 9.90%，占 GDP 的比重为 0.36%，上述比重低于高等教育（不含高等职业教育）、中等教育（不含中等职业教育）和初等教育，位于各类教育所占比重的最低值（见表 1、图 1）。

---

① 《中国教育经费统计年鉴 2007》：中等专业学校生均预算内教育经费为 3016.85 元，技工学校为 2673.66 元，职业中学为 2280.02 元。中职 2656.84 元系根据三者平均水平计算得出。

表1 2009年各类教育财政性经费所占比重

学校类型	占全国财政性教育经费比重（%）	占当年 GDP 比重（%）	财政性教育经费（亿元）
高等学校	15.78	0.57	1930.4
职业学校	9.90	0.36	1211.15
中学	31.35	1.13	3834.38
小学	32.48	1.17	3973
其他	10.48	0.38	1282.12
总计	100	3.59	12231.09

注：1. 2009年全国国内生产总值340507亿元来源于《中国统计年鉴2010》，各类财政性教育经费数据来源于《中国教育经费统计年鉴2010》。

2. 其他类包括特殊教育、幼儿园、教育行政单位、教育事业单位等。

3. 高等学校统计数据中包括成人高等学校，不包括高职高专。

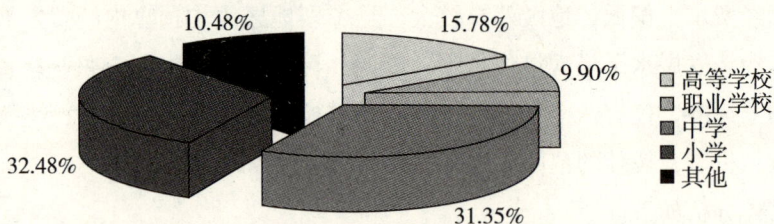

图1 各类教育财政性教育经费所占比重

（二）职业教育经费投入中政府投入所占比重

1. 职业教育经费投入中政府投入占57.13%，低于全国各类教育中政府投入比重74.12%的平均水平

表2 2009年各类国家财政性教育经费占教育经费的比重

学校类型	财政性教育经费投入（亿元）	教育经费投入（亿元）	比重（%）
中等职业学校	814.18	1198.87	67.91
普通高中	1109.34	1779.44	62.34

表2（续）

学校类型	财政性教育经费投入（亿元）	教育经费投入（亿元）	比重（%）
高职高专学校	396.97	921.12	43.10
高等本科学校	1867.54	3723.89	50.15
职业学校	1211.15	2119.99	57.13
全国平均	12231.09	16502.71	74.12

资料来源：《中国教育经费统计年鉴2010》。

2. 在预算内教育经费投入中，职业教育事业费拨款低于同级普通教育事业费拨款水平

其中，高等本科学校事业费拨款为高职高专的4.5倍，普通高中事业费拨款为中等职业学校的1.4倍（见表3）。事业费拨款主要用于职业学校事业性支出，包括公用支出和人员支出，是确保职业学校教学质量的基本保障。

表3　2009年职业教育事业费拨款情况

学校类型	事业费拨款（亿元）	占全国教育事业费拨款比例（%）
高职高专学校	302.76	3.22
高等本科学校	1376.23	14.62
中等职业学校	594.14	6.31
普通高中	848.52	9.01
全国	9413.89	100

资料来源：《中国教育经费统计年鉴2010》。

（三）职业教育生均预算内经费水平

1. 职业教育生均预算内经费、生均预算内事业费以及生均预算内公用经费水平偏低

高职高专学校生均预算内经费与高等本科学校的比值为0.51，生均预算内事业经费比值为0.50，生均预算内公用经费比值为0.41，可见高职高专生均预算内经费水平仅能达到高等本科学校的一半，生均预算内公用经费水平

尤其偏低。中等职业学校生均预算内经费与普通高中的比值为 1.16，生均预算内事业经费比值为 1.13，生均预算内公用经费比值为 1.4，可见近年来随着我国对职业教育尤其是中等职业教育的重视程度的提升，中等职业学校生均预算内经费水平有所提高，已高于高中生均预算内经费水平（见表4）。但由于二者学费标准不同，在生均经费水平相当的情况下，我国若要逐步实现中等职业教育免学费的目标，仍需大幅提高中等职业教育生均预算内经费水平。

表4　2009 年职业教育生均预算内经费水平

单位：元

学校类型	生均预算内经费	生均预算内事业经费	生均预算内公用经费
中等职业学校	4548.69	4262.52	1164.43
普通高中	3920.28	3757.60	831.59
高职高专学校	5406.05	4987.90	1897.97
高等本科学校	10560.71	10036.21	4602.95

资料来源：《中国教育经费统计年鉴2010》。

2. 职业教育生均预算内经费水平地区差异较大

第一，从极差率看，2009 年高职高专学校生均预算内经费水平北京是安徽的 9.7 倍，2009 年中等职业学校生均预算内经费水平北京是湖北的 5.9 倍，差距悬殊。

第二，从与全国平均水平比较看，2009 年有 16 个省份高职高专学校和中等职业学校生均预算内经费水平位于全国平均值以下。

第三，职业教育生均预算内经费排名与地区经济发展水平呈现错位现象。一方面，发达地区职业教育生均预算内经费水平较高。职业教育生均预算内经费排名位居前列的北京、上海、天津、广东、辽宁多位于经济发达地区，而排名位居后位的河北、重庆、湖北、河南、江西、安徽等多位于中等发达地区，甘肃、西藏、云南等欠发达省份因受中央财政支持，其职业教育预算内经费排名高于自身经济发展水平排名。另一方面，由于受中央转移性支付的支持力度不同，欠发达地区内部及中等发达地区内部生均预算内经费水平差异较大。例如，同样为欠发达地区，贵州中等职业学校生均预算内经费为3193.77元，排名第28位，而西藏为9095.04元，是贵州的2.8倍，排名第4位。同样为中等发达地区，湖北中等职业学校生均预算内经费为2331.12元，排名最末，而黑龙江为6625.08元，是湖北的2.8倍，排名第8位（见表5）。①

表5　2009年各省份人均GDP排名与职业教育生均预算内经费支出排名

省份	人均GDP排名	高职高专学校		中等职业学校	
		生均预算内经费支出（元）	排名	生均预算内经费支出（元）	排名
北京	1	25937.77	1	13771.15	1
上海	2	7528.20	5	11040.59	2
天津	3	7503.51	6	7441.91	5
江苏	4	6428.14	10	3857.01	22
浙江	5	8323.46	4	6141.09	10
内蒙古	6	6592.65	9	6596.56	9
广东	7	10874.49	3	5435.90	13
山东	8	3784.84	24	4408.85	18
辽宁	9	7269.69	8	7155.37	6
福建	10	4708.62	21	4451.51	16
吉林	11	5177.46	17	5846.38	11
河北	12	3575.55	28	3685.91	25
重庆	13	3191.18	30	3411.88	27
湖北	14	3589.06	27	2331.12	31
黑龙江	15	6187.06	12	6625.08	8
陕西	16	4760.10	20	4584.63	15
宁夏	17	7285.31	7	4804.89	14
山西	18	4809.28	19	4365.18	20

---

① 2009年，我国人均GDP超过4000美元的省份为10个，包括北京、上海、天津、江苏、浙江、内蒙古、广东、山东、辽宁、福建，人均GDP低于3000美元的省份为11个，包括新疆、湖南等，其中低于2500美元的省份包括安徽、广西、西藏、云南、甘肃、贵州。

表5（续）

省份	人均GDP排名	高职高专学校		中等职业学校	
		生均预算内经费支出（元）	排名	生均预算内经费支出（元）	排名
河南	19	3515.92	29	3519.94	26
湖南	20	3647.05	26	3717.25	23
新疆	21	5512.46	15	6688.53	7
青海	22	6190.66	11	5681.72	12
海南	23	5180.98	16	9850.21	3
四川	24	6074.11	13	3690.00	24
江西	25	3678.97	25	3164.73	29
安徽	26	2670.65	31	2442.75	30
广西	27	4193.38	23	4195.12	21
西藏	28	17142.92	2	9095.04	4
云南	29	5606.19	14	4437.89	17
甘肃	30	4530.92	22	4382.62	19
贵州	31	4980.10	18	3193.77	28

资料来源：《中国教育经费统计年鉴2010》。

（四）各地职业教育生均经费及生均拨款标准制定情况

根据网上搜索的结果，全国仅有福建、上海、辽宁、海南、河南、浙江、江苏、湖南八个省份根据本地经济社会发展水平和职业教育发展需要，分类制定了职业院校生均经费拨款标准（见表6），大部分省份尚未制定相关标准，使其职业教育投入保障机制难以建立，各地政府在可用财力有限的情况下，难以确保职业教育财政预算拨款足额到位。

表6　各省份职业教育生均经费标准制定情况

省份	文件名称	文　号
福建	《关于我省公办职业院校生均经费标准意见的通知》	闽政办〔2006〕206号
上海	《关于调整本市中等职业学校生均公用经费定额标准的通知》	沪教委财〔2007〕51号

表6（续）

省份	文件名称	文　　号
辽宁	《关于印发辽宁省中等职业学校生均经费标准意见的通知》	辽财教〔2008〕302号
海南	《关于印发海南省市县职业学校公用经费标准的通知》	琼府办〔2009〕28号
河南	《关于省属公办中等职业学校生均经费财政拨款标准的通知》	豫财教〔2011〕12号
浙江	《关于印发浙江省中等职业学校生均经费标准指导意见的通知》	浙财教〔2011〕371号
江苏	《关于建立健全中等职业教育经费保障机制的通知》	苏财教〔2010〕297号
湖南	《湖南省公办职业院校生均经费标准指导意见》	湘财教〔2010〕64号

已制定生均经费拨款标准的八个省份中，主要采用投入拨款机制，制定的生均经费拨款的范围、内容、标准均呈现较大区别。只有福建和湖南同时制定了中、高职生均经费拨款定额标准，江苏、辽宁和河南制定了中职生均经费拨款标准，江苏、海南、上海制定了生均公用经费拨款标准。各地对生均拨款范围界定模糊且差异较大，导致难以科学地统计和评估各地职业学校生均拨款标准执行情况（见表7）。

表7　各省份职业教育生均经费标准内容比较

省份	生均经费拨款标准	生均公用经费拨款标准	生均拨款的范围
福建	1. 中、高职均制定生均经费拨款具体数额。 2. 分地区分专业核定标准。分四类地区三类专业，其中一类地区理工类高职2700元，中职2000元。	未制定	1. 职业院校生均经费基本标准由财政预算内拨款标准和学费收费标准两部分组成，不含专项经费。 2. 职业院校的生均经费中的财政预算内拨款用于学校办学所需的人员支出、公用支出和对个人及家庭的补助支出，学费收入按预算外资金管理有关规定使用。

表7（续）

省份	生均经费拨款标准	生均公用经费拨款标准	生均拨款的范围
浙江	仅制定中职生均经费标准，且未制定具体数额，由各市县制定标准，体现专业差异、规模差异、质量差异。	由各市县制定中职生均公用经费标准，将中职生均公用经费提高到普通高中的1.5倍以上。	1. 财政拨款包括一般预算和基金预算安排的经费。 2. 中等职业学校建设性经费，不包含在生均财政拨款标准内。
江苏	1. 仅制定中职生均经费拨款标准，为2800元。 2. 省内各地区不得低于此标准，可按学科类别制定分类拨款标准。	中职生均公用经费基本拨款标准不低于500元。	1. 财政拨款指财政一般预算中用于中等职业教育的经费，其中生均公用经费财政拨款可用教育费附加安排。 2. 生均人员经费财政拨款仅指用于在职人员经费的部分，不含学校离退休人员经费，离退休人员经费全额纳入财政预算另行安排。
辽宁	1. 仅制定中职生均经费标准和生均经费拨款标准。 2. 分类型、分专业、分地区核定标准。分两类三区。其中机电冶金石化信息、现代服务业和农业类生均拨款不低于4000元，卫生、医疗、体育、艺术类不低于4600元。	未制定	
海南	未制定	制定全省职业学校生均公用经费标准和其中财政拨款标准，公用经费标准1500元，其中财政拨款700元。	公用经费采取财政拨款和收取学费方式筹措。省级财政承担的公用经费拨款部分，以专项资金的形式拨付给市县财政。

表 7（续）

省份	生均经费拨款标准	生均公用经费拨款标准	生均拨款的范围
上海	未制定	1. 仅制定中等职业学校生均公用经费定额拨款标准，分 7 个专业，从 1700 元到 4500 元不等。 2. 采用分段定额极差拨款方法，根据在校生规模分为 4 个等级，按比例拨款。	
湖南	1. 制定中高职生均经费拨款标准。 2. 分三类地区三类专业，按全日制在校学生数、在岗教职工数和理论生员比进行按比例拨款。重点示范校、重点专业可以按比例上浮。其中一类地区理工类高职 3400 元，中职 3100 元。	未制定	1. 生均经费由生均预算内拨款标准和学费收费两部分组成，不含专项经费。 2. 预算内拨款标准不包括离退休费、奖助学金、城市教育附加以及上级追加的各种专项经费。
河南	1. 制定中职生均经费拨款标准。 2. 分专业根据学生培养成本、学费标准等核定，分三类，平均为 1300 元。 3. 根据上年度学校就业率进行浮动。	未制定	生均拨款范围包括奖励性绩效工资、公用经费和项目支出。

资料来源：相关地区职业院校生均经费标准文件。

二、制定依据

从国际比较来看，我国在职业教育财政性经费占 GDP 的比例、职业教育经费投入中政府所占的比重、职业教育生均经费政府投入占人均 GDP 的比例以及职业教育生均拨款制定标准等各方面与发达国家及 OECD 国家平均水平存在较大差距，因此必须提高职业教育政府投入规模及生均预算内经费水平。

在理论依据方面，按照国际惯例，职业教育的培养成本一般为普通教育的 2.64 倍；根据定量分析，职业教育投入对经济增长的促进作用高于其他任何类型教育；从教育属性看，中等职业教育具有公共性，高等职业教育具有准公共性。因此，职业教育生均预算内经费水平理应等于或高于同级普通教育。

在法律政策依据方面，1996 年《中华人民共和国职业教育法》、2002 年《国务院关于大力推进职业教育改革与发展的决定》以及 2005 年《国务院关于大力发展职业教育的决定》均对各地制定职业教育生均经费及拨款标准提出了要求，但上述规定至今未得到有效执行。

（一）国际比较

1. 职业教育经费投入占 GDP 比例

澳大利亚职业教育和培训占公共教育支出的比例为 12%，而我国 2009 年职业教育所占比例为 9.90%，与澳大利亚存在较大差距。

欧盟国家的公共职业教育投入占 GDP 的比例平均值为 0.58%，其中芬兰、荷兰均达到 1% 以上，而我国 2009 年职业教育财政性经费占 GDP 的比重为 0.36%，与欧盟国家平均水平尚有较大差距。

2. 职业教育经费投入中政府所占比重

从世界各国职业教育经费来源看，政府来源多占 65% 以上，而目前我国政府对职业教育的投入仅占职业教育经费的 57%，与国际水平仍有一定差距（见表 8）。

表8 部分国家职业教育经费来源结构比较

单位:%

国　　家	政府来源	非政府来源
美国	76	24
英国	75	25
澳大利亚	90	10
新西兰	70	30
加拿大	65	35
中国	57	43

美国职业教育主要由社区学院承担，其经费5%来自联邦政府拨款，60%来自州政府拨款，11%来自地方政府拨款，15%来自学费收入，9%来自其他收入。新西兰职业教育经费70%来自政府，20%来自学费，10%来自社会资助。英国将基础职业教育纳入义务教育范围，职业教育投入中75%来自政府。澳大利亚公共职业教育经费的管理和拨付主要是由州政府来完成，职业教育投入中州政府拨款占57%，联邦政府拨款占22%左右。德国职业教育也以政府投入为主，即便是企业的职业教育也由政府承担相当一部分经费。意大利职业教育所需资金主要来源于教育部和地方政府依据既定方案的拨款，地方政府也会将部分欧盟社会基金用于支持学校职业教育，并将职业教育纳入社会保障的制度范畴。

3. 生均职业教育经费占人均 GDP 比例

我国职业教育生均预算内经费无论是数量还是占人均 GDP 的比例均远低于 OECD 国家平均水平。2005 年我国生均预算内经费占 GDP 的比例位列 OECD 国家后三位。2009 年，我国人均 GDP 水平为 6838 美元（按购买力平价 3.85 计算），根据 2005 年 OECD 国家职业教育生均经费政府投入占人均 GDP 25% 的平均水平计算，我国 2009 年职业教育生均预算内经费应为 1709.5 美元，折合人民币为 6581.6 元，而我国 2009 年职业教育实际生均预算内经费平均值为 4977.37 元（中职 4548.69 元，高职 5406.05 元），与 OECD 国家平均水平差距甚远（见表9）。

表9 2005 年 OECD 国家职业教育生均经费政府投入占人均 GDP 的比例

国　　家	政府年度生均经费投入（美元）	人均 GDP（美元）	占比（%）
中国	533	4091	13
澳大利亚	8021	32798	24
奥地利	10613	34108	31
比利时	8788	32077	27
加拿大	7837	35078	22
捷克	5168	20281	25
丹麦	12578	33626	37
芬兰	2298	30469	8
法国	8193	29644	28
德国	10251	30496	34
希腊	6882	25520	27
匈牙利	4276	17014	25
冰岛	5962	35630	17
爱尔兰	7828	38058	21
意大利	5034	27750	18
日本	8067	30290	27
韩国	5788	21342	27
卢森堡	6282	70014	9
墨西哥	3442	11317	30
荷兰	5470	34724	16
新西兰	6830	24554	28
挪威	13248	47551	28
波兰	3893	13573	29
葡萄牙	7241	20006	36
斯洛伐克	2202	15881	14
西班牙	7827	27270	29
瑞典	8352	31995	26

表9（续）

国　　家	政府年度生均经费投入（美元）	人均GDP（美元）	占比（%）
瑞士	11874	35520	33
英国	8752	31580	28
美国	12185	41674	29
巴西	5447	8596	63
智利	2811	12262	23
爱沙尼亚	3626	16654	22
以色列	6407	23845	27
俄罗斯	1995	11861	17
斯洛文尼亚	7068	23004	31
OECD国家平均	6929.6	27887.49	25

注：上述国家GDP及政府生均经费投入以购买力平价指数（PPP）计算，2005年美元对人民币购买力平价为3.45。

资料来源：OECD. 2010. Education at a Glance 2010：OECD Indicators［M］. Paris：OECD.

4. 职业教育生均经费的制定标准

从国外高等教育财政拨款模式的发展趋势看，越来越多的发达国家（如英国、美国）和发展中国家（如印度），开始采用"绩效拨款"模式，并取得了相当大的成功。绩效拨款的主要特征是注重效率，将产出或绩效拨款机制引入到传统的投入拨款机制中，将资金分配与教育效果联系起来，使那些培养更多学生和教育质量更高的学校得到更多的资源，促进学校之间的质量竞争。

以美国为例，鉴于职业教育的培养成本要高于基础教育，美国州政府根据职业院校开设的课程数量、开展课堂活动所需要的设备器材、教师数量以及学生数量综合考虑确定生均拨款数额，并根据职业学校毕业生的就业情况进行综合排名，确定给各个职业学校的最终生均拨款额。

（二）理论依据

1. 职业教育培养成本

无论是在中国等发展中国家还是在美国等发达国家，职业教育都是一种需要高投入保障的教育类型，正规职业教育的培养成本都大大高于学术性普通教育，一般为普通教育的 2.64 倍。因为职业教育教学过程需要大量先进、完备、仿真的设备设施，以及配套的实习实训场所。即使在办学规模相同的情况下，也需要得到比相应阶段普通教育更多的经费支持，才能保证其正常运转。在发达国家，以法国巴黎学区为例，职业高中的生均成本是普通高中的 3 倍左右；在发展中国家，以马来西亚为例，职业学校学生的单位成本是普通学校学生的 4 倍。因此，职业教育投入高于普通教育，也是国际上的普遍经验和做法。

2. 职业教育对经济的贡献率

从职业教育对经济增长的贡献率看，职业教育投资对我国经济增长以及对提高劳动生产率的贡献率高于其他类型教育。

在各级各类教育中，中等职业教育投资对经济增长的促进作用最大。研究表明，中等职业教育投资占全部教育投资的比重每上升 1 个百分点，经济增长将上升 0.31 个百分点，而中学教育和高等教育分别为 0.28 个和 0.27 个百分点。

在各类人才对提高劳动生产率的贡献中，我国高技能人才比重的上升对提高劳动生产率的贡献率高于高学历劳动力。研究表明，高技能人才占比提高 1 个百分点，可带动劳动生产率提高 4 个百分点，而大专以上高学历劳动力占比提高 1 个百分点，可带动劳动生产率提高 3 个百分点。也就是说，高技能人才的边际贡献高于高学历劳动力，对提高劳动生产率发挥着更大的作用。

3. 职业教育的公益性

经济学根据竞争性和排他性将产品划分为公共产品、准公共产品和私人产品，教育提供的服务涵盖上述三种类型。在不同的教育阶段，提供的主要教育服务的类型不同，由此决定了在不同的教育阶段国家对教育的投入机制存在差别，公共性强的教育类型需要政府承担更多的投入。在我国，义务教育和中等职业教育具有公共产品的属性，学前教育、高中教育、高等教育（含高职教育）具有准公共产品的属性，继续教育、在职培训具有私人产品的属性。

中等职业教育是面向未成年人的基础职业教育，属于公共产品，而高中教育属于准公共产品。一些发达国家纷纷将基础职业教育作为公共产品纳入社会保障的制度范畴的实践也进一步印证了中等职业教育的公共性特征。英国将基础职业教育纳入义务教育和社会保障范围，2015 年将义务教育的年龄上限提高到 18 岁。意大利高中阶段的基础职业教育属于义务教育阶段，由公共财政予以保障。正因为中等职业教育的公共性强于高中教育，政府对中等职业教育的投入应当高于对高中教育的投入。在生均经费水平相当的情况下，高中学校仍然实行收费教育，而中等职业学校若要实现逐步免学费的目标，则中等职业教育生均预算内经费投入至少应达到高中教育的 1.5—2 倍。

专栏 1

2009 年，我国中等职业学校学杂费总收入为 277.8 亿元，预算内教育经费总收入为 708.6 亿元，中等职业学校学杂费总收入与预算内教育经费总收入的比值为 0.39。当前中等职业学校学杂费存在负担过重的问题，故将中等职业学校学杂费总收入与预算内教育经费总收入的合理比值暂调整为 0.30。2009 年，我国中等职业学校生均预算内经费与普通高中的比值为 1.16，假定其他教育经费投入水平不变，假定由政府预算内教育经费承担学费以实现中等职业教育免学费目标，中等职业学校生均预算内经费与普通高中的比值应为 1.5 $[1.5 = 1.16 \times (1 + 0.30)]$。

高等职业教育与普通高等教育均属于准公共产品，二者公共性程度强弱的比较受到一个时期国家发展战略和经济发展状况的综合影响。当前我国面临经济发展方式转变和产业结构升级的重大挑战，对技能型人才尤其是中高级技能型人才无论是数量还是质量的需求都十分迫切，需要强化职业教育包括高等职业教育的公益性，加强对高等职业教育的投入，使高等职业教育生均预算内经费水平逐步达到普通高等教育水平。

（三）政策依据

生均经费标准是公共财政向职业教育投入的基本依据，也是建立科学合理的职业教育成本分担机制的基本依据。《国家中长期教育改革和发展规划纲要（2010—2020 年）》指出，"教育应作为财政支出的重点领域予以优先保障，要保证教育财政拨款增长明显高于财政经常性收入增长，并使在校学生平均教育费用逐步增长，保证教师工资和学生人均公用经费逐步增长，逐步提高国家财政性教育经费支出占国内生产总值比例，至 2012 年达到 4%"。

1996 年《中华人民共和国职业教育法》第二十七条规定："省、自治区、直辖市人民政府应当制定本地区职业学校学生人数平均经费标准；国务院有关部门应当会同国务院财政部门制定本部门职业学校学生人数平均经费标准。职业学校举办者应当按照学生人数平均经费标准足额拨付职业教育经费。"

2002 年《国务院关于大力推进职业教育改革与发展的决定》指出，省级人民政府要制定本地区职业学校生均经费标准，并依法督促各类职业学校举办者足额拨付职业教育经费；县级以上地方各级人民政府和国务院有关部门用于举办职业学校和职业培训机构的财政性经费应当逐步增长。

2005 年《国务院关于大力发展职业教育的决定》再次强调，省级政府应当制定本地区职业院校学生人数平均经费标准，并要求从 2006 年起，城市教育费附加安排用于职业教育的比例，一般地区不低于 20%，已经普及九年义务教育的地区不低于 30%。

三、完善建议

在对我国职业教育投入及生均拨款进行现状分析和国际比较的前提下，在相关理论依据和政策依据的基础上，本课题对在财政性教育经费支出达到国内生产总值 4% 目标背景下建立我国职业院校生均拨款标准提出如下政策建议。

第一，制定职业教育财政性经费投入总体目标；

第二，落实职业教育财政性经费投入保障政策；

第三，建立职业教育生均拨款标准；

第四，缩小职业教育生均拨款地区差异；

第五，统一职业教育财政性经费及生均拨款统计口径。

具体如下。

（一）制定职业教育财政性经费投入总体目标

2015 年，我国财政性教育经费投入总量占 GDP 的比重应当高于 4%，我国职业教育政府投入占 GDP 的比重应当达到 0.56%—0.85%，职业教育财政性经费占教育财政性经费的比重应当达到14%—21%，职业教育生均预算内经费水平占人均GDP的比例应达到25%，中职生均预算内经费应为普通高中的1.5倍，达到5880—8825元，高职生均预算内经费应与普通本科相当，达到10560—15849元。

1. 以职业教育生均预算内经费水平与同级普通教育的合理比例计算

我国目前中职生均预算内经费为普通高中1.16倍，高职生均预算内经费为高等本科的51%，到2015年，中职生均预算内经费应为普通高中的1.5倍，高职生均预算内经费应与高等本科相当。2015年我国中等职业教育在校生规模将达到2250万人，高等职业教育在校生规模将达到1390万人①，GDP将达到55.8万亿元②。

低标准：假定目前高中、高等本科生均预算内经费水平维持不变，则2015年中职生均预算内经费应为5880元，高职生均预算内经费应为10560元，职业教育预算内总经费应为2790.8亿元，职业教育财政性经费投入为3154.16亿元③，我国职业教育政府投入占GDP的比重为0.56%，职业教育财政性经费占教育财政性经费的比重应当高于14%，基本达到2007年欧盟国家平均水平。

高标准：假定未来5年普通高中和高等本科生均预算内经费增速与GDP的增速（7%）④保持一致，则2015年中职生均预算内经费应为8825元，高职生均预算内经费应为15849元，职业教育预算内总经费应为4188.6亿元，职业教育财政性经费投入为4732.9亿元，我国职业教育政府投入占GDP的比重为0.85%，职业教育财政性经费占教育财政性经费的比重应当高于21%，比较接近财政性教育经费中职业教育占25%的国际职业教育经费分配惯例。

鉴于目前我国职业教育财政性经费投入占GDP的比重以及占财政性教育经费的比重过低，而职业教育发展任务重大，故在未来5年，职业教育比任何类型教育都迫切需要加强政府投入力度，提高预算生均经费水平，因此特制定未来5年职业教育发展的高标准，即占GDP比重达到0.85%。未来10年职业教育投入标准及各类教育资源配置比例，仍需要根据5年后教育发展情况重新予以规划。

---

① 数据来源于《国家中长期教育改革和发展规划纲要》。
② 数据来源于《国民经济和社会发展第十二个五年规划纲要》。
③ 根据目前职业教育预算内经费投入占职业教育财政性经费投入的比重计算得出。
④ 数据来源于《国民经济和社会发展第十二个五年规划纲要》。

专栏2

计算公式：

设：X_1：中职生均预算内经费

X_2：高职生均预算内经费

Y_1：中职在校生人数

Y_2：高职在校生人数

Z_1：普通高中生均预算内经费

Z_2：高等本科生均预算内经费

α：中职与普通高中关系度

β：高职与高等本科关系度

T：职业教育预算内总经费

则有：

$$T = X_1 Y_1 + X_2 Y_2 = \alpha Z_1 Y_1 + \beta Z_2 Y_2$$

我国目前中职生均预算内经费为普通高中的 1.16 倍，高职生均预算内经费为高等本科的 51%，即目前的 $\alpha = 1.16$，$\beta = 0.51$。

若要到 2015 年实现中职生均预算内经费为普通高中的 1.5 倍，高职生均预算内经费与高等本科相当，则有 $\alpha = 1.5$，$\beta = 1$。（相关依据见理论依据部分）

低标准： 假定目前高中、高等本科生均预算内经费水平维持不变，$Z_1 = 3920$（元），$Z_2 = 10560$（元），则 $X_1 = 5880$（元），$X_2 = 10560$（元），$Y_1 = 2250$（万人），$Y_2 = 1390$（万人），$T = 2790.8$（亿元）。

高标准： 假定未来 5 年普通高中和高等本科生均预算内经费增速与 GDP 的增速（7%）保持一致，$Z_1 = 5883$（元），$Z_2 = 15849$（元），则 $X_1 = 8825$（元），$X_2 = 15849$（元），$Y_1 = 2250$（万人），$Y_2 = 1390$（万人），$T = 4188.6$（亿元）。

2. 根据2005年OECD国家平均水平计算

根据前文表9，按2005年职业教育生均预算内经费水平占人均GDP的比例为25%的OECD国家平均水平计算，2011年中国人均GDP为8382美元（按IMF购买力平价计算），2011年度生均经费应为2095.5美元，按2011年购买力平价3.946计算，职业教育平均生均预算内经费应为8268.8元。

（二）落实职业教育财政性经费投入保障政策

2012年，在国家财政性教育经费支出占GDP的比例达到4%的同时，应当确保职业教育财政性教育经费占国家财政性教育经费的比重逐步提高，达到14%以上。明确中央政府、省政府及市县政府的职业教育投入职责，分级承担职业教育经费。逐年提高各级政府财力用于职业教育的比例，将地方政府对职业教育的投入水平，作为考核政府发展职业教育的硬性指标，确保政府对职业教育投入总量持续增长，比例不断加大。

1. 全面落实城市教育附加费用于职业教育的比例不低于30%的规定

按照增值税、营业税、消费税三税总额的3%计征教育附加费，并将城市教育费附加20%—30%用于职业教育。有条件的省份可以适当提高教育费附加用于职业教育的比例，加大对职业教育的支持力度。如广西壮族自治区规定城市教育费附加、地方教育附加安排用于职业教育的比例不低于50%。

2. 在预算内教育经费投入中，应当确保教育事业性拨款逐年增加，加强基本建设投入

应当使职业教育事业性拨款占各类教育事业性拨款的比例逐步达到14%以上，确保职业教育教师工资、公用经费、免学费、补生活费足额到位，确保职业教育基础能力建设投入逐年增长。

3. 加强对各类可用于职业教育的部门资金的统筹管理

将分散于各部门的失业保险基金、就业经费、扶贫及移民基金、彩票公益基金、农业技术推广资金、企业技术改造和项目引进资金、中央重大专项资金等可用于职业教育的部分进行整合与统筹管理，以发挥规模效益。

4. 拓宽职业教育投入的来源途径

例如，可以通过发行"职业教育彩票"筹集资金，用以支持职业教育发

展。可以在职业教育经费水平落后的中等发达地区尝试将中央转移支付的款项以"教育券"形式拨付给该地区,以激励学生就读职业学校,促使学校提高办学效益。

(三) 建立职业教育生均拨款标准

国家应综合考虑职业学校的层次、地域、专业、规模、绩效、发展重点等因素,制定涵盖多项政策参数的职业教育生均拨款公式,在定额投入机制中,适当引入绩效因素,增强拨款标准的科学性。各地应当根据地区实际情况和国家指导意见,制定各地职业教育生均预算内经费标准和生均拨款标准。在制定职业教育生均拨款标准的同时制定职业教育生均公用经费拨款标准,确保职业教育公用经费专款专用,以满足实习、实训的需求。

1. 层次差异

中职、高职分别制定生均拨款标准。高职生均拨款标准达到本地区同等类型普通本科院校标准,中职生均拨款标准达到本地区同等类型普通高中的1.5倍。

2. 地区差异

研究表明,人均财政支出、人均财政收入、人均 GDP 三项指标中,人均财政支出对生均拨款水平影响最为显著。因此,应当以人均财政支出为标准,将全国划分为发达地区、中等发达地区、欠发达地区三个区域,分别制定不同的生均拨款最低定额。各省份可根据人均财政支出不同对本地区进行区域划分,适用差别化的生均拨款标准。

3. 专业差异

根据调整后的中等职业学校和高等职业学校专业目录,根据培养成本和学费标准等因素进行分类,并设定不同拨款调整系数。根据目前个别省份专业分类标准,暂将职业学校学科专业分为三类:理工类生均拨款调整系数为1,文科类生均拨款调整系数为0.85,体育、卫生、艺术类生均拨款调整系数为1.2。

4. 规模差异

为了确保职业学校生源的稳定性,根据全日制在校学生数、在职在岗教职工数确立经常性财政拨款核算公式：经常性拨款＝拨款学生数×生均财政预算内拨款数。

（1）实际生员比大于理论生员比：

拨款学生数＝在职在岗教职工数×理论生员比

（2）实际生员比小于或等于理论生员比：

拨款学生数＝全日制在校学生数＋（在职在岗教职工数×理论生员比－全日制在校学生数）×50%

5. 绩效差异

根据职业学校上年度就业率以及获得"双证书"学生所占比例制定5%—10%的浮动系数。

上年度就业率达到95%的，按规定标准拨款，上年度就业率每高于95% 1个百分点，奖励生均财政拨款标准1个百分点；就业率每低于95% 1个百分点，相应扣减规定生均经费财政拨款标准1个百分点，扣完10%部分为止。

根据职业学校学科专业不同，制定获得"双证书"学生的比例标准，达到标准以上水平的学校，应按照基本生均财政拨款标准给予5%—10%奖励。

6. 重点发展差异

对各级示范校以及围绕产业发展和区域发展确定的重点地区和重点专业以及农村地区制定上浮系数。

对国家级示范校和省级示范校可以制定5%—10%的上浮比例；对现代农业、制造业改造提升重点发展方向（装备制造、船舶、汽车、钢铁、有色金属、建材、石化、轻工、纺织等）、生产性服务业和生活性服务业等产业以及面向农村的职业教育制定10%—20%的上浮比例；对与大型跨国集团和企业、国外优质职业教育培训机构联合建设的具有较高国际水平的职业学校制定5%—10%的上浮比例。

（四）缩小职业教育生均拨款地区差异

鉴于我国目前职业教育生均拨款存在严重地区不均衡现象，为确保职业教育公平发展，国家应加大转移支付力度、创新转移支付形式、拓宽政府投入资金来源渠道、建立地方政府职业教育生均拨款评价指数。

1. 国家应支持欠发达地区、关注中等发达地区职业教育发展

国家应当加大对农村、西部贫困落后地区和少数民族地区职业教育的投入，关注中等发达地区职业教育与发达地区职业教育预算内经费水平的差距，发挥教育尤其是职业教育在经济转型时期对缩小不合理收入差距以及进行教育介入式脱贫减贫的重要作用。由于获得中央支持的力度不同，欠发达地区和中等发达地区生均拨款水平内部差异较大，因此应当在加大中央财政专项资金的转移性支付力度、拓宽转移性支付范围的同时，创新职业教育均等化转移支付制度，改革完善现行财力均等化转移支付的分配要素，加大中等职业教育均等权重，缩小欠发达地区和中等发达地区内部差距。建立发达地区支援欠发达地区职业教育专项转移支付制度和完善国库资金集中支付制度，鼓励发达地区通过招收学生、培训教师、合作办学等，与欠发达地区共享优质职业教育资源。

2. 建立地方政府职业教育生均拨款评价指数

鉴于地方财政收支水平差异对职业教育生均拨款具有较大影响，应当建立地方政府职业教育生均拨款评价指数，将职业教育生均拨款水平与地区经济发展水平相挂钩，与本地财政支出及 GDP 水平相挂钩，以激励中等发达地区职业教育发展，防止经济发展水平与职业教育拨款水平严重错位现象发生。

（五）统一职业教育财政性经费及生均拨款统计口径

一方面要统一各地财政性教育经费统计口径，确保财政性教育经费支出占国内生产总值4%目标的充分实现；另一方面应当统一职业教育生均预算内经费及生均拨款的统计口径，确保国家职业教育生均经费及生均拨款标准的统一执行。

第三部分

国际比较与国家竞争力研究

13

全球竞争力比较分析及其启示

——基于《全球竞争力报告》的思考

对外经济贸易大学教育与开放经济研究中心课题组

摘　要

当今世界，自主发展的经济模式逐步被相互竞争的模式所取代，各国必须在竞争中寻求发展。如果政府能在全球经济大潮中准确把握经济发展方向，科学定位，营造有利于社会进步的发展环境，就能在国际竞争中立于不败之地。本文基于世界经济论坛最新公布的《全球竞争力报告》的核心内容，通过对竞争力较强国家或地区的指标分析，着重阐释具有代表性的国家或地区可持续发展要素的特征构成，并由此梳理出在我国经济转型过程中可能需要借鉴的国际经验。我们认为，在当前全球经济波动的特殊时期，通过学习国外的发展经验，推进我国教育发展和科技创新等重点领域的改革，对于实现经济发展方式的转变，提高我国的全球竞争力具有特殊意义。

一、基本背景

在全球化的经济环境中，自主发展的经济模式逐步被相互竞争的模式所取代，各国必须在竞争中寻求平衡发展。如果政府能在全球经济大潮中准确把握经济发展方向，科学定位，确立有利于经济社会进步的发展环境，就能在国际竞争中立于不败之地。中国自改革开放以来，经过 30 多年的高速发展，经济总量跃居世界第二，人均 GDP 超过 5000 美元，社会发展水平和进步程度迈上了新的台阶，经济发展成就毋庸置疑。但比较而言，中国在社会保障、医疗卫生、教育、创新以及环境和生态建设等方面与发达国家的差距还十分明显，尤其在我国城市化、工业化快速推进的过程中，相关配套社会体系和管理措施的建设未能及时跟进，最终影响了国家整体的竞争力水平。例如，虽然中国的国际地位和经济影响力比瑞士高很多，但是就教育、医疗卫生、社会保障等指标而言，瑞士的社会发展水平及其城乡发展的均衡程度却是我们目前不可企及的。事实上，经济发展的一般规律是，一个国家或地区要想获得可持续的发展机会和能力，必须在经济社会演进中平衡好各种要素的投入水平，不断推进经济的增长。我们认为，要想提高经济发展的质量，必须不断提高社会创新能力，并建立科学的制度体系，实现经济社会发展诸多环节的平衡发展和协调同步，唯此，才能提高国家整体的可持续发展能力，才能在日益激烈的国际竞争中稳步前进。

世界经济论坛所创立的全球竞争力指数评价体系，在综合考虑决定国家竞争力的宏观与微观经济因素基础上，对影响一个经济体持续稳定发展的指标进行分析并给出排名，被视为最具权威性的国家竞争力评价体系。我们认为，该报告推出了一系列体现经济发展程度以及可持续发展能力的重要指标，是一个判断经济体全球竞争力的有益参考。该报告的竞争力评价体系包含三级指标，一级指标包括要素驱动、效率驱动、创新驱动三个反映发展阶段的因素，二级指标包括 12 大支柱，三级指标则有 113 个，各级指标独立评分，最后合成指数。在《全球竞争力报告 2012—2013》① 的国家综合竞争力排名中，中国位列第 29，排在中国之前的 28 个国家或地区依次为：瑞士、新加坡、芬兰、瑞典、荷兰、德国、美国、英国、中国香港、日本、卡塔尔、丹麦、中国台湾、加拿大、挪威、奥地利、比利时、沙特阿拉伯、韩国、澳大

---

① 本文以《全球竞争力报告2012—2013》为主要分析基础，但出于比较需要，部分内容同时也参照了往年报告的内容。

利亚、法国、卢森堡、新西兰、阿拉伯联合酋长国、马来西亚、以色列、爱尔兰、文莱。从社会发展水平来看，上述国家中，既有发达国家或地区也有发展中国家；从经济总量来看，既有大国也有小国或地区。但我们从衡量全球竞争力的基本指标出发，经过详细的比对和分析，发现构成这些国家或地区竞争力的支撑要素具有一定的特殊性和规律性，而不仅仅与发展程度和经济总量相关。

本文接下来的内容将分五部分展开论述。首先，对全球竞争力排名前 10 位国家或地区的优势进行分析；其次，对排名第 11—28 位的国家或地区总体优势进行分析；再次，则主要剖析典型国家形成竞争优势的主要原因；然后，在比较的基础上，尝试对中国的竞争力进行阐释；最后是本文的结论与启示。

二、全球竞争力排名前 10 位国家或地区的比较优势分析

《全球竞争力报告 2012—2013》中竞争力排名前 10 位国家或地区依次为：瑞士、新加坡、芬兰、瑞典、荷兰、德国、美国、英国、中国香港、日本。尽管上述国家或地区在地理位置、自然环境、资源禀赋、经济结构、市场规模、社会体制、历史文化等方面均存在较大差异，其全球竞争力的出色表现也有其各自的内在原因，但通过对竞争力指标的深度分析，我们发现上述国家或地区在某些领域表现出极大的共同性，主要可以总结为以下几点。

（一）卓越的创新能力是经济发展的驱动力

创新能力是提升生产力水平的核心要素，是一个国家产业结构不断升级、社会经济可持续发展的源泉所在。排名前 10 位的国家或地区在创新能力方面表现十分突出，从创新驱动阶段国家各项支柱得分在全球竞争力总评分中所占的权重看，创新支柱占 15%，其对创新驱动阶段国家全球竞争力的贡献度最大。可见，一个国家只有拥有强大的创新能力，才能在激烈的国际竞争中把握先机、赢得主动。根据实现工业化和现代化的不同方式，世界上的国家可分为三类：资源型国家，主要依靠自身丰富的自然资源来发展经济；依附型国家，主要依靠发达国家的资本、市场和技术；创新型国家，主要依靠科

技创新形成日益强大的竞争优势。排名前 10 位的国家或地区均为世界上公认的创新型国家或地区，而且其创新能力在全球位居前列，均具有一个在政府和企业共同支持下的，能够充分激发创新活力的经济环境。主要呈现的共同特质有社会创新投入高、自主创新能力强、有产学研紧密结合的创新体系以及健全的知识产权保护与激励机制，其中尤以瑞士最为突出。

（二）较高的企业成熟度是提高产品和服务质量的重要支撑

较高的企业成熟度有利于在生产产品和提供服务的过程中增进效率，这一指标不仅与一个国家整体产业的质量有关，同时也从微观视角审视了企业的业务质量，其得分在全球竞争力总评分中所占权重为 15%，与创新支柱一样，对创新驱动阶段国家的全球竞争力的贡献度位居首位。全球竞争力排名前 10 的国家或地区中多数企业成熟度都很高，日本、瑞士、德国在该领域的表现居于世界前三名，说明这一支柱对于处于创新发展阶段的国家的重要性，其具体的优势特征可以概括为具有国际竞争力的本地供应商，深度发展的产业集群，企业在品牌的推广、市场的营销等方面拥有成熟的业务流程。

（三）高质量的教育与培训体系是培养高素质、高技能劳动者的基本保障

当今经济全球化的发展要求各国培养大量受过良好教育、具有较强学习能力、能够迅速适应环境变化的满足劳动力结构调整需求的高素质、高技能劳动者。高品质的教育与培训对于任何一个国家全球竞争力的提升都具有重要作用（顾佳峰，2007），其中包含两个方面内容，一是高质量的高等教育与科研，二是高质量的职业教育与培训。尽管对于创新驱动阶段的国家来说，高等教育与培训支柱得分所占权重为 8.5%，低于创新与企业成熟度支柱，但是高质量的职业教育与培训提供的强大的人力资本贡献对于这两大支柱的影响却不容忽视，创新支柱七项指标中有四项与高等教育相关，企业成熟度支柱九项指标中有四项与职业教育相关，加上在健康与初等教育中包含基础教育的质量、基础教育入学率两项教育指标，与教育相关的指标达十项之多。可以说，教育与培训既是创新能力与企业成熟度的基础保障，也是联结这两

大支柱的重要纽带。值得一提的是，全球竞争力排名前三的瑞士、新加坡、芬兰的教育与培训指标的排名也位列前三。可见，对于这三个国土面积有限、资源匮乏的小国来说，能够不断创造经济发展的奇迹，其最大的资本就是教育。我们认为，教育质量的提升能够对其他领域的竞争力提升产生直接的辐射作用与联动效应。上述国家在教育领域的共同优势可以总结为：极高的教育体系与经济发展匹配度、充足的职业培训投入、较高的数学教育水平及商业或管理院校的质量、较高的各级各类教育普及率。

（四）高效的技术转化能力是提高企业生产力的助推器

作为与创新能力密切相关的技术转化能力，全球竞争力排名前 10 位的国家或地区在该领域表现独特，均具有广泛的最新技术获取途径和较强的先进技术吸收能力。技术进步能够促进经济增长（Acemoglu，2002），但一个国家的创新能力与企业对技术的应用吸收能力具有相对独立性，因此全球竞争力排名将其分为两个支柱进行分别评分。但我们在研究中发现，只有将二者紧密结合，使先进的科技发明能够为企业所用，才能真正提高企业的竞争力。一国若要提高其技术吸收能力，一方面需要广泛开发和应用信息及通信技术，为新知识、新技术流向经济部门创造良好的硬件条件；另一方面，需要有良好的高等教育与职业培训体制，其不仅能够增强国民吸收最新技术的主动性，同时其培育的具有高生产效率和较强技术应用能力的劳动力，能够帮助企业将最新技术成果迅速、充分、广泛地转化为现实生产力。在此需要提出的是，在技术就绪度指标方面，瑞典极具竞争优势，排名第一，充分显示了其在技术储备和转化方面的强大能力。

（五）优质的基础设施和制度环境是一国经济高效运行的前提

高质量的基础设施是一国经济高效运转的必要条件。全球竞争力排名位居前列的国家或地区均十分重视建立一个良好的运输和通信基础设施网络，因为基础设施是提升市场运行效率的先决条件。全球竞争力排名前 10 位的国家或地区中，中国香港在这方面优势明显，位列世界第一。我们认为，良好的基础设施能使得该国与国外市场的联系大大加强。同样，稳定可信的制度

环境对于一个社会的利润分配方式、政策成本分摊方式以及投资决策和组织
生产等方面都具有重要作用。制度环境的主要决定因素是公共体制的表现，
不仅包括一国的法制环境，同时还包括政府对于市场的态度以及管理效率。
因为过分的官僚作风和形式主义、过度管制、政府合同中的欺诈行为、缺乏
透明度和可信度以及司法系统的政治化所产生的大量经济成本都将分摊到企
业，并极大延缓整个社会经济发展的进程。此外，一个诚实可信、透明高效
的企业制度和道德标准，能够恢复和重振投资者及消费者的信心，促进市场
的健康发展。全球竞争力排名前10位的国家或地区中，新加坡在这方面排名
世界第一，值得我们学习借鉴。

三、全球竞争力排名第11—28位国家或地区的比较优势分析

竞争力排名第11—28位的国家或地区依次为：卡塔尔、丹麦、中国台
湾、加拿大、挪威、奥地利、比利时、沙特阿拉伯、韩国、澳大利亚、法国、
卢森堡、新西兰、阿拉伯联合酋长国、马来西亚、以色列、爱尔兰、文莱。
我们从基本指标出发经过详细的比对和分析，发现构成这些国家竞争力的支
撑要素具有一定的特殊性和规律性，主要表现为以下几个方面。

（一）健全的制度是支撑一个国家形成强大竞争力的基础

客观上，建立能够适应经济发展的制度创新体系是保持国家竞争力的必
要前提。所以，在现有的生产和生活环境条件下，通过创设新的、更能有效
激励人们行为的制度和规范体系来实现社会的持续发展和变革，是当今世界
发展对各国提出的基本要求。因为所有创新活动都有赖于制度创新的积淀和
持续激励（陈天祥，2002），并最终以制度化的方式发挥作用——这是制度
创新对一个国家或地区经济社会发展的根本意义所在。竞争力排名位次靠前
的28个国家或地区在制度指标方面均优于中国，例如卡塔尔、阿拉伯联合酋
长国、马来西亚、以色列等国家都拥有较为完善和科学的制度体系。与上述
国家或地区相比，中国在制度相关指标的排名方面总体比较靠后，尤其在知

识产权的保护、企业的道德行为等方面的制度还不够健全，从而容易形成诸多管理漏洞，不利于提高社会生产效率，进而影响国家整体竞争力。

（二）高度发达的科学技术成为提升国家竞争力的核心要素

不论一个国家拥有何种主体文化，技术都是推动生产力发展的原动力，它可以指物质，如机器硬件，也可以包含更为宽泛的概念，如软件系统、组织方法、生产技巧等；技术是知识进化的主体，并通过生产活动得以检验和逐步演进。竞争力报告中的二级指标排序结果显示，前28个国家或地区的技术准备状况均十分突出，包括最新技术的可获得性、企业层面的技术吸收等方面均表现出了强有力的竞争优势。中国的技术准备状况指标总体上排在第88位，差距非常明显，其中最新技术的可获得性、互联网带宽技术等三级指标排名甚至在100位之后，位于全球较为落后的国家之列。所以通过比较不难发现，较高的技术水平对一个国家总体竞争力具有显著的提升作用，而技术水平的欠缺必然会对该国的竞争力产生负向影响。诚然，因为技术涵盖的内容非常宽泛，所以我们认为对于一个国家来讲，必须从宏观和微观两个层面对技术创新及技术利用进行全面提升和高效衔接，建立规范的技术成果在生产实践中应用推广的标准体系，才能发挥高度发达的科学技术对国家竞争力的持久推动效果。

（三）对创新的不断追求和鼓励是确立竞争优势的根本动力

创新是运用已知的信息，不断突破常规，发现或产生某种新颖、独特的有社会价值或个人价值的新事物、新思想的活动。其本质是突破，或者是产品的结构、性能和外部特征的变革，或者是造型设计、内容的表现形式和手段的改造，或者是组织制度的进一步丰富和完善，所以涉及技术性变化的创新及非技术性变化的组织创新两个层次，其决定着一个国家或地区的进步程度和速度。从生产实践的角度来看，所有竞争力排名靠前的国家或地区的主要产品均有一个突出的特征，那就是高质量，而高质量需要不断跟进的技术创新，所以创新成为这些国家或地区确立产品竞争优势的基本手段。通过进一步的剖析，我们发现这些国家或地区在科研机构的质量、产学合作研究以及创新的制度体系等多个方面都具有明显的优势，尤其在先进技术产品的研发创新方面投入更多，并有成熟的创新激励和成果转化机制。中国的创新指标总体上排在第 33 位，与美国、德国等竞争力较强的国家差距明显，甚至落后于沙特阿拉伯、阿拉伯联合酋长国及马来西亚等国家，所以开展创新研究，重新组织生产要素，建立起效能更强、效率更高和费用更低的生产经营方法，推出新产品、新工艺或建立新的组织模式，是从创新角度出发提升我国全球竞争力的必然选择。

（四）高质量的教育为经济发展输送和储备了充足的人力资本

人力资本是通过教育、培训、保健、劳动力迁移等获得的凝结在劳动者身上的知识、技能和健康状况的总和，具有创造性和资源配置能动性等特征。经济学理论和实践经验已经阐释并验证了一个国家或地区的人力资本水平对经济社会发展的重要价值（Schultz，1990）。教育与培训作为最重要的人力资本投资方式，主要通过提高劳动生产率来促进社会生产效率快速持久地提升。当然，不同发展时期社会生产活动对劳动者的需求不同，即不同的经济结构需要不同的人力资本结构与之匹配，所以要求教育与培训在规模、结构方面也必须进行动态调整，以适应人才培养的需求。但应引起注意的是，支撑人才培养规模与结构的根本因素是教育和培训的质量。从竞争力排名前 28 位的国家或地区来看，既有发达国家或地区也有发展中国家，其经济结构不尽相同，所以人力资本结构以及教育与培训的组织和管理模式自然也存在明显差异，但我们发现，拥有高质量的教育与培训是这些国家共同的特点。例如在教育系统质量、院校管理质量、职业教育的专业性、教职工培训等指标方面，这些国家均有非常明显的优势。但相比而言，中国的指标排名却比较落后，尤其在教育系统质量、职业教育的专业性方面差距更大。有鉴于此，我们认为提高教育与培训的质量是当前时期为国家发展输送和储备人力资本的首要抓手，而提高教育系统运行质量、推进职业教育发展是从教育入手提升国家竞争力的两大支点。

（五）统一高效的劳动力市场是实现各类人才供需调整和动态均衡的重要纽带

经济的稳步增长、经济发展方式的转变、整体竞争力的提升，都要求有健全的劳动力市场。只有健全的劳动力市场，劳动力要素的价格才能真实地反映其供求，从而劳动力资源的配置才会优化，人力资本投资和劳动者权益保障才有坚实的基础，经济发展的可持续性才能得到保证。如前所述，教育可以提升人力资本水平，但逐渐积累的人力资本必须在劳动力市场中才能得到有效释放，而统一高效的劳动力市场为那些竞争力较强国家实现雇佣双方自主选择权的合理匹配、就业机制的市场自主调节以及劳动力供需双方的快速搜寻提供了重要的中介作用（蔡昉，2007），这些方面尤其以瑞士、新加坡等国家的优势最为突出。随着改革的逐步深入，中国原有的阻碍劳动力流动的相关制度不断松动或被废除，工作搜寻的空间和手段愈加宽阔与灵活，无论是新增就业人员还是那些转换工作的劳动者，都能够根据自身的人力资本水平和需求，在劳动力市场中寻找工作。但不可忽视的是，我国的劳动力市场依然存在较为严重的城乡、所有制、行业甚至职业分割，在不同程度上阻碍了各类人才的供需调整和动态匹配，对生产活动和社会稳定形成一定的负面效应。从具体的竞争力指标来看，我国在劳资关系、雇佣与解雇的合法性、人才流失等方面存在问题较多，排名位次相对靠后，甚至不及部分发展中国家，应引起相关部门的重视。

（六）较为成熟的金融市场体系是经济运行中融通资金市场的保障机制

在整个市场体系中，金融市场是最基本的组成部分之一，也是联系其他市场的纽带。因为在现代市场经济中，无论是消费资料、生产资料的买卖，还是技术和劳动力的流动等，各种市场的交易活动都要通过货币的流通和资金的运动来实现，都离不开金融市场的密切配合。从这个意义上说，金融市场的发展对整个市场体系的发展起着举足轻重的作用。我们对排名前28位国家或地区的金融市场成熟度指标进行的详细比较中也确实发现，绝大部分国家的资本市场融资能力、获得风险资本的可能性、银行金融服务能力等指标都有较大优势，而且服务逐层细化，与各类市场交易活动相互对接，为资金的运动提供了各种条件。例如新西兰、马来西亚等国家在贷款渠道和获得的容易程度方面明显优于中国，成为支撑其国家竞争优势的突出要素。对于中国来讲，金融市场的成熟度总指标排名在第54位，在八项三级指标中仅风险资本的可获得性排在第22位，而其他七项指标均在40位以后，金融服务获得的容易程度则更为滞后，列于第68位。这充分表明我国金融市场体系与其他国家的差距还很大。因而继续快速推进金融领域的改革，使其与其他市场体系相辅相成，真正成为经济运行中融通资金市场的保障机制，是提高我国全球竞争力水平不可忽视的任务之一。

（七）定位于全球的市场战略是拓展经济发展空间的必然选择

市场是社会分工和商品经济发展的必然产物，同时，市场在其发育和壮大过程中，也推动着社会分工和商品经济的进一步发展。一个开放的市场，能使企业之间在更大的范围内和更高的层次上展开竞争与合作，促进经济不断增长。当今世界的全球化趋势愈加明显，所以一个国家的竞争力最终体现为其发展速度和质量在全球市场上的竞争能力，因而定位于全球的市场战略是拓展经济社会发展空间的必然选择和必由之路。值得一提的是，中国的市场规模指标排名仅次于美国，位列第二，具有明显优势。从具体的三级指标来分析，我们发现中国的国外市场规模比国内市场规模更具优势，在全球140多个国家中位列第一，美国位列第二，而国内市场规模却不及美国，排在第二位。但显而易见的是，中国作为人口大国理应拥有巨大的国内市场规模，所以这一反差说明我们在定位全球市场战略时，一定要在国外与国内市场之间进行权衡，划分不同层次的生产商市场和消费者市场。尤其在现阶段，应该着力开发国内市场，使其更加庞大和开放，成为国际市场的有机组成部分。总之，市场规模也要有合理的内外部结构作为支撑，才能发挥其对于大国竞争力的真正作用。

（八）良好的宏观经济运行状况是国家竞争力持续提升所依赖的基本环境

宏观的经济状况包括经济要素的性质、水平、结构、变动趋势等多方面的内容，涉及国家、社会、市场及自然等多个领域，是指整个国民经济总体及其经济活动和运行的状态。经济发展必须依赖良好的宏观经济环境，经过30多年的改革与发展，中国的宏观经济步入了快速、稳定的运行轨道，为改革的深入推进提供了良好的环境。相比全球竞争力排名靠前的28个国家或地区，中国的宏观经济环境指标排名位于第11位，并不落后，且超过了美国、日本、德国、英国、法国、加拿大、澳大利亚、新西兰、马来西亚、新加坡、中国台湾等国家或地区，但还落后于瑞士、沙特阿拉伯、阿拉伯联合酋长国等国家。具体来看，中国的国民储蓄率和国家信用评级指标排名较好，而通货膨胀、政府财政盈余赤字以及借贷利率差额三个指标的排名相对比较落后，所以在这三个方面的改革和管理中应该投入更多。鉴于宏观经济环境涉及总供给与总需求、物价总水平、劳动就业的总水平与失业率、货币发行的总规模与增长速度、进出口贸易的总规模及其变动等多个方面，其中的相互关系也非常复杂，所以我们认为，《全球竞争力报告2012—2013》中对宏观经济环境考量的指标还不够完善，仅仅在部分程度上反映了一个国家或地区的宏观经济状况。因而，我们还必须清醒地认识到我国现阶段调整经济结构，继续提高宏观经济环境总体水平的艰巨任务。

四、部分国家的特殊优势分析

在对竞争力较强国家或地区优势进行总体分析的基础上，我们还从不同角度对部分比较特殊的国家做了进一步的归类分析，例如按照自然资源的富足程度、国家所处的发展阶段等。这样做的主要目的是希望通过挖掘不同类型国家的发展经验，使之更加显性地借鉴于我国的发展规划当中。

（一）自然资源相对匮乏的国家

在全球竞争力排名比中国靠前的国家中，有多个国家的国土面积狭小、自然资源匮乏，但这些国家能够立足自身的自然环境，充分调动各方面因素，制定合理有效的经济发展政策，在国际竞争中立于不败之地，形成了很多值得借鉴的经验，其中尤以瑞士、新加坡、丹麦和以色列最为突出。

1. 瑞士

（1）教育的特殊优势

瑞士地处山地和丘陵地带，自然资源相对匮乏，但是瑞士的全球竞争力却位列第一，其最具特色的竞争优势体现在三个方面：活跃的创新环境、运行良好的劳动力市场、高质量的双轨制教育体系。瑞士拥有世界一流水平的科研机构，其产学研紧密结合的体制、在研究和开发上的高支出以及强有力的知识产权保护体制，能够确保其大多数科研成果迅速有效地转化为现实生产力。瑞士企业在生命科学、工程科学、精密与纳米技术以及 IT 及其服务等领域具有出色的创新能力。所以我们认为创新是其长期保持繁荣的唯一途径，也是在瑞士法郎不断升值所面临的出口压力下，瑞士企业的唯一出路。同时，瑞士拥有良好的劳动力市场机制，其瑞士劳资关系和谐程度在世界排名第一，有研究发现，瑞士籍员工对企业的忠诚度很高，受过良好教育、拥有较强语言技能以及较高的国际经验。从机制上看，瑞士员工的薪酬与其劳动生产率高度挂钩，因此员工一般具有很高的劳动积极性，很少罢工。从劳动力供应角度分析，瑞士双轨制的教育体系强调学术成就和职业培训的并重，被认为是欧洲的典范。在瑞士出色的科研创新能力以及良好的职业培训体制下，国民能够积极主动地吸收最新技术，企业能够将其广泛应用于生产过程中。特别需要指出的是，在职业教育方面，瑞士无论是职业教育的经费投入还是质量水平均居于世界首位，其初中毕业生有 70% 选择职业教育，毕业后可以凭借联邦职业教育结业证书，直接进入应用科学大学，或者通过补充考试进入普通大学，也可以继续通过考试和培训获得高等职业教育文凭。该体系能够适应个人需求和利用社会导向，培养出与劳动力市场需求匹配的较强技术能力的劳动者，在提高劳动生产率的同时，也对失业率起到有效的抑制作用。关于瑞士教育方面的特殊优势，主要可以概括为下面两个方面。

第一，高等教育供给与产业需求高度匹配。瑞士产业结构的模式是从瑞士本国的实际出发，充分利用和结合本国自然地理区位环境形成的独特的产业结构模式。瑞士的主导产业包括以传统的食品加工、钟表、机械制造、纺织业为主的第二产业，以及以银行业和保险业三大支柱产业为主的第三产业。第三产业占国民经济的主体地位，70%的在职人员效力于服务行业。因此，瑞士确立了教育和研究的双重体系来培养各产业所需的理论和实用型人才。瑞士广义上的第三级教育机构，包括有5A类大学和5B类高等职业教育和培训学院。一般所指的高等学校为大学和应用科学大学，大学又包括州立大学和联邦技术学院两部分。大学主要培养人才到博士层次，应用科学大学则突出应用性研究和开发，培养人才到硕士层次。州立大学是古老大学的传统，联邦技术学院兼有法国工程师学校和德国工业大学的特征，应用科学大学则明显与德国特色相似。在基础研究类型的大学内部，主要培养理论和科学研究型人才，在应用科学大学内部则培养技能型人才，对于这两类人才的培养，都突出强调其创新能力的培育，并实施严格的职业资格考核制度，保证学生达到参与实际工作的基本能力标准。这种教育体系，在很大程度上适应了当前劳动力市场对人才的需求，也即同时达到了与产业需求高度匹配的目标。

第二，职业教育对集群式产业发展发挥着重要的支撑作用。集群式的产业成为瑞士竞争优势的特征之一，而且基于产业集群而形成的集群经济业已成为其经济的重要板块。集群式的产业发展需要充足的人力资源储备，瑞士先进的职业教育体系为产业发展提供了充足的劳动力资源。联邦法令明确规定了职业培训的方向和项目，提供200多个可供选择的职业方向，对在工业、手工业、商业、银行业、保险业以及旅游等服务行业的培训做出严格的规范和法律规定。同时，确立了一套完备的职业考试和资格认证制度，中等、高等和继续职业教育以及劳动力市场之间以各种资格证书和文凭为桥梁相互联结起来。联邦政府负责颁发有关文凭，即联邦技能证书和职业高中毕业证书。此外，中等职业教育的学生在两年的学徒期结束后，通过考试可以获得"联邦职业技能证书"，从而获得从事某种职业的资格。再经过一至两年的学习，通过考试将获得"职业高中毕业证书"，升入高等专科学校学习或选择就业。获得"职业高中毕业证书"的学生，通过升学考试获得"职业会考文凭"后，可以直接升入应用科学大学。这样，通过针对相关产业发展的需求开展富有特色且严格管理的职业教育，国家可以不断培养集群产业发展所需要的各类型多层次的职业人才队伍，助力其产业竞争力的提升。

（2）连续四年竞争力居首位的原因

瑞士在2012—2013年十二大支柱各项排名中，表现较为突出的分别为创新（排名第一）、劳动力市场效率（排名第一）、企业成熟度（排名第二）和高等教育与培训（排名第三），且这四大支柱近三年全球竞争力排名一直位列前四，并呈现出上升趋势。由此可见，优秀的创新能力、运行良好的劳动力市场、成熟的企业环境以及能够充分满足经济发展的高等教育与职业培训体制是瑞士永葆全球竞争力的源泉所在。

在瑞士113项指标最新排名中，有59项位列前十，呈现竞争优势[①]，通过对该59项指标每一项评分标准的深度解读，可以归纳出瑞士的竞争优势主要体现在如下方面：一是活跃的创新能力；二是较高的生产率和运行良好的劳动力市场；三是成熟的企业环境；四是高质量的、满足经济发展需要的基础教育、高等教育与职业培训体系；五是广泛的最新技术获取途径和较强的先进技术吸收能力；六是高效、透明、负责、可信任的公共体制，不仅能够确保公平的竞争环境，也能够增强企业的信心；七是优秀的基础设施、相对稳定的宏观经济环境、高效的商品市场以及发达的金融市场。

（3）两大优势支柱形成的原因

瑞士在全球竞争力排名中，"创新"支柱以及"劳动力市场效率"支柱均排名首位，我们的分析发现其创新能力形成的原因主要有以下几个：一是经费投入保障；二是机构保障；三是教育保障；四是体制保障；五是知识产权法律制度；六是科研机构保障。在劳动力市场效率提高方面主要有以下几个原因：一是具备高生产效率、较强技术吸收能力、优秀职业道德和广泛语言技能的劳动力；二是与劳动力生产率高度相关的薪酬体制；三是宽松的劳资环境。

---

① 《全球竞争力报告》确定竞争优势指标的具体原则如下：对于全球竞争力指数中整体排名前10位的经济体，在这些经济体中排名第1—10位的指标被认为是竞争优势；对于全球竞争力指数中整体排名第11—50位的经济体，其指标的排名如果高于该经济体本身的排名则被认为是优势；对于全球竞争力指数中整体排名位于第50位之后的经济体，其指标的排名若高于51位，则被认为具有竞争优势。

（4）瑞士成为跨国公司欧洲总部的原因

目前有 1000 多家跨国公司的区域或全球总部落户于瑞士，如卡夫食品、拉夫劳伦时装、台湾宏基、保洁、高露洁、通用、惠普、IBM、柯达、百事可乐等。其中原因如下。

地理位置：地处欧洲大陆中央地带，毗邻欧盟三大市场（法国、德国、意大利）。其中立国地位使其很少受到战火破坏，也使得瑞士的公司很少受到人们对总部所在国家的偏见和影响，同时也吸引了诸多国际组织将总部落户瑞士。

国际化的高水准的劳动力资源：瑞士工业形势良好，完全得益于极其熟练的国际化的劳动力后盾。瑞士外国人占全国总人口的比例达到 20%。在瑞士，多数员工能熟练运用四种语言，跨国公司很容易在这里找到多语言能力的国际化人才。受过良好教育、会使用多国语言、可靠且具有责任感的瑞士籍员工对于任何雇主而言都是很棒的选择。

宽松的劳工法：瑞士虽属高工资成本国家，但其每周 40.5 小时的工作时限比其他欧洲国家要长，且罢工基本不存在。瑞士劳动法相对宽松，雇主自由空间较大。在瑞士，《合同法》、《债权法》以及集体劳动协议共同调节雇佣双方关系。

开放包容的文化：同时拥有德语区、法语区和意大利语区三个多元文化市场，是新产品、新设计和新消费理念全面推向欧洲市场的理想试验场所。

税收优惠政策：瑞士对企业资金和利润的转移基本无限制，基本不设关税壁垒，对待不同国别执行无区别的关税政策。关税总体水平很低，平均为 5%，对发展中国家实行普惠制。

高品质的生活：瑞士的生活品质很高，拥有独特的自然风景、一流的基础设施、发达的医疗服务以及名目繁多的体育、娱乐、教育和文化活动。美国公布的全球最宜居城市排名将苏黎世、日内瓦和伯尔尼排在了前十。瑞士医疗体系位居世界前茅。公立和私立医院的密集网络确保了一流的医疗服务。福利体系结构堪称典范。养老金发放以"三大主要支柱"为基础，其结合了政府、职业和个人三个方面的需求并寻找到了平衡点。

2. 新加坡

资源相对匮乏的新加坡之所以能形成明显竞争优势，主要依赖于如下几个方面：第一，健全的制度。新加坡的制度环境连续五年排名世界第一，在公众对政治的信任度、政府管制的负担、政府开支的高效性、政府决策的透明性以及法制运行的效率方面均位列第一。其在政府廉洁高效以及社会和谐方面有许多成功的经验，是世界公认的最廉洁的国家之一，同时采取兼容并蓄、多元融合的政策，注意保护弱势群体，致力于推行富民政策和小家庭辅助计划等，为新加坡多年来经济快速发展提供了充分的保障。第二，运行高效的商品市场。在政府的适当干预下，新加坡拥有良性竞争且运行高效的市场环境，商品市场效率方面的表现连续五年排名第一，国家为企业所提供的友善便捷的经商环境，为制造业、服务业和研发领域等行业吸引了大量高增值投资，成为促进其经济繁荣和竞争力提升的重要因素。第三，不断提升的高等教育与培训。新加坡政府十分重视教育尤其是高等教育和职业培训的发展，其经济发展局每年都根据国家发展需要确定各专业发展的确切人数，以有效控制人才过剩和人才紧缺的问题。新加坡的教育经费在政府预算中占有的比例高达23.4%，高等教育经费占整个教育经费的26%—28%，其中50%以上的经费用于职业教育。新加坡"立交桥式"的职业教育体系将学生培养目标定位在一般科技人员，而非技术工人，使得学生有较为宽泛的发展空间，向上可以发展为工程师，具有科技研发能力，向下可以发展为技术工人，具有很强的操作能力，其职业院校的"教学工厂"模式更是成为很多国家校企合作的学习典范。对职业教育和职工培训的足够重视和良好的制度设计是新加坡在短短40多年里人口素质大幅度提高的关键，也是新加坡创造经济奇迹的一个重要原因。

3. 丹麦

丹麦国土贫瘠、资源短缺，虽然拥有一定的石油和天然气储量，但与其他国家相比，并没有形成能够支撑经济发展的特殊优势，同时其他矿藏很少，而且煤炭全部靠进口。然而丹麦却是当今发达的工业国家，是欧洲八大经济国之一，人均国内生产总值居世界前列，拥有高科技的农业、现代化的工业，在许多领域积累了先进的生产技术和经验。一个国土面积狭小、市场空间有限的国家，形成如此大的竞争优势，究其原因，我们认为主要是丹麦能够根据自身的地理环境，确立了以工业为主、农林牧渔为辅的产业发展格局。在工业部门中，充分利用地理位置的特殊性，大力发展食品加工、机械制造、石油开采、造船、水泥、电子、化工、冶金、医药、纺织、家具、造纸和印刷设备等行业，并且结合国内市场空间有限的实际条件，控制企业规模，一般以培育中小企业为主，减少规模太大所带来的生产成本，并且产品的市场定位也均着眼于全球，形成了出口导向明显的工业特色。与工业发展相匹配，丹麦同样具有较强的农畜产品出口竞争力，其中猪肉、奶酪和黄油出口量居世界前列，并且拥有渔业、林业与农牧结合，以牧为主的农业产业格局，形成协调发展、互利互补、重点突出的农林牧渔产业竞争优势。此外，我们发现，丹麦的服务业也具有一定特色，例如电信、金融、保险、旅游服务等非常发达，成为支撑其国家竞争力的因素之一。

　　总之，丹麦经济对国际贸易高度倚赖，所以非常重视对市场投资和国际消费环节的开发，通过扶持高新技术和生物技术产业发展，不断刺激市场投资与消费，促进国民生产总值和外贸额持续增长，不断扩大国际收支与公共财政盈余，同时近年来，政府坚持适度紧缩的财政政策，采取积极措施稳定金融市场及汇率，保持了较为稳定的通胀率水平，为经济持续增长营造了有利条件。

　　4. 以色列

　　与丹麦相似，以色列发展中也同样面临着土地贫瘠、资源短缺的自然环境问题。但与依赖对外贸易的战略不同，以色列确立了重视教育和人才培养、坚持走科技强国之路的竞争策略。以色列有限的自然资源以及对于教育的强烈重视使得高科技产业扮演的角色越来越重要，在软件开发、通信和生命科学上都位列世界顶尖水平，被称为世界第二硅谷。以色列出产的学术论文数量就人口来算也是全世界最高的，平均10000人里有109篇。以色列的专利权申请数量也是世界上最高的国家之一，在研究和开发花费指数上，以色列是第三高的国家，在科技准备上则是第八，在科技创新上是第十一，高科技出口总额上是第十六。更值得一提的是，以色列有着中东地区以及西亚最高的平均受教育年数，与日本并列为整个亚洲平均受教育年数最高的国家。在经济制度方面，以色列有十分自由的市场政策，而且注重企业家创新精神的培养，所以大部分企业家精于创办科技公司，然后通过上市或高价出售的模式进一步发挥其善于创新的文化精神，面向全球特别是新兴市场，行销科技产品，开创新的经济环境。因此，通过发达的教育来培养教育程度高、充满创投精神的高科技人才，然后利用自有的市场环境将高科技产业稳步推进，确立明显的国际竞争力成为以色列独特的发展优势。

另外，在农业方面，以色列以科学灌溉著称。其地处沙漠地带边缘，水资源严重匮乏，这使以色列在农业方面形成了特有的滴灌节水技术，并且其充分利用现有水资源，将大片沙漠变成了绿洲。不足总人口5%的农民不仅养活了国民，还大量出口优质水果、蔬菜、花卉和棉花等。以色列被视为中东地区经济发展、商业自由和整体人类发展度最高的国家。

（二）自然资源丰富的国家

丰富的自然资源可以为一个国家或地区的发展提供优越的条件，但如何充分利用既有优势，建立协调一致的经济发展格局，并形成较强的国际竞争力，依然是这些国家需要解决的棘手问题。下面以挪威、沙特阿拉伯、卡塔尔、阿拉伯联合酋长国和文莱为例，分析其经验做法。

1. 挪威

挪威的自然资源十分丰富，其主要表现在石油、水利、渔业、森林和矿产等方面。油田生产的油、气，除满足本国自身消费外，还大量出口。因而其经济很大程度上依赖石油产业及国际油价，挪威政府也有针对性地建立了国家石油基金，将石油产业的利润用于海外投资，避免了经济过热问题。因此，进行国外投资是挪威经济发展的一大特征，同时该国也是市场自由化和政府宏观调控成功结合的范例。我们的分析发现，工业在挪威国民经济中占有重要地位，除石油外，主要传统工业部门有机械、水电、造纸、木材加工、鱼产品加工。但政府只控制主要的经济领域，例如石油工业。另外，挪威的企业以中小型为主，最重要的有医药工业、电子业、服务业、养鱼业和传统的船舶制造业。另外，挪威也为世界各地的船队提供零部件和各种服务。面向国际的中小企业发展机制是其独具特色的企业竞争战略。

2. 沙特阿拉伯、卡塔尔、阿拉伯联合酋长国

众所周知，地处中东亚和西亚的沙特阿拉伯、卡塔尔、阿拉伯联合酋长国的石油、天然气资源丰富，国家的经济部门也主要为石油和天然气部门以及相关工业与能源密集型工业部门，其中包括炼油厂、石化工厂、化肥厂、钢铁厂和水泥厂，同时还有造纸厂、洗涤剂厂、颜料厂、食品厂和塑料厂等。因为这些国家均为沙漠国家或沙漠气候国家，耕地稀缺，农业不具优势，因而对进口农产品有很大的依赖性。但这些国家实行自由经济政策，依托石油和石化工业这一经济命脉，政府还不断鼓励私有经济的发展，以减少国家经济对石油出口的依赖，为快速增长的人口提供更多的就业机会。同时发展银行业，取消外汇受限障碍，实行自由贸易和低关税政策，合理利用外国直接投资，保证货币交换自由和稳定的汇率；大力建设和改造国内基础和生产设施，不断推进经济结构多元化。这些做法，极大地促进了经济的平衡和稳步增长，并且形成了持续发展的基本模式和竞争优势。

同时，我们总结归纳后发现，这些国家的政府都十分重视教育和人才培养：充分利用各种财源，重点发展文教、卫生事业，完成和扩大在建项目；实行免费教育，针对专业人才紧缺的状况，设立专业院校，保证各类人才的充分供给。当然，免费医疗服务等全面的社会福利也为国民拥有良好的健康状况和进一步投资教育奠定了良好的社会基础，形成了社会发展的循环优势。

3. 文莱

传统上，文莱是一个经济结构比较单一的国家，其经济主要建立在传统农业和沿海渔业的基础上。随着文莱境内发现石油和天然气后，经济主要依赖于石油、天然气的出口。但鉴于国内市场狭小、技术和人才短缺、石油生产成本过高等问题，近年来，文莱政府逐步加大实施经济多元化战略部署的力度，力求改变经济过于依赖石油和天然气的单一经济模式。经多年的努力，虽然目前其经济结构还以油、气收入为主，但正逐步开始由传统的单一经济向渔业、农业、运输业、旅游业和金融服务业等多种行业组成的多元化经济模式转变，并取得了明显效果。所以确立多元化发展战略，调整单一经济结构，减少油、气产业比重，积极鼓励经济多元化，提倡发展油、气以外的产

业发展是文莱经济最重要的特征优势。当前，文莱利用深水港优势，建设本地区最大的货物集散港口，并以港口建设带动基础设施建设，建设工业园区，发展制造业、金融业和其他服务行业，进一步巩固和深化竞争优势。对文莱国际竞争力的总体和分项指标进行分析后，我们判断，文莱今后一段时期内经济发展的总体特征为：继续依赖石油、天然气出口，同时通过经济多元化逐步提升国际竞争力。

（三）发展中国家

马来西亚作为发展中国家，同样地处亚洲，自然资源较为丰富，与中国经济发展的总体水平和所处的阶段有相近之处，但在国际竞争力排名中却能跃居中国之上，其背后的原因令人深思。而对其成功因素的借鉴也是本文比较分析的题中应有之义，所以下面就马来西亚经济发展的特点进行总结，以期找到为我国所借鉴的基本经验。

20 世纪 70 年代前，马来西亚是一个以农业经济为主，依赖初级产品出口的国家。但 70 年代以来政府不断调整产业结构，大力推进出口导向型经济，在此背景下，电子业、制造业、建筑业和服务业发展迅速。90 年代后期东南亚金融危机使马来西亚经济遭受严重打击，经济出现负增长。之后，政府以征收撤资税取代对短期外资的管制，外资开始回流，经济逐步复苏。其间国家确立了跨世纪发展战略，旨在 2020 年将马来西亚建成发达国家。所以迄今为止，20 世纪从农业经济占主要比重开始的经济结构调整是马来西亚发展的重大转折。

21 世纪以来，马来西亚大力发展国际贸易，业已成为世界最大的贸易国之一。其通过国际贸易不断扩展国内产品的国际市场，产品包括电子电器、棕榈油、原油、木材产品、天然气和石油产品，国外市场主要有美国、新加坡、欧盟、日本和中国。同时，政府通过制定相应的政策大力吸引外资，主要外资来源地为日本、荷兰、澳大利亚、美国和新加坡。近年来，为了加大吸引外资开发了一个"马来西亚第二家园计划"，通过吸引外国人到马来西亚侨居和投资来带动当地的经济。因而，国际贸易和利用外资是马来西亚发展的主要驱动因素。

国内方面，服务业已经成为马来西亚经济增长的重要支撑。其快速发展的服务业范围广泛，包括水、电、交通、通信、批发、零售、饭店、餐馆、金融、保险、不动产及政府部门提供的服务等。这些行业增长速度较快，就业人数增加迅速，占全国就业人口的一半以上，是马来西亚就业人数最多的行业。随着产业结构调整的深化，服务业得到了持续稳定的发展，已经成为马来西亚国民经济发展的支柱性行业之一。

更为重要的是，马来西亚拥有完整的教育体系和高水平的教育质量，为国家经济发展提供各种层次的人才。人口识字率在90%以上，入学率70%以上。教育体系中，小学分为以马来文为主的国民小学和以华文或淡米文为主的国民型小学。而中学则分为五年制的国民中学和六年制的华文独立中学。高中科班制即分为理、商和文科，也有针对性地开办了中级职业教育班。高等教育方面，目前马来西亚有10余所高等公立大学和4所外国大学分校。并且政府制定有《私立教育法》，为私立高等教育的发展提供了法律保障，目前全国共有650多所私立学院，私立教育机构每年招收的学生有几十万名，具有相当大的规模。为了保证教育质量，马来西亚教育部成立了私立教育及国家学术鉴定局，对私立教育机构的课程设置、学费及师资水平进行监督和调控，确保教育政策落到实处、学生培养质量不断提高。同时，马来西亚的教育还十分注重对国家独特文化的传承，政府努力塑造以马来文化为基础的国家文化，推行"国民教育政策"，重视马来语的普及教育，充分利用教育来传承和发扬本国的历史文化。

总之，在经济社会发展过程中，马来西亚在经济结构调整、国际贸易、服务业发展以及教育体系建设和质量提升等方面积累了较为丰富的实践经验，所以在《全球竞争力报告2012—2013》的指标排名中，其商品市场效率、金融市场成熟度等方面均表现出了很强的竞争实力，同时在三级指标中，教育与培训、教育系统的质量等指标排名也非常靠前。相比而言，中国在这些方面的竞争力还显得比较落后，因此，还需要针对我国的现实问题，在借鉴的基础上，投入更多资金和智库来推动发展，确立竞争优势。

五、中国竞争力分析

（一）总体分析

按照《全球竞争力报告 2012—2013》的内容，与上述国家或地区的竞争优势相比，中国目前尚未进入创新驱动的发展阶段，还处于效率驱动的发展阶段，其各项指标权重和排名见表 1。

表 1　中国全球竞争力指标权重及 2012—2013 年排名

全球竞争力指数各项指标	权重（%）	排名
第一支柱：制度	10	50
第二支柱：基础设施	10	48
第三支柱：宏观经济	10	11
第四支柱：健康与基础教育	10	35
第五支柱：高等教育与培训	8.5	62
第六支柱：商品市场效率	8.5	59
第七支柱：劳动力市场效率	8.5	41
第八支柱：金融市场成熟度	8.5	54
第九支柱：技术就绪度	8.5	88
第十支柱：市场规模	8.5	2
第十一支柱：企业成熟度	5	45
第十二支柱：创新	5	33

注：指标及数据来源于 The Global Competitiveness Report 2012 – 2013。

从各个支柱排名看，中国在技术就绪度、高等教育与培训、商品市场效率和金融市场成熟度等几个方面相对落后，其中技术就绪度和高等教育与培训支柱近三年排名一直在最后。而在上述几个方面，全球竞争力排名前 28 位的国家或地区绝大部分优势明显。我们对前几年的竞争力报告进行了比对（见表 2），发现中国下降幅度最大的四个指标分别为商品市场效率（下降 14 位）、技术就绪度（下降 11 位）、企业成熟度（下降 8 位）和金融市场成熟度（下降 6 位）。由此可见，我国在上述四个领域的全球竞争力排名严重落后于全球竞争力排名前28位国家或地区的相关支柱排名，并且呈现差距逐步加大的趋势。因此，若要在全球整体经济发展趋缓、国内外市场活力不足的情况下提升中国全球竞争力排名，必须在改善基础设施、改进公共体制的同时，加强对上述四个领域的关注，并且重点建立能够满足经济发展需求的高等教育与职业培训体系，提高企业对技术的吸收能力，提升商品市场效率和金融市场的成熟度。

表2　近三年中国全球竞争力十二大支柱排名

三大板块	十二大支柱	2010—2011	2011—2012	2012—2013
要素驱动	第一支柱：制度	49	48	50
	第二支柱：基础设施	50	44	48
	第三支柱：宏观经济	4	10	11
	第四支柱：健康与基础教育	37	32	35
效率驱动	第五支柱：高等教育与培训	60	58	62
	第六支柱：商品市场效率	43	45	59
	第七支柱：劳动力市场效率	38	36	41
	第八支柱：金融市场成熟度	57	48	54
	第九支柱：技术就绪度	78	77	88
	第十支柱：市场规模	2	2	2
创新驱动	第十一支柱：企业成熟度	41	37	45
	第十二支柱：创新	26	29	33

注：指标及数据来源于 The Global Competitiveness Report 2010 – 2011、2011 – 2012、2012 – 2013。

具体来讲，虽然高等教育与培训、商品市场效率、劳动力市场效率、金融市场成熟度、技术就绪度以及创新等指标的权重不是最高的，即这些指标对竞争力的贡献度并非最大，但显而易见的是，这些指标之间还存在着相互影响的机制。例如，从人力资本角度讲，劳动者的知识和技能水平的高低会对商品生产、技术改造、创新等产生直接作用，因而作为人力资本积累的最主要手段，教育与培训对于上述其他几个方面有着十分显著的影响。所以，总体来看，就教育与培训的贡献度而言，其实际效应是更大的。在此，我们以教育对创新的作用为例来展开讨论，以佐证其中教育的作用机制。首先创新的关键在人才，世界各国经济、政治以及综合国力的竞争最后也都要归结为人才特别是创新型人才的竞争。随着我国经济发展方式的转变，社会信息化程度和知识经济含量不断提高，社会对高层次人才、创新型人才的需求也迅速提高。这就要求创新型人才必须有深厚的知识积累，能够发现问题，并做出新的推理和判断，最终产生新的思想和生产技能。教育与培训的基本职能是培养人才，是通过提高劳动者的知识水平和劳动技能，特别是提高劳动者对知识的应用能力、解决实际问题的能力、创新性思维能力以及知识迁移能力，培养转变发展方式和调整产业结构过程中所需要的创新型人才，以适应和快速推进经济发展。因而，教育制度的调整、完善、变革都会直接影响到人才的输出，并会影响到人才的规模、结构乃至质量，从而对总体的创新体系、创新能力、创新效果产生极大的影响。同理，教育与培训通过对人力资本积累的影响会给其他诸多因素造成直接或间接的促进与阻抑作用，由此可见，教育与培训实质上对国家竞争力的贡献度非常大。这也是我们前文建议的要特别重视教育与培训的根本原因。

（二）中国的教育竞争力分析

《全球竞争力报告2012—2013》编制的全球竞争力指标的具体信息中，列出了各国或各地区在全球竞争力指数衡量体系中每项指标的排名和得分，据此可以看出某项具体指标对于一国综合竞争力提升的贡献。从不同角度分析我国全球竞争力排名中14项教育相关指标排名（见表3）情况可以得出如下结论：尽管在基础教育和创新性方面的教育发展情况具有竞争优势，但教育对我国全球竞争力的贡献度总体上呈现出支撑不足的问题，从指标统计来看，我国教育发展水平严重滞后于国家整体的发展，全球竞争力中教育因子的总体实力在国际竞争中处于劣势，且部分指标落后于其他金砖国家的水平。具体分析如下：

第一，我国全球竞争力各项具体指标排名中，具有竞争优势的有18项指标，其中与教育相关的指标仅有两项，分别为基础教育入学率、教育创新能力。在14项教育指标中，有6项严重落后于我国整体竞争力的位次，分别为中等教育入学率（排名90位）、高等教育入学率（排名79位）、教育系统的质量（排名57位）、管理院校的质量（排名68位）、专业性培训的供应（排名55位）、职工培训的程度（排名45位），可见我国教育的质量以及职业教育发展水平均亟待提高。

第二，通过比较我国14项教育指标近两年来的排名结果可以发现，基础教育总体表现良好，基础教育质量排名有所下滑，但入学率排名有所提高，所以应当在普及基础教育的前提下，逐步提升基础教育质量；中等教育和高等教育入学率的排名均有所提高，但仍比较落后；在教育质量方面，总体表现欠佳，应当关注教育结构与经济发展的匹配度以及提升管理或经济类院校的质量；职业教育在供给方面排名下降幅度较大；在高等教育的创新方面，总体表现良好，但排名也有下滑趋势，应当予以关注，尤其要不断提升科研机构的质量。

表3　我国近三年来教育指标排名

教育指标	2010—2011	2011—2012	2012—2013
全球竞争力总排名	27	26	29
4.09 基础教育的质量	35	31	42
4.10 基础教育入学率	7	9	4
5.01 中等教育入学率	92	93	90
5.02 高等教育入学率	88	85	79
5.03 教育系统的质量	53	54	57
5.04 数学和科学的教育质量	33	31	33
5.05 管理院校的质量	63	59	68
5.06 学校互联网使用率	22	28	31
5.07 专业性培训的供应	50	42	55
5.08 职工培训的程度	57	45	45
12.01 创新能力	21	23	23
12.02 科学研究机构的质量	39	38	44
12.04 大学–产业的合作研究	25	29	35
12.06 科学家和工程师的培养	35	33	46

第三，通过对我国排名靠后的 6 项教育指标的比较发现，我国在上述领域的发展水平不仅落后于发达国家发展水平，而且落后于其他金砖国家。尽管我国全球竞争力的排名远远领先于其他金砖国家，但是我国在教育竞争方面的优势主要体现于基础教育和高等教育的创新能力方面，在中等教育和高等教育的质量方面与其他金砖国家均存在一定差距，如果不对上述劣势进行根本上的改变，将难以维持我国全球竞争力的领先优势。

六、基本结论与启示

本文基于"世界经济论坛"最新公布的《全球竞争力报告 2012—2013》的核心内容，通过对竞争力较强国家或地区的指标分析，着重阐释了具有代表性的国家或地区可持续发展要素的特征构成，并由此梳理出在我国经济转型过程中可能需要借鉴的国际经验。我们认为，尤其是在当前全球经济波动的特殊时期，通过学习外部发展经验，快速推进经济发展方式的转变，对于提高我国的全球竞争力，顺利实现国家发展战略目标具有特殊意义。本文的基本结论和启示如下。

（一）与经济发展相适应的制度设计是提高竞争力的基本前提

制度是前提也是保障。制度设计要与经济发展的基本目标和路径密切相关，既要满足经济发展的需要，又要对发展的过程产生约束和规范作用，使经济平稳增长。当经济发展到一定阶段时，需要进行制度创新，通过结构调整等手段为经济发展注入新的动力，促进经济的可持续发展。所以，在现有的生产条件下，通过创设新的、更能有效激励人们行为的制度、规范体系来实现社会的持续发展和变革，是当今世界发展对各国提出的基本要求。本文对竞争力排名位次靠前的国家进行的分析结果表明，制度优越性是其共有的最基本特征，这一结论的启示意义是十分明显的，即我国提高国际竞争力的首要任务是建立健全相关制度，并在发展中不断调整，平衡好不同阶段效率与公平的侧重关系，以提高社会生产和分配的效率，从而达到提升发展竞争力的目的。

（二）技术准备与创新是未来竞争力的核心内容

技术是推动经济发展的原动力，技术是知识进化的主体（Clark and Guy，1998）。本文通过对相关国家竞争力指标的分析发现，最新技术的可获得性将成为影响未来国家竞争力的重要因素。受此启发，我们认为对于一个国家来讲，必须从宏观和微观两个层面对技术创新和利用进行全面提升和准备，通过高校、科研机构以及生产部门不断进行技术创新，并且建立规范的技术成果在生产实践中应用推广的标准体系，发挥科学技术对国家竞争力的持久推动作用。同时，对创新的理解要更加全面和深入，明确技术性变化的创新与非技术性变化的组织创新的区别和相互作用，并且要建立有效的创新激励和成果转化机制。作为技术准备，普通高等院校和职业技术院校应该发挥重要作用，在理论和技能型人才的培养方面要更加贴近社会发展和生产实践的需求，将人力资本的数量和质量同步提升，并且调整相关院校的规模和结构，提高毕业生供给与劳动力市场对人才需求的匹配度，让人尽其才，在有效应用所学知识和技能的生产实践中推动技术进步。

（三）进行教育数量、质量和结构的同步调整是充分释放教育服务功能的迫切需求

全球竞争力研究的基本结论向我们诠释了那些具有强劲竞争力的国家中教育对经济发展所提供的良好的服务功能。我们发现，拥有高质量的教育与培训是这些国家共同的特点。教育与培训作为最主要的人力资本投资方式，通过提高劳动生产率来促进社会生产效率快速持久地提升。当然，不同发展时期社会生产活动对劳动者的需求不同，即不同的经济结构需要不同的人力资本结构与之匹配，所以要求教育与培训在规模、结构方面也必须进行动态调整，以适应经济发展的需求。但值得注意的是，支撑人才培养规模与结构的根本因素是教育和培训的质量，例如教育系统质量、院校管理质量、职业教育的专业性、教职工培训等，所以提高教育系统运行质量、推进职业教育发展是从教育入手提升国家竞争力的两大支点。

当前，我国的产业结构调整需要大批技能型劳动者，另外，新技术发展

带来的生产工艺和流程的变革，也要求社会提供大量技能型人才。但社会对职业教育的偏见，引致了职业教育学校的生源质量偏低，用人单位对职业学校毕业生的聘用也存在合同不规范等诸多问题，这在一定程度上影响了我国职业教育的健康发展。所以我们在此强调，良好的教育理念是教育发展的前提。我们建议通过改变普通高校与职业学校的对接和认同制度，尽快引导社会对职业教育给予客观评价，以建立真正平衡的教育结构。

（四）快速推进职业教育发展是健全国家教育体系、满足社会对技术技能型人才培养需求的必然选择

各国工业化的历程表明，教育尤其是职业教育是一个国家成为经济强国和实现经济社会可持续发展的重要基础。国际竞争是以产业与人才体系为基础的综合性竞争。我国正处于加快转变经济发展方式的关键时期，而决定经济发展方式转变的第一要素就是人才。现代职业教育是面向现代生产方式、培养生产服务第一线技术技能人才的教育类型，是培养发展实体经济和新兴经济所需人才的主要阵地。但目前高素质技术技能型人才的严重短缺仍然是我国经济发展的重大瓶颈，职业教育仍然是我国教育体系中最为突出的薄弱环节。中国若要提升全球竞争力，实现从效率驱动阶段到创新驱动阶段的跃升，必须要重点发展处于相对落后位置的职业教育，提高排名靠后的十项与职业教育相关的因素的发展水平，从规模、结构、质量等方面提升职业教育发展水平，使其由中国全球竞争力排名的严重制约因素转变为强力驱动因素。具体要求如下：

第一，扩大职业教育的普及面，建立面向全社会的现代职业教育体系。相关指标显示，我国中等教育和高等教育入学率均处于较低水平，但未来十年，我国高中及高等教育阶段学龄人口规模将呈下降趋势，而我国高中阶段和高等教育阶段学生规模将呈扩大趋势，技能型人才特别是高级技能型人才的需求也呈扩大趋势。因此，一方面，应当增强中高等职业教育对学生的吸引力，由其吸收大部分高中阶段和高等教育阶段毛入学率提高所带来的学生增量，同时为避免未来教育供求过剩，应当促进中高等职业教育由规模向质量的发展方式的转变；另一方面，应当加强各种形式的职业教育培训，加强

职业学校面向社会承担职业培训的能力，以应对经济结构调整和产业优化升级对技能型人才尤其是高技能人才的迫切需求。

第二，增强职业教育与产业结构的匹配度，建立适应经济发展需要的同步制度。相关指标显示，我国教育供给总体上未能满足经济发展的需要。因此，一方面应当改变现有人才培养结构，大力发展处于弱势的职业教育，建立"H"型普通教育与职业教育地位平等且相互衔接沟通的人才培养结构以及人才评价体系，改变当前职业教育"低质量学生—低地位工作—低福利待遇—低社会评价—低入学率"的恶性循环，拓展技能型人才的职业生涯提升空间，改善技能型人才的福利待遇，提高技能型人才的社会地位；另一方面，应当增强职业教育服务经济发展的匹配度，针对重点产业结构调整和产业布局优化，针对现代农业和制造业升级，针对七大战略性新兴产业和八大现代服务业发展领域，调整专业设置和培养方式，建立适应经济发展需求的现代职业教育体系同步制度。

第三，拓宽职业教育的投入来源，建立政府主导、行业指导、企业参与的现代职业教育办学体系。我国企业目前既是职业教育实施的责任主体，又是职业教育的直接受益者，因而发挥企业参与和举办职业教育的积极性，落实企业对于职工培训的经费投入和实施效果，鼓励行业企业参与举办职业教育，对于拓宽职业教育的投入来源、缓解职业教育经费短缺现象、提高企业生产效率和管理水平具有重要意义。

第四，加强职业教育的创新性，建立传授先进技术和培育创新能力的现代职业教育体系。目前，我国企业对先进技术的吸收能力、拉长国内出口增值链条的能力以及提高核心竞争力的能力严重落后于国家竞争力整体水平。因此在建立现代职业教育体系过程中，一方面，应当培养一大批活跃在创新一线、数量充足、技艺精湛、善于创造的高技能人才队伍，充分发挥其在推动企业技术创新和实现科技成果转化中的骨干作用，从而加快产业结构的优化升级和生产技术的提升；另一方面，应当依托职业教育与行业企业紧密结合的优势，针对行业产业经济发展的核心问题，培育职业学校、科研院校或机构、行业企业、地方政府等多团队深度融合的协同创新中心，为地方政府战略决策和行业企业重大需求，提供技术支撑和人力资本支持。

（五）建立相互协调的市场机制是实现在动态均衡中快速发展的稳定器

本文的分析结果表明，全球竞争力较强的国家均拥有发达的市场经济和相互协调的市场机制，例如统一的劳动力市场、成熟的金融市场、良好的商品市场等。事实上，经济的稳步增长、经济发展方式的转变、整体竞争力的提升，都要求有健全的市场机制来分配生产要素、调节生产过程。但我国当前的劳动力市场还存在明显的分割，劳动力资源的配置效率较低，尤其是中西部地区问题更加突出，同时，金融市场的成熟度不高，金融产品种类少且运行机制不够健全，阻抑了资本的配置效率。另外，商品市场的整体情况也与发达国家差距明显，商品流通以及生产与销售的衔接环节都存在诸多桎梏。这些都成为影响经济增长以及国际竞争力提升的不利因素，但上述市场机制之间又存在十分复杂的纽带关系，相互促进又相互制约，因此在前文进行国内外比较分析的基础上，我们建议从国家整体着手，通过引入市场机制的方法，以提高经济社会效率为判断标准，全面推进各项机制的完善工作。这样做有两个重要意义：第一是可以保证各项市场机制改革完善的基本目标是一致的；第二是可以在改进中较好地协调各种机制之间的关系，避免不同机制之间产生冲突效应，保证经济发展的稳定性与可持续性。

（六）立足国情，挖掘和发挥自身比较优势是确立可持续竞争能力的长久对策

世界各国的发展都必须立足本国国情，发挥自身的特点，在充分利用国内外市场的基础上确立比较优势，全球竞争力报告的内容也充分印证了这一点。我国现已进入全面建设小康社会的关键时期，人均国内生产总值达到中等收入水平，加快转变经济发展方式已经成为当前时期的主要任务。与其他发达国家相比，虽然现阶段我国经济发达程度较低，但我国国土面积辽阔，市场半径十分巨大，自然资源种类较多且部分资源储量丰富，人口数量多，所以自然资源和劳动力供给相对比较充分，挖掘内部经济需求的空间非常大，这些因素既对我国未来的发展提出了挑战，又为经济社会改革确立了明显的比较优势。如前所述，在《全球竞争力报告2012—2013》中，我国的宏观经济、市场规模指标排名靠前，充分显示了宏观经济发展稳中有升、国内外市场规模逐步拓展的良好态势。所以我们认为，今后的发展战略必须建立在充分利用我国优势条件的基础上，厘清世界各国竞争力的优势所在，把握和利用发展中国家经济增长的基本规律以及与发达国家竞争的比较优势。

总之，本文透析了全球竞争力较强的国家或地区所具有的普遍特征，归纳了其经济社会发展的基本规律，并力求从经济可持续增长的视角逐步推演出值得我们借鉴的经验，其中包括制度、市场、教育等诸多方面的内容。同时，为了提炼部分国家竞争力的独特性，我们还剖析了部分在资源、经济水平等方面有一定特殊性的国家竞争力特征表现，以期帮助我们进一步洞察在国际竞争中发挥自身的比较优势的基本方法。一言以蔽之，只有发展才能应对日趋激烈的国际竞争。因此本文希望通过对其他国家或地区提升竞争力之经验做法的梳理，为我们思考和践行未来改革发展，确立中国的国际竞争优势提供参考。诚然，本文虽然是基于全球国家竞争力展开的分析，而且从其经济发展所形成的基本特征，叙述了其中诸多方面的支撑作用，但因为主要基于教育发展的观点，所以分析时将教育通过提升一个国家的人力资本水平进而作用于经济发展这一思路贯穿其中。但事实上，经济发展和教育的关系绝非如此笼统，我们认为经济和教育之间还存在复杂的相互作用机制，还需要基于相关理论依据进行严密的定量分析，这也是后续研究的任务之一。

参考文献

蔡昉. 2007. 中国劳动力市场发育与就业变化 [J]. 经济研究 (7): 4 – 14.

陈天祥. 2002. 中国地方政府制度创新的角色及方式 [J]. 中山大学学报: 社会科学版 (7): 111 – 118.

顾佳峰. 2007. 各国教育培训制度比较研究 [J]. 北京大学教育评论 (3): 55 – 62.

Acemoglu, D. 2002. Technical Change, Inequality, and the Labor Market [J]. Journal of Economic Literature, 3 (40): 7 – 72.

Clark, J, and Guy, K. 1998. Innovation and Competitiveness: A Review [J]. Technology Analysis and Strategic Management, 9 (10): 363 – 395.

Klaus Schwab. 2012. The Global Competitiveness Report 2012—2013 [R]. World Economic Forum. Schultz, T W. 1990. Investment in Human Capital: The Role of Education and of Research [M]. New York: The Free Press.

14

现代职业教育体系与全球竞争力关系研究

对外经济贸易大学教育与开放经济研究中心课题组

摘　　要

教育是知识经济基本的驱动力，一国的发达程度、经济增长率的提高均得益于人力资本存量的积累。在各类教育中，职业教育与国家经济发展的密切程度越来越高，即使从经济角度评价一国的全球竞争力，教育，尤其是职业教育也是其中关键的驱动因素。基于此，本课题选取对评价一国竞争力具有较强专门性和权威性，且能够作为衡量开放型经济发展水平的重要指标的"世界经济论坛"的《全球竞争力报告》作为研究对象，通过研究全球竞争力指标体系中，教育尤其是职业教育因素的贡献度和影响力，分析如何在建立现代职业教育体系过程中，从规模、结构、质量、投入、创新等五方面提升职业教育发展水平，助推我国全球竞争力排名的快速提升。

引言

教育是知识经济基本的驱动力，是提高国际竞争力的关键，一国的发达程度、经济增长率的提高均得益于人力资本存量的积累。在各类教育中，职业教育与国家经济发展的密切程度越来越高，在经济转型时期，职业教育对于缩小不合理的收入差距、提高就业能力、进行教育介入式脱贫减贫进而解决社会公平与效率问题，对于解决经济发展与资源环境之间的平衡问题，对于解决城镇化进程中"二元结构"矛盾和流动性问题等，具有便于操作、易于调整、见效较快、其他教育类型难能取代的作用。

鉴于教育发展与经济发展的密切关系，鉴于我国当前发展的重要目标之一是建立健全互利共赢、多元平衡、安全高效的开放型经济体系，提高我国全球竞争力和影响力，因此，在研究一国教育竞争力，特别是职业教育竞争力时，应当将其置身于我国提高对外开放水平、发展开放型经济的大背景下，置身于国际权威研究机构对一国全球竞争力的全面分析评估的基础上，从而使研究更具战略性、国际性和科学性。基于此，本课题选取对评价一国竞争力具有较强专门性和权威性，且能够作为衡量一国开放型经济发展水平的重要指标的"世界经济论坛"（WEF）的《全球竞争力报告》（GCR）作为研究对象，通过研究全球竞争力指标体系中，教育尤其是职业教育因素的影响程度，分析如何通过大力发展职业教育助推我国全球竞争力排名的快速提升。

一、教育与全球竞争力排名

（一）"世界经济论坛"的全球竞争力排名

1. 全球竞争力排名

世界经济论坛（World Economic Forum）是以研究和探讨世界经济领域存在的问题、促进国际经济合作与交流为宗旨的非官方国际性机构，总部设在瑞士日内瓦，其前身是 1971 年创建的"欧洲管理论坛"，1987 年更名为"世界经济论坛"。该论坛自 1979 年以来每年发布一份全球竞争力报告，根据其所创立的评价体系对影响一个经济体持续稳定发展和长期繁荣的因素进行排名，称为全球竞争力排名。该排名被各经济体视为最具权威性的国家（或地区）竞争力排行体系，是判断一个经济体在年度时间内全球竞争力变化的重要国际比较参考资料，是体现一国（地区）综合竞争实力、经济发展程度以及可持续发展能力的重要指标（Klaus Schwab, 2012）。目前，该排名所涉及的国家已经由最初的 16 个欧洲国家扩大到遍布全世界各个地区的 144 个经济体，占世界经济总量 98% 以上，具有较强的全球代表性。

《2012—2013 年全球竞争力报告》中，排名前十的分别是：瑞士、新加坡、芬兰、瑞典、荷兰、德国、美国、英国、中国香港、日本。瑞士连续第四年被评为世界最具竞争力的经济体，美国排名连续第四年下滑，位列第七。中国的排名由 2005 年第 49 位（共 117 个经济体）升至 2011 年第 26 位（共 142 个经济体）后，于 2012 年下降至第 29 位（共 144 个经济体），但仍在金砖五国中处于领先地位。

2. 全球竞争力指数（GCI）

世界经济论坛认为，竞争力是决定一个经济体生产力水平的制度、政策以及其他要素的集合，包括数量要素和质量要素。自 2004 年以来，该论坛引入了新的具有开放性的全球竞争力指数（GCI）评价体系，该体系综合考虑了影响经济体竞争力的微观经济基础和宏观经济基础。《2012—2013 年全球竞争力报告》中，全球竞争力指数包含三级指标体系，一级指标涵盖 3 大板块，包括要素驱动、效率驱动、创新驱动，同时也用来表示三个发展阶段；二级指标包括 12 大支柱，分列于三大板块之下；三级指标为 113 项，分列于 12 大支柱之下。

表 1　全球竞争力指标体系（2012 年）

基本要素条件	第一支柱：制度	A. 公共制度	1. 财产权利	1.01 财产权利
				1.02 知识产权的保护
			2. 道德与腐败	1.03 公共资金的挪用
				1.04 公众对政治家的信任
				1.05 违法支付和贿赂
			3. 非法干预	1.06 司法独立性
				1.07 政府官员在决策中的徇私舞弊
			4. 政府效率	1.08 政府支出的铺张浪费
				1.09 政府管制的负担
				1.10 法律制度在解决争端中的效率

表1（续）

基本要素条件	第一支柱：制度	A. 公共制度	4. 政府效率	1.11 法律制度在纠正管理中的效率
				1.12 政府决策的透明度
				1.13 政府促进商业行为的服务
			5. 安全	1.14 恐怖主义导致的商业成本
				1.15 犯罪和暴力导致的商业成本
				1.16 有组织的犯罪
				1.17 警察服务的可靠性
		B. 私人制度	1. 公司道德规范	1.18 企业的道德行为
			2. 问责情况	1.19 审计与报告标准的力度
				1.20 公司董事会的效率
				1.21 对少数股东权益的保护
				1.22 对投资者保护的力度
	第二支柱：基础设施	A. 交通基础设施		2.01 基础设施的总体质量
				2.02 公路的质量
				2.03 铁路基础设施的质量
				2.04 港口基础设施的质量
				2.05 航空运输基础设施的质量
				2.06 可用座公里数
		B. 能源和电话基础设施		2.07 电力供应的质量
				2.08 固定电话线路
				2.09 移动电话使用数
	第三支柱：宏观经济			3.01 政府财政盈余赤字
				3.02 国民储蓄率
				3.03 通货膨胀
				3.04 政府债务
				3.05 国家信用评级

表1（续）

基本要素条件	第四支柱：健康与基础教育	A.健康		4.01 疟疾对商业的影响
				4.02 疟疾事件
				4.03 肺结核对商业的影响
				4.04 肺结核事件
				4.05 HIV 对商业的影响
				4.06 HIV 流行情况
				4.07 婴儿死亡率
				4.08 平均寿命
		B. 基础教育		4.09 基础教育的质量
				4.10 基础教育入学率
效率增强要素	第五支柱：高等教育与培训	A. 教育数量		5.01 中等教育入学率
				5.02 高等教育入学率
		B. 教育质量		5.03 教育系统的质量
				5.04 数学和科学的教育质量
				5.05 管理院校的质量
				5.06 学校互联网使用率
		C. 在职教育		5.07 专业性培训在当地的可获得性
				5.08 职工培训的程度
	第六支柱：商品市场效率	A.竞争	1. 国内竞争	6.01 当地竞争的强度
				6.02 市场垄断的程度
				6.03 反托拉斯政策的有效性
				6.04 税收的广度与影响
				6.05 综合税率
				6.06 创业所需办理的手续数目
				6.07 创业所需的时间
				6.08 农业政策的成本

表 1（续）

效率增强要素	**第六支柱：商品市场效率**	A. 竞争	2. 国外竞争	6.09 贸易壁垒的普遍性
				6.10 关税税率
				6.11 国外所有权的普及度
				6.12 FDI 规则对企业的影响
				6.13 关税程序的负担
				6.14 出口占 GDP 的比重
		B. 需求质量状况		6.15 以顾客为导向的程度
				6.16 买方成熟度
	第七支柱：劳动力市场效率	A. 流动性		7.01 劳资关系中的合作
				7.02 确定工资的弹性
				7.03 雇佣和解雇的惯例
				7.04 解雇成本
				6.04 税收的广度与影响
		B. 人才的使用效率		7.05 薪酬和生产率
				7.06 对专业管理的依赖性
				7.07 人才流失
				7.08 女性劳动力所占比重
	第八支柱：金融市场成熟度	A. 有效性		8.01 金融服务可获得度
				8.02 金融服务的购买力
				8.03 当地资本市场融资能力
				8.04 获得贷款的容易性
				8.05 风险资本的可获得性
		B. 信任与冲突		8.06 银行的稳定性
				8.07 证券交易的法规
				8.08 合法权利指数
	第九支柱：技术就绪度	A. 技术吸收能力		9.01 最新技术的可获得性
				9.02 企业层面的技术吸收
				9.03 FDI 与技术转让
		B. ICT 使用		9.04 互联网用户数
				9.05 宽带用户数

491

表1（续）

效率增强要素	第九支柱：技术就绪度	B. ICT 使用	9.06 互联网带宽
			9.07 移动宽带用户数
			2.08 固定电话线路
			2.09 移动电话使用数
	第十支柱：市场规模	A. 国内市场规模	10.01 国内市场规模指数
		B. 国外市场规模	10.02 国外市场规模指数
	第十一支柱：企业成熟度		11.01 本地供应商的数量
			11.02 本地供应商的质量
			11.03 产业集群发展的现状
			11.04 竞争优势的性质
			11.05 价值链的广度
			11.06 国际分销的管控能力
			11.07 生产工艺的先进性
			11.08 市场营销的广度
			11.09 授权的意愿
			7.06 对专业管理的依赖性
	第十二支柱：创新		12.01 创新能力
			12.02 科学研究机构的质量
			12.03 企业研发（R&D）支出
			12.04 大学–产业的合作研究
			12.05 先进技术产品的政府采购
			12.06 科学家和工程师的可获得性
			12.07 实用专利权
			1.02 知识产权的保护

资料来源：依据 The Global Competitiveness Report 2012—2013，由笔者翻译整理而得。

全球竞争力报告数据来源于两种途径，一是从各种渠道获得的各个国际组织以及国家官方公布的各类经济指标，即"硬指标"；二是通过专门设计的企业高管调查问卷得出的数据。通过对上述两类数据的计算，得出每个经济体各级指标的得分及总分，并对其进行国际排名。企业高管意见调查提供了硬数据资源所缺乏或没有的有价值的质性信息，是对不同来源的硬数据的有效补充，使得各个经济体能用国际可测量的指标数据进行排名和比较（周南照，2010）[263]。《2012—2013 年全球竞争力报告》对 144 个经济体中的企业高管进行了关于商业环境众多因素的意见调查。

3. 各经济体发展阶段划分

世界经济论坛根据两个标准将各经济体划分为三大发展阶段：要素驱动阶段、效率驱动阶段和创新驱动阶段。第一个标准是人均 GDP 在市场汇率下的水平，第二个标准是衡量一个经济体各要素驱动的程度，主要根据初级产品出口在所有出口（商品和服务）中所占的比例来衡量。如果一个经济体正好位于三个阶段中某两个阶段之间，则认为其处于过渡阶段。

第一阶段为要素驱动阶段（人均 GDP 位于 2000 美元以下），特征是经济的发展受要素驱动，国家间的竞争建立在要素禀赋、简单的手工劳动以及自然资源的基础之上，企业间的竞争建立在价格基础上，销售的多是日用品，低工资水平反映出低劳动生产率。制度（第一支柱）、基础设施（第二支柱）、宏观经济体系（第三支柱）和良好的健康与基础教育（第四支柱）对于这一阶段的经济体具有重要作用。第二阶段为效率驱动阶段（人均 GDP 为 3000—9000 美元），表现为开发更有效的生产过程，提高产品质量。高等教育和培训（第五支柱）、高效的商品市场（第六支柱）、运行良好的劳动力市场（第七支柱）、金融市场成熟度（第八支柱）、利用现有技术获取利润的能力（第九支柱）以及大规模的国内或国外市场（第十支柱）对于这一阶段的经济体具有重要作用。第三阶段为要素驱动阶段（人均 GDP 为 17000 美元以上），表现为经济体的企业有能力通过创新开发新产品与其他企业竞争，使经济体维持这一阶段的高工资及相应的生活水准。企业成熟度（第十一支柱）和创新能力（第十二支柱）对于这一阶段的经济体具有重要作用（迈克尔·E. 波特等，2009）。我国目前处于效率驱动阶段。我国台湾地区和香港地区处于创新驱动阶段。金砖国家中，印度处于要素驱动阶段，南非处于效率驱动阶段，巴西和俄罗斯处于效率驱动向创新驱动的过渡阶段。

```
┌─────────────────────────┐           ┌──────────────┐
│ 基本条件因素              │           │ 要素驱动型    │
│ 第一支柱：制度            │ ────▶    │ 经济发展阶段  │
│ 第二支柱：基础设施        │           │ 的关键因素    │
│ 第三支柱：宏观经济        │           └──────────────┘
│ 第四支柱：健康与基础教育   │
└─────────────────────────┘

┌─────────────────────────┐           ┌──────────────┐
│ 效率增强因素              │           │ 效率驱动型    │
│ 第五支柱：高等教育与培训   │ ────▶    │ 经济发展阶段  │
│ 第六支柱：商品市场效率     │           │ 的关键因素    │
│ 第七支柱：劳动力市场效率   │           └──────────────┘
│ 第八支柱：金融市场成熟度   │
│ 第九支柱：技术就绪度       │
│ 第十支柱：市场规模         │
└─────────────────────────┘

┌─────────────────────────┐           ┌──────────────┐
│ 创新和成熟度影响因素：     │           │ 创新驱动型    │
│ 第十一支柱：企业成熟度     │ ────▶    │ 经济发展阶段  │
│ 第十二支柱：创新           │           │ 的关键因素    │
└─────────────────────────┘           └──────────────┘
```

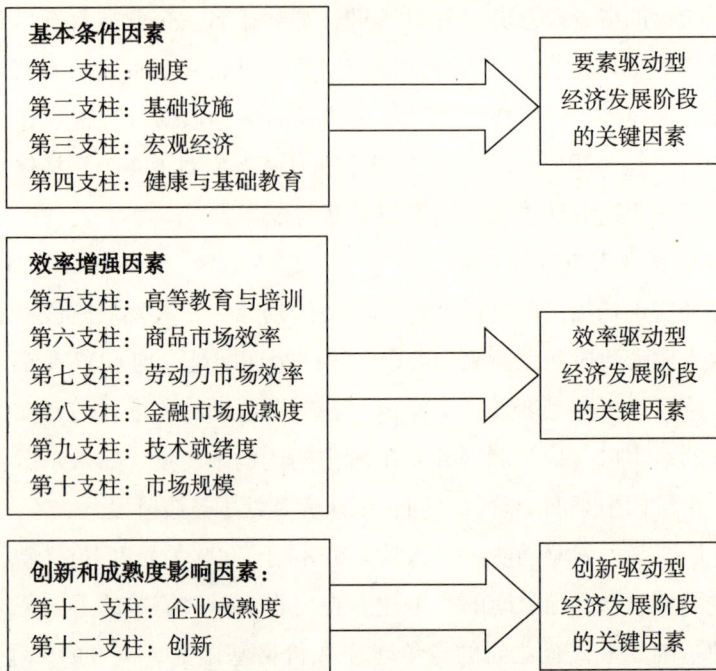

图1　世界经济论坛划分的经济体三大发展阶段及其影响因素

资料来源：The Global Competitiveness Report 2012—2013.

（二）全球竞争力指标体系中的教育因子分析

1. 教育指标对全球竞争力体系的贡献度

在全球竞争力指标体系的 113 项指标中，有 14 项指标与教育相关，包括基础教育指标 2 个、高等教育与培训指标 8 个、创新支柱中的 4 项指标（创新能力、科学研究机构的质量、大学－产业的合作研究、科学家和工程师的可获得性）。上述指标涵盖教育的不同类型（职业教育和普通教育）、教育的不同层次（初等教育、中等教育、高等教育）以及教育的不同内容（规模、质量、结构、投入等）。可见教育的发展已经融入国家经济发展的各个领域，即使从经济发展角度出发评价一个国家（地区）的竞争力，教育也是其中重要衡量的指标。

我们根据《2012—2013 年全球竞争力报告》中全球竞争力各项指标的权重以及相关计算方法，计算出处于效率驱动发展阶段的各项指标在全球竞争力指数中的具体比重，如表2所示。

表2　全球竞争力指数各项指标权重

全球竞争力指数各项指标	权重（%）
第一支柱：制度	10
A：公共制度	5
B：私人制度	5
第二支柱：基础设施	10
A：一般基础设施	5
B：特殊基础设施	5
第三支柱：宏观经济	10
第四支柱：健康与基础教育	10
A：健康	5
B：基础教育 　4.09 基础教育的质量 　4.10 基础教育入学率	5
第五支柱：高等教育与培训	8.34
A：教育数量 　5.01 中等教育入学率 　5.02 高等教育入学率	2.78
B：教育质量 　5.03 教育系统的质量 　5.04 数学和科学的教育质量 　5.05 管理院校的质量 　5.06 学校互联网使用率	2.78
C：在职教育 　5.07 专业性培训在当地的可获得性 　5.08 职工培训的程度	2.78
第六支柱：商品市场效率	8.34
A：竞争	5.56
B：需求质量状况	2.78

表2（续）

全球竞争力指数各项指标	权重（%）
第七支柱：劳动力市场效率	8.34
A：流动性	4.17
B：人才使用效率	4.17
第八支柱：金融市场成熟度	8.34
A：有效性	4.17
B：信任与冲突	4.17
第九支柱：技术就绪度	8.34
第十支柱：市场规模	8.34
第十一支柱：企业成熟度	5
第十二支柱：创新	5

资料来源：根据 The Global Competitiveness Report 2012—2013 数据计算所得。

在上述指标中，"基础教育"指标和"高等教育与培训"指标在全球竞争力指数中所占总比重为 13.5%，加之"创新"指标的 8 个因素中，有 4 个因素与教育相关，教育因素在全球竞争力指数中的总权重为 16%，也高于其他任何支柱所占权重。根据同样的方法计算处于创新发展阶段的经济体中教育所占的权重为 18%，也高于其他任何支柱所占权重。[①] 因此，无论是对于效率驱动发展阶段的国家（地区），还是对于创新驱动发展阶段的国家（地区）来说，教育都是提升一国全球竞争力的最关键因素，占有最基础地位。

2. 我国全球竞争力排名中各项教育因子排名分析

在《2012—2013 年全球竞争力报告》编制的各国全球竞争力指标的具体信息中，列出了该国在全球竞争力指数衡量体系中每项指标的得分和排名，并用突出颜色标明具有竞争优势的指标，据此可以看出某项具体指标对于一国综合竞争力提升的贡献。运用不同分析角度分析我国全球竞争力排名中 14 项教育相关指标排名情况，可以得出如下结论：尽管我国在基础教育和创新性方面的教育发展情况具有竞争优势，但教育对我国全球竞争力的贡献度总

[①] 在 GCI 指标体系中，赋予了各项指标在其上一级指标中所占的比重。三大板块中每一板块所占权重取决于国家发展阶段的不同。具体计算方法参见 The Global Competitiveness Report 2012—2013。

体呈负面影响，我国教育发展水平严重滞后于国家整体的发展，全球竞争力中教育因子的总体实力在国际竞争中处于劣势，且部分指标落后于其他金砖国家发展水平。如何发挥在全球竞争力中最为重要的教育因素的关键性作用，如何通过有效贯彻落实"教育优先发展"战略，提高教育竞争力，从而带动全球竞争力的快速提升，保持在金砖国家中的领先优势，是当前亟待解决的重要问题。具体分析如下：

第一，在 2012 年我国全球竞争力各项具体指标排名中，具有竞争优势的有 22 项指标，其中与教育相关的指标仅有 2 项（"基础教育入学率"、"创新能力"）。在 14 项教育指标中，有 6 项严重落后于我国整体排名，分别为"中等教育入学率"（排名 90）、"高等教育入学率"（排名 79）、"教育系统的质量"（排名 57）、"管理院校的质量"（排名 68）、"专业性培训在当地的可获得性"（排名 55）、"职工培训的程度"（排名 45），可见我国教育的规模、质量以及职业教育发展水平均亟待提高。

专栏 1　竞争优势指标确定的具体原则如下：

对于全球竞争力指数中整体排名前 10 位的经济体，在这些经济体中排名 1—10 位的指标被认为是竞争优势。例如，德国整体排名第 6 位，其"司法独立性"这一指标排名第 7 位，具有竞争优势。

对于全球竞争力指数中整体排名 11—50 位的经济体，其指标的排名如果高于该经济体本身的排名则被认为是优势。例如，中国整体排名第 26 位，其"基础教育毛入学率"排名第 9 位，具有竞争优势。

对于全球竞争力指数中整体排名位于第 50 位之后的经济体，其指标的排名若高于 51 位，则被认为具有竞争优势。

资料来源：迈克尔·E. 波特，泽维尔·萨拉－艾－马丁，克劳斯·施瓦布. 2007—2008 全球竞争力报告［M］. 杨世伟，高闯等译. 北京：经济管理出版社，2009：112.

第二，通过对我国 14 项教育指标排名近三年来的历史比较可以发现：基础教育总体表现良好，应当在保证普及基础教育的前提下，逐步提升基础教育质量；中等教育和高等教育入学率的排名虽有所上升，但在国际竞争中处于严重劣势，是亟待解决的重点问题；在教育质量方面，表现欠佳，应当关注教育结构与经济发展的匹配性以及提升管理或经济类院校的质量；在职业教育方面，尽管近年来排名有较大提升，但与整体排名相比，仍差距较大；在高等教育的创新方面，总体表现良好，但排名有下滑趋势，应当予以关注，尤其要不断提升科研机构的质量，加大高端科研人才的产出。

表3　我国 2009—2012 年各项教育指标排名

年　　份	2009	2010	2011	2012
全球竞争力总排名	29	27	26	29
4.09 基础教育的质量	32	35	31	42
4.10 基础教育入学率	6	7	9	4
5.01 中等教育入学率	89	92	93	90
5.02 高等教育入学率	80	88	85	79
5.03 教育系统的质量	52	53	54	57
5.04 数学和科学的教育质量	35	33	31	33
5.05 管理院校的质量	72	63	59	68
5.06 学校互联网使用率	23	22	28	31
5.07 专业性培训在当地的可获得性	47	50	42	55
5.08 职工培训的程度	50	57	45	45
12.01 创新能力	22	21	23	23
12.02 科学研究机构的质量	35	39	38	44
12.04 大学－产业的合作研究	23	25	29	35
12.06 科学家和工程师的可获得性	36	35	33	46

资料来源：The Global Competitiveness Report 2009—2010, 2010—2011, 2011—2012, 2012—2013.

第三，通过对我国排名靠后的 6 项教育指标的国际比较发现，我国在上述领域的发展水平不仅落后于发达国家（地区）发展水平，而且落后于金砖国家发展水平。尽管我国全球竞争力的排名远远领先于其他金砖国家，但是我国在教育方面的竞争优势主要体现于基础教育和高等教育的创新能力方面，在职业教育和高等教育的规模和质量方面与其他金砖四国均存在一定差距，如果不对上述劣势进行根本上的改变，将难以维持我国全球竞争力在金砖国家中的领先优势。

表4　2012年金砖国家部分教育指标排名比较

国　　　家	中国	印度	巴西	南非	俄罗斯
全球竞争力总排名	29	59	48	52	67
5.01 中等教育入学率	90	107	17	53	72
5.02 高等教育入学率	79	95	80	101	12
5.03 教育系统的质量	57	34	116	140	86
5.05 管理院校的质量	68	33	52	15	115
5.07 专业性培训在当地的可获得性	55	59	34	51	80
5.08 职工培训的程度	45	54	33	26	89

资料来源：The Global Competitiveness Report 2012—2013.

二、职业教育对全球竞争力排名的支撑作用

通过对全球竞争力指数的具体分析可知，在14项教育指标中，有5项与职业教育相关，而全球竞争力113项指标中，有10项指标与职业教育相关，可见职业教育地位之重，涉及之广。我国在与职业教育相关的10项指标上的排名均位列40名之后，远落后于我国全球竞争力整体排名。尽管职业教育在近年来取得较大发展，但仍然严重制约我国全球竞争力的提升，因此当前将大力发展职业教育作为一项重要国家战略极具必要性和合理性。

在10项与职业教育相关的指标中，有三项与职业教育关系最为密切，即"教育系统的质量"、"专业性培训在当地的可获得性"、"职工培训的程度"，因此本课题组运用历史分析、国际比较等不同研究方法对上述三项指标对全球竞争力排名的影响程度进行了分析，发现上述三个指标的同步提升，对提升一国全球竞争力排名具有重要推动作用。我国在上述三个指标的排名不仅落后于自身全球竞争力排名，而且远落后于全球竞争力排名前28位国家（地区）的相关指标排名。因此，中国若要提升全球竞争力，从"效率驱动阶

段"发展到"创新驱动阶段"，必须发展处于短板的职业教育，使其由中国全球竞争力排名的制约因素转变为驱动因素。

（一）职业教育相关指标在 GCI 中的权重分析

1. 职业教育相关指标在 GCI 中的权重

鉴于本课题所研究的职业教育是在广义上涵盖职前预备教育、初次职业教育、职后继续教育在内的统一而连续的过程，通过对《2012—2013 年全球竞争力报告》中全球竞争力各项指标所包含具体内容的分析可以发现，除了"高等教育与培训"支柱有 5 项教育指标与职业教育相关外，"技术就绪度"和"企业成熟度"支柱中有 5 项指标也与职业教育关系密切，具体见表 5。

表 5　2012 年全球竞争力指标中与职业相关指标及中国的排名

所在支柱	具体指标	排名	与职业教育的关系
第五支柱：高等教育与培训	5.01 中等教育入学率	90	包含中等职业教育入学率相关数据
	5.02 高等教育入学率	79	包含高等职业教育入学率相关数据
	5.03 教育系统的质量	57	在各类教育中，职业教育对经济的影响以及密切程度越来越高，职业教育的发展水平是决定一国教育发展能否适应经济发展需要的重要指标
	5.07 专业性培训在当地的可获得性	55	在职培训的质量以及投入水平直接与职业教育相关
	5.08 职工培训的程度	45	
第九支柱：技术就绪度	9.02 企业层面的技术吸收	71	企业对技术的吸收程度在很大程度上取决于企业的劳动者对技术的吸收能力，取决于劳动者的素质，取决于职业教育对技能型人才的培养水平
第十一支柱：企业成熟度	11.02 本地供应商的质量	66	企业能否拥有新技术、新工艺、开发新产品，能否拉长出口国内增值链条，能否提高企业的核心竞争力，在根本上取决于职业教育能否为促进企业升级培育相应的技能型人才
	11.04 竞争优势的性质	56	
	11.05 价值链的广度	49	
	11.07 生产工艺的先进性	57	

资料来源：The Global Competitiveness Report 2012—2013.

通过前文分析可知，无论是对于效率驱动发展阶段的国家（地区），还是对于创新驱动发展阶段的国家（地区），教育都是提升一国全球竞争力的最关键因素，占有最基础地位。在 14 项教育指标中，有 5 项与职业教育直接相关，因此在各类教育发展中，职业教育应占有三分天下。而全球竞争力 113 项指标中，有 10 项指标与职业教育相关，可见职业教育地位之重，涉及之广。这也进一步印证了金融危机后，美国、英国、德国等主要发达国家纷纷将发展教育，尤其是职业教育作为一国经济发展的重要国家战略的合理性和必要性。

我国与职业教育相关的 10 项指标的排名均位列 40 名之后，远落后于我国全球竞争力整体排名，可见尽管职业教育在近年来取得了较大发展，但仍然严重制约我国全球竞争力的提升，尚未发挥其应有的驱动作用，因此将大力发展职业教育作为一项重要国家战略极具必要性和紧迫性。

2. 职业教育相关教育指标与全球竞争力排名变化的联动效应

由图 2 可以看出：全球竞争力总分数每提高 0.1 分，GCI 排名近似向前靠近 3.5 位。

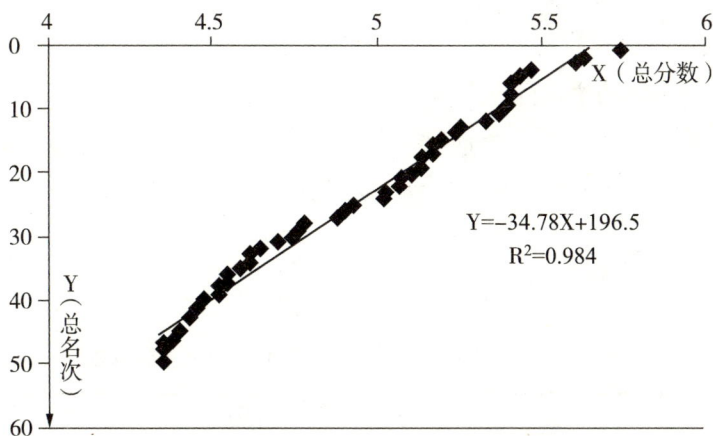

图2　全球竞争力总名次与总分数关系拟合图

由图 3 可以得出：5 项职业教育相关教育指标每前进 1 位，"高等教育与培训"支柱得分近似提高 0.023 分。而由表 1 可知"高等教育与培训"支柱分数在全球竞争力总分数中所占权重为 8.5%，这表示"高等教育与培训"支柱每提高 1 分，总分数提高 0.085 分。因此 5 项职业教育相关教育指标每前进 1 位，全球竞争力总排名向第一名近似靠近 0.07 位。

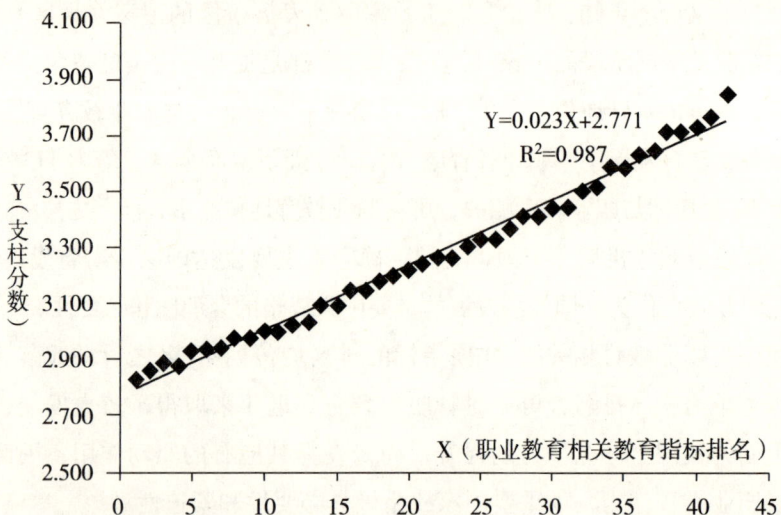

图3 职业教育相关教育指标排名与"高等教育与培训"支柱得分关系拟合图

资料来源：根据 The Global Competitiveness Report 2012—2013 相关数据制图。

若《国家中长期教育改革和发展规划纲要（2010—2020 年)》制定的2015 年高中阶段教育毛入学率 87%、高等教育毛入学率 36% 的目标实现，则上述两项指标的全球竞争力排名将分别前进近 10 位。若与职业教育相关的 5 项教育指标均能在 2015 年前进 10 位，则将带动我国全球竞争力总排名上升 0.7 位。鉴于职业教育 5 项教育指标的排名提升，将带动与职业教育相关的其他 5 项指标的相应提升，因此若与职业教育相关的 5 项教育指标均能在2015 年前进 10 位，将带动我国全球竞争力总排名上升 1 位。

表6 2015 年我国与职业教育相关教育指标发展目标

	2012 年排名	2012 年得分	2015 年排名预测	2015 年得分预测
5.01 中等教育入学率	90	81.2%	79	87%
5.02 高等教育入学率	79	25.9%	71	36%
5.03 教育系统的质量	57	3.9	47	4.1
5.07 专业性培训在当地的可获得性	55	4.4	45	4.5
5.08 职工培训的程度	45	4.2	35	4.4

注：以 The Global Competitiveness Report 2012—2013 相关数据为预测基础。

（二）中国职业教育相关指标与 GCI 排名变化的趋势分析

在 10 项与职业教育相关的指标中，有三项与职业教育关系最为密切，即"教育系统的质量"、"专业性培训在当地的可获得性"、"职工培训的程度"，因此下文对职业教育相关因子的分析主要以这三项指标为主。通过对近 6 年来我国的全球竞争力以及与职业教育相关的三项教育指标的排名进行分析可以发现：2008 年，我国在教育系统质量以及职工培训的程度方面的排名均提升近 20 名，全球竞争力排名也提升 4 位。可见，我国 2008 年中等职业教育和高等职业教育招生总规模达到 1100 万人，且 2005 年《国务院关于大力发展职业教育的决定》要求企业按职工工资总额的 1.5%—2.5% 足额提取教育培训经费用于职工培训的举措，对提升我国全球竞争力排名做出了重要贡献。尽管近 5 年来，我国职业教育三个相关指标排名大幅提升，但上述排名与我国全球竞争力排名相比，仍有近 20 位差距，且自 2012 年来有下滑趋势。因此，急需建立服务经济发展方式转变和产业结构调整升级需求的现代职业教育体系，使职业教育在规模和质量方面均取得突破性进展，确保我国全球竞争力的持续提升。

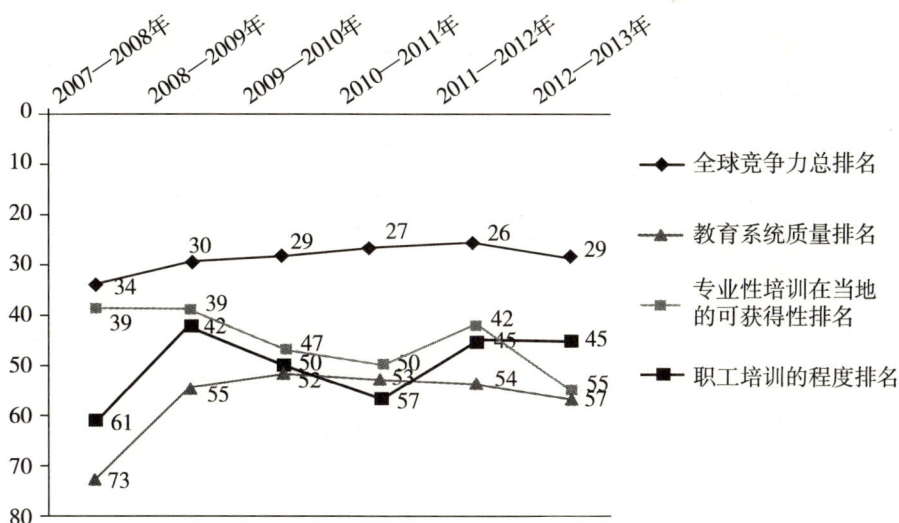

图 4　中国近年来职业教育相关指标排名变化趋势图

资料来源：根据 The Global Competitiveness Report 2007—2008，2008—2009，2009—2010，2010—2011，2011—2012，2012—2013 相关数据制图。

（三）近年来主要发达国家的职业教育相关指标排名变化比较分析

我们对近年来主要发达国家的全球竞争力与职业教育密切相关教育指标（"教育系统的质量"、"专业性培训在当地的可获得性"、"职工培训的程度"）的排名进行分析，可得出如下结论。

从各国纵向发展看，职业教育三个相关指标排名必须同步提升，才能充分发挥其对全球竞争力排名的推动作用，因此建立适应经济发展的教育体系与大力发展职业教育，二者共同构成一国全球竞争力排名持续提升的强劲驱动因素。美国近年来全球竞争力连续下降，职业教育三个相关指标排名也逐年下降，美国教育以及职业教育的发展已经严重制约了其全球竞争力的提升。德国近年来全球竞争力排名止步不前，尽管职业教育因素排名较为靠前，但其整个教育体系未能充分满足其经济发展的需求，而且教育系统质量与职业教育未能同步发展，制约了其全球竞争力的提升。日本近年来全球竞争力排名在 2010 年提升至第 6 位后，又降至第 10 位，其教育系统质量因素排名均在 28 位以后，且逐年下滑，其"专业性培训在当地的可获得性"、"职工培训的程度"两个相关指标排名也无上升趋势，可见日本教育以及职业教育的发展缓慢制约了其全球竞争力排名的提升。瑞士近年来被评为全球最具竞争力的经济体，其职业教育三个相关指标排名始终位居前列，可见瑞士的教育系统能够很好满足其经济发展的需要，其职业教育和培训制度是永葆其全球竞争活力的重要支撑。

美国近年相关指标排名变化图

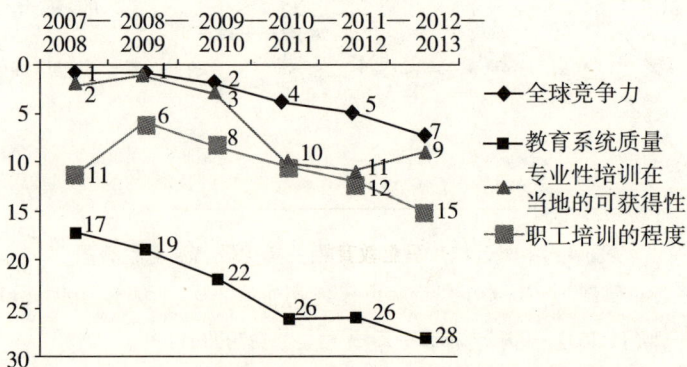

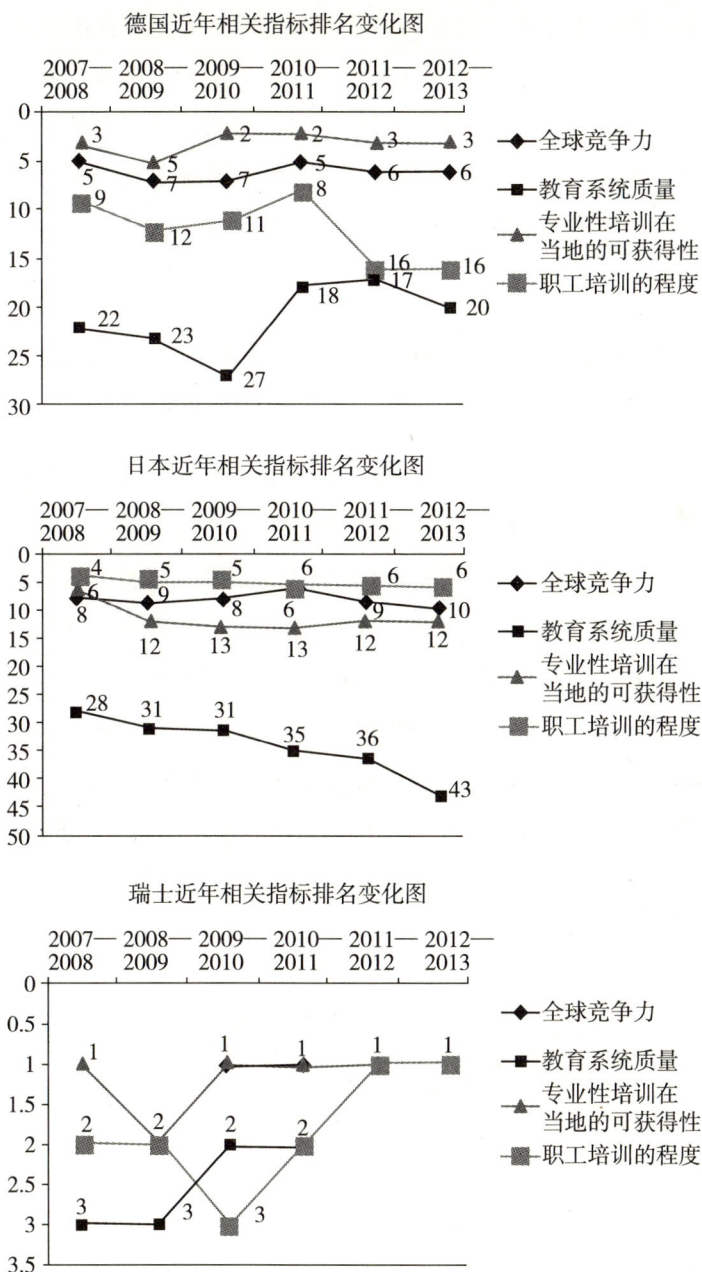

图5 主要发达国家近年职业教育相关指标排名变化

资料来源：根据 The Global Competitiveness Report 2007—2008，2008—2009，2009—2010，2010—2011，2011—2012，2012—2013 相关数据制图。

在教育系统质量横向比较方面，美国、德国、英国、日本全球竞争力排名虽位列前 10，但其教育系统未能充分满足经济发展的需要，制约了其全球竞争力的提升。瑞士教育系统质量因素排名始终位列前三，其全球竞争力近三年来始终位居榜首。美国、日本近两年来教育系统质量因素排名均有所下降，其全球竞争力排名也相应下降。因此，建立与一国经济发展相匹配的包括职业教育在内的教育体系是持续提升一国全球竞争力的重要推手。

（四）GCI 排名前 28 位国家（地区）职业教育相关指标排名的规律分析

尽管全球竞争力排名前 28 的国家（地区）在地理位置、自然环境、资源禀赋、经济结构、市场规模、社会体制、历史文化等方面均存在较大差异，其全球竞争力的优势支柱也有所差别，但其职业教育相关指标的排名集中居于前28 位。可见建立一个能够及时满足经济发展需求的教育体系，通过发展职业教育，提高劳动生产率，实现技术技能积累创新，驱动实体经济发展，是具备较强全球竞争力的国家（地区）共同推行的一项战略。中国上述指标分别排在第57、55、45 位，中国职业教育的发展排名不仅落后于其自身全球竞争力排名，而且远落后于全球竞争力排名前 28 位国家（地区）的相关指标排名。

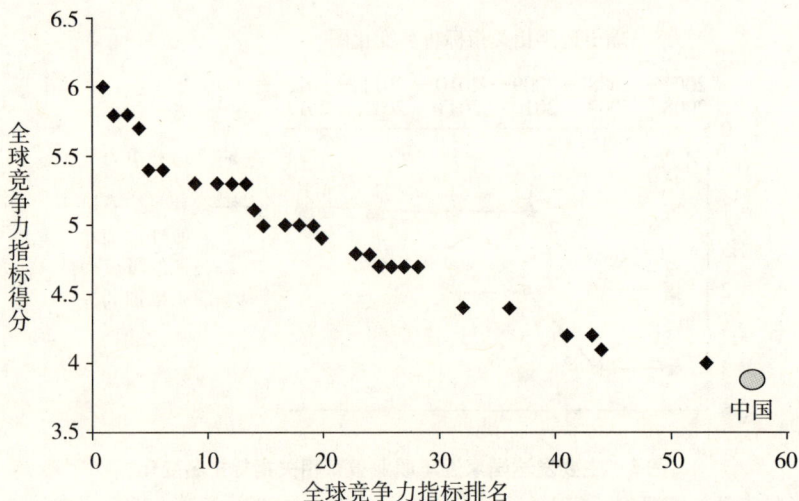

图 6　教育系统质量指标散点图

资料来源：根据 The Global Competitiveness Report 2012—2013 相关数据制图。

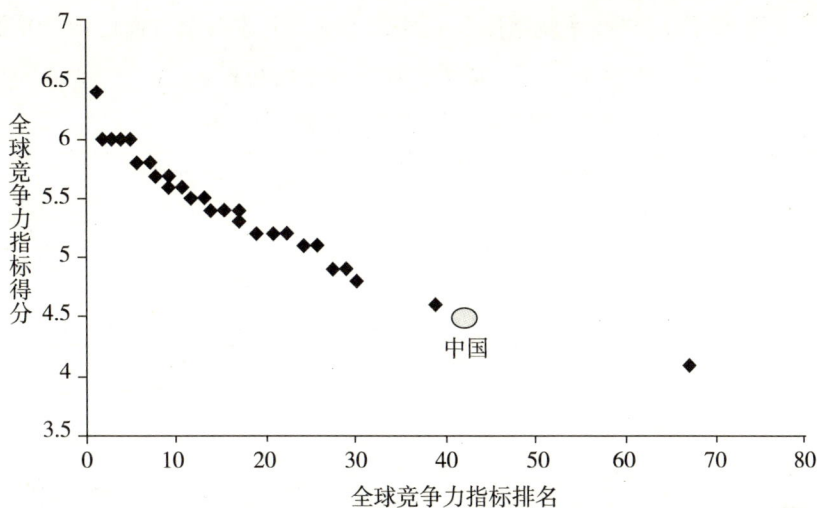

图7　专业性培训在当地的可获得性指标散点图

资料来源：根据 The Global Competitiveness Report 2012—2013 相关数据制图。

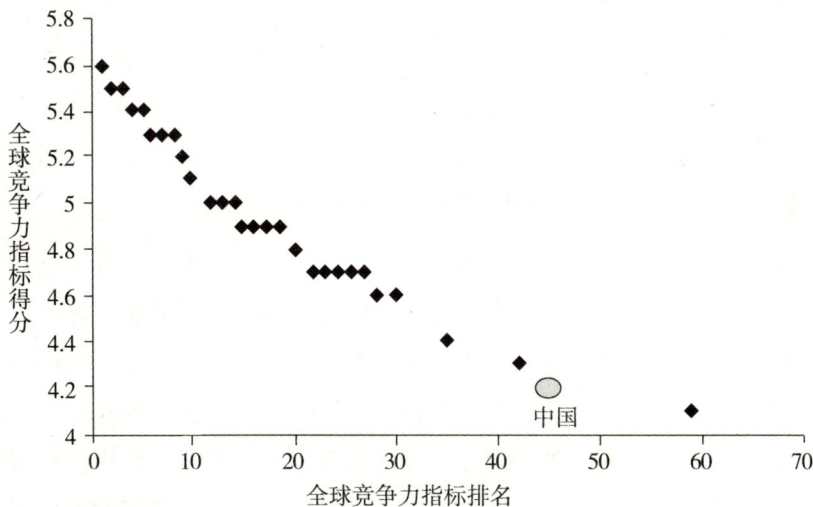

图8　职工培训的程度指标散点图

资料来源：根据 The Global Competitiveness Report 2012—2013 相关数据制图。

（五）处于"创新驱动"发展阶段国家（地区）职业教育相关指标的标准分析

2012 年，中国在 12 大支柱中，排名最靠后的两项分别为"高等教育与

507

培训"（第62位）、"技术就绪度"（第88位），上述两个方面已经严重制约了中国全球竞争力提升的速度，成为各项支柱中的短板。

表7　2013年中国全球竞争力各支柱排名

十二大支柱	中国排名
制度	50
基础设施	48
宏观经济	11
健康与基础教育	35
高等教育与培训	62
商品市场效率	59
劳动力市场效率	41
金融市场成熟度	54
技术就绪度	88
市场规模	2
企业成熟度	45
创新	33

资料来源：The Global Competitiveness Report 2012—2013.

通过中国的全球竞争力蛛网图可以发现，"高等教育与培训"这一支柱不仅是中国各项支柱的短板，也是处于"效率驱动阶段"国家（地区）共同的短板，平均得分在4分左右，而对于"创新驱动阶段"国家（地区），此项得分应高于5分，中国与处于"创新驱动阶段"的国家（地区）在"高等教育与培训"这一支柱上的得分有1分左右的分差。中国若要从"效率驱动阶段"向"创新驱动阶段"发展，必须发展处于短板的高等教育及培训。而在这一支柱的8个指标中，有5个与职业教育相关（"中等教育入学率"、"高等教育入学率"、"教育系统的质量"、"专业性培训在当地的可获得性"、"职工培训的程度"）。因此应从规模和质量两方面提升职业教育发展水平，使其由中国全球竞争力排名的制约因素转变为驱动因素。

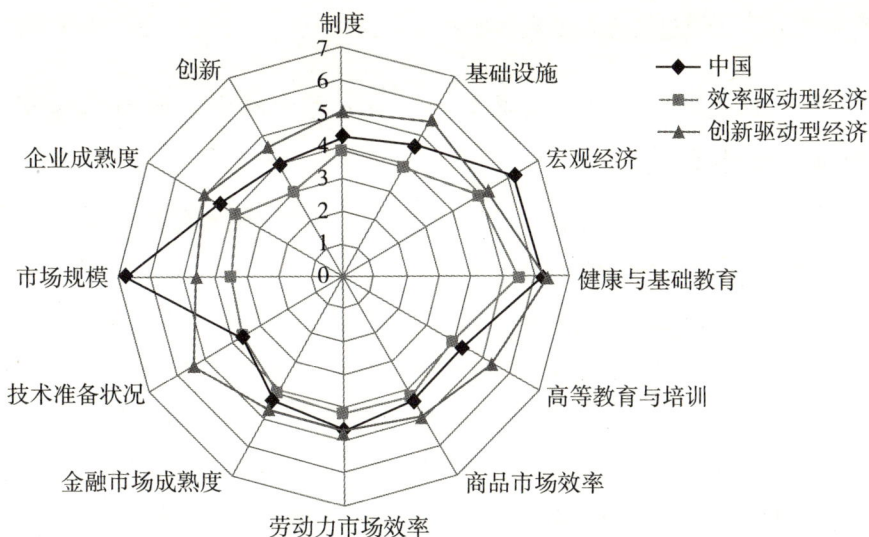

图9 中国全球竞争力蛛网图

资料来源：根据 The Global Competitiveness Report 2012—2013 相关数据制图。

三、提升我国全球竞争力对建设现代职业教育体系的客观要求

高品质的高等教育与培训对于一个经济体提升价值链，以超越简单生产工艺和产品具有至关重要的作用（Schultz，1961；Lucas，1988；Becker，1993；Kremer，1993）。当今经济全球化的发展要求各国培养大量受过良好教育、能够迅速适应社会环境变化以及产业体系发展的劳动力。职业培训和持续的在职培训在很多国家（地区）被忽视，但实际上具有重要作用，因为此类培训能确保劳动者技能的不断提升（Klaus Schwab，2012）。

提升我国全球竞争力排名，必须提升我国全球竞争力指数各项指标得分，尤其要提高排名靠后的相关指标得分。在全球竞争力113项指标中，有10项指标与职业教育相关，且中国均位列40名以后，因此，在建设现代职业教育体系的过程中，必须加强对上述10项指标的关注，即从规模、结构、质量、投入、创新五方面提升职业教育水平——扩大职业教育的普及面，增强职业教育的匹配度，提升职业教育的影响力，拓宽职业教育的投入源，加强职业

教育的创新性，通过大力发展现代职业教育推动我国全球竞争力的持续提升。

（一）扩大职业教育的普及面——建立面向社会、面向人人的现代职业教育体系

全球竞争力指数指标体系中"中等教育入学率"和"高等教育入学率"分别指中等教育和高等教育的毛入学率。

在《2012—2013年全球竞争力报告》中，我国中等教育入学率为81.2%（2010年），排名第90位，高等教育入学率为25.9%（2010年），排名第79位，上述得分与排名低于全球竞争力144个经济体的平均水平，其中中等教育入学率低于金砖国家中的巴西、南非、俄罗斯，高等教育入学率低于俄罗斯。鉴于未来十年，我国高中及高等教育阶段学龄人口规模将呈下降趋势，而我国高中阶段和高等教育阶段学生规模将呈扩大趋势，技能型人才特别是高级技能型人才的需求也呈扩大趋势，因此，一方面应当增强中高等职业教育对学生的吸引力，由其吸收大部分高中阶段和高等教育阶段毛入学率提高所带来的学生增量，同时为避免未来教育供求过剩，应当促进中高等职业教育由规模向质量的发展方式的转变，另一方面应当加强各种形式的职业教育培训，加强职业学校面向社会承担职业培训的能力，以应对经济结构调整和产业优化升级对技能型人才尤其是高技能人才的迫切需求。

1. 增强中高等职业教育对学生的吸引力

通过国际比较可以发现，目前我国高中阶段毕业生以及高等教育阶段毕业生占适龄人口的比重仍然偏低，不仅低于德国、日本等发达国家水平，低于OECD平均水平，而且低于一些发展中国家水平，因此急需提高高中阶段和高等教育阶段毛入学率。

表8 不同类型高中和高等教育毕业生占适龄人口的比重

单位:%

国 家	高中阶段		高等教育阶段	
	普通教育课程	职业教育课程	5A	5B
德国	38.1	61.5	19.9	10.7
瑞士	29.7	69.4	—	—

表8（续）

国　　家	高中阶段		高等教育阶段	
	普通教育课程	职业教育课程	5A	5B
意大利	29.2	66.8	41	—
日本	69.3	23.9	36.1	27.0
OECD 平均	45.0	48.0	36.4	8.9
俄罗斯	55.3	33.0	42.9	27.0
以色列	57.2	31.8	34.8	—
巴西	63.6	9.0	16.7	0.8
印度尼西亚	28.2	15.2	11.2	4.6
泰国	45.9	15.9	25.4	14.5
中国	25.7	31.6	12.0	14.4

注：数据为 UNESCO-UIS 2002—2006 年间数据，各国具体年份有差异。

资料来源：UNESCO Institute for Statics（UIS）. 2007. Education counts：Benchmarking progress in 19 WEI countries. World education Indicatiors_ 2007. Table 1. a，1. b.

根据《2012—2013 年全球竞争力报告》中的排名情况，我国若在2015年实现《国家中长期教育改革和发展规划纲要（2010—2020 年)》制定的高中阶段教育毛入学率87%、高等教育毛入学率36%的目标，上述两项指标的全球竞争力排名将分别前进10位左右，至第79位和第70位；若在2020年实现高中阶段教育毛入学率90%、高等教育毛入学率40%的目标，在上述两项指标的全球竞争力排名将分别前进20位左右，至第65位和第62位。由于在上述目标中，中等职业教育在校生占高中阶段教育在校生的50%，高等职业教育在校生占高等阶段教育在校生的45%，因此，我国若想实现全球竞争力排名在中高等教育入学率领域的大幅提升，必须扩大中等职业教育和高等职业教育的普及面。

表9 我国教育事业发展主要目标

指　　标	单位	2009 年	2015 年	2020 年
高中阶段教育（含中等职业教育学生数）				
在校生	万人	4624	4500	4700
毛入学率	%	79.2	87.0	90.0
职业教育				
中等职业教育在校生	万人	2179	2250	2350
高等职业教育在校生	万人	1280	1390	1480
高等教育				
在校生	万人	2826	3080	3300
其中研究生	万人	140	170	200
毛入学率	%	24.2	36.0	40.0

资料来源：《国家中长期教育改革和发展规划纲要（2010—2020 年)》。

随着我国人口增速逐步趋缓，未来十年将是我国学龄人口加速下降的时期，学龄人口总规模的年均降幅将达到 860 万人，平均每年将保持 3.23% 的下降速度。高中阶段教育自 2012 年以后将出现供给过剩的情况，而高等教育阶段依然存在供求缺口，但供求压力将逐渐减弱（蒯鹏州，江铨，2011a）。与此同时，我国未来十年对技能型人才的需求将大幅增加。到 2015 年，全国技能劳动者总量将达到 1.25 亿人，比 2009 年增加近 1900 万人（不含存量缺口 930 万人），其中高级工以上的高技能人才总量将达到 3400 万人，比 2009 年增加 540 万人（不含存量缺口 440 万人）；到 2020 年，全国技能劳动者总量将达到 1.4 亿人，比 2009 年增加近 3290 万人（不含存量缺口 930 万人），其中高技能人才将达到 3900 万人，比 2009 年增加 940 万人（不含存量缺口 440 万人）。[①] 基于以上分析，一方面，我国应当发挥中等职业教育免学费、就业好的优势，吸引更多的高中适龄人口就读中等职业教育，从而填补高中阶段供求缺口，满足社会对技能型人才的需求，防止高中阶段沦为大学的选择机制，另一方面，应吸引更多的大学适龄人口就读高等职业教育，满足社

---

① 数据来自中共中央组织部、人力资源和社会保障部发布的《高技能人才队伍建设中长期规划（2010—2020 年）》。

会对高级技能型人才的需求，提高高等教育的就业率。同时应当清醒地认识到学龄人口规模不断下降的趋势，有效控制中高等职业教育发展规模，促进职业教育由规模向质量的发展方式的转变。

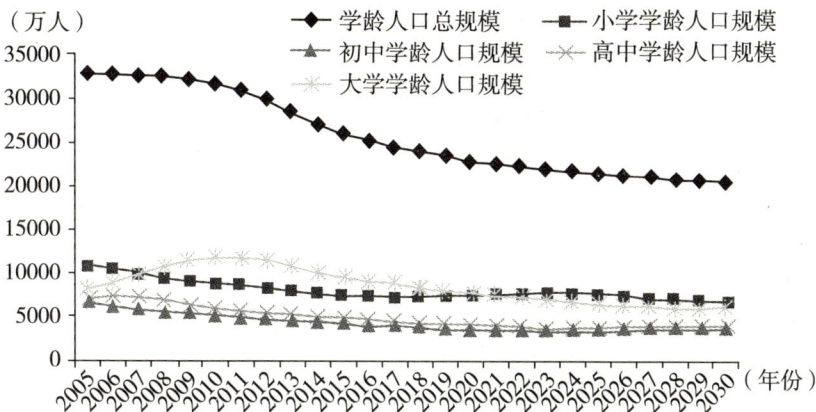

图 10　2005—2030 年中国各级教育学龄人口规模变化趋势图

资料来源：（蒯鹏州，江铨，2011b）。

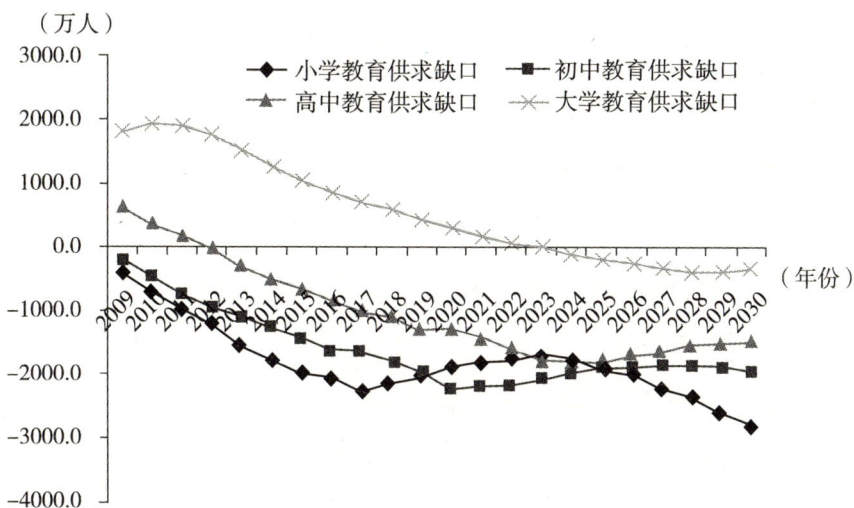

图 11　2009—2030 年中国各级教育供求缺口变化趋势图

资料来源：（蒯鹏州，江铨，2011c）。

2. 加强各种形式的职业教育培训

近年来，我国中高等职业教育为培养技能型尤其是高技能人才做出了突出贡献。1999—2009 年，高等职业教育为国家培养了近 1300 万高素质技能型专门人才。尽管如此，面对未来十年我国对技能型人才从规模到质量的迫切需求，仅仅依靠中高等职业教育全日制毕业生的输送是不够的。我国 2015 年职业教育在校生人数将比 2009 年增加 181 万人，但远低于 2015 年技能型人才 1900 万人以及高技能人才 540 万人的需求增幅，因此必须大力发展职业培训，充分发挥其在岗位证书培训和资格证书培训方面的重要作用。同时也应当加强职业学校面向社会承担职业培训的能力，打破学校职业教育与职后教育培训"各自为战"的藩篱，有效整合各类职业教育资源，使全日制职业教育与非全日制职业教育相融合，学历职业教育与非学历职业教育相衔接，学校教育与企业培训相结合。

表10　2009 年获得各级职业资格证书人员参加培训情况

单位:%

资格证书等级	技工学校		就业训练中心	职业培训机构	其　他
	毕业生	培训社会人员			
中级	16.2	14.3	25.8	32.6	11.1
高级	14.0	14.3	6.5	19.8	45.3
技师/高级技师	—	17.9	5.3	14.2	62.7

资料来源:《中国劳动统计年鉴》(2010 年)。

(二) 增强职业教育的匹配度——建立满足经济发展需要的现代职业教育体系

全球竞争力指数指标体系中"教育系统的质量"指标来自高管调查问卷，具体评分标准为"你们国家（地区）的教育系统是否能够很好地满足经济发展的需要？[1 = 不能很好满足；7 = 能够很好满足]"。

我国该项得分为 3.9，排名第 57 位，落后于金砖国家中的印度。该得分与排名显示，被调查的高管们并不认为我国的教育系统已经充分地满足经济发展的需要。在各类教育中，职业教育与经济发展的密切程度越来越高，"在教育对经济的贡献率中，职业教育占 25%—35%"（鲁昕，2010）。我国若要在激烈的国际竞争中，实现全球竞争力的持续提升，就必须在科学发展观的指导下，加快经济发展方式的转变，加快产业结构的调整升级，加快战略性新兴产业的发展。而在经济可持续发展中，需要数以亿计的产业工人、新型农民等技能型人才与之相匹配，这类大规模高素质劳动者的培养必须依靠大力发展职业教育。因此，若要提高我国此项指标得分，建立满足经济发展需要的教育系统，应当一方面改变现有人才培养结构，大力发展处于弱势的职业教育，建立"H"型——普通教育与职业教育地位平等且相互衔接沟通的人才培养结构以及人才评价体系，另一方面，增强职业教育服务经济发展的匹配度，建立适应经济发展需求的现代职业教育体系。

1. 促进人才培养和评价体系由"h"向"H"型转化

（1）"h"型人才培养体系与评价体系

居民在接受九年义务教育之后，进入教育分流，一是进入普通教育系列，二是进入职业教育系列。由于目前普通教育已经达到了博士研究生教育层次，而职业教育只达到专科教育层次，因此整个人才培养体系呈"h"型，且普通教育和职业教育之间缺乏沟通，两种教育系列的学生毕业以后往往被打上"干部或知识分子"和"工人"不同社会身份的烙印，二者的差别在中国教育"高考的功利导向"下被进一步凸显（潘晨光，2011a）[88-94]。

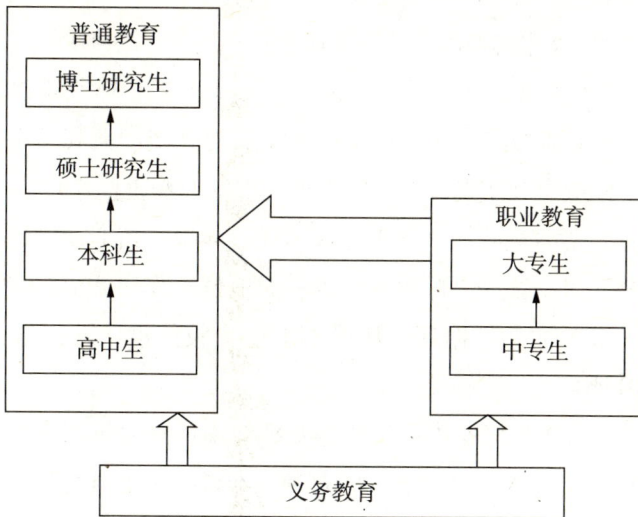

图12 "h"型人才培养体系

在人才评价体系上，也同样存在"h"结构，应用型、研究型人才比技术型人才晋升空间更为纵深，两条并行的发展路径到副高级产生分化。目前我国高级技师的福利待遇相当于高级工程师待遇。在职业技术领域，缺乏对高级职业技术以上人才不断提高技能水平的评价机制与激励机制。

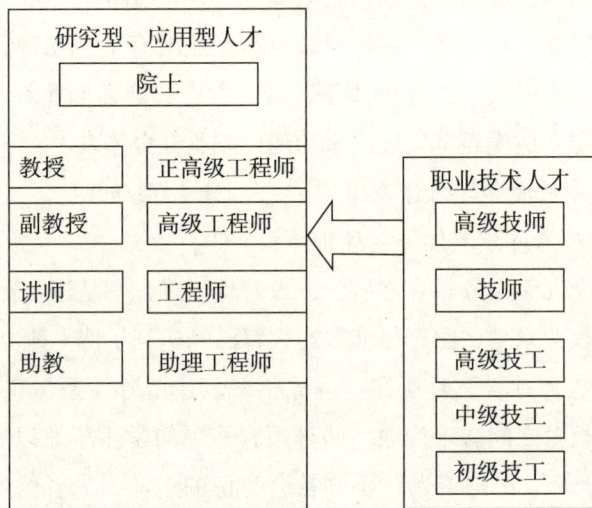

图13 "h"型人才评价体系

（2）"H"型人才培养体系与评价体系

在"h"型人才培养体系与评价体系下形成的教育体系难以支撑我国经济的可持续发展，难以满足新形势下经济社会对技能型尤其是高技能人才的迫切需求，因此应当改变现行教育体制中侧重发展普通教育的单一办学思路，构建"双线制"教育模式，改变现有人才评价体系，拓宽技能型人才的发展空间，从而改变职业教育"低质量学生—低地位工作—低福利待遇—低社会评价—低入学率"的恶性循环，从根本上改变技能型人才短缺的供需矛盾（潘晨光，2011b）[88-94]。

建立"H"型人才培养体系，就是要延伸现代职业教育体系的向上发展空间，允许职业教育体系设立中专、大专、本科、硕士研究生、博士研究生贯通的培养层次，并可以与普通高等教育体系在本科以上层次相互衔接。

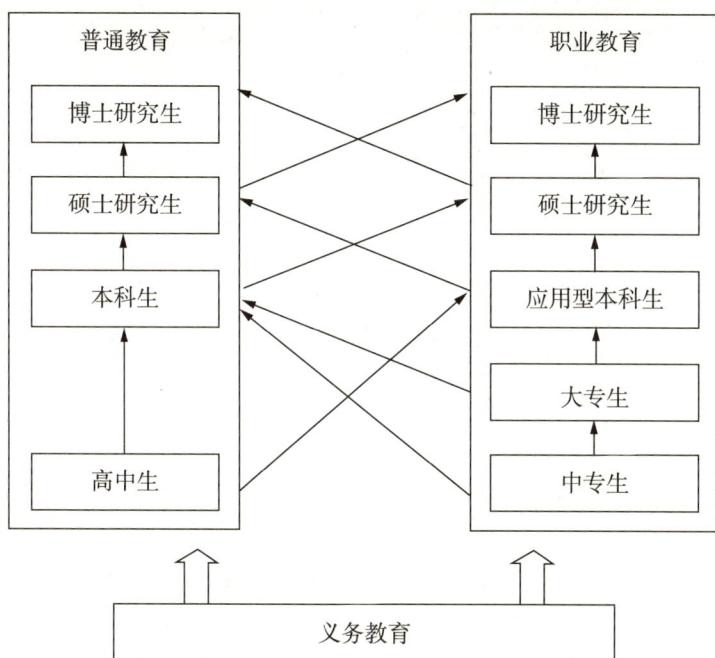

图14 "H"型人才培养体系

建立"H"型人才评价体系，就是要延伸技能型人才的向上发展空间，打通其与研究型人才的转化通道，提升技能型人才的薪酬水平，从而增强技能型人才行业的吸引力，扩大高端技能型人才所占比重，激发技能型人才的培养活力，改变技能型人才短缺状态。

2. 增强职业教育服务经济发展的匹配度

目前我国高技能人才尚不能完全满足产业优化升级的要求。在第一产业，具有现代农业知识技能的中坚技术人才和生产人才奇缺；在第二产业，金属工业、机械工业以及建筑业的高级能人才在各自从业人员中的比重均呈负增长趋势；在第三产业，高技能人才占从业人员的比重从2004年到2008年下降了0.12个百分点，且大部分集中于传统服务业领域，能够胜任现代服务业要求的人才十分匮乏。

研究型、应用型人才		职业技能型人才
院士		院士
教授	正高级工程师	正高级技术工程师
副教授	高级工程师	高级技师
讲师	工程师	技师
助教	助理工程师	高级技工
		中级技工
		初级技工

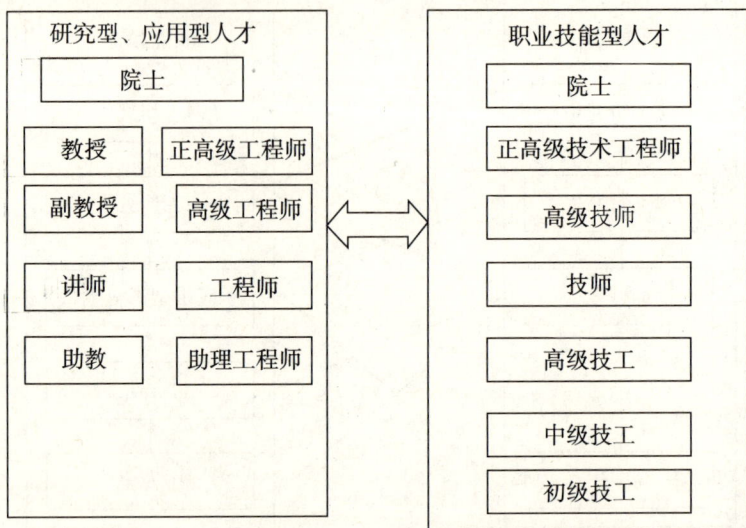

图 15　"H"型人才评价体系

专栏 2

以北京市为例，"十二五"期间技能人才缺口近 60 万，其中满足产业升级和创新型企业"十百千工程"需要的高端技能人才缺口达 10 万人。

以服务外包业为例，到 2015 年，服务外包直接就业机会就将达到 270 万，带动相关就业机会 840 万，但是每年能够提供的中职、高职教育毕业生和本科毕业生，适应服务贸易就业需求的仅 300 万人，缺口巨大。

"十二五"规划中对于加快发展现代农业、改造提升制造业、培育发展战略性新兴产业以及大力发展服务业均提出了相关要求：

（1）加快发展现代农业：完善现代农业产业体系，发展高产、优质、高效、生态、安全农业。优化农业产业布局，加快构建以东北平原、黄淮海平原、长江流域、汾渭平原、河套灌区、华南和甘肃新疆等的农产品主产区为主体，其他农业地区为重要组成的"七区二十三带"农业战略格局。

(2)改造提升制造业:优化结构,改善品种质量,增强产业配套能力,淘汰落后产能,发展先进装备制造业,调整优化原材料工业,改造提升消费品工业,促进制造业由大变强。推进重点产业结构调整,优化产业布局,打造一批具有国际竞争能力的先进制造业基地。

(3)培育发展战略性新兴产业:以重大技术突破和重大发展需求为基础,促进新兴科技与新兴产业深度融合,在继续做强做大高技术产业基础上,把战略性新兴产业培育发展成为先导性、支柱性产业。大力发展节能环保、新一代信息技术、生物、高端装备制造、新能源、新材料、新能源汽车等战略性新兴产业。

(4)大力发展服务业:把推动服务业大发展作为产业结构优化升级的战略重点,营造有利于服务业发展的政策和体制环境,拓展新领域,发展新业态,培育新热点,推进服务业规模化、品牌化、网络化经营,不断提高服务业比重和水平。着力发展金融服务业、现代物流业、高技术服务业、商务服务业、商贸服务业、旅游业、家庭服务业以及体育产业和体育事业。

因此,必须以"十二五"规划的实施为参照系,建立适应经济发展需求的现代职业教育体系,增强职业教育服务经济发展的主动性、及时性和前瞻性,使职业教育与经济发展方式转变相匹配,与产业结构调整和优化升级相匹配,与开放型经济发展相匹配,与工业化、城镇化、现代化进程相匹配,与区域经济发展相匹配,与企业技术进步相匹配。具体而言,就是要在现代职业教育体系建设中,针对重点产业结构调整和产业布局优化,针对现代农业和制造业升级,针对七大战略性新兴产业和八大现代服务业发展领域,调整专业设置和培养方式,重点推进人才培养方式的"五个对接",即专业与产业对接、课程内容与职业标准对接、教学过程与生产过程对接、学历证书与职业证书对接、职业教育与终身学习对接。

表11　2009—2020年我国高技能人才分大行业需求预测

行　业	2009—2015年高技能人才需求增长量（人）	2009—2020年高技能人才需求增长量（人）	2015年分行业需求（人）	2020年分行业需求（人）	2020年需求占比（%）	2009—2020年需求增长占比（%）
制造业	2200367	3985810	14742510	16527953	40.70	40.09
建筑业	1180970	2168259	7768078	8755366	21.56	21.81
批发和零售业	310867	579246	2002498	2270877	5.59	5.83
采矿业	279498	525995	1774534	2021032	4.98	5.29
交通运输、仓储和邮政业	223436	407315	1484202	1668080	4.11	4.10
电力、燃气及水的生产和供应业	161123	282573	1125790	1247439	3.07	2.84
公共管理和社会组织	129420	234211	868230	973021	2.40	2.36
租赁和商务服务业	137496	268074	826580	957158	2.36	2.70
科学研究、技术服务和地质勘查业	124153	223512	838705	938064	2.31	2.25
教育	115627	204393	799880	888646	2.19	2.06
房地产业	102813	192632	657020	746839	1.84	1.94
住宿和餐饮业	94775	169221	647229	721674	1.78	1.70
水利、环境和公共设施管理业	81093	142114	567129	628150	1.55	1.43
农、林、牧、渔业	83302	160895	508340	585933	1.44	1.62
信息传输、计算机服务和软件业	65908	119328	441892	495311	1.22	1.20
卫生、社会保障和社会福利业	51696	92771	350713	391787	0.96	0.93
居民服务和其他服务业	44643	80935	298780	335072	0.83	0.81
文化、体育和娱乐业	41617	71444	298468	328295	0.81	0.72
金融业	18378	34473	117426	13341	0.33	0.35

资料来源：《高技能人才队伍建设中长期规划（2010—2020年）》。

（三）提升职业教育的影响力——建立具有国际竞争力的现代职业教育体系

全球竞争力指数指标体系中"专业性培训在当地的可获得性"指标来自高管调查问卷，具体评分标准为"在你们国家（地区），高质量、专业化的培训服务的获得程度？［1＝很难获得；7＝能够广泛获得]"。

我国该项得分4.4，排名第55位，落后于金砖国家中的巴西和南非。该得分与排名显示，我国目前缺乏高质量、专业化的培训服务。尽管我国已经具备了培养大规模的中高级技能型、应用型人才的能力，但我国职业教育与发达国家相比还存在一定差距。因此，必须建立具有国际影响力的现代职业教育体系，建设一批具有"世界水准、中国特色"的职业院校和培训机构。与之相适应，需要构建职业教育国际竞争力指标评价体系，从而通过国际与国内范围的排名与比较，确定我国职业教育在不同指标方面的发展水平，有针对性地采取改进措施。

本课题组在参考波特（Michael Porter）提出的"钻石理论"模型、世界大学排名体系以及我国学者对教育竞争力、职业教育竞争力的研究成果的基础上（薛海平，胡咏梅，2006；陈衍 等，2009），初步构建了职业教育国际竞争力指标体系，包括6项一级指标和14项二级指标，如表12所示。

表12 职业教育国际竞争力指标体系

一级指标	权重	二级指标
职业教育结构	10%	职业教育中《国际教育标准分类》教育层次的涵盖情况
职业教育规模	15%	职业教育注册学生人数占所有教育类型注册学生人数的百分比
		职业教育毛入学率
职业教育效率	10%	职业教育学生毕业率
		职业教育学生升学率
		接受职业教育学生获得职业资格证书的比例

表 12（续）

一级指标	权重	二级指标
职业教育质量	30%	职业教育科学研究水平
		职业教育国际化水平
		职业教育生师比
		职业教育"双师型"教师人数占教师总人数的比例
职业教育产出	20%	接受职业教育人口就业率
		接受职业教育人口收入水平
职业教育投入	15%	职业教育生均经费投入占人均 GDP 的比重
		职业教育财政性教育经费投入占 GDP 的比重

对照上述指标，我国职业教育发展仍存在如下问题：

第一，在结构上，职业教育培养类别多样化不足。依照《国际教育标准分类》，中等和高等职业教育包括 3B、3C、5B 三种类型，而我国目前为"3C+5B"。

第二，在效率上，职业学校学生获得双证书比例偏低，高职教育被限定在专科教育层次，成为"断头教育"，使职校学生缺乏进一步发展空间，也难以吸引优秀生源进入技能型人才发展轨道。

第三，在质量上，职业教育科研支撑力量薄弱，国际化程度不够，"双师型"教师缺乏。与发达国家相比，我国职业教育科研支撑力量薄弱，科研经费投入不足，科研人员严重缺乏，科研成果缺乏战略性、前瞻性和针对性。我国职业教育国际合作形式单一，缺乏具有国际影响力的职业教育学校和职业教育集团，职业教育跨境合作联盟尚处于建立初期。职业教师数量严重不足，中等职业教育生师比已超过 23∶1，远高出普通高中，且"双师型"教师十分匮乏，职业教师缺乏相关职业领域的能力和经验。

第四，在投入上，职业教育财政性经费投入占总财政性教育经费以及 GDP 的比重低于国内各类教育，且政府投入水平低于国际平均水平，职业教育生均经费水平偏低，尚未制定生均经费及生均拨款国家标准。

因此，在建立现代职业教育体系过程中，应当以职业教育国际竞争力指标体系为发展依据，建立具有科学结构、相当规模、最佳效率、优秀质量、良好产出、较大投入的现代职业教育体系，增强社会对职业教育和职业培训的认同度，提高职业教育的吸引力和影响力。具体而言，应重点在以下四方面取得突破：

第一，在结构上，应当健全职业教育培养类别，大力发展 3B 型中等职业教育，打通中等职业教育与高等职业教育协调发展的通道。

第二，在效率上，应当加强对职业学校学生职业技能的培养，提高获得"双证书"学生占比。打通高端技能型人才培养渠道，在借鉴发达国家相关经验的基础上，构建纵向衔接、横向沟通的技能型人才培养立交桥。在重点专业领域，试点应用本科和专业硕士制度，鼓励普通高校设置或改革社会急需的高端技能型人才相关专业，建立与高职的衔接机制。

第三，在质量上，加强职业教育科研力度，成立全国职业教育科研工作领导机构，加强国家、省市各级职业教育科研机构、高等学校职业教育科研机构以及职业教育学术团体建设，完善科研工作交流与合作机制，健全科研管理制度，加强对优秀科研成果和科研人员的奖励，创新职业教育科研的内容与方法，注重国际比较、调查研究和协同创新。提升职业教育国际化水平，通过与世界各国和地区职业教育的交流与合作，创造类型多样、实效突出、合作深入的职业教育国际化实现形式，试点本土国际化模式，建立国际化培养衔接机制，搭建国际化合作平台，完善国际化保障机制。加大合格职教师培养规模，提高教师整体素质和职业素质，完善"双师型"教师培养模式和评价机制。

第四，在投入上，应当加大职业教育投入，从投入来源、投入结构和投入水平三方面改革职业教育投入体制，提高职业教育财政性经费投入占 GDP 的比重，提高职业教育生均经费水平，制定生均经费及生均拨款国家标准。

（四）拓宽职业教育的投入源——建立政府主导、行业企业积极参与的现代职业教育体系

全球竞争力指数指标体系中"职工培训的程度"指标来自高管调查问卷，具体评分标准为"在你们国家，公司对职工培训和发展的投入情况？

[1＝很少投入；7＝投入很多]"。

我国该项得分4.2，排名第45位，落后于金砖国家中的巴西、南非。该得分与排名显示，我国企业目前对职工培训重视不够、投入不足，存在的问题具体表现为三个方面：

一是企业对职工培训投入不足。2005年《国务院关于大力发展职业教育的决定》要求"企业按照职工工资总额的1.5%—2.5%提取，列入成本开支，用于职工特别是一线职工的教育和培训"，但上述规定在实践中并未得到有效的执行，企业对职工普遍"重使用、轻培训"，不愿按比例提取足额经费用于职工培训，由于缺乏监管，相关资金存在挪用、不用或少用于一线职工的现象。

二是企业对职工培训渠道不畅。不同类型、不同规模的企业对职工培训的重视程度不同，一些中小企业尚未建立对职工进行岗前培训、在职培训和转岗培训的制度，与职业院校合作缺乏有效对接，导致一方面部分职业院校生源逐年下降，面临生存危机，另一方面，许多企业职工缺乏培训，却求学无门。

三是行业企业举办职业教育积极性下降。1978—1986年，行业企业举办的成人高校、成人中专、技工学校等达3.5万余所，到2009年全国有企业举办的高职院校仅155所，中职学校的办学规模也大大缩小。2009年国有企业办学中的企业拨款高职仅为10亿元，中职仅为6.5亿元，分别占该类财政性教育经费的2.5%和0.7%。目前国家对行业企业举办职业教育的职责、地位规定不清，上述职业学校不具备独立的法人资格，既无法享受公办学校的优惠，也无法享受民办学校的政策，陷入发展困境。

企业既是职业教育实施的责任主体，又是职业教育的直接受益者。发挥企业参与和举办职业教育的积极性，落实企业对于职工培训的经费投入和实施效果，鼓励行业企业参与举办职业教育，对于拓宽职业教育的投入来源，缓解职业教育经费短缺现象，提高企业生产效率和管理水平具有重要意义。

第一，要落实企业足额提取职工教育培训经费的执行和鼓励政策。《劳动部关于贯彻实施〈职业教育法〉的通知》（劳部发〔1996〕197号）规定，"对未按规定用足职工教育经费和未开展职工培训的企业，当地带动部门应进行督促检查，拒不改正的，报请当地人民政府依法收取企业应当承担的职工教育经费，专项用于职业培训"。地方政府应当按比例提取企业职工教育培训经费，用于发展本地的公共职业教育，同时引导行业协会按比例提取职工教育培训经费，组织开展行业内职工培训。

第二，政府应当通过税收优惠、保障政策、购买教育与培训、财政扶持等激励政策鼓励企业委托职业院校进行职工培训，使企业能够节约培训成本、提高培训实效，学校能够增加教育经费，加强校企合作，从而实现企业与学校的互利共赢。国家教育主管部门与人力资源和社会保障部门应当会同各行业，逐步建立系统的职业资格认证制度，通过上岗人员职业准入制度，强化企业对职工的培训义务。

第三，应当通过相关法律和政策的修订，鼓励行业企业举办职业教育。通过教育部门与其他部门的协调沟通，解决国企改革与国企举办职业教育之间的机制性矛盾。出台国有企业举办职业教育的鼓励措施。将企业支持职业教育纳入国资委对国企的评价体系中，并根据办学效果给予奖励。对不支持职业教育的企业，根据其规模确定所应承担的义务，折算成等值金额缴入行业的职教基金中，用于行业内的职业教育补贴。鼓励通过行业主导组成由多家国有企业剥离学校组成的国家和企业参股的职业教育集团。对于国有企业面向社会举办和参与举办的非营利性职业学校，应当将其性质界定为事业单位法人，在政策优惠、人事制度、财务制度等方面享有与非营利性民办职业学校同等的法律地位（林宇 等，2011）。

（五）加强职业教育的创新性——建立实现技术技能积累创新的现代职业教育体系

除前文分析的与职业教育相关的 5 项教育指标外，在全球竞争力指标中，还有 5 项指标也与职业教育密切相关，我国在这 5 项指标上的排名和得分如表 13 所示。

表 13   我国 2012 年与职业教育相关的非教育类指标排名和得分

指　标	评分标准	排名	得分	与金砖国家排名比较
9.02 企业层面的技术吸收	你们国家的企业（1＝不能吸收新技术；7＝能充分吸收新技术）	71	4.7	南非（38） 巴西（47） 印度（40）
11.02 本地供应商的质量	你们国家本地供应商的质量（1＝很差；7＝很好）	66	4.5	南非（34） 巴西（36）
11.04 竞争优势的性质	你们国家企业在国际市场上的竞争力主要来源于（1＝低成本或自然资源；7＝独特的产品和工艺）	56	3.6	
11.05 价值链的广度	你们国家的出口企业的价值链（1＝很短，主要从事资源的开采或生产；7＝很长，不仅从事生产还参与产品设计、市场营销、物流和售后服务）	49	3.8	印度（38）
11.07 生产工艺的先进性	你们国家生产过程是否先进（1＝不先进，是劳动密集型方式或落后的工艺技术；7＝很先进，是世界上最先进、最有效的生产技术）	57	3.9	南非（43） 巴西（30） 印度（46）

资料来源：The Global Competitiveness Report 2012—2013.

我国在上述指标的排名落后我国全球竞争力总排名近 20 位，不仅落后于排名前 28 位国家（地区）的相关排名，且低于部分金砖国家发展水平。上述指标评价内容主要涉及企业对先进技术的吸收能力、拉长国内出口增值链条的能力以及提高核心竞争力的能力，上述能力的提升将有助于企业在生产产品和服务的过程中提高效率，从而提高生产力，并最终提升一个国家的竞争力，其对于一个国家向创新驱动阶段发展具有重要的作用。

从上述排名和得分可以看出，我国目前迫切需要从技术、品牌、质量、服务等各方面提高企业的核心竞争力，培育出口竞争新优势，拉长出口国内增值链条，鼓励企业应用新技术、新材料、新工艺、新装备改造提升传统产业，促进企业管理创新。支持企业提高装备水平、优化生产流程，加快淘汰落后工艺技术和设备，提高能源资源综合利用水平。鼓励企业增强新产品开发能力，提高产品技术含量和附加值，加快产品升级换代。推动研发设计、生产流通、企业管理等环节信息化改造升级，推行先进质量管理，促进企业管理创新。推动一批产业技术创新服务平台建设。而上述目标的实现需要职业教育为促进企业技术改造培育相应的技能型人才，尤其是能够实现技术技能积累创新的高技能人才。

> **专栏3 "中国制造"处于国际分工体系的低端**
>
> 改革开放以来，我国在全球贸易中的地位不断攀升，但是在我国逐步融入世界垂直分工体系的条件下，我国的贸易利得却没有明显增加，处于全球价值链低端地位的局面仍然没有明显改变。我国出口贸易附加值比重较高的行业集中于炼焦、煤气及石油加工业以及食品加工业这些参与全球垂直分工与贸易较少的行业；而参与全球产品内分工与贸易程度较深的纺织、缝纫及皮革制造业、交通运输设备制造业、电器机械及器材制造业以及电子及通信设备制造业等行业的出口附加值比例相对较低。而上述领域急需职业教育为其培养一批具有高技术附加值、高创新能力的高技能人才，以增加我国的劳动力价值。

一方面，应当围绕走新型工业化道路、不断提高现代化水平的要求，培养造就一大批活跃在创新一线、数量充足、结构优化、技艺精湛、勤于实践、善于创造的高技能人才队伍，充分发挥其在推动企业技术创新和实现科技成果转化中的骨干作用。职业教育所培养的活跃在生产一线的高技能人才，是推动技术技能积累创新和实现科技成果转化的重要力量，其直接关系到能否加快推进产业结构优化升级，转变经济发展方式，提高自主创新能力，不断提高现代化水平，也直接关系到工人阶级能否在新的历史条件下巩固和发展自身的先进性（中国人事科学院研究组，2010）。因此，在建立现代职业教育体系过程中，必须充分关注上述指标评价标准，使得职业教育所培养的技能型人才，不仅能够进行实际操作，而且能够应用国际最先进的技术，不仅能够应用技术，而且能够在实践中创新技术。

另一方面，应当依托职业教育与行业企业紧密结合的优势，针对行业产业经济发展的核心问题，培育职业学校、科研院校或机构、行业企业、地方政府等多团队深度融合的协同创新中心，为地方政府战略决策和行业企业重大需求提供技术支撑和人力资本支持。《教育部 财政部关于实施高等学校创新能力提升计划的意见》（教技〔2012〕6号）中提出，以"国家急需、世界一流"为根本出发点，探索建立面向科学前沿、行业产业、区域发展以及文化传承创新的重大需求的四类协同创新模式，建成一批"2011协同创新中心"，逐步成为具有国际重大影响的学术高地、行业产业共性技术的研发基地、区域创新发展的引领阵地和文化传承创新的主力阵营。在此大背景下，职业教育应当发挥其与行业产业共生的天然优势，突破学校内部以及与外部的机制体制壁垒，通过"科研院校或机构研发先进技术—职业学校培育应用新技术的高技能人才—行业和企业提供人员实习与技术应用平台—地方政府提供区域发展规划指导"的方式，培育若干职业学校、科研院校或机构、行业企业、地方政府等多团队深度融合的协同创新中心，为地方政府决策提供战略咨询服务，为行业企业发展提供先进技术支持和人力资本支撑，从而促进产业结构调整和新兴产业发展，促进区域经济发展。

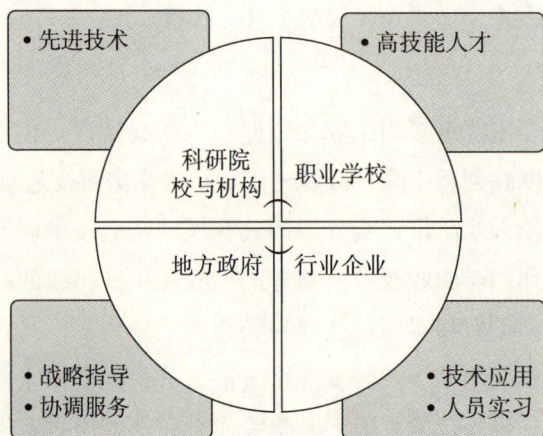

图16 职业教育协同创新中心

参考文献

陈衍 等．2009．中国职业教育国际竞争力比较分析［J］．教育研究．

蒯鹏州，江铨．2011．人口变动与教育格局的变化趋势［M］//杨东平．中国教育发展报告（2011）．北京：社会科学文献出版社．

迈克尔·E.波特，泽维尔·萨拉－艾－马丁，克劳斯·施瓦布．2009.2007—2008全球竞争力报告［M］．杨世伟，高闯等译．北京：经济管理出版社．

潘晨光．2011．中国人才发展报告（2011）［M］．北京：社会科学文献出版社．

薛海平，胡咏梅．2006．国际教育竞争力的比较研究［J］．北大教育经济研究．

周南照．2010．中国教育竞争力国际比较研究［M］．北京：教育科学出版社．

中国人事科学研究院课题组．建设人力资源强国的对策研究［M］//国家发展和改革委员会．"十二五"规划战略研究．北京：人民出版社．

林宇 等．2011．行业企业举办职业教育的现状、面临问题和政策建议［R］．教育部职业教育国家政策专题调研报告．

鲁昕．2011．职业教育对经济社会的贡献率研究［R］．职业教育的公益性质及其实现形式课题子报告．

Becker, G. S. 1993. Human Capital: A Theoretical and Empirical Analysis, with Special Reference to Education［M］. Chicago: University of Chicago Press, 3rd edition.

Klaus Schwab. 2012. The Global Competitiveness Report 2012–2013［R］. World Economic Forum. http://www.weforum.org/reports.

Kremer, M. 1993. The O-Ring Theory of Economic Development［J］. Quarterly Journal of Economics, 108 (3): 551–575.

Lucas, R. E. 1988. On the Mechanics of Economic Development［J］. Journal of Monetary Economics, 22 (1): 3–42.

Schultz, T. W. 1961. Investment in Human Capital［J］. American Economic Review, 1 (2): 1–17.

15

教育对国家竞争力的提升作用分析

——来自瑞士的经验

对外经济贸易大学教育与开放经济研究中心课题组

摘　　要

　　进入 21 世纪以来，全球经济一体化趋势正在逐步加强，各国之间在经济上越来越多地相互依存，商品、服务、资本和技术的交换与流动频率日益增加，国际竞争异常激烈。在此背景下，大多数国家的政府都建立了国际竞争力促进或协调机构，政府、学术界和企业界"官、研、产"密切合作，共同研究，着力促进国家竞争力的提升。瑞士立足于本国实际，发挥比较优势推动经济发展，拥有十分强劲的国际竞争力，其发展过程中积累了颇多的经验做法，特别是在教育、科研与生产实践的结合，人力资源开发助力创新等方面颇有借鉴意义。比较分析的结果表明，中国的教育改革需要重视数量、质量、结构三个方面的平衡发展，同时，当前时期还必须针对职业教育存在的问题，加快教育理念的转变。

　　从发展轨迹来看，一个国家或地区的崛起取决于诸多外部因素，例如国家或地区新经济时代的到来、经济刺激、战后重建等。但是，外部因素总是产生于特定时期和社会背景之下，不可复制，因此研究国家或地区发展的内部因素和机制显得更加必要。世界经济论坛国际竞争力报告表明，瑞士的全球竞争力连续几年都处在领先位置。瑞士为何能取得如此成就？其主要动力源自教育这一内部因素，尤其是其高等教育、职业教育为其综合竞争力提升提供了重要支撑。本文以瑞士的发展经验为例，尝试对教育在国家竞争力提升中的作用进行初步探索，将瑞士高等教育和职业教育的基本特征进行总结归纳，为我国借鉴其成功的教育模式提供思路。

一、背景分析

21 世纪以来，在全球经济从稳步增长到危机蔓延的波折过程中，世界经济格局发生了深刻的变化，各国利益诉求分化明显，在出口、科技创新等方面竞争更加激烈，全球合作和政策协调难度明显加大。所以，各国需要认清世界经济的新趋势、新特点，才可能从世界经济博弈的不确定性环境中突围出来，进而找到新的发展机会。

当前，国际社会制定了发展实体经济、新兴产业、促进创新、加强人力资源开发等中长期战略规划，培育新的竞争优势和经济优势，究其实质就是要通过培养创新型人才，开展技术创新、产品创新、产业创新。我国已经进入转变经济发展方式、加强公共服务体系建设、协调区域经济发展的新时期，从思想观念到经济结构、体制机制都在经历着一场深刻的变革，而创新正是推动这一变革不断深入的基本手段和长久之计。因此，从国际形势与国内发展两个视角考虑，均要求我们不断培育创新型人才，为参与国际竞争做好人才储备，为经济可持续发展提供人力资源保障。

近年来，在全球国家竞争力排行中，瑞士这个地处欧洲中部的国家尤其引人注目，其综合指标排名第一，且多数分项指标均表现不俗，显示了强劲的综合实力（Schwab，2012）（见表1）。瑞士作为多山的内陆国，位于欧洲中南部地区，其国土面积为41285平方千米，约770万人口。农业产值约占国内生产总值的4%，农业就业人数约占全国就业总人数的6.6%；工业产值约占国内生产总值的50%，主要工业部门包括钟表、机械、化学、食品等；第三产业中的旅游业、银行业和保险业也非常发达。瑞士大部分国土属于山地，资源欠缺，但政府根据本国自然资源极度贫乏的特点，为国家发展找到了准确的产业结构定位，最终构筑了强大的国家竞争能力。事实上，通过我们的研究分析发现，瑞士在发展过程中积累了颇多的经验做法，特别是在教育、科研与生产实践的结合，人力资源开发助力创新等方面有很多值得我们借鉴之处。

表1　瑞士全球竞争力指标排名（2010—2012 年）

一级指标	二级指标	2010 年名次	2011 年名次	2012 年名次
要素驱动	第一支柱：制度	7	6	5
	第二支柱：基础设施	6	5	5
	第三支柱：宏观经济	5	7	8
	第四支柱：健康与基础教育	7	8	8
效率驱动	第五支柱：高等教育与培训	4	3	3
	第六支柱：商品市场效率	4	5	7
	第七支柱：劳动力市场效率	2	1	1
	第八支柱：金融市场成熟度	8	7	9
	第九支柱：技术就绪度	7	1	6
	第十支柱：市场规模	36	39	39
创新驱动	第十一支柱：企业成熟度	4	3	2
	第十二支柱：创新	2	1	1

二、瑞士教育对国家竞争力的提升作用

瑞士在第一次世界大战之前就已经从农业国转变为以工业与服务业为主的市场经济国家，具有典型的资源和产品销售两头在外的特点，形成了出口导向型的经济结构，食品、仪表、化工和机械是其四大支柱产业，许多产品在国际上享有极高的品牌知名度，人均 GDP 在与美国、日本、德国、英国、法国等主要发达国家的比较排名中位次最高，在近年的全球竞争力排行榜上更是名列前茅。瑞士为何能取得如此成就？我们认为，主要原因在于其立足

本国特色的产业发展战略和极具针对性的中长期教育与人力资源开发战略，尤其是高等教育、职业教育为瑞士综合竞争力提升提供了重要的人力资源支撑。下文将以此为研究切入点，将瑞士高等教育和职业教育的基本特征及其对国家竞争力的提升作用进行总结归纳。

（一）经济增长背景下的高等教育概况

瑞士联邦政府于 2012 年 6 月 12 日公布最新经济形势预测报告，将 2012 年瑞士国内生产总值增幅由 2012 年 3 月预计的 0.8% 上调至 1.4%[①]，一季度瑞士经济整体表现良好，超出此前预期。可见，在全球经济下行压力逐渐增加和欧盟国家经济衰退的双重打压之下，瑞士仍能表现出强劲的经济恢复能力和稳定的国家竞争优势。经济的发展需要教育在人才培育方面的必要支撑，事实上，瑞士国内拥有密集的高等教育网络，包括 2 所联邦理工学院、10 所州立大学和 8 所职业技术学校，总体上外国学生比例约占 23%，国际化程度很高，而且教育经费占各级政府预算的很大比例（约占联邦预算的 8% 和州及市镇预算的 25%）（经济合作与发展组织，2011）。

（二）独特的经济与教育发展过程

瑞士的全球竞争力极强，但实际上，因为瑞士原料及燃料都很缺乏，而水力资源丰富，所以初建工业分散在各个有水力可用的地区，因此工业的集中，大城市的出现都较其他国家更晚。瑞士一直强调经济自由，政府干预很少，征税也少，所以瑞士工业发展虽然较为迟缓，但很扎实。因此，瑞士经济比其他西方国家较多地保留着自由资本主义时代的痕迹。影响到它的上层建筑，则是更多地强调民主自由、劳资协调，阶级矛盾与党派对立都较缓和，这样的政治环境反过来又有利于经济的自由发展。同时，瑞士是一个以教育为本的社会，一贯重视发展教育事业，政府一再强调本国人多地少自然资源奇缺，又是内陆国家，唯一可利用的是人力资源，而人力资源的开发主要取决于教育（Schultz，1990），因而瑞士一直把发展教育看作实现现代化的国策之一，这也成为后来教育发展的主要基调。

---

① 参见 http：//news. xinhuanet. com/world/2012 – 06/12/c_ 112201642. htm.

（三）多样化的高等教育体系适应产业结构需求

瑞士产业结构的模式是从瑞士本国的实际出发，扬长避短，充分利用和结合本国自然地理区位环境走出的独特的经济发展之路。瑞士的主导产业群包括以传统的食品加工、钟表、化工医药、机械制造、纺织业为主的第二产业，以及以旅游业、银行业和保险业三大支柱产业为主的第三产业。供职于第二产业的人员占26%，工业产品注重品牌和科技含量，规模有限但附加值很高。瑞士第三产业占国民经济的主体地位，70%的在职人员效力于服务行业。可见瑞士的产业结构特点突出了对人才创新能力和技术能力的需求，有鉴于此，瑞士从国家层面确立了教育和研究双重体系来培养各产业所需的理论和实用型人才。瑞士广义上的第三级教育机构，包括有5A类大学及5B类高等职业教育和培训学院。一般所指的高等学校为大学和应用科学大学，大学又包括州立大学和联邦技术学院两部分。大学主要开展基础研究和教学，培养人才到博士层次；应用科学大学则重视实践性教学，突出应用性研究和开发，培养人才到硕士层次。州立大学是古老大学的传统，联邦技术学院兼有法国工程师学校和德国工业大学的特征，应用科学大学则明显与德国特色相似。它们的使命目标、人才培养、管理模式、经费来源等都有很大不同。这样，在基础研究类型的大学内部，主要培养理论和科学研究型人才，同时在应用科学大学内部则培养技能型的人才，对于这两类人才的培养，都突出强调其创新能力的培育，并实施严格的职业资格考核制度，保证学生达到参与实际工作的基本能力标准。同时，国家消除了全面教育和职业教育之间的对立，反对只注重书本的教育，而赞成加强劳动实践的教育。把全面教育与职业培训相结合的基本思想适应了工业化社会发展的需要，至今尚具有现实性和深远意义。①

（四）科研创新体制适应高端产业技术路线需求

瑞士的产业路线定位于将产品的立足点放在高质量和高品位上，注重产品的品牌效应和优良信誉的维护。诚然，高质量需要高端技术，高品位需要

---

① 参见 http://theory.people.com.cn/GB/49157/49166/5083787.html.

高素质的工作人员，我们的分析发现，瑞士能够长期坚持并实现这一高精尖技术路线主要依靠两点：第一，重视教育的开放性与满足社会需求的能力；第二，重视科研开发、科技创新，积极将科技成果应用于生产实践。瑞士的高等教育始终采取开放态度，以就业为导向，强调创新能力和服务能力，学校学科分类针对就业市场的需求进行精心调整，确保学校教育与社会需求的一致性，保证学生毕业后能够从事与所学专业相关的工作。为了保证学生掌握最新技术知识，高等教育包括职业技术教育与培训始终面向国际市场，更好地利用国际资源，高职培养目标和发展视角瞄准欧洲甚至整个世界。比如，位于瑞士洛桑的国际管理发展学院、洛桑酒店管理学院以及苏黎世翻译学院等学校已经开始培养世界型的跨国人才。同时，瑞士重视研发投入，鼓励和吸纳各种资金投入到科研领域，创立了科研创新环境和科学的激励机制，确立了企业与科研单位直接接轨的高效机制，因而企业愿意投资于研发，也能够高效地将研发成果转化为生产力。对创新的不断追求和鼓励是瑞士提升竞争力的根本动力。

（五）具有针对性的国际合作模式形成科技比较优势

瑞士早在2002年就以同等地位与欧盟成员国参加欧盟科研框架计划及其他相关科研项目（张茂明，2002）。在争取科技领域融入欧盟的同时，还由联邦科研领导小组牵头，组织相关政府部门的官员和大学科研机构的专家对瑞士近年来由政府主导的国际科技合作进行深入评估，并确定瑞士的国际科技合作要以科研机构、大学和企业间或科研人员间的项目合作为主要形式。同时指出要加强政府层面的双边科技合作协调，将绝大部分科研计划和经费用于开展与欧洲国家双边和多边科技合作，以及参与国际性科研计划和国际性科技合作组织，对其他国家的科技合作投入要相应减少。这种模式使得瑞士的科研针对性强、效率高，很容易在某些特定领域形成自己的优势，成为核心竞争力。在管理模式方面，瑞士的协商机制保证了科研、高等教育机构的科研质量，瑞士是一个联邦国家，其联邦制分为三个层级：联邦、州和区。对于高等教育的管理，在联邦层面由联邦国内事务部和联邦经济事务部两个部门分管。在联邦国内事务部，设有教育和研究国务秘书处负责管理有关普通教育、大学、科学研究的有关事宜；在联邦经济事务部，设有联邦专业教育和技术办公室负责管理有关职业教育和培训、应用科学大学、革新政策的有关事宜。此外，瑞士还设有科学和技术委员会，为联邦政府有关科学、教育、研究和技术的独立咨询机构，其成员系有声誉的科学家并直接由联邦委员会任命。同时，在高等教育领域形成了自治、协商和合作模式，有各种高等教育利益群体的联席会议。在自治的基础上，运用相应的质量保证机制负责确保和提升大学的研究和科技合作质量，比如大学质量保证和认证中心，瑞士大学联席会则负责监督该中心的工作。

（六）职业教育助力产业集群式发展

瑞士产业的竞争优势来源于产业集群，而且基于产业集群而形成的集群经济早已成为瑞士经济的重要板块和亮点，例如钟表、纺织机械、医药、食品、银行、保险、旅游等产业都呈现出高度集群的特殊模式。集群式的产业发展需要充足的人力资源储备，瑞士先进的职业教育体系为产业发展提供了充足的劳动力资源。联邦法令明确规定了职业培训的方向和项目，提供了200多个可供选择的职业方向（Christine and Marius，2010），对在工业、手工业、商业、银行业、保险业以及旅游等服务行业的培训做出了严格的规范和法律规定。同时，确立了一套完备的职业考试和资格认证制度，中等、高等和继续职业教育以及劳动力市场之间以各种资格证书和文凭为桥梁相互联结起来，由联邦政府负责——联邦认可颁发有关文凭，即联邦技能证书和职业高中毕业证书。此外，中等职业教育的学生在两年的学徒期结束后，通过考试可以获得"联邦职业技能证书"，从而获得从事某种职业的资格。再经过一到两年的学习，通过考试将获得"职业高中毕业证书"，可升入高等专科学校学习或选择就业。获得"职业高中毕业证书"的学生，通过升学考试获得"职业会考文凭"后，可以直接升入应用科学大学。这样，通过针对相关产业发展的需求开展富有特色且严格管理的职业教育，国家可以不断培养集群产业发展所需的各类型多层次的职业人才队伍，助力其产业竞争力的提升。

（七）高质量的教育促进银行业务发展和外销竞争力提升

瑞士国家竞争力位于世界前列的重要因素还包括发达的金融系统和强劲

的外销能力。瑞士银行汇兑、保险、股票及贵金属买卖的交易数额很高，而且充当很多外国企业和商号的代理，这使得在瑞士进行的股票交易额，仅次于伦敦及纽约，国际黄金交易量的三分之二通过瑞士进行。同时，瑞士银行还从事大量转口贸易，瑞士工业产品三分之二靠外销，在当前西方工业国家进行设置关税壁垒、出口补贴、削价倾销的贸易战中，瑞士始终强调自由贸易，凭产品质量进行竞争。这背后的主要支撑是充足的资金，以及高质量的教育所培养的具有较高知识水平及较高技术水平的劳动者，从而可以用提高生产率来抵消由高工资所形成的高成本。此外，瑞士通过专业设置、课程培训等教育引导手段，培养特定工业生产所需的人才，把生产的主要力量放在高、精、尖的工业产品上，这样一方面可以利用自己的出口特色而保持国际竞争力，另一方面又可以避开经济危机对传统的钢材、汽车等工业的直接影响。

（八）高素质的人力资源成为吸引国际投资的优势之一

瑞士的投资环境及经济均具有较强的比较优势。其中包括：政治稳定、法律法规健全；拥有雄厚的经济基础；金融体系健全完善，拥有独立的货币体系，严格的银行保密法和良好的服务，银行保险服务享誉世界；经济主体构成合理，以"高、精、尖、特"产品著称的独特产业优势；等等。但从土地、资本、劳动力这三大基本生产要素来看，高素质的劳动力资源是瑞士逐步形成上述竞争优势的源头和基本保障，联邦政府重视教育，构筑先进的教育体系和高质量的培养过程，鼓励创新，注重知识产权保护，通过积累丰厚的劳动力资源不断增强其吸引外资的能力。另外，为了满足外部投资生产过程中对人才的需求，瑞士高等教育十分注重国际化，有关统计数据显示瑞士高等教育的国际化程度很高——从总体上看，在大学当中约五分之一的学生、超过一半的博士后和大约三分之一的教师均来自国外（Thomas and Dietmar, 2010），相比明显高出其他主要发达国家的水平。

总之，自 20 世纪 80 年代以来，瑞士的国民生产总值一直居于西方发达国家前列，即使在国际经济市场萧条和欧债危机的双重影响下，瑞士国内依然保持着平稳和高速的经济增长。近年来，世界经济论坛报告结果显示瑞士的全球竞争力名列前茅，是世界上竞争力最强的国家之一，这与瑞士本身的经济投资环境和外放型、开放型的经济政策有着密不可分的关系。但究其原因，我们认为瑞士发达的教育体系和科学的人才培养机制是其中不可忽视的重要因素。事实上，在一百多个参评国家的竞争力指标排名中，瑞士高等教育尤其职业教育是排在前列的项目之一，瑞士人常说"瑞士的主要资产是教育"，而瑞士教育制度中最突出、最有光彩的就是它的职业教育，正是包括职业教育在内的高等教育为瑞士增强国家竞争力提供了重要的人力资源保证。

三、对我国教育改革的启示

进入 21 世纪以来，全球一体化趋势进一步加强，因而一个国家是否拥有自己的竞争优势将决定其在国际社会中的经济地位和发展前景。中国作为世界上最大的发展中国家，正经历着经济社会的深刻变革，这就要求我们必须深入研究社会发展的新趋势、新特征，增强政策制定的主动性和前瞻性，提高经济社会发展的动力和可持续发展能力。在近些年世界竞争力排行榜中，瑞士保持了明显且稳定的优势地位，其竞争力的综合水平以及多个分项指标均排在全球一百多个国家的前列。比较而言，我国在教育方面的某些指标排名有所上升，但也有诸多指标排名下降，且幅度较大（见表2），应该引起政府和学界的关注。本文从教育对人力资本提升效用的视角，对瑞士经济发展的动因进行了初步分析，在比较的基础上，揭示了瑞士高等教育、职业教育对经济发展的作用方式。其对我国教育改革的启示具体可以归纳为以下六个方面。

表 2　中国与瑞士教育竞争力指标的排名变化（2011—2012 年）

教育竞争力指标	中　国			瑞　士		
	2011 年名次	2012 年名次	变化	2011 年名次	2012 年名次	变化
基础教育的质量	31	42	-11	4	5	-1
基础教育入学率	9	4	+5	59	67	-8
中等教育入学率	93	90	+3	43	50	-7

表 2（续）

教育竞争力指标	中 国			瑞 士		
	2011 年名次	2012 年名次	变化	2011 年名次	2012 年名次	变化
高等教育入学率	85	79	+6	51	43	+8
教育系统的质量	54	57	-3	1	1	0
数学和科学的教育质量	31	33	-2	4	5	-1
管理院校的质量	59	68	-9	3	3	0
学校互联网使用率	28	31	-3	9	6	+3
专业性培训在当地的可获得性	42	55	-13	1	1	0
职工培训的程度	45	45	0	1	1	0
创新能力	23	23	0	2	2	0
科学研究机构的质量	38	44	-6	2	2	0
大学-产业的合作研究	29	35	-6	1	1	0
科学家和工程师的可获得性	33	46	-13	15	14	+1

（一）立足本国实际，厘清教育对经济发展的服务性功能，确定高等教育人才培养的数量、结构、质量目标

我国现已进入全面建设小康社会的关键时期，人均国内生产总值达到中等收入水平，处于跨越"中等收入陷阱"的重要阶段，所以加快转变经济发展方式是当前时期的主要任务。在此背景下，我们认为高等教育需要解决的主要问题是：提高高等教育的质量，调整专业、课程结构，逐步增强高校毕业生的就业能力，在数量、结构、质量三个方面满足产业结构调整的需求，提高人才供求的匹配度和国家高层次人力资源的使用效率。

（二）教育政策要引导鼓励科研创新，从制度上保证技术创新

我国确立了到 2020 年基本建成中国特色国家创新体系，进入创新国家行列，所以必须充分发挥教育对创新的支撑引领作用。我们认为，现阶段我国高等教育在评价机制等方面还存在不利于创新的诸多弊病，建议从提高学科布局与生产需要匹配度、增强评价标准与成果转化有效性、建立企业与研究单位接轨制度、拓展科研创新投入渠道、提高新技术附加值等方面着手对我国当前的体制机制进行改革，不断提高我国自主创新能力。

（三）针对我国现存的职业教育问题，加快教育理念的改变

我国当前的产业结构调整需要大批技能型（或实用型）劳动者，另外，新技术发展带来的生产工艺和流程的变革，也要求社会提供大量技能型人才。但社会对职业教育的偏见，导致参加职业教育学校的生源质量偏低，用人单位对职业学校毕业生的聘用也存在合同不规范等诸多问题，这在一定程度上影响了我国职业教育的健康发展。相比而言，在瑞士，不论是家庭还是学校、社会都形成一种共识，即孩子上职业学校，只要符合自己的意愿和实际情况，照样有出息、有前途，全社会对各行业没有偏见。据统计，在日内瓦有 75%的老板毕业于徒工学校。可见，良好的教育理念是职业教育发展的前提，我们建议通过改变普通高校与职业学校的对接和认同制度，尽快引导社会给职业教育以客观评价和更多支持。

（四）尽快完善职业学校的师资培养制度

不言而喻，职业教育是一个国家教育体系中的重要环节，是培养技能型人才的主要阵地，其培养的人才素质直接关系到未来产品的国际竞争力。目前，我国的职业教育师资培养制度还不完善，对国家标准的落实还存在很多问题，致使师资质量参差不齐，直接影响了学校的教育质量。下面是瑞士的具体做法，可引以为鉴。瑞士将职业教育的师资分为三大类：第一类是通识教育教师，主要在校内教授通识、基础课程；第二类是专业课教师，主要在校内或者行会培训中心教授专业知识；第三类是实训教师，主要指企业中指

导学生实地操作实践的师傅。各类师资的培养，都必须经过不可或缺的两部分：一是经过大学学习，掌握专业知识和技能或从实践中掌握专业知识和技能；二是由联邦职业教育与培训协会培养教育学、教学论方面的知识。通识教育教师主要由大学培养，同时必须接受由联邦职业教育与培训协会组织的至少 300 个学时的教育培训。对于专业课教师一般要求高职或大学毕业，并要求至少有两年的从业经历，通过联邦职业教育与培训协会的至少 600 学时的任职培养。对于实训教师，则要求取得师傅资格并且至少有两年的实践经历，同时完成 100 学时的教育学方面的培养。

（五）建立灵活的课程设置方案，保持职业学校课程的先进性

虽然目前我国职业教育课程的绝对数量并不少，但专业课程与工作技能需求之间不一致的问题还很突出，导致教育资源的浪费。所以，我们建议修改目前的课程设置方案，确立"企业参与式"的课程设置模式，保持课程的先进性和实用性。瑞士中职学校中，学生在校内虽然每周只有 1—2 天的课程，但是课程并不会因此而减少，通识课程包括语言、商业学、经济学、体育等课程，还安排了专业基础课程、先进的专业设计等专业类课程。我们发现，瑞士的职业教育完全以就业为导向，兼顾企业发展、人口变化及学徒的兴趣。目前，瑞士的职业学校提供了 200 多个可供选择的职业方向，每个职业均设置了实用性的课程，并定期调整，保证课程的先进性，因此各专业毕业生都能在工作中较好地发挥自己的专业特长。

（六）本文的分析表明，发达的教育是一个国家保持强劲的国际竞争力的基础要素，但如何举办"高效的教育"是一个需要权衡各方面因素的综合性课题，其中办学经费承担机制问题可谓重中之重

我们观察到瑞士拥有科学的经费共担机制，在此一并探讨以供借鉴。因为瑞士不是每个州都有大学或应用科学大学，且各州的高等教育、职业教育学校数量也不一样，因此这些学校不仅要为所在州服务，而且还要为周边州服务。所以，在经费提供方面，每个州除了要为本州的高校提供经费外，还要为给本州提供教育服务的其他州的学校提供经费，具体数额一般按入学人数计算，而且每几年相关州协商一次。所以，瑞士学校的经费主要来自联邦、学校所在州、其他州、学校、学院以及行政教育。不难理解，这一举措有效平衡了地区发展不平衡、高校经费差距过大的问题，为高校发展提供了较为充足和均衡的经济条件。

需要说明的是，本文虽然是基于瑞士国家整体竞争力展开的分析，而且从其国家经济发展所形成的几个基本特征，逐一叙述了教育在其中的支撑作用，但因为主要基于教育的视角，所以分析时将教育通过提升一个国家的人力资本水平进而作用于经济发展这一思路贯穿其中，属于人力资本理论的范畴。但事实上，一个国家的经济发展和教育的关系绝非如此简单，我们认为经济和教育之间还存在复杂的相互作用机制，例如教育可以促进经济发展，而经济水平反过来又影响教育的投入，等等。关于这些具体的定量关系，还必须基于一定的理论依据，通过选择科学的数据进行实证分析，这也是我们后续研究的任务所在。

参考文献

经济合作与发展组织 . 2011. 教育概览 2011：OECD 指标 ［M］. 中央教育科学研究所，组织翻译 . 北京：教育科学出版社 .

张茂明 . 2002. 欧洲联盟国际行为能力研究：一种建构主义视角 ［D］. 北京：中共中央党校 .

Schwab，K. 2012. The Global Competitiveness Report 2012 – 2013 ［R］. World Economic Forum. http：//www. weforum. org/reports.

Schultz，T. W. 1990. Investment in Human Capital：The Role of Education and of Research ［M］. New York：The Free Press.

Thomas，G，Dietmar，B. 2010. Federal Relations in Higher Education Policy in Germany and Switzerland：Between Compulsory Cooperation and Immobilism ［J］. Swiss Political Science Review，16（4）：715 – 745.

Christine，T，Marius，B. 2010. Policies of Vocational Training and Higher Education in Switzerland Austria Germany ［J］. Swiss Political Science Review，16（4）：597 – 615.

16

现代职业教育体系的国际比较研究

教育部职业技术教育中心研究所课题组

摘　要

　　一些国家或地区在职业教育改革发展和实践探索中构建了适合自身发展、极具特色的职业教育体系。本文通过对不同国家或地区职业教育体系的研究，归纳出四种比较典型的职业教育体系：一是普职融合的单轨制教育体系。其组织形式是职业教育以课程、项目的方式散落至各阶段的教育系统中来展开。它的典型特征是普职高度融合，通过课程植入和强大的学分互认及转换系统实现。此体系有利于消除普职互不沟通的壁垒，让学生有更多尝试和选择的机会，缺点是不利于专业的深度学习。代表国家是美国。美国是多元化国家，推崇个性、追求平等、强调实用主义，因此美国职业教育体系的特点是开放、灵活和自由。二是国家统一资格框架下的职业教育体系。其组织形式是在统一的国家资格框架下，构建上下衔接、普职沟通的职业教育体系。体系内强调课程而非教育机构，职业教育办学主体和办学形式都比较多元，通过国家资格框架，构建中学教育、职业教育和高等教育的立交桥。代表国家是英国和澳大利亚。英国在经济发展的政策上推行"自由主义"，尽量引入市场化机制，职业教育体系呈现对"市场"的开放性，政府较少干预。澳大利亚在政治制度和文化传统中大部分沿袭了"母国"英国的模式，但其多元移民的背景造成了它的创新性，即对个体的重视与尊重，因此构建了涵盖职业教育证书、文凭和普通教育证书、文凭的灵活的资格框架。三是完全双轨制职业教育体系。其组织形式是自中等教育后，分为普通教育与技职教育两大体系。在职业教育系统内部，纵向形成了自中等职业学校至博士的一贯体系；在整个教育体系中，职业教育与普通教育横向沟通，平等平行。代表地区是中国台湾。台湾是典型的大陆传统文化，崇尚儒家文化价值观，因此追求高学历体现在了职业教育体系中。四是双元制职业教育体系。其组织形式是学校职业教育与企业培训并举，相辅相成，共同构成一个完整的"双元制"职业教育体系。代表国家是德国。德意志民族的严谨、忠诚、责任感和对技术的尊敬，使其在职业教育中非常重视动手能力的培养，形成了以企业为本的职业教育体系。通过对不同职业教育体系的比较，得出世界职业教育体系的共同特征，即注重公平性、终身性、开放性、衔接性和融通性。

职业教育体系是一个涉及面广而又复杂的概念。为了研究方便，学者们通常将其理解为广义和狭义两种。从广义上说，职业教育体系指的是职业教育内部互相联系、互相作用的要素按一定方式组成的统一体，包括职业教育的学制体系、师资培养体系、管理体系、科研服务体系等，其中学制体系是核心部分。狭义的职业教育体系仅指职业教育的学制或结构体系，它是指一个国家或地区各种类型、层次、阶段、形式和分布组成的职业教育整体。本文侧重于狭义的职业教育体系国际比较。

世界各个国家或地区在职业教育改革发展和实践探索中，根据自身社会经济、政治体制、文化背景等特点，构建了形态各异的职业教育体系。其中不乏突出终身教育理念的职业教育体系，对它们各自特点及其共性的研究，有助于构建我国终身教育理念下的职业教育体系。本文首先对世界上一些国家或地区的职业教育体系进行类型比较，归纳出几种中高职衔接和普职沟通的典型模式，进而总结其职业教育体系的共同特征。

一、职业教育体系的类型比较

一个国家或地区职业教育体系的形成，影响因素是多方面的，如美国的经济社会和文化特征使其形成了有别于其他西方发达国家的单轨制教育体系，中国台湾地区具有的中国传统文化特征使其职业教育体系呈现完全双轨制特征。因此，由于经济、社会和文化的不同特点，各个国家或地区在职业教育体系组织形式上，呈现出了不同的特点，本文选择四种比较典型的职业教育体系类型加以分析。

（一）普职融合的单轨制教育体系

1. 职业教育体系的组织形式

职业教育以课程、项目的方式散落至各个阶段的教育系统中来开展。这是一种基于课程的单轨制职业教育体系。它的典型特征是通过强大的学分互认及转换系统，实现普职高度融合。学生就像在一个大型的课程超市里，根据自己的需要，选择和搭配一套属于自己的个性化的课程。此体系有利于消除普职互不沟通的壁垒，让学生有更多尝试和选择的机会，缺点是不利于专业的深度学习。普职融合单轨制教育体系的代表国家是美国。

2. 美国单轨制教育体系

美国所实施的经济社会政策是低福利、高收入、高就业率，在就业结构方面，流动性高；在产业结构方面，主要产业是第三产业与高新技术产业；在文化上强调"实用主义"，推崇多元化、尊重个性。因此，职业教育体系呈现出开放性、大众性特征；在职业能力培养上重视普适性、宽泛的能力，培训的人才是"宽专多能型"，这与其产业结构和社会特征是非常吻合的。

（1）职业教育在整个教育系统中的位置

美国在教育体制上实行的是普职合并的单轨教育体制，在美国的教育体系中，找不出呈独立体系的职业教育，对美国职业教育的考察，也只能将其放在美国单轨的大教育体系中来进行。图1显示了美国教育系统的结构。美国的职业教育跨越了中等教育、中等后教育和成人教育三个阶段，职业教育主要由综合高中学校、社区学院等公共教育机构来承担，社区学院开设的课程具有明显的多元化特征，为不同个体的个性发展做准备。职业教育是以课程和项目形式散落在这个单轨的教育系统中，并通过强大的学分认可和转移系统来实现。

博士后学习与研究

博士学位
或高级专
业学位

博士学位学习　　专业学校（医疗、科技、法律等）

硕士学位　　硕士学位学习

学士学位

副学士学
位或证书　　社区/初级学院　两年制学院　四年制本科项目

（学院、大学中等后教育专业、职业、技术）

7 6 5 4 3 2 1

高中文凭 17 16 15 14 13 12 11 10 9 8 7 6 5 4 3

四年制高中　　中间学校　　高中　初中　合并的初/高中

小学

幼儿园　　托儿所

年龄

（学院、中等教育职业、技术）

12 11 10 9 8 7 6 5 4 3 2 1

小学教育

幼儿园
幼儿园前
年级

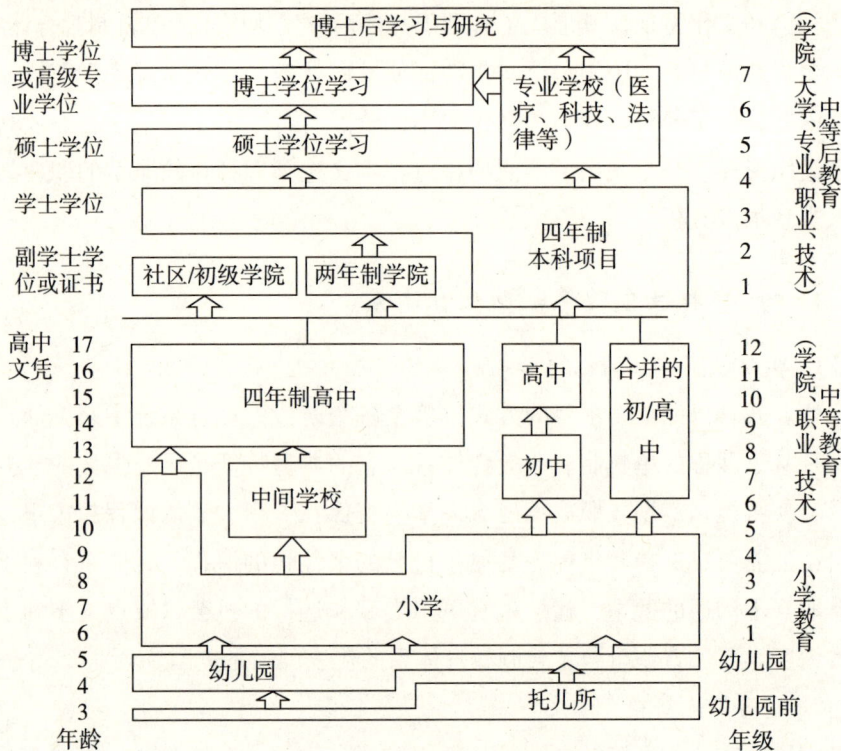

图1　美国教育系统的结构

（2）职业教育的层次

美国除了很多地区从小学就开始进行职业教育外，正式的职业教育从初中以后分流，在高中阶段开始。其现行的职业学校教育可分为中等职业教育和专科阶段的高等职业教育两个层次。

① 高中教育阶段的中等职业教育

美国中等职业教育的主要任务是培养熟练工人，有三种实施方式：一是综合高中。综合高中往往是以学术为重心的，但也提供校内或校外的职业教育。综合高中分设学术科、普通科、职业科。其中校外的职业教育往往是依托一所区域 CTE 学校/中心来进行的。二是全日制 CTE 高中。它是以职业教育为重心的，但也提供学术课程。它属于专门的全日制学校，招收初中毕业生，学制四年，培养中等技术人才。三是区域 CTE 学校/中心。它向在该区域的综合高中接受学术教育的学生提供非全日制的职业教育。

② 大专阶段的高等职业教育

高等职业教育主要的实施机构是社区学院及技术学院，其中以社区学院为典型，修业年限为两年，授予副学士学位。在美国，四年制的大学本科教育和研究生教育主要是技术应用性的教育，只有小部分是学术性教育，因此它们可以与专科层次的职业教育相衔接，相应地获得本科、硕士和博士的专业学位。

（3）职业教育的形式

在教育形式上，美国的职业教育主要包括学校职业教育、各种职业教育项目或计划和成人与继续教育。美国实施职业教育的各级各类学校（无论是综合高中、中等和中等后职业教育机构）及其他机构（如生涯学园）都在提供各种生涯领域的职业教育项目和课程，为青年和各个年龄段的成年人提供接受高等教育和终身学习的准备。

① 学历职业教育

综合高中、全日制 CTE 学校、区域 CTE 学校/中心都是美国开展中等职业教育的典型机构。综合高中开展职业教育的方式可以简单地分为校内和校外两种。在校内的职业教育主要是通过提供一些选修课程或者开展"职业生涯学园"（career academy）、"职业生涯通道"（career pathway）等一些职业教育项目来进行。在校外的职业教育则主要依托区域 CTE 学校/中心来进行。其方式是学生在综合高中学习学术课程，在区域 CTE 学校/中心学习职业生涯和技术课程，所学的学分可以转移到综合中学。全日制 CTE 学校提供的职业教育项目通常也是四年制的，课程由浅入深，由理论到实践。学校通常会与当地企业合作，向学生提供合作教育，使学生有到工作现场实习的机会。另外，学生通常还能够获得某职业生涯领域的专业技能证书。区域 CTE 学校/中心旨在服务来自特定地理区域的、多所综合高中的、有职业教育需要的学生，它只提供职业生涯与技术课程。

社区学院是美国实施高等职业教育的重要场所。它以社区需求为主要目的，按人口密度分布设立，学生就近入学。美国社区学院一般有五个方面的功能，即转学教育、职业教育、一般教育、补偿教育和社区教育，其中转学教育约为30%，职业资格证书教育约为50%，社区服务、再就业培训等约为20%。社区学院办学非常灵活，在进入门槛上，入学不需要通过考试，只要有高中文凭和成绩单或同等学力即可入学；学生无年龄限制，从15岁到70

岁，只要本人申请都可以进入社区学院某一专业或班级学习。在办学形式上，社区学院不仅提供学历教育，还提供职业提高培训和文化补习等，由于社区学院服务的学生多样，学习基础、目的和要求也都不同，因此社区学院往往会提供非常灵活多样的课程方案供学生选择。学生完成学业后，可获得相关的文凭、证书或学位。一般来说，文凭和证书课程的修业年限为一年，而学位课程的修业年限为两年。在教学方面，由于社区学院很多专业和课程都是在充分的社会调查基础上确定的，职业课程比较贴近当地的需求，教学工作的针对性非常强，毕业生动手能力强，很受社会欢迎。在师资方面，社区学院一半以上的教师为兼职教师，主要来自高级知识分子、企业家、专业人士、企业一线技术人员。在监管方面，成立学生成功评价委员会，监控、督查社区学院的办学。

② 职业教育项目或计划

推行职业教育项目或计划是美国职业教育的惯用方式。按内容和功能来划分，主要可分为旨在"加强普职融通，帮助在校学生为升学和就业做好准备"的项目和"关注那些具有特殊就业障碍的人群，为其提供职业训练"的特别计划。职业教育项目或计划主要有以下几个：一是技术准备模式（Tech Prep）。它将中等教育与中等后教育相结合、基础学习与技术教育相结合，力图建立起中等教育与中等后教育无缝过渡的系统。二是青年学徒制（Youth Apprenticeships）。它把高中阶段的后两年和中等教育阶段的前两年衔接起来，通过制定严格的文化知识及专业技术标准，帮助学生获得副学士学位或者是全国承认的技能证书。三是双向升学制（Dual Enrollment）与中等后教育学分（Postsecondary Credits）。帕金斯法案规定：中等与中等后教育的衔接可以通过帮助中等教育学生参与双向或同时升学项目，也可以帮助学生通过获取中等后教育的学分来实现。双向升学模式是中高等教育衔接的普遍模式，它一方面有利于通过节约时间和费用来提高教育效率，另一方面提高高中教育方向的精确性，避免中等后教育的补救教育。四是中间或早期大学（Middle or Early College High School）。它是双向升学模式的集中体现。学生学习大学水平课程，由高中或大学教师教授，学生通过这些课程既可以完成高中阶段的学业，又可以获得大学学分。

③ 成人继续教育

虽然企业和雇主仍然是成人进行职业教育学习最普遍的提供者，但中等后教育机构还是积极参与了成人各类职业教育课程的提供。尤其是两年制的社区学院，它为成人提供继续教育和工商业的培训与再培训。学生以更新知识、充实提高为目的来到社区学院进修。此外，美国大学和学院也是实施成人继续教育的主要机构，几乎所有的全日制高等学校内部都设立了继续教育部、继续教育中心等成人教育机构。

(4) 美国职业教育体系发展趋势

① 职业教育体系面向大众化

随着信息社会和知识经济浪潮的冲击，美国也越来越感觉到高技术人才的重要性和紧缺性，因此克林顿在 1997 年当政后，就提出：第 13—14 年级的教育，即两年制技术学院与社区学院的教育，应成为全民普及的教育。未来美国职业教育的对象还会进一步扩大，职业教育将成为"人人的教育"。

② 职业教育体系面向终身化

美国职业教育体系终身化特点的最具体体现是 70 年代美国政府倡导的生计教育。生计教育主要概括为三个方面：生计教育将成为所有学生的，而不仅仅是职业学校学生课程的一部分；生计教育应当贯穿于小学一年级到中学高年级甚至大专院校的所有年级中。此外，21 世纪美国从 STW 战略到 STC 战略的改变，也进一步反映了 21 世纪世界教育改革的主旋律，即以人为本，着眼于个体生涯的终身发展。这一更改绝非仅仅是一种名称的改变，而是由于个人生涯发展的整个过程中始终存在"继续学习"与"更好就业"两大目标的交替运动。因此整个学校教育，尤其是中等教育和高等教育，都应该以学生个体的生涯发展为出发点，为学生个体的"继续学习"（升学）或"更好就业"做好准备。

③ "整合与衔接"理念贯穿的职业教育体系

在 2012 年的国情咨文中，奥巴马总统明确指出，美国经济能否持续发展，极大地取决于美国教育的贡献，即能否培养出具有较强适应能力、创造能力的高技能人才。为此，美国教育部于 2012 年 4 月制定了"为美国的未来投资——职业生涯与技术教育改革蓝图"（即帕金斯职业生涯与技术教育法案修订计划）。明确提出构建结构严谨、要求严格、内容相关、目标明确的职业教育体系。具体地说，就是要求中等教育机构和中等后教育机构之间的衔接全面畅通，不仅课程设置要科学有效，学分转换也要简便易行（结构严谨）；要制定较高的学术及专业标准，并严格地依据标准进行评估（要求严格）；职业教育的教学内容要切实为学生升学及开创职业生涯服务，要密切关注劳动力市场发展变化，有针对性地做出及时调整（内容相关）；职业教育的目标要直指升学及职业生涯准备，既帮助学生在学习结束之后获取行业认证、资格证书以及中等后教育证书或学位，又要帮助学生为进入快速发展变化的劳动力市场做好准备（目标明确）。为保证职业教育改革目标的顺利实现，2012 年的帕金斯法案修订计划提出了四条改革原则，即统筹协调、多方合作、有效评估和鼓励创新。

（5）美国职业教育体系特色

① 通过强大的学分互认及转换系统实现普职融合

美国强大的学分互认及转换系统使分布在单轨制教育体系中的职业教育课程最终形成完整的项目。在美国的职业教育中，在同一层次、不同教育机构的课程学分可以互认，比如综合高中和区域 CTE 学校、私立综合高中与公立综合高中等学分可以互认；在不同层次的教育机构中，学生在中学里修的相关课程，比如高中－大学双学分（dual credit）课程可以得到社区学院甚至四年制大学的认可。在学校和企业间的合作教育（corporative education）中，学生在企业的工作经验也可以转换为有效的学分。

② 以课程植入的方式实现高度渗透的普职教育体系

美国以课程植入的方式使职业教育融入普通教育系统之中。在美国的公立中学，学生们不仅要学习普通教育所规定的基本文化课，还要学习一些职业技术，以便帮助他们应对多元化社会所带来的工作和生活上的挑战。在中学阶段，普通教育课程和职业技术教育课程之比为 3∶2。

（二）国家统一资格框架下的职业教育体系

1. 职业教育体系的组织形式

在统一的国家资格框架下，构建上下衔接、普职沟通的职业教育体系。体系内强调课程而非教育机构，职业教育办学主体和办学形式都比较多元，通过国家资格框架，构建中学教育、职业教育和高等教育的"立交桥"。

国家统一资格框架下职业教育体系的代表国家是英国和澳大利亚。但从证书教育和文凭教育的角度看，英国与澳大利亚还有所不同。英国的职业教育体系更多的是一种"证书"教育，它在寻求资格证书与普通教育文凭的挂钩或等值。澳大利亚的职业教育体系通过在职业资格中设立所谓的职业教育研究生证书和职业教育研究生文凭，将职业教育从高中层次经本科层次延伸至了研究生课程。

2. 澳大利亚职业教育体系

澳大利亚所实施的经济社会政策是高福利、低收入、高就业率，在经济发展上，提倡技术立国，构建技能的澳大利亚，对职业教育与培训非常重视。它是典型的多民族、多元文化的移民国家，在思想体系、政治制度和文化传统上大部分沿袭了"母国"英国的模式，但其"多元文化"移民国家的背景造就了它的创新性。在对个体的重视和尊重上，与美国趋同。澳大利亚在国家资格框架体系下，形成了以学生为中心，政府、行业/企业与学校紧密合作，中学教育、职业教育和高等教育三大教育有效衔接而又相对独立的体系。澳大利亚所培养的人才也是"专深型"的，强调就业导向以及技能水平的提高。为了达到这一目标，澳大利亚积极推行能力本位教育，尤其强调"关键能力"的培养。

（1）职业教育在整个教育体系中的位置

澳大利亚教育系统总体上可概括为三大部分，即学校、职业教育与培训和高等教育。澳大利亚的教育体制大致承袭英国的系统，小学6年（1—6年级），中学6年（7—12年级，包括初中4年及高中2年）；其中前10年为义务教育。中学教育完成以后可以选择进入提供职业教育与培训的教育机构或提供学术教育的大学就读。其中，澳大利亚职业教育跨越了高中教育和高等教育两个阶段，将职业教育从高中层次经本科层次延伸至研究生课程。经过几十年的改革，澳大利亚各类教育形成了不同办学主体和机构，它们在国家资格框架内的相互承认与衔接，使澳大利亚的教育成为一个以职业教育为核心的完整的终身教育体系（见图2）。

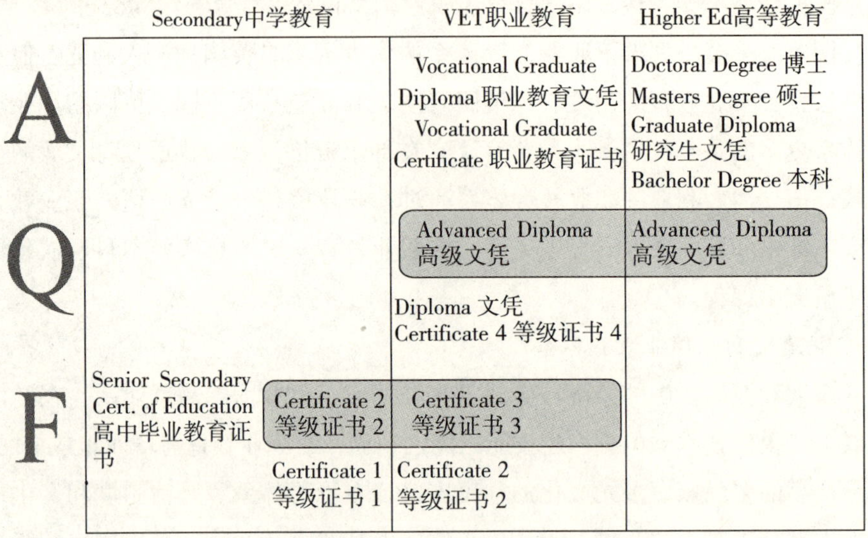

Secondary中学教育	VET职业教育	Higher Ed高等教育

A
Q
F

<table>
<tr><td rowspan="8">

Senior Secondary
Cert. of Education
高中毕业教育证书</td><td></td><td>Vocational Graduate Diploma 职业教育文凭
Vocational Graduate Certificate 职业教育证书</td><td>Doctoral Degree 博士
Masters Degree 硕士
Graduate Diploma 研究生文凭
Bachelor Degree 本科</td></tr>
</table>

图式内容：

- VET列：Vocational Graduate Diploma 职业教育文凭 / Vocational Graduate Certificate 职业教育证书
- Higher Ed列：Doctoral Degree 博士 / Masters Degree 硕士 / Graduate Diploma 研究生文凭 / Bachelor Degree 本科
- Advanced Diploma 高级文凭（VET）｜ Advanced Diploma 高级文凭（Higher Ed）
- VET：Diploma 文凭 / Certificate 4 等级证书 4
- Secondary：Senior Secondary Cert. of Education 高中毕业教育证书
- Certificate 2 等级证书 2（Secondary）｜ Certificate 3 等级证书 3（VET）
- Certificate 1 等级证书 1（Secondary）｜ Certificate 2 等级证书 2（VET）

图2　澳大利亚国家资格框架（AQF）

（2）职业教育的层次

澳大利亚职业教育体系，按层次划分包括中学教育阶段的职业教育和高等教育阶段（包括本科层次）的职业教育（主要指在 TAFE 机构中的职业教育）。

① 中学教育阶段的职业教育

澳大利亚的中学教育分为初中及高中两个组成部分，其中初中四年，属于澳洲义务教育阶段，高中两年，属于后义务教育阶段。在整个职业教育体系中，由于澳大利亚政府认为职业教育在义务教育阶段开设很难取得良好的效果，在初中阶段只开设职业指导课程，旨在树立学生的职业教育观念并注重早期职业倾向性的探索。澳大利亚初中阶段的职业倾向性课程的总目标是，努力使学生获取职业知识、技能、信息和态度，通过具体操作模块不断开发学生各个方面的潜能，为学生最终步入其满意的、富有成效的职业生涯做准备。高中阶段的职业教育，主要包括在国家资格框架（AQF）下实施的职业教育（VET in school courses）和学校本位新学徒制（SBNAs）两个部分。其中，高中阶段课程中的职业教育（VET in school courses）主要分为两部分：一是模块项目（stand - alone programmes）。模块主要包括一系列来自培训包的能力单元。学生通过完成这些能力单元的学习来获得相应的职业资格证书。二是渗透在课程中的职业教育（embedded VET in schools）。此类课程的内容涉及一系列职业资格证书和相应的能力单元。通过此类课程的学习，学生不仅可以获得相应等级的职业资格证书，同时还可以获得高中文凭。学校则无须为开设其他课程而花费更多的资金。

② 高等教育阶段的职业教育

澳大利亚承担高等职业教育的机构有两种：独立设置的 TAFE 学院以及大学里的职业教育部。按照澳大利亚联邦政府的规定：在各个行业中，凡是技能要求较高的工作岗位必须持有职业证书才具有就业资格，即使是大学本科生和研究生，甚至是博士生也不能例外。因此，只要获得 TAFE 学院的培训证书，才能在相应的工作岗位上就业。可见，TAFE 学院是澳大利亚进行职业教育的主体力量，而 TAFE 模式则是全澳范围内统一的且与工作岗位相对应的教育证书和培训认证的体系，是国民和学生就业的权威认证机制。

③ 澳大利亚国家资格证书框架

澳大利亚国家资格证书涉及多个层次，包括：Ⅰ级证书、Ⅱ级证书、Ⅲ级证书、Ⅳ证书、文凭（Diploma）和高级文凭（Advanced Diploma）六个级别。Ⅰ级证书需要 200—350 个学时；Ⅱ级证书需要 350—600 个学时；Ⅲ级证书大约需要 1000 个学时；Ⅳ级证书在Ⅲ级证书的基础上增加大约 600 个学时或在 12 年级基础上增加大约 600 个学时；文凭在Ⅳ级证书基础上增加大约 600 个学时；高级文凭在文凭基础上增加大约 600 个学时。近年来在上述基础上又增加了职业教育学士（Vocational Bachelor Degree）、职业教育研究生证书（Vocational Graduate Certificate）和职业教育研究生文凭（Vocational Graduate Diploma）三个级别。后两个级别并非研究生的学位级别，而是研究生课程的级别。

（3）职业教育的形式

澳大利亚职业教育可分为学历教育和非学历教育两大部分。但这两种形式的职业教育均是在国家资格框架（AQF）下开展的。

① 文凭教育

澳大利亚的文凭职业教育是一种独具特色的教育制度，它通过在职业资格中设立所谓的职业教育研究生证书和职业教育研究生文凭，将职业教育从高中层次经本科层次延伸至了研究生课程。这是澳大利亚重视职业教育的表现。

② 非学历的证书教育

此形式的职业教育主要指在国家资格框架下提供 I 级证书、II 级证书、III 级证书、IV 级证书的教育与培训。可提供的机构有技术与继续教育机构（TAFE）、部分中学、私人培训机构、自身是注册培训机构的企业。此外，新学徒制培训也能提供 I 级证书、II 级证书和III 级证书的培训。

（4）澳大利亚职业教育体系发展趋势

① 职业教育体系的终身化

澳大利亚职业教育和培训政策不仅仅倾向于年轻人，更致力于对中年及在岗人员进行新技能的培训。同时，人们对职业教育的理解也进一步扩展，不把职业教育理解为仅是为年轻人进行职业准备的教育，而是一个更开放的系统，面向每一个人每一阶段的发展。

② 强化以"客户为中心"的个性化职业教育体系

澳大利亚未来职业教育框架还体现出了浓厚的"个性化"。在"形成未来"中，明确要求把"客户"放在职业教育的核心地位。指出职业教育与培训应发展成一种以顾客为驱动的文化，即"小型、中型、大型企业中各种年龄、背景的人都将很容易获得量身定做的学习产品和服务"。同时保证"由于年龄、性别、文化差异、语言、读写能力、数理能力、失业、拘留、隔离等形成的接受学习的障碍得到很好解决"，并同时解决"残疾人、澳大利亚土著人终身生活通道"问题。

（5）澳大利亚职业教育体系特色

① 政府主导、行业和企业积极参与的职业教育体系

澳大利亚职业教育的改革与发展，始终由政府负责规划和组织实施，学院的办学经费主要来自政府拨款，体系的管理也主要由政府牵头。国家培训局负责组织建立国家职业教育框架，制定国家能力标准，全国统一规范名称和指定统一教材，为职业教育建立规范的机制。同时，政府通过政策引导和激励措施，促使行业企业积极、充分地投入到职业教育，从而使职业教育与

培训始终与行业和企业保持密切联系。

②通过国家资格框架，构筑中学教育、职业技术教育和高等教育的"立交桥"

澳大利亚国家资格框架不仅涉及职业教育的证书、文凭，而且还涉及普通教育的证书、文凭，它涵盖并跨越高中教育和高等教育两个教育阶段的两种教育类型，包括高中教育、职业教育和高等教育三个领域。它是一种将两种不同类型教育，即普通教育和职业教育进行有效衔接与沟通的体系。在高中教育、职业教育以及高等教育的不同教育层次之间，以及在职业教育与普通教育类型之间实现了教育和谐、教育平等的互通互认的机制。

另外，对先前学习的认可（Recognition of Prior Learning，简称 RPL）具有非常深远的意义。在任何一个资格层次上都认可之前已有的教育或培训成果，所有的培训机构在学员离开之前，无论是否完成所有的学习内容，都会给学员一个测评，并证明其已完成哪一部分的学习模块。这样学员在选择学习或工作时拥有了更大的选择权，且在更大程度上使得理论与实践有机结合。

③职业教育办学主体、办学形式的多元化

澳大利亚职业教育采取了灵活多样的办学形式，形成了适应澳大利亚经济社会需求、职教机构多样、办学主体多元、课程广泛、学制长短不一、各类教育沟通灵活的职业教育体系。澳大利亚的职教机构主要包括 TAFE 学院、私营培训机构、企业培训机构等，办学主体呈现多元化特点。其中，TAFE 职教机构，主要由各州政府举办。澳大利亚政府同时鼓励社会力量办学，鼓励创办非公立职业院校。各类非公立职教机构在政策扶持下发展迅速，成为公立职教机构的有力竞争者。一校多制是其办学特色。一所学校既有职前教育，也有职后教育；既有正规的学历教育，也有非正规的短期培训；既开办短学制的基础性职业教育，也开办学制较长的高职。

（三）完全双轨制职业教育体系

1. 职业教育体系的组织形式

自中等教育后期，教育分为"普通教育"与"技职教育"两大相对独立的体系。职业教育逐渐形成了职业学校→专科学校→技术学院→科技大学的

"一贯体系"，涵盖了中等、专科、本科、硕士与博士等各个层次。在职业教育系统内部，纵向通达且自成体系；在整个教育体系中，职业教育与普通教育横向沟通，平等平行。完全双轨制职业教育体系的代表是中国台湾。

2. 台湾地区职业教育体系

台湾地区实行低福利、高工资。在分配方面，台湾地区更倾向于就业者，激发人们积极接受教育与培训的愿望，以获得稳定的工作。在产业结构方面，台湾地区的制造业相对比较发达，经过不断地产业升级与转型，台湾地区已从传统劳动密集型产业转向了知识密集、高附加价值及服务导向的产业。伴随着产业结构转型，还出现了产业外移的现象。在社会文化方面，台湾地区与祖国大陆一海相隔，一脉相连，拥有共同的传统价值观，崇尚儒家文化，如"学而优则仕"，推崇文凭。

（1）职业教育在整个教育体系中的位置

台湾地区现行学制，垂直面由国小及初中的国民教育，到后期中等教育与高等教育；而水平面，则自中等教育后期起，分为"普通教育"与"技职教育"两大体系。学生完成小学和初中（九年制）学业后分为两支：第一支是普通教育体系，部分学生进入普通高中→普通高校（大学或学院）（本科四年）→研究所（硕士或博士研究生）（设在普通高校内），以及二技（1998年开始设在普通高校内，以便衔接职业技术教育体系中的专科学生入学，学制两年）。第二支是职业技术教育体系，部分初中毕业生进入高级职业中学（三年制）→专科（两年制）（或者部分初中生直接进入五年制专科）→本科（两年制）（或者高级职业中学毕业生直接进入四年制本科）→研究所（硕士和博士研究生）（设在技术学院或科技大学内）。第二支是职业技术教育通道，又称第二条高速公路，包括高级职业技术学校、专科学校、技术学院和科技大学。此外，还有第三条通道是推广教育，即成人教育、继续教育等。由此可见，从高级职业学校、专科学校、技术学院或科技大学到普通大学附设二技，台湾地区已构成一个相当完备且与普通教育体系相连接的职业技术教育体系（见图3）。

学龄	年龄		
25	30		
24	29		
23	28		
22	27	高等教育	
21	26		
20	25		
19	24		
18	23		
17	22		
16	21		
15	20		
14	19		
13	18		
12	17	高级中等教育	
11	16		
10	15		
09	14		
08	13	国民教育	
07	12		
06	11		
05	10		
04	09		
03	08		
02	07		
01	06		
	05	幼稚教育	
	04		

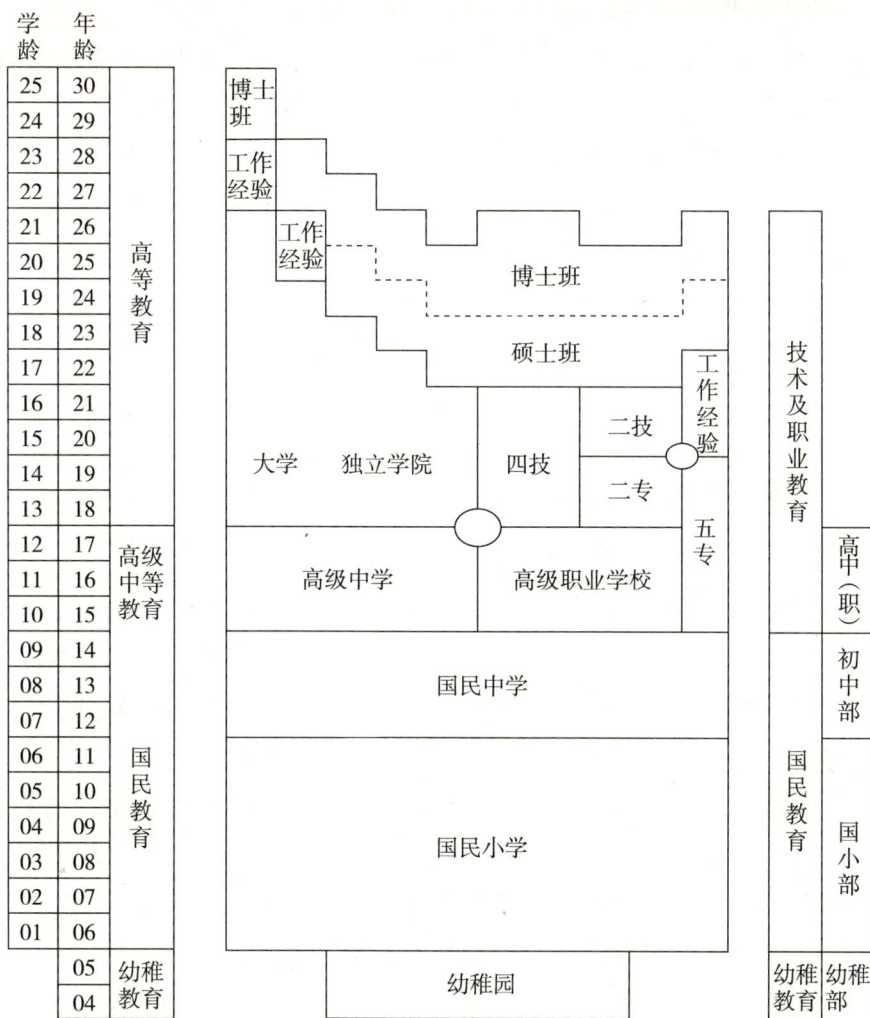

图3 台湾地区现行学制

（2）职业教育的层次

职业教育体系包括中等职业教育与高等职业教育两个层次。其中，高等职业教育包含了专科、本科、硕士与博士各个层次的职业教育。

① 中学教育阶段的职业教育

中等职业教育阶段以高级职业学校为主，还包含普通高中附设的职业类科，其他则是 1996 年试办的综合高中课程中设置了职业课程学分，另外五年制专科学校的前三年也被归于其中。高级职业学校（含普通高中附设职业类科）以培养基层技术人才为宗旨，分日间部、夜间部、轮调式建教合作班、实用技能班及补习学校多种学制，招收国民中学（初中）毕业生。

② 高等教育阶段的职业教育

台湾地区高等教育阶段的职业教育堪称独具特色，构建了一个由专科学校、技术学院以及科技大学组建的高等职业技术教育系统，正式形成了与普通高等教育体系平行的、地位平等的职业教育体系。专科学校以养成中级实用专业人才为宗旨，其学制按照修业年限分为两、三、五年制三种；技术学院及科技大学以培养高技术及管理人才为宗旨，学制上分大学部与研究所两部分。大学部分两、四年制，两年制（二技）招收专科学校毕业生，四年制（四技）招收高级职业学校毕业生，毕业后均授予学士学位；研究所分硕士班和博士班，毕业分别授予硕士学位与博士学位。

整个职业教育体系内部的层次是连贯且完备的，包含专科、本科、硕士与博士各个层次。实施的主体分别是：一是科技大学，以综合性系所为特色，以大学部及研究所为主力，但仍附设专科部。二是技术学院，区分两类办理，第一类技术学院（含大学附设技术院系）以专业系所为特色，以办理大学部为主，研究所为辅，不设专科部；第二类是经专科改制的技术学院，保留专科部，原则上办理大学部及专科部。三是专科学校，分专科两年制及五年制。四是社区学院，提供两年制学程及短期学程为主。五是高级职业学校及综合高中。以学制划分，职业学校的学制至少包括：博士学程、硕士学程、大学四年制（即四技）学程、大学后两年制（即二技）学程、大学前两年制学程（含科技大学附设专科或专科学校的二专及社区学院的两年制学程）。

（3）职业教育的形式

台湾地区除从高级职业学校直至科技大学这一体化的职业教育学校外，职业教育的开展形式还有普通中学中的职业教育和综合高中里设置的职业课程。

① 普通中学中的职业教育

为了达到十年"国教"目标，台湾地区于1992年规划并试办在国中二年级下学期开设职业试探。其中不准备升学的学生在国中三年级时参加技艺教育班，接受一年的职业教育。国中毕业后升入高职实用技能班，再接受一年职业课程，使其至少接受十年教育才离开学校。

② 综合高中里设置的职业课程

台湾地区于1996年起试办综合高中，在高级中等学校同时设置学术课程与职业课程，招收取向未定的国中毕业生，通过试探、辅导等历程，协助学生自由选课，以延后其分化；同时对于取向较早确定的学生也可以提供兼具跨越学术与职业课程的机会，以培养通识能力，达成适性发展目标。综合高中采取学年学分制度，包括中文、外文、数学、社会、自然、艺术、生活、体育、活动、职业等十大领域。其中职业课程以学程的方式设计，为学生提供多样化的选课空间。

（4）台湾地区职业教育体系发展趋势

① 职业技术教育在层次上高移

为了拓宽职业高中和专科毕业生升学渠道，从1996年起，一些较好的专科学校开始改制为技术学院。改制技术学院的院校可根据大学法颁发学士、硕士及博士学位，台湾高等职业教育逐渐提升至研究所层次。专科改制初期每年限额六所，自1998年起，每年六所的改制限额也予以取消，只要达到升格或改制的标准，均有机会获准改制。因此，拥有本科以及硕士、博士层次的技术学院、科技大学蓬勃发展，成为学生继续深造的又一条重要通道。

② 推行中等教育多元化

寻求高中形态多元化，推迟学生在中学阶段的分流，目前台湾地区高中阶段除高级中学与高级职校两种形式外，试办的形式主要有：一是综合中学，指高级中等学校依据教育功能，同时设置普通科及职业科不同课程，以招收性向未定之国中毕业生，借试探、辅导等以便使学生自由选择普通课程或职业课程，以延后分化，达到适性发展之目标。二是完全中学，将国民中学与高中（职）合并，形成六年一贯制的中等学校。完全中学的国中部依照一般国中的课程标准实施，高中部则朝向综合高中实验课程规划。三是现有的高中（职）推动学年学分制，修订课程，规定高中、高职一年级基础课程相同，高中、高职学生可流通互转，普通高中可以设置职业选修课程，打破高中高职界限。这些举措都表明，台湾地区中等教育朝向多元化方向发展，其目的是推迟学生在中学阶段的分流，缓解高中与高职之间的招生竞争，打通普通教育体系与职业教育体系之间的通道，适应日趋多元化的台湾社会需求。

（5）台湾地区职业教育体系特色

① 平等并列的完全双轨制职业教育体系

在体制改革上，台湾地区一直在致力于构建完整的职业教育体系，经过二十几年的发展与完善，台湾地区职业教育逐渐形成了职业学校→专科学校→技术学院→科技大学的"一贯体系"，建立了完整的包含专科、本科、硕士与博士各个层次的高等职业技术教育体系。在职业教育系统内部，纵向通达且自成体系；在整个教育体系中，又与普通教育横向沟通，平等平行，两者并驾齐驱，相得益彰。

② 建立职业资格证书与文凭的等值机制

在实行职业证书制度的基础上，台湾地区构建了证书与文凭等值机制。台湾的职业证书分甲、乙、丙三个等级，持有职业证书者，有若干年的工作经验之后也能取得相应同等学历资格：丙级证书加五年工作经验即相当于高级职业学校毕业或普通高中毕业，可以参加普通大学或技术学院、科技大学及专科学校的入学考试；乙级证书加四年工作经验即相当于专科学校毕业，可以参加大学附设二技或技术学院、科技大学的入学考试；甲级证书加三年工作经验即相当于技术学院、科技大学毕业，可以参加研究所硕士研究生的入学考试。

③ 台湾地区职业教育人才培养目标明确

台湾地区对各类各层次职业教育的人才培养目标都做出了明确表述。高级职业技术学校是"培养健全的基层技术人才"；专科学校以"教授应用科学与技术，培养中级实用专业人才"为目标；技术学院或科技大学以"教授应用科学及技术，培养高级技术与管理人才"为目标；研究所是"培养具有国际分工能力的人才"。

（四）双元制职业教育体系

1. 职业教育体系的组织形式

学校职业教育与企业培训并举，相辅相成，共同构成一个完整的"双元制"职业教育体系。学生既在企业里接受职业技能，同时又在职业学校里接受职业专业理论和普通文化知识教育。这是一种将企业与学校、理论知识与实践技能紧密结合，以培养高水平专业技术工人为目标的职业教育制度。"双元制"的成功实施，需要政府、行业企业与学校三方密切合作，既需要政府对职业教育的深度干预，行业企业对职业教育的积极参与，也需要学校的积极配合。

2. 德国职业教育体系

在经济发展方面，德国所采取的是后福特主义，主张通过政府、雇主和工会的合作，给所有工人提供好的工作条件，高工资、高福利，鼓励工人参与企业管理，在劳资关系之间建立高度的信任等措施，以提高产品和服务的质量，创造一种"高技能、高工资的魔术经济"。在文化方面，德意志民族具有严谨、忠诚和责任感，在教育上富有实用化倾向，强调职业性、专业化。德国的传统文化就是全民、全社会重视职业教育的"职业文化"，坚持企业在职业教育发展中负有主要责任。

（1）职业教育在教育体系中的位置

在德国，职业教育有着自身独特的位置，构成一个完整的体系。从中等教育第二阶段开始，来自所有学校（普通中学、中间学校和文法学校）的学生都可以进入双元制，接受职业培训。此外，除大部分文法学校的学生继续升入文法中学外，其他学生进入全日制职业学校、专科高中、职业提高学校、职业中学以及专业文法学校接受职业教育与培训。完成中等教育第二阶段的学习后，大部分学生直接就业，也有学生进入高等专科学校、职业学院等接受高等教育。而已参加工作的成人也可以通过企业内继续教育、夜校和全日制成人教育学院、行业与技术学校等接受继续教育。德国教育系统结构如图4所示。

（2）职业教育的层次

① 中学教育阶段的职业教育

德国中等职业教育主要包括两种形式：

其一，"双元制"职业教育。这是德国中等职业教育的主要形式。"双元制"意指青少年既在企业里接受职业技能训练，又在职业学校里接受职业专

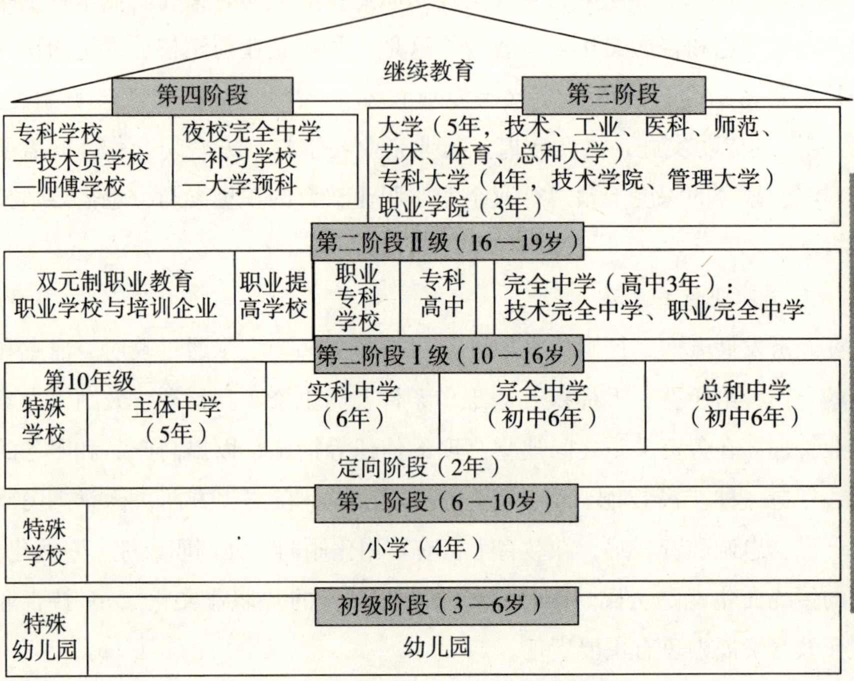
继续教育
第四阶段
第三阶段
专科学校
—技术员学校
—师傅学校
夜校完全中学
—补习学校
—大学预科
大学（5年，技术、工业、医科、师范、艺术、体育、总和大学）
专科大学（4年，技术学院、管理大学）
职业学院（3年）
第二阶段Ⅱ级（16—19岁）
双元制职业教育
职业学校与培训企业
职业提高学校
职业专科学校
专科高中
完全中学（高中3年）：
技术完全中学、职业完全中学
第二阶段Ⅰ级（10—16岁）
第10年级
特殊学校
主体中学（5年）
实科中学（6年）
完全中学（初中6年）
总和中学（初中6年）
定向阶段（2年）
第一阶段（6—10岁）
特殊学校
小学（4年）
初级阶段（3—6岁）
特殊幼儿园
幼儿园

图 4　德国教育体系的基本结构

业理论和普通文化知识教育。这是一种将企业与学校、理论知识与实践技能紧密结合，以培养高水平专业技术工人为目标的职业教育制度。在已完成第二阶段Ⅰ级普通教育（相当于我国初中毕业）的同年龄组德国青年人中，一般有70%的学生接受“双元制”职业教育。“双元制”中的“一元”为企业。这里的企业并非所有企业，而是所谓教育企业①，另“一元”为职业学校。

其二，学校形式的职业教育。德国中等职业教育领域中，除了占主导地位的“双元制”职业教育以外，还有一些以学校为主体的全日制职业教育机构。主要有以下学校。

职业专科学校。职业专科学校是州一级的全日制职业教育机构，学制为

① 所谓“教育企业”，曾被译为“培训企业”。在德国，并非每个企业都有资格开展职业教育，只有经过资质认定的企业，即承担了社会责任的“教育企业”，才能开展职业教育。将有资质的企业认定为教育机构，这也是德国对职业教育发展做出的贡献。

1—3 年，其入学条件主要为实科中学和主体中学的初中毕业生，也有少数职业专科学校或其他某些职业领域要求招收 9 年制完全中学的毕业生。职业专科学校基本上不要求学生入学前有职业经历，只有个别专业要求学生入学前须参加几个月的相关实习。职业专科学校既传授职业专业知识和职业专门技能，又传授普通文化知识。教学一般分为理论模块和实践模块。理论模块和实践模块所占时间长短、比例及形式，依教育职业（专业）不同而存在较大的差异。学生毕业后一般可获得一种国家承认的职业证书。

职业提高学校。职业提高学校是为正在接受职业教育或者已完成 I 级职业教育（职前）的学生扩充与深化文化知识和职业知识而设立的学校。职业提高学校按职业领域不同可分为技术职业提高学校、经济职业提高学校、家政与社会职业提高学校及农业职业提高学校等。职业提高学校讲授普通文化课和职业专业课，学制最低为 1 年，学生通过毕业考试获得与实科中学同等的文凭，即中等教育证书后，可进入专科学校，或专科高中、职业高中学习。

专科高中。专科高中是一种两年制学校，相当于第二阶段 II 级教育的第 11 和第 12 年级，分为技术专科高中、经济与管理专科高中、营养与家政专科高中、社会学专科高中、造型艺术专科高中、海关专科高中等。专科高中的入学条件为实科中学毕业，或已获得其他形式中等教育证书者。已完成 I 级职业教育的职业学校学生可直接进入 12 年级学习。专科高中第一年以专业实践知识并传授职业实践技能为主，第二年讲授普通文化课知识与专业理论。毕业生获得"专科大学成熟证书"，即专科大学的入学资格。

职业高中。职业高中是中等职业学校过渡到高等学校的桥梁，它为已接受过各类职业学校的职业教育且学业成绩优良的学生提供了进大学深造的机会，故也属于继续教育领域里的学校。职业提高学校、专科高中和职业高中的共同点或特点在于：使已接受过职业教育的青年人能直接获得进一步深造的机会。"双元制"职业学校毕业生经职业提高学校学习之后，可进入专科高中或职业高中学习，毕业后便可获得专科大学或有专业限制的大学甚至普通大学的成熟证书。

职业或专科完全中学。职业或专科完全中学与前述普通完全中学的不同之处在于它只有高年级，即从 11 年级到 13 年级。职业或专科完全中学的入学条件为实科中学毕业或者已获得中等教育证书。职业或专科完全中学除讲授普通文化课以外，重点讲授与职业或专业有关的课程，主要是经济和技术两大类。毕业考试内容除普通文化课以外，还加试一门与职业有关的专业课程，并计入高中毕业总成绩。职业或专科完全中学毕业考试合格者可获得"有专业限制的大学成熟证书"，可进入大学学习。

"双证制"学校是为适应近年来青年人日益增长的文化需要而建立的一种新型学校，或者说这是一种新型教学模式的尝试。这种学校的毕业生既具备继续深造上大学的资格，又具备从事一种专门职业的本领。"双证"教育目前主要在下述三种学校里进行：一是职业或专科完全中学，二是完全中学高中与职业学校的联合体，三是与北威州大学预科或补习学校类似的学校。"双证制"教育的学制一般为四年，学生毕业时要参加两类考试，即高中毕业考试和职业资格考试。毕业生可获得两种证书："大学成熟证书"（学历证书）和职业资格证书。

② 高等教育阶段的职业教育

在德国，高等职业教育分为专科教育和本科教育两个层次，其目标是培养职业型高级人才。它包括高等专科学校和职业学院两大实施机构。

高等专科学校。高等专科学校又可称为"高等专科学院"或"高等专科大学"，是德国高等职业教育的主体。培养目标是工程技术人员，主要任务是把学生培养成实际应用型人才，为职业实践做准备。招生对象必须拥有与专科高中毕业效力等同的学术证书和某学科证书。学制通常为四年，学生毕业后可获得学位，但要注明 FH（专科高等学校缩写）字样。

职业学院。职业学院是一种偏学术性的高等职业教育机构，培训目标与高等专科学校大致相同，即培养职业型高级人才。招收中间学校毕业生，学制为三年，其中两年后可分流，修完三年经国家考试合格者，授予"职业学院工程师（经济师、社会教育工作者）"称号，相当于本科教育；修完两年经考试合格者，授予"工程师助理（经济助理、教育工作者）"称号，相当于专科教育。

③ 职业继续教育

在德国，为了加速科技向生产的转化及产品的更新率，德国一向特别重视对从业者的职业继续教育。所谓职业继续教育，是指除了普通成人教育以外的所有各种教育机会。职业继续教育的类型有补偿性继续教育、职业适应教育、职业提高教育、职业改行继续教育、职业能力恢复教育等。职业继续教育除了企业举办外，职业联合会、行业协会、雇主和雇员组织的教育机构也举办职业继续教育。另外，还有公立和私立专科学校及跨企业培训场所举办的职业继续教育。

（3）德国职业教育体系发展趋势

① 职业教育层次和水平高移

科技进步与经济发展推动产业结构升级，随之对人才质量的需求提高，这必然导致职业教育层次提高，即职业教育逐步后移。目前，德国在保持较大比重高中阶段职业教育的同时，大力发展高等职业教育。同时，在企业中接受培训者的学历水平不断提高，申请接受职业教育的完全中学毕业生人数也不断增多。由此可见，德国职业技术教育不仅提高了层次，而且教育水平也在上升。

② 大力发展职业继续教育

德国特别重视发展继续教育，德国《2001 年职业教育报告》指出，"在信息社会和知识社会、经济全球化的情况下，职业继续教育是未来社会和经济的钥匙"，并提出要加强职业继续教育立法，规定所有的职员都有权享受每年 5 天的带薪继续职业培训。自 1998 年以来，联邦政府将继续教育资金从 1 亿马克提高到 1.5 亿马克。2001 年 8 月，黑森州通过了继续教育立法。

（4）德国职业教育体系特色

① 完备的职业教育体系

联邦德国的职业教育与人的教育过程存在密切的联系。由这个体系实现的中等职业教育是一个从普通学校里的职业预备教育开始，经职业基础教育到职业教育乃至职业继续教育的由低级到高级、由一般到专门逐步深入的过程。因而它包括了职业预备教育、职业基础教育和职业专业教育的各个阶段。德国职业教育具体实施又形式多样。仅教育机构而言，它既有普通职业教育机构，也有训练残疾青少年的特殊职业学校。同时，几乎社会上所有职业人才都可在相应的职业学校中得到培训。就培训时间而言，有全时制也有部分时间制，有白天授课也有夜间授课、函授等。修业年限1—4年不等，招生条件各异，办学既有私立的、公立的，也有企业单独办的和企业联合办的。这种多样化的职业教育体系为联邦德国培训各级各类职业人才提供了可靠的保障。在德国职业教育体系中，职业学校层次较多。有为适龄青年接受职业教育的学校，也有为在职人员进修提高的学校，有培养技能型人才的课程，也有培养应用型人才的课程，它们之间相互补充、相互衔接，构成了一个初、中、高比例结构合理，职前与职后教育结合的"双元制"职业教育体系，为广大适龄青年和就业人员提供了广泛的就业教育和进修提高的机会。

② 突出双元特征

在德国职业教育中，作为职业教育主要阶段的专业训练，主要是在"双元制培训体系"中实现的。这种"双元"特征体现在以下几个方面。

两种教育机构。职业学校是德国职业中等教育里最重要的一类学校，是"双元制"职业教育中的"一元"。凡主体中学的毕业生，或者已完成其他全日制中等教育学习的人，都可上职业学校。职业学校的任务是传授与职业有关的基础知识和专业知识，特别注重从事未来职业的实践技能。各类教育职业的《职业教育条例》由联邦政府教科部和相应专业部及联邦职业教育研究所制定，而职业学校的教学计划则由各州制定。但是，职业学校的教学必须与联邦《职业教育条例》相协调、遵循各州文教部长联席会议制定的职业教育《框架教学计划》内容，并根据各州基于自身具体情况制定的州内职业学校《教学计划》组织教学。

两类教学内容——职业技能和专业知识教学。教育企业的学习内容贴近职业实践，严格按照国家承认的教育职业传授职业技能及与之紧密相关的职业知识和职业经验，使学生在实际的职业工作过程中接受教育。职业学校的教学内容除传授与教育职业相关的专业知识以外，还包括政治（或宗教、伦理）、语文、体育、外语等普通文化知识。

两种教材——企业实训教材和学校知识教材。教育企业可以选用联邦职业教育研究所编写的部分职业领域里的实训教材，以保证职业技能培训标准和质量的统一。实训教材是按照不同职业领域的要求分类编写的。先编写以职业技能及相关知识为内容的单元模块，再以这些单元模块为基础进行组合，以覆盖同一职业领域不同职业或不同职业方向的具体要求。职业学校使用的知识教材，实际上是学习参考资料，是针对教育职业的技能要求编写的。如果说实训教材是传授"如何做"的知识，专业知识教材则使学生理解"为什么这么做"的理由。这种教材由各出版社组织著名专家编写，没有全国、全州的统编教材。

两类教师——实训教师与专业教师。教育企业的实训教师是企业的雇员（有专职和兼职两种），一般为已完成职业教育后具备 2—5 年职业实践的师傅学校和技术员学校的毕业生，通过教育学、心理学考试后且符合《实训教师资格条例》者，方可担任实训教师。职业学校的专业教师，包括专业理论教师和普通文化教师，是国家公务员。其任职资格是：必须接受两个阶段的大学教育，即第一阶段四年的专业学习和第二阶段两年的师范学习，其间有一段实习期。① 此外，职业学校还有一类专业实践课教师，一般为中等教育结业、接受过职业教育（职前）且具有多年的职业实践经验者，还要求其在师傅学校或技术员学校学习过并通过教育学、心理学考试，其主要任务是承担实习课和实验课教学。

两种身份——教育企业"学徒"和职业学校学生。青年人与教育企业签订具有法律效力的"职业教育合同"②，明确规定企业教育期间双方的权利和义务。这时受教育者的身份即为企业"学徒"。在签订了职业教育合同后，受教育者在职业学校就读，其身份是职业学校的学生，接受职业教育的同时也可完成 12 年义务教育中的后 3 年教育。

两类考试——技能考试和知识考试。作为学徒，在三年或三年半的学习时间里有两次考试，一是第二学年结束前的中期考试③，二是三年或三年半培训结束前的结业考试。考试由行业协会负责实施。以第二产业领域为例，内容有针对"结果"的工件制作和针对"过程"的工件修理，其目的是考核

---

① 在欧洲实施博洛尼亚进程之后，德国教师培养的年限有所改变，各州对原有两个阶段、两次国家考试的规定会有相应的改动，例如，教师必须具备硕士毕业生的资格。目前有关改革还在进行之中。

② 曾译为"职业培训合同"，现改译为"职业教育合同"，以更符合"'双元制'职业教育是正规的职业教育，而非职业培训"的应有之义。

③ 近年来职业教育考试制度改革后，原来的中期考试已被视为现今结业考试的第一部分。

学生对教育企业所传授的技能和知识的掌握程度。作为学生，应通过知识考试，内容主要针对职业学校里传授的专业知识，一般包括笔试和口试。近年来，已经在尝试采用职业技能与理论知识一体化的考试改革，如在印刷行业里已采用项目考试的方式。

两类证书——行会考试证书与企业学习证书、学校毕业证书。一类证书是与学习地点无关的证明，由行业协会颁发为全国甚至国际认可的证书。即凡通过相应教育职业的结业考试者，可获得诸如技术工人证书、满师证书、商务办事员证书等等。一类证书是与学习地点有关的证明，有教育企业颁发的企业学习证书，职业学校颁发的毕业证书。

③ 职业教育体系的类工字型结构

职业教育体系的类工字型结构是指职业教育呈现出的既平行又交叉的结构。平行交叉有两方面的喻义：一是在职业教育的学校层次方面呈现平行交叉。在中等教育的第一阶段，学生可在普通学校、中间学校和文法学校进行学习，为进入中等教育的第二阶段奠定基础；完成中等教育第一阶段的学习后，所有学生均可接受职业教育，只有少部分学生进入文法学校学习，但在这一阶段，并不是接受职业教育的学生已不能再接受普通教育，他们仍然可以通过在专科高中等学校学习后进入普通教育，在此处体现了职业教育与普通教育的交叉；在完成教育阶段的学习后，所有个体又都可以接受职业继续教育。二是在课程的安排方面也体现出平行交叉的特征，学生通过对不同课程的学习和考试，不仅可以选择职业教育，也可以选择普通教育，增大了他们选择的权限，也体现了德国整个教育系统的灵活性。

二、职业教育体系的衔接与沟通模式

（一）中等和高等职业教育的衔接模式

1. 通过课程体系模块化实现中高职衔接

具体做法是把教学单元按程度深浅分为若干层次的教学模块，中、高职各采用相应层次的模块，通过课程模块化和学分制，实现中高职紧密衔接。具有代表性的国家是英国和澳大利亚。如英国把中职课程和高职课程统一制定成包含五个层次的教学单元，其中Ⅰ、Ⅱ、Ⅲ三个层次的教学单元归中职课程，Ⅲ、Ⅳ、Ⅴ三个层次的教学单元归高职课程，两者有交叉是由各专业的要求不同所导致。

2. 通过一体化的中高职教学大纲或课程实现衔接

具体做法是中等和高等职业教育教学大纲或课程实现一体化，由教学大纲、课程的衔接保证中高职的顺利衔接。具有代表性的国家是美国和俄罗斯。如美国在 20 世纪 90 年代全面开展的职业教育改革，在传统的中等职业教育课程中引入以应用为导向的综合课程，将高中和高中后职业教育联系起来，实施技术准备教育，并统一制定出中高职相衔接的教学大纲。

3. 通过专业分类实现中高职衔接

具体做法是将高中阶段各类教育划分为若干科类，国家对每一类都制定统一的课程标准，以此与对口的高等职业教育相衔接。这是一种宽口径的衔接。具有代表性的国家是法国。法国将中等职业教育按行业、职业分为 17 个科类，国家对每一类都制定统一的课程标准，高职各专业分别对口其中某一类。

4. 通过专门补习、达标实现中高职衔接

具体做法是由职教机构对中职毕业生进行一定时间的专门补习，使之达到高职入学标准而实现中高职衔接。如德国的职业高中。职业高中是中等职业学校过渡到高等学校的桥梁，其培养目标是使学生获得与所从事的职业或与职业高中所学专业一致的所谓有专业限制的大学入学资格。如果学生能通过第二外语，如法语、拉丁语及必修英语的附加考试，还可获得进入所有普通大学学习的资格。职业高中的入学条件为：已完成国家承认的教育职业的职业教育，持有中等教育结业证书，同时各种成绩包括职业教育成绩在最低分数线以上者。职业高中设置的专业有技术、经济、家政、社会福利（公益事业）和农业等。职业高中的学制一般为两年。与专科高中不同的是职业高中没有职业实践课。

5. 学制五年的高等专科学校

具体做法是高职（专科）从初中毕业生中招生，实行五年一贯制教育。具有代表性的国家（地区）是日本、中国台湾。在世界各国职业教育体系

569

中，学制五年的中高衔接贯通的日本高等专门学校是令人注目的。高专从初中毕业生中招生，采取五年（商船高专五年半）一贯的教育体制，为日本现代化建设培养了大量的高素质、高技能的技术实用型人才。同时，部分高专为了使有志于在最新的科学、技术领域继续深造的学生得到更高水平的发展，设置了两年制的专攻科。专攻科的课程完成，满足学位授予的有关规定，可以申请获得学士学位，并且可以报考硕士、博士研究生继续深造。

（二）职业教育与其他教育的沟通方式

职业教育在与其他教育的横向沟通上，各国有所不同，比较典型的方式大致有三类。

1. 通过资格框架体系实现普职的渗透，寻求普职的等值

如澳大利亚的资格框架，不仅涉及职业教育的证书、文凭而且涉及普通教育的证书、文凭，它涵盖并跨越高中阶段和高等教育阶段两个层次的教育，包含了高中教育、职业教育和高等教育三个领域。在不同教育层次之间，以及在职业教育与普通教育类型之间实现了互通互认。

2. 通过学分转换和认可，实现职业教育与其他教育的沟通

如在美国，不仅同一层次、不同教育机构的课程学分可以互认，学分互认和转换同样发生在不同层次的教育机构中，比如高中 - 大学双学分（dual credit）课程，学生在中学里修的相关课程，可以得到社区学院甚至四年制大学的认可。

3. 以课程植入的方式实现普职高度渗透

这种方式是把职业教育的课程置于普通教育之中，学生们不仅要学习普通教育所规定的基本文化课，还要学习一些职业技术，这种方式在很多国家和地区得到采用。如台湾在普通教育中增设职业教育课程。

三、职业教育体系的共同特征

（一）注重公平性

把教育公平作为社会公平的重要基础，争取让全体社会成员可以自由、

平等地选择和分享受教育机会、公共教育资源和相同教育质量。教育公平是社会公平价值在教育领域的延伸和体现。职业教育是现代教育的一个重要组成部分,职业教育公平是教育公平在职业教育领域的延伸和体现。本文所研究的各国及地区对职业教育体系公平性的重视及构建表明,职业教育职能的发挥有了进一步拓展,不再只是满足经济发展的单一诉求而开始更多地承担维持社会稳定、和谐、可持续发展的其他职能,比如关注弱势群体、关注具有就业障碍的各类人群等。德国联邦政府对国民做出如下承诺:谁都不会因为无钱而不能接受教育和培训。为了确保教育机会均等,最大可能地帮助那些在物质、社会和文化等方面处于不利境地的公民(特别是处境不利的德籍外国人),使他们也有机会接受教育和培训,帮助他们实现对生活的向往,德国政府在2001—2005年拨款1.05亿马克,用于改善弱势群体的职业教育和培训问题。日本提出强化高职内部的分层教学,也就是说,针对目前学生的素质状况,学校内分基础组与提高组,以便更好地因材施教。基础组教学目的是面向"差生"的有效教学;提高组教学目的是面向优等生的重点培养与拔高。澳大利亚为了帮助土著人和残疾人获得更好的培训,制定了两项策略方针:"知识文化学习的助手"和"搭桥铺路"。同时为了保障"职业教育教学上的公平"还非常强调在培训包开发与实施上的公平原则。所开发的培训包在评估残疾人、母语为非英语人群、土著人以及乡村和边远地区的学习者时,做到评估程序的适当调整——但这必须是建立在公平有效的原则基础上的。

(二) 注重终身性

关注每个人的生涯发展全过程,关注每个人的自我发展、可持续发展能力,主张通过教育形式的灵活化和内容的多元化来满足个体不同发展阶段的各种需求,包括职教体系的各个阶段的各种方式——既有学校教育又有社会教育,既有正规教育又有非正规教育,从而在每一个人需要的时刻以最好的方式提供必要的知识和技能。职业教育成了贯穿于个人职业发展全过程的一种教育:职业准备教育→就业培训→岗位培训→晋级/转业/再就业培训。终身化也成为职业教育体系区别于普通教育体系的特征之一,从关注围绕岗位的职业能力转向关注支持个人自我发展、可持续发展的宽泛能力。同时职业教育内容的多元化、形式的灵活化从而满足个体不同发展阶段的各种需求。如 21 世纪美国由 STW 战略转向 STC 战略以及英国继续扩展高等教育和继续教育的规模并丰富此类教育对象的组成，都反映了"终身化"理念对职业教育体系的影响。

（三）注重开放性

开通多种渠道，实现职业教育向普通教育、成人教育和继续教育的开放。如我国台湾地区采用职业资格证书加工作经验的办法实现了高等职业教育体系向成人的开放。台湾地区的职业证书由"行政院"劳委会职业训练局统筹办理，分甲、乙、丙三个等级，获得者为不同等级的技术士。在实行职业证书制度的基础上，台湾地区构建了多元文凭价值体系。规定持有职业证书者，有若干年的工作经验之后也能取得相应同等学历资格：丙级证书加五年工作经验即相当于高级职业学校毕业或普通高中毕业，可以参加普通大学或技术学院、科技大学及专科学校的入学考试；乙级证书加四年工作经验即相当于专科学校毕业，可以参加大学附设二技或技术学院、科技大学的入学考试；甲级证书加三年工作经验即相当于技术学院、科技大学毕业，可以参加研究所硕士研究生的入学考试。

（四）注重衔接性和融通性

在横向上寻求职业教育与其他国民教育体系沟通，纵向上实现职业教育体系内部各层次间的衔接。这种衔接性既可以通过"职业资格与文凭的融通"，还可以通过职业教育的不同组织模式来实现。澳大利亚的国家资格框架、中国台湾的职业资格体系以及美国的技术准备都反映了各国实现职业教育体系衔接性的努力和智慧。如：英国的职业资格证书体系构筑了中学教育、职业技术教育和高等教育的立交桥；美国的技术准备项目"2 + 2 + 2"、"4 + 2 + 2"等模式加强了中等教育与中等后教育的联系，大大增强了职业教育的吸引力，给学生提供了更多的发展空间。而在职业教育体系内部，许多国家则注重内部层次间的衔接。如英国实施资格与学分框架（QCF），创立中高职教学单元衔接模式，促进了中高职教学相互衔接的紧凑性。

第四部分

专题研究

关于现代职业教育的内涵

中国教育科学研究院教育规划与战略研究中心课题组[*]

　　对"职业教育"这一概念，不同的国家在不同的时期有不同的表述，有的表述为"职业技术教育"（TVE），有的表述为"职业教育"（VE），还有的表述为"技术教育"（TE），其内涵也伴随着经济社会的发展不断丰富和完善。梳理国内外职业教育内涵的演变过程，在此基础上理清"职业教育"这一概念的内涵，对职业教育给予准确和相对清晰的定位，是加快发展现代职业教育、建设现代职业教育体系的前提和基础。

一、国际社会对职业教育内涵的理解

　　18 世纪末，适应手工业发展需要，欧洲产生了最初的职业教育，主要采取师徒传习的学徒制形式。19 世纪开始，随着工业化大生产的发展，大规模的机器生产代替了手工生产，原有的师徒传承无论是规模、速度还是教育内容已经不能适应生产力和技术迅猛发展的需要，欧洲一些国家开始以学校形式开展"技术教育"。

　　1974 年联合国教科文组织第 18 届大会通过的《关于职业技术教育的建

---

[*] 执笔人：赵晶晶。

议（修改稿）》中提出了广义的"职业技术教育"概念，认为职业技术教育"应该被理解为：普通教育的一个组成部分；为了在某一职业领域就业作准备的一个手段；继续教育的一个方面"。1997 年《国际教育标准分类法》中有"职业前或技术前教育"、"职业或技术教育"的提法，主要是"为引导学生掌握在某一特定的职业或行业或某类职业中从业所需的实用技能、专门知识和认知而设计的"。这一界定较之前有了很大的突破，外延上突破了"是普通教育的组成部分"，内涵上由"就业准备"扩展为"从业所需"，隐含了创业教育和终身教育的思想。

1999 年召开的国际职业教育大会则突出强调了职业培训，确定职业教育为终身教育的重要组成部分，大会议题定为"终身学习与培训：通向未来的桥梁"。大会的正式文件中也首次使用了"技术和职业教育与培训"的概念，并指出如下五点：1. 技术和职业教育与培训已逐步替代职业教育的提法；2. 技术和职业教育是终身教育的重要组成部分；3. 强调培养"创业"能力；4. 加强职业技术教育与培训的机构能力建设；5. 重视开展全民技术职业教育。世界银行和亚洲开发银行、国际劳工组织等国际组织也逐渐使用该概念。

进入 21 世纪，国际上逐渐将"职业教育"统一为"技术和职业教育与培训"（TVET）：一是将职业教育和就业培训、在职培训视为一个统一的连续过程，将职业教育作为继续教育的一个重要内容。二是职业教育的内涵从"职业预备教育"延伸拓展为"职业预备教育和升学预备教育"或"人生预备教育"，更加突出了终身教育理念下的职业教育与培训。发达国家也更加重视职业教育和普通教育的互相渗透，在普通教育乃至义务教育中融入职业教育课程，在职业教育中扩展普通教育课程。职业教育的内涵和外延与传统的职业教育相比发生了巨大变化，教育内容更加广泛、时间跨度更长、教育目标有所发展，职业教育逐步融入了终身化、职业化和全民化的思想。

二、我国职业教育内涵的演变

我国最早的职业学校教育始于同治五年（1866）左宗棠奏设的船政学堂。职业教育体制确立于 1902 年的《钦定学堂章程》，时称"实业教育"。1914 年蔡元培提出"实利主义教育"，其中心思想是强调"以人民生计为普通教育之中坚"，不仅给人以普通文化知识，而且给人以发展实业的知识和技能，以及一定的职业训练。在实利主义教育思想的启发下，黄炎培等人提出了"实用主义教育"，后来在创办中华职业教育社时，正式改称"职业教育"。

新中国成立以来，我国职业教育这一概念也经历了一个逐步演变的过程。新中国成立之初，政务院把职业教育称为"技术教育"，层次定在中等教育以下，主要是"培养具有必要文化科学的基本知识，掌握一定的现代技术，身心健康，全心全意为人民服务的初级和中级人才"。不久，党中央和国务院将技术教育称为"职业教育"。1982 年"职业教育"这一称谓被国家宪法予以确认。1985 年《中共中央关于教育体制改革的决定》把普通高等教育以外的所有培养专业技术人员、技术工人，以及其他城乡劳动者的学校和培训机构，统称为"职业技术教育"，提出要"调整中等教育结构，大力发展职业技术教育"。1996 年颁布的《中华人民共和国职业教育法》将"职业技术教育"改称为"职业教育"，并将各级各类职业学校教育和各种形式的职业培训纳入了"职业教育"范畴之中。

从中等职业学校教育发展的历史来看，新中国成立后，为适应国家实现工业化的要求和计划经济体制的需要，借鉴苏联的经验，我国建立了以中专和技工学校为主体的中等职业教育体系。当时，中专的定位是培养技术员，技工学校的定位是培养技术工人，中专和技工学校长期以来作为中等职业教育的主力军，在国家经济建设中发挥了重要作用，为企事业单位培养了大批生产、管理第一线的中初级技术人才和技术工人，为一系列重大工程项目提供了人才保证。改革开放之初，为适应我国经济迅速发展对中初级人才的迫切需求和中等教育结构调整的需要，又建立了一大批职业高中，主要培养生产服务一线的从业人员，至此形成了以中等专业学校、技工学校和职业高中为主体，包括成人中专在内的中等职业教育体系。

从高等职业学校教育发展的历史来看，1996 年颁布的《职业教育法》明确了高等职业教育的法律地位后，当年召开的全国职业教育工作会议提出要通过"三改一补"（高等专科学校、职业大学、成人高校改革，中专举办高职班为补充）大力发展"高等职业技术教育"。1999 年《中共中央国务院关于深化教育改革全面推进素质教育的决定》将"高等职业技术教育"改为"高等职业教育"，提出"高等职业教育是高等教育的重要组成部分。现有的职业大学、独立设置的成人高校和部分高等专科学校要通过改革、改组和改制，逐步调整为职业技术学院（或职业学院）"。自此，高等职业教育、高等专科教育和成人高等教育实行三教统筹，统称为"高职高专教育"。

由此可见，尽管新中国成立后我国职业教育的称谓发生了变化，经历了从"技术教育"到"职业教育"再到"职业技术教育"、"职业教育"这一演变的过程，但从新中国成立以后我国职业教育发展的历史传承看，职业教育包括了四个来源：一是一部分高等专科教育，二是中等专业教育，三是技工教育，四是职业高中教育。从传统人才分类来讲，既包括了部分专业技术人员的培养，又包括了技术工人和中初级技能劳动者的培养，既包括了技术教育，也包括了技能训练。但由于种种原因，当前不少学者和实际工作者对"职业教育"这一概念的理解存在着误区。主要有两种倾向：一种是把职业教育窄化，强调职业教育主要是技能的教育训练，重在培养一技之长；另一种是把职业教育泛化，认为只要培养目标涉及职业的都是职业教育。这两种倾向都导致我国对"职业教育"概念的内涵和边界都不够清晰，客观上影响和制约了我国职业教育的发展。

三、对职业教育内涵的思考

职业教育是教育体系中与经济社会发展结合最为紧密的一种教育类型，随着我国经济社会的发展和产业技术的进步，职业教育的内涵也应不断完善。对其内涵的界定，必须考虑三个方面：第一，有清晰的历史传承关系；第二，充分考虑经济发展方式转变和产业结构调整的发展要求；第三，符合民族传统习惯并有利于增强职业教育的吸引力。基于以上考虑，我们认为，现代职业教育应该是面向现代科学技术和生产方式，培养生产服务一线的技术技能人才的教育类型。这个概念包括四个要点，即教育类型、面向现代科学技术和生产方式、生产服务一线、技术技能人才，这其中技术技能人才是核心。

关于技术/技能的概念，首先涉及不同语境下概念的差异。在英语中，"technology"、"technique"和"skill"都可以翻译为中文的技术/技能。但"technology"更侧重"科技"，"technique"更侧重"技巧"，"skill"更侧重某种"技艺"，与"职业能力"的概念更贴近。因此，国外的学术研究和政策文献，无论是在高等教育还是在职业教育中，都会广泛地使用"skill"这个概念。

在中国的传统语义中，由于中文的模糊，"技术"的真实含义往往因语境而异，既可以指"technology"，也可以指"skill"。但是，由于在相当长的一段时间内，职业教育往往被特指为中职教育，而中职教育又偏于强调技能训练，导致在一些学术和政策研究中，科技（technology）往往被指向高等教育，技能（skill）往往被指向职业教育。由于长期以来计划经济体制下人才分层、分等思维的影响，在人们的意识中，前者指向专业技术人才（专业技术职务），后者指向所谓的技能劳动者（非专业技术职务）。这个误读导致了职业教育内涵出现了一定程度的混淆。

为此，我们建议使用"技术技能人才"这一称谓，将其在总体上作为一个统一的概念来使用，使现代职业教育的内涵更符合实际，将在生产服务第一线应用现代技术、装备、工艺和特有技能进行劳动创造的这一人才类型都归于职业教育的范畴。其中，高技能人才作为技术技能人才的一个类别，主要指其中对特有技能要求较高，需要较长时间系统技能训练的一部分人才。这个建议符合我们前述的三个要求：第一，符合历史传承。我国职业教育的来源，既包括传统概念上的专业技术教育，也包括传统概念上的技能教育。第二，符合时代发展的要求。为转变经济发展方式和产业结构升级提供人才支撑，既要强调技术教育，又不能忽视技能训练。从总体上看，现代产业技术的进步，使技术教育尤其是高新技术越来越成为产业升级的重要基础；但从部分行业来看，高技能高附加值制造仍然是产业竞争力的重要源泉。第三，符合传统习惯。"技术技能人才"的概念有利于群众科学认识职业教育定位，提升职业教育在群众心目中的地位。

从"技术"和"技能"概念的辨析中，我们得出的另一个重要启示是，研究中国的教育体系、制度和政策，学习国外的经验做法，都要避免中外概念上的简单或机械的一一对应，而忽略对其实质问题、本质属性的研究；更要避免用在中国现实语境和制度框架下异化了的"概念"作为反过来解读国外文本的概念框架。

建设现代职业教育体系迫切需要建立职业教育学位制度

辽宁教育科学研究院课题组[*]

学位是标志着被授予者的受教育程度和学术水平达到规定标准的一种学术称号；学位制度则是针对学位授予的级别、学位获得者的资格、学位的评定和管理而制定的各项法令、法规或办法的总称。学位制度的完善与否关系到一个国家高级专门人才的培养与认定，关系到整个教育事业的持续健康发展。职业教育作为一种教育类型，其在层次上亦分为初等、中等和高等职业教育，每一个层次均有其特定的人才培养规律与培养规范。从我国目前学位制度现状来看，随着高等职业教育的不断发展，顺应经济社会发展国际化的需要，以及世界学位制度的发展趋势，职业教育学位体系的构建及有关制度的完善将是未来我国教育改革与发展以及现代职业教育体系建设的重要议题。

一、发达国家和地区现行职业教育学位体系及相关制度

与一些职业教育发展较好的发达国家和地区相比，我国高等职业教育发展历史较短，这也是在当前的学位体系中找不到其位置的原因之一。这些国

---

[*] 执笔人：高鸿、赵昕。

家和地区在职业教育学位体系及相关制度的构建与完善方面的成功经验与做法可为我国学位制度的发展与完善提供重要参考。

（一）美国的职业教育学位制度

美国的高等教育结构由大学、学院和社区学院三级构成，学位制度采用四级制：副学士（或协士）、学士、硕士和博士。副学士学位是学位体系中最初级的学位，最早出现于英国，但是美国将其真正地发展与完善。社区学院是授予副学士学位的主体，其他可授予该学位的还包括专科学院（初级学院）或某些具有学士学位颁授资格的学院和大学。副学士学位课程的学分可转入大学，继续学习两年后即可获得学士学位。伴随着社区学院的发展与壮大，2002—2003学年美国副学士学位授予量占同期学位授予总量的比例已达到近四分之一，副学士学位在整个学位体系中有着重要的地位和作用。2001年开始，部分社区学院获得独立的学士学位授予权，可对符合条件的毕业生授予学士学位。目前，在美国约有200所社区学院开设了学士学位课程。

（二）英国的职业教育学位制度

传统上，英国高等教育体系是清晰的双轨制，高等职业教育由多科技术学院和其他继续教育机构承担，但它们不享有学位授予权。1993年后，根据《继续和高等教育法案》，35所多科技术学院全部升格为"科技大学"，享有学位授予权，即可以培养的学生从大专层次一直到博士层次。2000年2月，英国正式公布新的高等教育资格计划，提出在保持传统三年制荣誉学士学位教育规模不变的基础上，拓展高等职业教育，从2001年秋季增设一种两年制工作本位（Work – based）的新学位——基础学位（Foundation Degree），主要面向职教学生，作为国家现代学徒制度的一部分。它向年轻人提供由高级学徒制度直接通向高等教育的明确通道，通过"学徒制"—"基础学位"课程/高等教育，使其发展和积累现代企业所需的专业知识和职业技能。该学位由高等院校授予，重在技能和知识的开发，强调能力本位；采用弹性、多样的学习形式，可以是全日制，也可以是部分时间制；采用单元学分制，取得"基础学位"后，如继续全职学习15个月或在职学习相等学时，可得到大学的"荣誉学位"。基础学位制度的建立，标志着英国政府真正开始重视高等职业教育，开始把培养应用型的中级人才当作高等教育的一项重要职责。

（三）日本的职业教育学位制度

日本职业教育机构统称为专修学校，其中高等专门学校（五专）、专门学校和短期大学（二专）属高等学校范畴。1991 年，日本修订《学校教育法》，规定五年制初中起点的高等专门学校毕业生可获得"准学士"学位，并有资格申请大学插班；专门学校，学制 1—3 年，毕业符合条件者可授予"专门士"；短期大学，高中毕业或具有同等以上学力者可入校学习，学制 2—3 年，毕业可获得"准学士"学位，并可进入大学学习，在短期大学取得的学分可累计为获得学士学位的一部分学分。

（四）澳大利亚的职业教育学位制度

澳大利亚的学位制度分为三个阶段：第一阶段为副学士学位、学士学位、荣誉学士学位；第二阶段为研究生证书、研究生文凭、硕士学位；第三阶段为博士学位。2004 年，澳大利亚在其学历资格框架中新增了两年制高等教育副学士学位，这是与高级专科文凭并列的学历资格。通过课程与课程之间的衔接直接入读本科课程，获得副学士学位的学生可以进入大学继续学习，获得学士学位，或者入读高级专科文凭课程。大学和其他有权颁发学历学位证书的院校以及技术与继续教育学院（TAFE）和注册的培训机构（RTO）都有权授予副学士学位。

（五）中国台湾地区的技职教育体系

台湾地区的高等技职教育体系颇具特色，它与普通教育体系既相互独立又彼此融通，是不同类型但等值的关系，而且其体系内部也是纵横交叉。现行的高等技职教育包括高等专科教育、高等技术学院及科技大学的本科、研究生教育。提供高等技职教育的院校包括三大类：专科学校（按生源及修学年限分为二专、五专）、技术学院及科技大学（按修学年限分为二技和四技）。五专和二技的毕业生可以在技术学院再读两年以获得学士学位，相当于大陆的"专升本"模式,同时在普通大学附设二技,与专科学校的课程衔接。四技的毕业生可直接获得学士学位,并且技术学院与科技大学都可以培养硕士、博士。

台湾地区的高等技职教育已经构建了具有专科(二专、五专)、本科(二技、四技)、硕士和博士的多层次、多规格的完整的教育体系,打破了直达车式的传统教育模式,允许与普通高等教育生源交叉,建立了交互的多轨式可分段选择的升学渠道。近年来,台湾地区高等技职教育层次已经逐渐高移,其发展的重点放在大学以上层次的技术学院与科技大学,以培养更多较高层次且实务能力强的技术人才。

以上国家和地区高等职业教育学位体系的发展与完善呈现出了许多共性的特点,主要表现在:

一是随着世界范围内高等教育大众化和普及化的不断推进,专科层次的高等职业教育在高等教育大发展中起到了越来越重要的作用,副学士学位的设置已成为世界范围内学位制度改革与发展一种共同趋势。

二是专科阶段高等职业教育以短学制和实用性为特点,兼具升学与就业功能,是对高等职业教育在层次结构上的有效补充;同时通过设置副学士学位,可对该层次教育规格进行规范和统一,有助于提高职业和技术教育地位。

三是注重普职的有效衔接与沟通,高等教育各种类型之间出现相互融合的趋势。大多数国家和地区的高等职业教育学制灵活,并可通过学分转换、资格证书等值等形式进入普通教育体系,从而实现职业教育学位体系和普通教育学位体系的有效衔接。同时,20世纪90年代后期,英国和中国台湾地区出现"科技大学"现象,人才培养层次实现了从专科到研究生阶段的覆盖,在完善职业教育学位体系的同时,这些科技大学的功能也进一步拓展为就业、升学、研发及社会服务。

四是具有健全的法律法规保障。在学位体系不断完善的过程中,均是通过相应的法律、法规从法律上对学位体系予以了确认,保证了学位体系的实施。

二、我国职业教育学位体系不完善所带来的问题

我国现行的学位制度将学位分为学术学位和专业学位两大类。学术学位实行三级学位制：学士（对应本科）、硕士和博士（对应研究生）；专业学位是从 1991 年开始实行，现已基本形成以硕士学位为主，学士、硕士、博士三个学位层次并举的专业学位体系。但无论是学术学位体系还是专业学位体系皆是对普通高等教育而言的，忽略了高等职业教育能否授予相应学位的问题，所以从严格意义上来说，我国目前并不存在职业教育的学位体系，现有的学位体系是不完整的。这一状况的出现有一定的历史原因，但随着我国职业教育的不断发展壮大，特别是现代职业教育体系的不断完善，现有学位制度所带来的弊端越发凸显，主要表现在以下几个方面。

一是学位体系的不完整严重制约了职业教育发展的空间。学位制度作为与高等教育制度相配套的制度，应涵盖整个高等教育系统。而在目前学位制度下，高等职业教育却被排除在学位体系之外，专科教育也成为职业教育的最高阶段，也是唯一没有学位的高等教育层次。高等职业教育体系在专科层次后被人为地切断，没有了向上拓展的空间，大大限制了高等职业教育的发展，同时也不利于终身教育体系的构建。

二是对于接受职业教育的学生而言，现行学位制度将高等职业院校的学生拒之门外，即剥夺了其进入学位通道的机会。尽管已有"专升本"这一通道，但是除其比例有限外，由技术教育向学术性教育的转换过程并不顺畅，降低了人才培养的质量与效率。这就致使我们目前的高职教育功能过于单一，升学功能被不断弱化，忽视了人们对于继续接受高一层次教育的需求，这无疑是与构建终身教育体系的发展目标相悖的。

三是不利于职业教育学位体系的国际化。学位的国际对等关系到国际学术交流、人员进修、人才流动以及国家教育水平评价等问题。目前，世界上许多国家顺应经济社会发展对人才培养的需求，以及教育自身发展的内在要求，纷纷在高等职业教育中增设了副学士学位，学位体系的分级也向更为多样化的趋势发展。而我国现有的学位体系层次较为单一，不利于与他国学位

的对等与互认，制约了我国高等教育的国际化发展。

四是不利于合理的人才培养层次的形成。职业教育担负着培养面向经济社会发展的生产、管理和服务等领域的各个层次的应用型、技能型人才的重要使命。独立的职业教育学位体系的缺乏，使技能型人才的培养层次受到限制（仅至专科阶段），人才培养没有了连续性，造成技能型人才的结构性短缺，难以满足经济社会发展对人才层次与结构的需求。

五是不利于职业教育地位的提升。由于职业教育没有反映其自身特点的学位通道，接受职业教育的学生亦难以获得学位的认可，因此尽管无论是在舆论上还是国家的政策导向上，都在宣传着职业教育的重要性，但在实际中，职业教育与普通教育还是由"类型"的区别变成了"层次"上的区别。如果不对现有的学位制度进行改革，职业教育地位的提升将是难以达成的目标。

三、完善我国职业教育学位体系的建议

职业教育作为一种与普通高等教育平行的教育类型（而非教育层次），理应具有与之相对应的学位体系。因此，推动我国职业教育形成从专科、本科、硕士研究生及博士研究生的完整的教育体系，以及与之相对应的学位体系，既符合教育自身发展规律的要求，也顺应经济社会发展以及人民大众对优质化、多元化、终身化教育的需求。为此，我们提出如下建议。

（一）设立副学士学位，推动学位层次的优化

专科层次的高等职业教育是高等教育的重要组成部分，根据国际上其他国家的经验，在专科层次职业教育增设副学士学位，可填补目前我国高等职业教育层次学位的空白，有利于高等教育结构的优化。增设副学士学位，亦有利于明确专科层次的职业院校的办学定位，有效地规范专科教育的人才培养过程，从而引导和规范高职高专教育的可持续发展。

（二）积极发展技术本科，推动本科层次高等职业教育发展

技术本科教育是高等职业教育的重要组成部分，它针对职业教育人才培

养特点，提供学士学位课程，是培养高素质技术应用型人才的重要途径。积极发展技术本科教育，鼓励并支持有条件的专科层次的高等职业院校升格，鼓励并支持现有的部分应用型本科转向技术本科发展。技术本科要走专而精的特色化发展道路，不能追求大而全，避免与普通本科院校的趋同发展。同时，提高目前"专升本"的比例，使更多有接受更高层次教育意愿的专科毕业生有机会进入学位通道。技术本科的发展无论是从职业教育学位体系的建构、技术应用型人才的培育，还是从学生生涯发展的角度看都是一种可行而有效的选择。

（三）推动高等职业教育学位制度与专业学位制度的对接，填补职业教育学位体系在硕士和博士学位阶段的空白

区别于一般意义上侧重理论、学术研究的研究生教育，专业学位教育旨在针对一定的职业背景，培养高层次、应用型人才。职业性、实践性、应用性和技术性是专业学位人才培养的重要特色，这与高等职业教育的培养目标在本质特征上具有极高的一致性。因此，可通过一定的制度设计和政策手段，推动高等职业教育学位制度与专业学位制度的对接，使职业教育延伸至研究生阶段，学位体系更为完整。

（四）完善相关的制度建设，加强职业教育体系与普通教育体系的双向融通与衔接

从国际经验来看，各国在发展职业教育及其学位体系的过程中都极为注重与普职的相互转换、融通与衔接，从而使受教育者有着更多的选择空间与路径。而我国目前在此方面做得还远远不够。借鉴国际经验，我国应进一步完善高等教育的学分制度、职业资格证书制度，推进学分转换，以及职业资格证书与文凭之间的等值对应。同时，建立补偿教育制度，对进入与其先前教育背景不同的教育类型通道的学生，有针对性地开设补偿性课程，促进普职的有效融通。

（五）推动职业教育内部各层次间课程体系的有效衔接

职业教育体系首先是一个课程体系，构建一个完整的职业教育学位体系必须要构建一个完整的、衔接顺畅的课程体系。即从中等职业教育课程体系到专科层次再到本科层次及至研究生层次的课程体系应是一以贯之的，保证各层次职业教育人才培养目标、培养规格、培养层次的科学性、统一性与规范性。

（六）加快教育的法制化建设，从法律上保障职业教育学位体系的建立与实施

在国际上，很多国家的学位制度改革大多都离不开法律、法规的推动。借鉴国际经验，我国亦应在职业教育的法制化建设中，通过法律的形式将高等职业教育的学位制度建设向前推进一步，为多类型、多层次、高素质技能型人才的培养在制度上予以保障，以进一步健全职业教育体系、完善职业教育学位制度，促进职业教育健康、持续发展。

19

本科层次职业教育研究
——基于高等教育分类的视角

中国教育科学研究院教育规划与战略研究中心课题组[*]

　　分类定位和特色发展是当今世界高等教育发展的两个重要趋势。从世界范围来看，国际组织和有些国家的研究机构为了便于认识和描述日益多样化的高等教育体系，引导高等教育发展方向，加强高等教育管理，对高等教育进行了不同的分类，其中最具代表性的高等教育机构分类体系包括：美国卡内基教学促进基金会研发的"卡内基高等教育机构分类"（Carnegie Classification of Institutions of Higher Education），联合国教科文组织发布的"国际教育标准分类"（ISCED）以及欧盟资助的"欧洲高等教育机构分类"（The European Classification of Higher Education Institution）。

　　本研究试图通过对国际分类标准，以及国际或区域职业教育经验的分析，从高等教育分类的视角，探讨我国举办本科层次职业教育的可能性。

一、国际高等教育分类概览

　　国际高等教育分类始于 20 世纪 70 年代中后期，当时美国和联合国教科

---

　　[*] 执笔人：孙诚、张男星、卢彩晨、王春春。

文组织分别对美国和世界高等教育进行了分类。两大机构颁布的高等教育分类适时地对 20 世纪六七十年代高等教育的迅速扩展做出了回应，在一定程度上反映了当时欧美产业结构转型对高等教育人才需求的扩大。但总的来说，作为构建系统性高等院校分类体系的最初尝试，首版卡内基分类与国际分类都体现出分类维度单一、分类标准粗放的特点。

20 世纪 80 年代至 20 世纪末，随着欧美发达国家进一步推动产业结构升级，经济增长模式继续向服务化、信息化、高技术化方向发展。卡内基分类与国际分类在这一时期做出了几次修订，反映了当时欧美高等教育机构的变迁。特别是在博士教育层级、本科教育层级制定了更为细化的分类标准，以进一步反映科研重要性的提升、本科院校的扩展以及职业教育、应用技术教育的层次上移。

在欧洲，英国、德国等主要国家始终没有建立系统的且被广泛接受的高等教育分类办法。2005 年，在博洛尼亚进程的推动下，欧洲高等教育一体化初获成效，各国间高等院校在学位、学制以及学分系统等方面获得了更好的衔接，欧洲高等教育逐渐形成了一个包含 4000 余所高校、规模庞大、结构复杂的高等教育系统。在这一背景下，欧洲亟须建立一个通用的、系统的高等教育分类框架来对庞大而多元的欧洲高等教育体系进行描述与研究。

（一）美国卡内基分类体系

卡内基分类是美国最重要的高等教育机构分类框架，也是被世界各国广泛参考的高等教育分类法。在几十年的实践中，这一分类框架被政府、大学、排名机构广泛应用于政策制定、学校发展定位、大学机构排名等各个方面，在反映美国高等教育变迁的同时，对高等教育发展产生了深远的影响。卡内基教学促进基金会于 1973 年发布首版卡内基分类，此后随着高等教育的快速发展以及美国经济的发展、产业结构的调整与高等教育机构的变迁，分别于 1976 年、1987 年、1994 年、2000 年、2005 年以及 2010 年对分类体系做出六次调整。其中，于 2005 年形成了现行的多维分类体系，2010 年延续这一体系并做出微调。

1973 年第一版卡内基分类主要依据大学所授予学位的层次将美国高等教

育机构划分成具备不同院校功能的五大层级：博士学位授予机构、综合性大学和学院、文理学院、两年制学院、专业学校和其他专门院校；在此基础上，依据授予学位的学科分布将五个大类分为若干子类（见表1）。这一分类维度被称为"基础分类"（Basic Classification），奠定了此后各个版本分类的基本框架。

表1   1973 年卡内基分类"基础分类"框架

分类层级　　版本	1973 年版	
	一级门类	二级门类
博士层级	博士学位授予机构	研究型大学一类
		研究型大学二类
		博士学位授予大学一类
		博士学位授予大学二类
硕士层级	综合型大学和学院	综合型大学和学院一类
		综合型大学和学院二类
学士层级	文理学院	文理学院一类
		文理学院二类
副学士层级	两年制学院	
专门院校	专业学校和其他专门院校	神学及其他与信仰有关的专门院校、医学院与医学中心等

资料来源：据卡内基教学促进基金会资料汇总编制。

1976 年，距首版仅隔 3 年推出的第二版卡内基分类与最初版本区别不大，基本延续了第一版的基础分类。1987 年第三版的修订主要围绕研究型大学分类标准的更新，首次提出获取联邦科研经费这一分类标准的具体数量要求，放弃了前两个版本中对科研经费进行排名的办法。这主要是由于产业升级促使更多的大学向研究型大学转型，博士层级大学普遍加大科研经费的投入水平，加强对联邦政府科研资助的获取力度。在前两个版本的分类中，只有科研经费排名前 100 名的大学才被列为研究型大学，其他大学则被排斥在这一分类之外，这显然已经无法反映 20 世纪 80 年代末高等教育发展的新形势。因此，在 1987 年的修订版中确定，每年获得 3350 万美元或以上联邦科研资助，同时至少授予 50 个博士学位的高校属于研究型大学一类，而每年获得 1250 万美元至 3350 万美元科研经费之间的大学被列为研究型大学二类。

1994 年，卡内基分类推出第四版，在研究型大学分类标准方面进一步细化，提升了获取联邦科研资助这一指标的阈值。在高等教育科研投入节节攀升的背景下，要保持科研经费这一标准的区分度，必须相应提升对科研经费数额的要求。因此，该版本规定每年获得 4000 万美元或以上联邦科研经费的高校为研究型大学一类，比上一版本提高了 650 万美元。研究型大学二类的指标相应提升至需获得 1550 万美元至 4000 万美元联邦经费。博士型大学的门槛也随之提高，其中在至少 5 个专业中授予 40 个以上博士学位的高校被归类为博士型大学一类，而博士型大学二类需要在至少 1 个专业中授予 20 个以上博士学位或在 3 个专业中授予 10 个以上博士学位（1973 年、1987 年、1994 年各版卡内基分类研究型大学分类标准比较见表 2）。

表 2　1973 年、1987 年、1994 年各版卡内基分类研究型大学分类标准比较

分类版本＼院校类型	1973 年版	1987 年版	1994 年版
研究型大学一类	每年至少授予 50 个博士学位，获取联邦科研经费资助排在前 50 名	每年至少授予 50 个博士学位，每年至少获得 3350 万美元联邦科研资助	每年至少在 5 个专业授予 40 个博士学位，每年获得 4000 万美元或以上联邦科研经费
研究型大学二类	每年至少授予 50 个博士学位，获取联邦科研经费资助排在第 51 名至 100 名	每年至少授予 50 个博士学位，每年获得 1250 万美元至 3350 万美元科研经费	每年至少在 1 个专业授予 20 个博士学位或在 3 个专业授予 10 个以上博士学位，每年获得 1550 万美元至 4000 万美元联邦经费

资料来源：据卡内基教学促进基金会资料汇总编制。

以上两次改革细化了研究型大学的分类标准，以具体的科研经费量化指标代替以往版本中排名的做法，增强了对研究型大学在科研规模、科研水平方面的甄别，从而加强了博士学位授予机构内部各子类的区分度。表 3 列明了 1973—1994 年间卡内基分类的 4 个版本下研究型大学数量的变化。不难看

出，更多的大学被纳入研究型大学的类别中来，这表明卡内基分类对科研经费指标的调整较好地反映了美国研究型大学在产业升级背景下的发展趋势。不过另一方面，这一分类标准的调整也反过来进一步提升了科研在高等院校中的重要性。以获取科研经费多少为标准将博士层级院校列入不同类别，会让人误解为新标准依据科研经费对高等院校进行高低水平的分级或排名。事实上，这一分类标准在实践中已被异化成大学排名的工具。民众认为获得科研经费多的研究型大学一类科研水平高于研究型大学二类，而博士型大学则不从事科研工作。同时，各大学为了提高自身的社会声誉，纷纷加大对科学研究的投入，特别是向能够吸引到更多联邦经费的自然科学领域倾斜。这在客观上鼓励了高等院校进一步加大对科学研究的投入及其向研究型大学"升格"的动机。

表3　美国研究型大学数量变化（1973—1994年）

单位：所

年份	研究型大学总数	研究型大学一类	研究型大学二类
1973	92	52	40
1976	98	51	47
1987	104	70	34
1994	126	89	37

资料来源：据卡内基教学促进基金会资料汇总编制。

1994年第四版卡内基分类的另一重大变化是进一步细化了四年制本科层级的分类标准，增强了对文理学科与应用技术学科之间的区分度，体现了职业教育和技术教育在四年制本科院校中重要性的提升。具体办法是将学士层级分类由文理学院（包括文理学院一类和文理学院二类）更名为学士型学院（包括学士型学院一类以及学士型学院二类）（见表4），并对该类别内的学科分布指标做出调整。这一改革适时地反映了当时美国本科院校变化的特点。

1980年美国本科教育入学人数首次突破1000万大关。其中，学士学位授予院校获得了更大程度的发展，其新生入学人数与学士学位授予数的增速均明显快于硕士、博士层级高等教育机构的扩张速度。四年制学士层级院校入学人数的高速增长主要源于产业升级背景下劳动力从传统制造业向新兴产业的转移，这一过程放缓了对低端制造业产业工人的需求，而扩大了对受教育程度较高的新技术产业以及新兴服务业从业人员的需求，进而推动了职业教育和应用技术教育向学士层级发展和学士层级教育持续扩张。

表 4   1994 年卡内基分类框架

分类层级	1994 年版		
	一级门类	二级门类	
博士层级	博士学位授予机构	研究型大学一类	
		研究型大学二类	
		博士型大学一类	
		博士型大学二类	
硕士层级	硕士（综合）型大学和学院	硕士（综合）型大学和学院一类	
		硕士（综合）型大学和学院二类	
学士层级	学士型学院	学士型学院一类	
		学士型学院二类	
副学士层级	副学士型学院		
专门院校	专门院校	神学及其他与信仰有关的专门院校、医学院与医学中心等	
	部落学院和大学		

资料来源：据卡内基教学促进基金会资料汇总编制。

在这一背景下，一批以文理学科为主的四年制本科院校纷纷增设应用导向的专业课程，以适应就业市场对相应领域专业人才的需求。旧版分类中传统的"文理学院"（Liberal Arts College）门类已不足以描述新形势下四年制本科院校功能与学科的分化。针对高等教育系统的这一变化，第四版卡内基分类做出调整，将这一层级分类更名为学士型学院，并依据学科分布的不同进一步划分为两个子类，而在学科分布标准中也特别强调了职业教育和技术教育课程的比重。这一修订反映了应用技术学科、职业导向课程在四年制本科层级上重要性的提升，是对这类院校办学地位的认可，适应了产业结构转变对高校人才培养提出的新要求。

2000 年，卡内基基金会推出第五版分类，依旧围绕博士层级大学特别是研究型大学和本科院校两个层级的分类标准进行更新与细化。

首先，该版分类第一次打破博士层级院校类别中研究型大学与博士型大学的二元分类，且不再使用科研经费数量这一标准区分博士层级各类院校。如前所述，以往版本的分类办法在反映美国高等教育科研重要性提升的同时，也起到了引导高校加大科研投入、向研究型大学"升格"的作用。这在客观上打击了大学在教学、社会服务等职能上的积极性，与卡内基分类"描述、鼓励多样化的高等教育系统"的原则相悖。① 在这样的背景下，第五版卡内基分类将博士层级院校统称为"博士/研究型大学"，并依据博士学位授予数量及学科分布而非科研经费的多寡，将其进一步分为博士研究型大学广博型（每年至少在 15 个学科授予 50 个博士学位）、博士研究型大学精深型（每年至少在 3 个学科授予 10 个博士学位，或每年授予 20 个博士学位以上）两个子类。卡内基基金会希望通过这一改变，淡化其分类标准对研究型大学及其科研经费的过度强调给高等院校带来的负面影响。

其次，在本科院校层级，该版分类在学士型学院与副学士型学院之间新增一子分类——学士/副学士型学院，并规定学士学位授予数量占该校所有本科生学位授予数量 10% 以上而低于 50% 的被列入该子分类，而这一比例低于10% 的则被归类为副学士型学院。推出这一新设子类的目的在于更好地描述新兴的学士、副学士项目并存的院校。在美国，传统的学士层级院校（以文理学院为主）与副学士学院（主要包括社区学院、初级学院和技术学院）往往泾渭分明。② 而随着经济增长模式对高素质专业技术人才特别是新兴服务行业、高新技术产业专门人才的需求进一步扩大，美国一批文理学院纷纷开设短期项目授予副学士学位，以适应就业市场对本科教育人才的需求。在这一背景下，传统分类中四年制学士与两年制副学士型学院二元互斥的分类标准已无法甄别处于中间地带的本科院校，而新版分类则及时做出回应，给予既授予学士学位又授予少量副学士学位的新兴院校、学科以适当的定位，保

---

① Lively, K. 1999. Changes Planned for Carnegie Classifications [J]. Chronicle of Higher Education, 46 (11).

② Clark, K. 1991. The Great Transformation in Higher Education 1960—1980 [M]. New York: State University of New York Press.

护其发展空间（2000 年及各主要版本卡内基分类框架比较见表 5）。

表5　1973 年、1994 年、2000 年各版本卡内基分类框架比较

分类层级＼版本	1973 年版		1994 年版		2000 年版	
	一级门类	二级门类	一级门类	二级门类	一级门类	二级门类
博士层级	博士学位授予机构	研究型大学一类	博士学位授予机构	研究型大学一类	博士/研究型大学	博士/研究型大学（广博型）
		研究型大学二类		研究型大学二类		
		博士学位授予大学一类		博士型大学一类		博士/研究型大学（精深型）
		博士学位授予大学二类		博士型大学二类		
硕士层级	综合型大学和学院	综合型大学和学院一类	硕士（综合）大学和学院	硕士（综合）型大学和学院一类	硕士型学院和大学	硕士型学院和大学一类
		综合型大学和学院二类		硕士（综合）型大学和学院二类		硕士型学院和大学二类
学士层级	文理学院	文理学院一类	学士型学院	学士型学院一类	学士型学院	学士型学院（文理类）
						学士型学院（普通类）
		文理学院二类		学士型学院二类		学士/副学士型学院
副学士层级	两年制学院		副学士型学院		副学士型学院	
专门院校	专业学校和其他专门院校	神学与其他与信仰有关的专门院校、医学院和医学中心等	专门院校	同上一版	专门院校	同上一版
			部落学院和大学		部落学院和大学	

资料来源：据卡内基教学促进基金会资料汇总编制。

2005 年版和 2010 年版分类（后者基本延续了前者的分类框架与分类标准）除保留基础分类（Basic Classification）外，主要做出了两大改变：

第一，新设 5 个常规分类维度：本科教育项目（Undergraduate Instructional Program）、研究生教育项目（Graduate Instructional Program）、学生入学状况（Enrollment Profile）、本科生结构（Undergraduate Profile）、规模与住宿（Size & Setting）。每个维度分别设置不同的分类标准，对院校进行排列组合，形成新版卡内基分类的多维度分类框架（见表 6）。

表 6   2005 年卡内基分类维度与分类标准体系

	分类维度	分类标准
传统维度	基础分类	授予学位层级分布
		授予学位学科分布
新增常规维度	本科教育项目	授予本科学位层级：副学士或学士
		授予学士学位学科比例：文理学科、专业学科
		同时授予学士、研究生学位的学科比例
	研究生教育项目	授予研究生学位层级：硕士、专业学位或博士学位
		授予学位学科分布：综合型、自然科学、人文社科、单一专业型
		学生入学的层级分布：本科、研究生、专业学位
	学生入学状况	在校生学制情况：全日制、非全日制
	本科生结构	从他校转入学生比例
		新生入学选拔性高低
	规模与住宿	在校生数：特小型、小型、中等、大规模、特大规模
		学生住校比例：低住宿率、一般住宿率、高住宿率
新增可选维度	社区服务	
	本科生教育问询与支持	

资料来源：据卡内基教学促进基金会资料汇总编制。

新增的 5 个常规分类维度共包括 7 种学生入学状况类型、13 种本科生结构类型、17 种本科教育项目类型以及规模与住宿类型和 18 种研究生项目类型。据此5个维度自由排列组合，可生成186624种潜在的院校类别①，便于从不同角度对高校进行聚类与区分，从而将分类描述体系的多元化发挥到了极致，尽可能多地涵盖了院校各方面的特征。各分类维度间平行独立而非互相排斥，一所院校可以被同时列入不同维度下的各个类别中，以呈现它在不同领域上的特色，并实现对它的精准定位。例如，芝加哥大学在基础分类中属于"研究型大学（非常偏重科研）"，在本科教育项目维度中被列为"偏重文理、本科生与研究生教育高度共存"，在研究生教育项目类别中属于"综合型博士院校，具有医学、兽医学科"，在学生入学状况维度中属于"以研究生、专业学位学生为主"，在本科生结构维度中被列为"全日制四年本科院校（高度选拔性与低新生转入率）"，在规模与住宿类别中被列为"大型四年制，高住宿率"（见表7）。在所有维度上与芝加哥大学均属同一类别的只有三所高校——哈佛大学、哥伦比亚大学、斯坦福大学。可见，在多维分类框架中，高等教育机构被更加精准地区分与聚类，每一所、每一类高校的自身特色都得到了充分认可与彰显。

表7　芝加哥大学在卡内基分类2005年版本中所属类别

分类维度	所属分类
基础分类	研究型大学（非常偏重科研）
本科教育项目	偏重文理、本科生与研究生教育高度共存
研究生教育项目	综合型博士院校，具有医学、兽医学科
学生入学状况	以研究生、专业学位学生为主
本科生结构	全日制四年本科院校（高度选拔性与低新生转入率）
规模与住宿	大型四年制，高住宿率

资料来源：据卡内基教学促进基金会资料汇总编制。

第二，新设两个可选分类维度，包括社区服务（Community Engagement）和本科生教育支持（Undergraduate Education Inquiry & Support），院校可自行

① John, L. 2005. Carnegie Overhauls Its Classification System [J]. Chronicle of Higher Education, 52 (14).

决定是否申请加入这一维度分类的考量。传统的卡内基分类标准对于以社区参与、本科教学为主要特色的大学的区分度不足，没有给予它们充分的定位空间，使得此类大学在与研究型大学的类比中处于劣势，客观上打击了院校在本科教学、社会服务上的积极性[1]，同时也在一定程度上加剧了一些院校重视科研、轻视教学和社会服务的现象。新版分类单独设立社区服务与本科生教育支持两个独立的分类维度，目的就在于将此类大学与研究型大学区分开，鼓励其在社会服务、本科教学中的投入，认可其对产业转型、经济增长、社会发展做出的贡献，以保护高等教育系统的多样性。自 2005 年以来，数百所高校申请参与可选维度的考量[2]，卡内基基金会派出专家入校对学校的社区服务、本科教学相关项目进行专门考察，以评估学校是否适合被纳入这一分类。这一评估过程本身加强了高校对于本科教学和社区服务的重视，促使高校为相关活动提供预算、师资乃至基础设施建设方面的支持，在一定程度上起到了引导高等院校多元化发展的作用。

（二） 国际组织分类体系

1976 年，第一版国际教育标准分类由联合国教科文组织正式颁布，此后分别于 1997 年和 2011 年做出两次修订。它致力于设置在国际范围内获得广泛共识的高等教育机构分类框架与分类标准，以形成具备国际可比性的高等教育分类体系[3]，更好地描述日益复杂化的世界高等教育系统。该分类依据教育等级和学科课程将教育划分为各个层级以及若干类别。首版国际分类涵盖了学前教育、基础教育、初级中等教育、高级中等教育、中等后非高等教育、高等教育第一阶段、高等教育第二阶段 7 大教育层级，其中第 6 级至第 7 级教育为高等教育层级分类（见表 8）。

---

① Driscoll, A. 2009. Carnegie's New Community Engagement Classification: Affirming Higher Education's Role in Community [J]. New Directions for Higher Education, (147).

② Zuiches, J J, Cowling, E, Clark, J, Clayton, P, Helm, K, Henry, B, Morris, T, Moore, S, Navey – Davis, S, Schulze, S, Thornton, C, & Warren, A. 2009. Attaining Carnegie's Community-Engagement Classification, Change. 40 (1).

③ ISCED: INTERNATIONAL STANDARD CLASSIFICATION OF EDUCATION [EB/OL]. http://www. uis. unesco. org/Education/Pages/international – standard – classification – of – education. aspx.

表8　1976年版国际分类框架

等级名称	等　级	类　别
学前教育	0	无
基础教育	1	无
初级中等教育	2	无
高级中等教育	3	无
中等后非高等教育	5	无
高等教育第一阶段	6	无
高等教育第二阶段	7	无

资料来源：据《1976国际教育标准分类法》① 编制。

1997年，联合国教科文组织对分类进行了修订，依据课程类型的不同，将高等教育第一阶段进一步区分为A、B两类（见图1）。第一类是理论型，代码为5A，此类课程偏重理论教育，可以为进入高级研究课程做准备（如历史、哲学、数学等），也可为从事高技术要求的职业做准备（如医学、牙科、建筑学等）。第二类是实用型，代码为5B，其课程内容是面向实际的，以具体职业为指向，集中在为进入劳务市场做准备的具体的职业技能上，尽管在课程中也会包括一些基础理论。其主要目的是让学生获得从事某个职业、行业或某类职业、行业所需的实际技能和知识。完成这一级学业的学生通常能够具备进入劳务市场所需的能力与资格。

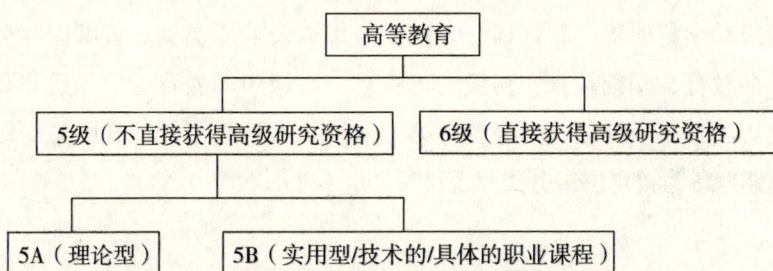

图1　1997年版国际分类高等教育层级分类框架

资料来源：据《1997国际教育标准分类法》② 编制。

---

① http://www.uis.unesco.org/Education/Pages/international-standard-classification-of-education.aspx.

② http://www.uis.unesco.org/Education/Pages/international-standard-classification-of-education.aspx.

这一补充标准的设定一方面进一步细化了本科层级高等教育的分类，另一方面也体现了世界范围内职业技术教育重要性的提升。本科院校的功能日益分化，除了进行学术教育外，也更多地承担起职业教育、应用技术教育的职能。国际分类的这一变化与1994年第四版卡内基分类细化四年制本科分类标准、区分文理学科与应用技术学科的改革走向不谋而合。

2011年第三版国际分类做出重大改变，打破了前两个版本中"本/硕层级与博士层级"的两级高等教育分类框架，因为在这一框架下很难清晰判别不同国家硕士教育的定位。在操作中，硕士层级课程的位置往往"可上可下"，有时被划入5级（本硕层级），有时则被划入6级（博士层级）。而在新版国际分类中，高等教育被细分为4个层级。其中高等教育第一阶段细分为5、6、7三级，第二阶段则被列为第8级（见图2）。5级（短线高等）课程是基于应用和特定职业的课程，目的是给参加者提供专业知识、技艺和能力。6级（学士或等同）课程一般以理论为基础，但可包括实践的成分，主要传授科学研究的最新成果和专业实践知识，目的是给参加者提供中等程度的学术知识、专业技艺和综合能力。7级（硕士或等同）课程有大量的研究成分，但不够获得博士资格证书标准。该级课程以系统理论为重要基础，但可包括实践成分，传授研究的最新成果和专业实践知识，目的是给参加者提供高级的学术或专业知识、技艺和能力。8级（博士或等同）主要是为获得高级研究资格而设置，致力于高级学习和原创性研究。这一改革反映了博洛

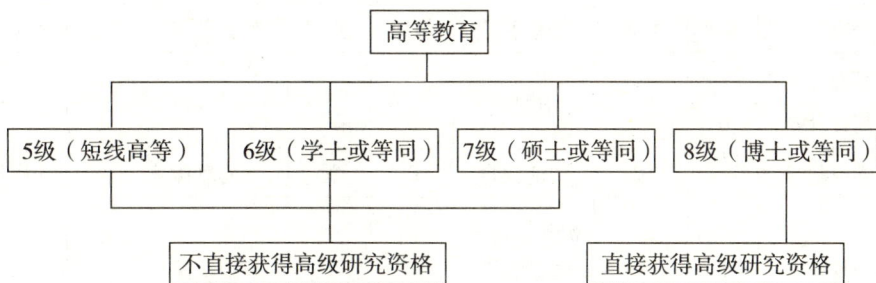

图2　2011年版国际分类高等教育层级分类框架

资料来源：据《2011国际教育标准分类法》① 编制。

---

① http://www.uis.unesco.org/Education/Pages/international-standard-classification-of-education.aspx.

尼亚进程给欧洲高等教育系统带来的重大变化。1999 年开启的博洛尼亚进程提出在欧盟国家引入统一的学士/硕士/博士三级学制，打破旧有的二级学位体系，以加强硕士学位课程教育的重要性，突出专业人才培养的更高要求。在这一背景下，新版国际分类迅速更新了其分类体系，进一步细化其教育层级的区分。

新版国际分类的另一重大变化是明确提出依据"课程定向"和"理论累计时间"两个标准对四个级别的高等教育及其子类进行划分。在 1997 年版分类中已开始尝试依据课程类型和学制长度对高等教育进行划分，但其标准并不明确，只是提出"长线课程更侧重理论"、"短线课程则比较重实际"等一般性表述。新版分类明确了高等教育的两个课程定向，依据课程属性的不同将职业课程与普通课程区分开，专业课程与学术课程区分开。在 5 级教育中分为普通型与职业型，在 6、7、8 级教育中分为学术型与专业型，并通过编码表示。例如 5 级课程有"54"及"55"两类，分别代表普通课程与职业课程。另外，与 21 世纪初第五版卡内基分类强调对四年制学士学位院校内部短期项目加以甄别类似，新版国际分类也首次将短期高等教育课程单列为 5 级（短线高等），反映了两大分类对职业、专业教育发展趋势的关注（见表 9）。

表 9　1976 年、1997 年、2011 年版国际分类的教育层级、类别比较

2011 年版			1997 年版			1976 年版		
等级名称	等级	类别	等级名称	等级	类别	等级名称	等级	类别
早期儿童教育开发	0	01	未包括			未包括		
学前教育		02	学前教育	0	无	学前教育	0	无
初等教育	1	10	初等教育或基础教育第一阶段	1	无	基础教育	1	无
初级中等教育	2	24普通	初级中等教育或基础教育第二阶段	2	分为 C 和 A/B 两种	初级中等教育	2	无
		25职业						

表 9（续）

2011 年版			1997 年版			1976 年版		
等级名称	等级	类别	等级名称	等级	类别	等级名称	等级	类别
高级中等教育	3	34 普通	高级中等教育	3	分为 C 和 A/B 两种	高级中等教育	3	无
		35 职业						
中等后非高等教育	4	44 普通	中等后非高等教育	4	分为 C 和 A/B 两种	中等后非高等教育	5	无
		45 职业						
短线高等教育	5	54 普通	高等教育第一阶段	5	分为 A 和 B 两种	高等教育第一阶段	6	无
		55 职业						
学士或等同	6	64 学术						
		65 专业						
硕士或等同	7	74 学术						
		75 专业						
博士或等同	8	84 学术	高等教育第二阶段	6	无	高等教育第二阶段	7	无
		85 专业						

资料来源：据《1976 国际教育标准分类法》、《1997 国际教育标准分类法》、《2011 国际教育标准分类法》汇总编制。

新版国际分类对高等教育机构的分类更加精密，反映了世界高等教育系统功能分化、多元发展的趋势。同时在高等教育各层级强调对职业课程、专业课程加以甄别，也反映了当代高等教育系统内职业教育、应用技术教育地位的提升。

（三）欧洲高等教育分类体系

该项目主要由荷兰特文特大学高等教育政策研究中心主持，另有来自欧洲部分国家的 9 所大学的研究人员参与。它致力于在欧洲区建立一套通用的、规范的高等教育机构分类框架，以期客观地描述与彰显欧洲高等教育机构的多样性。① 经历 5 年的设计与论证，"大学地图"于 2010 年公布其分类框架与分类标准，目前仍处在实验推广期。该项目分类体系包括 6 大分类维度（教学状况、学生状况、科研状况、知识应用、国际化、地区参与）和 23 个具体分类标准（见表 10）。② 这一多维分类框架的设置与卡内基分类的变化趋势不谋而合，均致力于通过多维度分类标准对高等教育机构进行区分与聚类，从而更好地描述当今多元化发展的高等教育体系。

表 10 "欧洲高等教育机构分类"分类维度与分类标准概况

分类维度	分类指标
教学状况	学位层次
	学位方向
	学科范围
	教学经费支出
学生状况	成年学生
	非全日制学生
	接受远程教育学生
	学生规模
科研状况	同行评议的出版物
	博士学位产量
	科研经费支出
知识应用	创业公司
	专利申请
	文化活动
	从事知识交换活动的收入

① Mapping Diversity Developing a European Classification of Higher Education Institutions [EB/OL]. http：//www. u-map. eu/CHEPS_ Mapping%20Diversity. pdf.

② U-Map The European Classification of Higher Education Institution [EB/OL]. http：//www. u-map. eu/UMAP_ report. pdf.

表 10 （续）

分类维度	分类指标
国际化	攻读学位的外国留学生
	国际交流项目中招收学生
	国际交流项目中派出学生
	国际学术人员
	国际性收入的重要程度
地区参与	留本地工作的毕业生
	来自本地的本科一年级学生
	地方性收入的重要程度

资料来源：据"欧洲高等教育机构分类"资料编制。

总之，从几十年来三大国外高等教育分类体系的演变过程来看，其共同的发展趋势是分类标准的精细化、分类框架的多维化，在分类的功能上既发挥了对高等教育系统的描述作用，也越来越多地体现出对高等教育系统发展的引导功能。三大高等教育分类体系的变迁反映了当代欧美国家研究型大学的崛起和高等职业教育、应用技术教育地位的提升。其分类标准设置的原则导向是保护高等教育机构多样性，既鼓励研究型大学的发展，又维护高校社会服务、本科教学等职能的发挥；既重视大学教育的理论培养，又认可应用导向、职业技术教育的重要地位，为高等职业教育、技术教育的发展提供适当的空间，并引导其合理定位。

三大分类体系的发展方向实际上是几十年来高等教育系统变迁走向的体现，同时也反映了当代产业结构的变化趋势。在产业结构升级、高等教育系统扩展以及高等教育机构功能分化的背景下，粗放的分类标准、单一的分类框架已无法完整呈现高等教育系统的全貌，也不足以对庞杂的高等教育体系进行精确的区分与聚类。另外，正是高等教育重要性的提升、复杂度的增加，促使各分类体系在更大程度上发挥其引导作用，以协调日益复杂化的高等教育系统平衡发展。简言之，高等教育系统的变迁是高等教育分类体系改革的直接动力，而经济结构转型、产业结构调整则是分类变迁的间接动因。而反映高等教育结构变迁的分类体系又反过来作用于院校的发展，并最终影响产业结构的转型。

二、国际及区域高等职业教育实践

从世界高等职业教育的发展来看，就当今世界范围的职业教育与普通教育的关系而言，主要有两种关系形态：一种是在普通教育之外，构建一个相对完整、独立的包括中职、高职、本科、研究生层次的职业教育体系。如欧洲德国、英国、荷兰等国以及中国台湾地区。另一种是通过资格认证、学历对等、学分互认等多种政策措施，促进职业教育和普通教育之间的衔接和融通，如澳大利亚等国。不同国家和地区职业教育体系和形式各不相同，但事实表明，它们都有效促进了所在国家和地区的经济社会发展。因此，高等教育的分类和分层，应该符合本国国情，符合本国文化教育传统，适应本国经济社会发展需要。

（一）中国台湾：相对完整和独立的职业教育体系

台湾地区高等职业教育体系与普通高等教育体系相平行，包括专科学校、技术学院和科技大学三类学校，涵盖专科、本科、硕士和博士各个教育层次。如表11所示，截至2013年2月，台湾地区共有15所专科学校（可授予副学士学位）、27所技术学院（最高可授予硕士学位）、53所技术大学（最高可授予博士学位）。[①]

表11 台湾地区高等职业院校数量统计

	"教育部"所属	"国防部"所属	"内政部警政署"所属
科技大学	53		
技术学院	25	1	1
专科学校	15		
合计	93	1	1

资料来源：台湾地区"教育部"全球资讯网，http：//www.edu.tw/pages/detail.aspx。

---

① 台湾地区"教育部". 目前校数统计 [EB/OL]. http：//tve.cyu.edu.tw/. 资料更新日期为2013年2月4日。

我国台湾地区之所以构建上述职业体系，首先，从宏观上来讲，根据有关研究，台湾地区的高等职业教育体系是随着台湾经济的转型发展，为适应产业结构升级需要而发展起来的（见表12）。

表 12　台湾地区高等职业教育的发展历程

年　　代	主要社会背景	主要措施
1950—1964	经济以农业和加工业为主，为创造更多的就业机会	以发展中等职业学校为主
1965—1974	台湾经济加速发展外向型工业，日益需要大批量技能熟练的工人及技术人员	大力发展中等职业教育，同时更加注重发展高等职业教育
		结束初职，兴办高职，限制高中，大量增设专科职业学校。同时，把专科学校从高等院校中独立出来，与职业教育融为一体
1975 年后	经济结构进一步转型，朝着高科技、高知识密集和高精尖产品附加值为主体的新型经济结构方向发展	一是控制专科学校数的增长，提高办学质量，走内涵式发展方向。即在现有的专科学校整体规模的基础上，挖掘潜力扩大学校的办学规模，提高办学效益，促进办学质量。二是组建本科职业院校，提升台湾职教办学层次，构筑完整的职教体系

资料来源：曾繁相.2008.台湾经济转型与职业教育改革研究（1953—1989）［D］.福州：福建师范大学：58 - 59.

其次，从高等教育体系内部来看，这主要是因为台湾地区当时除了理论型高等教育外几乎没有应用型高等教育，而且台湾地区本专科层次的职业教育和普通高等教育沟通困难。[①] 在台湾地区高等教育系统中，职业教育和普通教育是并行的两大教育体系，二者分工不同，但都具备完善的层次。在制度层面上，两类教育交叉沟通；在课程设置上，两类教育在本、专科层次沟通困难，但是高等技职学生可以通过在同体系内升学，继续接受硕士、博士

---

① 姚加惠. 2011. 高等教育学制国际比较及启示——基于分类教育体系构建的视角 ［J］. 江苏高教（6）：82 - 84.

层次的高等技术和职业教育。而且，自硕士层次向上延伸，两类教育渗透性增强，趋向融合。

（二）欧洲各国：高等职业教育体系比较

20 世纪下半叶，全球经济经历调整后重新进入高速发展的时期，随着高科技的迅猛发展，各主要发达国家均出现职业技术教育办学层次上移趋势。尽管各国的职业教育体系与普通教育体系呈现不同的关系，有的相对独立，有的交融为一体，但整体上，各国职业教育体系大多已经发展为涵盖中等教育、副学士（专科）、本科、硕士和博士的完整体系。

1. 德国：为满足社会对不同层次技能人才需求，职业教育向更高层次发展

德国的高等职业教育主要指应用科技大学①（Fach – hochschule，FH）及职业学院（Berufsakademie，BA）等类型的高等教育机构。德国职业技术教育的发展有相当长的历史过程。中世纪即有了职业教育的雏形——师徒制，18 世纪末在手工行业就把专业能力记入学徒结业证书。德国的职业教育非常发达，据联合国教科文组织 1998 年的数据，德国接受普通教育的比例仅略高于 20%，而有近 80% 的高中学生选择接受各类职业教育。目前，德国本科层次职业教育的培养任务主要由应用科技大学和职业学院承担。

二战之后，德国经济迅速发展，对职业高职教育有了更高的需求。为适应社会经济发展的需要，满足更多青年享受高等教育的愿望，1968 年 10 月，德联邦各州州长会议讨论通过了《联邦共和国各州统一专科学校协定》。各州纷纷合并原有的技术学校和专科学校，创办了现代高等职业技术教育，这些学校统一称为高等专科学校。高等专科学校被定位为"与综合大学具有同等价值，但是属于另一种类型的高等教育"（高等专科学校和综合大学的比较见表 13）。高等专科学校从招生、培养到毕业生就业均具特色。高等专科学校的学制一般为 4 年，专业设置主要是经济、社会教育、艺术造型和农业等。其专业教学强调实践性和应用性，教学活动包括教学和实践培训，毕业设计多为解决生产过程中的实际课题。学生在完成毕业论文并通过学位考试后，可获得由学校授予注有专科学校名称的硕士学位证书（由于德国实行两

---

① 也称为"高等专科学校"、"高等专科学院"或"应用技术大学"。

级学位制，其硕士学位相当于其他国家的学士学位）。高等专科学校不具有博士学位授予权。高等专科学校的毕业生主要在经济界和企业界就业，并且由于他们具有更多的实践知识，能更快地适应实际工作，从而受到用人部门的欢迎。

表13　德国高等专科学校与综合大学的比较

学校项目	学　　　制	授予学位	科研活动	教授级别	培养目标
综合大学	5年以上	硕士、博士	注重	最高C4级	科研人员
高等专科学校	4年以上	硕士	不注重	最高C3级	应用人才

在相当长的时期里，高等专科学校毕业生取得的Diplom学位只能相当于大学的Vordipfom，甚至只能相当于取得了大学的入学资格，也就是说，高等专科学校的毕业生必须至少在大学里重新读完主体学习阶段并取得大学的Diplom学位，才有攻读博士学位的可能性。这使得一些高等专科学校的优秀毕业生只好到国外攻读博士学位。多年来，高等专科学校的毕业生继续攻读博士的可能性一直是德国高等教育政策中一个争论不休的话题。高等专科学校也一直在争取获得独立的博士授予权。在这样的情况之下，德国高职的升格与改名也就在所难免。

1998年1月，德国大学校长联席会（HRK）就FH在国外的名称问题形成议案，并提交德国各州文化部长联席会议审议同意FH的英文译名为University of Applied Sciences，并可以在对外时和FH并列使用。2005年，巴登符腾堡州率先进行了高等专科学校的名称改革，新的《州高校法》规定高等专科学校一律去掉"专科"二字，变成高等学校，在对外交流中采用应用科技大学的称呼。

从1998年修订高等学校框架法开始，德国上下酝酿修改学制，拟采取国际上以学士和硕士结束学业的新学制建立一个有利于流动性、缩短学制、实行学分制的学习进程体系。取消Diplom，引入Bachelor，大学3年基础课程结束时进行的期中考试，转变为本科毕业时间点。2006年，为执行《博罗尼亚宣言》（Bologna-Declaration），德国应用科技大学将原来的本硕连读（4—5年）从当年招的新生开始本硕分开，本科3年，硕士2年。按照学位互认协议，德国应用科技大学的硕士相当于我国的本科。同时，应用科技大学仍然没有博士授予权，但是成绩特别优秀的毕业生无须取得学术性大学学历即可攻读博士学位。这样就打通了职业教育学位体系的上升通道。

2. 英国：为赶上其他发达国家科技水平，积极发展多科技术学院

在英国并不存在高等职业教育或类似的称谓，英国的教育系统主要包括四个组成部分，即小学教育、中学教育、延续教育（further education）和高等教育，职业教育被包括在延续教育体系中。

英国政府针对二战后对延续教育中技术教育的加强带来了中、高级人才培养的衔接问题，于1959年发布《克鲁塞报告》，提出加强延续教育机构与中等学校之间的联系，建议建立多科技术学院。

二战使得英国在经济上遭受了巨大的损失，二战后到20世纪60年代初期，为了恢复经济，意图赶上其他发达国家的科学技术水平，便把希望寄托于教育。在此期间，高等职业教育发展与变革的主要方面包括：职业教育确立了其在延续教育中的地位；改革并扩展技术学院；延续教育中形成四类学院。

根据1963年《罗宾斯报告》，英国政府将11所高级技术学院中的10所升格为大学，扩大高等教育入学机会，发展了双轨制的高等教育体系，使得大学与高职形成分立的状态。

20世纪60—70年代，英国高等职业教育得到了进一步的发展，这一阶段主要的发展与变革方面包括：建立多科技术学院；技术学院升格为大学；提出并实施产业训练体制的改革。

3. 法国：为满足经济发展对人才的需求，不断发展高等职业教育

二战后，职业教育在法国发展迅速，且上延到高等教育领域，传统的高教机构也呈现出职业化的发展趋势。法国现行高等职业技术教育分两种类型，亦即两个层次：一个是以工程师学校、高等商业学校、高等师范学校和其他高等专门学校为主体的长期高等职业技术教育，实施精英教育，被法国人称为"大学校"；另一个是以两年制的大学技术学院、三年制的大学职业学院和高级技术员班为主的短期高等职业技术教育，实施应用性和实用性职业技术教育。前者类似我国的理工科大学，后者尤其是大学职业学院，与我国近

年来兴起的本科院校二级职业技术学院相仿。

法国的高职有专科、本科、研究生三个层次。专科层次的高职人才，主要由附属于大学的大学技术学院培养，这一层次的大学生偏重职前培训以适应职业变革的要求，也有的优秀人才进入大学继续攻读科技硕士学位。本科层次的高职人才主要由大学校培养，大学校是法国特殊的一类高等教育机构，其中分属政府各部的 100 多所工科学校和大多为私立的几十所财经商科学校是法国工商业高级专门技术人才的主要培养基地，高中毕业生中的佼佼者经方向指导进入专门预备班学习 2 年后通过大学校的入学考试方能入读。本科后的职业技术教育：学完大学本科 4 年，获得学位并有志深造者，经学业档案审查进入第三阶段，即研究生阶段。第三阶段第一年分为两个培养方向：一是为准备读博士者开设科研入门及理论课程，授予深入学习文凭；二是为准备就业者开设应用课程，授予高等专业学习文凭。

1984 年，《高等教育法》（又称《萨瓦里法》）的颁布，极大地推动了法国高等教育的职业化进程。该法案规定，从 1984 年开始，大学第一阶段（即大学第一和第二年）增设新的国家高等职业教育文凭——大学科技学业文凭，目的是使那些"需要短期职业教育的学生"获得职业资格。

1991 年，为了满足法国经济发展对工程技术人才的需要，加快培养工程技术人才的速度，法国又决定开办大学职业学院。大学职业学院设在原有的大学内，学制三年，招收受过一年高等教育的大学生，教学内容由学院与经济部门联合制定，并根据市场需要定期进行修改。大学职业学院的开办是法国大学系统第一次与企业界具有实质性内容的合作，以发展经济和培养工程技术人才为目标。正因为如此，学院的开办受到各方面的重视和欢迎，发展迅速。

4. 瑞士：为提高国家核心竞争力，大力发展高等职业教育

世界经济论坛（WEF）发布的《2010—2011 年度全球竞争力报告》表明：瑞士国际竞争力的排名仍居于全球第一，其"优异的创新能力"和"非常成熟的商业文化"在 139 个国家中排名分列第二和第四位。这主要得益于它完善的职业教育体系所培养的高素质职业人才。瑞士人有一种强烈的意识：职业教育对提高劳动者的素质发挥了关键的作用，是提高国家核心竞争力的

要素。瑞士的职业教育始于 18 世纪末，一些城市如苏黎世、伯尔尼等出现了专门培养专业技术劳动者的学校。到 19 世纪下半叶，随着工业化的全面推进，许多地方开办了职业学校。为适应社会经济发展的需求，1994 年瑞士开展了高等职业教育改革，其中职业学士学位的授予是改革的重点内容之一。1995 年，瑞士制定并颁布了《联邦高等职业学院法》，本着与大学"同等水平，不同模式"的原则，组建了 7 所联邦高等职业学院。将原有的部分高等专科学校改组为新型高等教育机构——高等专业学校（HEs），又称为"应用科学大学"（UAs），作为向学徒（职业高中毕业生，下同）提供高等职业教育的专门机构。

为解决高职人才培养和学徒继续升学的问题，瑞士联邦政府推行职业高中会考证书制度。完成学徒培训并获得联邦职业技能证书的学徒接受全日制一年的补习课程教育，并经考试取得职业会考证书，可以进入高等职业学院或应用科学大学学习。进入高等职业学院的学生，接受 3—4 年的高等职业教育，完成 180 个学分之后便可获得职业学士学位。

从 2006 年开始，瑞士在高等职业院校中开展硕士研究生教育试点，2008 年普遍推广。职业学位的授予是对联邦职业高中文凭的提升，也是职业教育具有较强的学术能力的证明。

近年来，瑞士获得职业学士学位的人数呈显著增长之势，对职业教育高学历的追求已逐渐成为人们求学的一种重要目标和动力来源。整个社会对职业学位也愈加认可。据统计，2009 年瑞士适龄青年获得职业学士学位的比例达 12%。职业学士学位的授予，提升了高等职业教育的地位和层次，推动了高等职业教育的进一步发展，奠定了职业教育在经济社会中的学术地位。职业学位制度的建立打通了职业教育升级的通道，为高等职业教育的发展开辟了更加广阔的空间。

（三）国际组织：调整职业教育结构

21 世纪以来，一些国际组织对职业教育的重视程度日益增加，特别是联合国教科文组织和欧盟，通过采取一系列行之有效的措施，打通了职业教育通往普通高等教育的通道。从发展趋势来看，调整职业教育结构，促进职业教育和普通教育的沟通与衔接，提升职业教育的社会地位，重视发挥职业教育对经济社会发展的作用，已成为许多国际组织、发达国家和地区的共识（见表14）。

表14　部分国际组织关于职业教育结构调整的观点

部分国际组织	主要背景	关于职业教育体系调整的主要观点
联合国教科文组织	2000年，联合国教科文组织发布《修订的关于职业和技术教育的建议书》。	改进技术与职业教育的结构，促进终身学习；使高等教育院校采取灵活的招生政策，并开设从短期到较长期全日制综合学习和专业学习课程等各种灵活的课程；建立学历对等制度，对学历和专业资格及工作经验予以承认；将技术与职业教育和高等教育课程进行衔接，为学生创造升学机会。
欧盟	2010年"欧洲2020战略"：必须增强职业教育和培训的吸引力。	真正打通职业教育通往高等教育的路径，开发高等职业教育专业和课程。 向弱势群体提供充分帮助，帮助其提高技能或变更职业。使非正规学习和非正式学习都可获得有效的高级学位。 使用"欧洲资格框架"、"欧洲职业教育学分转移系统"和"欧洲通行证"，使学习者资格更加透明，学习成果得到普遍承认。按照"欧洲职业教育和培训质量保障体系"的要求，在国家层面建立质量保障体系。
亚太经济合作组织	2008年，亚太经合组织认为，满足对技能人才的需求已经成为维持经济增长和消除贫困的关键问题。	改变传统观念，提升职业教育的社会地位；将职业教育真正纳入终身学习体系，使青年既有就业机会，又有升学机会，促进职业教育深层次发展。为提高职业教育质量，应由政府协调行业机构实质性参与职业教育办学，以保证专业设置、教学内容及评价标准符合劳动力市场需求。

资料来源：根据相关文献整理形成。

611

三、从我国高等教育分类看发展本科层次高职

在我国，对高等学校的分类目前尚无官方标准。从学界来看，对我国高等学校的分类主要有五种观点：一是按职能划分，分为研究型、研究教学型、教学研究型、教学型；二是按管理权限划分，分为部属、省属、市属；三是按举办者划分，分为公立和民办高校；四是按照重大工程和办学层次划分，分为"985"、"211"、一般本科、高职高专；五是按学科门类划分，分为综合型、单科型、文理型、理工型、师范型等等。从总体上看，在我国目前的分类体系中，职业教育还不是一种独立的类型，而且从层次上看，只设置到专科层次。

但事实上，无论是从我国的相关教育法律法规来看，还是从相关的政策来看，均为职业教育成为一种类型和提升层次奠定了基础。

（一）法律：为设置本科层次高职预留了空间

《中华人民共和国职业教育法》和《中华人民共和国高等教育法》为职业教育成为一种类型奠定了法律基础。

1996 年 5 月 15 日通过的《中华人民共和国职业教育法》第十三条规定："高等职业教育根据需要和条件由高等职业学校实施，或者由普通高校实施。"这一条包含两层含义：第一，高等职业学校和普通高校是不同类型的高校；第二，高等职业教育可以根据国家经济社会发展的实际情况由高等职业学校实施。

1998 年颁布的《中华人民共和国高等教育法》第六十八条规定："本法所称高等学校是指大学、独立设置的学院和高等专科学校，其中包括高等职业学校和成人高等学校。"高等职业教育和高等职业学校的法律地位由此得到确认，高等职业学校是高等学校中的一个重要组成部分。

（二）政策：为提升高职层次提供了支撑

20 世纪末以来，为了加强职业教育，我国先后出台的一些相关政策，为

分类设置本科高职院校提供了支撑（见表 15）。

表 15　法律以及相关政策与高职分类和提升层次

法律、政策	文　本	是否允许设置本科高职	是否提供了分类依据
1996 年《中华人民共和国职业教育法》	"高等职业教育根据需要和条件由高等职业学校实施，或者由普通高校实施。"	是，但较模糊	是
1998 年《中华人民共和国高等教育法》	"本法所称高等学校是指大学、独立设置的学院和高等专科学校，其中包括高等职业学校和成人高等学校。"	是，但较模糊	
1994 年的全国教育工作会议	"普通高等学校不设职业技术学院"。	肯定了普通高校和高职的区别	
2006 年 11 月教育部颁发的《关于全面提高高等职业教育教学质量的若干意见》（〔教高 2006〕16 号）	"高等职业教育作为高等教育发展中的一个类型"。	类型就有层次之分，即专科、本科、研究生等都可以存在	是
2011 年 8 月颁布的《教育部关于推进中等和高等职业教育协调发展的指导意见》	"构建体系完备的终身教育。学历教育和非学历教育协调发展，职业教育和普通教育相互沟通，职前教育和职后教育有效衔接。"	为衔接与融通提供了依据	是
2011 年 8 月颁布的《教育部关于推进中等和高等职业教育协调发展的指导意见》	"高等职业教育是高等教育的重要组成部分，重点培养高端技能型人才，发挥引领作用。完善高端技能型人才通过应用本科教育对口培养的制度，积极探索高端技能型人才专业硕士培养制度。"	为高职专科与应用型本科、硕士对接提供了依据	是

资料来源：根据相关法律法规整理形成。

综上可见，法律和政策不仅为高等职业教育和普通高等教育的分类发展提供了依据，而且也为发展本科高职教育预留了空间。当然，是否应该发展本科职业教育，还取决于经济社会发展水平对本科高等职业教育的需求。

四、结 论

通过上述研究和分析，我们可以得出以下几点结论。

（一）分类对高等教育发展十分必要

前述国内外相关研究和实践表明，社会需求的多样化导致高等教育类型的多样化。对高等教育进行分类，一方面有利于对日益纷繁复杂的高等教育系统进行深入研究，更好地服务于高等教育实践；另一方面分类发展也是引导高等教育特色发展的重要手段，通过分类，可以引导高等教育向特色化发展，使高等教育服务指向更明确。同时，也更有利于对高等教育进行管理，提高管理效率，更充分地发挥高等教育促进经济社会发展的作用。

（二）本科高职是高等教育发展到一定阶段的产物

从前述国际组织分类和其他国家的分类体系来看，各分类体系并非开始设定时就有本科高等职业教育，本科高等职业教育是在逐步发展过程中才出现的，说明本科高职是各国高等教育发展到一定阶段的产物。也就是说，本科高等职业教育是职业教育发展的必然趋势。

（三）我国已经具备分类及发展本科高职的法律和政策基础

从我国来看，目前分类发展和管理正处在发展过程之中，对一些分类还没有形成共识。但事实上，无论是从我国的相关教育法律法规来看，还是从相关的政策来看，均为职业教育成为一种类型和提升层次奠定了基础。

20

应对金融危机发达国家职业
教育发展政策综述

教育部职业技术教育中心研究所课题组　刘育锋

2008 年金融危机漫卷全球，给世界造成了严重后果。应对挑战，解决失业与经济结构调整等问题，促进经济复苏与社会繁荣，发达国家重新认识到职业教育与培训的重要意义，将职业教育与培训发展作为国家战略，采取了大力促进其发展的系列政策。这些政策主要体现在以下方面。

一、将发展职业教育与培训视为国家战略，发挥其作为国家长治久安与提高国家竞争力基石的重要功能

美国将发展职业教育与培训视为国家长治久安与提高国家竞争力的国家战略，颁布了系列法案、战略与计划。2009 年 2 月颁布《2009 年美国复苏与再投资法案》，2010 年 5 月颁布《国家安全战略》，2011 年 2 月颁布《美国革新战略：保障经济增长与繁荣》，2012 年 1 月奥巴马总统发表"2012 年美国国情咨文"，2012 年 2 月颁布《美国教育部 2011—2014 财年战略计划》。以上文件表明，美国经济要从金融危机中复苏并长盛不衰，要以制造业、能源、劳工技能并继续发扬美国价值观为出发点，要保留并创造工作岗位，对革新进行投入，促进优质教育，加强职业培训，并注重新兴产业所急需的技能教

育；为此，美国政府要对教育进行持续投入，帮助美国人获得重建国家经济所需要的技能，以重建美国经济。

金融危机使英国经济遭受重创，也使英国政府更加认识到技能对社会发展的重要性。2009 年，英国政府发布《学徒制、技能、儿童与学习法案》和《为了发展的技能：国家技能战略》。2010 年 11 月，英国政府又发布了"为可持续发展而提高技能"和"为可持续发展而对技能投入"两个技能开发的国家战略性文件。这两个文件从可持续发展视角提出了英国技能开发的宗旨、制度革新的新思路与原则，以及技能开发的行动建议；提出了在削减公共经费的形势下，政府对技能开发的支持形式和支持重点，以及在投入方面进行制度改革的措施建议。

澳大利亚政府认识到澳大利亚未来持续的经济增长取决于澳大利亚人的技能以及对这些技能的使用方式。基于此，改革和发展职业教育与培训成为澳大利亚教育改革发展的核心。澳大利亚技能中心于 2010 年和 2011年分别发布《澳大利亚劳动力未来：国家劳动力开发战略》和《为了繁荣而提高技能：职业教育与培训路线图》，提出：通过提高技能和避免未来的技能短缺而保持经济增长并提高生产力；提高劳动力参与率，到 2025 年达到 69%；提高成人语言、识字和算术水平；通过在劳动场所更好地使用技能而提高生产率、雇员参与和满意度；为第三级教育准确定位以保证具有为新经济提供技能的能力；在国家、行业和企业层面引导一种新的劳动力开发的合作方法。

二、视培训与就业一体化为职业教育与培训的成功模式，推进"学徒制"规模扩大与制度创新

解决失业问题是各国应对金融危机需要解决的首要问题。"学徒制"是将职业教育与培训和就业一体化的模式。扩大学徒制规模并对该制度进行创新成为一些发达国家在职业教育体系内发展职业教育的首选举措。

澳大利亚政府启动了"澳大利亚学徒启动奖金"项目。该项目于 2009年 12 月 1 日至 2010 年 2 月 28 日期间实施。为了鼓励企业多招收学徒，政府

对于接受学徒的雇主给予从 1500 澳元到 4850 澳元不等的奖励。该项目增加的培训位置，帮助了 26000 多名年轻人接受了学徒制培训。2010 年 5 月，政府宣布延长实施该项目。目前，澳大利亚正在对学徒制进行改革，政府采取了如下措施：1. 制定全国统一学徒法规、规章和途径；2. 简化支持性服务，创建一站式服务；3. 通过"澳大利亚公平工作"（组织）保障学徒们的工资和条件；4. 实施澳大利亚学徒制大使项目、国家学徒制项目；等等。

英国提出增加学徒制培训的投资。2011—2012 年度，英国将为此投资 6.05 亿英镑；2012—2013 年度，英国对学徒制的指示性投资预算为 6.48 亿英镑。2014—2015 财政年度，英国将增加 75000 多个成人学徒培训位置，并且将为此提供充足的资金。不仅如此，英国还建立了国家学徒制服务中心，颁布了《英国学徒制标准说明》，并设立了高等学徒基金项目。

德国联邦劳动局自 2008 年夏季开始，为使那些历年未能找到学习位置的青年更多地接受职业教育，也为了进一步鼓励行业企业参加和参与职业教育的积极性，决定通过经费补贴的办法，对凡是增加或扩充学习位置的企业，由联邦政府提供相应的职业教育促进补贴资金。这一鼓励政策的具体内容是：企业每增加一个职业教育的学习位置，将由政府给予 4000—6000 欧元的资助。为此，德国政府将为该项鼓励政策提供 4.5 亿欧元。依据 2010 年 10 月 24 日的就业机会法案，德国实施帮助破产企业学徒的"培训金"计划，该计划到 2013 年结束。"培训金"是一种财政补助，主要用于那些为年轻人，尤其是为那些寻找培训位置而没有成功的年轻人提供额外的公司内培训位置的雇主。

面对金融危机带来的负面影响，挪威政府实施了一揽子刺激计划。为提供培训的企业提供额外补助，以在经济困难时期维持学徒的总数量。企业每提供一个学徒制培训，就可多获 600 欧元的补贴。

三、视资格框架为促进学习者终身学习与劳动力流动的工具，开发将各类教育资格纳入同一框架的资格证书制度

英国将所有类别教育的资格纳入同一框架，实施了"资格与学分框架"

（QCF）制度。QCF 中共有八级资格，以学分为基础。所有的职业资格将于 2013 年前置于该框架内。2010 年 12 月前，QCF 替代了所有 14 岁以上的职业资格。QCF 是一种承认学习者技能和资格的新方式，它很灵活，赋予学习单元以学分，因而学习者可以依据自己的实际情况而选择获得资格的灵活路线。QCF 以单元为基础，可以对雇主和学习者需求做出更准确的反馈。

2008 年初，德国开始试行国家资格框架（DQR）。该框架旨在建立各类教育之间相衔接、职业教育与普通教育等值互通的渠道。为了推进对在国外获得的资格的承认，德国联邦政府决定引入"推进对国外职业和专业资格评估和承认的法案"。这一新立法将保证未来国外的职业资格可以得到标准化的综合性评估。该法案约在 2012 年春季生效。

2009 年，法国为了认可非法语区的文凭，创建了"ENIC-NARIC France"机构。该机构建立了对海外获得的证书的可比性制度。同年，法国出资设立了 360 个流动性项目，有数千名法国受训者到其他欧洲国家接受工作场所培训。

挪威教育与研究部于 2011 年将挪威资格框架向社会发布，以征求意见，挪威教育与培训领导小组负责处理九个职业培训委员会提交的意见。

四、视行业企业参与为质量保障前提，建立职业教育与劳动力市场需求匹配制度

英国就业与技能委员会（UKCES）成立于 2008 年 4 月 1 日。UKCES 通过提供改进英国就业和技能水平的咨询工作，使雇主、个人和政府获益，进而促进英国的社会繁荣并获得更好的发展机会，最终帮助英国成为生产力、就业和公平与包容社会的世界领头羊。UKCES 还负责英国行业技能委员会（SSCs）的许可工作。SSCs 是雇主引导、政府许可的机构，是行业、教育和政府部门之间的桥梁。英国共有 25 个行业技能委员会，它们覆盖了全英 90% 的劳动力。SSCs 的目的是要提高英国的劳动力技能，进而提高英国的生产力和竞争力。SSCs 与商业、公共、专业机构和学习提供者共同工作，以保证提供雇主需求的职业教育与培训，满足雇主目前和未来的技能要求。SSCs

的主要活动重点在于资格、雇主参与和劳动力市场信息三大方面。

澳大利亚成立了 11 个行业技能委员会（industry skills councils）。行业技能委员会是澳大利亚政府承认并出资建立的、由行业领导的不以营利为目的的独立机构。它要对澳大利亚政府、澳大利亚技能局和企业提供关于劳动力开发及技能需求方面的智力投入；开发并持续改进技能开发产品并且提供服务，包括开发培训包；向企业提供独立的技能和培训咨询服务，包括判断培训需求；等等。

法国就业技能发展承诺局（EDEC）制定激励机制，帮助行业企业参与预测变化的工作。2009 年，在国家和地区层面，签署了 260 个不同类型的 EDEC 协议（开发就业与技能协议）和 GPEC 协议（战略性劳动力计划）。2009 年和 2010 年初，在部门层面，与行业部门签署 15 个协议。

挪威 44 号白皮书（2008—2009）教育战略强调要特别加强教育体系与工作生活之间的联系。建议每一高等教育机构要在"合作伙伴委员会"框架内，与相关机构和合作伙伴合作，拟订工作与生活相结合的战略，并且要建立永久性机构。

五、视全面多元为重要因素，建立并完善职业教育质量保障制度

依据 44 号白皮书教育战略内容，挪威注重开发质量评估体系。该体系的开发由教育和培训领导小组负责，参与开发的还包括社会合作伙伴。挪威职业教育质量评估体系中重要因素包括：1. 高中阶段成功完成职业教育学习情况的统计数据；2. 学生、学徒和教师学习环境的知识；3. 企业内培训质量的评估；4. 近期 VET（职业教育与培训）毕业生就业情况的评估。

澳大利亚有一套比较完整的职业教育质量保障体系——AQTF，为不断促进职业教育与培训的发展，澳大利亚也在不断对这套体系进行更新。金融危机以来，澳大利亚政府对职业教育质量保障体系内的注册培训机构、培训包、教师和培训者等方面的规定进行了修订。修订后，注册培训机构的初次注册和持续注册要达到新条件，教师和培训者要达到新要求，培训包内容更简化、

更强调基础技能和评估要求。2011 年，澳大利亚颁布了《国家职业教育与培训监管局 2011 年法案》，以成立国家职业教育与培训监管局。国家职业教育与培训监管局负责监管职业教育提供者，具体负责监管职业教育提供者的资格、颁发资格证书及处理相关事项，以保证澳大利亚职业教育与培训机构都能够达到质量标准。

英国资格与考试标准办公室（Office of the Qualifications and Examinations Regulator，OFQUAL）是资格、考试与测验的管理机构。该机构 2009 年 11 月正式成立，自 2010 年 4 月 1 日起直接向议会负责。OFQUAL 要保证颁证机构所提供的所有资格是公平的，并与其他资格具有可比性；监测资格、考试和测试标准，并报告其发现；保证所有人员都有获得资格的平等机会；保证考试、测量和其他评估分数的质量，以保证学习者能够得到他们的应得成绩；等等。为此，OFQUAL 要维护资格和测试标准，保护资格市场，认可颁证机构。

六、视社会包容和绿色经济为社会发展目标内容，更为注重社会不利群体和可持续发展

德国政府支持事业人员和具有失业危险人员的继续培训。这方面的预算来自雇主、雇员失业保险、联邦政府预算及其他收入。2009 年，联邦政府就业局（BA）预算共为 480.6 亿欧元，其中 22.97 亿欧元用于支持继续职业教育与培训项目。金融危机以来，澳大利亚失业率提高。澳大利亚政府为此提供专项经费用于帮助失业人员完成学徒制培训。美国失业率从 6.2% 上升至 9.8%，为此，美国 ARRA 法案（2009 年美国复苏与再投资法案）用于处于不利群体人员的工作培训费用翻倍，2009 年，这一费用达到了 75 亿美元。

2009 年 7 月 30 日，澳大利亚总理陆克文宣布了 "5 万个新的绿色工作和培训机会" 项目。该项目的目的是要建设一个更强大和更环保的澳大利亚经济体。为此，澳大利亚政府投入了 9400 万澳元。该项目直接的目的是要保证澳大利亚年轻人或处于社会不利群体人员获得绿色工作所需要的培训和技能。德国 2010 年开设新专业 82 个，修订专业 219 个。德国职业教育专业设置更加重视与环境保护和低碳经济相关的专业或课程内容。

21

劳动力就业市场供求状况及
职业教育对策建议

上海市教育科学研究院　胡瑞文　刘菊香

　　本文依据 2000 年、2010 年两次全国人口普查资料，2008 年全国经济普查资料，以及 2000 年、2009 年和 2010 年全国教育统计数据，对过去十年城镇单位劳动力就业市场需求与学校毕业生的规模、结构做了相关分析，得出一些初步想法，供职教规划工作参考。

一、2000—2010 年劳动力市场的就业岗位需求与毕业生供给变动情况

　　1.2000 年就业市场需求量大于学校的培养能力，职业教育毕业生就业形势比较宽松

　　2000 年，全国城镇单位的就业岗位总需求为 1000 万人，其中专业技术、管理和行政办事人员三类白领岗位的招聘需求为 250 万人，当年普通高校本科、专科毕业生合计为 100 万人，大学生进入白领岗位就业的供求比为 1：2.5，高职（专科）毕业生可以全部进入白领岗位就业，且有较大的挑选余地。当年普通中等职业学校的毕业生为 400 万人，由于大学生数量不能满足专业技

术和管理岗位的招聘的需求，中等职业学校毕业生中有 150 万人（40% 左右）可获得白领岗位工作，另外 250 万人（60% 左右）可以在 750 万个蓝领岗位中，挑选知识、技能要求较高，工作环境相对较好的技术工人和服务人员岗位。

2. 2010 年本科毕业生和高职（专科）毕业生数量各 300 万人，均增长为 2000 年的 6 倍，中职毕业生也增加了 200 万人，就业形势趋向严峻，重心下移

2010 年全国城镇单位的就业岗位总需求为 1200 万人。其中，劳动力市场上的白领岗位招聘总需求增长为 400 万人，而高等学校求职的应届毕业生规模激增至 620 万人（包括少部分网络学院和自学考试毕业的全日制学生）。大学生进入白领岗位就业的供求比逆转为 1.5：1。在 620 万大学毕业生中，有本科生 300 万人，凭着学历、专业的优势，他们绝大多数可进入白领岗位就业，多数专科（高职）毕业生只能与中等职业学校毕业生一起竞聘有一定知识、技能要求的灰、蓝领岗位。

2010 年，扣除升学后的中等职业学校毕业生人数增长为 600 万人左右，其中 40% 是按白领岗位的职业意向培养的，由于高等学校毕业生就业重心的下移，部分与本、专科专业培养目标相似的中等职业教育毕业生的就业空间受到较大挤压，出现求职困难现象。

二、本科、高专（职）和中等职业教育毕业生规模、结构与行业、职业劳动力岗位需求的相关分析

综合分析 2010 年劳动力市场需求和本科、高专（职）和中等职业教育毕业生数据，可以看出：从职业去向来看，以专业技术、管理和行政办事人员三大类白领岗位为目标的毕业生规模为 750 万—800 万人，比劳动力市场需求 400 万—450 万人要多出 350 万人左右；而以技术工人和第一线服务人员的灰领、蓝领技能型岗位为培养目标的专业招生规模只有 400 万—450 万人，比劳动力市场的实际需求少 350 万人左右（见表 1）。

表1　2010年我国分职业类法人单位就业需求

单位：万人

职业类型	从业人员数	年自然减员数	新增岗位数	合计新补充就业岗位数	毕业生求职数	岗位余缺数
白领岗位合计	9900	250	150	400	750—800	+（350—400）
其中：单位负责人	1350					
专业技术人员	5300					
办事人员	3250					
蓝领岗位合计	20100	600	200	800	400—450	-（350—400）
其中：商业服务人员	5500					
生产及运输设备操作工人	14000					
农林牧渔水利生产人员	500					

注：数据依据2010年全国人口普查资料推算。

从行业取向上来看，主要面向国家机关、事业单位（教育、科学、文化艺术和卫生）和金融、法律、通信软件等行业就业的财经管理类、师范教育类、语言文学类、艺术类、法学类和信息技术类专业人才培养规模严重供大于求，而面向制造加工、采矿、土建、交通和商业、餐饮、居民服务等行业的传统工科类专业、商业服务类专业和农科类专业的技能型人才培养规模严重不足（见表2、表3）。

表2　2009年工业、建筑、交通行业蓝领分工种从业人员数
与中等职业教育主要对口招生数

单位：万人

工　种	从业人数	年补充技工需求数（X_1）	年中职招生数（X_2）	（X_2-X_1）余缺数
合计	15670	480	252	-186
其中：采矿与勘矿	480	15	5	-10

表2（续）

工　种	从业人数	年补充技工需求数（X_1）	年中职招生数（X_2）	（$X_2 - X_1$）余缺数
金属冶炼	350	10	5	− 5
机电制造维修	4000	160	120	− 40
化工	300	12	8	− 4
电子	740	30	50	+ 20
纺织服装	2600	52	8	− 44
轻工食品	1700	34	5	− 29
电力生产运行	500	15	6	− 9
建筑业	3000	60	20	− 40
交通运输	2000	60	35	− 25

注：依据2009年全国教育事业统计数据及2008年全国经济普查数据、2010年全国人口普查数据推算，下同。

表3　2010年部分商业、服务业从业人员数与职业教育对口专业招生数

单位：万人

行　业	从业人数	年补充技工需求数（X_1）	年中职招生数（X_2）	（$X_2 - X_1$）余缺数
批发、零售、物流业	7000	175	55	− 120
住宿、餐饮、旅游业	2100	62	42	− 20
居民服务业	1500	30	5	− 25

表4列出的11个本科、高职和中职学校专业类，都是面向白领岗位的，由于多数是热门专业，各级学校竞相扩大招生，导致这些专业的培养规模严重失控。以会计专业为例，全国机关、事业、企业单位现有会计从业人员800万人左右，每年按3%补充自然减员计算约24万人，加上新注册法人单位增加1%约8万人，合计只要新补充32万人左右，但各级学校会计专业招生总人数达到78万人，超出一倍还多。又如，学前教育每年新增100万名幼儿入园，只需要新增10万名教师，加上补充自然减员5万人，每年只需要招聘15万名幼儿教师，但各级学校学前教育专业招生36万人，也超出实际要

求一倍多。值得注意的是，不少一、二线城市已提出新进幼儿教师要以本科为主，音乐、美术、外语、体育和护理类的许多本科毕业生也会竞聘幼儿教师岗位。因此，中等职业教育学前教育专业的毕业生肯定过剩，出路堪忧。再如各级学校护理专业年招生人数已突破60万，据测算，每年新增岗位数（包括养老护理、康复护理）最多只有30万，也供大于求一倍以上（见表4）。

表4　部分专业严重供大于求的招生数

单位：万人

专业名称	招生数				毕业生需求估计数
	本科	高职（专）	中职	合计	
财务会计	15	29	34	78	32
外语	20	14	7	41	20
新闻传媒	6	3	1	10	5
中文、秘书	10	4	8	22	10
艺术	27	13	35	75	30
小学教育	10	8	8	26	15
学前教育	1	10	25	36	15
护理	4	13	45	62	30
计算机及软件	18	27	120	165	50
工商与公共管理	7	16	4	27	10
法律、公安	9	7	4	20	12

综上所述，从劳动力市场需求来看，随着高等教育大众化的推进，高职（专）和中等职业教育的专业设置、人才培养规格和毕业生就业的职业取向有必要加快转型。

三、职业教育发展的改革建议

1. 高职校、中职校功能和培养目标的重新定位，以及专业设置、人才培养规格的结构调整要作为战略问题来研究

随着高等教育向大众化、普及化推进（2010年全国普通高等学校招生

700 万人，成人高校、网络学院招生 350 万人，加上学龄人口的下降，预计 2020 年我国高等教育的毛入学率有可能达到 50% 以上），以及高中阶段教育的全面普及（90% 毛入学率），原来作为蓝领就业主体的初中毕业文化程度农民工将越来越少。面对劳动力就业市场的新形势，高等本科学校、高职（专）校和中职校必须重新分工定位。高等学校应由原来的"培养高级专门人才为主"转变为培养高、中、初各级人才和部分高技能劳动者[其中高职（专）学校的培养目标应定位为培养初级专门人才和高技能劳动者并举]；中等职业学校应定位为主要培养中、初级技术工人和第一线服务人员。通过对各级学校明确定位，有利于错位分工、各安其位，防止大批专业重复设置和不同类型学校间的盲目竞争，防止社会人力资源供求的结构性失调。

2. 开展各行各业人力资源现状调查和需求预测，并在此基础上较大幅度调整高等职业学校和中等职业学校的专业目录和招生计划

高等学校本科毕业生已经大于社会需求的专业，凡用人部门的岗位要求以本科学历为主的，高等职业院校原则上不再设置此类专业，并可经几年过渡期后，从专业目录中删除。凡用人部门要求以专科学历为主的，且高校对口专业的毕业生已大于社会需求的专业，要尽快压缩中等职业教育同类专业的招生规模，并逐步从专业目录中予以删除。

3. 鼓励部分高职（专）学校、中等职业学校发展成有行业、职业特色的专门院校，发展有社会需求和行业支撑的优势专业，削枝强干，避免做"万金油"学校，不要开"杂货铺"，提高办学质量和效率

中职学校毕业生已明显供大于求、设置过多的专业，主管部门要下决心对一些新上马、师资力量薄弱的学校进行调整。以会计专业为例，目前有 3000 多所中等职业学校设置，除财经类中等职业学校外，其他应陆续调整；又如学前教育专业目前有 2000 所中等职业学校设置，除部分师范和艺术、体育中等职业学校外，其他学校应陆续停招；再如目前有 6000 多所中等职业学校设置了计算机专业，900 多所中职学校设置了护理专业，都需要加以调整。从高职（专）学校的情况来看，有近千所学校分别设置了计算机、艺术、会计和工商管理专业，也需要通过扶优汰劣加以调整。

4. 从政策上鼓励高职校、中等职业学校的人才培养"眼睛向下"、"重心下移"，多培养生产服务第一线的技能型人才，多培养行业企业和社会紧缺的蓝领技工和第一线服务人才，与高等专科学校错位分工

中等职业教育的专项经费和奖助学金要重点扶持培养技能型普通劳动者和艰苦行业、艰苦岗位实用人才的专业，对明显供大于求或培养目标与高等院校趋同的专业少支持，甚至不支持。

5. 鼓励教育主管部门将更多的高职（专）学校、中等职业学校委托给行业协会、企业集团或用人部门组成的理事会举办或管理，教育部门一视同仁地给予这些学校以业务指导和财力支持

6. 关于职业教育学位的问题，除对申请者的学历要求外，着重规范技能标准

除普通本科技能型专业毕业生可获得职业学士学位外，其他有专科学历的高职毕业生，在工作岗位上经过实践锻炼，通过考核取得技师资格者，即可以同等学力资格向相关的本科院校申请职业学士学位。另外，已取得本科或专科学历的毕业生，经多年实践锻炼，修完相关专业研究生课程，有创新成果，并取得高级技师资格的，也可以同等学力资格，向有关高等学校申请职业硕士学位。

22

工业转型升级对职业教育发展需求研究

南开大学教育与产业、区域发展研究中心课题组

工业转型升级是我国加快转变经济发展方式的关键所在，是走中国特色新型工业化道路的根本要求，也是实现工业大国向工业强国转变的必由之路。转型就是要通过转变工业发展方式，加快实现由传统工业化向新型工业化道路转变；升级就是要通过全面优化技术结构、组织结构、布局结构和行业结构，促进工业结构整体优化提升。工业转型升级的重要任务对我国技能劳动者的数量和质量提出了新的更高要求，迫切需要通过职业教育的发展与之对接适应。

一、工业转型升级是"十二五"乃至"十三五"期间的重要任务

1. 工业转型升级的主要目标

包括工业保持平稳较快增长，自主创新能力明显增强，产业结构进一步优化，信息化和军民融合水平显著提高，质量品牌建设迈上新台阶，资源节约、环境保护和安全生产水平显著提升。

2. 工业转型升级的重点任务

包括增强自主创新能力，加强企业技术改造，提高工业信息化水平，促

进工业绿色低碳发展，实施质量和品牌战略，推进大企业和中小企业协调发展，优化工业空间布局，提升对外开放层次和水平。

3. 工业转型升级的重点领域发展导向

包括发展新近装备制造业，调整优化原材料工业，改造提升消费品工业，增强电子信息产业核心竞争力，提高国防科技工业现代化水平，加快发展面向工业生产的相关服务业。例如装备制造行业要提高基础工艺、基础材料、基础元器件研发和系统集成水平，加强重大技术成套装备研发和产业化，推动装备产品智能化。冶金和建材行业要立足国内需求，严格控制总量扩张，优化品种结构，在产品研发、资源综合利用和节能减排等方面取得新进展。轻纺行业要强化环保和质量安全，加强企业品牌建设，提升工艺技术装备水平。电子信息行业要提高研发水平，增强基础电子自主发展能力，引导向产业链高端延伸。

二、工业转型升级形成对技能型人才的巨大需求

1. 工业转型升级对技能型人才的数量需求

根据《高技能人才队伍建设中长期规划（2010—2020 年）》，2015 年和2020 年我国技能劳动者需求将分别比2009 年增加1888 万人和3290 万人（不含存量缺口930 万人）。其中，高技能人才（主要包括技能劳动者中取得高级技工、技师和高级技师职业资格的人员）需求将分别增加约540 万人和990 万人（不含存量缺口440 万人）。而来自工业产业（制造业、建筑业、采矿业以及电力、燃气及水的生产和供应业）的需求占到71% 以上，这说明工业是技能劳动者和高技能人才的主要需求领域。进一步细分行业需来看，2020 年技能劳动者需求占比前20 位的行业大多分布在工业领域，主要有房屋和土木工程建筑业（22.28%）、交通运输设备制造业（3.68%）、通用设备制造业（3.41%）。

2. 工业转型升级对技能型人才的结构需求

根据《国家中长期教育改革和发展规划纲要（2010—2020 年）》，2009 年我国中等职业教育在校生和高等职业教育在校生分别为2179 万人和1280

万人。职业教育在校生总数要从 2009 年的 3459 万人增长到 2015 年的 3640 万人，2020 年达 3830 万人。虽然在总量上基本可以满足工业转型对技能劳动者的需求，但在结构上仍不相称。这主要表现在以下六个方面：第一，"职业技术人才荒"现象频现。"十一五"时期，职业技术岗位的求人倍率远大于 1，并且居高不下。第二，高技能人才队伍中存在着"老龄化"现象。随着老一代高技能人才的逐渐退休，许多企业原本就奇缺的高技能人才将后继乏人，有的已经出现断档。第三，职业技术人才的需求增速表现出"高高低低"特征。高等级人才增速高，而中低等级人才增速低。高级技师和技师年均增长分别达到 17.3% 和 14.2%，而高级工和中级工年均增长仅为 4.7% 和 1.7%。第四，劳动力市场上职业技术人才的技术等级越高需求压力越大，求人倍率逐级提升。从初级工到高级技师的求人倍率平均值依次为 1.41、1.42、1.63、1.91 和 1.89。第五，人才短缺与技能老化落后并存。联合国工业发展组织的数据表明，我国的劳动技能指数仅居世界第 59 位。我国某些第二产业产能严重过剩，人才的知识和技能老化，难以转换。我国组装加工企业居于世界产业链的低端组装加工环节，技能水平得不到提高。在产业转型升级中，能够解决关键技术和工艺的操作性难题、提出工业创新方案的高端技能人才不足。第六，高技能人才的区域分布不均衡。东部沿海和中部地区所占比重超过 2/3。中西部和东北地区的现有高技能人才的使用效率低下，中部地区的问题尤为突出。

3. 工业转型升级对技能型人才的素质能力需求

从工业转型升级对人才的具体要求看，增强自主创新能力，需要加强创新型人才和技能人才队伍建设。积极推动"创新人才推进计划"在装备制造、航空航天、电子信息等重点领域的组织实施，培养大批面向生产一线的实用工程人才、卓越工程师和技能人才，造就一批产业技术创新领军人才和高水平团队。推动大企业和中小企业协调发展，需要以职业经理人为重点，培养造就一批具有全球战略眼光、管理创新能力和社会责任感的优秀企业家及一支高水平的企业经营管理者队伍。加快发展面向工业生产的相关服务业，需要培育高素质工业设计和研发人才。

三、适应工业转型升级，大力发展职业教育

1. 加大职业教育的投入力度

2009 年底，我国高技能人才达到 2631 万人，高技能人才占技能劳动者总量的比例达 24.7%。而 2009 年当年对高技能人才的需求为 3067 万人，仍存在较大的缺口。技能劳动者的缺口更大，达 930 万人。面对 2009—2020 年工业每年对技能劳动者约 200 万人的需求（其中高技能人才约 60 万人），职业教育应在数量上保持一定的增长，才能为工业转型升级提供人力资源保障。因此，在教育投入不断增加的过程中，应当着力提高职业教育投入所占比重，把加大中等职业教育投入放在优先位置。

2. 协调产业政策与高技能人才开发政策

根据产业结构调整和产业发展的客观要求实施积极的高技能人才开发政策，着力解决高技能人才短缺的结构性矛盾，建立产业发展带动高技能人才队伍建设，高技能人才队伍建设支持产业发展的良性运行机制。加强产业、行业人才发展统筹规划和分类指导，围绕重点领域发展，开展人才需求预测，定期发布急需紧缺人才目录。重点加大房屋和土木工程建筑业、交通运输设备制造业、通用设备制造业等行业（领域）技能劳动者和高技能人才培训力度。

3. 政府切实履行发展职业教育的职责

把职业教育纳入经济社会发展和产业发展规划，促使职业教育规模、专业设置与经济社会发展需求相适应。根据国家职业技能标准和职业院校教学实际，开发职业技能教育培训标准，指导职业院校调整专业课程设置和教学内容，规范技能鉴定活动，使毕业生在取得学历证书的同时获得相应的职业资格证书。修订《中华人民共和国职业分类大典》，健全科学的职业分类体系，建立各类人才能力素质标准，为开展包括高技能人才在内的各类人才的培养、评价等工作提供依据。

4. 发挥企业行业在培养高技能人才中的主体作用

高级技工学校、技师学院、高职院校应紧贴市场需求，密切与企业合作，

在加快培养后备高技能人才方面发挥重要基础作用。统筹职业教育发展，整合利用现有各类职业教育培训资源，依托大型骨干企业（集团）、重点职业院校和培训机构，建设一批示范性国家级高技能人才培养基地和公共实训基地。改革职业教育办学模式，大力推行校企合作、工学结合和顶岗实习。广泛开展各种形式的职业技能竞赛和岗位练兵活动。进一步完善职业院校教师定期培训制度和教师到企业实践制度，鼓励教师不断提高业务素质和教学水平。进一步加大高技能人才师资培养力度，加快培养一批既能讲授专业理论同时又能指导生产实习的一体化教师。采取有效措施鼓励职业院校从企业聘请高技能人才、工程技术人才担任兼职教师，优化师资结构。

23

职业教育学历证书体系和学位制度研究

教育部职业技术教育中心研究所课题组　苏　敏

　　学历证书是一个人受教育程度的证明，它代表着知识和能力。学历证书具有两个维度：一个是纵向维度，指不同级别的学历，表明接受不同教育阶段的教育，如小学毕业、高中毕业、大学毕业、研究生毕业；另一个是横向维度，指同级但不同类或不同学校的学历，如普通中学毕业、中等职业学校毕业等。学位是标志被授予者的学术水平达到规定标准的学术称号，在我国包括学士学位、硕士学位和博士学位三种。学历证书和学位制度是当今社会主导的人才使用和评价制度，为人们顺利进入社会搭建了一个平台，同时也给人们创造了一个公平竞争社会地位和社会资源的生存空间。

一、我国职业教育学历证书体系和学位制度现状

　　学历证书和学位制度是学校教育的产物。而学校职业教育正是我国职业教育的主体。我国现行的学校职业教育分为初等、中等、高等三个层次，分别对应普通教育体系中的初中、高中和专科。其中，初等职业学校教育的实施机构是初级职业中学，招收小学毕业生或具有相当文化程度的人员，培养具有初级职业基础知识和技能水平的初级劳动者，学生毕业后颁发初级职业中学毕业证书，与初中学历对等。随着我国九年义务教育的普及，初等职业

学校教育逐渐萎缩，在职业教育学历证书体系中所占比例相当小。中等职业学校教育是在初中教育基础上实施的高中阶段的职业教育，是我国高中阶段教育的重要组成部分，担负着培养数以亿计高素质劳动者的重要任务，是当前我国经济社会发展的重要基础。中等职业学校主要有三种类型，即中等专业学校、技工学校和职业高级中学，培养在生产、服务、技术和管理第一线工作的高素质劳动者和中初级专门人才，学生毕业后颁发中等职业学校毕业证书，与高中学历对等。高等职业学校教育是在中等教育基础上进行的属于高等教育层次的职业教育，招收普通高中、中职毕业生或具有相当文化程度的人员，培养的是生产、服务、管理第一线的高端技能型专门人才。实施机构包括职业技术学院、职业大学、隶属于普通高校的二级职业技术学院和成人高校等。学生在经过2—3年的学习毕业后颁发高等职业院校毕业证书，属于大专学历。我国高等职业学校教育发展迅速，已经占据我国高等教育的半壁江山，为实现我国高等教育大众化起到了基础性和决定性作用。

本科及以上学历层次的高等职业学校教育在我国还未普及，但目前已经出现了本科层次高等职业教育的零星试点，实施机构是高职院校或普通高校，招收普通高中、中职毕业生或者"专升本"学生，学制4—5年（"专升本"学制2—3年）。学生毕业后发给本科学历证书并授予学士学位。本科学历层次职业教育的出现开创了职业教育授予学位的新局面。

二、我国职业教育学历证书体系和学位制度存在的主要问题

（一）职业教育学历证书体系内不同层次之间缺乏很好的衔接

由于中职毕业生升入高等职业院校的比例被严格限制，同时受学习内容与高考内容不一致的影响，拥有中职毕业证书的人中只有很少一部分能够升入高等职业院校深造。即便这些人升入高等职业院校，也会在学习中出现诸多不适应。根本原因在于高等职业教育自身定位不清，从而造成中、高职在专业设置、课程体系、教材内容、技能训练等方面的重复、脱节和断层。

（二）职业教育学历证书体系层次不完善、学位制度缺失

我国职业教育学历证书大多限于专科层次，缺少本科及以上层次的职业教育。这就职业教育学历证书体系而言是不完整的。从经济社会发展的实际需求来看，当前及今后一段时期，对既掌握高深的专业知识又具有熟练的操作能力和解决问题能力的高端技能型人才需求非常迫切。因此，缺少高等学历层次的职业教育，特别是本科学历层次的职业教育，已经成为我国职业教育学历证书体系中一个不容忽视的问题。缺少本科及以上学历层次的职业教育意味着职业教育学位制度的缺失。而对本科及以上学历层次职业教育的关注必然涉及学位制度的问题。

（三）职业教育学历证书体系相对封闭

学生一旦进入职业教育学历证书体系，就很难再回到普通教育学历证书体系中。也就是说，职业教育与普通教育之间的流动呈现明显的单向性，即普通教育向职业教育流动容易，职业教育向普通教育流动困难。这非常不利于人的多元化选择和全面发展。同时，这种封闭的学历证书体系也制约了职业教育自身的发展。

三、对我国职业教育学历证书体系和学位制度的建议

（一）改革招生考试制度，扩大中职毕业生升高职的比例

探索属于职业教育的高职考制度，推广"知识＋技能"的考试考查方式，科学、合理并且全方位地考查中职毕业生的素质，为高等职业教育选拔合格生源。改革原有限制中职升高职比例的做法，扩大中职毕业生对口升高职的比例，由各省级教育行政主管部分结合本地区经济、教育等情况做出相关规定，并报教育部批准。

（二）加强中、高职学历证书教育的衔接

明确中、高职学历教育的培养目标：中职培养中初级技能型人才；高职

培养高端技能型人才，其中高职专科培养技术员系列的人才，高职本科培养技术师、工艺师、实验师等系列的人才。注重中、高职学历教育在专业设置、课程体系等方面的延续与衔接，修订中等和高等职业教育专业目录，做好专业设置的衔接，逐步编制中等和高等职业教育相衔接的专业教学标准，减少中、高职之间教学内容的重复、脱节或断层。

（三）建立本科层次的职业教育，逐步完善职业教育学历证书体系

发展本科层次的职业教育是我国职业教育发展的必经之路。在先期试点的基础上，在全国其他地方逐渐发展。具体策略：一是对部分现有的技术应用特点突出的本科院校进行改造，转变其原来的学术型发展方向，定位于培养高端技能型人才的本科学历层次的职业教育。二是在实施国家示范性高职院校建设计划基础上，遴选部分办学条件优越、培养质量高的高职院校升格为应用型本科。学生经在本科学历层次职业院校学习且考试合格后，由学校授予本科学历证书和学士学位。三是试点研究生学历层次的职业教育，逐步形成完备的职业教育学历证书体系。

（四）加强与普通教育学历证书体系的沟通

建立高中阶段职业教育与普通教育的互通机制，制定普通教育与职业教育的互动政策和学分互认制度。在课程方面，中职学校应适当增加文化基础课程的权重和深度，以适应中职生转入普通高中的学习要求；普通高中应开设职业选修课，为普高生转入中职学校奠定基础。在学籍管理方面，以学分制为依托，通过学分互认实现职业教育学历证书体系与普通教育学历证书体系的沟通。取消中职毕业生向普通高等院校升学的比例限制，为中职毕业生报考普通高等院校创造条件。

高等教育人才分类体系研究
——普通高等教育与高等职业教育的边界

中国教育科学研究院教育规划与战略研究中心　孙　诚

一、我国政府对人才的分类

1999 年，国务院批转教育部《面向 21 世纪教育振兴行动计划》提出："高等职业教育必须面向地区经济建设和社会发展，适应就业市场的实际需要，培养生产、服务、管理第一线需要的实用人才，真正办出特色。"

1999 年 6 月，《中共中央国务院关于深化教育改革全面推进素质教育的决定》进一步指出："高等职业教育是高等教育的重要组成部分，要大力发展高等职业教育，培养一大批具有必要理论知识和较强的实践能力，生产、建设、管理、服务第一线和农村急需的专门人才。"

2000 年颁布的《教育部关于加强高职高专教育人才培养工作的意见》明确指出，高职高专是高等教育的重要组成部分，培养适应生产、建设、管理、服务第一线需要的，德、智、体、美全面发展的高等技术应用型专门人才。

2004 年修订的《中华人民共和国学位条例》规定："高等学校本科毕业生，成绩优良，达到下述学术水平者，授予学士学位：（一）较好地掌握本门学科的基础理论、专门知识和基本技能；（二）具有从事科学研究工作或担负专门技术工作的初步能力。"

2010 年《国家中长期人才发展规划纲要（2010—2020 年)》中提出国家人才发展主要指标，把人才分为两类：一类是研发人员，另一类是高技能人才。到 2020 年，我国将拥有研发人员 43 万人，拥有高技能人才占技能劳动者比例 28%。在"统筹推进各类人才队伍建设"部分进一步指出，要加强"专业技术人才队伍"建设、加强"高技能人才队伍"。其中"专业技术人才队伍"建设的发展目标是：适应社会主义现代化建设的需要，以提高专业水平和创新能力为核心，以高层次人才和紧缺人才为重点，打造一支宏大的高素质专业技术人才队伍。"高技能人才队伍"的发展目标是：适应走新型工业化道路和产业结构优化升级的要求，以提升职业素质和职业技能为核心，以技师和高级技师为重点，形成一支门类齐全、技艺精湛的高技能人才队伍。这样就十分明确地指出了普通高校和高等职业学校人才培养的界限，即普通高校培养"研究人才"，高等职业学校培养"高技能人才"。

2011 年，《高技能人才队伍建设中长期规划（2010—2020 年)》指出："高技能人才是指具有高超技艺和精湛技能，能够进行创造性劳动，并对社会作出贡献的人，主要包括技能劳动者中取得高级技工、技师和高级技师职业资格的人员。高技能人才是我国人才队伍的重要组成部分，是各行各业产业大军的优秀代表，是技术工人队伍的核心骨干，在加快转变经济发展方式、促进产业结构优化升级、提高企业竞争力、推动技术创新和科技成果转化等方面具有重要作用。"将高技能人才的概念给予了清晰界定，并提出了更高标准，即具有高超技艺、精湛技能、创造性劳动能力。

根据以上分类，可以把普通高校称为"理论型高校"，侧重理论、侧重研究和创新；高等职业学院称为"实践型高校"，侧重应用和实践。因此，其边界划分主要以理论和实践的比例来划分。从培养目标来看，前者更注重培养研究型人才，后者更注重培养高技能人才。从课程设置来看，一个偏重理论和研究，一个偏重实践和应用。

但值得注意的是，虽然对研究人员与高技能人才做了明确的区分，但对技能人才所应具备的能力要求更趋于复合型人才，即多技能型人才，而且要求水平不断地提高。也就是说，需要为高技能人才培养提供：一是职业生涯中获得成功必要的技术技能和知识；二是任何职业都需要的跨职能的基本知识和技能（比如解决问题、团队协作以及发现和使用信息的能力）以及平衡家庭与工作职责的能力；三是提高传统学术能力和一系列更加通用的教育目标的环境等。

二、高技能专业人才培养定位

高等职业教育培养的人才应是高技术应用型人才，具有高等性、职业性、区域性、社会性、应用性和实践性等显著特征。高等职业教育的"高等性"是其培养目标定位的基准，"职业性"是其培养目标定位的内涵，"区域性"是其培养目标定位的地方特色，"社会性"是其培养目标定位的价值取向。概括地说，在界定高职教育的人才培养目标定位时，应考虑人才层次的高等性、知识能力的职业性、人才类型的技术性、毕业生去向的基层性和一线性等要素。通过对社会人才结构的分析，可以清楚地认识高职教育人才培养的规格与人才的准确定位。社会人才结构大体可以进行如下的划分（见图1）。①

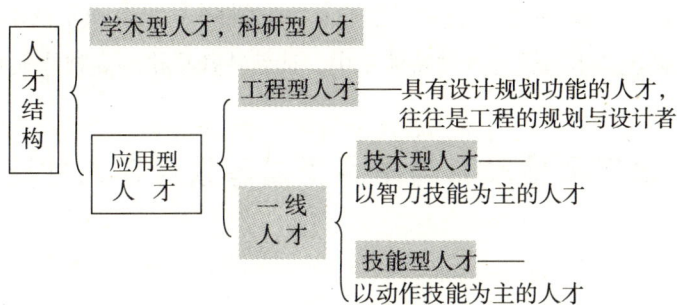

图1 社会人才结构

在现代社会，技术的概念已超越生产工艺、操作技能等物质性领域，而延伸至管理、营销、统计、公关等非物质性领域，呈现出物质形态与智能形态互为整合的特征。高等职业教育培养的主要是技术型人才，这类人才既不同于主要从事研究和发现客观规律的学术型人才，也不同于主要依赖操作技

---

① 杨光.2004.高等职业技术教育专业建设市场性研究［D］.武汉：华中科技大学.

能完成现场制作的技能型人才，它处于社会劳动链的技术消化与连接环节，主要擅长于技术应用，在将设计、规划和决策物化为工艺流程、物质产品和实施方案的过程中，充分显示其独特的作用。

技术型人才作为一种独立的人才类型，在知能结构上，更加着眼于专业技术、经营技术、管理技术及智能操作技术水平的提升，要求比技能型人才有更宽厚的理论技术基础（而非经验技术），又有更强的现场处理和解决问题的能力，对人力运筹、设备运行有更强的组织协调与技术管理能力，具备一宽（基础学力宽厚）、二高（综合职业素质和专业能力较高）、三强（就业能力、创业能力、发展能力强）的鲜明特色和复合能力。现代能力观（一般称为整合能力观）认为，能力是劳动者知识、技能和态度有机结合形成的一种素质结构。这种能力是由一般素质和对工作情景的理解及两者的结合构成的。高技能人才所要求的"能力"不仅是单一的岗位能力，更应是职业岗位群能力；不仅是专项能力，更应是综合职业能力；不仅是操作性技能，更应是智能化技术；不仅是就业能力，更应是较强的创业能力。显然，对于技术型人才而言，更应注重技术整合能力的培养。基于技术型人才的独特定位，必然要求职业教育牢固树立"技术教育"的观念，着力突破学科教育模式，独树一帜地确立技术教育的主体定位，在创建技术型教育的独特体系中，造就特殊规格的高技能人才。

三、高等职业教育与学科型高等教育在人才培养上的区别

1997 年联合国教科文组织颁布新修订的《国际教育标准分类》，将教育分为七个等级，大学教育为第五级，并将其分为学术性为主的教育（5A）和技术性为主的教育（5B），学术性的教育（5A）"课程在很大程度上是理论性的，目的是为了进入高级研究课程和从事工程要求的职业作充分的准备"，即以学术性为主的教育，强化理论性，学生毕业后主要从事理论研究和工程型职业。技术性为主的教育（5B）"课程内容是面向实际的，是分具体职业的，主要目的是让学生获得从事某个职业或某类职业或行业所需的实际技能和知识，完成这一级学业的学生一般应具备进入人才市场所需的实际能力和资格"。

高等职业教育与学科型高等教育有以下五点区别。

一是一般普通学术（研究）型高等教育往往以学科教育为主线，强调教育和教学过程的"学科本位"，强调理论知识的系统性、基础性、完整性；而高等职业教育则针对社会职业岗位和岗位群，以专用技术和岗位能力培养为主线，强调教育和教学过程的"专业本位"，注重成熟技术的应用和转移，注重实践教学过程，其理论知识的传授以"必需和够用"为度。学科教育重视课堂讲授；技术技能应用型教育重视操作技能的培训，理论知识讲授与实验实训并行，以职业性技术、能力与技能训练为主线。

二是普通学科型教育一般重视学生的学习过程，而技术技能应用型教育更重视学生的就业出路。高等职业教育更重视实践和操作过程，重视学生是否能上岗工作，毕业后是否受社会欢迎，是否能比较容易地找到工作。从一定意义上说，高等职业教育是一种实战教育，是一种就业教育。

三是高等职业教育的教师是集理论和实践技能为一体的"双师型"教师，要既能讲授又能操作。而学科型教师需要掌握所传授的相关学科系统的、全面的理论知识体系，以及教学和研究能力。

四是高等职业教育的专业设置是以市场和社会的需求为导向，根据市场和社会的需求以及劳动力市场的需求及其变化来设置、调整、储备专业；不断开发开设新的专业，以形成并强化高职教育的鲜明特色。着力从教学内容、教学方法、教学条件、教师队伍、教材建设等方面，按照市场和社会发展变化的要求进行全方位的改革。

五是高职教育可以在教学方法上灵活多样，如推行"模块式"、"分组式"、"案例式"、"情境式"教学等，在整个教学过程中突出实践教学环节。

综上所述，高等职业教育的人才培养目标是以实用型、技术型、复合型人才为主。但需要注意的是，两种类型培养体系的最高点更趋于相互融通。正如知识的探究与技术的开发的源泉动力，是伴随着人的综合能力提升而不断发展的，因此，在超越到某一个档级时，切忌将两者硬性割裂开，而是创造条件使其相互融合。

25

职业教育集团化办学研究

北京师范大学国家职业教育研究院　余秀琴

　　职业教育集团化办学是适应中国经济转型期产业发展需求、遵循职业教育发展规律和符合国际职业教育改革发展潮流的趋势性、方向性职业教育改革新路子，是建立现代职业教育体系的一个可行性突破口。职业教育集团化办学也是职业教育战略规划、组织设计和制度建设的创新性发展，对于扩大职业教育规模，提升办学质量，推进校企深度合作，提高技术、技能型人才合作培养能力和职业教育资源合作配置效率等具有重要的战略意义。

　　职业教育集团化办学是发达国家的成功办学经验之一。自20世纪90年代以来，我国部分省份的中职学校、高职院校或技工学校，携手行业企业等职业教育利益相关组织从区域经济发展实际需求出发，着眼于提高校企合作效率而自发组建了零星的职业教育集团或培训集团。2005年以来，职业教育集团化发展进入统筹探索阶段，得到了教育行政部门和区域政府的适度引导。近几年，职业教育集团遍布各省份，以校际合作、校企合作为主体，以特定利益（资产、人才或科技研发等）为纽带，探索出了或紧密、或松散联合的行业型、区域型、园区型、国际型、复合型等多种模式及相关运行机制。

　　实践表明，我国职业教育集团化办学还处在探索阶段，存在不少困难和问题。职业教育集团的深入发展缺乏相应的政策保障和有效的策略指导，理论研究滞后于实践发展需求，职业教育集团化发展的标准体系缺位，集团内部的人力、物力、财力、信息等资源都没有得到有效配置，集团化发展的体制、机制和具体模式还缺乏足够的活力，行业、企业参与人才合作培养的作用未得到显著增强，职业教育集团对现代职业教育体系建设的功能发挥还不到位，对区域经济发展的贡献率难以评估。

当前，为落实人力资源强国建设的战略部署，推进现代职业教育体系建设，我们迫切需要在遵循职业教育发展规律的基础上加快发展职业教育集团化办学。

一、统筹规划职业教育集团化发展的宗旨、目标、原则和任务

各级政府、职业院校、行业、企业及相关团体要以探索现代职业教育体系建设突破口为宗旨，积极开展职业教育集团化探索。结合区域经济发展和校企合作实际情况，做好职业教育集团化发展战略规划，综合考虑职业教育集团化的战略选择、发展愿景、发展目标和策略，实事求是，抓住机遇，趁势而上，合作配置职业教育资源，合作培养职业教育人才。

二、提供政策支持，完善管理制度，健全职业教育集团化发展条件保障体系

探索建立"在国务院领导下，分级管理、省市为主、政府统筹、市场调节、自主发展"的职业教育集团化管理体制，建立和完善"政府主导，行业指导，职业院校和企业合作举办，以校企合作、校际合作为载体，以特定利益为纽带，资源共享、合作共赢"的职业教育集团化办学体制。加快转变教育行政部门管理职业教育的方式，扩大职业教育院校开展集团化办学的自主权，切实发挥行业指导作用，鼓励企业多维度积极参与。完善管理制度，在国家层面加快制定促进职业教育集团化发展的实施意见，加强国家的宏观管理职能；在省市层面颁布实施相关政策和制度，强化监管措施，规范区域职业教育集团化发展；在集团层面建立各种合作制度，落实职业教育集团化章

程，规范集团化办学行为。开展示范性职业教育集团遴选，重点表彰和支持一批办学有实效、发展有贡献的优秀职业教育集团。开展归属清晰、权责明确、保护严格、流转顺畅的职业教育集团产权制度改革试点，鼓励股份制改革，建立紧密型职业教育集团。

三、明确职业教育集团的法律地位，信守职业教育集团章程

树立职业教育集团的法制意识，明确职业教育集团的法律地位，赋予职业教育集团"教育法人"资格，根据集团紧密或松散合作程度，分别纳入工商管理部门或教育行政部门注册登记。在《职业教育法》及相关法律条文修订中，规范职业教育集团各利益相关者的责权利关系，明确相关发展保障和法律责任。在时机成熟的时候，可探索制定有中国特色的《职业教育集团法》之类的法规。职业教育集团需遵守国家教育法律法规，信守职业教育集团章程，集团的组建、重大变更或撤销须经教育行政部门或工商管理部门审核同意，各利益主体平等自愿、诚信合作、共谋发展。

四、制定职业教育集团化发展的标准体系，保障集团内涵建设

在职业教育集团相关的法律、法规或管理办法指导下，根据职业教育集团化发展的现状和未来发展趋势，以促进职业教育集团获得基本运行秩序和最佳办学利益为目标，制定职业教育集团化发展的标准体系，通过标准体系来保障职业教育集团化的内涵建设。标准的设立要规范职业教育集团的准入要求、资源条件、发展过程、集团化程度、集团化效果等要素。要根据经济社会发展的阶段性需求，突出明确集团化办学的产业链深度、企业覆盖程度、GDP 覆盖比例、财政收入贡献份额、就业贡献水平等要素目标，突出职业教育集团化办学对经济社会的贡献，切实促进学校办学与产业园区、教育链与产业链的深度融合，形成职业教育与经济社会相互促进的良性循环。

五、创新职业教育集团的体制、机制、模式和组织设计，激发集团发展活力

建立职业教育集团化发展的一揽子体制机制，在职业教育集团的办学体制、管理体制（含宏观与微观）、投资体制、招生与就业体制、教学与实训体制、师资体制、科研体制等方面鼓励创新，加强有利于提高职业教育资源合作配置的运行机制探索。依据职业教育集团的特定利益纽带，探索适宜不同区域、不同行业、不同功能职业教育集团发展实况的或紧密、或松散的多元运行模式。开展职业教育集团的组织结构变革，创新组织设计，设立董事会、理事会或监事会，成立目标明确、机构精简、运行高效的职业教育集团组织，合理设置集团内部治理结构，健全决策、监督、执行、协商、调节等工作机制，不断完善组织章程、工作程序和各项管理制度，激发集团可持续发展活力。

26

职业教育办学体制研究

北京师范大学国家职业教育研究院　余秀琴

职业教育办学体制是职业教育办学主体的确立，办学机构的设置，办学活动中各当事人责权利的划分及其相应运行机制等制度的总称。职业教育办学体制关系到某类学校可以由谁来举办、审批、决策和决定等一系列学校管理中的关键问题，是职业教育制度体系的主要内容，是现代职业教育体系建设的关键。

职业教育办学体制在不同形态为主的职业教育办学时期有不同的体现和功用。在计划经济体制下，我国各类中专、技校和职校以政府办学为主，实行统一计划、高度集中的办学体制，为当时教育事业发展和经济社会进步奠定了一定的基础。随着经济社会发展，公办职业院校、行业办学、企业办学、社会团体和私人办学、集团化办学、园区化办学等多元办学现象逐步出现，在丰富职业教育办学模式的同时也对职业教育办学体制改革提出了迫切要求。

世界各国职业教育的办学体制形态各异，其办学主体、办学经费、办学管理、办学模式和办学机构各有特色。20世纪80年代以来，随着经济社会发展和教育理念的更新，各国办学体制逐步向多样化发展，办学体制变迁的总体脉络是立足于国家发展战略，充分发挥社会资源的合力，基于提高职业教育人才培养质量而形成了政府、学校、行业协会、企业和其他相关利益团体多元参与办学的合作体制。

　　自 1985 年《中共中央关于教育体制改革的决定》颁布以来，我国逐步形成了"政府主导、依靠企业、充分发挥行业作用、社会力量积极参与，公办与民办共同发展"的办学格局，以及"政府主导、行业指导、企业参与"的办学机制，在推动公办和民办职业学校改革、促进职业教育规模发展、提升职业教育质量方面取得了一定成效。但也存在一定的问题和困难，表现在：现行办学体制框架下，政府主导作用不足，省市各级政府尚未切实把职业教育纳入经济社会发展和产业发展规划，统筹管理和综合协调功能欠缺。职业教育办学经费投入机制不完善，总量不足，投入不均衡。办学主体的办学自主权落实不到位。行业指导职业教育的作用发挥有限，缺乏相关指导权限保障，指导经验不够丰富。私人办学、企业办学或参与职业教育的积极性不高，对其相关保障和激励措施实施不到位，法律责任缺失。职业教育集团化办学、园区化办学的相关法律、政策和制度保障体系尚待建设。

　　深化职业教育办学体制，增强职业教育发展活力，是推进现代职业教育体系建设的关键。为此，需要重点推进以下各项工作改革进程。

一、完善职业教育办学主体多元化制度和法律，带动办学投资和管理的多元化

　　要适应经济社会发展趋势和现代职业教育体系建设需要，树立先进的办学理念，建立职业教育办学主体多元化制度，厘清政府、行业、企业和社会在参与及举办职业教育中的责任、权利和义务。加强政府在职业教育资源配置上第一主体的主导作用，吸引和鼓励企业参与办学。切实发挥行业在职业教育办学中的指导作用，明确行业指导的责任、权利和功能。充分发挥企业在培养技术、技能型人才方面的优势和力量，加强企业参与办学，制定相关政策法规激励和规范企业办学行为。培育和规范职业教育集团化办学、园区化办学，深入研究其办学体制构建和机制设计，树立办学主体改革示范。

　　完善职业教育主体多元化的法律规范，明确各主体办学的法律地位，落实其责权利，尤其要明确职业教育办学主体在职业教育活动中违反法律规定的相关法律责任。通过办学主体的多元化，带动职业教育投资主体多元化，

与职业教育投资结构相适应。带动职业教育管理宏观结构改革，加大地方统筹管理职业教育的权限，促进职业院校内部管理结构改革，关注人才市场，提高教育质量。

二、拓宽办学经费来源渠道，健全经费筹措机制

鼓励行业企业、社会团体、境外组织、公民个人、其他组织等投资职业教育。建立健全政府主导、行业企业、社会团体、公民个人、信贷等多元综合的办学经费筹措机制。进一步完善吸引投资者的财政、税收、金融和土地等优惠政策。允许设立职业教育基金，完善出资、捐资捐赠的激励机制，拓宽社会资金进入职业教育的渠道。落实企业、个人教育公益性捐赠支出所得税税前扣除的规定。制定信贷政策，通过财政贴息、金融机构低息等支持职业教育。制定职业教育建设用地的优惠政策，采取土地出让金返还、减缓有关用地费用等措施。强化各级政府在职业教育办学资源筹措及配置中的宏观调控职能，适当提高中央和省级政府本级财政支出中职业教育经费支出的比重。

三、改革办学管理体制，落实职业院校办学自主权

适应办学主体多元化趋势，改革职业教育宏观管理体制，落实"国务院领导下，分级管理、地方为主、政府统筹、社会参与"的职业教育办学管理体制。省级政府统筹高等职业教育办学管理，自行确定招生规模和学校审批、入学考试、专业设置、教师评聘、经费筹措、文凭发放、毕业生就业指导等管理事务。完善现代学校管理制度建设，建立健全适合技能型人才成长的全新机制。

落实职业院校自主办学的法人地位，依法进一步扩大其办学自主权。深化公办职业院校以人事分配制度改革为重点的内部管理体制，探索民办职业学校、职业教育集团、职业教育园区的董事会、理事会或委员会制度，规范其办学行为。

四、创新办学模式，探索产权制度改革，提高职业教育办学效益

适应国际上多元化职业教育办学模式改革趋势，鼓励多种途径创新办学模式，促进职业教育资源合作配置，提高人才培养质量。探索产权制度改革，探索办学模式的多元化改革制式，如股份制、国有民办、民办公助、中外合作办学等，实现资产重组，提高职业教育资源利用效率。鼓励跨区域办学和国际合作办学，实现职业教育资源的互补互通。

五、建立有效合作沟通机制，推进校企合作制度化，发展社会化职业教育与培训

完善各级政府职教部门联席会议制度，建立和畅通政府与行业、行业与企业、企业与学校、学校与市场的沟通交流机制，成立全国职业教育信息联盟等多方有效合作沟通机制。推进校企合作制度化，尽快出台校企合作促进条例，明确校企合作各方的责权利，就校企合作主体、对象、激励机制、师生企业实习、实践制度、双师型教师评聘等做出规定，建立校企合作专项资金，通过制度监控、舆论监督校企合作绩效，给予奖惩。树立职业教育为区域经济社会发展服务的办学方向，发展社会化职业教育与培训，扩大职业教育服务对象，将农民工、专业军人等纳入职业教育轨道，专业设置和教学内容更加贴近社会发展需求，探索技能工人培训学校、社会化继续教育培训中心、大学生实训基地、农转工培训中心、社区职业教育培训中心等多种实现模式，推进职业教育社会化进程。

27

高等职业教育人才培养模式多样化研究

国家教育发展研究中心　韩　民

根据国际职业分类标准和国际教育分类标准，高等职业教育的主要功能是培养技术员（第一、二产业的高技能人才）和准专业人员（第三产业），这一职业群或人才类型具有"中间性"、"复合性"、"实用性"的特点，是介于专业技术人员（工程师、律师、医生等）和技能劳动者之间的职业群。从其知识、能力和技能结构来看，与专业技术人员相比它要求更强的实际操作能力，与一般技能人员相比它要求更多的专业知识和能力，它辅助专业技术人员开展工作，组织和指导一般技能人员从事生产活动。随着社会发展和经济、产业、职业结构的变化，这类职业岗位出现在广泛的职业领域中，其人才需求越来越大而且趋向多样化，很多岗位对从业人员的知识、能力和技能的要求也越来越高。高等职业教育要满足社会对这类人才的多样化需求，必须在培养模式上也更加多样化。

高等职业教育人才培养模式的多样化既涉及教育制度领域的问题，也涉及教学内容方法领域的问题，本课题研究重点从制度层面探讨高职院校人才培养模式的多样化。

一、高职院校学制年限的多样化

（一）现状

目前，我国的高等职业院校的学制年限绝大部分是高中起点两到三年，这种培养模式的主要特点是三年普通高中加两到三年高职教育，学生的专业选择在高中后阶段，比较适合那些对知识要求较高、不需要长期积累形成技能的职业领域，如自动化机械操作及第三产业中很多职业岗位。目前，少数高职院校在探索初中起点五年一贯制的教育模式，这种模式的特点是三年中职加两年高职，学生的专业选择在初中后阶段，比较适合那些需要长期积累形成技能的职业领域。

（二）发展趋势及政策建议

第一，在今后一个较长的时期里仍应坚持高职以两到三年的学制为主体，要防止出现盲目将学制年限延长的现象。第二，对探索初中起点五年一贯制模式的院校应在制度上予以认可，准许其作为高职教育的一种模式并在政策上给予相应的支持，如其在校生前三年可享受中职生国家助学金等待遇，后两年可享受高职生的相应待遇。第三，对于高职年限延长至四年的呼声应审慎对待，对少数确有职业需求的领域（如医疗技术人员、护理人员等）可允许试点，前提是高职的性质和特色必须坚持，换言之，这类院校的发展方向应是四年制高职而不是应用型本科。

二、院校办学模式（学校类型）的多样化

高等职业教育的培养目标是复合型、实用型高技能人才（技术员和准专业人员），多样的办学模式有助于培养多样化的高技能人才。

（一）现状

从广义看，目前我国的高等职业教育办学模式是多样的。首先是学历教

育，主要是高职（专科）院校，全国有1246所，在校生966万人，这些是我国高职教育的主体，但主要问题是过分偏重学历，职业技能培养比较薄弱。其次是远程、开放教育（如广播电视大学）和成人高等学校等，其主要特点是面向在职成人培养高技能人才。最后是非学历教育机构，如人力资源与社保系统的高级技工学校、技师学院（数量规模不详）、一些城市公办的社区学院，以及民办的专修学院、培训学院等，全国有836所，各类注册学生85万多人。这类机构属于培训机构，主要以获得职业技能资格为导向。

（二）政策建议

从高技能人才培养多样化的视角出发，高等职业教育的发展应学历教育和非学历教育并重，把各种非学历教育也纳入高职发展的政策视野，统筹公办教育和民办教育、教育部门和其他相关的教育资源，在尊重各类教育培训机构办学特点的前提下，促进学历教育与非学历教育、学历资格与职业资格的沟通衔接。要探索建立高技能人才成长的"立交桥"，构建学历资格与职业资格相互沟通的国家资格框架，建立不同类型教育机构间的学分认证、积累和转换制度。

三、专业与课程设置的多样化

（一）现状

目前，高职专业设置的审批权已经下放到省级教育行政部门，但总体来说，高职院校专业设置上的自主权尚未完全落实，动态调整机制也不健全。

（二）政策建议

进一步落实高职院校的专业和课程设置自主权，支持高职院校在专业和课程设置上突出特色，大力发展新兴职业领域和紧缺人才培养相关领域的专业，建立健全高职院校依据社会需求动态调整专业设置的机制。

四、生源及招生录取方式的多样化

（一）现状

高中起点的高职院校生源主要来自以下途径：从入学前的经历来看，既有应届高中阶段毕业生，也有往届毕业生，其中少部分人有职业经历，但目前数量较少，应届毕业生是主流。从入学前的学历来看，既有普通高中毕业生，也有中等职业学校毕业生，前者是高职生源的主体，但中等职业学校毕业生有增加的趋势，其中部分学生通过对口招生途径入学，但有比例限制。

（二）政策建议

高职生源及招生录取方式的多元化有利于培养多样化的高技能人才。但由于不同学历、经历的学生其知识能力结构、技能水平和经验有所不同，一般来说，普通高中毕业生的知识基础较好，而动手能力较差，中等职业学校毕业生则相反。适应高职生源的多样化趋势，建议赋予高职院校更大的招生自主权，探索适应高职特点、更加开放的招录模式。针对不同学历经历的学生，应采取不同的招录方式，如可根据高考成绩、高中会考成绩、在中等职业学校的学习成绩及获得的职业资格、技能测试等多样的评价方式。同时，在课程教学上，针对不同背景的学生在教学模块安排上应有所区别。

五、高职毕业生后续学习和发展路径的多样化

（一）现状

目前，高职学生毕业后继续学习的主要途径是通过业余和远程高等教育"专升本"方式，直接进入本科及以上教育阶段学习者很少，路径比较单一，相应的制度安排也较少。

（二）政策建议

高职教育虽然带有就业导向的终结教育的性质，但无论是从终身教育的

理念还是从学生个人的学习和发展需求来看，它不应是继续学习的死胡同，应为高职毕业生的继续学习开辟更多的路径。除现有的"专升本"之外，有两条途径可探索：一是应用型本科接受部分符合一定条件的高职毕业生插班就读，这种模式在美国的社区学院和四年制大学中比较常见，但要具体操作，需要在制度安排上进行认真研究。比如，本科院校要为插班生留出一定学位，要在课程上很好衔接，要建立学分认证和转换制度等。二是借鉴日本的技术科学大学（其以五年制高等专门学校和两年制技术短期大学毕业生为对象，提供四年一贯制的本科和专业硕士教育），在技术教育领域，选择个别高职或应用型本科开展主要接收高职毕业生，进行应用技术本科和专业硕士教育试点。

技能人才就业创业政策研究

中国人民大学教育发展与公共政策研究中心　崔　盛

我国现阶段正处于一个经济持续快速发展、产业结构调整不断加快的时期。然而，我国的人才培养模式和机制尚不能满足经济转型和产业升级的需求。从我国劳动力市场来看，技能人才得不到相应的价值回报和应有的社会尊重，造成了我国现阶段技能人才紧缺现象，并最终成为制约我国经济发展的瓶颈。

因此，在"十二五"转变经济发展方式的大背景下，分析我国技能人才的供给状况，制定相关政策来促进我国技能人才充分就业，提供相应的创业环境，对促进我国经济的可持续发展，具有十分重要的意义。

一、技能人才和技能人才的有效供给

相比于通用型人才，技能人才通常是指具备专门知识和技术，掌握一定的操作技能，能够在工作实践中运用自己的技术和能力的实际操作人员。在我国主要是指取得技师、技工及相应水平的技能人员。随着经济发展和产业结构调整升级，技能型人才在数量和结构上都无法满足社会经济发展的需要，技能人才有效供给和就业已成为制约经济发展的现实问题。

从我国技能人才在劳动力市场的供需状况来看，技能人才并没有达到有效供给。首先，技能人才总量不足。从人社部2011年发布的四季度城市公共就业服务机构市场供求状况的分析来看，各技术等级的岗位空缺与求职人数的比率均大于1，劳动力需求大于供给。其中，高级技师、高级工程师、技师的岗位空缺与求职人数的比率较大，分别为2.68、2.56、1.97。其次，技能人才结构不合理。2011年第四季度全国求职技能劳动者中初级工（职业资格五级）占总人数的23.7%，中级工（职业资格四级）占总人数的10.2%，高级工（职业资格三级）占总人数的3.8%，技师（职业资格二级）占总人数的1.5%，高级技师（职业资格一级）占总人数的0.4%。与发达国家呈"橄榄型"即两头小、中间大的技能结构相比，我国的技能结构明显呈"金字塔型"的结构失衡状态，这不仅严重制约了产业结构的调整升级，同时也影响了经济的进一步可持续协调发展。最后，技能人才行业分布不均。2011年第四季度求职人员相对集中的职业是商业和服务业人员、生产运输设备操作工，其所占比重分别为28.1%和29.1%，两者合计约占总求职人数的57.2%。而现代服务业、现代制造业和现代农业等新兴产业的技能人才需求却大于供给。

只有制定相关政策激励技能人才有效供给，保障技能人才的有效就业，才能满足产业转型升级对劳动力市场的需求。从涉及技能人才就业的政策主体来看，包括政府、市场（劳动力市场）、企业和职业院校。从政府层面来看，应为技能人才的有效供给提供引导、组织、协调等方面的支持；而市场则提供人才供求与价格等信息来引导供需交易的完成，使技能人才能够获得就业机会、实现职业变迁；企业的重点在于提供就业机会，通过实现技能人才的劳动价值、给予合理回报促进技能人才人力资本的投资；职业院校则应培养出符合市场与企业需求的技能人才，为降低人力资本投资风险和缩短人力资本投资的回收期创造有利条件。以上四个主体促进技能人才有效就业的举措构成了我们制定相关政策的主要依据。

二、支持技能人才就业的相关政策

一是完善技能人才就业的公共服务体系和社会氛围。政府不仅是技能人才的投资主体，更是技能人才成长制度环境与社会氛围的创造者和引导者。政府的相关政策及其引导可以形成尊重技能人才的社会文化环境，同时适当的公共财政补贴可以弥补企业对技能人才就业投入的不足，并使技能人才获得相应的社会公共保障。政府合理的制度安排能够使以技能工作为职业的人获得更好的社会地位和经济收入，促进技能人才的就业。从我国实际出发，可以出台高技能人才以及农民工入户城镇政策，提高他们的社会地位。

二是完善技能人才劳动力市场机制，搭建需求信息平台。技能人才市场是对技能人才的服务定价，按服务价值付酬的市场。一个完善的技能人才市场，其劳动力价格应当能够充分反映人才资源的稀缺程度及其劳动贡献。因此，开放竞争的技能人才市场能够通过劳动力价格信号构成对技能投资、成长与供给的激励。劳动力价格提高，技能人才供给量增加，反之则减少。如果技能人才的劳动力价格长期偏低，则意味着技能人才的劳动价值无法得到充分体现，这将影响到技能人才人力资本投资的水平与技能人才培养的规模与结构，从而使整个社会技能人才的有效就业减少。

三是提高技能人才的工资待遇，改善技能人才的工作环境。企业既是技能人才人力资本的重要投资主体，也是技能人才的使用主体，在技能人才成长中发挥着关键作用。作为一种"活"的资本形式，技能人才的劳动贡献不仅取决于人力资本的存量，更取决于技能人才自身的劳动积极性与工作主动性。因此，企业既需要保障技能人才的物质条件，也要为技能人才的成长发展提供良好的劳动环境以及相应的精神性激励。同时，现阶段应结合我国特殊企业的发展契机，如小微企业、文化创意产业的企业，优先促进相关技能型人才的就业。

四是调整职业院校专业设置和人才培养结构，完善专业对接产业的相关政策。提升技能型人才培养质量，同时加强职业院校学生就业指导工作，实现有效就业。职业院校是技能人才培养的主要载体，对于专用性人力资本的形成及满足企业技能人才需求具有至关重要的作用。如果学校能够根据市场需求来设立相应的专业和开发相关的课程，所培养的人才能够及时满足企业的需求，具有较高的就业率和较好的职业前景，不仅将大大提高人才的有效供给能力，同时也会使更多的潜在劳动者选择职业技术类教育，为技能人才的持续供给奠定良好的基础。

三、支持技能人才创业的相关政策

从就业观念来看，创业不是就业的次等选择，更不是失业，创业是新形势下积极就业的全新模式，是技能人才积极面对社会适应社会的有效行为，也可以看作是建设创新型国家的有力举措。相比于促进技能人才就业的其他实施主体，政府和职业院校在鼓励技能人才创业方面应负有更大的责任。

一是树立创业的新理念，改善技能人才创业的环境，完善相关创业扶持政策，通过创业基金、税收减免、信贷贴息等政策优惠，积极引导技能型人才创业。

二是加强技能型人才的创业指导和培训。改革职业院校课程体系，开设创业教育课程，鼓励院校积极开展与学生创业教育有关的各项教学改革。搭建创业教育的实践平台，强化社会实践，多渠道为学生提供实战场所，着力提高学生的创业综合能力。同时，职业院校应强化创业典型的示范效应，形成创业的连锁反应。

29

职业学校产权制度研究

对外经济贸易大学教育与开放经济研究中心课题组

一、重要意义

我国近年来在扩大职业学校办学自主权，鼓励社会力量以多种形式参与职业教育方面取得了一定的成效，但也暴露出一些在产权制度方面亟待解决的问题，主要表现为：产权归属模糊，产权结构单一，产权管理落后，产权交易混乱，产权保护不严，产权监督不利等。因此，在建立现代职业教育体系的大背景下，有必要建立健全现代职业学校产权制度，在坚持教育公益性的同时，充分发挥产权制度的激励与约束作用，增强学校自我约束、自我控制、自我发展的能力，以满足人民群众多层次、多样化的教育需求，满足国家以政府投入为主、多渠道筹集教育经费的需求，满足教育业优化资源配置、提高资源利用效率、增强国际竞争力的需求。

二、发展目标

将现代产权制度内涵与职业教育自身特点相结合，建立具有中国职业教育特色的"归属清晰、权责明确、结构合理、保护严格、流转顺畅"的现代职业学校产权制度。

归属清晰：根据"谁投资、谁所有"的原则划分学校各方出资人的所有权权限。根据"政校分离、管办分离"的原则实现出资人所有权、学校法人财产权与学校管理权的分离。明确划分国家通过资助优惠形成的国有资产、举办者投入的资产、社会捐赠的资产、学生缴纳的各种费用和学校产业开发收入等办学积累增值所形成的资产在学校存续期间归属以及学校终止后分配的原则和程序。

权责明确：明确规定政府、出资人、学校在举办职业教育中的责权利关系，使权利边界与责任边界相匹配，权利主体与义务主体相统一，以法律形式赋予学校确定性的权利。明确规定学校产权运行过程中违法行为的法律责任。

结构合理：在坚持教育公益性的前提下，以提高教育资源利用效率为原则，创新职业教育的实现形式，探索以公有制为主导、多种所有制并存、跨境合作的办学体制。转变政府对职业教育的管理理念，建立现代职业学校治理结构。

保护严格：各级政府应制定和完善对各类职业学校产权的界定、配置、管理、交易、保护、监督等各环节的相关制度，承认产权归属、保护合法权益、规范管理运营，保护监督并重。

流转顺畅：完善学校资产流转过程中评估、交易、监督等各项制度，为各产权主体创造公平的交易环境，保护各投资主体、国家、学校、教师、受教育者的合法权益。

三、基本思路

以邓小平理论和"三个代表"重要思想为指导，深入贯彻落实科学发展观，在尊重教育自身发展规律、认清教育实践发展态势的基础上，根据"分类规范、重点突破、有序推进"的方针，逐步建立健全现代职业学校产权制度，兼顾教育公平与效率的平衡，兼顾教育公益性与投资主体收益性的平衡，兼顾政府主导与市场参与的平衡，兼顾各方投资主体、学校、教师、受教育者利益的平衡，形成职业教育"公平、有序、高效、合理"的竞争环境。

（一）应从整体上，根据职业学校所有权主体和管理权主体的不同实施分类管理、监督、评估及指导

1. 积极转变政府对公办职业学校的管理方式

各级政府应明确落实对公办职业学校的投入责任，明确规定政府与学校间的各项权责划分，减少和规范政府对学校的行政审批和直接干预，明确政府和教育主管部门对学校依法实行宏观调控、间接管理和全面服务的权限范围、执行标准和相关责任。改革公办职业学校行政化管理模式，推进民主管理，扩大教师、学生、企业对学校管理的影响力。

2. 努力探索以公有制为主导、多种所有制并存的职业教育办学体制

通过实现学校的所有权与管理权的分离，努力创新能够促进职业教育发展的职业学校产权制度的实现形式，通过出台税费减免、财政支持、政策倾斜、资金补贴等相关政策，吸引社会力量通过独资、合资、合作制、股份制、境外合作等多种方式参与职业教育办学。对于产权结构多元化的职业学校，应根据实际情况合理划分和规范各产权主体的权责关系，建立产权评估与交易规则，维护学校产权的相对独立性，避免国有资产的流失，维护受教育者的根本权益。

3. 不断完善民办职业学校产权制度的实施细则

认真贯彻落实《中华人民共和国民办教育促进法》及其实施细则，明确民办学校举办者、政府与民办学校之间的权责关系。完善民办学校法人登记制度，落实民办学校法人财产权。明确出资财产属于民办学校出资人所有，在保证学校合法权益的前提下，出资人产（股）权份额可以转让、继承、赠与，但学校存续期间不得抽回出资。对于营利类与非营利类民办职业学校进行分类登记、分类管理。制定学校举办者合理回报的获得比例、审核程序和操作办法。细化落实民办学校、学生、教师与公办学校法律地位平等的相关政策，建立科学的民办职业学校产权运营机制，完善对民办职业学校的资助扶持政策，健全民办职业学校变更、退出机制，促进民办职业学校的长效发展。

（二）当前，各级政府应制定相关政策，在以下方面取得突破性进展

1. 解决职业教育产权制度实现形式改革中的产权问题

对于政府控股或参股的股份制职业学校，应明确学校法人对各股东出资形成的财产拥有所有权和管理权，制定建立现代职业学校管理制度的评价标准。将国家通过资助、优惠政策等形成的国有资产股权化，地方政府代表国家以投入学校的资产份额为限参与学校管理，享有相应权利并承担有限责任，获得的股份收益用于对学校或职业教育的再投入。根据股份制运营的职业学校的营利性和非营利性界定学校法人的产权性质，适用不同的法律制度。

对于职业教育集团，各地应制定相关配套政策，明确集团内部成员的产权归属和权责划分，建立兼顾各方利益的实效型、紧密型职业教育集团管理制度，将对职业教育集团办学的监督与保障制度化。探索营利性股份制职业教育集团上市的合理路径以及风险共担、利益共享的经营机制。

对于政府通过资产租赁、委托管理等多种方式举办的职业学校，制定资产租赁的使用和回收办法，确保国有资产不流失，收取的租赁费用于对职业教育的再投入。在所有权不变的情况下，鼓励学校开展委托管理，制定对受托方（品牌学校、教育中介机构、行业企业）的遴选、评估、监督、管理、保护等各环节的实施细则。

2. 解决营利性与非营利性民办职业学校区别管理的产权问题

对于非营利性民办职业学校，根据有关规定按照民办事业单位法人进行登记和管理，使之在税费优惠、人事制度、财务制度等方面享有与公办学校平等的法律地位。取得良好社会效益的非营利性民办职业学校，经学校申请并报教育行政部门批准，在依法扣除办学成本、预留学校发展基金以及提取其他有关费用后，可从办学结余中提取一定比例的经费用于奖励出资人。

对于营利性民办职业学校，按照企业法人进行登记和管理，按市场机制办学，按企业机制获利。政府对于符合职业教育大力发展方向、获得良好社会效益的营利性民办职业学校给予一定的优惠扶持政策。

3. 解决国有企业举办职业学校的产权问题

通过教育部门与其他部门的协调沟通，解决国企改革与国企举办职业教

育之间的机制性矛盾。出台国有企业举办职业教育的鼓励措施。将企业支持职业教育纳入国资委对国企的评价体系中，并根据办学效果给予奖励；对不支持职业教育的企业，根据其规模确定所应承担的义务，折算成等值金额缴入行业的职教基金中，用于行业内的职业教育补贴。鼓励通过行业主导组成由多家国有企业剥离学校组成的国家和企业参股的职业教育集团。

对于国有企业面向社会举办和参与举办的非营利性职业学校，应当将其性质界定为事业单位法人，使之在政策优惠、人事制度、财务制度等方面享有与非营利性民办职业学校同等的法律地位。

（三）按照"中央政策引导、省级统筹实施、学校试点运行"的原则有序推进职业学校产权制度改革

1. 中央应出台职业学校产权制度改革实施意见

一方面，建议由国务院职业教育部门联席会议相关单位联合印发实施《职业学校产权制度改革实施意见》，明确相关利益主体产权归属和权责划分的原则与标准，规范不同类型职业学校在产权的确认、配置、管理、交易等各环节的权利与义务，规定国家对不同类型职业学校的支持、管理、评估、监督及保障措施；另一方面，将现代职业学校产权制度相关内容纳入国家职业教育法律制度，在《职业教育法》修订中予以体现。

2. 省级政府应制定本地区职业学校产权制度改革实施细则

省级政府应结合本地区实际，制定职业学校产权制度改革实施细则，遴选一批地市和若干学校，开展职业教育产权改革试点工作。建立由政府、学校、企业、理论界代表组成的评估小组，制定针对重点问题的解决方案，进行跟踪检查和监测评估。

3. 相关职业学校应及时上报产权制度改革的典型案例

鼓励相关职业学校进行产权改革，创新产权制度的实现形式，积累经验，总结教训，形成典型案例，为进一步完善有关法律法规提供依据。

30

借鉴国际经验　推进我国
职业教育国际化

教育部职业技术教育中心研究所课题组　刘育锋

一、职业教育国际化及其意义

职业教育国际化是在经济全球化的背景下，各主权国家在职业教育方面的相互交流、相互借鉴的过程。职业教育国际化有助于借鉴国际职业教育先进经验，提高本国职业教育办学水平，从而有助于在全球化背景下实现满足国际产业发展标准对技术技能型人才需求的目标，有助于增加收益，由此得到越来越多国家的重视。

根据经济合作与发展组织（OECD）2010 年的教育报告，2008 年全球留学生总数已达到334.3 万人，比 2000 年增长了近 70%。而根据美国国际教育学会（IIE）2010 年的年度报告，2009—2010 学年在美国学习的外国学生总数达到 69.09 万人，比上学年同期增长 3%。OECD 2010 年的教育报告表明：美国、英国、德国、法国四国 2008 年的教育输出占世界总额的 43.35%，其中美国的教育输出占世界总额的 18.68%，英国的教育输出占世界总额的 10.05%。中国 2008 年来华国际学生仅为 223499 人，占世界总额的 6.69%；而出国留学学生则有 510842 人，占世界总额的 15.28%。

二、澳大利亚与英国职业教育国际化经验

(一) 澳大利亚

教育是澳大利亚重要的出口产业。1994 年，澳大利亚教育输出所获外汇收入达 20 亿澳元，1998—1999 年度，澳大利亚教育输出所赢得的外汇达 32 亿澳元。教育已经超过了传统的牛肉、矾土、汽车、羊毛等产业，成为澳大利亚第八大出口创汇产业。教育产业的出口额在 1998—1999 年度比 1988—1999 年度增长了数倍，是澳大利亚所有出口产业中增长最快的。2006 年教育输出对国民收入的贡献达 100 亿澳元，超过了"羊毛＋小麦"的出口总额，2009 年更高达 150 亿澳元。2000 年，在澳大利亚的国际学生有 15.3 万人，其中 3 万多人是职教学生，约占 1/5。而 2005—2008 年间，在澳大利亚学习职业教育的国际学生数量逐年递增，从 2005 年的 66086 人，发展到 2006 年的 83685 人、2007 年的 121422 人，再到 2008 年的 175461 人，几乎与普通高等教育国际学生的数量相当。

澳大利亚推进教育国际化，形成了如下经验：

第一，设立专门机构负责国际教育事务。澳大利亚设有国际教育咨询委员会。该委员会向政府提供有关澳大利亚面临的国际教育方面的机会与挑战方面的建议。澳大利亚还设有"澳大利亚教育国际"（AEI）。AEI 是澳大利亚联邦机构，负责促进澳大利亚国际教育的发展，并且支持澳大利亚国际教育作为产业的输出。AEI 的工作目前注重吸收更多国际学生来澳大利亚接受职业教育与培训。

第二，制定并修订"海外学生教育服务法案"（ESOS 法案），为海外学生提供更好的服务。澳大利亚 2000 年颁布了 ESOS 法案，近期正在对该法案进行修订，2012 年 1 月 27 日批准了所修订的框架。修订后内容包括学费保护服务等内容。

第三，颁布"澳大利亚国际学生战略"（ISSA）。2010 年 10 月 29 日，澳大利亚颁布了 ISSA。该战略概述了 12 项举措，以解决四个关键领域问题，

即国际学生福利、国际教育的质量、消费者保护以及国际学生可获得更好的信息。

第四，对澳大利亚的国际学生学习情况进行跟踪调查。澳大利亚委托有关机构对在澳大利亚学习的国际学生进行了跟踪调查，发布了系列调查报告。如《在澳大利亚学习：来自六个主要国家的观点》、《2010 年国际毕业生的结果及雇主观点》、《2010 年国际学生调查》、《2007 年国际学生后续调查——职业教育和培训报告》。

（二）英国

英国教育国际化程度也很高，主要表现如下。1. 英国学生和教职工流动方面：英国参与了多项国际学生交换项目，如参与伊拉斯谟计划（ERASMUS）（亦称"欧洲共同体关于大学生流动的计划"）。2007 年，英国大学 20% 的教职员工来自海外，在 2005—2006 年，27% 被聘请的员工来自海外。2. 课程国际化：增加国际课程，增加外语课程，提供在海外国家工作和学习的项目，并且建立联合学位项目。3. 国际合作与协作方面：英国除加入欧盟的项目外，也积极参与世界其他各个地区的教育、科研和文化交流项目。如英国的文化部、教育部、国际发展部和科学部以及各英国大学设了总数上万个针对欧盟外其他国家的高等教育交流和合作项目，大力扩大与英联邦国家、英语区国家、发达国家及发展中国家的合作。

2011 年英国实施了国际教育新政策。这些政策包括：1. 规范海外招生的英国教育机构。新政策规定，所有希望从海外招生并为非欧盟申请人提供入学许可和签证担保的教育机构必须在 2012 年 4 月前得到英国政府颁发的"高度可信担保方"（Highly Trusted Sponsor）证书。即使在期限前，有关学校也已经被告知，没有"高度可信"认证的学校海外招生将被强行规定限额。这也就意味着不符合教育资质的所谓"野鸡学校"，今后将难以继续经营海外学生的生意。2. 坚持"注重质量而非数量"的原则。英国政府表示今后的签证政策制定原则将是择优吸引，将基本参照吸引高技术人才或短缺人才的工作签证政策来衡量学生签证申请者。3. 应对金融危机推出就业新政策。首先，新增的拨款将会流向更受雇主青睐的科目，比如科学、技术、工程和数学类的科目，并且研究生做相关科研的机会也会增多。短期来说，政府将从2012 年起拨出 2 亿英镑的款项，使院校于经济拮据的情况下在建盖教学楼或者改善设备等方面仍能得到及时的支持。其次，推出了"全国实习计划"，要求公共机构、慈善组织和经济部门接纳大学毕业生做实习。实习生一方面可以有一定收入，另一方面他们还可积累实际工作经验，在用人单位展现自己的真才实干。此外，政府近日承诺拿出 1.4 亿英镑，补贴用人单位，以在公共和私营部门中增加 3.5 万个实习岗位。巴克利银行、微软等大企业已经对政府号召做出响应。

三、推进我国职业教育国际化的建议

与普通高等教育相比，我国职业教育国际化进程还很不理想，原因很多。缺乏专门引导与规范职业教育国际化的政策、缺乏专业化的咨询机构，以及缺乏服务平台是其中的主要原因。依据我国职业教育国际化现状，借鉴国际经验，提出如下推进我国职业教育国际化的建议。

（一）出台职业教育国际化相关政策法规

职业教育国际化涉及内容很多，职业教育有自己的本质属性，需要专门的政策。为此，建议在《中华人民共和国中外合作办学条例》基础上，出台《职业教育国际化促进办法》，对职业教育国际化的目的、意义、内容、促进办法等内容进行规定。

（二）搭建职业教育国际化平台

职业教育国际化平台应该具有信息功能、研究功能、咨询功能以及预警功能。该平台应能提供职业教育国际化的政策信息，能够开展经常性的调查研究，了解我国职业教育国际化的实际情况并为政府决策提供相关数据，向有关机构提供职业教育国际化的咨询服务，发布职业教育国际化的预警信息，等等。

（三） 加强监督管理

建立职业教育国际化监督制度，定期进行检查与评估。委托专门机构对职业教育国际化成果进行调查，及时发现问题并分析问题成因，督促解决问题，以提高职业教育国际化质量与水平。

（四） 制定职业教育国际化规划

组织专人开展国内外职业教育国际化专题调研，明确需求与问题，本着可持续发展原则，借鉴国际经验，制定规划。

如何建立产教结合的
现代职业学校治理结构

国家教育发展研究中心课题组

建立产教结合的职业学校治理结构是深化职业学校办学体制改革、建设现代职业学校制度、构建现代职业教育体系的重要内容。其核心是通过相应的制度安排，形成产教结合、产业部门深度参与职业学校发展、共同治理学校的长效机制。

一、职业学校建立产教结合治理结构的法律和政策依据

建立产教结合的治理结构是职业学校办学和管理体制的重大变革，现行《教育法》、《职业教育法》和《高等教育法》以及《国家中长期教育改革和发展规划纲要（2010—2020 年)》（以下简称《教育规划纲要》）都有涉及职业学校治理结构和产教结合的规定及政策，主要包含以下内容。

《教育法》规定：设立学校必须有组织机构和章程（第二十六条），学校要按照章程自主管理（第二十八条），学校具备法人条件的可取得法人资格（第三十一条），"国家鼓励企事业组织、社会团体及其他社会组织同高等学校、中等职业学校在教学、科研、技术开发和推广等方面进行多种形式的合作。企事业组织、社会团体及其他社会组织和个人，可以通过适当形式，支持学校的建设，参与学校管理"（第四十六条）。《职业教育法》规定：职业

学校应当实行产教结合，为本地区经济建设服务，与企业密切联系（第二十三条）。《高等教育法》规定：高等学校应当面向社会，依法自主办学，实行民主管理（第十一条），国家举办的高等学校实行党委领导下的校长负责制（第三十九条）。

《教育规划纲要》提出：适应中国国情和时代要求，建设依法办学、自主管理、民主监督、社会参与的现代学校制度，构建政府、学校、社会之间新型关系。各类高校应依法制定章程，依照章程管理学校。扩大社会合作。探索建立高等学校理事会或董事会，健全社会支持和监督学校发展的长效机制。探索高等学校与行业、企业密切合作共建的模式。引导社区和有关专业人士参与学校（中小学）管理和监督。发挥企业参与中等职业学校发展的作用。建立中等职业学校与行业、企业合作机制。

二、职业学校建立产教结合治理结构面临的主要问题

如上所述，国家的相关法律都强调支持和鼓励企事业组织通过适当形式支持学校建设、参与学校管理，《教育规划纲要》也明确提出要建设现代学校制度，完善治理机制，扩大社会合作，推进产教结合，健全行业企业参与职业学校发展的合作机制，这些为职业学校建立产教结合的治理结构指明了方向。有关法律和政策表述都比较原则，要落实还需要在制度设计和操作层面加以细化、具体化和制度化。但换个角度来看，这也为职业学校建立产教结合的治理结构留出了较大的探索空间。

目前，虽然有少数职业学校在建立产教结合的治理结构方面进行了初步探索，但从整体来看，行业企业参与职业学校治理的进展比较缓慢。目前存在的主要问题主要有以下几个方面：一是行业组织参与度比较低。行业组织缺乏国家赋予的职业教育职能和权力，参与职业学校管理的渠道不畅通，行业与学校对行业指导的途径和内容都不甚清楚，缺乏有效互动。二是企业参与积极性不高，企业参与学校治理的制度不健全。三是从学校的角度来看，建立产教结合的治理结构是对学校现有治理模式的变革，必然涉及学校管理权限的调整，涉及与高校的党委领导下的校长负责制、中等职业学校的校长

负责制的关系，因此学校颇有困惑，积极性也不高。

解决这些问题的关键在于解放思想，更新观念，要从促进职业教育发展、建立职业学校可持续发展长效机制的大局出发，大胆探索。

三、建立职业现代学校产教结合治理结构的具体建议

建立健全"政府主导、行业指导、企业参与"办学机制可以通过设立多方参与的职业学校理事会来实现。《教育规划纲要》提出探索建立高校理事会或董事会，这为高等职业院校建立产教结合的治理结构指明了方向。中等职业学校也应该在这方面进行积极探索。建议把职业学校建立理事会作为完善产教结合治理结构的主要抓手。具体建议如下。

第一，制定明确的目标，争取到 2015 年，在所有高等职业院校成立理事会。

第二，赋予理事会对职业学校办学的重大事项进行审议和决策的权力，在学校章程中对理事会的地位、职责和权限等做出明确规定。

第三，理事会的构成。公办职业学校理事会应体现政府主导、行业指导、企业参与的原则，由以下几方面的人员组成：由举办学校的政府主管部门代表担任理事长，理事由相关行业部门代表、相关企业代表、学校主要负责人、院系负责人、教师职工代表和学生代表等人员组成。

第四，制定学校理事会的运行规则。理事会应为任期制，比如五年一期，任期内可在一定比例内根据需要更换部分理事会成员。定期召集理事会，就学校的学科专业设置、教学计划、招生计划、教师聘任、财务管理等重大事项进行审议。

民办职业院校则按照《民办教育促进法》的有关规定成立理事会。

后　记

　　为贯彻落实党的十八大精神，贯彻落实《国家中长期教育改革和发展规划纲要（2010—2020年）》，加快发展现代职业教育，自2011年起，教育部会同有关部门编制起草《现代职业教育体系建设规划》。2014年2月26日，国务院常务会议做出了加快发展现代职业教育的部署，5月2日，《国务院关于加快发展现代职业教育的决定》正式印发。6月，教育部等六部门正式印发了《现代职业教育体系建设规划（2014—2020年）》。

　　《国务院关于加快发展现代职业教育的决定》、《现代职业教育体系建设规划（2014—2020年）》是对现代职业教育体系进行顶层设计的总体性文件，《规划》也是国家"十二五"专项规划的重要组成部分。按照中央领导同志指示精神，在文本起草过程中，教育部委托在北京大学、清华大学等五所高校和中国教育科学研究院建立的教育科学决策研究中心，以及财政部财政科学研究所、国家教育发展研究中心、教育部职业技术教育中心研究所、上海市教育科学研究院等十几家研究机构，组织了近百名的经济学、财政学、教育学、社会学、管理学等学科领域的知名专家，就国家"十二五"经济社会发展各领域对职业教育体系建设的需求开展了重大课题研究，就现代职业教育体系建设的若干重大政策进行了深入研究论证。课题研究动员和组织了大量教育、经济社会领域的研究者，行业企业的实际工作者广泛参与。鲁昕副部长多次主持召开课题研讨会，对课题研究的思路等直接给予指导。课题研究共形成了近100万字的研究报告，为规划编制提供了有力的理论支撑。

　　为推动决定和规划的贯彻落实，我们遴选并汇编了部分课题研究成果，作为"大国教育丛书"的第二册，供各级政府、教育战线和社会各界参考，以及研究人员参阅。

本书内容丰富，涵盖了现代职业教育体系建设的各个领域。第一部分为宏观发展战略研究，从不同角度深入探讨了当前我国经济社会发展的新形势下，现代职业教育体系建设的作用与实现途径。第二部分为财税政策研究，从健全国家教育制度、缩小收入分配差距的角度对职业教育财税保障制度和政策进行了深入研究。第三部分为国际比较与国家竞争力研究，梳理和总结了近年来世界各国特别是全球竞争力位居前列的国家职业教育改革发展的经验，深入探讨了国家竞争力与职业教育体系之间的关系。第四部分为专题研究，包括现代职业教育的内涵、职业教育学历学位制度、高等教育分类管理、办学体制、人才培养模式等重大政策研究专题。

本书由教育部教育规划与战略研究理事会秘书处组织编写。全书由陈锋同志统稿，游森、周天明、张子良、赵晶晶、张智、欧阳汀、郭静、曹令军、李正华等参加了统稿和审校工作。

本书在出版过程中，得到了教育科学出版社社长所广一同志、教育科学出版社学术著作编辑部主任刘明堂同志的大力支持，在此，谨对所有给予本书帮助与支持的单位、同志以及专家学者表示衷心的感谢。

需要说明的是，由于时间、资料数据等原因，课题研究成果还存在不少局限和不足，研究报告的观点也仅代表课题组的观点。希望广大专家学者、各部门及行业企业的实际工作者、教育战线的同志们提出宝贵意见。

编 者
2014 年 6 月

出 版 人　所广一

责任编辑　何 艺　孔 军　翁绮睿

版式设计　杨玲玲

责任校对　贾静芳

责任印制　曲凤玲

图书在版编目（CIP）数据

建设中国特色、世界水平的现代职业教育体系／教
育部教育规划与战略研究理事会秘书处编．—北京：教
育科学出版社，2014.6
　（大国教育丛书）
　ISBN 978－7－5041－8038－4

　Ⅰ．①建…　Ⅱ．①教…　Ⅲ．①职业教育—研究—中国
Ⅳ．①G719.2

　中国版本图书馆 CIP 数据核字（2013）第 244021 号

大国教育丛书
建设中国特色、世界水平的现代职业教育体系
JIANSHE ZHONGGUO TESE、SHIJIE SHUIPING DE XIANDAI ZHIYE JIAOYU TIXI

出版发行	**教育科学出版社**			
社　　址	北京·朝阳区安慧北里安园甲9号	市场部电话	010－64989009
邮　　编	100101	编辑部电话	010－64989363
传　　真	010－64891796	网　　址	http://www.esph.com.cn
经　　销	各地新华书店		
制　　作	北京金奥都图文制作中心		
印　　刷	保定市中画美凯印刷有限公司		
开　　本	169毫米×239毫米　16开	版　　次	2014年6月第1版
印　　张	43	印　　次	2014年6月第1次印刷
字　　数	652千	定　　价	106.00元